Dr. Dr. Bernhard Erdmann

Standortplanung für Kernkraftwerke

VERLAG HARRI DEUTSCH, ZÜRICH, FRANKFURT/M., THUN 1977

ISBN 3 87144 351 4

difo-druck · schmacht bamberg

Vorwort

Mit dem Strukturwandel in der Energiewirtschaft ist das Problem der Standortwahl für Kernkraftwerke sowohl in der energiewirtschaftlichen Literatur und Praxis als auch in der Öffentlichkeit zu einem außerordentlich häufig und entschieden diskutierten Thema geworden. Daneben bemächtigen sich der Problematik zunehmend politische Ideologen und Systemveränderer, deren "Lösungsvorschläge" kaum beachtenswert sind, um somehr jedoch ihre militanten Aktionen.
Die öffentlichen Auseinandersetzungen um die Wahl von Kernkraftwerks-Standorten haben bereits in Kreisen der Elektrizitätsversorgungsunternehmen zu der überspitzten Formulierung geführt: Für die Kraftwerksplaner und Elektrizitätsversorungsunternehmen lautet die Frage nicht mehr: "Welcher Standort ist der optimale?", sondern: "Welcher Standort ist überhaupt noch möglich?" [1)]. Diese mehr von Resignation als objektiven Kriterien getragene Haltung kann nicht Basis von Entscheidungen über Kernkraftwerks-Standorte sein. Andererseits kann ein Ergebnis, wie: "Für die künftige Standortwahl von Kraftwerken wird, weder bei thermischen, noch nuklearen Stromerzeugungsprozessen, keine Rücksicht auf gesundheitsschädliche Auswirkungen auf die Umwelt zu nehmen sein" [2)], nicht unwiedersprochen bleiben.

Gegenstand der vorliegenden Untersuchung ist die Analyse der qualitativen und quantitativen Aspekte der Wechselwirkung zwischen Standortverhältnissen, Umweltbeeinflussung, nuklearer Sicherheit, Kernkraftwerkstyp, Ausbauleistung und Energiebedarf. Ausgangsbasis sind die sich aus dem Strukturwandel in der Energiewirtschaft ergebenden Daten und Tendenzen:

1. Der Leistungs- und Standortbedarf,

2. Leistungsgrößen von 900 bis 1300 MW_{el} je nach Kernkraftwerkstyp und Standort,

---

1) Vgl. etwa Dibelius, G. und Schwarz, O.: Schwerpunkte in der Entwicklung thermischer Kraftwerke, in: VGB-Kraftwerkstechnik, 54. Jg. (1974), H. 3, S. 201.

2) Buch, A.: Planung und Standortwahl von Kraftwerken, Konzeption der Stromversorgung der BRD unter Berücksichtigung der Umweltbeeinflussung, Mainz 1973, S. 123.

3. Ausbauleistungen von ca. 2000 bis 2600 MW_{el} und in Einzelfällen bis zu 5000 MW_{el} je nach Kernkraftwerkstyp und Standort,

4. Die Planung Schneller Natriumgekühlter Reaktoren,

5. Der Ausbau einer nuklearen Fernwärmeversorgung,

6. Die vorerst anhaltende räumliche Massierung von Kernkraftwerken,

7. Die wachsende Tendenz zur Beantragung von Kernkraftwerks-Standorten nahe oder in Ballungsgebieten und Industriezentren.

Ziel einer Standortplanung für Kernkraftwerke muß es sein, die Anlagen räumlich und leistungsmäßig so in die Erzeugungs- und Übertragungsstruktur einzugliedern, daß die energierechtlichen Prinzipien "Billigkeit" und "Sicherheit" der Stromversorgung, die Versorgungspflicht der Energieversorgungsunternehmen sowie die berechtigten Forderungen an den Umweltschutz erfüllt werden können. Zur Lösung dieser Aufgaben soll die vorliegende Arbeit beitragen.

Die Untersuchung entstand im Industrieseminar der Universität Mannheim unter Leitung von Herrn Prof. Dr. G. von Kortzfleisch. Sie ist eine in jeder Weise unabhängige, private Arbeit. Der Verfasser darf jedoch auch hier seinem Lehrer, Herrn Professor von Kortzfleisch für die Förderung und mannigfachen Anregungen seinen ergebenen Dank aussprechen. Herrn Prof. Dr. H. Bergner danke ich für das entgegengebrachte Interesse und die Übernahme des Korreferats.
Dank schuldet der Verfasser auch seinen Lehrern, den Herren Prof. Dr. C. Keller und Prof. Dr. W. Seelmann-Eggebert, Gesellschaft für Kernforschung mbH Karlsruhe und Universität Karlsruhe(TH); durch sie habe ich Einblick in die naturwissenschaftlichen und technischen Grundlagen sowie Probleme der Kernenergie erhalten.

Östringen-Eichelberg, im Juli 1976 Bernhard Erdmann

Inhaltsübersicht

Seite

Seite

Abbildungsverzeichnis

Seite

Seite

Tabellenverzeichnis

A. Struktur und Dynamik der Elektrizitätswirtschaft

I. Grundlegende Charakterisierung der Elektrizitätswirtschaft

1. Energiewirtschaft im Wirkungsfeld von Technik und Wirtschaft

In ihrer generellen Ausprägung kann "Energiewirtschaft" als jener Teil der Wirtschaft beschrieben werden, der die Deckung des Energiebedarfs durch den Einsatz technischer Mittel zum Gegenstand hat [1]. Bei konkreterer Definition läßt sich Energiewirtschaft als "Gewinnung, Erzeugung, Heranführung, Absatz und Verwertung von Energie in den benötigten Mengen, in der benötigten Erscheinungsform oder Intensität, zur benötigten Zeit und auf die technisch-wirtschaftlich rationellste Weise" [2] umschreiben. Aus dieser Definition läßt sich auch das generelle Problem der Energiewirtschaft ableiten: unter Berücksichtigung aller physikalischen, technischen, geographischen, ökologischen, rechtlichen, psychologischen und wirtschaftlichen Einflußfaktoren jene als optimal charakterisierbare Energieversorgung zu realisieren [3].

---

1) Ähnlich bezeichnet K. Förster als Energiewirtschaft "denjenige(n) Teil der Wirtschaftswissenschaften, der sich mit den Brennstoffen und der Elektrizität befaßt". Förster, K.: Allgemeine Energiewirtschaft, 2. Aufl., Berlin 1973, S. 22.

2) Fischerhof, H.: Energiewirtschaftsrecht und Wirtschaftslenkung, in: ET, 23. Jg. (1973), H. 4, S. 137.
Elemente dieser Definition finden sich bei Musil, L.: Praktische Energiewirtschaftslehre, Wien 1949, S. 3. Musil, L.: Allgemeine Energiewirtschaftslehre, Wien-New York 1973, S. 5.

3) Vgl. Lienhard, H.: Die Merkmale der Energiewirtschaft und der Energiewirtschaftspolitik, in: Elektrizitätsverwertung, 47. Jg. (1972), H. 10, S. 331. Siehe dazu auch Burgbacher, (F.): Die Bedeutung sozialer politischer und psychologischer Faktoren für die Entwicklung der Energiewirtschaft, in: Tagungsberichte des Energiewirtschaftlichen Instituts (Universität Köln), H. 5: Entwicklungsprobleme in der Energiewirtschaft, München 1952, S. 184-207. Mueller, H.F.: Energie - Ware und Markt, Gräfeling 1970, S. 1f.

In der Entwicklung der Energieversorgung lassen sich in Erweiterung der Klassifikation von L. Musil [1] drei Epochen [2] unterscheiden, "die sich zwar bis zu einem gewissen Grade überschneiden, im großen und ganzen aber einander ablösen" [3].
Technische Fragen stehen im Mittelpunkt des ersten Zeitabschnitts. "Er ist gekennzeichnet durch die Erarbeitung der technischen Grundlagen, durch die Schaffung der erforderlichen Einrichtungen zur Umwandlung und Fortleitung der Energie sowie zu ihrer Nutzbarmachung in der seitens der Verbraucher benötigten Form. Die Frage der Wirtschaftlichkeit trat hinter der technischen Lösung zurück" [4].
Mit der wachsenden Bedeutung und Unentbehrlichkeit der Energieversorgung verlagerte sich das Schwergewicht der Betrachtungsweise von der technischen Seite zu Fragen ihrer wirtschaftlichen Gestaltung. "Der steigende Energiebedarf von Industrie und Gewerbe, für die die Energie zu einem der wichtigsten Produktionsstoffe wurde, einerseits, die Begrenztheit der Energievorkommen und das Streben nach ihrer rationellen Ausnutzung andererseits, waren der Anstoß, die Energieversorgung in den Rahmen allgemein wirtschaftlicher Betrachtungen einzubeziehen und sich mit ihrer volkswirtschaftlichen Bedeutung zu befassen. Man erkannte, welche Rolle der Energieversorgung für das reibungslose Funktionieren der Wirtschaft und das Leben des einzelnen zukommt" [5].

---

1) Vgl. Musil, L.: Praktische Energiewirtschaftslehre, Wien 1949, S. 1ff. ders.: Allgemeine Energiewirtschaftslehre, Wien-New York 1972, S. 2ff.

2) So auch K. Bellmann, der hierzu den Begriff "Metamorphose der Energiewirtschaft" einführt. Vgl. Bellmann, K.: Die wirtschaftlich optimale Deckung des Elektrizitätsbedarfs. Ein simulatives Planungssystem als Entscheidungshilfe für die Investitionspolitik zur Elektroenergieversorgung, Frankfurt/M. - Zürich 1975, S. 2ff. (Diss. Mannheim 1974).

3) Musil, L.: Praktische Energiewirtschaftslehre, Wien 1949, S. 1.

4) Musil, L.: Praktische Energiewirtschaftslehre, Wien 1949, S. 1.

5) Musil, L.: Praktische Energiewirtschaftslehre, Wien 1949, S. 1f.

K. Förster betrachtet unter dem Einfluß dieser Entwicklung und Zusammenhänge die Energiewirtschaft sogar als "ein bedeutender Teil der Volkswirtschaftspolitik" [1].

Der zunehmende Anteil der Energie an den Produktionsprozessen führte parallel der makroökonomischen Betrachtungsweise zur Übernahme von Gedankengängen und Methoden der Betriebswirtschaftlehre für die Lösung mikroökonomischer Kostenfragen. "Man beschäftigte sich mit den Gestehungskosten der Energie und suchte diese zu senken. Große Energieversorgungsunternehmen, Kohlegruben und energieintensive Betriebe richteten neben ihren technischen Dienststellen energie- und wärmewirtschaftliche Stellen ein, denen die Aufgabe zufiel, innerhalb des von ihnen betreuten Betriebes den zweckmäßigsten Einsatz der einzelnen Energiearten herbeizuführen und den Aufwand für die Energieumwandlung und -verteilung zu vermindern. Die Energieversorgung machte sich damit betriebswirtschaftliche Gedankengänge zu eigen" [2]. Versuchte man dabei zunächst, ausgehend von praktischen Erfahrungen, allgemeingültige energiewirtschaftliche Grundsätze aufzustellen, so wurde diese Vorgehensweise bald durch eine wissenschaftliche Behandlung im Rahmen einer "Energiewirtschaftslehre" ersetzt. "Sei es die analytische Untersuchung des Energiebedarfs, die mathematische Ableitung von Energietarifen, die optimale Lastverteilung zwischen zusammenarbeitenden Kraftwerken, die wirtschaftlichen Möglichkeiten des Energieexports oder die Grenzen der Ferngasversorgung, ...(man findet) überall das Bestreben hervortreten, sich durch exakte Untersuchungen Aufschlüsse über die wirtschaftlichen Zusammenhänge zu verschaffen, die Auswirkungen einzelner veränderlicher Faktoren zu kennzeichnen und auf diese Weise allgemeiner gültige Richtlinien und Gesetzmäßigkeiten abzuleiten" [3].

---

1) Förster, K.: Allgemeine Energiewirtschaft, 2. Aufl., Berlin 1973, S. 18. Ähnlich auch schon Königshofer, E.: Kurzgefaßte Elektrizitätswirtschaftslehre, Wien 1952, S. 1ff.

2) Musil, L.: Praktische Energiewirtschaftslehre, Wien 1949, S. 2.

3) Musil, L.: Praktische Energiewirtschaftslehre, Wien 1949, S. 2f. Damit entstand auch ein umfangreiches, betriebswirtschaftlich geprägtes Schrifttum. Als Beispiele seien hier genannt: Eisenmenger, H.E. und Arnold, A.G.: Die Stromtarife der Elektrizitätswerke, Theorie und

Fortsetzung siehe Seite 4

Als wissenschaftliche Disziplin beschäftigt sich die Energiewirtschaftslehre heute mit den allgemeinen Prinzipien, Fakten und Interdependenzen der Energieversorgung im interdisziplinären Bereich von Ingenieur- und Wirtschaftswissenschaften [1]. "Ein Spezialistentum ist in ... (der Energiewirtschaft) nicht am Platze, denn sie erfordert ein Eindringen in die grundsätzlichen Zusammenhänge. Sie greift in Bereiche der Volks- und Betriebswirtschaft über, erfordert aber auch ein Wissen um die technischen Zusammenhänge und den letzten Entwicklungsstand der Energiegewinnung, -fortleitung und -anwendung" [2]. Zur Charakterisierung dieser Integration von Technik und Wirtschaft bezeichnet daher H. Bachl als Energiewirtschaft den Verbund zweier verschiedener Tätigkeitsbereiche: "Die Anwendung physikalischer Erkenntnisse in der T e c h n i k mit der Aufgabe, die hierzu erforderlichen Einrichtungen mit größter W i r t s c h a f t l i c h k e i t

---

Fortsetzung zu Fußnote

3) Praxis, München-Berlin 1929. Schulz, E.: Öffentliche Heizkraftwerke und Elektrizitätswirtschaft in Städten, Berlin 1933. Kirchhoff, H.: Unternehmensform und Verkaufspolitik der Stromversorgung. Eine kritische Untersuchung des Organisations- und Preisproblems in der deutschen Elektrizitätswirtschaft, Berlin 1933 (Diss. Berlin 1933). Mangoldt, W.v.: Die wirtschaftliche Ausgestaltung städtischer Drehstromnetze, Berlin 1933. Schneider, R. und Schnaus, G.: Elektrische Energiewirtschaft, Die Betriebswirtschaft der Elektrizitätsversorgungsunternehmungen, Berlin 1936. Sonne, K.-H.: Der Energieferntransport durch Elektrizität, Gas und Kohle und seine Kosten, Diss. Berlin 1939 (Quakenbrück 1939). Mueller, H.F.: Grundzüge der Energieabsatzwirtschaft, Berlin 1942. Musil, L.: Praktische Energiewirtschaftslehre Wien 1949.

1) Vgl. Musil, L.: Allgemeine Energiewirtschaftslehre, Wien-New York 1972, S. 5. Wohinz, J.W.: Zum wissenschaftlichen Standort der Energiewirtschaftslehre, in: ÖZE, 27. Jg. (1974), H. 6, S. 177-181.

2) Musil, L.: Praktische Energiewirtschaftslehre, Wien 1949, S. 3. ders.: Allgemeine Energiewirtschaftslehre, Wien-New York 1972, S. 5.

zu errichten und zu betreiben" [1]. Methoden und Ziele der Behandlung energiewirtschaftlicher Probleme sind somit zweiseitig geprägt: Ingenieur- und wirtschaftswissenschaftlich [2]. Diese wechselseitige Beziehung gilt für die Energiewirtschaft in einem Umfang, wie es in anderen Wirtschaftsbereichen kaum der Fall ist, weil "die Bewältigung technischer Aufgaben für die Entwicklung der Energiewirtschaft noch entscheidender ...(ist) als für die meisten anderen Zweige der Wirtschaft" [3].

"Im dritten Abschnitt, der gerade erst beginnt, stellt sich neben den technischen, betriebs- und volkswirtschaftlichen Aspekt auch der ökologische. Nachdem man jahrelang nur die positiven Auswirkungen in der Be-

---

1) Bachl, H.: Energiewirtschaft, Bd. 1: Technik im Blickfeld der Wirtschaft, Gräfeling 1967, S. 2. Vgl. dazu auch Roggendorf, A.: Techniker und Wirtschaftler in der Elektrizitätswirtschaft, (Geleitwort) in: Veigel, G.: Kostenrechnung und Preispolitik in der Elektrizitätswirtschaft, Wiesbaden 1962, S. (5). Veigel, G.: Anwendung der ökonomischen Kosten- und Preistheorie auf die Elektrizitätswirtschaft, Diss. Mannheim 1957, passim.

2) Vgl. Lang, M.: Industrielle Energiewirtschaft; Slg. Poeschel, Bd. P8, Stuttgart 1961, S. 9.
Damit hat sich in der Energiewirtschaft eine durch die Ingenieurwissenschaften geprägte Terminologie entwickelt, die - soweit dies erforderlich ist - auch hier verwendet wird. Auf der Betriebswirtschaftslehre abweichende Begriffsinhalte wird an gegebener Stelle hingewiesen. Siehe dazu auch Lang, M.: Industrielle Energiewirtschaft; Slg. Poeschel, Bd. P8, Stuttgart 1961, S. 9f.

3) Wessels, Th.: Offene Fragen der Energiewirtschaft, in: Tagungsberichte des Energiewirtschaftlichen Instituts (Universität Köln), H. 1: Wirtschaftliche und rechtliche Grundfragen der Energiewirtschaft, München 1949, S. 6.
K. Förster ausdrückliche Ausklammerung der naturwissenschaftlichen und technischen Dimension der Energiewirtschaft ist aus dieser Sicht als problematisch zu betrachten. Siehe Förster, K.: Allgemeine Energiewirtschaft, 2. Aufl., Berlin 1973.

reitstellung und dem Verbrauch großer Energiemengen gesehen hatte, öffnete sich nun durch die Konfrontation jedes einzelnen mit den spürbar unangenehmen Folgen eines an die Grenzen seines natürlichen Gleichgewichts gebrachten Ökosystems der Blick für die negativen Implikationen, die die Umwandlung immer größerer Energiemengen mit sich brachte: Umweltbelastung durch Rauch, Gas, Staub, Wärme, Abfall, Lärm und Zerstörung der Landschaft durch die Installation technischer Versorgungseinrichtungen. Vermutlich wird in Zukunft der ökologische Aspekt in der Hierarchie der genannten Gesichtspunkte die dominierende Rolle spielen, wenngleich zur Zeit dafür erst einige Ansätze erkennbar sind" [1].

Während bei weitläufiger Begriffsauslegung - in Anlehnung an die von H. Fischerhof [2] formulierte Definition - als Energiewirtschaft alle Beziehungen zwischen Energieangebot und Energienachfrage verstanden werden können, bezeichnet K.-D. Fischer als "Energiewirtschaft im engeren Sinn... die Gesamtheit der Unternehmen..., die sich mit der Gewinnung bzw. Erzeugung, dem Transport und der Verteilung von Energieträgern aller Art befassen" [3].
Im Sinne der zuletzt genannten Definition wird üblicherweise die Energie-

---

1) Bellmann, K.: Die wirtschaftlich optimale Deckung des Elektrizitätsbedarfs, Ein simulatives Planungssystem als Entscheidungshilfe für die Investitionspolitik zur Elektroenergieversorgung, Frankfurt/M.-Zürich 1975, S. 3 (Diss. Mannheim 1974).

2) Vgl. Fischerhof, H.: Energiewirtschaftsrecht und Wirtschaftslenkung, in: ET, 23. Jg. (1973), H. 4, S. 137. Zum Wortlaut der Definition siehe oben.

3) Fischer, K.-D.: Struktur und Entwicklungstendenzen der Energiewirtschaft in der Bundesrepublik Deutschland, in: Burgbacher, F. (Hrsg.): Ordnungsprobleme und Entwicklungstendenzen in der deutschen Energiewirtschaft; Festschrift für Theodor Wessels zur Vollendung seines 65. Lebensjahres, Essen 1967, S. 63.
Elemente dieser Definition finden sich u.a. bei Mueller, H.F.: (Stichwort:) Energiewirtschft, in: HdSW, Bd. 3, Stuttgart-Tübingen-Göttingen

Fortsetzung siehe Seite 7

wirtschaft institutional in fünf Bereiche gegliedert: [1] [2]

- Steinkohlenbergbau und angrenzende Veredelung,
- Braunkohlenbergbau und angrenzende Veredelung,
- Mineralölwirtschaft,
- Elektrizitätswirtschaft,
- Gaswirtschaft.

Aufgrund des Strukturwandels in der Energiewirtschaft kann darüber hinaus

---

Fortsetzung zu Fußnote

3) 1961, Sp, 210. Wessels, Th.: (Stichwort:) Elektrizitätswirtschaft, in: HdSW, Bd. 3, Stuttgart-Tübingen-Göttingen 1961, Sp. 184.

1) Vgl. u.a. Fischer, K.-D.: Struktur und Entwicklungstendenzen der Energiewirtschaft in der Bundesrepublik Deutschland, in: Burgbacher, F. (Hrsg.): Ordnungsprobleme und Entwicklungstendenzen in der deutschen Energiewirtschaft; Festschrift für Theodor Wessels zur Vollendung seines 65. Lebensjahres, Essen 1967, S. 63. Lindenlaub, J.: Energieimpulse und regionale Wachstumsdiffenzierung; Schriftenreihe des Energiewirtschaftlichen Instituts an der Universität Köln, Bd. 14, München 1968, S. 65ff. Eine detaillierte Darstellung technisch-wirtschaftlicher Merkmale der genannten Bereiche kann hier - mit Ausnahme der Elektrizitätswirtschaft - nicht erfolgen. Siehe dazu etwa Arbeitsgemeinschaft deutscher wirtschaftswissenschaftlicher Forschungsinstitute e.V. (Hrsg.): Untersuchung über die Entwicklung der gegenwärtigen und zukünftigen Struktur von Angebot und Nachfrage in der Energiewirtschaft der Bundesrepublik unter besonderer Berücksichtigung des Steinkohlenbergbaus, Berlin 1962 (Energie-Enquête), S. 75ff. Kruse, J.: Energiewirtschaft; Struktur und Wachstum, Reihe Industrie, H. 16, Berlin-München 1972, S. 48ff. Förster, K.: Allgemeine Energiewirtschaft, 2. Aufl., Berlin 1973, S. 117ff.

2) Demgegenüber umfaßt "Energiewirtschaft" im Sinne des Energiewirtschaftsgesetzes (EnWG) nur die Elektrizitäts- und Gasversorgung (§ 1 Abs. 1 EnWG). Siehe Kapitel A. II. 2.

heute mit Berechtigung von einer

- Kernenergiewirtschaft

gesprochen werden [1].

Der Begriff "Kernenergiewirtschaft" ist für diese Untersuchung jedoch zu umfassend, da hierunter im weitesten Sinn alle wirtschaftlichen, gesellschaftlichen, politischen, ökologischen und technischen Beziehungen und Auswirkungen der Kernenergiegewinnung verstanden werden können [2].

Die vorliegende Untersuchung beschränkt sich dagegen vorwiegend auf die Rolle der Kernenergie innerhalb der Elektrizitätswirtschaft und hierbei speziell mit den wirtschaftlichen, technischen und ökologischen Bedingungen und Konsequenzen der Standortwahl für Kernkraftwerke.

Konkrete Aufgabe der Elektrizitätswirtschaft ist es, aus den Primär- oder Sekundärenergieträgern [3] Gas, Mineralöl, Kohle, Wasser und Kernbrennstoff

---

1) Die von dem Materie-resp. Energiezustand "Atom" abgeleiteten Begriffe "Atomenergie", "Atomkraftwerk" und "Atomwirtschaft" sind aufgrund der physikalischen Natur der beim Kernspaltungsprozeß freigesetzten Energie (Kernbindungsenergie) unkorrekt und sollten nicht weiter verwendet werden.

2) Siehe etwa Lindackers, K.-H., Aurand, K., Hug, O., Kiefer, H., Krämer, H., Seetzen, J. und Trott, K.-R.: Kernenergie - Nutzen und Risiko, Stuttgart 1970, S. 171ff. Eine frühe Ausdeutung des Begriffs "Atomwirtschaf" resp. "Kernenergiewirtschaft" unternahm Hardung-Hardung, H.: Chancen in der Atomwirtschaft, Düsseldorf 1958, als er den schon damals weitgespannten Rahmen dieses aufkommenden Wirtschaftszweiges zu erfassen versuchte.

3) Energieträger stellen wirtschaftliche Güter dar, die gewissermaßen "Träger von Energie" (K.-D. Fischer) sind und aus denen vom Endverbraucher Nutzenergie in einer bestimmten physikalischen Erscheinungsform, wie z.B. Wärme, Kraft, Licht, gewonnen werden kann. Die Energieträger lassen sich von der Entstehung her in Primär- und Sekundärenergieträger klassifizieren. Primärenergieträger sind alle natürlich, in ihrer ursprünglichen Form vorkommenden Energieträger, die also noch keine Umwandlung oder Veredelung erfahren haben, z.B. Stein- und Braun-

Fortsetzung siehe Seite 9

Fortsetzung zu Fußnote

3) kohle, Erdöl, Erdgas, Uranerz und "Wasserkraft". Nur ein Teil der Primärenergieträger wird in seiner ursprünglichen Form zum Endverbrauch eingesetzt, der größere Teil wird Umwandlungsprozessen unterworfen. Zu den so gewonnenen Sekundärenergieträgern gehören z.B. Koks, Heizöl, Kernbrennstoffe (Thorium, Uran, Plutonium) und "Elektrizität". Wasserkraft und Elektrizität nehmen dabei eine Sonderstellung ein, da es sich in beiden Fällen nach physikalischer Definition nicht um Energieträger handelt, sondern um bestimmte physikalische Erscheinungsformen der Energie: Kinetische und elektrische Energie. Um unnötige Komplikationen bei der Terminologie zu vermeiden, werden jedoch Wasserkraft und Elektrizität den Energieträgern gleichgestellt. Vgl. Rumler, F.-J.: Wirtschaftliche Probleme bei der Aufstellung von Energiebilanzen und bei der Vorausschätzung des künftigen Energiebedarfs; Schriftenreihe des Energiewirtschaftlichen Instituts an der Universität Köln, Bd. 5, München 1960, S. 20ff. Fischer, K.-D.: Struktur und Entwicklungstendenzen der Energiewirtschaft in der Bundesrepublik Deutschland, in: Burgbacher, F. (Hrsg.): Ordnungsprobleme und Entwicklungstendenzen in der deutschen Energiewirtschaft; Festschrift für Theodor Wessels zur Vollendung seines 65. Lebensjahres, Essen 1967, S. 63.
Interessant ist in diesem Zusammenhang ein von M. Lang formuliertes Ordnungsschema für Energien. Entsprechend dem Standort, der bei der Durchführung der Kennzeichnung bezogen wird, unterscheidet M. Lang die naturwissenschaftliche, die technische und die wirtschaftliche Ordnung. "Die naturwissenschaftliche Ordnung unterscheidet nach der Energieform, wie thermische Energie, elektrische Energie, mechanische Energie, usw. Die technische Ordnung schließt die... (naturwissenschaftliche) Ordnung mit ein und kennt darüber hinaus Kennzeichen, wie feste und flüssige Brennstoffe, Wasserkraft, Dampfkraft, Hydraulik, Pneumatik usw. Die wirtschaftliche Ordnung stellt eine Zusammenfassung höheren Grades dar, die Kennzeichnung erfolgt hier nach Primärenergie, Sekundärenergie und Nutzenergie". Lang, M.: Industrielle Energiewirtschaft; Slg. Poeschel, Bd. P8, Stuttgart 1961, S. 25.

Strom und Wärme [1] zu gewinnen und an alle Wirtschafts- und Lebensbereiche zu verteilen [2]. Diese Produktions- und Verteilungsprozesse sind mit einer Vielzahl - bereits angedeuteter - technischer, wirtschaftlicher, ökologischer, rechtlicher und politischer Probleme verbunden. Für die weiter Untersuchung ist es daher notwendig - bevor Kriterien zur Standortanalyse und Standortwahl aufgezeigt werden können - grundsätzliche technisch-wirtschaftliche und ordnungspolitische Strukturmerkmale der Elektrizitätswirtschaft darzustellen, soweit dies als theoretische und empirische Grundlage zur Ableitung der weiteren Ausführungen wesentlich ist. Damit wird auch gleichzeitig der Rahmen festgelegt, in dem sich die Elektrizitätswirtschaft bewegt.

2. Technisch-wirtschftliche Merkmale der Elektrizitätsversorgung

Die Elektrizitätswirtschaft nimmt aufgrund ihrer technischen und wirtschaftlichen Besonderheiten - ähnlich wie die Gaswirtschaft [3] - im Rahmen der Energiewirtschaft eine Sonderstellung ein [4]. Bedingt durch

---

1) Mit dem Begriff "Wärmewirtschaft" werden üblicherweise die Probleme und Aufgaben der Erzeugung und des wirtschaftlichen Einsatzes der Wärmeträger im Rahmen der Produktionsprozesse wärmeverbrauchender Industriebetriebe gekennzeichnet. Siehe z.B. Netz, H.: Wärmewirtschaft, 4 u. 5. Aufl., Stuttgart 1956. Dietzel, F.: Kraft- und Wärmewirtschaft, München 1959.
Zur Kennzeichnung der hier betrachteten Heizwärmeerzeugung und öffentlichen Fernwärmeversorgung ist der Begriff "Wärmewirtschaft" aufgrund seiner üblichen Begriffsauslegung nicht geeignet.

2) Kritisch dazu Budde, H.-J.: Elektrische Energie - Ware oder Dienstleistung?, in: ET, 21. Jg. (1971), H. 5, S. 243-248.

3) Vgl. Kruse, J.: Energiewirtschaft; Struktur und Wachstum, Reihe Industrie, H. 16, Berlin-München 1972, S. 175ff.

4) Diesen gemeinsamen Besonderheiten wird auch durch die Extension des Energiewirtschaftsgesetzes (EnWG) auf die Elektrizitäts- und Gaswirtschaft Rechnung getragen. Vgl. § 1 Abs. 1 EnWG.

ihre physikalischen Eigenschaften eignet sich elektrische Energie noch weniger zur Speicherung als Gas. Während Gas noch bedingt lagerfähig ist, ist eine Speicherung des "Energieträgers" Elektrizität, welche die zeitliche Anpassung der Stromerzeugung an die Nachfrage elastischer gestalten könnte, für die Stromversorgung wirtschaftlich noch nicht möglich (mit Ausnahme des Umwegs einer Speicherung von Wasserkraft in Pumpspeicherkraftwerken für den Schwachlast-/Vollast-Ausgleich) [1]. Es besteht daher in der Elektrizitätswirtschaft ein zeitlich unmittelbarer Zusammenhang zwischen Stromangebot und Nachfrage [2].

---

1) Eine Bestandaufnahme vorhandener, technisch realisierbarer sowie technologisch[+] aussichtsreicher Systeme der thermischen, mechanischen und elektrischen Energiespeicherung wurde auf der VDI-Fachtagung "Speichersysteme für Sekundärenergie" am 2./3. Oktober 1974 in Stuttgart vorgelegt. Zum Wortlaut der Vorträge siehe Verein Deutscher Ingenieure (VDI) (Hrsg.): Speichersysteme für Sekundärenergie; VDI-Berichte, Nr. 223, Düsseldorf 1974. Zur Übersicht siehe Edelmann, J.: "Speichersysteme für Sekundärenergie", Bericht über die VDI-Fachtagung vom 2./3. Oktober 1974 in Stuttgart, in: BWK, 26. Jg. (1974), H. 12, S. 509-512.

+) Die Differenzierung zwischen den Termini "Technik" und "Technologie" wird hier und im folgenden in Anlehnung an G.v. Kortzfleisch vorgenommen:"...Eine Erfindung als bisher nicht bekannte Art des Anwendens naturwissenschaftlicher Erkenntnisse [ist] zunächst nur ein Beitrag zur Mehrung des technischen Wissens und somit ein technologischer Fortschritt. Ein technischer Fortschritt ist demnach dann ein verwerteter technologischer Fortschritt, wenn das mit einer Erfindung geschaffene Mehr an technischem Wissen zu technischen Können erweitert und danach angewendet wird". Kortzfleisch, G.v.: Zur mikroökonomischen Problematik des technischen Fortschritts, in: Kortzfleisch, G.v. (Hrsg.): Die Betriebswirtschaftslehre in der zweiten industriellen Revolution; Abhandlungen aus dem Industrieseminar der Universität Köln, H. 25, Berlin 1969, S. 239.

2) "Die Elektrizitätswirtschaft stellt durch die Eigenart von Erzeugung und Absatz ein betriebswirtschaftlich besonders interessantes aber auch nicht leicht zu fassendes Gebiet dar". le Coutre, W.: Geleitwort, in: Roller, H.: Die Grundlagen der elektrizitätswirtschaftlichen Kostenrechnung, Frankfurt/M. 1958, S. III. (Die elektrizitätswirtschaftliche Kostenrechnung, ihre technischen und ökonomischen Grundlagen, ihr Aufbau, ihre Durchführung und ihre organisatorischen Voraussetzungen, Diss. Mannheim 1958).

Eine vorherige Erzeugung [1] ist deshalb ebensowenig möglich wie eine spätere mit einer entsprechenden Lieferfrist. Wegen der Nichtspeicherbarkeit des elektrischen Stromes (im Sinne der oben genannten Einschränkung) und der für die öffentliche Stromversorgung bestehenden gesetzlichen Verpflichtung zur Deckung der auftretenden Nachfrage [2], tritt die Belastungskurve [3] im Kraftwerk in der Form der auftretenden Nachfrage in Erscheinung.

---

1) Die Termini "Energieerzeugung" und "Energieverbrauch" sind nach physikalischem Verständnis unkorrekt, da entsprechend dem 1. Hauptsatz der Thermodynamik Energie nicht "erzeugt" oder "verbraucht" werden kann. Im Erzeugungs- und Verbrauchsprozeß gehen Energieträger substantiell unter, wobei Energie freigesetzt wird. In der Terminologie der Energiewirtschaft haben sich die Termini "Energieerzeugung" und "Energieverbrauch" eingebürgert und sind als Erzeugung resp. Verbrauch von Energieträgern zu verstehen.
Ähnlich auch P. Riebel: "Unter 'Erzeugung' wird ...die Gewinnung, Umwandlung und Umformung von Sachgütern, zu denen auch die Energien gerechnet werden, verstanden". Riebel, P.: Industrielle Erzeugungsverfahren in betriebswirtschaftlicher Sicht; Die Wirtschaftswissenschaften, Reihe A, Nr. 12, Wiesbaden 1963, S. 12.

2) Siehe hierzu die Ausführungen in Kapitel A. II. 2.

3) Die Belastung (Last) ist die jeweils in Anspruch genommene Leistung (zur Ggegenüberstellung des betriebswirtschaftlichen und physikalischen resp. elektrizitätswirtschaftlichen Leistungsbegriffs siehe unten). Die Belastungskurve (Belastungsganglinie) ist die graphische Darstellung der jeweiligen Leistungsinanspruchnahme (Belastung) P(t) eines Kraftwerks oder Netzes über der Zeit (siehe unten Abbildung 1). Die Belastungskurven werden durch die Verbraucher bestimmt und stellen die Summe aller Leistungsanforderungen in Abhängigkeit von der Zeit dar. Siehe ausführlicher dazu etwa Brinkmann, K.: Einführung in die elektrische Energiewirtschaft, Braunschweig 1971, S. 63ff. Musil, L.: Allgemeine Energiewirtschaftslehre, Wien-New York 1972, S. 32ff.

"Ein Betrieb, der nicht lagerfähige Waren herstellt, ist gezwungen Produktionskurve und Absatzkurve zu synchronisieren. Die Produktionskurve läuft unter diesen Umständen mit der Absatzkurve parallel, verschoben um das durchschnittliche Intervall der Produktionsdauer" [1]. Da dieses Intervall in der Elektrizitätswirtschaft aber Null ist, muß eine vollkommene Übereinstimmung von Produktions- und Absatzkurve gegeben sein [2]. Aus diesem Grund sind die in anderen Wirtschaftbereichen übliche Lagerbildung und die Aufstellung des Produktionsprogramms nach rein innerbetrieblichen Gesichtspunkten nicht möglich. Die Elektrizitätsversorgungsunternehmen können daher auch ihre Kraftwerke und Netze nicht ohne Kenntnis der Abnehmerbedürfnisse wirtschaftlich optimal bemessen, betreiben und ausnutzen [3].

Eine weitere - bereits angedeutete - Eigenart der Elektrizitätsversorgung ist, daß die Abnehmer die momentane Höhe des Bedarfs bestimmen, der aufgrund der gesetzlichen Versorgungsverpflichtung sofort befriedigt werden muß. Die Höhe des Bedarfs kann allerdings im voraus nur abgeschätzt werden. Die Kraftwerke, Übertragungs- und Verteilungs-

---

1) Gutenberg, E.: Grundlagen der Betriebswirtschaftslehre, Bd. 1: Die Produktion, 20. Aufl., Berlin-Heidelberg-New York 1973, S. 166f.

2) Vgl. auch Pack, L.: Die Elastizität der Kosten, Grundlagen einer entscheidungsorientierten Kostentheorie; Schriften zur theoretischen und angewandten Betriebswirtschaftslehre, Bd. 1, Wiesbaden 1966, S. 121 und S. 490.

3) "Die Masselosigkeit des Erzeugnisses und die praktische Unmöglichkeit, größere Strommengen zu speichern, sind die Ursache dafür, daß die wirtschaftlichen Probleme viel stärker mit denen der Dienstleistungsbetriebe als mit denen der Gewinnungs- und Fertigungsbetriebe verwandt sind". Riebel, P.: Elastizität des Betriebes. Eine produktions- und marktwirtschaftliche Untersuchung; Beiträge zur betriebswirtschaftlichen Forschung, Bd. 1, Köln-Opladen 1954, S. 62.
Aufgrund dieses Aspekts ordnet auch K. Mellerowicz in seiner Betriebstypologie die Energieversorgungsunternehmen der Verkehrsbetrieben zu. Vgl. Mellerowicz, K.: Kosten und Kostenrechnung, Bd. 1: Theorie der Kosten, 4. Aufl., Berlin 1963, S. 161. Kritische Anmerkungen zu dieser Ansicht finden sich unten.

anlagen müssen deshalb so dimensioniert sein, daß die maximal auftretende Nachfrage zu jedem Zeitpunkt direkt aus der Erzeugung befriedigt werden kann, d.h. die Dimensionierung dieser Anlagen muß sich am Spitzenbedarf einschließlich unerwarteter Anforderungen orientieren. Da die Nachfrage jedoch starken täglichen, wöchentlichen und jahreszeitlichen Schwankungen unterworfen ist, sind die Anlagen sehr ungleichmäßig und im Durchschnitt etwa nur zur Hälfte [1] ausgelastet.
Dem sich aus der Nachfrage ergebenden Lastprofil (siehe Abbildung 1) wird durch Zubau und Einsatz [2] unterschiedlicher Kraftwerksarten und -typen Rechnung getragen.

---

1) Vgl. Kruse, J.: Energiewirtschaft; Struktur und Wachstum, Reihe Industrie, H. 16, Berlin-München 1972, S. 209.
Mengenmäßig wird die gesamte installierte Betriebskapazität der Kraftwerke und Netze nicht einmal während der wenigen Spitzenlaststunden im Winter ausgenutzt. Vgl. Janssen, W.: Das Grenzkostenproblem in der Elektrizitätswirtschaft, Diss. Bonn 1959, S. 88.

2) Die unterschiedliche Benutzungsdauer und der Einsatz der Kraftwerke sind vorwiegend durch ökonomische Kriterien bedingt. Um eine gegebene, jahres- wie tageszeitlich unterschiedliche Elektrizitätsnachfrage mit den möglichst niedrigen Gesamtkosten zu befriedigen, werden die im elektrischen Verbund (siehe unten) stehenden Kraftwerke jeweils in der Reihenfolge ihrer Grenzkosten eingesetzt. Die hier entscheidenden Grenzkosten hängen allein von den arbeitsabhängigen Kosten ab. Die Höhe der leistungsabhängigen Kosten sind für die Einsatzentscheidung b e s t e h e n d e r Kraftwerke unwesentlich. (Bezüglich der elektrizitätswirtschaftlichen Kostenterminologie siehe die Ausführungen in Kapitel C. III. 1.).
Ausführlicher siehe hierzu etwa Janssen, W.: Das Grenzkostenproblem in der Elektrizitätswirtschaft, Diss. Bonn 1959. Resch, I.: Preisbildung in der Elektrizitätswirtschaft, Gräfeling 1966, passim, (Das volkswirtschaftliche Ordnungsproblem vom Standpunkt der Marktpreisbildung, dargestellt am Beispiel der Elektrizitätswirtschaft, Diss. Wien 1966).

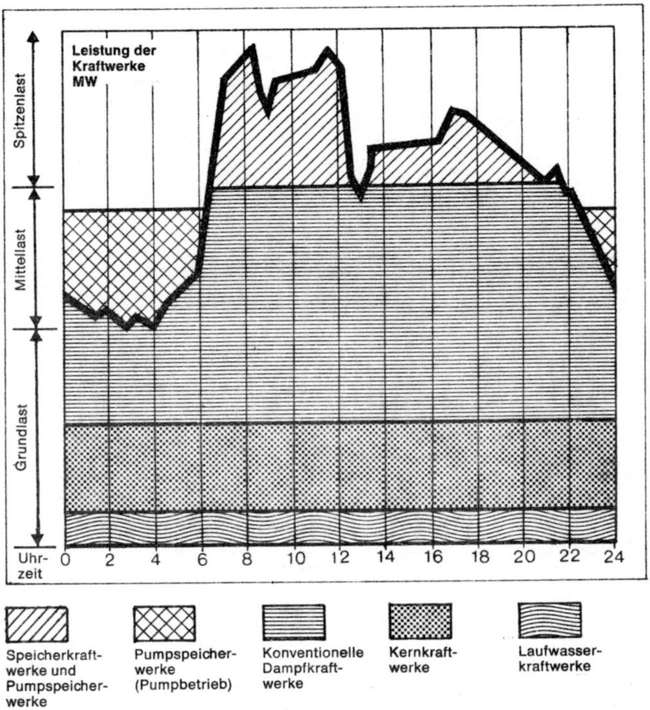

Abbildung 1: Verlauf der Tagesbelastungskurve an einem Wintertag [1].

Den Bedarf an Grundlast [2] decken Kraftwerke, deren spezifische Stromer-

---

1) Die Vorlage ist d. Verf. vom Energie-Verlag GmbH., Heidelberg, dankenswerterweise zur Verfügung gestellt worden.

2) Nach der Benutzungsdauer werden folgende Lastbereiche unterschieden (in der Elektrizitätswirtschaft wird das Kalenderjahr mit 365 Tagen angenommen, wodurch sich 8760 $h \cdot a^{-1}$ ergeben):

- Grundlastbereich: >5000 $h \cdot a^{-1}$,
- oberer Mittellastbereich: 3000 bis 5000 $h \cdot a^{-1}$,
- unterer Mittellastbereich: 1500 bis 3000 $h \cdot a^{-1}$,
- Spitzenlastbereich: <1500 $h \cdot a^{-1}$.

Die Benutzungsdauer ist ein fiktiver Zeitraum und ist nicht identisch mit dem Zeitraum, in dem überhaupt Strom erzeugt oder verbraucht wurde.

Fortsetzung siehe Seite 16

zeugungskosten [1] vergleichsweise niedrig sind und daher mit möglichst maximaler Leistung [2] fahren. Typische Grundlastkraftwerke sind Laufwasser-, Braunkohlen- und Kernkraftwerke.

Fortsetzung zu Fußnote

2) Abbildung 2 zeigt die sequentiell nach der Höhe der Leistung geordneten Lasten (geordnete Jahresbelastungsdauerlinie).

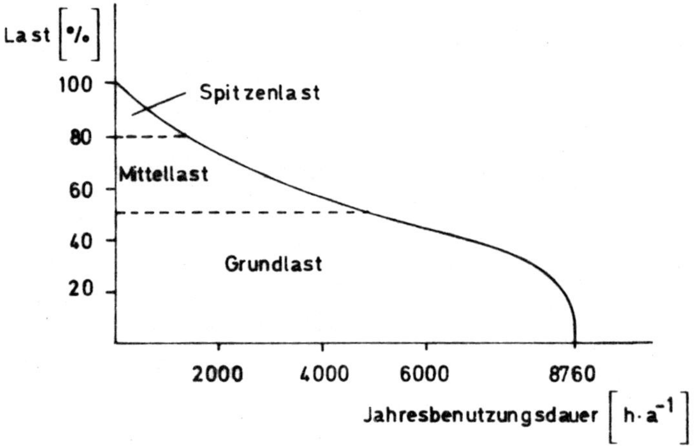

Abbildung 2: Geordnete Jahresbelastungsdauerlinie (Schema).

1) Einheiten: $(DPf \cdot kWh^{-1})$ oder $(DM \cdot MWh^{-1})$.
Zur Erläuterung der im Rahmen dieser Darstellung verwendeten physikalischen Größen und Einheiten sei auf die Zusammenstellung im Anhang verwiesen.

2) Energiewirtschaftliche und betriebswirtschaftliche Definition der Termini Leistung und Arbeit sind nicht identisch. Während die Betriebswirtschaftslehre "Arbeit" als Produktionsfaktor und "Leistung" als "Ergebnis der Nutzung der betrieblichen Kapazität für wirtschaftliche Ziele" (Riebel, P.: Die Elastizität des Betriebes, Eine produktions- und marktwirtschaftliche Untersuchung, Köln-Opladen 1954, S. 14) versteht, wird in der Energiewirtschaft der physikali-

Fortsetzung siehe Seite 17

Im Gegensatz zu Grundlastkraftwerken decken Spitzenlastkraftwerke kurzzeitig auftretende Bedarfsspitzen und fangen kurzfristig Leistungsengpässe ab. Spitzenlastkraftwerke sind Wasserkraftwerke mit Speicherseen, Pumpspeicherwerke mit Tagesbecken, Gasturbinenkraftwerke.
Für den Mittellastbereich werden entweder spezielle Anlagen gebaut oder Grundlastkraftwerke älterer Bauart eingesetzt. Typische Mittellastkraftwerke sind Kohle- und Ölkraftwerke sowie Hochdruck-Speicherkraftwerke mit großen Speicherseen [1),2)].

Für die - unter Berücksichtigung der starken Nachfrageschwankungen und des zeitlich unmittelbaren Zusammenhangs zwischen Stromangebot und Nachfrage (vgl. oben) - entsprechenden Kapazitätsreserven im Erzeugungs-, Übertragungs- und Verteilungsbereich [3)] sind von den Elektrizitätsver-

---

Fortsetzung zu Fußnote

2) sche Leistungs- und Arbeitsbegriff verwendet. Als Leistung wird danach die (physikalische) Arbeit oder Energieänderung pro Zeiteinheit und als Arbeit das Produkt Leistung x Zeit verstanden. In sinngemäßer Bedeutung werden die abgeleiteten Termini "Leistungsfähigkeit", "Leistungsangebot" und "Leistungsbedarf" etc. verstanden.
In der weiteren Darstellung wird der physikalischen resp. energiewirtschaftlichen Terminologie gefolgt.

1) Vgl. Hofmann, W.: Europäischer Verbundbetrieb in der Elektrizitätswirtschaft, in: VdF, 41. Jg. (1976), Nr. 1, S. III f. (Beilage zu: Leit. Angest., 26. Jg. (1976), Nr. 1).

2) Eine systematische Darstellung der verschiedenen Kraftwerksarten ist in Abbildung 4 wiedergegeben. Siehe Kapitel B. I. 2.

3) Entsprechend den Versorgungsaufgaben sind zwei Arten von Netzen zu unterscheiden: Übertragungs- und Verteilungsnetze. Die Übertragungsnetze, die in ihrer Gesamtheit das Verbundnetz ergeben, transportieren die Leistung der Kraftwerke zu den Umspannwerken in den Verbrauchsschwerpunkten.
Nach den "VDEW-Begriffsbestimmungen" werden folgende Spannungsbereiche unterschieden:

Fortsetzung siehe Seite 18

sorgungsunternehmen hohe finanzielle Vorleistungen zu erbringen [1]. Hinzu kommt, daß die mit zunehmender Leistungsgröße im Erzeugungs-, Übertragungs- und Verteilungsbereich sinkenden spezifischen Kosten und die relativ langen Planungs- und Bauzeiten es nicht gestatten, das Elektrizitätsangebot elastisch und mit wirtschaftlich größten Nutzeffekt dem Bedarf anzupassen [2].

Fortsetzung zu Fußnote

3) Höchstspannung: >150 kV,
Hochspannung: > 60 kV bis ≤150 kV,
Mittelspannung: > 1 kV bis ≤ 60 kV,
Niederspannung: ≥ 1 kV .

Dieser Terminologie wird in den folgenden Ausführungen gefolgt. Vgl. Vereinigung Deutscher Elektrizitätswerke (VDEW) e.V. (Hrsg.): Begriffbestimmungen in der Energiewirtschaft, Bd. 1. T. 4: Begriffsbestimmungen der Energieübertragung und -verteilung, 4. Ausg. 1973, Frankfurt/M. 1974, S. 12f.
Die in der Literatur und Praxis noch vielfach verwendete Beichnung "Hochspannung" für alle Spannungsebenen ≥110 kV ist veraltet und wird hier nicht verwendet.
Der Übertragungsbereich umfaßt das 380- und 220 kV-Netz, teilweise auch noch das 110 kV-Netz; es besteht jedoch die Tendenz, den 110- und 220 kV-Leitungen die Funktion der Großverteilung zu übertragen. Der Stromverteilung sind diejenigen Netze zuzurechnen, die der unmittelbaren Versorgung der Abnehmer dienen: Nieder- und Mittelspannungsnetze (und - vgl. zuvor - in zunehmendem Maße auch 110- und 220 kV-Leitungen). Ein Netzaufbauschema der öffentlichen Elektrizitätsversorgung ist in Abbildung 3 wiedergegeben. (Zum Begriff "öffentliche Elektrizitätsversorgung" siehe die Ausführungen in Kapitel A. II. 1.). Auf den hier dargestellten Netzaufbau wird im weiteren Bezug genommen.

Fortsetzung siehe Seite 19, Fußnote 1) u. 2) siehe Seite 20

Fortsetzung zu Fußnote

3)

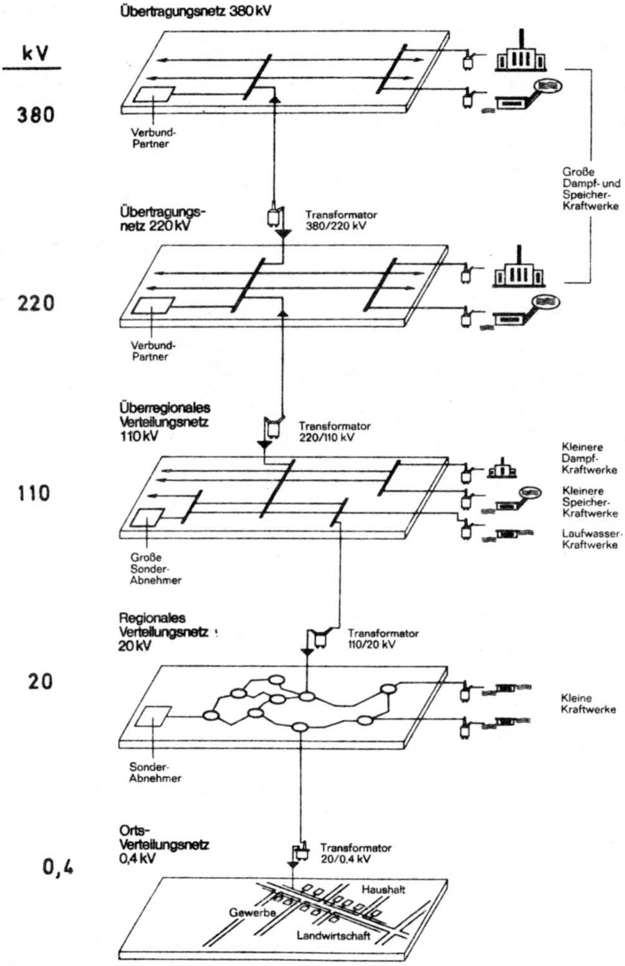

Abbildung 3: Netzaufbau der öffentlichen Elektrizitätsversorgung.+)

+) Die Vorlage ist d. Verf. vom Badenwerk AG , Karlsruhe, dankenswerterweise zur Verfügung gestellt worden.

Die Reservehaltung ist in der Elektrizitätswirtschaft auch aus folgenden Gründen besonders umfangreich. Da im allgemeinen die Belastung durch die jährlichen Verbrauchssteigerungen zunimmt, würden sich z.B. jährlich ändernde Werte der wirtschaftlichen Auslegungsparameter der Anlagen ergeben. Anlagen oder Anlagenteile können aber wegen der hohen Änderungskosten nicht jedes Jahr ausgewechselt werden. Außerdem sind z.B. die Querschnitte der Leitungen und die Transformatorenleistungen in größeren "Sprüngen" genormt. Aus diesem Grund kann die Größe der Erzeugungs- und Transportanlagen nicht nur für einen kurzfristigen Zeitabschnitt bemessen, sondern muß für einen mittel- bis langfristigen Zeitraum [1)] festgelegt werden. Das wirtschaftliche Optimum der Erzeugungs- und Transportkapazitäten ist dann nur in einem bestimmten Zeitbereich vorhanden und kommt einerseits durch die Zuwachsreserve und andererseits durch höhere Übertagungsverluste infolge der über der wirtschaftlichen Leistung liegenden Bemessung nicht zur Geltung. Die sich durch die "Investitionssprünge" ergebende Reserve (auch als Zuwachsreserve bezeichnet), die allerdings nur eine fiktive Reserve ist, nimmt entsprechend der Leistungssteigerung des Verbrauchs bis zum nächsten "Investitionssprung" von Jahr zu Jahr ab. Für große

---

Fußnote 1) und 2) von Seite 18

1) Vgl. Junghans, H.-J.: Zur leitungsgebundenen Energiewirtschaft, in: Energie - Leistungen, Prognosen, Alternativen, Stuttgart 1972, S. 38f.

2) Vgl. Kruse, J.: Energiewirtschaft; Struktur und Wachstum, Reihe Industrie, H. 16, Berlin-München 1972, S. 210.

1) Betriebswirtschaftliche und energiewirtschaftliche Terminologie der Planungszeiträume sind nicht identisch. Als kurzfristige Zeiträume gelten in der Energiewirtschaft Zeitspannen von 2 und 3 Jahren, als mittelfristig 3 bis 10 Jahre und als langfristig 10 bis 30 Jahre. Die Zeiträume werden in der energiewirtschaftlichen Literatur und Praxis uneinheitlich und relativ je nach dem Ziel der Überlegungen abgegrenzt. Zum Planungsinhalt der jeweiligen Planungszeiträume siehe auch Erdmann, B.: Methoden und Grenzen technologischer Prognosen in der Energiewirtschaft, Mannheim 1974 (masch.-schr. Ms.; Veröff. in Vorb.).

Netze [1] ergibt sich dabei praktisch ein fester, im Zeitablauf nur gering ändernder Wert der Zuwachsreserve [2].
Bei der Kapitalintensität der Stromversorgung ist die "richtige Bemessung der jeweils notwendigen Erzeugungs- und Übertragungsreserven eine der schwierigsten und wichtigsten Aufgaben des Versorgungsunternehmens" [3].

Die Leitungsgebundenheit der Elektrizitätslieferung macht es erforderlich, daß die Verbraucher über Übertragungs- und Verteilungsnetze mit den Kraftwerken verbunden sind, wobei für die Elektrizitätsversorgungsunternehmen die gesetzliche Verpflichtung besteht, die Übertragung und Verteilung der elektrischen Leistung über ein leistungsfähiges Netz zu ermöglichen, d.h. konkreter, die nach Zeitpunkt, Zeitdauer, Leistung und Menge unterschiedliche Nachfrage der einzelnen Verbraucher voll zu befriedigen. Im Gegensatz zu den meisten anderen Wirtschaftsbereichen verlangt in der Elektrizitätswirtschaft der Transport des erzeugten Wirtschaftsgutes vom Erzeugungsort bis zum Verbraucher Investitionen, die durchweg höher liegen als die für die Produktionsanlagen. Wie umfangreich die Netzausbauten sind, läßt sich aus dem Verhältnis der Kosten ablesen: Von der Summe der Investitionen, die jährlich von der öffentlichen Elektrizitätswirtschaft aufgebracht werden muß, entfallen rund $\frac{1}{3}$ auf den Bau von Kraftwerken und rund $\frac{2}{3}$ auf den Ausbau der Netze [4].

---

1) Als Netz wird an dieser Stelle die Gesamtheit der Erzeugungs-, Übertragungs- und Verteilungsanlagen zur Versorgung regionaler oder überregionaler Gebiete verstanden. Auch in der elektrizitätswirtschaftlichen Literatur und Praxis ist diese nicht eindeutige Begriffsabgrenzung üblich, wobei der Begriff einerseits in dieser Auslegung, andererseits lediglich für die elektrischen Transporteinrichtungen verwendet wird.

2) In Anlehung an Solling, H.: Kosten und Preise in der Elektrizitätsversorgung der Bundesrepublik Deutschland, Gräfeling 1971, S. 12.

3) Meysenburg, H.: Die deutsche Elektrizitätsversorgung, Grundsätzliche und zeitnahe Fragen und Aufgaben aus der Sicht des Jahres 1970, Essen 1970, S. 10 (Sonderdruck des gleichnahmigen Aufsatzes des Verfassers im "Jahrbuch für Bergbau, Energie, Mineralöl und Chemie", Essen 1970).

4) So u.a. Vereinigung Deutscher Elektrizitätswerke (VDEW) e.V. (Hrsg.): Die öffentliche Elektrizitätsversorgung im Bundesgebiet einschließlich Berlin (West) 1972, Frankfurt/M. 1973, S. 24.

Aus der Tatsache, daß elektrische Energie wirtschaftlich noch nicht gespeichert werden kann (vgl. oben), resultiert das bereits dargestellte Phänomen der Gleichzeitigkeit von Erzeugung und Verbrauch, wobei der Produktionsprozeß im Kraftwerk dem schwankenden Verbrauch angepaßt werden muß [1]. Diese Anpassung wird durch den Verbundbetrieb der Kraftwerke ermöglicht und durch den Bau leistungsfähiger Hoch- und Höchstspannungsleitungen, an welche die verschiedenen Kraftwerke angeschlossen sind, gesichert.
Unter Verbundbetrieb verstehen R. Schneider und G. Schnaus "den technischen Zusammenschluß von Kraftwerken oder Versorgungsbezirken" [2] und unter Verbundwirtschaft "die wirtschaftliche Zusammenfassung mehrerer Betriebe und Unternehmungen" [3] zu einem umfassenden Versorgungssystem [4]. Der Verbundbetrieb von Kraftwerken hat das Zusammenarbeiten der Elektrizitätsversorgungsunternehmen zwecks wirtschaftlicher Stromerzeugung und die Sicherstellung der Stromversorgung zum Ziel. So kann die Elektrizitäts-

---

1) Siehe dazu etwa Pack, L.: Optimale Produktionsplanung als Entscheidungsproblem, in: ZfB, 40. Jg. (1970), H. 2, S. 67-90. Pack, L., Pauli, B., Meyer, P. und Steinecke, V.: Verfahren zur Optimierung des Einsatzes von Kraftwerksanlagen; AKOR-Schrift Nr. 3, Berlin 1971. Brachmann, H.: Der Energieverbrauch und seine Bedeutung für die kurzfristige Produktionsplanung im Kraftwerk, Diss. Göttingen 1972. Brauer, K.M.: Optimale Produktionsplanung in Kraftwerken, Die simultane Lösung komplexer Lastverteilungsprobleme mit Hilfe der Binären Optimierung, in: ZfB, 43. Jg. (1973), H. 6, S. 421-434. Edelmann, H. und Theilsiefje, K.: Optimaler Verbundbetrieb in der elektrischen Energieversorgung, Berlin-Heidelberg-New York 1974.

2) Schneider, R. und Schnaus, G.: Elektrische Energiewirtschaft. Die Betriebswirtschaft der Elektrizitätsversorgungsunternehmen, Berlin 1936, S. 227.

3) Schneider, R. und Schnaus, G.: ebenda, S. 227.

4) Auf die Entwicklungsmöglichkeit der deutschen Elektrizitätswirtschaft zu einer engeren Verbundwirtschaft wird in Kapitel C. IV. eingegangen.

nachfrage in einem Versorgungsgebiet die Erzeugungsmöglichkeit übersteigen oder untertreffen. Elektrizitätsdefizite müssen daher durch Fremdstrombezug aus einem anderen Versorgungsgebiet gedeckt werden können. Umgekehrt ist man bestrebt, Überschüsse in anderen Absatzgebieten zu verkaufen. Diesen Energietransport zwischen den Absatzgebieten gewährleistet der Verbundbetrieb, der zugleich eine wirtschaftlichere Ausnutzung der Kraftwerke ermöglicht und das Spitzenproblem der einzelnen Versorgungsgebiete auf überregionaler Ebene löst. Zugleich wird damit ein sehr ausgedehntes Netz (Verbundnetz) erforderlich, das die Kraftwerke und Verbrauchsschwerpunkte untereinander verbindet. Das Hoch- und Höchstspannungs-Verbundnetz erfüllt dabei im wesentlichen die folgenden Aufgaben [1)]:

- Ausgleich der Tagesbelastung (Verbrauchsdurchmischung),
- Ausgleich der Jahresbelastung (Wärmekraft, Wasserkraft),
- Ausnutzung minderwertiger Brennstoffe (Braunkohle, ballastreiche Steinkohle),
- Ausnutzung von Laufwasserkraftwerken,
- Wirtschaftlicher Einsatz der Spitzenlast- und Fahrplankraftwerke (Lastverteilung),
- Einsparung von Reserveleistung,
- Spitzenausgleich (Einsatz von hydraulischen Speicherkraftwerken).

Der elektrische Verbundbetrieb weist unter diesen Gesichtspunkten gegenüber der - heute in der öffentlichen Elektrizitätswirtschaft nur noch vereinzelt vorkommenden - isolierten Versorgung (Inselbetrieb) [2)] erhebliche Vorteile auf, die sich insbesondere in einer Kostensenkung und einer Erhöhung der Ver-

---

1) In Anlehnung an Roser, H.: Macht die Atomkraft das Verbundnetz überflüssig?, in: ETZ-A, 78. Jg. (1957), H. 1, S. 2. (Auf die aus heutiger Sicht ungewöhnliche Fragestellung wird in Kapitel C. II. 1. nochmals im Zusammenhang Bezug genommen).

2) Die Betriebsweise eines oder mehrerer Kraftwerke wird dann als Inselbetrieb bezeichnet, wenn durch das/die Kraftwerk(e) ein ganz bestimmtes,

Fortsetzung siehe Seite 24

sorgungssicherheit auswirken [1]. Zur vollen Auswirkung können diese Vorteile jedoch erst bei einem großräumigen und weiterem organisatorischen Ausbau des Verbundbetriebs kommen, d.h. bei Übergang von Verbundbetrieb zur Verbundwirtschaft [2].

Als weiteres wesentliches Strukturmerkmal der Elektrizitätswirtschaft gilt die Standortverteilung der öffentlichen Kraftwerke [3][4]. Ein Überblick zu Grundsätzen der Standortwahl und Standortverteilung von Kraftwerken wird hier aus methodischen Gründen zurückgestellt und im Rahmen einer detaillierten Darstellung behandelt [5].

Fortsetzung zu Fußnote

2) festumrissenes Verbrauchsgebiet mit Elektrizität zu versorgen ist. Im "Inselbetrieb" arbeitende Kraftwerke haben sämtliche im Versorgungsgebiet auftretende Belastungsschwankungen aufzunehmen. Da die Leistung dieser Kraftwerke demzufolge für die im Versorgungsgebiet auftretenden Belastungsspitzen bemessen sein muß und Belastungsspitzen nur kurzzeitig auftreten, ist beim Inselbetrieb a priori eine schlechte Ausnutzung der Kraftwerkskapazität gegeben. Vgl. Klefenz, G.: Die Regelung von Dampfkraftwerken, 2. Aufl., Mannheim-Wien-Zürich 1973, S. 13f.

1) Siehe dazu auch Voelker, A.: Stromversorgung im Inselbetrieb, in: Energie - Leistungen, Prognosen, Alternativen, Stuttgart 1972, S. 208-209.

2) Konkretere Ausführungen dazu finden sich in Kapitel C. IV.

3) So z.B. Arbeitsgemeinschaft deutscher wirtschaftswissenschaftlicher Forschungsinstitute e.V. (Hrsg.): Gegenwärtige Struktur und künftige Entwicklung der öffentlichen Elektrizitätswirtschaft in der Bundesrepublik Deutschland, Ein Gutachten des Energiewirtschaftlichen Instituts an der Universität Köln, Berlin 1964, S. 25f.

4) Zur Abgrenzung "öffentlicher Kraftwerke" von den sog. Eigenanlagen siehe nachfolgende Ausführungen.

5) Siehe Kapitel B. I. 2.

II. Ordnungsfragen der Elektrizitätswirtschaft

1. Energieversorgung im Rahmen öffentlicher Elektrizitätswirtschaft und Eigenerzeugung

Nach funktionalen Kriterien läßt sich eine Abgrenzung der Elektrizitätswirtschaft in die öffentliche Versorgung, die industrielle Eigenversorgung und die Eigenversorgung der Deutschen Bundesbahn vornehmen [1].
In Anlehnung an die Legaldefinition des "Gesetz zur Förderung der Energiewirtschaft" (EnWG) [2] gehören zur öffentlichen Elektrizitätsversorgung alle Unternehmen und Betriebe, die Dritte über den Markt mit Elektrizität versorgen [3]. Rechtsform und Eigentumsverhältnisse der Unternehmen und Betriebe sind für die Zugehörigkeit nicht entscheidend [4].

---

1) Ende 1975 standen in der Bundesrepublik Deutschland 77,5 GW_{el} an Kraftwerks- und Bezugsleistung zur Verfügung. Davon entfielen

- 86 % auf die öffentliche Versorgung,
- 13 % auf die industrielle Eigenversorgung,
- 1 % auf die bahneigene Stromversorgung.

Vgl. Deutsche Verbundgesellschaft (DVG) e.V. (Hrsg.): Die Stromversorgung in der Bundesrepublik Deutschland 1975, Heidelberg 1976 (masch.-schr. Ms.), S. 4.

2) Gesetz zur Förderung der Energiewirtschaft vom 13. Dezember 1935, RGBl. I, S. 1451 (Energiewirtschaftsgesetz-EnWG; in der Literatur teilweise auch als EnergG abgekürzt).

3) "Energieversorgungsunternehmen im Sinne dieses Gesetzes sind ohne Rücksicht auf Rechtsformen und Eigentumsverhältnisse alle Unternehmen und Betriebe, die andere mit elektrischer Energie oder Gas versorgen oder Betriebe dieser Art verwalten (öffentliche Energieversorgung)" § 2 Abs. 2 Satz 1 EnWG.

4) Siehe dazu die folgenden Ausführungen sowie Bergmann, K.: Unternehmensformen in der kommunalen Energieversorgung; Schriftenreihe des Energiewirtschaftlichen Instituts an der Universität Köln, Bd. 4, München 1957,

Fortsetzung siehe Seite 26

Der im Energiewirtschaftsgesetz genannte Begriff "öffentlich" führte in der herrschenden Meinung zu einer öffentlich-rechtlichen [1] und privatrechtlichen [2] Auffassung über die Rechtsnatur der Versorgung mit Elektrizität und Gas. In der energiewirtschaftlichen Praxis dominiert die privatrechtliche Auffassung [3]. Danach ist "öffentliche Versorgung nicht

---

Fortsetzung zu Fußnote

4) S. 13ff. Arbeitsgemeinschaft deutscher wirtschaftswissenschaftlicher Forschungsinstitute e.V. (Hrsg.): Gegenwärtige Struktur und künftige Entwicklung der öffentlichen Elektrizitätswirtschaft in der Bundesrepublik Deutschland, Ein Gutachten des Energiewirtschaftlichen Instituts an der Universität Köln, Berlin 1964, S. 15ff. Zum Begriff "Energieversorgungsunternehmen" siehe auch Evers, H.-U.: Das Recht der Energieversorgung, München 1974, S. 57ff.

1) So u.a. Huber, E.R.: Wirtschaftsverwaltungsrecht, Bd. 1, 2. Aufl., Tübingen 1953, S. 565ff. Friesenhahn, E.: Grundgesetz und Energiewirtschaft, in: Probleme des Energierechts; 1. Vortragsveranstaltung des Instituts für Energierecht an der Universität Bonn am 29./30. Oktober 1956, Frankfurt/M. o.J., S. 12ff. Badura, P.: Verwaltungsrecht im liberalen und sozialen Rechtsstaat; Recht und Staat, H. 328, Tübingen 1966, S. 14.

2) So u.a. Maunz, Th.: Grundfragen des Energiewirtschaftsrechts, in: Verw. Arch., 50. Jg. (1959), H. 4, S. 315ff. Ballerstedt, K.: Energierecht als wissenschaftliche Aufgabe, in: Ballerstedt, K. (Hrsg.): Aktuelle Fragen des Energierechts 1960; Veröffentlichungen des Instituts für Energierecht an der Universität Bonn, H. 1/2, Düsseldorf (1961), S. 12. Fischerhof, H.: Öffentliche Versorgung mit Wasser, Gas, Elektrizität und öffentliche Verwaltung, in: DÖV, 10. Jg. (1957), H. 10, S. 305-316 (als unveränderter Sonderdruck in: ders.: Rechtsfragen der Energiewirtschaft, Bd. 2, Gräfeling 1966, S. 34-65.

3) Vgl. Ladewig, W.: Die Energieversorgungsunternehmen in der Raumordnung, Ein Beitrag zur Rechtsstellung der Energieversorgungsunternehmen im überörtlichen Planungsrecht, Gräfeling 1970, S. 5f. (Diss. Köln 1969).

gleichzusetzen mit öffentlicher Verwaltung. Öffentliche Energieversorgung bedeutet die Allgemeinzugänglichkeit im Sinne einer grundsätzlichen Verpflichtung und Bereitschaft der Versorgungsunternehmen, Energieversorgung für die Allgemeinheit durchzuführen" [1].

Hinsichtlich der Eigentumsverhältnisse in der öffentlichen Elektrizitätsversorgung lassen sich nach dem Gliederungsschema der VDEW folgende Gruppen unterscheiden [2]:

1. "Unternehmen der öffentlichen Hand" - EVU [3] mit 95 % oder mehr Kapital von Bund, Ländern, Landkreisen, Gemeindeverbänden oder Gemeinden (1974: 454 Unternehmen mit ca. 28 % Anteil an der nutzbaren Gesamtabgabe an Verbraucher),

2. "Private Unternehmen" - EVU mit Privatkapital von mindestens 75 % (1974: 142 Unternehmen mit ca. 3 % Anteil an der nutzbaren Gesamtabgabe),

---

1) Brachmann, E.: Regionale Energieversorgung und Raumordnung, in: Energie - Leistungen, Prognosen, Alternativen, Stuttgart 1972, S. 94. Ähnlich auch Schweppenhäuser, H.W.: Elektrizitätswirtschaft, Ein Beitrag zur ideologischen Auseinandersetzung zwischen Privat- und Staatswirtschaft, Diss. Freiburg 1956, S. 36ff. Fischerhof, H.: Öffentliche Versorgung mit Wasser, Gas, Elektrizität und öffentliche Verwaltung, in: DÖV, 10. Jg. (1957), H. 10, S. 306f. (als unveränderter Sonderdruck in: ders.: Rechtsfragen der Energiewirtschaft, Bd. 2, Gräfeling, S. 37ff.) Buderath, J.: Die Ordnungspolitik in der deutschen Elektrizitätswirtschaft, Bad Homburg v.d.H. 1962, S. 65ff. Fischerhof, H.: "Daseinsvorsorge" und technische Gemeinleistungen als Probleme der Gesellschafts- und Rechtspolitik, in: Universitas, 27. Jg. (1972), H. 12, S. 1323-1330.

2) Vgl. Vereinigung Deutscher Elektrizitätswerke (VDEW) e.V. (Hrsg.): Die öffentliche Elektrizitätsversorgung im Bundesgebiet einschließlich Berlin (West) 1974, Frankfurt/M. 1975, S. 12f.

3) EVU = Elektrizitätsversorgungsunternehmen (in der Literatur teilweise als EltVU abgekürzt).

3. "Gemischtwirtschaftliche Unternehmen" - EVU mit einem Anteil der öffentlichen Hand von weniger als 95 % und des Privatkapitals von weniger als 75 % (1974: 93 Unternehmen mit ca. 60 % Anteil an der nutzbaren Gesamtabgabe).

Die zuletzt genannte Gruppe der gemischtwirtschaftlichen Unternehmen, hat in den letzten Jahren erheblich an Bedeutung zugenommen. Bei dem hohen Kapitalbedarf der Elektrizitätsversorgung wird es für die öffentliche Hand zunehmend schwieriger, die erforderlichen Mittel für Investitionen - durch Kapitalerhöhungen und auf dem Kapitalmarkt - zu beschaffen. Damit hat sich die Tendenz verstärkt, diese Unternehmen in gemischtwirtschaftliche Unternehmen umzuwandeln oder in bestehenden gemischtwirtschaftlichen Unternehmen den Anteil des Privatkapitals zu erhöhen [1].

Die oben genannte Legaldefinition wird nicht nur zur positiven Begriffsbestimmung der öffentlichen Elektrizitätsversorgungsunternehmen verwendet, sondern auch in Konsequenz zur negativen Abgrenzung zu denjenigen Unternehmen und Betrieben, welche der Eigenversorgung mit Elektrizität und Wärme dienen [2]. Rechtlich wird die Unterscheidung zwischen Elektrizitätsversorgungsunternehmen und Eigenerzeugern (Eigenanlagen) durch die "Fünfte Verordnung zur Durchführung des Gesetzes zur Förderung der Energiewirtschaft" (EnWGDV) [3] als gewerberechtliche "lex specialis" für die Energie-

---

1) Zur tendenziellen Entwicklung vgl. Edelmann, E.: VDEW-Untersuchung über die Anzahl der EVU in der Bundesrepublik Deutschland - Stand Anfang 1971, in: Elektrizitätswirtschaft, 70. Jg. (1971), H. 16, S. 487-489. Vereinigung Deutscher Elektrizitätswerke (VDEW) e.V. (Hrsg.): Die öffentliche Stromversorgung im Bundesgebiet einschließlich Berlin (West) 1972, Frankfurt/M. 1973, S. 9f. ders.: Die öffentliche Stromversorgung im Bundesgebiet einschließlich Berlin (West) 1974, Frankfurt/M. 1975, S. 12f.

2) So u.a. Lukes, R.: Die Benutzung öffentlicher Wege zur Fortleitung elektrischer Energie, Frankfurt/M. 1973, S. 12f. Kritisch dazu Evers, H.-U.: Das Recht der Energieversorgung, München 1974, S. 59.

3) Fünfte Verordnung zur Durchführung des Gesetzes zur Förderung der Energiewirtschaft vom 21. Oktober 1940, RGBl. I, S. 1391 (EnWGDV).

wirtschaft geregelt [1].
Als Eigenanlagen gelten insbesondere industrielle Kraftwerke. Diese unterscheiden sich in wirtschaftlicher [2] Hinsicht von den Kraftwerken der öffentlichen Elektrizitätsversorgung dadurch, daß sie den Eigenbedarf (industrielle Eigenversorgung) decken sollen und primär nicht zum Zweck der Versorgung Dritter errichtet werden. Zwar haben die industriellen Kraftwerke einen erheblichen Anteil an der gesamten Stromeinspeisung in das öffentliche Netz [3], jedoch handelt es sich hierbei vorwiegend um überschüssigen Strom, der entweder nicht für den Eigenbedarf verwendet werden kann [4] oder der Zweck der Einspeisung in das öffentliche Netz liegt in der Verbesserung der Wirtschaftlichkeit der Eigenanlagen [5].

---

1) "Eigenanlagen im Sinne dieser Verordnung sind Anlagen zur Erzeugung von Elektrizität oder Gas oder andere gleichzuachtende Energieerzeugungsanlagen in Unternehmen und Betrieben die nicht Energieversorgungsunternehmen im Sinne von § 2 Abs. 2 Satz 1 des Energiewirtschaftsgesetzes sind". So § 1 EnWGDV.
Siehe dazu auch Körfer, C. und Malzer, G.: Die Eigenanlagen im westdeutschen Energierecht; V.I.K.-Bericht, Nr. 73, Essen 1958.

2) Zur technischen Abgrenzung sei auf die hier passim genannte Literatur der Kraftwerkstechnik verwiesen.

3) Das Netz der öffentlichen Versorgung ist die Gesamtheit der Leitungen und Anlagen zum Transport elektrischer Energie, die von Unternehmen der öffentlichen Elektrizitätsversorgung betrieben werden. Vgl. Vereinigung Deutscher Elektrizitätswerke (VDEW) e.V. (Hrsg.): Begriffsbestimmungen in der Energiewirtschaft, Bd. 1, T. 4: Begriffsbestimmungen der Elektrizitätsübertragung und -verteilung, 4. Ausg. 1973, Frankfurt/M. 1974, S. 10.

4) Vgl. Körfer, C.: Die Stromerzeugung der westdeutschen Industrie und die Bedeutung der Zechenstromwirtschaft, Berlin 1963, S. 178f.

5) Vgl. Körfer, C.: ebenda, S. 172f.

Die Eigenversorgung der Deutschen Bundesbahn umfaßt die bundesbahneigenen Kraftwerke und die in den öffentlichen Kraftwerken für die Bundesbahn arbeitenden Generatoren [1].

Die vorliegende Untersuchung beschränkt sich auf die öffentliche Elektrizitätswirtschaft. Die industrielle Eigenversorgung und die Eigenversorgung der Deutschen Bundesbahn bleiben im allgemeinen [2] außer Betracht. Industrielle und bahneigene Stromversorgung sind von den öffentlichen Elektrizitätsversorgungsunternehmen insoweit zu berücksichtigen, als Industrieunternehmen und die Deutsche Bundesbahn sich zunehmend an "Gemeinschaftskraftwerken" [3] beteiligen [4] und die Standortplanungen der öffent-

---

1) Die Bundesbahn kann ihre Maschinen nicht an das öffentliche Netz anschließen, da das öffentliche Netz eine andere Frequenz (50 Hz) liefert, als sie von den Maschinen der Bundesbahn benötigt wird ($16\frac{2}{3}$ Hz).

2) An gegebener Stelle wird kurz auf die Bedeutung des zukünftigen industriellen Einsatzes nuklear erzeugter Prozeßwärme eingegangen. Besondere Beachtung findet in dieser Untersuchung jedoch das Problem der nuklearen Sicherheit der vorwiegend in Ballungsgebieten geplanten industriellen Kernkraftwerke.

3) "Das Gemeinschaftskraftwerk ist eine gesellschaftsrechtliche Sonderform einer Kraftwerksgesellschaft; es ist kein besonderer Kraftwerkstyp im technischen Sinne. Die Bezeichnung 'Gemeinschaftskraftwerk' ist ein vergleichbarer Ausdruck für das schweizerische 'Partnerwerk' und die französische bzw. belgische 'Centrale Commune'". Reuter, E.: Ein Beitrag zu Fragen der Gemeinschaftskraftwerke, in: Elektrizitätswirtschaft, 65. Jg. (1966), H. 21, S. 641.

4) Siehe dazu etwa Kruse, J.: Energiewirtschaft; Struktur und Wachstum, Reihe Industrie, H. 16, Berlin-München 1972, Tabelle 62. o.V.: Neue Kernkraftwerke in der Bundesrepublik Deutschland, in: atw, 20. Jg. (1975), H. 3, S. 135-151. o.V.: Neue Kernkraftwerke in der Bundesrepublik Deutschland, in: atw, 21. Jg. (1976), H. 3, S. 114-131.

lichen Versorgungsunternehmen dadurch gewisse Modifikationen erfahren können [1]. Darüberhinaus sind in langfristiger Hinsicht industrielle Kernkraftwerke bezüglich einer räumlichen Massierung nuklearer Leistung zu berücksichtigen [2].

2. Ordnungspolitische Rahmenbedingungen der öffentlichen Elektrizitätswirtschaft

Aufgrund der technischen und wirtschaftlichen Besonderheiten kann die öffentliche Elektrizitätswirtschaft (und Gaswirtschaft; vgl. oben) ihre Versorgungsaufgabe nicht nach Maßstäben einer freien Wettbewerbswirtschaft durchführen [3]. Den technischen und wirtschaftlichen Besonderheiten mußte daher die Gestaltung der Rechtsverhältnisse [4] in der öffentlichen Elektri-

---

1) Vgl. Reuter, E.: Ein Beitrag zu Fragen der Gemeinschaftskraftwerke, in: Elektrizitätswirtschaft, 65. Jg. (1966), H. 21, S. 643. Holzamer, B.: Kernenergie - heute und morgen, in: Shell Spiegel, 34. Jg. (1968), H. 8, S. 18. Siehe dazu auch z.B. Löhle, H.: Der Weg zum Gemeinschaftskernkraftwerk Neckar (GNK), in: atw, 17. Jg. (1972), H. 8, S. 408.

2) Auf diese Probleme wird an verschiedenen Stellen im Rahmen der Kapitel B. II. und B. III. eingegangen.

3) Vgl. etwa Wessels, Th.: Die Stellung der Energiewirtschaft in der Wettbewerbswirtschaft, in: Tagungsberichte des Energiewirtschaftlichen Instituts (Universität Köln), H. 10: Die Energiewirtschaft im Wettbewerb, München 1959, S. 51ff. Buderath, J.: Die Ordnungspolitik in der deutschen Elektrizitätswirtschaft, Bad Homburg v.d.H. 1962, S. 134. Diese Auffassung ist teilweise umstritten. Siehe dazu die Ausführungen in Kapitel C. IV.

4) "Die gesellschaftliche und wirtschaftliche Bedeutung des Rechts der öffentlichen Versorgung mit Strom und Gas ist in der Schlüsselfunktion begründet, die eine jederzeit ausreichende, sichere und preisgünstige Energieversorgung für den technischen, wirtschaftlichen und sozialen Fortschritt hat". Evers, H.-U.: Das Recht der Energieversorgung, München 1974, S. 6.

zitätsversorgung (und Gasversorgung) Rechnung tragen [1]. Die Grundsätze, nach denen die Versorgung mit Elektrizität (und Gas) erfolgen soll, haben ihre gesetzliche Regelung im "Gesetz zur Förderung der Energiewirtschaft" gefunden [2].

Über Ziele und Zwecke des Energiewirtschaftsgesetzes wird in der Präambel zum Gesetz zusammenfassend der Grundsatz aufgestellt, "...die Energieversorgung so sicher und billig wie möglich zu gestalten..." [3]. Damit sind energiewirtschaftliche und energiepolitische Ziele gesetzt, die das Handeln der Elektrizitätsversorgungsunternehmen bestimmen sollen [4].

---

1) Energiewirtschaftsrechtliche Darstellung zur Entwicklung ordnungspolitischer Eingriffe geben u.a. Buderath, J.: Die Ordnungspolitik in der deutschen Elektrizitätswirtschaft, Bad Homburg v.d.H. 1962, S. 16ff. Melchinger, E.: Ausschnitte aus der Entwicklung des deutschen Energierechts, in: Vereinigung Deutscher Elektrizitätswerke (VDEW) e.V. (Hrsg.): Das Zeitalter der Elektrizität, 75 Jahre Vereinigung Deutscher Elektrizitätswerke, Frankfurt/M. (1967), S. 183-194. Evers, H.-U.: Das Recht der Energieversorgung, München 1974, S. 24ff. Küster, E.: Ordnungsprobleme der Elektrizitätswirtschaft, Diss. Braunschweig 1974. Gröner, H.: Die Ordnung der deutschen Elektrizitätswirtschaft; Wirtschaftsrecht und Wirtschaftspolitik, Bd. 41, Baden-Baden 1975.

2) Siehe Gesetz zur Förderung der Energiewirtschaft vom 13. Dezember 1935, RGBl. I, S. 1451 (Energiewirtschaftsgesetz - EnWG). Das Gesetz gilt als Bundesrecht gem. Art. 125 i.V. mit Art. 74 Ziff. 11 GG fort, soweit es nicht diesem widerspricht.
Energiewirtschaft im Sinne des EnWG ist die Elektrizitäts- und Gasversorgung (§ 1 Abs. 1 EnWG); die Fernwärmeversorgung unterliegt hingegen nicht den Vorschriften des Energiewirtschaftsgesetzes (siehe dazu unten).

3) Hervorhebung nicht im Original.

4) In diesem Zusammenhang genügt es, die Darstellung auf die für die weiteren Ausführungen grundlegenden Bestimmungen des Energiewirtschaftsgesetzes zu beschränken. Spezielle Rechtsgrundlagen der nuklearen Energieerzeugung und der Standortwahl für Kernkraftwerke werden im Rahmen des atomrechtlichen Genehmigungsverfahrens behandelt. Siehe Kapitel B. II. 3. - ad 1. Maßnahmen im Bereich gesetzlicher Regelungen und Genehmigungsverfahren.

Die Erfüllung der Forderung "sicher" ist zunächst eine Ingenieuraufgabe, jedoch nicht ausschließlich, wie es teilweise in der technisch orientierten Literatur zum Ausdruck gebracht wird. Kommentare zum Energiewirtschaftsgesetz erweitern die Grundforderung des Gesetzestextes durch den Begriff "ausreichend" [1] und O. Vas präzisiert: "...daß dem Verbraucher zu jeder Zeit die für seine Zwecke erforderliche Strommenge mit der nötigen Leistung und Spannung sicher zur Verfügung steht" [2]. Die Forderung nach einer "ausreichenden" Stromversorgung hängt mit einer "sicheren" Versorgung eng zusammen. Übersteigt der Leistungsbedarf die Leistungsfähigkeit der Erzeugungs- oder Transportanlagen, so resultieren Überlastungen, die zu Störungen und damit zu Unterbrechungen der Stromversorgung in mehr oder weniger großen Gebieten führen, d.h. die Sicherheit der Versorgung wird geringer [3]. Ebenso versteht W. Paasch die oben genannten Forderungen nicht als zusätzliche Forderungen, sondern als Ergänzung und Erläuterung wenn er bemerkt: "...'sicher' bedeutet nicht nur 'jederzeit' und 'unterbrechungslos', sondern auch 'ausreichend' zu jeder Zeit" [4].
Sieht man hier von der "politischen Sicherheit" [5] der Energieversorgung ab,

---

1) Vgl. z.B. Eiser, E., Riederer, J. und Obernolte, W.: Energiewirtschaftsrecht (Kommentar), München, Stand 1973, S. I 37.

2) Vas, O.: Wege und Ziele der österreichischen Elektrizitätswirtschaft, Wien 1952, S. 96.

3) Vgl. Boll, G.: Entstehung und Entwicklung des Verbundbetriebs in der deutschen Elektrizitätswirtschaft bis zum europäischen Verbund, Frankfurt/M. 1969, S. 155.

4) Paasch, W.: Praktische EVU-Technik, Gräfeling 1971, S. 2

5) Förster, K.: Allgemeine Energiewirtschaft, 2. Aufl., Berlin 1973, S. 195. Zur Frage der "politischen Sicherheit" in der Energiewirtschaft siehe etwa Wessels, Th.: Die Sicherheit der nationalen Versorgung als Ziel der Wirtschaftspolitik, in: ZfgdSt, Bd. 120 (1964), S. 602-617. Wessels, Th.: Sichere Energie durch gute Außenpolitik, Zur aktuellen Problematik der Energiewirtschaftspolitik, in: Wirtschaftsdienst, 45. Jg. (1965), H. 5, S. 237-240. Fischer, K.-D.: Die Sicherheit der Energieversorgung, Grundsätzliche und aktuelle Probleme, in: Oel, 5. Jg. (1967), H. 11, S. 367-375.

Fortsetzung siehe Seite 34

so bedeutet Energie "sicher" zu liefern dabei zunächst, technische Störungen und Ausfälle [1] der Erzeugungs-, Übertragungs- und Verteilungsanlagen zu verhindern [2].

Die Forderung der "Sicherheit" erstreckt sich weiterhin darauf, die gegenwärtigen Leistungsanforderungen der Verbraucher zu befriedigen und neue Verbraucher an das Netz anzuschließen. Neben der jederzeitigen Deckung der gegenwärtigen Stromnachfrage muß unter dem Gesichtspunkt der Sicherheit auch die zukünftige Bedarfsdeckung verstanden und in Ver-

---

Fortsetzung zu Fußnote

5) Burchard, H.J.: Sichere Energie - preiswerte Energie - ein energiepolitischer Zielkonflikt?; Kieler Vorträge, N.F., H. 53, Kiel 1968, S. 8ff. Förster, K.: Allgemeine Energiewirtschaft, 2. Aufl., Berlin 1973, S. 195ff. Schneider, H.K.: Die Entwicklung und Sicherung unserer Energiebasis bis zur Mitte des kommenden Jahrzehnts, in: Tagungsberichte des Energiewirtschaftlichen Instituts (Universität köln), H. 17: Die Energiewirtschaft in ihrer ökonomischen und sozialen Umwelt 1975-1985, München 1974, S. 69ff.

1) Von K. Förster als "technische Sicherheit" bezeichnet. Vgl. Förster, K.: Allgemeine Energiewirtschaft, 2. Aufl., Berlin 1973, S. 193.
Zu den rechtlichen Grundlagen und Regelungen zur Gewährleistung der technischen Sicherheit siehe Evers, H.-U.: Das Recht der Energieversorgung, München 1974, S. 103ff.

2) Die (technische) Sicherheit eines Systems zur Erzeugung, Übertragung und Verteilung elektrischer Leistung ist abhängig von der Ausfallwahrscheinlichkeit der einzelnen Systemelemente und von der Reservehaltung (Störungs- und Zuwachsreserven), die in kausalem Zusammenhang mit der Anzahl und Leistungsfähigkeit der Erzeugungsanlagen und der Netzkonfiguration, d.h. Vermaschung, Anzahl der parallelen Leitungen, Anzahl der (unterschiedlichen) Spannungsebenen, Leitungslängen resp. Stationsabstände etc., steht.
Neben diese "allgemeine" technische Sicherheit, tritt bei Kernkraftwerken die zusätzliche Forderung nach "nuklearer Sicherheit". Siehe zum Begriff die Ausführungen in Kapitel B. II. 1.

bindung damit die voraussichtliche Steigerung des Bedarfs zur Vermeidung von Engpässen in der Stromversorgung einkalkuliert werden [1]. Da die zukünftigen Anforderungen der Verbraucher den gegenwärtigen Investitionsumfang bestimmen, steht die Elektrizitätswirtschaft bei dem weiterhin zu erwartenden steigenden Strombedarf unter einem ständigen Investitionszwang, um ihre Aufgaben erfüllen zu können.

Die zweite Grundforderung nach "billiger" Elektrizitätsversorgung kann jedoch nur relativ sein. Sie steht im Zielkonflikt mit der Sicherheit; die billigste Versorgung wird niemals die sicherste sein und umgekehrt [2]. Es kann also keine absolute Minimierung auf das Ziel der Billigkeit hin geben, sondern nur eine Optimierung auf ein Kriterium, welches den Zielkonflikt beachtet. Dabei darf die Sicherheit nicht überbewertet werden. Der Grundsatz "so sicher wie nötig und so billig wie möglich" dürfte den tatsächlichen Bedürfnissen besser gerecht werden als die häufig vertretene These "so sicher wie möglich und so billig wie nötig" [3]. Unter volkswirtschaftlichem Aspekt besteht das Ziel der Billigkeit der Energieversorgung darin, "diejenige Entwicklung des Energiesektors durchzusetzen, welche es ermöglicht, den aktuellen und künftigen Energiebedarf mit minimalen volkswirtschaftlichen Gesamtkosten auf lange Zeit zu decken" [4].

---

1) Vgl. Förster, K.: Allgemeine Energiewirtschaft, 2. Aufl., Berlin 1973, S. 194.

2) W. Müller-Michaelis spricht in diesem Zusammenhang von der "Scheinantinomie zwischen sicherheitsmaximaler und kostenminimaler Energieversorgung". Müller-Michaelis, W.: Die Integration der westeuropäischen Energiemärkte; Wirtschaftspolitische Studien aus dem Institut für Wirtschaftspolitik der Universität Hamburg, H. 16, Göttingen 1968, S. 75.

3) Steinecke, H.: Tendenzen in der Elektrizitätswirtschaft in den USA, in: Elektrizitätswirtschaft, 67. Jg. (1968), H. 7, S. 163.

4) Schneider, H.K.: Konzeption einer Energiewirtschaftspolitik, in: Burgbacher, F. (Hrsg.): Ordnungsprobleme und Entwicklungstendenzen in der deutschen Energiewirtschaft; Festschrift für Theodor Wessels zur Vollendung seines 65. Lebensjahres, Essen 1967, S. 26. H.K. Schneider nimmt hierbei bezug auf: Commissariat Général du Plan, IVe Plan, 1962-1965, Rapport Général de la Commission de l'Energie, Paris 1961, S. 33.

Das erfordert auch "optimale Anteile der einzelnen Energieträger an der künftigen Bedarfsdeckung und die optimale Struktur jedes einzelnen Produktionsbereiches" [1]. "Unter volkswirtschaftlichen Gesichtspunkten läßt sich das Prinzip der technischen Sicherheit mit der Billigkeit vereinen: Eine im Sinn der technischen Sicherheit vollkommene Energieversorgung wird auch volkswirtschaftlich am billigsten arbeiten, weil sie Mangellagen in der Energieversorgung mit allen ihren nachteiligen Folgen ausschließt" [2].

Zu den wichtigsten produktions- und absatzpolitischen Auflagen des Energiewirtschaftsgesetzes gehört die als Kontrahierungszwang festgelegte "Allgemeine Anschluß- und Versorgungspflicht" [3] nach § 6 EnWG.

---

1) Schneider, H.K.: Konzeption einer Energiewirtschaftspolitik, in: Burgbacher, F. (Hrsg.): Ordnungsprobleme und Entwicklungstendenzen in der deutschen Energiewirtschaft; Festschrift für Theodor Wessels zur Vollendung seines 65. Lebensjahres, Essen 1967, S. 26.

2) Förster, K.: Allgemeine Energiewirtschaft, 2. Aufl., Berlin 1973, S. 195.
Der ausgedehnte Netzzusammenbruch ("Black-out") in den USA am 9. November 1965 hat diesen Zusammenhang drastisch bestätigt. Siehe Cuénod, M.: Der Netzzusammenbruch in den USA, in: Bull. SEV/VSE, 57. Jg. (1966), H. 5, S. 212-216. Henney, K.-A.: Große Kraftwerksblöcke im Stromverbund, in: Elektrizitätswirtschaft, 66. Jg. (1967), H. 8, S. 176f.

3) Die Vorschriften des Energiewirtschaftsgesetzes (EnWG) sind auf die Fernwärmeversorgung - auch sinngemäß - nicht anwendbar. Der Anschluß an die Fernwärmeversorgung und die Lieferung von Wärme erfolgen entweder nach "Allgemeinen Lieferbedingungen" in Verbindung mit einer Tarifordnung oder nach Sonderabnahmeverträgen. Bei den im Bereich der Fernwärmeversorgung üblicherweise, in Anlehnung an die Elektrizitätsversorgung, verwendeten Termini, wie "Tarif", "Tarifordnung", "Tarifpreise", handelt es sich daher auch nicht um Rechtsbegriffe mit Verordnungscharakter. Vgl. Sondermann, R.: Der Wärmelieferungsvertrag, Frankfurt/M. 1967 (Diss. Köln 1967). Börner, B.: Rechtsfragen des Wärmelieferungsvertrags; Veröffentlichungen des Instituts für Energierecht an der Universitätk Köln, H. 29, Düsseldorf 1971. Vereinigung Deutscher Elektrizitätswerke (VDEW) e.V. (Hrsg.): Fernwärmeversorgung aus Heizwerken - Planung, Bau und Betrieb, Frankfurt/M. 1973, S. 37ff. und S. 142ff.

Für die Elektrizitätsversorgungsunternehmen besteht hierdurch in ihrem Versorgungsgebiet die Verpflichtung, jedermann im Rahmen des "Zumutbaren" an ihr Versorgungsnetz anzuschließen und zu versorgen (§ 6 Abs. 1 EnWG). Aus dieser gesetzlich festgelegten Versorgungspflicht entsteht in logischer Konsequenz ein gesetzlich festgelegter Investitionszwang. Daraus folgt: "Nicht die EVU, sondern ihre Abnehmer entscheiden de facto darüber, w a n n und in welchem M i n d e s t u m f a n g neu investiert bzw. erweitert werden muß" [1]. Die Energieversorgungsunternehmen haben somit nicht nur den einzelnen Anspruch auf Anschluß und Versorgung zu erfüllen, sondern müssen weiterhin auch diejenigen technischen Einrichtungen und finanziellen Voraussetzungen schaffen, die sie in die Lage versetzen, der Anschluß- und Versorgungspflicht in ihrem Versorgungsgebiet nachzukommen [2].
Für die Kraftwerks- und Netzplanung bedeutet diese Verpflichtung, daß die Erzeugungs- und Netzanlagen

1. rechtzeitig installiert

und

2. ausreichend dimensioniert

---

1) Schneider, H.K.: Das Investitionsproblem in der Energiewirtschaft, in: ZfhF, N.F., 6. Jg, (1954), S. 595.

2) Hierin unterscheidet sich die Elektrizitätswirtschaft grundsätzlich von anderen Industriebereichen, die bei Verknappung mit Lieferfristen operieren können. Es zeigt sich hier aber auch der Unterschied zwischen Verkehrsbetrieben und Energieversorgungsunternehmen (vgl. die in Kapitel A. I. 2. genannte betriebstypologische Einteilung von K. Mellerowicz: Kosten und Kostenrechnung, Bd. 1: Theorie der Kosten, 4. Aufl., Berlin 1963, S. 161). Zwar besteht für einen Verkehrsbetrieb ebenfalls die grundsätzliche Verpflichtung jede auftauchende Nachfrage zu befriedigen, jedoch ist dieser in der Lage, eine Belastungsspitze, die seine Kapazität überschreitet, einfach unbefriedigt zu lassen oder zumindest zeitlich so zu verschieben, bis in der Zwischenzeit die übrige Belastung zurückgegangen ist, d.h. die Gesamtbelastung eine bestimmte Höhe nicht überschreitet. Dieses Verhalten ist bei einem Energieversorgungsunternehmen nicht möglich. Die gesetzliche Verpflichtung, jede auftauchende Nachfrage im Augenblick des Auftretens auch zu befriedigen, bedeutet, daß eine zeitliche Verschiebung nicht in Frage kommt.

Fortsetzung siehe Seite 38

sein müssen [1]. Daher wird häufig, insbesondere vom technischen Standpunkt aus, die These vertreten, möglichst frühzeitig zu investieren und bei der Auslegung der Kraftwerks- und Netzanlagen nicht "kleinlich" vorzugehen, um die Versorgungspflicht des Elektrizitätsversorgungsunternehmens, die in jedem Zeitpunkt die Anpassung der Stromerzeugung an die von den Abnehmern vorgegebene Bedarfskurve erfordert, nicht zu gefährden [2].

Besteht einerseits eine Anschluß- und Versorgungspflicht seitens der Elektrizitätsversorgungsunternehmen, so kann andererseits aus dem Wortlaut des § 6 Abs. 1 EnWG, in dem ein "bestimmtes Gebiet" angedeutet ist, ein Anspruch der Elektrizitätsversorgungsunternehmen auf den Schutz ihrer Versorgungsgebiete abgeleitet werden [3]. Hieraus resultiert ein

---

Fortsetzung zu Fußnote

2) Vgl. Seidenfus, H.St.: Verkehrsmärkte - Marktform, Marktbeziehung, Marktverhalten; Veröffentlichungen der List Gesellschaft e.V., Bd. 14, Basel-Tübingen 1959, S. 99ff. und S. 116ff. Feneberg, K. Tarifierungsprinzipien in der Elektrizitätswirtschaft, Diss. Berlin 1960, S. 13f.

1) Vgl. Paasch, W.: Praktische EVU-Technik, Gräfeling 1971, S. 11ff.

2) So u.a. Boll, G.: Entstehung und Entwicklung des Verbundbetriebs in der deutschen Elektrizitätswirtschaft bis zum europäischen Verbund, Frankfurt/M. 1969, S. 155.
Ähnlich aus der Sicht der Bedarfsprognose auch W. Stahringer: "Den zukünftigen Strombedarf zu überschätzen, wird in der Regel das kleinere Übel sein, weil der Stromverbrauch eines Tages doch ein Ausmaß erreichen wird, das der Kapazität der Versorgungsanlage entspricht". Stahringer, W.: (Planung in ausgewählten Wirtschaftsbereichen:) Elektrizitätswirtschaft, in: Plitzko, A. (Hrsg.): Planung ohne Planwirtschaft, Frankfurter Gespräch der List Gesellschaft 7./9. Juni 1963; Veröffentlichungen der List Gesellschaft e.V., Bd. 34, Basel-Tübingen 1964, S. 106.

3) So u.a. Buderath, J.: Die Ordnungspolitik in der deutschen Elektrizitätswirtschaft, Bad Homburg v.d.H. 1962, S. 23. Eiser, E., Riederer, J. und Obernolte, W.: Energiewirtschaftsrecht (Kommentar), München, Stand 1973, S. I 175.

Ausschließlichkeitsanspruch (Demarkation) gegenüber anderen Versorgungsunternehmen aufgrund dessen die Vertragspartner sich gegenseitig verpflichten, in dem Gebiet des anderen Partners eine öffentliche Versorgung über feste Leitungswege zu unterlassen. Ergänzt werden die Demarkationsverträge [1] durch Konzessionsverträge [2], nach denen dem Elektrizitätsversorgungsunternehmen durch Vereinbarungen mit Gebietskörperschaften die Benutzung des öffentlichen Wegenetzes und ihrer sonstigen Grundstücke zur Verlegung und zum Betrieb von Leitungen sowie zur Errichtung von Umspanneinrichtungen zum Zweck der öffentlichen Versorgung ausschließlich zur Verfügung steht. Durch das Zusammenwirken beider Vertragsarten ergibt sich zwangsläufig ein regionales Monopol in der Lieferung elektrischer Leistung an den Letztabnehmer [3]. Hinsichtlich der wettbewerbsbeschränkenden Ver-

---

1) Siehe etwa Vetter, O.: Der Demarkationsvertrag im Gefüge der in der Versorgungswirtschaft üblichen Verträge, in: Elektrizitätswirtschaft, 62. Jg. (1963), H. 17, S. 645-651. Evers, H.-U.: Das Recht der Energieversorgung, München 1974, S. 151ff. Gröner, H.: Die Ordnung der deutschen Elektrizitätswirtschaft; Wirtschaftsrecht und Wirtschaftspolitik, Bd. 41, Baden-Baden 1975, S. 319ff.

2) Siehe etwa Evers, H.-U.: Das Recht der Energieversorgung, München 1974, S. 145ff. Sehr ausführlich - und mit einer detaillierten Übersicht über das Schrifttum - zu Inhalt, Problematik und Reformbestrebungen der Konzessionsverträge äußert sich Gröner, H.: Die Ordnung der deutschen Elektrizitätswirtschaft; Wirtschaftsrecht und Wirtschaftspolitik, Bd. 41, Baden-Baden 1975, S. 260ff.

3) Zur Monopolstellung der Elektrizitätsversorgungsunternehmen und der Wettbewerbsverhältnisse in der Energiewirtschaft siehe Fischerhof, H.: Wettbewerb in der Energiewirtschaft und das Gesetz gegen Wettbewerbsbeschränkungen, in: WuW, 9. Jg. (1959), H. 5, S. 328-338 (als unveränderter Sonderdruck in: ders.: Rechtsfragen in der Energiewirtschaft, Bd. 2, Gräfeling 1966, S. 102-116). Wessels, Th.: Die Stellung der Energiewirtschaft in der Wettbewerbswirtschaft, in: Tagungsberichte des Energiewirtschaftlichen Instituts (Universität Köln), H. 10: Die Energiewirtschaft im Wettbewerb, München 1959, S. 42-60. Resch, I.: Preisbildung in der Elektrizitätswirtschaft, Gräfeling 1966, S. 105ff.

Fortsetzung siehe Seite 40

träge (Demarkation, Konzession, Verbund und vertikale Preisbindung [1])) sind jedoch die öffentlichen Elektrizitätsversorgungsunternehmen nach § 103 GWB [2] von der Anwendung der §§ 1, 15, 18 GWB freigestellt. Diese Verträge unterliegen lediglich einer Mißbrauchsaufsicht (§ 104 GWB).

Im Zusammenhang mit der Anschluß- und Versorgungspflicht steht die Beeinflussung der Investitionspolitik unter standortpolitischen und gesamtwirtschaftlichen Gesichtspunkten [3]. "Die Energieversorgungsunternehmen sind verpflichtet, vor dem Bau, der Erneuerung, der Erweiterung oder der Stillegung von Energieanlagen dem Bundeswirtschaftsminister Anzeige zu erstatten" (§ 4 Abs. 1 EnWG). Nach § 4 Abs. 2 EnWG kann eine Untersagung des Vorhabens erfolgen. Damit besitzt der Gesetzgeber praktisch ein Genehmigungsrecht für die Investitionen in der öffentlichen Energiewirtschaft [4].

Fortsetzung zu Fußnote

3) Röper, B. (Hrsg.): Wettbewerbsprobleme der Elektrizitätsversorgung, Der Begriff Monopolgrad; Schriften des Vereins für Socialpolitik, N.F. Bd. 65, Berlin 1972. Brachmann, H.: Das Elektrizitätsversorgungsunternehmen - ein Angebotsmonopolist?, in: Elektrizitätswirtschaft, 74. Jg. (1975), H. 3, S. 53-55. Gröner, H.: Die Ordnung der deutschen Elektrizitätswirtschaft; Wirtschaftsrecht und Wirtschaftspolitik, Bd. 41, Baden-Baden 1975, S. 336ff.

1) Siehe dazu etwa Solling, H.: Kosten und Preise in der Elektrizitätsversorgung der Bundesrepublik Deutschland, Gräfeling 1971, S. 31ff.

2) Gesetz gegen Wettbewerbsbeschränkungen i.d.F. vom 3. August 1973, BGBl. I, S. 37 (Kartellgesetz-GWB).

3) Siehe dazu umfassender Börner, B.: Planungsrecht für Energieanlagen - Vom Liberum Veto zur Planfeststellung; Veröffentlichungen der Akademie für Raumforschung und Landesplanung, Abhandlungen, Bd. 69, Hannover 1973. Evers, H.-U.: Das Recht der Energieversorgung, München 1974, S. 90ff.

4) Zur Problematik dieser Investitionskontrolle bei Kraftwerkszubauten siehe Marnet, Chr., Determann, H.-G. und Stumpf, H.: Kraftwerksbauprogramme und Förderung der Energiewirtschaft, Gedanken zu den Kraftwerkszubauten

Fortsetzung siehe Seite 41

Zusammenfassend kann mit W. Mönig festgestellt werden: "Aus der Sicht der Ordnungspolitik erscheint die Elektrizitätswirtschaft als ein Fremdkörper in einer wettbewerblich organisierten Wirtschaft" [1]. J. Kruse gibt aber zu bedenken: "Die technisch-wirtschaftlichen Besonderheiten machten es notwendig , die Grundprinzipien der freien Marktwirtschaft in der öffentlichen Elektrizitätsversorgung einzuschränken. Diese Einschränkungen sind aber unter volkswirtschaftlichen Aspekten durchaus vertretbar. Dadurch werden Fehlinvestitionen vermieden und ein rationeller Kapitaleinsatz unter gesamtwirtschaftlichen Gesichtspunkten erleichtert, was nicht zuletzt auch den Verbrauchern zugute kommt. Außerdem werden die Möglichkeiten verbessert, jene Mittel zu erwirtschaften, die für weitere Ausbau-, Ersatz- und Rationalisierungsinvestitionen für die Stromerzeugung und -verteilung erforderlich sind. Nur dadurch wird die Elektrizitätswirtschaft in der Lage versetzt, ihre besondere volkswirtschaftliche Aufgabe unter wirtschaftlichen und sozialen Aspekten im Interesse des Gemeinwohls zu erfüllen" [2].

Fortsetzung zu Fußnote

4) in der Bundesrepublik und zum behördlichen Untersagungsrecht nach § 4 EnergG, in: Energie und Technik, 25. Jg. (1973), H. 7, S. 175-181 und 190. Stumpf, H.: Grundsatzfragen der Planung und Ordnung in der leitungsgebundenen Energieversorgung, in: Stumpf, H., Michaelis, H. und Röper, B.: Grundsatzfragen der Planung und Ordnung in der leitungsgebundenen Energieversorgung; Arbeitsgemeinschaft für Rationalisierung des Landes Nordrhein-Westfalen, H. 153, Dortmund 1974, S. 22ff.

1) Mönig, W.: Determinanten des Elektrizitätsangebots und volkswirtschaftliche Kriterien zu seiner Beurteilung; Schriftenreihe des Energiewirtschaftlichen Instituts an der Universität Köln, Bd. 18, München 1975, S. 265.

2) Kruse, J.: Energiewirtschaft; Struktur und Wachstum, Reihe Industrie, H. 16, Berlin-München 1972, S. 212. Ähnlich auch Buderath, J.: Die Ordnungspolitik in der deutschen Elektrizitätswirtschaft, Bad Homburg v.d.H. 1962, S. 134ff. Obernolte, W.: Entwicklungstendenzen in der Elektrizitäts- und Gaswirtschaft und ihre Konsequenzen für Wirtschaft und Staat, in: Energie - Leistungen, Prognosen, Alternativen, Stuttgart 1972, S. 136ff.

III. Energieversorgung als Aufgabe unternehmerischer Planung

1. Begriff und Ausprägung der Unternehmensplanung in der Elektrizitätswirtschaft

Die besonderen Rechts- und Marktverhältnisse in der Elektrizitätswirtschaft erfordern von den Elektrizitätsversorgungsunternehmen die Verantwortung für eine "sichere" und preiswürdige ("billige") Stromversorgung und führen in Konsequenz zu dem vorerwähnten Investitionszwang, der anderen Wirtschaftsbereichen unbekannt ist. Die eingeschränkte autonome Entscheidungsfreiheit der Versorgungsunternehmen hat damit auch spezifische Konsequenzen für den betriebswirtschaftlichen Entscheidungsprozeß [1].
Für die Unternehmensleitungen in der Elektrizitätswirtschaft besteht die Aufgabe, die Unternehmen so zu führen, daß Erzeugung und Transport elektrischer Energie und Fernwärme den technischen, gesetzlichen und vertraglichen Erfordernissen genügen und die gesetzten unternehmerischen Ziele [2] erreicht werden. Die gesetzten Ziele bestimmen in entscheidendem Maße die Unternehmenspolitik, die bei Energieversorgungsunternehmen - wie es J. Hauschildt formuliert - generell im "Spannungsfeld von Gewinnstreben und

---

1) Vgl. Herrhausen, A.: Wachstum und Planung in der Elektrizitätswirtschaft, in: Burgbacher, F. (Hrsg.): Ordnungsprobleme und Entwicklungstendenzen in der deutschen Energiewirtschaft; Festschrift für Theodor Wessels zur Vollendung seines 65. Lebensjahres, Essen 1967, S. 242ff. Herrhausen, A.: Investitions- und Finanzplanung als Bestandteile der gesamten Unternehmensplanung der öffentlichen Elektrizitätswirtschaft, in: Tagungsberichte des Energiewirtschaftlichen Instituts (Universität Köln), H. 14: Investitions- und Finanzierungsprobleme in der Energiewirtschaft, München 1968, S. 67-80.

2) Zur Zielkonzeption der öffentlichen Energieversorgungsunternehmen (Elektrizität und Gas im Sinne § 1 Abs. 1 EnWG) siehe Hauschildt, J.: Die Absatzpolitik der Energieversorgungsunternehmen im Spannungsfeld von Gewinnstreben und öffentlichen Leistungsansprüchen, Tübingen 1964, S. 21ff. (Diss. Mannheim 1964). Vgl. hierzu auch Lienhard, H., Steiger, F. und Weber, K.: Planspiel Elektrizitätswirtschaft, Ein Computerspiel zur Management-Ausbildung, Bern-Stuttgart 1975, S. 21f.

öffentlichen Leistungsansprüchen" steht [1].
Entscheidungen der Unternehmensleitungen zur Erfüllung dieser Aufgaben und Ziele können entweder auf der Grundlage der Improvisation oder der Planung getroffen werden.
Kennzeichnend für die Improvisation ist, daß sich die anstehenden Entscheidungen am Augenblick orientieren und aus der persönlichen Erfahrung und Intuition - "gesunder Menschenverstand" und "Ingenieurgefühl" - abgeleitet werden; Entwicklungstendenzen werden nur in dem Maß berücksichtigt, wie sie unmittelbar erkennbar sind. Ebenfalls charakteristisch für improvisiertes Handeln ist die fehlende systematische Geschlossenheit der Entscheidungen - verbunden mit der Gefahr, daß sich die zu verschiedenen Zeitpunkten getroffenen Entscheidungen einander widersprechen oder die Einflüsse der verschiedenen betrieblichen Teilbereiche nicht genügend beachtet werden.
Improvisiertes Handeln genügt in der Elektrizitätswirtschaft heute nicht mehr; aus dieser Erkenntnis werden seit Jahren in zunehmendem Maße die unternehmerischen Entscheidungen auf der Grundlage der Planung getroffen. Dabei wird jedoch immer eine "irrationale Schicht" [2] wesentlichen Anteil bei der Entscheidungsfindung behalten.
Im Gegensatz zur Improvisation wird geplantes Handeln durch ein exakt formulierte Ziel- und Zukunftsbezogenheit sowie eine widerspruchsfreie Systematik bestimmt. G.v. Kortzfleisch charakterisiert Planen "als eine Geistesarbeit, die das Wirtschaften in den Betrieben dadurch erleichtern

---

1) Vgl. Hauschildt, J.: Die Absatzpolitik der Energieversorgungsunternehmen im Spannungsfeld von Gewinnstreben und öffentlichen Leistungsansprüchen, Tübingen 1964, S. 56ff. (Diss. Mannheim 1964). Vgl. dazu auch Kirchhoff, H.: Unternehmensform und Verkaufspolitik der Stromversorgung, Eine kritische Untersuchung des Organisations- und Preisproblems in der deutschen Elektrizitätswirtschaft, Berlin 1933, S. 5 (Diss. Berlin 1933): "Das Ziel jeder elektrizitätswirtschaftlichen Betätigung muß in der Rentabilität des Unternehmens und in der Erfüllung der öffentlichen Dienstleistung liegen".

2) Vgl. Gutenberg, E.: Grundlagen der Betriebswirtschaftslehre, Bd. 1: Die Produktion, 20. Aufl., Berlin-Heidelberg-New York 1973, S. 8. Ähnlich auch Vereinigung Deutscher Elektrizitätswerke (VDEW) e.V. (Hrsg.): Planungsrechnung in der Elektrizitätswirtschaft, Frankfurt/M. 1967, S. 7f.

soll, daß sie Wahl und Entscheidung aus dem Bereich der unsystematischen Intuition und Improvisation mit ungewissem Ausgang in das Licht der Vernunft rückt" [1]. H. Koch terminiert Planung als die Gesamtheit der Entscheidungen, durch welche die Unternehmung im voraus festgelegt wird [2]. Sie "umfaßt alle der Realisation vorangehenden Überlegungen über die erstrebten Ziele sowie die Mittel und Wege zu ihrer Erreichung" [3].

Im Rahmen des unternehmerischen Entscheidungsprozesses ist ein Ziel der öffentlichen Elektrizitätsversorgungsunternehmen durch ihre institutionelle Bestimmung bereits festgelegt. Aufgrund der gesetzlich fixierten Anschluß- und Versorgungspflicht müssen die Elektrizitätsversorgungsunternehmen ihre Dispositionen so gestalten, daß die Befriedigung des wachsenden Leistungs- und Energiebedarfs unter Wahrung ihrer Unternehmensstabilität möglich bleibt. "Eine Wahl zwischen den beiden Grundalternativen - der Nachfrage nur zum Teil zu folgen oder die Kapazität ganz auf den Bedarf hin zu dimensionieren - ist in der Elektrizitätswirtschaft nicht vorhanden. Elektrizitätsversorgungsunternehmen m ü s s e n vom Markt her operieren. Sie dürfen ihren volkswirtschaftlichen Leistungsbeitrag nicht nach einer autonom festgelegten Kapazitätsgröße bestimmen, die den Markterfordernissen nicht entspricht.

---

1) Kortzfleisch, G.v.: Zum Wesen der betriebswirtschaftlichen Planung, in: Ries, J. und Kortzfleisch, G.v. (Hrsgg.): Betriebswirtschaftliche Planung in industriellen Unternehmungen; Festgabe für Prof. Dr. Theodor Beste zum 65. Geburtstag, Berlin 1959, S. 9.

2) Vgl. Koch, H. Betriebliche Planung, Grundlagen und Grundfragen der Unternehmenspolitik, Wiesbaden 1961, S. 11.

3) Kosiol, E.: Planung als Lenkungsinstrument der Unternehmensleitung, in: ZfB, 35. Jg. (1965), H. 7, S. 389. Ähnlich auch Hill, W.: Unternehmensplanung; Slg. Poeschel, Bd. P46, 2. Aufl., Stuttgart 1971, S. 7: "Planen bedeutet systematisches Durchdenken und Festlegen von Zielen, Verhaltensweisen und Maßnahmen für die Zukunft". Übersichten zu Planungsbegriffen in der Betriebswirtschaftlehre geben Weber, H.: Die Spannweite des betriebswirtschaftlichen Planungsbegriffes, in: ZfbF, 16. Jg. (1964), S. 716-724. Häusler, J.: Planung als Zukunftsgestaltung - Voraussetzungen, Methodik und Formen der Planung in soziotechnischen Systemen; Fortschrittliche Unternehmensführung, Bd. 1, Wiesbaden 1970, S. 30ff.

Dadurch sind sie zwangsläufig auf geplantes Handeln festgelegt, für das die Bedarfsdeckung als Hauptziel mit der Folge eines unausweichlichen Investitionszwanges vorgegeben ist" [1]. Die durch den Investitionszwang eingeschränkte unternehmerische Entscheidungsfreiheit beinhaltet für die Elektrizitätsversorgungsunternehmen jedoch keinen absoluten Verzicht der Einflußnahme auf die Investitionstätigkeit, da immer Alternativen hinsichtlich der technisch-strukturellen Ausführung, der zeitlichen Abwicklung und der Finanzierung des Investitionsprogramms bestehen [2]. Erwähnt seien hier die Wahlmöglichkeiten beim Einsatz der verschiedenen Energieträger, der Übergang zu größeren Erzeugungs- und Übertragungseinheiten sowie - wenn auch unter Einschränkungen - bei der Standortwahl. "Bei der überwiegenden Zahl der Investitionen handelt es sich mithin um Muß-Investitionen m i t Wahlmöglichkeiten. Die Muß-Investition o h n e jede Wahlmöglichkeit: weder Zeitpunkt noch Ort noch Größe oder Material der Investition sind wählbar, zählt ebenso zu den Ausnahmen wie die Kann-Investition, bei der vollkommen frei darüber entschieden werden kann, ob sie durchgeführt werden soll und - wenn ja - in welcher Weise" [3].

---

1) Herrhausen, A.: Wachstum und Planung in der Elektrizitätswirtschaft, in: Burgbacher, F. (Hrsg.): Ordnungsprobleme und Entwicklungstendenzen in der deutschen Energiewirtschaft; Festschrift für Theodor Wessels zur Vollendung seines 65. Lebensjahres, Essen 1967, S. 243.

2) Vgl. Schneider, H.-K.: Investitionsrechnung, in: Vereinigung Deutscher Elektrizitätswerke (VDEW) e.V. und Verband der Deutschen Gas- und Wasserwerke (VGW) e.V. (Hrsgg.): Der Kaufmann in der Energie- und Wasserversorgung, Frankfurt/M. 1962, S. 223. Herrhausen, A.: Wachstum und Planung in der Elektrizitätswirtschaft, in: Burgbacher, F. (Hrsg.): Ordnungsprobleme und Entwicklungstendenzen in der deutschen Energiewirtschaft; Festschrift für Theodor Wessels zur Vollendung seines 65. Lebensjahres, Essen 1967, S. 243. Rhein, H.: Elektrizitätsversorgung als unternehmerische Aufgabe, in: Energie - Leistungen, Prognosen, Alternativen, Stuttgart 1972, S. 205f.

3) Schneider, H.-K.: Investitionsrechnung, in: Vereinigung Deutscher Elektrizitätswerke (VDEW) e.V. und Verband der Deutschen Gas- und Wasserwerke (VGW) e.V. (Hrsgg.): Der Kaufmann in der Energie- und Wasserversorgung, Frankfurt/M. 1962, S. 223.

Die Investitionsplanung stellt aus diesen Gründen ein Zentralproblem im unternehmerischen Entscheidungsprozeß der Elektrizitätsversorgungsunternehmen dar [1]. "Sie hat die Aufgabe den zukünftigen Bedarf, der die Investitionsvorhaben auslöst, vorauszuschätzen und die Investitionen herauszufinden, bei deren Verwirklichung die Bedarfsdeckung ohne Beeinträchtigung der wirtschaftlichen Stabilität des Unternehmens am besten gelingt" [2].

Für eine Investitionsplanung als Vorausrechnung kommt es wegen der relativ langen Planungs-, Genehmigungs- und Bauzeiten der Erzeugungs- und Energietransportanlagen darauf an, möglichst frühzeitig ausreichende Informationen über die zukünftige Bedarfsentwicklung [3] zu gewinnen [4], die ihrerseits auf einer fundierten Analyse der Wechselbeziehungen zwischen dem Energiebedarf und den Energieverwendungsprozessen in den Sektoren Industrie, Haus-

---

1) Zum Gegenstand und Ziel der Investitionsplanung siehe auch ausführlicher in Kapitel C. I.

2) Herrhausen, A.: Wachstum und Planung in der Elektrizitätswirtschaft, in: Institut für Bilanzanalysen GmbH (Hrsg.): Elektrizitätswirtschaft - Stand und Aussichten in der Bundesrepublik; Schriftenreihe Branchenanalysen, Nr. 19, Frankfurt/M. 1969, S. 16.

3) Im volkswirtschaftlichen Schrifttum wird unter "Bedarf" der zu erwartende Verbrauch und unter dem Begriff "Verbrauch" der erfüllte Bedarf verstanden. Die Termini "Energiebedarf" und "Energieverbrauch" werden in der energiewirtschaftlichen Literatur und Praxis jedoch uneinheitlich, häufig synonym, verwendet. Im folgenden wird der Terminus "Energieverbrauch" auf die Ergebnisse der Vergangenheit, der Terminus "Energiebedarf" auf die künftige Entwicklung angewendet. In dieser Weise auch Wessels, Th.: Die volkswirtschaftliche Bedeutung der Energiekosten; Schriftenreihe des Energiewirtschaftlichen Instituts an der Universität Köln, Bd. 11, München 1966.

4) Zur ausführlicheren Diskussion siehe Erdmann, B.: Methoden und Grenzen technologischer Prognosen in der Energiewirtschaft, Mannheim 1974 (masch.-schr. Ms.; Veröff. in Vorb.). Ebel, C.W.: Die Einsatzmöglichkeiten von Kernkraftwerken in der Elektrizitätswirtschaft der Bundesrepublik Deutschland; Deutsches Institut für Wirtschaftsforschung, DIW-Sonderhefte, Nr. 82, Berlin 1968, S. 9ff.

halte, Verkehr, Landwirtschaft, Handel und Gewerbe beruhen [1].

Zur Erstellung von Energiebedarfsprognosen werden in der Literatur unterschiedliche Prognosenmethoden vorgeschlagen, wobei sich die Praxis insbesondere der unter dem Begriff "explorative Prognosemethoden" [2] subsumierbaren Verfahren bedient.
Die sowohl für makroökonomische als auch mikroökonomische Energiebedarfsprognosen angewendeten Verfahren explorativen Charakters lassen sich zusammenfassend gliedern in:

a) Statistische Verfahren [3]

und

b) Wachstumsmodelle [4].

---

1) Vgl. u.a. Rumler, F.-J.: Wirtschaftliche Probleme bei der Aufstellung von Energiebilanzen und bei der Vorausschätzung des künftigen Energiebedarfs; Schriftenreihe des Energiewirtschaftlichen Instituts an der Universität Köln, Bd. 5, München 1960, S. 108ff. Ebel, C.W.: Die Einsatzmöglichkeiten von Kernkraftwerken in der Elektrizitätswirtschaft der Bundesrepublik Deutschland; Deutsches Institut für Wirtschaftsforschung, DIW-Sonderhefte, Nr. 82, Berlin 1968, S. 11ff. Burchard, H.-J.: Technologische Voraussage - Prognosen als Grundlage unternehmerischer Planung in der Energiewirtschaft; Aufbauseminar Systemtechnik an der Technischen Universität Berlin, Bd. 2/1970, Berlin 1970 (masch.-schr. Ms.). Krettek, O.: Prognosemethoden und ihre Anwendung bei EVU, in: ÖZE, 27. Jg. (1974), H. 7, S. 216ff.

2) Nach einer von E. Jantsch (Technological Forecasting in Perspective) vorgeschlagenen Systematik lassen sich Voraussagen gliedern in: Intuitive, explorative, normative und kybernetische Prognosen.
Als Definition und zur Abgrenzung gegenüber normativen Voraussagen formuliert E. Jantsch: "Exploratory technological forecasting starts from today's assured basis of knowledge and is oriented towards the future, while normative technological forecasting first assesses future goods, needs, missions etc. and works backward to the present". Jantsch, E.: Technological Forecasting in Perspective, Paris 1967, S. 15.

3) Eine umfassende Darstellung der verschiedenen Verfahren findet sich in Vereinigung Deutscher Elektrizitätswerke (VDEW) e.V. (Hrsg.): Anwendung

Fortsetzung siehe Seite 48 und Fußnote 4)

Nach makroökonomischen Prognosen kann heute immer noch mit einer durchschnittlichen jährlichen Zuwachsrate des langfristigen Strombedarfs von etwa 7 % gerechnet werden, was einer Verdopplung des Bedarfs in zehn Jahren entspricht. "Die Verdopplung... (des Bedarfs innerhalb von) 10 Jahren ist besonders folgenschwer für einen Industriezweig, der sehr große Investitionen erfordert. Sie bedeutet unter anderem, daß in den nächsten Jahren Kraftwerke mit einer Leistung gebaut werden müssen, die der Gesamtleistung aller heute im Betrieb stehenden Kraftwerksanlagen entspricht ..."[1)2)].

Fortsetzung zu Fußnote

3) statistischer Methoden in der Praxis der Elektrizitätsversorgung, 3 Bde., Frankfurt/M. o.J. (etwa 1962/1963) sowie dort angegebene Literatur. Lienhard, H.: Prognoseverfahren und deren Anwendung in der Elektrizitätswirtschaft, in: Elektrizitätsverwertung, 42. Jg. (1967), H. 3/4, S. 61-68 (Teil I), H. 5, S. 127-136 (Teil II) und H. 9, S. 287-295 (Teil III). Zur Problematik statistischer Verfahren bei Energiebedarfsprognosen siehe auch Erdmann, B.: Methoden und Grenzen technologischer Prognosen in der Energiewirtschaft, Mannheim 1974 (masch.-schr. Ms.; Veröff. in Vorb.), dort auch Systematisierung praktisch angewendeter Verfahren.

4) Zu den verschiedenen Wachstumsmodellen (Exponentialmodelle, Logistische Modelle, Gompertz-Modell) und deren Problematik siehe Erdmann, B.: Methoden und Grenzen technologischer Prognosen in der Energiewirtschaft, Mannheim 1974 (masch.-schr. Ms.; Veröff. in Vorb.).

1) Aeschimann, Ch.: Der Einfluß des Faktors Zeit in der Elektrizitätswirtschaft, in: Elektrizitätsverwertung, 42. Jg. (1967), H. 7, S. 203.

2) In der Energiewirtschaft kann bei globaler Betrachtung für die Bedarfsentwicklung in einem Zeitraum von jeweils 10 Jahren mit hinreichender Genauigkeit eine Zeitfunktion der allgemeinen Form

$$y_t = y_o \cdot \exp (b \cdot t) \qquad (1.1)$$

unterstellt werden.

Dabei ist:

y_t: Funktionswert zum Zeitpunkt t,

y_o: Anfangswert von y zum Zeitpunkt t = 0

b : Parameter mit der Dimension (Zeit^{-1}).

Fortsetzung siehe Seite 49

Die globalen Werte des zukünftigen Energie- und Leistungsbedarfs können den Elektrizitätsversorgungsunternehmen jedoch lediglich Tendenzen aufzeigen, die für Investitionen nicht oder zumindest nicht allein entscheidend sind, da eine Orientierung an globalen Daten als Entscheidungsgrundlage nicht ausreicht. Vielmehr müssen sich die Elektrizitätsversorgungsunternehmen bei ihren Investitionen nach dem Leistungs- und Energiebedarf ihrer regionalen Abnehmer richten [1].

Für die Elektrizitätsversorgungsunternehmen stellen sich daher zumindest drei entscheidende Fragen [2]:

Fortsetzung zu Fußnote

2) Die Befriedigung eines um ca. 7 % (b = 1,07) wachsenden Strombedarfs verlangt einen entsprechenden Ausbau der Erzeugungsanlagen, gemäß (nur auf Grund dieser hier lediglich global betrachteten Zusammenhänge ist die Folgerung gerechtfertigt):

$$N_t = N_o \cdot \exp(1{,}07 \cdot t) \quad [MW] \qquad (1.2)\ .$$

Für einen Zeitraum von 10 Jahren ergibt sich damit der Leistungsbedarf, N_{10}[MW], zu

$$N_{10} = N_o \cdot 1{,}07^{10} \approx 2 \cdot N_o \quad [MW] \qquad (1.3)\ .$$

Die in (1.2) und (1.3) mit N_t[MW] und N_o[MW] symbolisierten Leistungswerte, sind analog den in Gleichung (1.1) definierten Funktionswerten y_t und y_o charakterisiert.

1) Vgl. auch Kortzfleisch, G.v.: Prognose und langfristige Planung in der Unternehmung, in: Haseloff, O.W. (Hrsg.): Planung und Entscheidung; Forschung und Information, Bd. 5, Berlin 1970, S. 19.

2) In Anlehnung an Herrhausen, A.: Wachstum und Planung in der Elektrizitätswirtschaft, in: Burgbacher, F. (Hrsg.): Ordnungsprobleme und Entwicklungstendenzen in der deutschen Energiewirtschaft; Festschrift für Theodor Wessels zur Vollendung seines 65. Lebensjahres, Essen 1967, S. 245. Herrhausen, A.: Investitions- und Finanzplanung als Bestandteile der gesamten Unternehmensplanung der öffentlichen Elektrizitätswirtschaft, in: Tagungsberichte des Energiewirtschaftlichen Instituts (Universität Köln), H. 14: Investitions- und Finanzierungsprobleme in der Energiewirtschaft, München 1968, S. 76.

1. Wie entwickelt sich der Leistungsbedarf?

2. Wie wird der mengenmäßige Energiebezug wachsen und - im Zusammenhang mit der voranstehenden Frage -: wie wird sich die Ausnutzungsdauer der Erzeugungs-, Übertragungs- und Verteilungskapazitäten entwickeln?

3. Wo werden die geographischen Schwerpunkte der zukünftigen Leistungsbedarfszunahme und Energiebezugssteigerung liegen?

Diese drei Datenparameter und eine damit verbundene große Anzahl von Einzelinformationen bilden die Grundlage für die Aufstellung eines sog. Lastmodells, welches seinerseits Basis für die Kraftwerks- und Netzplanung ist. Diese Zusammenhänge sollen in den nachfolgenden Ausführungen weiter erörtert werden.
"Sind durch Vorausschätzungen des zukünftigen Leistungs- und ... (Energiebedarfs) die Sachziele bestimmt und dementsprechend die Größenordnungen für den Ausbau der Erzeugungs- und Verteilungsanlagen und eine eventuelle Energiebeschaffung von Zulieferern usw. zunächst einmal ermittelt, bleibt es den weiteren Planungschritten überlassen zu prüfen, ob diese Sachziele unter Wahrung der wirtschaftlichen Stabilität des Unternehmens erreicht werden können" [1]. Kriterien für die wirtschaftliche Stabilität sind die Maßstäbe Rentabilität, Liquidität und Kreditwürdigkeit. In der Investitionsrechnung kann nicht ermittelt werden, ob und inwieweit eine als vorteilhaft ausgewiesene Investition ohne Beeinträchtigung der unternehmischen Stabilitätskriterien realisierbar ist. Diese Feststellung ist erst möglich, wenn die in der Investitionsrechnung "geprüften" Investitionen als Bauprogramm in die Planungserfolgsrechnung, Planbilanz und den Finanzplan eingefügt werden [2].

---

1) Herrhausen, A.: Wachstum und Planung in der Elektrizitätswirtschaft, in: Burgbacher, F. (Hrsg.): Ordnungsprobleme und Entwicklungstendenzen in der deutschen Energiewirtschaft; Festschrift für Theodor Wessels zur Vollendung seines 65. Lebensjahres, Essen 1967, S. 248.

2) Vgl. Herrhausen, A.: Wachstum und Planung in der Elektrizitätswirtschaft, in: Burgbacher, F. (Hrsg.): Ordnungsprobleme und Entwicklungstendenzen in der deutschen Energiewirtschaft; Festschrift für Theodor Wessels zur Vollendung seines 65. Lebensjahres, Essen 1967, S. 250ff.

Fortsetzung siehe Seite 51

2. Optimaler Ausbau und Betrieb von Energieversorgungssystemen als Teilbereich der Unternehmensplanung

Das wirtschaftliche Optimum in der Elektrizitätswirtschaft kann unter Berücksichtigung betriebs- und volkswirtschaftlicher sowie gesetzlicher Aspekte durch folgende Zielsetzung definiert werden: "Bereitstellung möglichst billiger Energie in einer Menge, die mindestens gleich dem echten Bedarf [1] ist, mit wirtschaftlich vertretbarer Zuverlässigkeit und ohne, daß die Liquidität ...(des Elektrizitätsversorgungsunternehmens) gefährdet oder der Fremdkapitalanteil über ein betriebswirtschaftlich zu-

---

Fortsetzung zu Fußnote

2) Herrhausen, A.: Investitions- und Finanzplanung als Bestandteile der gesamten Unternehmensplanung der öffentlichen Elektrizitätswirtschaft, in: Tagungsberichte des Elektrizitätswirtschaftlichen Instituts (Universität Köln), H. 14: Investitions- und Finanzierungsprobleme in der Energiewirtschaft, München 1968, S. 77ff. Vereinigung Deutscher Elektrizitätswerke (VDEW) e.V. (Hrsg.): Planungsrechnung in der Elektrizitätswirtschaft, Frankfurt/M. 1967.

1) Als "echter Bedarf" soll nach E. Steinbauer jener Energiebedarf verstanden werden, "der sich bei kostenechten Tarifen einstellt, also unter Ausschuß sowohl einer volks- und betriebswirtschaftlich nicht rechtzufertigenden Absatzförderung durch nicht-kostendeckende Preise als auch einer Bedarfsdrosselung durch überhöhte Tarife. Durch die staatliche Einflußnahme auf die allgemeinen Tarife sind im allgemeinen beide Wege der Einflußnahme durch die Elektrizitätswirtschaft weitgehend entzogen und somit für eine interne Optimierung der Elektrizitätswirtschaft von zweitrangiger Bedeutung. In einem kleineren Bereich bietet sich allerdings immer die Möglichkeit, durch Sondertarife neue Absatzgebiete zu erschließen, die vor allem den weiten Bereich der Elektrowärmeanwendung betreffen. Die Einführung solcher Sondertarife, die freilich für sich betrachtet zumindest kostendeckend sein müssen, kann sich nicht nur auf den gesamten Unternehmenserfolg auswirken, sondern vor allem auch die Projektauswahl beeinflussen, so daß dieser Teil der Tarifgestaltung in den Optimierungsvorgang einzubeziehen ist. Jener Hauptteil des Bedarfs dagegen, mit dem auch bei Einhaltung von starren Tarifen zu rechnen ist, wird als vorgegebene Größe angesehen". Steinbauer, E.: Das wirtschaftliche Optimum in der Elektrizitätswirtschaft, Diss. Wien 1969, S. 43f.

lässiges Ausmaß hinaus vergrößert wird" [1].
Aus dieser Formulierung sowie den vorangehenden Ausführungen läßt sich u.a. ableiten, daß ein Elektrizitätsversorgungsunternehmen in der Lage sein muß, den Leistungs- und Energiebedarf entsprechend dem zeitlichen Bedarfsanfall zu befriedigen. Das bedeutet, sowohl den unmittelbar (momentan) als auch den in den nächsten Stunden, Tagen und Monaten sowie den in den nächsten Jahren und Jahrzehnten geforderten Leistungs- und Energiebedarf zum Zeitpunkt seines Auftretens zu decken. Diese unterschiedlichen Zeitbereiche berechtigen zu einer Differenzierung der Optimierungsprobleme in die drei Gruppen: [2]

- Momentanoptimierung,
- kurzfristige Optimierung,
- langfristige Optimierung.

Momentanoptimierung und kurzfristige Optimierung werden für Systeme durchgeführt, die bereits vorhanden sind und im Optimierungszeitraum keine Veränderung ihrer Struktur erfahren. Aufgrund ihrer prinzipiell gleichen Problemstruktur werden häufig diese beiden Gruppen zusammengefaßt als Betriebsoptimierung bezeichnet.
Die Betriebsoptimierung hat die Aufgabe, ein vorhandenes Versorgungssystem optimal zu betreiben. "Es sind dann unter den gegebenen Verhältnissen in Abhängigkeit von den zeitlich abhängigen Belastungsfunktionen der Verbraucher die in den gegebenen Grenzen frei wählbaren Parameter (Wirk-, Blindleistungseinspeisungen, Transformator-Übersetzungsverhältnisse usw.) so zu bestimmen, daß über einen gegebenen Zeitraum ein Minimum an Gesamtkosten entsteht" [3].

---

1) Steinbauer, E.: Das wirtschaftliche Optimum in der Elektrizitätswirtschaft, Diss. Wien 1969, S. 10. Ebenso ders.: Das wirtschaftliche Optimum in der Elektrizitätswirtschaft, in: E. u. M., 89. Jg. (1972), H. 1, S. 13.

2) Vgl. Edelmann, H. und Theilsiefje, K.: Optimaler Verbundbetrieb in der elektrischen Energieversorgung, Berlin-Heidelberg-New York 1974, S. 2f. Siehe auch Suttor, K.-H.: Die Optimierung in der Energiewirtschaft, Ein Beitrag zur Klärung der Begriffe, in: ET, 18. Jg. (1968), H. 2, S. 51-53. Wach, P.: Optimierungsmethoden in der elektrischen Energieversorgung, in: E. u. M., 87. Jg. (1970), H. 12, S. 559f.

3) Edelmann, H. und Theilsiefje, K.: Optimaler Verbundbetrieb in der elektrischen Energieversorgung, Berlin-Heidelberg-New York 1974, S. 2.

Bei der Betriebsoptimierung geht es also allein darum, in einem vorhandenen Netz mit gegebener Kraftwerks- und Leistungssituation in jedem Zeitpunkt die geforderte Summenleistung "so sicher und billig wie möglich" (EnWG) zu erzeugen.

Im Gegensatz zur Betriebsoptimierung liegt bei der langfristigen Optimierung des Versorgungssystems dessen Struktur entweder nicht oder nur in groben Umrissen fest. Es handelt sich hierbei um eine langfristige, wirtschaftlich und versorgungstechnisch optimale Ausbauplanung des Kraftwerkparks und der Energietransporteinrichtungen. Grundsätzlich gesucht sind hierbei Aussagen darüber, wann, wo, mit welcher Leistung welche Art von Kraftwerken sowie Energietransporteinrichtungen zu erstellen sind [1].
Die erste Aufgabe einer Ausbauplanung besteht in der Prognose der Nachfrageentwicklung und resultiert in der Erstellung eines sog. Lastmodells, welches die Informationen über den Belastungsverlauf während des gesamten Planungszeitraums enthält [2]. Dazu gehören u.a. die Entwicklung der Gesamtlast, der Gesamt-Grundlast, der Gesamt-Spitzenlast und die zeitgleiche Aufteilung der Gesamtlast auf die einzelnen Lastschwerpunkte.
Nach Erstellung des Lastmodells ist eine mögliche Kraftwerksbaufolge festzulegen [3]. Dabei stehen im allgemeinen verschiedene Kraftwerksarten und

---

1) Vgl. Theilsiefje, K. und Wagner, H.: Energieplanung, in: Siemens-Z., 39. Jg. (1965), H. 7, S. 841. Bauer, H.: Methoden zur Optimierung von Energie-Versorgungsnetzen, in: "Die Mensch und die Technik", Sonderbeilage der Südd. Ztg., Nr. 265 vom 5. November 1965 (nicht paginiert). Edelmann, H. und Theilsiefje, K.: Optimaler Verbundbetrieb in der elektrischen Energieversorgung, Berlin-Heidelber-New York 1974, S. 115.

2) Vgl. Zollenkopf, K.: Wirtschaftliche Kraftwerks- und Netzplanung mit elektronischen Rechenanlagen, in: Elektrizitätswirtschaft, 64. Jg. (1965), H. 19, S. 545. Theilsiefje, K. und Wagner, H.: Energieplanung, in: Siemens-Z., 39. Jg. (1965), H. 7, S. 841.

3) Siehe dazu etwa Nottelmann, R. und Schlatter, E.: Die wirtschaftliche Kraftwerksbaufolge, in: BWK, 18. Jg. (1966), H. 1, S. 24-27. Theilsiefje, K. und Wagner, H.: Planungsmethoden für den optimalen Kraftwerksausbau, in: ETZ-A, 87. Jg. (1966), H. 3, S. 109-115. Massé, P.: Investitions-

Fortsetzung siehe Seite 54

-typen, wie Laufwasser-, Speicher-, Kohle-, Öl-, Erdgas- und Kernkraftwerke, zur Wahl. Die wirtschaftlich und versorgungstechnisch optimale Typenstrategie (optimale Kraftwerksstruktur) ergibt sich aus der Konkurrenz und der Kombination der einzelnen Kraftwerkslinien. Auch ein Fremdstrom- oder Fremdwärmebezug kann bei der Kraftwerksbaufolge eingeplant werden. Ferner ist zu bestimmen, wie groß der Anteil an spitzenfähiger Kraftwerksleistung sein muß, welche voraussichtlich Ausnutzungsdauer [1] die zu installierenden Kraftwerke haben werden, welche Über-

---

Fortsetzung zu Fußnote

3) kriterien, Probleme der Investitionsplanung, München 1968, S. 179ff. Recker, M.: Beitrag zur Bestimmung eines wirtschaftlich optimalen Zubaues und Einsatzes von Kraftwerken, Diss. Aachen 1968. Massé, P. und Gibrat, R.: Lineare Programmierung von Energieinvestitionen, in: Recktenwald, H.C. (Hrsg.): Nutzen-Kosten-Analyse und Programmbudget, Grundlage staatlicher Entscheidung und Planung, Tübingen 1970, S. 303-322. Bauer, H. und Theilsiefje, K.: Planung optimaler Baufolgen von konventionellen Kraftwerken und Kernkraftwerken, in: Atom und Strom, 15. Jg. (1969), H. 2/3, S. 32-38. Bieselt, R.: Wirtschaftlich optimaler Zubau und Einsatz von Kraftwerken in Nordrhein-Westfalen innerhalb eines mittelfristigen Planungszeitraumes von etwa 10 Jahren; Untersuchung des Instituts für Elektrische Anlagen und Energiewirtschaft der Rheinisch-Westfälischen Technischen Hochschule Aachen im Auftrag des Ministers für Wirtschaft, Mittelstand und Verkehr des Landes Nordrhein-Westfalen, Düsseldorf 1972. Meurin, G.: Beitrag zur langfristigen Planung des wirtschaftlichen Ausbaues und Betriebes eines Kraftwerkverbundes durch integrale Kostenminimierung, Diss. Aachen 1972. Edelmann, H. und Theilsiefje, K.: Optimaler Verbundbetrieb in der elektrischen Energieversorgung, Berlin-Heidelberg-New York 1974, S. 115ff. Feßl, K., Kalliauer, A. und Schiller, G.: Die Anwendung von Optimierungsverfahren zur Kraftwerksausbauplanung, in: ÖZE, 27. Jg. (1974), H. 10, S. 382-393. Tröscher, H. und Lange, H.-W.: Ein Modell zur Produktionskostensimulation und langfristigen Ausbauplanung für die Elektrizitätserzeugung, in: Elektrizitätswirtschaft, 75. Jg. (1976), H. 6, S. 110-116.

1) Die Ausnutzungsdauer (h) ergibt sich als Quotient aus der in einer Zeit-

Fortsetzung siehe Seite 55

holungszeiten und Leistungsminderungen einzuplanen sind und wie groß die Reserveleistung gewählt werden soll.
Lastmodell und Kraftwerksbaufolge bilden zusammen die Grundlage für die Bestimmung der Netzbaufolge und zwar so, "daß das System in der Lage ist, den zukünftigen Last- und Energiebedarf mit ausreichender Versorgungssicherheit bei möglichst niedrigen Investitions- und Betriebskosten und unter Berücksichtigung gegebener Finanzierungsmöglichkeiten zu befriedigen" [1].
Dieses Modellsystem [2] gestattet zunächst keine simultane Ermittlung des Kraftwerksstandorts. Eine Verbesserungsmöglichkeit der Modellkonzeption bestände somit darin, die Frage der Standortwahl in das Modell einzubeziehen. Soweit es sich um Wasser- und Braunkohlenkraftwerke und in bedingtem Maße um Steinkohlenkraftwerke handelt, ist der Standort durch die geographische Lage der entsprechenden Primärenergiequellen in mehr oder weniger engen Grenzen festgelegt [3]. Demgegenüber besitzt die Standortwahl für Kernkraftwerke aufgrund der Unabhängigkeit vom Gewinnungsort des Ein-

---

Fortsetzung zu Fußnote

1) spanne erzeugten elektrischen Arbeit (MWh) und der Engpaßleistung (MW). (Dengegenüber ist die Benutzungsdauer (h) gleich dem Quotienten aus der elektrischen Arbeit (MWh) in einer Zeitspanne und der Höchstleistung (MW) in der gleichen Zeitspanne; siehe Abbildung 2 in Kapitel A. I. 2.).

1) Tröscher, H.: Entwicklung von technisch-ökonomischen Modellen für die Ausbauplanung, in: Elektrizitätswirtschaft, 72. Jg. (1973), H. 15, S. 528.

2) Siehe dazu etwa Zollenkopf, K.: Wirtschaftliche Kraftwerks- und Netzplanung mit elektronischen Rechenanlagen, in: Elektrizitätswirtschaft, 64. Jg. (1965), H. 19, S. 543-548. Schneider, W.: Die Planung optimaler Energieversorgungssysteme, in: Elektrizitätswirtschaft, 66. Jg. (1967), H. 11, S. 298-306. Tröscher, H.: Entwicklung von technisch-ökonomischen Modellen für die Ausbauplanung, in: Elektrizitätswirtschaft, 72. Jg. (1973), H. 15, S. 528-539.

3) Differenziertere Ausführungen dazu finden sich in Kapitel B. I. 2.

satzenergieträgers einen anderen Charakter [1] - der Standort kann relativ freizügig entsprechend den Erfordernissen des Kühlverfahrens, des Verbundnetzes und der Lage der Verbrauchsschwerpunkte gewählt werden. Der sich abzeichnende zukünftige Einsatz von Trockenkühltürmen wird die Flexibilität bei der Standortwahl in dieser Hinsicht erweitern. Unter diesem Aspekt bestünde für Kernkraftwerke eine weitgehende Standortfreiheit, kämen nicht einschränkende Bedingungen bei der Standortwahl in Betracht.

Einer Diskussion der Probleme und Bedingungen der nuklearen Energieerzeugung in Verbindung mit der Standortwahl für Kernkraftwerke, sollen jedoch zunächst Ausführungen zum allgemeinen Standortproblem sowie zu Planungsgrundsätzen der Kraftwerks-Standortwahl vorangehen. In Teil C. wird die hier skizzierte Problemstruktur wieder aufgegriffen und detaillierter behandelt.

---

1) Darauf weist u.a. K. Wagemann hin. Vgl. Wagemann, K.: Beitrag zu Systemuntersuchungen über die langfristigen wirtschaftlichen Einsatzmöglichkeiten verschiedener Kraftwerkstypen unter besonderer Berücksichtigung des Thoriumhochtemperaturreaktors; Kernforschungsanlage Jülich GmbH , Bericht Jül-590, Jülich 1969, S. 83.

B. Probleme und Determinanten der Standortwahl für Kernkraftwerke

I. Technisch-wirtschaftliche Grundlagen der Standortwahl für Kraftwerke

1. Begriff und Merkmale des allgemeinen Standortproblems

Mit der Wahl eines Standorts für eine Betriebswirtschaft wird eine Entscheidung über den "Lebensraum" [1] der Unternehmung getroffen, die entsprechend weitreichende Folgen für nahezu alle Bereiche der Unternehmung mit sich bringt. Sie ist eine konstitutive Entscheidung mit langfristiger Wirkung [2], die nach der Realisierung unter Umständen - besonders bei Großbetrieben - nicht mehr korrigiert werden kann. Einmal gebaute Kernkraftwerke können während ihrer Nutzungsdauer praktisch nicht mehr verlagert werden - sie sind "unveränderbare Fixpunkte" [3] im Raum.

"Die außerordentliche Bedeutung der Standortproblematik für ein Unternehmen hat die Betriebswirtschaftslehre schon seit ihren Anfängen erkannt" [4]. Aus dem Bestreben geeignete oder optimale Standorte zu finden, ist das "Standortproblem" daher in der wirtschaftswissenschaftlichen Literatur früh aufgegriffen und zum Gegenstand einer Vielzahl von Untersuchungen geworden, wobei es sich einerseits um allgemeine Standortabhandlungen, wie etwa von A. Weber [5], A. Predöhl [6], T. Palander [7], A. Lösch [8],

---

1) Vgl. Heinen, E.: Einführung in die Betriebswirtschaftslehre, 5. Aufl., Wiesbaden 1974, S. 147.

2) Vgl. Sandig, C.: Betriebswirtschaftspolitik, 2. Aufl., Stuttgart 1966, S. 138f.

3) (Stahl, F.): Standortbestimmung von Kernkraftwerken, in: RuS, 1971, H. 7, S. 158.

4) Dick, R.: Zur allgemeinen Standorttheorie und Standortplanung, in: ZfB, 41. Jg. (1971), H. 8, S. 553.

5) Siehe Weber, A.: Über den Standort der Industrien, T. 1: Reine Theorie des Standorts, Tübingen 1909 (2. Aufl., Tübingen 1922).

6) Siehe Predöhl, A.: Das Standortsproblem in der Wirtschaftstheorie, in: WwA, 21. Jg. (1925, I), S. 294-321.

Fußnoten 7) und 8) siehe Seite 58

H. Rüschenpöhler [1], K. Chr. Behrens [2] und H. Jacob [3)4], andererseits um Beschreibungen der Standortproblematik spezieller Industrie- und Gewerbezweige handelt [5].

---

7) Siehe Palander, T.: Beiträge zur Standortstheorie, Diss. Uppsala 1935.

8) Siehe Lösch, A.: Die räumliche Ordnung der Wirtschaft, (Jena 1940) 3. unveränderte Aufl., Stuttgart 1962.

1) Siehe Rüschenpöhler, H.: Der Standort industrieller Unternehmungen als betriebswirtschaftliches Problem, Versuch einer betriebswirtschaftlichen Standortlehre; Abhandlungen aus dem Industrieseminar der Universität Köln, H. 6, Berlin 1958.

2) Siehe Behrens, K. Chr.: Allgemeine Standortbestimmungslehre, (Köln-Opladen 1961), 2. Aufl., Opladen 1971.

3) Siehe Jacob, H.: Zur Standortwahl der Unternehmungen, in: Alewell, K. (Hrsg.): Betriebswirtschaftliche Strukturfragen, Beiträge zur Morphologie von erwerbswirtschaftlichen Unternehmungen und Genossenschaften; Festschrift zum 65. Geburtstag von Reinhold Henzler, Wiesbaden 1967, S. 233-293 (als unveränderter Sonderdruck, Wiesbaden 1973).

4) Eine entwicklungsgeschichtliche Darstellung bedeutender Standorttheorien ist für die vorliegende Untersuchung nicht relevant; es soll hier lediglich eine hinreichende theoretische und terminologische Basis für die weiteren Ausführungen geschaffen werden. Siehe dazu etwa Meyer, W.: Die Theorie der Standortwahl - Entwicklung, Inhalt und wirtschaftstheoretische Behandlung des Standortproblems; Volkswirtschaftliche Schriften, H. 54, Berlin 1960, S. 5ff. Behrens, K. Chr.: Allgemeine Standortbestimmungslehre, 2. Aufl., Opladen 1971, S. 3ff. Alvensleben, R.v.: Zur Theorie und Ermittlung optimaler Betriebsstandorte; Schriften zur wirtschaftswissenschaftlichen Forschung, Bd. 49, Meisenheim am Glan 1973, S. 3ff.

5) W. Sombart faßte die diesen Untersuchungen zu Grunde liegende Fragestellung in der Form zusammen: "Warum befindet sich dieses Gewerbe an diesem Ort und nicht anderswo?" Sombart, W.: Einige Anmerkungen zur

Fortsetzung siehe Seite 59

Das Gesamtgebiet der Standorttheorie läßt sich zunächst in zwei große Teilbereiche zerlegen [1]:

1. Aus einzelwirtschaftlicher Sicht stellt sich die Frage nach dem optimalen Standort des Unternehmens oder Betriebs.
2. "Aus gesamtwirtschaftlicher Sicht gilt es, die aus dem Marktmechanismus resultierende räumliche Wirtschaftsstruktur zu erklären und/oder die im Sinne einer bestimmten volkswirtschaftlichen Zielsetzung optimale Standortstruktur zu bestimmen".

"Nicht immer in der Geschichte der Standorttheorie wurde...(diese) ausdrückliche Trennung beider Problemkreise für notwendig gehalten. Die klassischen Standortlehren Thünens [2] und Webers [3] konnten die räumliche

---

Fortsetzung zu Fußnote

5) Lehre vom Standort der Industrien, in: AfSS, 30. Jg. (1910), S. 757, zit. nach Bloech, J.: Optimale Industriestandorte, Würzburg-Wien 1970, S. XIV.
Hierzu sind - ohne in diesem Rahmen Beispiele zu nennen - eine Vielzahl von Arbeiten erschienen. Siehe etwa die Literaturverzeichnisse bei Bloech, J.: Optimale Industriestandorte, Würzburg-Wien 1970, S. XIV und S. 225ff. Behrens, K. Chr.: Allgemeine Standortbestimmungslehre, 2. Aufl., Opladen 1971, S. 108ff. und S. 113ff.

1) Alvensleben, R.v.: Zur Theorie und Ermittlung optimaler Betriebsstandorte; Schriften zur wirtschaftswissenschaftlichen Forschung, Bd. 49, Meisenheim am Glan 1973, S. 3.

2) Thünen, J.H.v.: Der isolierte Staat in Beziehung auf Landwirtschaft und Nationalökonomie, Neudruck nach der Ausgabe letzter Hand (2. bzw. 1. Auflage, 1842 bzw. 1850), eingeleitet von H. Waentig, 4. unveränderte Aufl., Stuttgart 1966.

3) Weber, A.: Über den Standort der Industrien, T. 1: Reine Theorie des Standorts, Tübingen 1909.

Struktur der Wirtschaft als Summe aller unabhängigen Standortentscheidungen auffassen, indem sie durch die Annahmen gegebener Preise von den Interdependenzen der Standorte, die sich aus dem Marktmechanismus ergeben, abstrahierten [1)2)]. Eine Unterscheidung zwischen einzelwirtschaftlicher und gesamtwirtschaftlicher Fragestellung war darum nicht erforderlich" [3)].

Die Unterschiede zwischen volks- und betriebswirtschaftlicher Betrachtungsweise des Standortproblems wurden erstmals von C. Hundhausen (im Zusammenhang mit Fragen des innerbetrieblichen Standortproblems) abgegrenzt [4)]: "Die Kriterien in den volkswirtschaftlichen Erörterungen des Standortproblems sind die gesellschaftlichen Verknüpfungen und der Zusammenhang der betrachteten Einzelwirtschaften mit anderen...Der betriebswirtschaftlichen Untersuchung des Standortproblems ist es charakteristisch, daß sie die Frage ausschließlich 'vom Betriebe aus' ansieht" [5)].

---

1) (Anm. d. Verf.) Eine Ausnahme bilden die von A. Weber betrachteten "Agglomerationsvorteile". Siehe Weber, A.: Über den Standort der Industrien, T. 1: Reine Theorie des Standorts, Tübingen 1909, S. 121ff. Behrens, K. Chr.: Allgemeine Standortbestimmungslehre, 2. Aufl., Opladen 1971, S. 14ff.

2) R. v. Alvensleben merkt dazu an: "Diese Prämisse Webers wurde schon frühzeitig kritisiert: So stellte L. von Bortkiewicz (Deutsche Literaturzeitung, 31. Jg. (1910), S. 1721) fest, daß die Weber'sche Theorie im Gegensatz zu den Gleichgewichtstheorien der mathematischen Schule 'die sie interessierenden gesamtökonomischen Phänomene als bloße Summe der entsprechenden privatwirtschaftlichen Erscheinungen' ansieht. J. Schumpeter (Schmollers Jahrbuch 34. Jg. (1910), S. 1356) regt an, nun auch die Wechselwirkungen zwischen den Elementen des Problems zu untersuchen". Alvensleben, R. v.: ebenda, S. 3.

3) Alvensleben, R.v.: Zur Theorie und Ermittlung optimaler Betriebsstandorte; Schriften zur wirtschaftswissenschaftlichen Forschung, Bd. 49, Meisenheim am Glan 1973, S. 3.

4) Vgl. Hundhausen, C.: Innerbetriebliche Standortsfragen, in: ZfhF, 20. Jg. (1926), H. 1, S. 3ff.

5) Hundhausen, C.: ebenda, S. 10.

Mit dem Anwachsen der wirtschaftswissenschaftlichen Literatur zur Standorttheorie verstärkte sich das Bemühen zu einer Klassifikation und Abgrenzung der unterschiedlichen Betrachtungsweisen. Differenzierungen standorttheoretischer Fragestellungen wurden in der Folgezeit insbesondere von H. Weigmann [1], A. Lösch [2], E. Egner [3], H.U. Meyer-Lindemann [4] und W. Isard [5], um hier nur einige Autoren zu nennen, vorgenommen [6].

---

1) Siehe Weigemann, H.: Ideen zu einer Theorie der Raumwirtschaft, Ein Versuch zur Begründung einer realistischen Wirtschaftstheorie, in: WwA, 34. Jg.(1931, II), S. 1-40. Weigmann, H.: Standortstheorie und Raumwirtschaft, Betrachtungen zur Entwicklung der Standortstheorie in Deutschland seit Joh. Heinr. von Thünen, in: Seedorf, W. und Seraphim, H.-J. (Hrsgg.): Joh. Heinr. von Thünen zum 150. Geburtstag, Versuch der Würdigung einer Forscherpersönlichkeit, Rostock (1933), S. 137-157.

2) Siehe Lösch, A.: Die räumliche Ordnung der Wirtschaft, (Jena 1940), 3. unveränderte Aufl., Stuttgart 1962, S. 2ff.

3) Siehe Egner, E.: Wirtschaftliche Raumordnung in der industriellen Welt; Veröffentlichungen der Akademie für Raumforschung und Landesplanung, Abhandlungen, Bd. 16, Bremen-Horn 1950.

4) Siehe Meyer-Lindemann, H.U.: Typologie der Theorien des Industriestandortes; Veröffentlichungen der Akademie für Raumforschung und Landesplanung, Abhandlungen, Bd. 21, Bremen-Horn 1951, S. 29ff.

5) Siehe Isard, W.: Location and Space-Economy, A General Theory Relating to Industrial Location, Market Areas, Land Use, Trade, and Urban Structure, New York-London 1956, S. 92.

6) Überblicke zum ideengeschichtlichen Entwicklungsprozeß finden sind in der neueren Literatur bei Behrens, K. Chr.: Allgemeine Standortbestimmungslehre, 2. Aufl., Opladen 1971, S. 20ff. und S. 33ff. Lauschmann, E.: Grundlagen einer Theorie der Regionalpolitik; Veröffentlichungen der Akademie für Raumforschung und Landesplanung, Taschenbücher zur Raumplanung, Bd. 2, 2. Aufl., Hannover 1973, S. 35ff. Alvensleben, R.v.: Zur Theorie und Ermittlung optimaler Betriebsstandorte; Schriften zur wirtschaftswissenschaftlichen Forschung, Bd. 49, Meisenheim am Glan 1973, S. 3ff.

Eine klare und zur Abgrenzung des hier gestellten Problems geeignete Systematik der Standortlehren ist von H.U. Meyer-Lindemann [1] formuliert worden. H.U. Meyer-Lindemann unterteilt die Standortlehren in vier ihrem Wesen nach unterschiedliche Kategorien: in eine "Standortbestimmungslehre", eine "Standortwirkungslehre", eine "Standortentwicklungslehre" und eine "Standortgestaltungslehre".
Die "Standortbestimmungslehre" [2] untersucht Durchführung und Kriterien der Standortwahl eines Unternehmens aus einzelwirtschaftlicher Sicht, die "Standortwirkungslehre" [3] analysiert demgegenüber besonders den Einfluß eines Standorts auf die umgebende Wirtschaftsstruktur. Die "Standortentwicklungslehre" [4] untersucht die geschichtliche Entstehung und Entwicklung von Standortzentren (Ballungsgebieten), während die "Standortgestaltungslehre" [5] die Unternehmensansiedlung als Strukturproblem der Regionalplanung (Raumwirtschaftstheorie) auffaßt.
Während im Rahmen einer volkswirtschaftlichen und wirtschaftsgeographischen Betrachtung gesamtwirtschaftliche Aspekte sowohl bei der Analyse von Standortentscheidungen als auch bei raumwirtschaftlichen Planungen vorherrschen, steht in der Betriebswirtschaftslehre das einzelwirtschaftliche Problem der optimalen Standortwahl im Vordergrund.

In der vorliegenden Untersuchung wird die Standortwahl vorwiegend aus der Sicht der Betriebswirtschaftslehre als "Standortbestimmung" [6] behandelt,

---

1) Vgl. Meyer-Lindemann, H.U.: Typologie der Theorien des Industriestandortes; Veröffentlichungen der Akademie für Raumforschung und Landesplanung, Abhandlungen, Bd. 21, Bremen-Horn 1951, S. 29ff.

2) Vgl. Meyer-Lindemann, H.U.: ebenda, S. 30ff.

3) Vgl. Meyer-Lindemann, H.U.: ebenda, S. 67ff.

4) Vgl. Meyer-Lindemann, H.U.: ebenda, S. 109ff.

5) Vgl. Meyer-Lindemann, H.U.: ebenda, S. 143ff.

6) Überdies kann eine Betrachtung im Rahmen einer "Standortwirkungslehre" zu Ergebnissen führen, die auch für die einzelwirtschaftliche Standortwahl von Bedeutung sind.

Fortsetzung siehe Seite 63

Fortsetzung zu Fußnote

6) J. Lindenlaub unterscheidet in diesem Zusammenhang zwischen "primärer" und "sekundärer Standortanalyse". Vgl. Lindenlaub, J.: Energieimpulse und regionale Wachstumsdifferenzierung; Schriftenreihe des Energiewirtschaftlichen Instituts an der Universität Köln, Bd. 14, München 1968, S. 173ff., insbesondere S. 175.
   - "Die primäre Standortanalyse erklärt die Standorte der energieerzeugenden und energieverteilenden Unternehmen und erörtert den direkten Einfluß von Energiepreisen auf die Standorte industrieller Unternehmen". Lindenlaub, J.: ebenda, S. 175.
   - "Die sekundäre Standortanalyse knüpft an die Ergebnisse der primären Standortanalyse an und untersucht, inwieweit von den Energieerzeugern und Energieverteilern sowie den in ihren Standorten direkt von den Energiepreisen beeinflußten Unternehmen Wachstumswirkungen durch Ansiedlungen weiterer gewerblicher Betriebe ausgehen". Lindenlaub, J.: ebenda, S. 175.

   Auswirkungen energiewirtschaftlicher Investitionen im Erzeugungs- und Übertragungsbereich sollen in der vorliegenden Untersuchung nicht ausführlicher analysiert werden, zumal eine umfangreichere Literatur hierzu vorliegt. Siehe etwa Bychowski, D.: Die Wirkungen energiewirtschaftlicher Investitionen auf die Wirtschaftstätigkeit im Raum, Diss. München 1968, S. 97ff. Lindenlaub, J.: Energieimpulse und regionale Wachstumsdifferenzierung; Schriftenreihe des Energiewirtschaftlichen Instituts an der Universität Köln, Bd. 14, München 1968. Heinemann, W.-R.: Zusammenhänge zwischen Elektrizitätswirtschaft und Raumordnung, in: RuS, 1969, H. 5, S. 98-101. Schneider, H.K.: (Stichwort:) Energiewirtschaft und Raumordnung, in: Akademie für Raumforschung und Landesplanung (Hrsg.): Handwörterbuch der Raumforschung und Raumordnung, 2. Aufl., Hannover 1970, Sp. 590-600. Schmitt, D., Schulz, W. und Mönig, (W.): Die Auswirkungen von Kernkraftwerken auf die Wirtschaftsstruktur; Untersuchung des Energiewirtschaftlichen Instituts an der Universität Köln im Auftrag des Ministers für Wirtschaft, Mittelstand und Verkehr des Landes Nordrhein-Westfalen, Düsseldorf 1972. Schulten, R.: Welchen Einfluß kann der Hochtemperaturreaktor auf die Infrastruktur nehmen?, in: VGB Kraftwerkstechnik, 54. Jg. (1974), H. 9, S. 585-587. Schwarz, H.: Modellstudie über den Einfluß des Hochtemperaturreaktors auf die Standortorientierung in der Großchemie; Kernforschungsanlage Jülich mbH., Bericht Jül-1184, Jülich 1975.

d.h. als Suche eines oder mehrerer Unternehmen ("Gemeinschaftskraftwerke") nach geeigneten Standorten und der optimalen Standortverteilung der Kernkraftwerke im Sinne der Unternehmenszielsetzung [1]. Aufgrund der besonderen Rechts- und Marktverhältnisse der Elektrizitätswirtschaft läßt sich allerdings das einzelwirtschaftliche Standortproblem nicht definitiv von der gesamtwirtschaftlichen Zielsetzung einer optimalen Standortstruktur dieses Wirtschaftszweiges trennen.
Als optimal bezeichnet H. Rüschenpöhler denjenigen Standort, der im Vergleich zu anderen Standorten, "die rechenhaften und nicht rechenhaften Anforderungen des Betriebes bestmöglich erfüllt und für diesen Betrieb den größtmöglichen Erfolg bringt" [2]. Die Optimalität bezieht sich somit auf das Vorliegen einer Kombination von Bedingungen, "in der die für die Zielerreichung bedeutsame Differenz zwischen der Wirkung der positiven und negativen Faktoren besonders günstig erscheint" [3]. Allgemeiner definieren G. Chmelik und E. Kappler den optimalen Standort daher folgendermaßen: "Als optimal kann eine Standortentscheidung gelten, wenn die relevanten Standortfaktoren an dem gewählten Standort in einer Weise wirken, daß der im Vergleich zu allen anderen Alternativen größtmögliche Zielerreichungsgrad gegeben ist"..."Damit ist zumindest eine rein formale Aussage getroffen, solange nicht konkrete Aussagen über die anzustrebenden Ziele gemacht werden" [4]. Auf die Spezifizierung des

---

1) Dabei werden jedoch die verschiedenartigen gesetzlichen Rahmenbedingungen und ökologischen Implikationen in die Planungsüberlegung einbezogen.

2) Rüschenpöhler, H.: Der Standort industrieller Unternehmungen als betriebswirtschaftliches Problem, Versuch einer betriebswirtschaftlichen Standortlehre; Abhandlungen aus dem Industrieseminar der Universität Köln, H. 6, Berlin 1958, S. 28.
Zur Terminologie des Begriffspaars "rechenhaft" und "nicht rechenhaft" siehe die nachfolgenden Ausführungen.

3) Chmelik, G. und Kappler, E.: Konstitutive Entscheidungen, in: Heinen, E. (Hrsg.): Industriebetriebslehre, Entscheidungen im Industriebetrieb, 4. Aufl., Wiesbaden 1975, S. 142.

4) Chmelik, G. und Kappler, E.: Konstitutive Entscheidungen, in: ebenda, S. 142.

Optimalitätskriteriums für die Standortplanung der Elektrizitätsversorgungsunternehmen wird unten ausführlicher eingegangen.

Die weitere Untersuchung erfordert eine Klärung der wirtschaftswissenschaftlichen Bezeichnung "Standort", da der Terminus in der standorttheoretischen Literatur nicht einheitlich definiert wird.
Trotz der Problematik einer kurz überschaubaren Kategorisierung und ohne das Spektrum der Meinungen erfassen zu können, lassen sich hier zwei wesentliche Ansichten aus der Literatur herausstellen.
Eine Gruppe von Autoren behandelt den Standortbegriff in einer sehr engen Auslegung. So spricht A. Weber von dem "Irgendwo" [1] des Wirtschaftens, von der wirtschaftlichen Tätigkeit, die "sich an einem bestimmten Ort, oder auch generell an Plätzen bestimmter Art vollzieht" [2]. W. Meyer sieht das Standortproblem des Unternehmers darin, "den optimalen Punkt der selbst in die Hand genommenen Zusammenführung produktiver Kräfte zu finden" [3].

Eine begriffliche Erweiterung nehmen u.a. H. Jacob sowie H. Dowerg vor, obwohl jeweils noch der geographische Ortsbezug des Standortbegriffs betont wird.
Nach H. Jacob handelt es sich bei dem Betriebsstandort um den "geographische(n) Ort..., an dem das Unternehmen produziert, oder - allgemeiner ausgedrückt - seine Leistung erstellt, der Ort also, zu dem hin es seine Produktionsfaktoren bringen muß, die im Prozeß der Leistungserstellung transformiert werden sollen, und von dem aus die Erzeugnisse an die Ab-

---

1) Weber, A.: Über den Standort der Industrien, T. 1: Reine Theorie des Standorts, Tübingen 1909, S. 1.

2) Weber, A.: Über den Standort der Industrien, T. 1: Reine Theorie des Standorts, Tübingen 1909, S. 16.

3) Meyer, W.: Die Theorie der Standortwahl - Entwicklung, Inhalt und wirtschaftstheoretische Behandlung des Standortproblems; Volkswirtschaftliche Schriften, H. 54, Berlin 1960, S. 55.
Ähnlich bezeichnet auch W. Rieger als "Kern" des Standortproblems, "den Ort ausfindig zu machen, an dem man seine Absichten am besten erreichen kann". Rieger, W.: Einführung in die Privatwirtschaftslehre, 3. unveränderte Aufl., Erlangen 1964, S. 140.

nehmer herangebracht werden müssen" [1]. Mit dieser Definition läßt sich auch der Tatbestand erfassen, daß ein Unternehmen über Betriebe an verschiedenen Standorten verfügt [2]. Die Aufgabe der Standortplanung besteht dann darin, die optimale Standortkombination (Standortverteilung) zu finden. Ähnlich äußert sich H. Dowerg, indem er den Betriebsstandort als jenen Ort bezeichnet, "der über gewisse Eigenschaften und Beziehungen nach außen verfügt, auf Grund derer eine industrielle Unternehmung dort Aufstellung gefunden hat oder finden soll" [3].

Eine zweite Gruppe von Autoren geht von der mehr oder weniger engen geographischen Deutung des Standortbegriffs ab: Der betriebliche Standort wird in seinem Beziehungsgefüge zur Umwelt gesehen. H. Rüschenpöhler kennzeichnet so den Standort als "zweckvolle Ordnung der Wechselbeziehungen zwischen dem Raum und den in ihm vollbringenden Tätigkeiten" [4].

---

1) Jacob, H.: Zur Standortwahl der Unternehmungen, in: Alewell, K. (Hrsg.): Betriebswirtschaftliche Strukturfragen, Beiträge zur Morphologie von erwerbswirtschaftlichen Unternehmungen und Genossenschaften; Festschrift zum 65. Geburtstag von Reinhold Henzler, Wiesbaden 1967, S. 235 (als unveränderter Sonderdruck, Wiesbaden 1973).

2) Vgl. Jacob, H.: Zur Standortwahl der Unternehmungen, in: ebenda, S. 255. In der Literatur wird diese Dezentralisierung des Betriebsstandorts üblicherweise als "Standortspaltung" bezeichnet. Vgl. z.B. Behrens, K. Chr.: Allgemeine Standortbestimmungslehre, 2. Aufl., Opladen 1971, S. 94ff. K. Alewell weist jedoch darauf hin, daß dieser Terminus trotz seine Anschaulichkeit vermieden werden sollte, da - streng genommen - nicht der Standort, sondern die Unternehmung "gespalten" wird. Vgl. Alewell, K.: Die räumliche Struktur der Unternehmung, in: Alewell, K. (Hrsg.): Betriebswirtschaftliche Strukturfragen, Beiträge zur Morphologie von erwerbswirtschaftlichen Unternehmungen und Genossenschaften; Festschrift zum 65. Geburtstag von Reinhold Henzler, Wiesbaden 1967, S. 185.

3) Dowerg, H.: Das industrielle Standortproblem, Eine betriebswirtschaftliche Unternehmung, Diss. Frankfurt/M. 1935, S. 10. Ebenso Enzmann, M.: Der industrielle Standort, Seine Bestimmung mit Hilfe mathematischer Methoden,in: Industrielle Organisation, 32. Jg. (1965), H. 5, S. 151.

4) Rüschenpöhler, H.: Der Standort industrieller Unternehmungen als betriebswirtschaftliches Problem, Versuch einer betriebswirtschaftlichen Standortlehre; Abhandlungen aus dem Industrieseminar der Universität Köln, H. 6, Berlin 1958, S. 11.

E. Schäfer sieht die Standortfrage in der "räumlichen Einfügung der Unternehmung in den wirtschaftlichen Zusammenhang" [1].
Umfassender wird das Beziehungsgefüge des betrieblichen Standorts mit seiner Umwelt von R. Henzler charakterisiert. R. Henzler versteht unter dem "Standort einer Betriebswirtschaft nicht etwas Absolutes, sondern eine Relation, und zwar ganz allgemein die Relation ihres Domizils zu ihrem Markt - nämlich zu ihrem Kapital-, Arbeits-, Beschaffungs-, Verwertungsmarkt,..." [2].

Aus dieser Übersicht werden für die weitere Untersuchung zwei Deutungen des Standortbegriffs abgeleitet, die allerdings nicht isoliert nebeneinander stehen, sondern erst in ihrer Integration den Begriff "Standort" ausschöpfen [3]. Der Standort eines Kraftwerks läßt somit kennzeichnen:

1. Als Produktionsstätte aus geographischer Sicht, charakterisiert durch den engen Ortsbegriff oder als Standortbereich [4],

---

1) Schäfer, E.: Die Unternehmung, 8. Aufl., Opladen 1974, S. 68f.

2) Henzler, R.: Die Marktunion, Eine betriebswirtschaftliche Wende, Köln-Opladen 1958, S. 27.

3) Ähnlich diffenzieren Wotzka, P.: Standortwahl im Einzelhandel, Standortbestimmung und Standortanpassung großstädtischer Einzelhandelsbetriebe, Hamburg 1970, S. 82f. Behrens, K. Chr.: Allgemeine Standortbestimmungslehre, 2. Aufl., Opladen 1971, S. 47ff. Sowie im Ansatz für den Bereich der Energiewirtschaft auch H. Queisser und O. Götz: "Zur Standortfrage sind zwei Überlegungen anzustellen: Als S t a n d o r t i m w e i t e r e n S i n n e bezeichnet man ein mehr oder weniger großes Gebiet, das bei der gegebenen Aufgabenstellung aus energiewirtschaftlichen Gründen in Betracht kommt. Innerhalb dieses Gebietes ist dann der A u f s t e l l u n g s o r t i m e n g e r e n S i n n e, d.h.. das eigentliche Baugrundstück, zu bestimmen". Queisser, H. und Götz, O.: Die Abwicklung von Kraftwerksbauvorhaben, in: Schröder, K. (Hrsg.): Große Dampfkraftwerke - Planung, Ausführung und Bau, Bd. 2: Die Lehre vom Kraftwerksbau, Berlin-Göttingen-Heidelberg 1962, S. 697.

4) In der Literatur finden sich zu dieser Abgrenzung die Begriffspaare Mikrostandort/Mikrostandortwahl und Makrostandort/Makrostandortwahl. Vgl. z.B. Timmermann, M.: Zur Standortplanung der Unternehmungen; in:

Fortsetzung siehe Seite 68

2. Als räumliche Einfügung des Kraftwerks in die energiewirtschaftliche Leistungsstruktur sowie durch das Beziehungsgefüge zwischen dem Kraftwerk und seiner natürlichen und sozialen Umwelt [1].

Außer Betracht bleibt hier der Problemkreis der innerbetrieblichen Standortwahl als Zuordnung bestimmter Maschinen und Anlagen zu gegebenen Räumen oder Plätzen z.B. unter dem Kriterium der Transportkosten - oder Entfernungsminimierung [2]. Einzelaspekte innerbetrieblicher Standortwahl

---

Fortsetzung zu Fußnote

4) WiSt, 1. Jg. (1972), H. 9, S. 388f.
G. Wöhe unterscheidet nach räumlichen Gesichtspunkten bei der Standortwahl die sukzessive Entscheidungsfolge: Internationale-, interlokale-, lokale- und innerbetriebliche Standortwahl. Diese Unterscheidung bringt keine begrifflich erweiterte Fassung des hier als "Produktionsstätte" umschriebenen Standortbegriffs. Vgl. Wöhe, G.: Einführung in die allgemeine Betriebswirtschaftslehre, 11. Aufl., München 1974, S. 266.

1) Als Stichworte der unten angesprochenen Problembereiche seien hierzu insbesondere genannt: Eingliederung des Kernkraftwerks in das Landschaftsbild und Akzeptierung des nuklearen Risikos.

2) Zur innerbetrieblichen Standortwahl siehe etwa Schmidt, F.: Die Bestimmung des Produktionsmittelstandortes in Industriebetrieben; Abhandlungen aus dem Industrieseminar der Universität Köln, H. 21, Berlin 1965. Kiehne, R.: Innenbetriebliche Standortplanung und Raumzuordnung; Schriftenreihe zur theoretischen und angewandten Betriebswirtschaftslehre, Bd. 6, Wiesbaden 1969. Bloech, J. und Ihde, G.B.: Betriebliche Distributionsplanung, Zur Optimierung der logistischen Prozesse, Würzburg-Wien 1972, S. 33ff. Lüder, K. und Budäus, D.: Standortwahl, Verfahren zur Planung betrieblicher und innerbetrieblicher Standorte, in: Jacob, H.: (Hrsg.): Industriebetriebslehre in programmierter Form, Bd. 1: Grundlagen, Wiesbaden 1972, S. 85ff. Domschke, W.: Modelle und Verfahren zur Bestimmung betrieblicher und innerbetrieblicher Standorte - Ein Überblick, in: ZfOR, Bd. 19 (1975), H. 2, S. B28ff.

sind jedoch insoweit zu berücksichtigen, als ein gewisser Zusammenhang zwischen der Anordnung der einzelnen Kraftwerksanlagen, dem erforderlichen resp. vorgegebenen Geländebedarf und der Grundstücksauswahl - und somit der Makrostandortwahl - besteht.
Diese ideengeschichtlich aufrechterhaltene, strenge Trennung "betrieblicher Standort - innerbetrieblicher Standort" wird allerdings in der neueren betriebswirtschaftlichen Literatur kritisiert mit dem Versuch, auch das innerbetriebliche Standortproblem in eine "allgemeine Standorttheorie" einzubeziehen [1].

Erforderlich für die weitere Darstellung ist eine Klärung des von A. Weber in die Standortliteratur eingeführten Begriffs "Standortfaktor". Als Standortfaktor versteht A. Weber "einen seiner Art nach scharf abgegrenzten Vorteil, der für eine wirtschaftliche Tätigkeit dann eintritt, wenn sie sich an einem bestimmten Ort oder auch generell an Plätzen bestimmter Art vollzieht" [2]. Als Vorteil bezeichnet A. Weber

---

1) Vgl. Dick, R.: Zur allgemeinen Standortplanung, in: ZfB, 41. Jg. (1971), H. 8, S. 553-557. R. Dick bemerkt dazu: "Der Versuch eine allgemeine Standorttheorie zu entwickeln, die für den betrieblichen und innerbetrieblichen Standort Gültigkeit besitzt, wurde bisher nicht unternommen. Ebenso mangelt es an Versuchen, Planungsmethoden zur Lösung der einen Frage auf ihre Anwendbarkeit für die andere Fragestellung zu überprüfen. So ist es bemerkenswert, daß in den beiden letzten Jahren zwei Bücher (Kiehne, R.: Innerbetriebliche Standortplanung und Raumzuordnung, Wiesbaden 1969 und Bloech J.: Optimale Industriestandorte, Würzburg-Wien 1970; Anm. von R. Dick) erschienen sind, die die Trennung in betrieblichen und innerbetrieblichen Standort und deren isolierte Untersuchung aufrecht erhalten. Dies überrascht umso mehr, da beide Autoren den Schwerpunkt ihrer Arbeit auf die Lösungsansätze mit Hilfe mathematischer Methoden legen; denn bei der dazu notwendigen Formalisierung werden die grundsätzlichen Gemeinsamkeiten jeder Lokalisierungsfrage offenbar". Dick, R.: ebenda, S. 553.

2) Weber, A.: Über den Standort der Industrien, T. 1: Reine Theorie des Standorts, Tübingen 1909, S. 16.
A. Weber verwendete noch den Begriff "Standortsfaktor"; in der Literatur zur Standorttheorie hat sich jedoch inzwischen der Begriff "Standortfaktor" eingebürgert.

eine Ersparnis an Kosten [1]. Diese Definition besitzt den Vorteil der Klarheit und Einfachheit, schließt jedoch außerwirtschaftliche Tatbestände und qualitative oder nicht-quantifizierbare Einflüsse als Bestimmungsfaktoren für die Standortwahl aus [2].
H. Rüschenpöhler betrachtet daher die Beschränkung des Begriffs "Standortfaktor" auf einen "Vorteil" als zu eng und bezeichnet als "Standortbedingungen" "alle Gegebenheiten eines Platzes, die von Industriebetrieben schlechthin im Zeitablauf bei der Erfüllung ihrer wirtschaftlichen Aufgaben genutzt werden können" [3]. Dieser Definition wird im weiteren gefolgt; dabei muß die implizite Aussage dieser Definition besonders in Hinblick auf die Standortwahl für Kernkraftwerke definitiv herausgestellt werden, daß nämlich das Vorhandensein oder Fehlen bestimmter Standortgegebenheiten für den Bau oder Betrieb von Kraftwerken unumgängliche Voraussetzung ist.

Eine erste systematische Behandlung von "Standortfaktoren" stammt von A. Weber, an welche die umfassende Klassifikation von K. Chr. Behrens anknüpft. Während jedoch A. Weber, um zu exakten Aussagen zu kommen, die Vielfalt der in der Realität zu beachtenden "Standortfaktoren" immer weiter reduzierte, verfolgt K. Chr. Behrens das Ziel, mit der Aufstellung einer umfassenden systematischen Klassifikation von Standortbestimmungs-

---

1) Vgl. Weber, A.: Über den Standort der Industrien, T. 1: Reine Theorie des Standorts, Tübingen 1909, S. 16.

2) Vgl. Rüschenpöhler, H.: Der Standort industrieller Unternehmungen als betriebswirtschaftliches Problem, Versuch einer betriebswirtschaftlichen Standortlehre; Abhandlungen aus dem Industrieseminar der Universität Köln, H. 6, Berlin 1958, S. 43.

3) Rüschenpöhler, H.: Der Standort industrieller Unternehmungen als betriebswirtschaftliches Problem, Versuch einer betriebswirtschaftlichen Standortlehre; Abhandlungen aus dem Industrieseminar der Universität Köln, H. 6, Berlin 1958, S. 67. Ähnliche Definitionen nennen Beste, Th.: (Artikel:) Fertigungswirtschaft und Beschaffungswesen, in: HdW, Bd. 1: Betriebswirtschaft, 2. Aufl., Köln-Opladen 1966, S. 119. Schmidt, M.: Die betriebswirtschaftliche Standortsuche, Ein Beitrag zur Standortbestimmungslehre, Diss. Braunschweig 1967, S. 29.

größen [1] eine Grundlage für die Standortanalyse zu schaffen [2]. Dafür verzichtet K. Behrens auf eine quantitative Modellformulierung.
Ein für die Standorttheorie wesentlicher Fortschritt der empirisch-realistischen Standortbestimmungslehre von K. Chr. Behrens besteht in der expliziten Analyse "nicht rechenhafter" [3] Standortbedingungen, wie Beschaffungskontakte, Absatzkontakte, Absatzagglomeration, Fühlungsvorteile etc. [4], die in früheren standorttheoretischen Arbeiten nicht genügend berücksichtigt wurden. "Wie praktische Standortuntersuchungen

---

1) Siehe Behrens, K. Chr.: Allgemeine Standortbestimmungslehre, 2. Aufl., Opladen 1971, S. 47ff.

2) Diese Konzeption einer möglichst alle standortrelevanten Tatbestände umfassenden Analyse der Standortbestimmungsgrößen wird von K. Chr. Behrens als "empirisch-realistische Standortbestimmungslehre" [1] bezeichnet. Behrens, K. Chr.: Allgemeine Standortbestimmungslehre, 2. Aufl., Opladen 1971, S. 39.

3) Vgl. auch Rüschenpöhler, H.: Der Standort industrieller Unternehmungen als betriebswirtschaftliches Problem, Versuch einer betriebswirtschaftlichen Standortlehre; Abhandlungen aus dem Industrieseminar der Universität Köln, H. 6, Berlin 1958, S. 65f.
Als Ursprung des Begriffspaars "rechenhafte" und "nicht rechenhafte" Standortbedingungen nennt H. Rüschenpöhler: Lehmann, M.R.: Industriekalkulation, 4. Aufl., Stuttgart 1951, S. 31.
Bei einer Standortanalyse müssen zu Vergleichszwecken auch die sog. nicht rechenhaften Standortbedingungen erfaßt und bewertet, d.h. es muß in irgendeiner Form mit ihnen "gerechnet" werden. Insofern ist diese Begriffsbildung kaum zutreffend. Allerdings ist dem hier im weiteren verwendeten Terminus "qualitativ" - in Verbindung mit Kriterien zur Auswahl und Beurteilung von Kernkraftwerks-Standorten, mit der entsprechenden Kritik zu begegnen.

4) Vgl. Behrens, K. Chr.: Allgemeine Standortbestimmungslehre, 2. Aufl., Opladen 1971, S. 63f, S. 80 und S. 83ff.
K. Chr. Behrens vermeidet den Terminus "nicht rechenhafte Standortfaktoren" und verwendet in seiner Systematik die Termini "Tertiäre Standortfaktoren" und "Eventualfaktoren". Vgl. Behrens, K. Chr.: ebenda, S. 83.

erweisen, sind aber gerade die qualitativen, nicht rechenhaften Standortfaktoren von großer Bedeutung für die Standortentscheidung [1)2)]. Leider lassen sie sich aber nicht so einfach in einem Standortmodell verarbeiten wie die quantitativen Standortfaktoren" [3)]. Der Ansicht von Th.M. Strunden kann jedoch nicht uneingeschränkt zugestimmt werden, wenn bemerkt wird: "Die [qualitativen, nicht rechenhaften; Anm.d.Verf.] Standortfaktoren sind kaum quantifizierbar... Deshalb bleibt die Standortwahl immer nur ein Abwägen von erkennbaren Vor- und Nachteilen" [4)].

Die in die Standortanalyse eingehenden Standortbedingungen müssen räumlich variabel sein, um nicht als Ubiquitäten aus der Untersuchung auszuscheiden [5)]. "Wo alle Bedingungen vollkommen gleich sind, gibt es keine Standortfrage" [6)]. Die Voraussetzung der Variabilität der Standortbedingungen ist nicht allein auf die räumliche, sondern auch auf die zeit-

---

1) (Anm. d. Verf.) Siehe z.B. Brede, H.: Bestimmungsfaktoren industrieller Standorte, Eine empirische Untersuchung; Schriftenreihe des Ifo-Institut für Wirtschaftsforschung, Nr. 75, Berlin-München 1971.

2) (Anm. d. Verf.) Besondere Bedeutung bei der Standortwahl für Kernkraftwerke haben insbesondere die mit der (nuklearen) Sicherheit und dem Begriff "Restrisiko" bezeichneten Zusammenhänge sowie das "Public Acceptance"-Problem. Siehe hier die Kapitel B.II., B.III. und D.

3) Hansmann, K.-W.: Entscheidungsmodelle zur Standortplanung der Industrieunternehmen; Schriftenreihe des Instituts für Unternehmensforschung und des Industrieseminars der Universität Hamburg, Bd. 7, Wiesbaden 1974, S. 34.

4) Strunden, Th.M.: Wettbewerb der Standorte und Regionalpolitik, in: Informationen des Instituts für Raumforschung, 14. Jg. (1964), S. 564.

5) Vgl. auch Wotzka, P.: Standortwahl im Einzelhandel, Standortbestimmung und Standortanpassung großstädtischer Einzelhandelsbetriebe, Hamburg 1970, S. 84.

6) Rieger, W.: Einführung in die Privatwirtschaftslehre, 3. unveränderte Aufl., Erlangen 1964, S. 140.

liche [1] Dimension bezogen, da sich die Standortbedingungen durch Umweltveränderungen im zeitlichen Ablauf wandeln können.

Die Erfassung und Katalogisierung der Standortbedingungen steht im Mittelpunkt der "empirisch-realistischen Standortbestimmungslehre". Auf die gründliche und umfassende Erarbeitung eines Katalogs der Standortbedingungen wird daher von K. Chr. Behrens selbst sowie einigen anderen Autoren [2] besonderer Wert gelegt.
Weitere - explizite oder implizite - Klassifikationen von Standortbedin-

---

1) Dieser Aspekt bleibt in der "empirisch-realistischen" Standortliteratur weitgehend unberücksichtigt. Ausführlicher findet die Zeitkomponente Berücksichtigung jedoch bei Rüschenpöhler, H.: Der Standort industrieller Unternehmungen als betriebswirtschaftliches Problem, Versuch einer betriebswirtschaftlichen Standortlehre; Abhandlungen aus dem Industrieseminar der Universität Köln, H. 6, Berlin 1958, S. 79ff.
Dazu bemerkt K. Alewell: "Während aber die zeitliche Dimension systematisch in den Zusammenhang der allgemeinen Betriebswirtschaftslehre einbezogen wurde - von jeher in der Finanzierungslehre, im letzten Jahrzehnt auch in der Investitions- und Unternehmenstheorie - nimmt die Standortlehre nach wie vor eine Sonderstellung ein und erscheint erweiterungs- und wandlungsbedürftig". Alewell, K.: Die räumliche Struktur der Unternehmung, in: Alewell, K. (Hrsg.): Betriebswirtschaftliche Strukturfragen, Beiträge zur Morphologie von erwerbswirtschaftlichen Unternehmungen und Genossenschaften; Festschrift zum 65. Geburtstag von Reinhold Henzler, Wiesbaden 1967, S. 183.

2) So u.a. Dowerg, H.: Das industrielle Standortproblem, Eine betriebswirtschaftliche Untersuchung, Diss. Frankfurt/M. 1935. Rüschenpöhler, H.: Der Standort industrieller Unternehmungen als betriebswirtschaftliches Problem, Versuch einer betriebswirtschaftlichen Standortlehre; Abhandlungen aus dem Industrieseminar der Universität Köln, H. 6, Berlin 1958. Lüder, K.: Die Standortwahl von Fertigungsstätten, in: Agthe, K., Blohm, H. und Schnaufer, E. (Hrsgg.): Industrielle Produktion, Baden-Baden-Bad Homburg v.d.H. 1967, S. 413-424. Schmidt, M.: Die betriebswirtschaftliche Standortsuche, Ein Beitrag zur Standortbestimmungslehre, Diss. Braunschweig 1967. Nauer, E.: Praxis der Industriestandortplanung, in: Die Unternehmung, 22. Jg. (1968), H. 3, S. 161-175.

Fortsetzung siehe Seite 74

gungen finden sich in zahlreichen Untersuchungen über Standort- und Raumwirtschaftsfragen. Die bei den Klassifikationen bestehenden Unterschiede resultieren im wesentlichen aus den verschiedenen Zielsetzungen und dem jeweiligen Stand des Wissens über die Standortbedingungen [1].
Die empirisch-realistische Standortbestimmungslehre befaßt sich - bei enger Begriffsauslegung - "nicht mit der Bestimmung von Standorten, sondern vor allem mit der Beschreibung, Zusammenstellung und Systematisierung solcher Standorteigenschaften, die für die Standortentscheidung relevant sein können. Ihre Aussagen haben allenfalls Erwägungscharakter. Das bedeutet: Sie können demjenigen, der eine Standortplanung durchzuführen hat, Hinweise darauf geben, welche Informationen er möglicherweise in sein

---

Fortsetzung zu Fußnote

2) Nauer, E.: Standortwahl und Standortpolitik im Einzelhandel; Schriftenreihe des Forschungsinstituts für Absatz und Handel an der Hochschule St. Gallen, Bd. 14, Bern-Stuttgart 1970.

1) Vgl. Lindenlaub, J.: Energieimpulse und regionale Wachstumsdifferenzierung; Schriftenreihe des Energiewirtschaftlichen Instituts an der Universität Köln, Bd. 14, München 1968, S. 177. J. Lindenlaub nimmt hierbei bezug auf Grosse, N.: Ökonomik der Kernenergie; Veröffentlichungen der List Gesellschaft e.V., Bd. 29, Basel-Tübingen 1963, S. 186. Als Beispiel dafür kann der Ansatz von A. Weber gesehen werden, mit Hilfe von - in Hinblick auf den heutigen Wissensstand - begrenzten Informationen über die Standortbedingungen eine allgemeine Standorttheorie zu konzipieren. N. Grosse bemerkt dazu: A. Weber stand bei der Formulierung seiner Standorttheorie "offensichtlich unter dem Eindruck der Standortverschiebungen, die im Verlaufe der industriellen Revolution als Folge der Attraktionskraft der Kohle stattgefunden hatten. Für ihn schaffen daher vor allem lokalisierte Rohmaterialien und der Einfluß der Transportkosten eine regionale Grundorientierung der Industrie an Transportkostenminimalpunkten, die durch Arbeitskostenminimalpunkte sowie Agglomerations- und Deglomerationsvorteile gewisse Deviationen erfahren kann. Webers Lehre ist in erster Linie betriebswirtschaftlich und technisch orientiert, ihr Ziel ist die Kostenminimierung der Produktion durch die günstigste Standortwahl". Grosse, N.: Ökonomik der Kernenergie; Veröffentlichungen der List Gesellschaft e.V., Bd. 29, Basel-Tübingen 1963 , S. 186.

Standortkalkül einzubeziehen hat" [1]. Über die Verknüpfung und Verarbeitung der Informationen, d.h. über das Kalkül selbst, werden keine Aussagen gemacht. Die Analyse der Standortbedingungen kann für eine konkrete Standortentscheidung somit nur eine Vorstufe sein, um einen Standort bezüglich seiner Vorzugswürdigkeit zu beurteilen [2] und gegebenenfalls eine qualitative Vorauswahl zu treffen, denn erst wenn alle relevanten Standortbedingungen und ihre Einflußgrößen vollständig erfaßt sind, kann in einem nächsten Schritt die Abbildung in einem quantitativen Modell erfolgen und unter einer Zielfunktion bewertet werden [3]. Ähnlich bemerkt H. Jacob: "Das zentrale Problem der Standortplanung besteht darin, alle wichtigen standortspezifischen Einflußgrößen zu erfassen, die direkt oder indirekt die Gewinnlage eines Unternehmens beeinflussen, sowie die Beziehungen zwischen diesen Einflußgrößen und der Zielsetzung des Unternehmens in einem Modell abzubilden" [4].

Aus dieser Übersicht und begrifflichen Abgrenzung können für die weitere Untersuchung folgende Maximen festgelegt werden:

1. Die Standortwahl für Kernkraftwerke wird unter Berücksichtigung von Rahmenbedingungen als betriebswirtschaftliche "Standortbestimmung" behandelt.

---

1) Lüder, K. und Budäus, D.: Standortwahl, Verfahren zur Planung betrieblicher und innerbetrieblicher Standorte, in: Jacob, H. (Hrsg.): Industriebetriebslehre in programmierter Form, Bd. 1: Grundlagen, Wiesbaden 1972, S. 50.

2) Vgl. Schweitzer, M.: Einführung in die Industriebetriebslehre; Slg. Göschen, Bd. 6046, Berlin-New York 1973, S. 71. Chmelik, G. und Kappler, E.: Konstitutive Entscheidungen, in: Heinen, E. (Hrsg.): Industriebetriebslehre, Entscheidungen im Industriebetrieb, 4. Aufl., Wiesbaden 1975, S.141.

3) So auch Hansmann, K.-W.: Entscheidungsmodelle zur Standortplanung der Industrieunternehmen; Schriftenreihe des Instituts für Unternehmensforschung und des Industrieseminars der Universität Hamburg, Bd. 7, Wiesbaden 1974, S. 34.

4) Jacob, H.: Geleitwort, in: Hansemann, K.-W.: Entscheidungsmodelle zur Standortplanung der Industrieunternehmen; Schriftenreihe des Instituts für Unternehmensforschung und des Industrieseminars der Universität Hamburg, Bd. 7, Wiesbaden 1974, S. (5).

2. Auf der Basis der "empirisch-realistischen Standortbestimmungslehre" werden Standortbedingungen und ihre Einflußgrößen für die Auswahl potentieller Kernkraftwerks-Standorte untersucht.

3. Die Vorgabe potentieller Standorte ist Voraussetzung für die Anwendbarkeit der noch im einzelnen abzuleitenden Modellkonstruktion diskreter Art.

Methodisch wird in der sich anschließenden Darstellung in folgender Weise vorgegangen: Nach einem Überblick über die Grundsätze sowie Rahmenbedingungen der Standortorientierung und räumlichen Verteilung von Kraftwerken werden die standortspezifischen Bedingungen und deren Einflußgrößen analysiert, die heute [1] für den Bau und Betrieb [2] von Kernkraftwerken an einen Standort zu stellen sind. Gleichzeitig werden damit auch die Bedingungen erörtert, die potentielle Standorte an die sicherheitstechnische Auslegung des Kernkraftwerks stellen. In einem nächsten Schritt erfolgt auf der Grundlage vorgegebener potentieller Kernkraftwerks-Standorte die Formulierung des Modells zur optimalen Standortkombination in einem bestehenden und zu erweiternden Verbundnetz.

2. Standortorientierung und Planungsgrundsätze der räumlichen Verteilung von Kraftwerken

Mit der Aussage über die "Standortorientierung" eines Unternehmens oder Betriebs soll charakterisiert werden, "welchem Faktor oder welchen Faktoren bei der Standortwahl die dominierende ("primäre") Rolle zufällt" [3]. K. Chr. Behrens unterscheidet dabei in seiner Faktorensystematik folgende

---

1) Dabei wird an gegebenen Stellen auch auf die innerhalb der vergangenen zwanzig Jahre gewandelten Anschauungen und Bewertungen der Standortorientierung und Standortbedingungen für Kernkraftwerke hingewiesen.

2) Als "Betrieb" soll in diesem Zusammenhang die technisch-produktionswirtschaftliche Steuerung und Unterhaltung eines Kernkraftwerks verstanden werden.

3) Behrens, K. Chr.: Allgemeine Standortbestimmungslehre, 2. Aufl., Opladen 1971, S. 82.

Orientierungstypen [1]:

a. Gütereinsatzorientierung,

a.a. Beschaffungsorientierung,

a.b. Transformationsorientierung (Orientierung an den natürlich-technischen Standortbedingungen),

b. Absatzorientierung.

Auf der Grundlage dieser Klassifizierung soll zunächst die Standortorientierung und "Standorttendenz" [2] der verschiedenen Kraftwerksarten und -typen [3] untersucht werden, wobei die Ergebnisse dieser Untersuchung u.a. als Prämissen in das in der weiteren Darstellung abzuleitende Standortmodell Eingang finden.

---

1) Vgl. Behrens, K. Chr.: Allgemeine Standortbestimmungslehre, 2. Aufl., Opladen 1971, S. 82ff.

2) Durch den Begriff "Standortendenz" "soll zum Ausdruck gebracht werden, an welchem Standortfaktor oder an welchen Standortfaktoren sich ein bestimmter Wirtschaftszweig oder ein Betriebstyp innerhalb dieses Zweiges im Regelfall orientiert". Die Feststellung der Standorttendenz impliziert nicht, "daß alle Unternehmungen des betreffenden Zweiges oder Betriebstyps ihre Standortwahl notwendig in der angegebenen Weise treffen oder tatsächlich getroffen haben; sie besagt lediglich, daß die aufgewiesene Standortorientierung in der Mehrzahl der Fälle gegeben sein wird". Behrens, K. Chr.: Allgemeine Standortbestimmungslehre, 2. Aufl., Opladen 1971, S. 88.

3) Der Begriff "Kraftwerk" umfaßt Dampf-, Kern-, Gasturbinen- und Wasserkraftwerke. Zur Systemtechnik der verschiedenen Kraftwerksarten siehe Abbildung 4 auf Seite 78.
Eine Klassifizierung von Dampfkraftwerken kann u.a. nach folgenden Kriterien vorgenommen werden:
a. Verwendeter Brennstoff: Steinkohle, Braunkohle, Öl, Gas, (Kernbrennstoff);

Fortsetzung siehe Seite 79

Fortsetzung zu Fußnote

3)

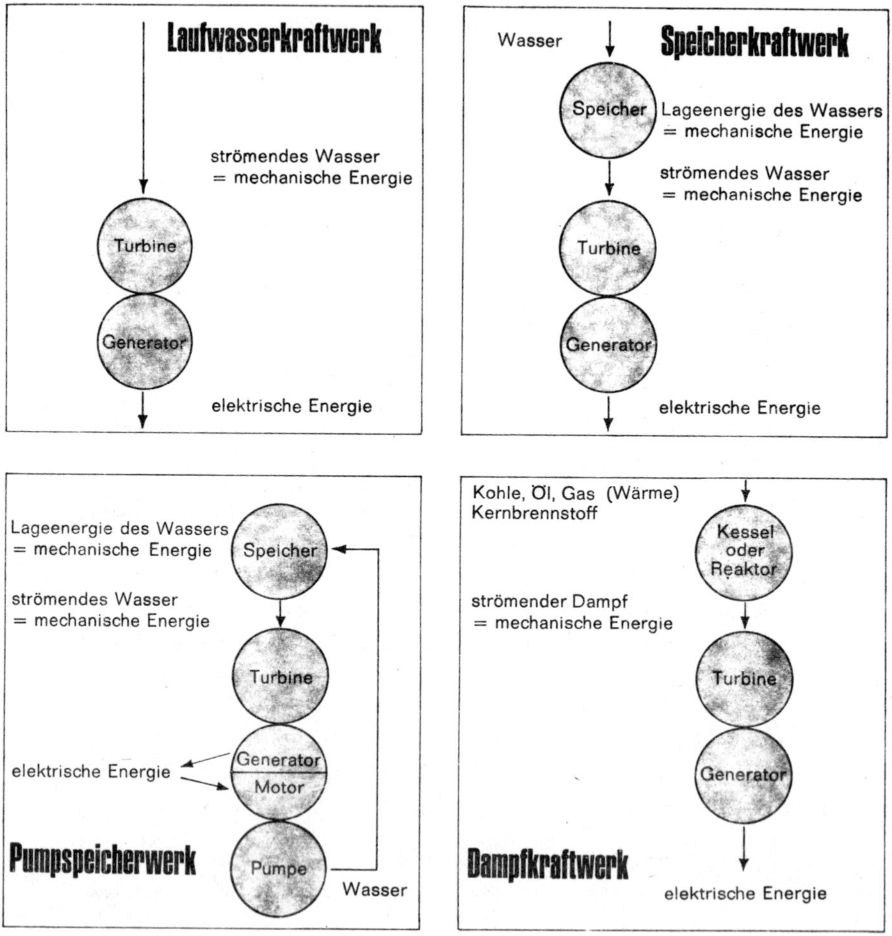

Abbildung 4: Kraftwerksarten und ihre Funktionsweise +).

+) Die Vorlage ist d. Verf. vom Badenwerk AG, Karlsruhe, dankenswerterweise zur Verfügung gestellt worden.

Fortsetzung zu Fußnote

3) b. Leistung:
- Kleinkraftwerke ($\leq$ 10 MW),
- Mittelkraftwerke (> 10 bis $\leq$ 300 MW),
- Großkraftwerke (> 300 MW);

c. Aufgabe:
- Kondensationskraftwerke (reine Stromerzeugung),
- Heizkraftwerke (Strom- und Wärmeerzeugung),
- Heizwerke (reine Wärmeerzeugung);

d. Einsatzweise:
- Grundlastkraftwerke,
- Spitzenkraftwerke,
- Fahrplankraftwerke.

Vgl. Denzel, P.: Dampf- und Wasserkraftwerke, Mannheim 1968, S. 15f. Kalide, W.: Kraftanlagen und Energiewirtschaft, München-Wien 1974, S. 41ff.
Obwohl Kernkraftwerke in der heute üblichen Bauweise ebenfalls "Dampfkraftwerke" sind, werden diese aufgrund des physikalischen Energieumwandlungsprozesses in der Nomenklatur - die allerdings nicht einheitlich angewendet wird (vgl. z.B. Abbildung 4) - aus dem Oberbegriff "Dampfkraftwerk" herausgenommen.
In Gasturbinenkraftwerken wird unter Umgehung der Dampferzeugung die bei der Verbrennung von Gas freiwerdende Energie unmittelbar in Gasturbinen zum Antrieb von Generatoren genutzt.
Zur Abgrenzung gegenüber Wasserkraftwerken werden Dampf-, Kern- und Gasturbinenkraftwerke zusammenfassend als Wärme - oder thermische Kraftwerke bezeichnet.

Wasserkraftwerke lassen sich ebenfalls nach verschiedenen Kriterien differenzieren, wie z.B. Fallhöhe, Leistung, Ausbauart, Einsatz- und Bauweise (Laufwasser-, Speicher- oder Pumpspeicherwerk); auf eine detaillierte Beschreibung der Einteilungsprinzipien wird jedoch hier verzichtet. Siehe dazu Quantz, L. und Meerwarth, K.: Wasserkraftmaschinen, Eine Einführung in Wesen, Bau und Berechnung von Wasserkraftmaschinen und Wasserkraftanlagen, 11. Aufl., Berlin-Göttingen-Heidelberg 1963 (unveränderter Nachdruck 1974), S. 10ff. Denzel, P.: Dampf- und Wasserkraftwerke, Mannheim 1968.

Elektrische Energie und Fernwärme sind wirtschaftliche Güter [1], die zwar überall erzeugt werden könnten, da jedoch zwischen Rohstoffbeschaffung, Absatzmarkt und Umwelt vielschichtige Interdependenzen bestehen, beinhaltet die Standortwahl bei den verschiedenen Kraftwerksarten und -typen spezielle Anforderungen und Probleme und führt im Resultat zu einer unterschiedlichen Standortorientierung [2]. Eine Übersicht über die Hauptbedingungen für die Standortwahl eines thermischen Kraftwerks ist in Abbildung 5 wiedergegeben.

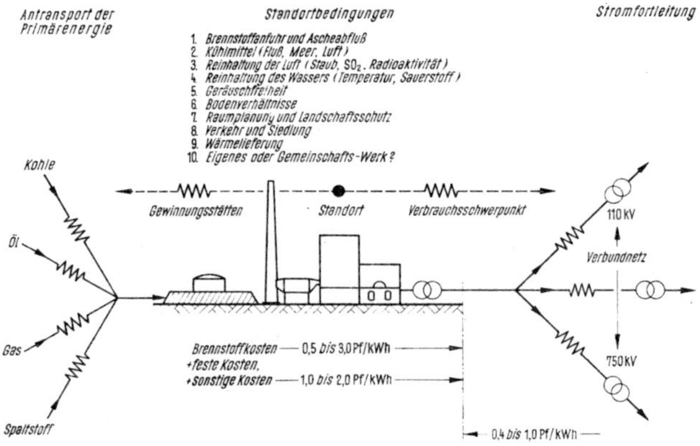

Abbildung 5: Hauptbedingungen für die Standortwahl eines thermischen Kraftwerks [3].

In Anlehnung an die von K. Chr. Behrens formulierten Orientierungstypen [4] wird die Standortwahl von Kraftwerken hier insbesondere hinsichtlich des

---

1) Kritisch dazu Budde, H.-J.: Elektrische Energie- Ware oder Dienstleistung?, in: ET, 21. Jg. (1971), H. 5, S. 243-248.

2) Vgl. Resch, I.: Ursachen und Ausmaß des Außenhandels mit elektrischer Energie in Europa, in: Energie. 17. Jg. (1965), H. 9, S. 373.

3) Schröder, K.: Wärmekraftwerke für das kommende Elektrizitätszeitalter, in: Siemens-Z., 40. Jg. (1966), H. 5, S. 384.

4) Vgl. Behrens, K. Chr.: Allgemeine Standortbestimmungslehre, 2. Aufl., Opladen 1971, S. 82ff.

eingesetzten Primär- resp. Sekundärenergieträgers [1] sowie der Lage zum Verbundnetz und den Verbrauchsschwerpunkten betrachtet (vgl. Abbildung 5). Die Orientierung konventioneller Dampfkraftwerke an natürlich-technischen Standortbedingungen soll dabei nicht eingehender betrachtet werden [2]; für Kernkraftwerke wird als Grundlage der Standortplanung eine Analyse der technisch-natürlichen Standortbedingungen jedoch sehr detailliert vorgenommen [3].

Nach A. Buch [4] kommen für Kraftwerke als Grenzfälle allgemein folgende Standorte in Betracht:

---

1) K. Schröder spricht in diesem Zusammenhang von der "Rivalität der Brennstoffe". Schröder, K.: Optimale Anpassung der Stromerzeugung an Brennstoff- und Netzbedingungen, in: Techn. Mitt., 60. Jg. (1967), H. 12, S. 504.

2) Siehe dazu u.a. Goerke, H.: Dampfkraftwerke, Entwurf und Gestaltung, München 1956, S. 11ff. Freiberger, H.: Betrieb von Elektrizitätswerken, Berlin-Göttingen-Heidelberg 1961, S. 121ff., S. 182ff. und S. 389ff. Schröder, K. (Hrsg.): Große Dampfkraftwerke - Planung, Ausführung und Bau, Bd. 2: Die Lehre vom Kraftwerksbau, Berlin-Göttingen-Heidelberg 1962, S. 244ff. Börnke, F.: Bautechnische Kennzahlen des Kohlekraftwerkes, Diss. Aachen 1963, S. 5ff. Bachmair, A.: Standortbeeinflussende technische Fakten für Bau und Betrieb von thermischen Kraftwerken, in: Zur Standortproblematik in der regionalen Energiewirtschaft; Veröffentlichungen der Akademie für Raumforschung und Landesplanung, Forschungs- und Sitzungsberichte, Bd. 82, Hannover 1972, S. 19ff. Kriese, S.: Leitfaden der Kraftwerkstechnik, Systemtechnik thermischer Energieanlagen, Essen 1973, S. 154ff.

3) Siehe Kapitel B. III.

4) Vgl. Buch, A.: Planung und Standortwahl von Kraftwerken, Konzeption der Stromversorgung der BRD unter Berücksichtigung der Umweltbeeinflussung, Mainz 1973, S. 54ff.
Elemente dieser "klassischen Planungsgrundsätze" [+] für den Bau von

---

+) Dibelius, G. und Schwarz, O.: Schwerpunkte in der Entwicklung thermischer Kraftwerke, in: VGB Kraftwerkstechnik, 54. Jg. (1974), H. 3, S. 201.

Fortsetzung siehe Seite 82

1. Am Ort der Gewinnung der Primärenergie (im folgenden betrachtet unter: Kraftwerksstandorte in Relation zum Gewinnungsort des Energieträgers),

2. In Ballungsgebieten,

3. An den Einspeisepunkten des Verbundnetzes,

4. An den Standorten bestehender Kraftwerke, d.h. Erweiterung bestehender Kraftwerke,

5. Standorte in Verbindung mit öffentlicher oder industrieller Wärmeversorgung,

6. Standorte in Verbindung mit der Gewinnung von Frischwasser.

Dieses Einteilungsprinzip soll im folgenden unter Hervorhebung der Standortorientierung resp. Standorttendenz für die einzelnen Kraftwerksarten und -typen detaillierter ausgeführt werden.

ad 1. Kraftwerksstandorte in Relation zum Gewinnungsort des Energieträgers

Unter "standortgebundenen" Kraftwerken sind Wasserkraftwerke, Kraftwerke auf der Basis von Braunkohle und ballastreicher Steinkohle zu verstehen.

Fortsetzung zu Fußnote

4) thermischen Kraftwerken finden sich u.a. bei Freiberger, H.: Betrieb von Elektrizitätswerken, Berlin-Göttingen-Heidelberg 1961, passim. Arbeitsgemeinschaft deutscher wirtschaftswissenschaftlicher Forschungsinstitute e.V. (Hrsg.): Gegenwärtige Struktur und künftige Entwicklung der öffentlichen Elektrizitätswirtschaft in der Bundesrepublik Deutschland, Ein Gutachten des Energiewirtschaftlichen Instituts an der Universität Köln, Berlin 1964, S. 25. Schröder, K.: Probleme heutiger und zukünftiger Kraftwerksplanung, Berlin-München 1967, S. 39ff. (Solling, H.): Verbrauchsorientierte Stromerzeugung?, in: Energie, 22. Jg. (1970), H. 3, S. 61f.

Wasserkraftwerke, d.h. Fluß-, Talsperren, Umleitungs- und Überleitungskraftwerke [1], können aus naturbedingten Gründen nur dort errichtet werden, wo die geographischen und geologischen Voraussetzungen [2] vorliegen sowie ausreichende Wassermengen (Hydrographie) [3] zur Verfügung stehen. Darüber hinaus besteht aus technischen und wirtschaftlichen Gründen nur eine geringe Transportmöglichkeit des Wassers über einige Kilometer Entfernung. Wasserkraftwerke sind daher praktisch voll standortgebunden [4].
Ebenso sind Pumpspeicherwerke an geeignete orographische und geologische Verhältnisse [5] gebunden. Andererseits ist eine enge räumliche Kombination mit einer Primärstromerzeugung [6] resp. dem Verbundnetz von wirt-

---

1) Siehe dazu Ludin, A. und Borkenstein, W.: Wasserkraftanlagen, Bd. 1: Planung, Grundlagen und Grundzüge; Slg. Göschen, Bd. 665, Berlin 1955, S. 23ff. Denzel, P.: Dampf- und Wasserkraftwerke, Mannheim 1968, S. 166ff. Quantz, L. und Meerwarth, K.: Wasserkraftmaschinen, Eine Einführung in Wesen, Bau und Berechnung von Wasserkraftmaschinen und Wasserkraftanlagen, 11. Aufl., Berlin-Göttingen-Heidelberg 1963 (unveränderter Nachdruck 1974), S. 10ff.

2) Siehe Musil, L.: Praktische Energiewirtschaftslehre, Wien 1949, S. 70ff. ders.: Allgemeine Energiewirtschaftslehre, Wien-New York 1972, S. 144ff.

3) Siehe Musil, L.: Praktische Energiewirtschaftslehre, Wien 1949, S. 70ff. ders.: Allgemeine Energiewirtschaftslehre, Wien-New York 1972, S. 144ff. Denzel, P.: Dampf- und Wasserkraftwerke, Mannheim 1968, S. 146ff.

4) Zur ausführlicheren Darstellung der Standortwahl für Wasserkraftwerke siehe Härry, A.: Die Ökonomik der Wasserkraftnutzung; Verbandschrift des Schweizerischen Wasserwirtschaftsverbandes, Nr. 36, Winterthur 1957, S. 88ff.

5) Siehe dazu Hautum, F.: Betrachtungen über Baukosten und Wirtschaftlichkeit von Pumpspeicherwerken, Frankfurt/M. 1965, S. 5ff. Gersdorff, B. v.: Grundsätze der Planung von Pumpspeicherwerken, in: BWK, 18. Jg. (1966), H. 10, S. 490. Lottes, G.: Pumpspeicherwerke in der künftigen Elektrizitätswirtschaft, in: Siemens-Z., 42. Jg. (1968), H. 12, S. 985f.

6) Vgl. zur Terminologie die Darstellungen in Abbildung 4.

schaftlichem Vorteil [1]. Neben dieser "Schwachlaststromveredlung" (siehe oben Abbildung 1) bieten Pumpspeicherwerke besondere Vorteile als "Sofortreserve" im Verbundnetz [2]. Die Standortwahl für Pumpspeicherwerke wird dadurch zu einem Problem mit vielseitigen Gesichtspunkten, so daß sich in der Praxis von den als diskutabel erscheinenden Möglichkeiten bei ernstlicher Prüfung meist nur wenige Projekte als ausbauwürdig erweisen [3].

Der Wärmeinhalt, $H_u(kcal \cdot kg^{-1})$ [4], und damit der Wärmepreis [5] von Braunkohle [6] und ballastreicher Steinkohle ist zu gering, um einen längeren Transportweg zu gestatten [7]. Kraftwerke auf der Basis dieser Primärenergie-

---

1) Siehe hierzu Kapitel C. II. 1.

2) Siehe die Ausführungen in Kapitel B. III. 1. - ad 1. Energiewirtschaftliche Rückwirkungen der Netzeinbindung großer Kernkraftwerke.

3) Vgl. Hautum, F.: Betrachtungen über Baukosten und Wirtschaftlichkeit von Pumpspeicherwerken, Frankfurt/M. 1965, S. 5.

4) H_u = unterer Heizwert.
Bei Brennstoffen, die Wasserstoff und die Verbrennungsprodukte somit auch Wasserdampf enthalten, unterscheidet man zwischen oberem Heizwert, H_o, und unterem Heizwert, H_u. Der obere Heizwert ist die bei vollständiger Verbrennung entstehende Wärmemenge, wenn die Verbrennungsprodukte auf die Ausgangstemperatur abgekühlt und das bei der Verbrennung entstehende Wasser in flüssigem Zustand ist. Der untere Heizwert stellt dagegen die bei vollständiger Verbrennung entstehende Wärmemenge dar, wenn die Verbrennungsprodukte auf die Ausgangstemperatur abgekühlt sind, das bei der Verbrennung gebildete Wasser jedoch dampfförmig ist.

5) Einheiten: $(DM \cdot kcal^{-1})$ oder $(DM \cdot Gcal^{-1})$.

6) In der Umgangssprache des Kraftwerkplaners wird diese Tatsache mit dem Satz bezeichnet: "Braunkohle verträgt keine Transportkosten".

7) Vgl. (Solling, H.): Verbrauchsorientierte Stromerzeugung?, in: Energie, 22. Jg. (1970), H. 3, S. 61. Bachmair, A.: Standortbeeinflussende technische Fakten für Bau und Betrieb von thermischen Kraftwerken, in: Zur Standortproblematik in der regionalen Energiewirtschaft; Veröffentli-

Fortsetzung siehe Seite 85

träger sind daher im allgemeinen standortgebunden; die Kühlwasserversorgung kann gegebenenfalls einen Einfluß auf die Wahl des Standorts ausüben.

Bei Kraftwerken auf der Basis von vollwertiger Steinkohle [1] sind nicht allein in Deutschland seit Jahrzehnten die Meinungen darüber umstritten, ob der Transport von vollwertiger Steinkohle [2] oder von Elektrizität wirtschaftlicher ist [3].

Fortsetzung zu Fußnote

4) chungen der Akademie für Raumforschung und Landesplanung, Forschungs- und Sitzungsberichte, Bd. 82, Hannover 1972, S. 20.

1) d.h. Steinkohle mit $H_u \geq 6800\ \text{kcal}\cdot\text{kg}^{-1}$.

2) Bezogen auf die gleiche Verbrennungswärme verhalten sich die Transportkosten für vollwertige Steinkohle, ballastreiche Steinkohle und Rheinische Braunkohle wie 1:1,4:4,3. Vgl. Kretschmann, W.: Braunkohle als Brennstoff für Dampfkraftwerke, in: Energie, 16. Jg. (1964), H. 9, S. 336.
W. Kretschmann, ebenda, S. 335f. geht dabei von folgenden Werten aus:
Handelsübliche vollwertige Steinkohle: $H_u = 7100\ \text{kcal}\cdot\text{kg}^{-1}$
Ballastreiche Steinkohle: $H_u = 5100\ \text{kcal}\cdot\text{kg}^{-1}$
Rheinische Braunkohle: $H_u = 1650\ \text{kcal}\cdot\text{kg}^{-1}$.

3) Aus der umfangreichen Literatur zu diesem Problem seien hier einige Publikationen angeführt, in denen die unterschiedlichen Auffassungen vertreten werden. Einige der genannten Veröffentlichungen sind darüber hinaus hinsichtlich ihrer grundsätzlichen Aussagen zur Standortplanung für Kraftwerke bemerkenswert. Vgl. Musil, L.: Zur Standortfrage von großen Dampfkraftwerken in Verbundnetzen, in: Elektrizitätswirtschaft, 39. Jg. (1940), H. 20, S. 272-274. Musil, L.: Die Gesamtplanung von Dampfkraftwerken, 2. Aufl., Berlin-Göttingen-Heidelberg 1948, S. 52ff. Marguerre, F. (Hrsg.): Verbrauchsorientierte Stromerzeugung, Eine Untersuchung über den kapital- und kohlesparenden Verbund von rohstoff- und absatznahen Werken, (Düsseldorf) 1951. Marguerre, F.: Dezentralisierte und zentralisierte Stromerzeugung, in: Verband kommunaler Unter-

Fortsetzung siehe Seite 86

Die Optimierungsrechnungen bei der Standortwahl wurden hauptsächlich unter Berücksichtigung nachstehender Einflußgrößen [1] durchgeführt:

Fortsetzung zu Fußnote

3) nehmen (Hrsg.): Beiträge zur kommunalen Versorgungswirtschaft, H. 8, Köln-Marienburg 1952, S. 21-47. Peterson, G.R.: Transportkostenvergleich für elektrische Energie und für Kohlen bei der Auswahl des Standortes von Kraftwerken, in: ET, 2. Jg. (1952), H. 12/13, S. 162-168. Junge, (H.): Die Bedeutung der Transportkosten für die Entwicklung der Elektrizitätswirtschaft, in: Tagungsberichte des Energiewirtschaftlichen Instituts (Universität Köln), H. 5: Entwicklungsprobleme in der Energiewirtschaft, München 1952, S. 146-158. Vogler, (..): Die Bedeutung der Transportkosten für die Entwicklung der Elektrizitätswirtschaft, in: ebenda, S. 159-167. Marguerre, (F.), Roelen (H.), Wehberg, (B.) und Roser, (H.): Diskussion zu den Referaten von Dr. Junge und Dr. Vogler (Die Bedeutung der Transportkosten für die Entwicklung der Elektrizitätswirtschaft), in: ebenda, S. 168-183. Bantzer, A.: Planung und Bau von Steinkohlenkraftwerken, Ein Beitrag zum Ballastkohlenproblem und zur Frage der rohstoff- oder verbrauchsnahen Lage neuer Kraftwerke, in: Elektrizitätswirtschaft, 52. Jg. (1953), H. 21, S. 629-636. Schühly, K.: Kohle- oder Stromtransport?, Ein Beitrag zur Frage der Rohstoff- oder Verbrauchsorientierung in der Elektrizitätserzeugung, Diss. Freiburg 1958. Gersdorff, B. v.: Die Kohle oder den Strom transportieren?, in: Der Volkswirt, 16. Jg. (1962), H. 9, S. 356-358. Fischer, K.-D. und Lessing, E.: Wohin mit den Steinkohlenkraftwerken?, Stromtransport ist wirtschaftlicher als Kohlentransport, in: Der Volkswirt, 16. Jg. (1962), H. 25, S. 1203-1205. Butenschön, H.-T.: Berechnung der Strom- und Kohlentransportkosten, in: ETZ-A, 84. Jg. (1963), H. 19, S. 634-638. Fischler, G.: Der britische Energiemarkt und die Atomkraftnutzung; Veröffentlichungen der List Gesellschaft e.V., Bd. 36, Basel-Tübingen 1964, S. 86ff, Reuter, E.: Untersuchung über die Kosten des Energietransports, in: Elektrizitätswirtschaft, 64. Jg. (1965), H. 2, S. 36-40.

1) Vgl. auch Musil, L.: Die Gesamtplanung von Dampfkraftwerken, 2. Aufl., Berlin-Göttingen-Heidelberg 1948, S. 26ff. Buch, A.: Planung und Standortwahl von Kraftwerken, Konzeption der Stromversorgung der BRD unter Berücksichtigung der Umweltbeeinflussung, Mainz 1973, S. 57.

- Wärmepreis $(DM \cdot kcal^{-1})$ der Steinkohle,
- Länge des Transportwegs vom Steinkohlenvorkommen zum Kraftwerk und dadurch bedingte Transportkosten,
- Stromübertragungskosten (einschließlich Netzverlusten) bis zum Verbrauchsort im Fall der Errichtung des Kraftwerks in unmittelbarer Nähe des Steinkohlenvorkommens,
- Bestimmungszweck des Kraftwerks: Deckung von Grund- oder Spitzenlast,
- Kühlungskosten an den jeweiligen Standorten.

Grundgedanke bei der Ermittlung der Standorte war, daß die Standortalternativen Substitutionsvorgänge unter den einzelnen Transportarten bergen [1]. "Beim zentralen Kraftwerk auf Kohlebasis wird der Transport von Kohle an das dezentralisierte Kraftwerk substituiert durch den Transport von Elektrizität" [2]. Obwohl damit das Problem prinzipiell auf einen Vergleich der auf die Kilowattstunde (kWh) bezogenen jeweiligen Transportkosten für die vollwertige Steinkohle und die elektrische Arbeit reduziert ist, konnte ein einheitliches Ergebnis nicht erzielt werden, da zu unterschiedliche Annahmen gemacht wurden und viele Faktoren, so z.B. Entfernung, Transportpreise für Schiene [3] und Wasserweg, Jahresbenutzungsdauer, Versorgungssicherheit etc., die Berechnung beeinflussen.
Eine detailliertere Betrachtung soll hier nicht vorgenommen werden.
Generell kann jedoch festgestellt werden: Optimale Standorte für Kraftwerke auf der Basis von vollwertiger Steinkohle liegen - unter Berücksichtigung des Kühlwasserbezugs - in nächster Umgebung der Zechen und,

---

1) Vgl. ausführlicher Seidenfus, H. St.: Energie und Verkehr; Veröffentlichungen der List Gesellschaft e.V., Bd. 18, Basel-Tübingen 1960, S. 64ff. und S. 163ff.

2) Predöhl, A.: Verkehrspolitik, 2. Aufl., Göttingen 1964, S. 157.

3) Siehe dazu etwa Kloten, N.: Die Eisenbahntarife im Güterverkehr, Versuch einer theoretischen Grundlegung; Veröffentlichungen der List Gesellschaft e.V., Bd. 13, Basel-Tübingen 1959, S. 61ff. und S. 199ff.

wie die Praxis zeigt, nur dort nahe den Lastschwerpunkten [1], wo die Möglichkeit besteht, Kohle auf dem Wasserweg [2] oder gegebenenfalls auf dem Schienenweg billiger zu transportieren als elektrische Leistung über das Netz [3]. Kraftwerke auf der Basis von vollwertiger Steinkohle weisen somit eine bedingte Standortgebundenheit auf.

In zeitlich mittelfristiger Hinsicht sind bei der zukünftigen Standortwahl für Steinkohlenkraftwerke einige der wirtschaftspolitischen Maßnahmen zur Rationalisierung und Umstrukturierung des deutschen Steinkohlenbergbaus [4] bedeutend. In diesem Zusammenhang sind insbesondere die "Verstromungsgesetze" [5] zu nennen, durch die Einsatz von Steinkohle

---

1) Siehe dazu Deutsche Verbundgesellschaft (DVG) e.V. (Hrsg.): Planungskarte Deutsches Verbundnetz, Stand Januar 1975, Heidelberg 1975. Vereinigung Deutscher Elektrizitätswerke (VDEW) e.V. (Hrsg.): Verzeichnis der Hochspannungsleitungen von 60 kV und darüber und der Kraftwerke von 1MW und darüber in Westdeutschland und West-Berlin, Ausg. 1975, Frankfurt/M. 1975.

2) Gleichzeitig konnte damit das Kühlproblem gelöst werden, welches bei Kraftwerken mit höherem Wärmepreis des Einsatzenergieträgers von größerer Bedeutung ist als bei Kraftwerken auf der Basis ballastreicher Brennstoffe.

3) Als Beispiele in Baden-Württemberg seien genannt: Großkraftwerk Mannheim, Rheinhafen-Dampfkraftwerk Karlsruhe, Dampfkraftwerk Heilbronn, Dampfkraftwerk Marbach I, Dampfkraftwerk Altbach.

4) Siehe dazu etwa Biedenkopf, K.H.: Thesen zur Energiepolitik, Heidelberg 1967. Machens, D.: Primärwirkungen finanzieller Hilfen für die Energiewirtschaft - Auswirkungen der Interventionen auf Mengen und Preise der Energieträger Steinkohle und Heizöl, Frankfurt/M. - Zürich 1975 (Diss. Münster 1975).

5) Gesetz zur Förderung der Verwendung von Steinkohle in Kraftwerken vom 12. August 1965, BGBl. I, S. 777 (1. Verstromungsgesetz).
Gesetz zur Sicherung des Steinkohleneinsatzes in der Elektrizitätswirtschaft vom 5. September 1966, BGBl. I, S. 545 (2. Verstromungsgesetz).

Fortsetzung siehe Seite 89

in Kraftwerken mit dem Ziel subventioniert werden soll, die Stromerzeugung aus Steinkohle zu den gleichen Kosten wie die Stromerzeugung aus Heizöl sowie den Bau neuer Steinkohlenkraftwerke vor allem in Steinkohlenbergbaugebieten (Rhein-Ruhr, Aachen, Saar, Niedersachsen) durch den Ausgleich von Investitionsmehrkosten $(DM \cdot kW^{-1})$, Wärmepreisdifferenz $(DM \cdot t(SKE)^{-1})$, Betriebsmehrkosten $(DM \cdot t(SKE)^{-1})$ und Frachtkosten $(DM \cdot t(SKE)^{-1})$ ermöglichen [1)2)].

Standorte für Kraftwerke auf der Basis von Mineralöl oder Gas können heute als weitgehend unabhängig vom Gewinnungsort des Einsatzenergieträgers angesehen werden, da das Gebiet der Bundesrepublik Deutschland durch Fern-

---

Fortsetzung zu Fußnote

5) Gesetz über die weitere Sicherung des Einsatzes von Gemeinschaftskohle in der Elektrizitätsiwrtschaft vom 13. Dezember 1974, BGBl. I, S. 3473 (3. Verstromungsgesetz).
Siehe dazu auch Heinze, Chr.: Gesetz zur Sicherung des Steinkohleneinsatzes in der Elektrizitätswirtschaft, Berlin-Frankfurt/M. 1967. Gubelt, M.: Das Gesetz zur Sicherung des Steinkohleneinsatzes in der Elektrizitätswirtschaft vom 5. September 1966, BGBl. I, S. 545; Veröffentlichungen des Instituts für Energierecht an der Universität Köln, H. 20/21, Düsseldorf 1968. o.V.: Mehr Kohle unter Kraftwerkskessel, Weitere Finanzhilfen nach dem Dritten Verstromungsgesetz, in: ZfK, Nr. 2 vom 13. Februar 1976, S. 9.

1) SKE = Steinkohleneinheit. Die Steinkohleneinheit (1 kg SKE) repräsentiert den Wärmeinhalt eines Kilogramms Steinkohle mit dem Heizwert H_u = 7000 $kcal \cdot kg^{-1}$. Die Steinkohleneinheit (SKE) wird zum statistischen Vergleich von Brennstoffen verschiedener Art verwendet, indem die Brennstoffmengen auf kg oder t SKE umgerechnet werden. So entspricht z.B. 1 kg Braunkohle mit H_u = 1750 $kcal \cdot kg^{-1}$ dem Wert 0,25 kg SKE oder 1 kg Heizöl mit H_u = 10000 $kcal \cdot kg^{-1}$ dem Wert 1,43 kg SKE.

2) Vgl. auch Schedel, O.: Verstromungsgesetze und Kernenergie, in: atw, 14. Jg. (1969), H. 4, S. 181-184. Esso AG (Hrsg.): Energiewirtschaft und Energiepolitik, Hamburg 1973 (masch.-schr. Ms.), S. 24ff. Machens, D.:

Fortsetzung siehe Seite 90

leitungen für Mineralöl [1] und für Erd- oder Raffineriegas [2] in dieser

---

Fortsetzung zu Fußnote

2) Primärwirkungen finanzieller Hilfen für die Energiewirtschaft - Auswirkungen der Interventionen auf Mengen und Preise der Energieträger Steinkohle und Heizöl, Frankfurt/M. - Zürich 1975, S. 156 (Diss. Münster 1975).

1) Vgl. Bundesanstalt für Landeskunde und Raumordnung (Hrsg.): (Planungskarte) Mineralölfernleitungen und Raffineriestandorte, Stand 1972, Bonn 1972. Niedersächsisches Landesamt für Bodenforschung, Hannover (Hrsg.): (Planungskarte) Erdölraffinerien-Leitungen-Petrochemie in der Bundesrepublik Deutschland, in Belgien, den Niederlanden und Ostfrankreich, Stand 1975 (Abbildung z.B. in Reintges, H., Schorn, P., Schrödter, E. und Willing, H.G.: Jahrbuch für Bergbau, Energie, Mineralöl und Chemie, 83. Jg. (1975), Essen 1975, S. 580/581).
Siehe dazu auch Gerlach, E.F.: Wandlungen der Standortstruktur in der Energiewirtschaft der Bundesrepublik und ihre Auswirkungen auf die regionale wirtschaftliche Entwicklung, in: Probleme der energiewirtschaftlichen Regionalplanung (Raum und Energie); Veröffentlichungen der Akademie für Raumforschung und Landesplanung, Forschungs- und Sitzungsberichte, Bd. 44, Hannover 1968, S. 53f. Drenkhahn, J.: Die regionalpolitische Bedeutung des Baues und Betriebes von Mineralölpiplines; Verkehrswissenschaftliche Studien aus dem Institut für Verkehrswissenschaft der Universität Hamburg, H. 14, Göttingen 1970. Riffel, E.: Mineralöl - Fernleitungen im Oberrheingebiet und in Bayern - Geographische Wirklichkeit und Planung, Diss. Mannheim 1970 (Mineralöl-Fernleitungen im Oberrheingebiet und in Bayern; Forschungen zur deutschen Landeskunde, Bd. 195, Bonn-Bad Godesberg 1970).

2) Vgl. Bundesministerium für Wirtschaft (Hrsg.): (Planungskarte) Die Gaswirtschaft der Bundesrepublik Deutschland mit Berlin (West), Stand Ende 1972, Bonn 1972 (Abbildung z.B. in Förster, K.: Allgemeine Energiewirtschaft, 2. Aufl., Berlin 1973, dort Abb. 2, S. 56/57). Niedersächsisches Landesamt für Bodenforschung, Hannover (Hrsg.): (Planungskarte) Erdgas- und Ferngasleitungen in der Bundesrepublik Deutschland, Stand 1975 (Abbildung z.B. in Reintges, H., Schorn, P., Schrödter, E. und Willing, H.-G.: Jahrbuch für Bergbau, Energie, Mineralöl und Chemie, 83. Jg. (1975), Essen 1975, S. 468/469).

Hinsicht gut erschlossen ist. Darüberhinaus ist auf der Basis internationaler Kooperationsverträge der Bau grenzüberschreitender Gas-Leitungssysteme vereinbart worden, die in der Bundesrepublik zum weiteren Ausbau eines Erdgas-Verbundnetzes führen werden [1].
Einschränkungen bei der Standortwahl für Kraftwerke mit Öl- oder Erdgasfeuerung ergeben sich jedoch aus der Bedingung einer möglichst nahen Lage zu den Raffinerien resp. Erdgasfernleitungen sowie aus der Abhängigkeit vom Durchmesser der Gas-Pipeline [2].
Mit zunehmendem Ausbau des Gasverbundnetzes wird zukünftig, u.a. bedingt durch die relativ geringen Emissionen des Erdgases [3], eine Verschiebung der Kraftwerke mit Erdgasfeuerung in Verbrauchszentren einhergehen und eine teilweise Substitution anderer Einsatzenergieträger - insbesondere Heizöl [4] - auslösen.

---

1) Vgl. Schelberger, H.: Perspektiven der deutschen Gaswirtschaft, in: Bund, K., Gärtner, E., Hallmann, A., Langmann, H.-J., Schelberger, H. und Schulte, R.: Die Energiewirtschaft zieht Bilanz, Berichte zur Lage der einzelnen Energiezweige, Essen 1974, S. 41ff. und S. 46. Liesen, K.: Zukunft der Gaswirtschaft in der Bundesrepublik Deutschland, in: Glückauf, 110. Jg. (1974), H. 16, S. 663ff. Liesen, K.: Der Beitrag des Erdgases in der Energieversorgung der Bundesrepublik Deutschland, in: Glückauf, 112. Jg. (1976), H. 3, S. 139ff. Siehe dazu auch Belhazy, Th.-Z.: Großdimensionale Erdgas-Fernleitungen; Schriftenreihe Gas-Erdgas, H. 4, München-Wien 1972, passim.

2) Vgl. Manners, G.: The Geography of Energy, London 1964, S. 109.

3) Eine Übersicht zu Emissionen bei Erdgasfeuerungen im Vergleich zu anderen Energieträgern gibt Kolar, J.: Die Bedeutung des Erdgases für die Reinhaltung der Luft in Städten, in: Wärme, 78. Jg. (1972), H. 1/2, S. 11-21. Siehe auch Jansen, P., Jordan, S. und Schikarski, W.: Vergleichende Modelltheorie der atmosphärischen Schadstoffbelastungen durch Kraftwerke, in: Staub-Reinhalt. Luft, 32. Jg. (1972), H. 11, S. 457.

4) Darüber hinaus wird mit dem Ausbau einer nuklearen Fernwärmeversorgung eine weitere Substitution des Heizöls stattfinden. Siehe dazu die Ausführungen in Kapitel B. III. 1 - ad 3. Nukleare Fernwärmeversorgung.

Kernkraftwerke haben gegenüber allen anderen Kraftwerksarten bezüglich der Vorkommen und des Transportproblems der Primär- oder Sekundärenergieträger den Vorteil einer freizügigen Standortwahl. Bedingt durch den hohen Energieinhalt des Kernbrennstoffs sind Kernkraftwerke unabhängig vom Ort der Gewinnung des Einsatzenergieträgers, da die Transportkosten (bezogen auf die Kilowattstunde (kWh)) der aus dem Ausland einzuführenden Kernbrennstoffe wegen der geringen Gewichtsmengen (bezogen auf den Energieinhalt) [1] und bei leichter Anreicherung [2] keine besondere Einflußgröße darstellen. Aus dieser partiellen Betrachtung bestände für Kernkraftwerke die bereits erwähnte weitgehende Standortfreiheit, kämen nicht einschränkende Kriterien hinzu.

ad 2. Standorte in Ballungsgebieten

Die Wirtschaftlichkeit von Kraftwerken kann nicht allein nur von dem Stromerzeugungsprozeß her gesehen werden, sondern muß auch hinsichtlich der Stromübertragung beurteilt werden, d.h. die Wahl des Standorts wird auch durch die relative Lage des Kraftwerks zum Verbrauchsschwerpunkt bestimmt.

---

1) Das Verhältnis der möglichen Elektrizitätsausbeute aus den eingesetzten Brennstoffen veranschaulicht die besondere Bedeutung des Kernbrennstoffs Uran. So werden vergleichsweise gewonnen aus

1 kg Braunkohle	1 kWh,
1 kg Steinkohle	3 kWh,
1 kg Heizöl (schwer)	4 kWh,
1 kg Natururan (ca. 0,7 % U-235)	50 000 kWh,
1 kg leichtangereichtertem Uran (ca. 3 % U-235)	200 000 kWh.

Vgl. Guck, R.: Umweltschutzbestimmungen und Standortwahl für Kernkraftwerke, in: ETZ-A, 96. Jg. (1975), H. 1, S. 41.

2) Dagegen sind die Kosten für den Transport bestrahlter Brennelemente vom Kernkraftwerk zur Wiederaufbereitungsanlage, bedingt durch die notwendigen Sicherheitsmaßnahmen, vergleichsweise hoch. Vgl. Klusmann, A. und Völcker, H.: Brennelemente von Kernreaktoren, München 1969, S. 184f. Eder, D. und Kaspar, D.: Technischer und wirtschaftlicher Stand sowie Aussichten der Kernenergie in der Kraftwirtschaft der BRD, Studie im Auftrag des Bundesministeriums für Forschung und Technologie, T. 3: Der nukleare Brennstoffkreislauf, Hanau/M. 1974, S. 8. 1ff.

Wie oben ausgeführt, kann die Überbrückung bestehender Entfernungen entweder durch den Transport des Primär- oder Sekundärenergieträgers zum Kraftwerk am Verbrauchsort oder durch Stromtransport vom Kraftwerk am Gewinnungsort des Energieträgers zum Verbrauchsort erfolgen.
Aufgrund der zu erwartenden Lastdichten [1], wird heute häufig die Forderung nach Errichtung der standortungebundenen Kraftwerke in unmittelbarer Nähe der Verbrauchszentren gestellt [2]. Damit wird allerdings in der Regel der Abkehr von Naßkühlsystemen notwendig, was in Konsequenz eine verstärkte Entwicklung und den Einsatz von Trockenkühlsystemen erfordert [3].
Die genannte Forderung wird dabei insbesondere für kapitalintensive Großkraftwerke wie Steinkohlen- und Kernkraftwerke vertreten, bei denen die Anlagekosten höher [4] liegen als bei Öl- und Erdgaskraftwerken, und die durch die kapitalintensive Stromübertragung noch zusätzlich in starkem Maße belastet werden [5].

---

1) Einheit: $(MW \cdot km^{-2})$.

2) So u.a. Wilck, A.-F.: Kernkraftwerke in Stadtnähe, in: Atom und Strom, 19. Jg. (1973), H. 3/4, S. 39-42. HB-Gespräch mit Hans Koschnik: St. Florian ein schlechter Ratgeber wenn es um die Beurteilung von Kraftwerksstandorten geht, in: HB, Nr. 67 vom 4. April 1973, S. 2. Schmidt-Boelke, R.: Großkraftwerke möglichst stadtnah, in: ZfK, Nr. 8 vom 10. August 1973, S. 1. Marnet, Chr., Determann, H.-G. und Stumpf, H.: Kraftwerksbauprogramme und Förderung der Energiewirtschaft, Gedanken zu den Kraftwerkszubauten in der Bundesrepublik und zum behördlichen Untersagungsrecht nach § 4 EnergG, in: Energie und Technik, 25. Jg. (1973), H. 7, S. 180.
In Kapitel B. II. und B. III. wird ausführlicher und kritisch zu diesen Forderungen Stellung genommen.

3) Eingehender wird hier das Kühlproblem in Kapitel B. III. 1. - ad 2. Kühlwasserversorgung und Kühlverfahren diskutiert.

4) Siehe Abbildung 32 in Kapitel C. II. 1.

5) Vgl. Buch, A.: Planung und Standortwahl von Kraftwerken, Konzeption der Stromversorgung der BRD unter Berücksichtigung der Umweltbeeinflussung, Mainz 1973, S. 57.

Durch die Steigerung der Grenzleistung [1] großer, einwelliger, im offenen Prozeß arbeitender Gasturbinen von 40 MW_{el} auf ca. 90 MW_{el} innerhalb der vergangenen zehn Jahre [2] hat ihre Bedeutung für die öffentliche Stromversorgung erheblich zugenommen [3]. Zur Deckung des Bedarfs an elektrischer Spitzenlast, insbesondere in Ballungsgebieten, werden daher zunehmend schnell an- und abfahrende Gasturbinenkraftwerke errichtet. Um die Investitionskosten für die Übertragungsanlagen und die Übertragungsverluste niedrig zu halten, müssen allerdings Gasturbinenkraftwerke aufgrund ihrer relativ hohen arbeitsabhängigen Kosten möglichst nahe oder in Verbrauchsschwerpunkten errichtet werden [4]. Dadurch wird andererseits die Belastung der Hoch- und Höchstspannungsnetze verringert, was zugleich bedeutet, daß die Spitzenleistung auch bei einem Leistungsausfall oder einer Störung im Verbundnetz weiter geliefert werden kann.

ad 3. Standorte an den Einspeisepunkten des Verbundnetzes

Die Standortwahl künftig zu errichtender Kraftwerke zur Stromversorgung der außerhalb der Ballungsgebiete über große Flächen verteilten Verbrauchs-

---

1) Die Grenzleistung einer Gasturbine ist gleich ihrer maximalen Dauerleistung. Die maximale Dauerleistung ist diejenige Leistung, die mit den für unbegrenzte Dauer zulässigen Höchstwerten der Drehzahl und Gastemperatur abgegeben wird.

2) Vgl. Simon, M.: Entwicklungen für große Gasturbinen, in: BBC-Nachr., 56. Jg. (1974), H. 10, S. 410. Siehe ergänzend Griepentrog, H. und Mathur, B.: Stationäre Gasturbinen (Jahresübersicht), in: VDI-Z, 117. Jg. (1975), H. 10, S. 498-501. Thomas, H.-J.: Thermische Kraftanlagen, Berlin-Heidelberg-New York 1975, S. 40ff. und S. 281ff.

3) Siehe z.B. o.V.: Gasturbine im VGB-Fachgespräch: Mit dem Interesse wächst die Größe, in: ET, 23. Jg. (1973), H. 4, S. 152-154. Müller, K.: Die Entwicklung öffentlicher Wärmekraftwerke in kohlerevierfernen und wasserkraftarmen Gebieten, in: Energie, 26. Jg. (1974), H. 10, S. 302-305.

4) Die verschiedenen damit zusammenhängenden Probleme werden ausführlicher diskutiert von Reisner, J.-H.: Spitzenstromerzeugung mit Gasturbinenkraftwerken, in: ETZ-B, 25. Jg. (1973), H. 5, S. 100-102.

orte, wird wie im Fall der Versorgung der Ballungsgebiete, durch die Forderung nach möglichst kurzen Transportentfernungen bestimmt. Die zur Deckung der großräumigen Belastung dienenden Kraftwerke sollten daher möglichst an den bestehenden Einspeisepunkten [1] oder Umspannwerken des Verbundnetzes errichtet werden [2].

ad 4. Erweiterung bestehender Kraftwerke

Aus verschiedenen Gründen erscheint es naheliegend, Kraftwerksblöcke [3] an einem Standort bereits bestehender Kraftwerke zu errichten.
Die Blockbauweise erbringt technische und wirtschaftliche Vorteile. Als wichtigste Einflußfaktoren [4] treten in Erscheinung:

---

1) Einspeisepunkte in einem elektrischen Netz sind Knotenpunkte von Leitungen, denen Leistung aus Kraftwerken oder Umspannwerken zwecks weiteren Transports zugeführt wird.

2) Vgl. Sassin, W.: Aspekte der elektrischen Hochenergieübertragung und deren Einfluß auf die Umwelt; Kernforschungsanlage Jülich GmbH , Bericht Jül-886, Jülich 1972, S. 21. Buch, A.: Planung und Standortwahl von Kraftwerken, Konzeption der Stromversorgung der BRD unter Berücksichtigung der Umweltbeeinflussung, Mainz 1973, S. 60.

3) Besteht ein Kraftwerk aus mehr als einer Leistungseinheit von jeweils dem gleichen Typ und im allgemeinen der gleichen Leistung, so handelt es sich um eine Blockbauweise und die Leistungseinheiten werden als Blöcke bezeichnet.
Bei Kernkraftwerken wird diese Termininologie aufrecht erhalten, wenn am gleichen Standort Druck- und Siedewasserreaktoren lokalisiert sind.

4) Vgl. auch Bellmann, K.: Die wirtschaftlich optimale Deckung des Elektrizitätsbedarfs, Ein simulatives Planungssystem als Entscheidungshilfe für die Investitionspolitik zur Elektroenergieversorgung, Diss. Mannheim 1974, S. 21. Koch, H.: Planung größter Kraftwerksblöcke, in: VGB Kraftwerkstechnik, 54. Jg. (1974), H. 9, S. 595. Zur ausführlichen Darstellung siehe z.B. Schröder, K.: Probleme heutiger und zukünftiger Kraftwerksplanung, Berlin-München 1967, passim.

- Einsparungen an Geländeerschließungs- und Infrastrukturkosten,
- Reduzierung der Baukosten durch Verkürzung der Bauzeit auf Grund der Erleichterung und Vereinfachung bei der Durchführung des Genehmigungsverfahrens,
- Bedienungs- und Kontrollsysteme lassen sich in einer Warte zusammenlegen,
- Senkung der Personalkosten durch personelle Einsparungen,
- Austauschbarkeit von Komponenten,
- Einsparungen bei der Haltung von Reserveteilen.

Ein Zubau von Kraftwerksblöcken am gleichen Standort hat weiterhin den Vorteil, daß für die Energieübertragung und Kühlwasserversorgung die bereits bestehenden Anlagen teilweise in Anspruch genommen werden können. Diese Vorleistungen bedingen eine wesentliche Reduzierung der spezifischen Investitionskosten für den am gleichen Standort zugebauten Kraftwerksblock [1]. Dabei müssen jedoch diese Kosteneinsparungen für den zugebauten Kraftwerksblock mit den Kosten für die eventuell zusätzlich erforderlichen Übertragungseinrichtungen sowie den Übertragungsverlusten beim späteren Betrieb verglichen werden, wenn gleichzeitig mit der Kapazitätszunahme an einem Standort eine Vergrößerung des Absatzgebiets verbunden ist [2]. Darüber hinaus unterliegt der Blockausbau vielfältigen Beschränkungen auf Grund individueller Standortgegebenheiten [3].

Bei Spitzenlastkraftwerken ist es außer der Errichtung in Verbrauchsschwerpunkten vorteilhaft, diese in der Nähe einer (bestehenden) Grund-

---

1) Siehe dazu auch Krieb, K.H., Frenzel, P. und Vogel, J.: Folgerungen für die Kraftwerksprojektierung aus der Kostenentwicklung beim Kraftwerksbau und -betrieb unter Berücksichtigung der sich daraus für die Elektrizitätsversorgung ergebenden Auswirkungen; Untersuchung der Steag-AG im Auftrag des Ministers für Wirtschaft, Mittelstand und Verkehr des Landes Nordrhein-Westfalen, 2. Aufl., Düsseldorf 1974, S. 18ff.

2) Eine Darstellung der grundsätzlichen Zusammenhänge findet sich in Kapitel C. II. 1.

3) Die einzelnen Beschränkungen für den Zubau von Kernkraftwerksblöcken an einem Standort werden ausführlicher in Kapitel B. III. erörtert.

lasteinheit zu errichten [1]. Das Übertragungsnetz ist bereits vorhanden und gestattet einen leichten Anschluß der Spitzenlasteinheit. Besondere Vorzüge ergeben sich durch die Kombination von Gasturbinenkraftwerken mit Kernkraftwerken [2].

ad 5. Standorte in Verbindung mit öffentlicher oder industrieller Wärmeversorgung.

Den ausschließlich der Elektrizitätsversorgung dienenden Kraftwerken (Kondensationskraftwerke) stehen die Anlagen zur öffentlichen Fernwärmeversorgung in der Ausführung als Heizwerk und Heizkraftwerk (Kraft-Wärme-Kupplung; elektrische Energie und Wärmeenergie sind die Kuppelprodukte eines Erzeugungsprozesses) [3] oder zur Wärmeversorgung industrieller Prozesse (Industriekraftwerke) gegenüber. Sowohl für Kraftwerke in Verbindung mit öffentlicher als auch industrieller Wärmeversorgung besteht die Forderung nach Errichtung in unmittelbarer Nähe der Wärmeverwertung. Unter dem Aspekt der Wärmeversorgung kann auch hier von standortgebundenen Kraftwerken gesprochen werden.

Im Fall der öffentlichen Fernwärmeversorgung ist die Forderung der Verbrauchsnähe des Heizwerks oder Heizkraftwerks aufgrund der Kapitalintensität des Wärmeleitungsnetzes, der relativ niedrigen Jahresbenutzungs-

---

1) Siehe dazu Schröder, K.: Probleme heutiger und zukünftiger Kraftwerksplanung, Berlin-München 1967, S. 25ff.

2) Vgl. Stretton, D.F. and Emerson, D.C.: A Nuclear Power Plant in Combination with Gas Turbine Peaking Units, in: International Atomic Energy Agency (IAEA) (Ed.): Economic Integration of Nuclear Power Stations in Electric Power Systems; Proceedings Series - STI/PUB/266, Wien 1971, S. 105-114 (Report IAEA-SM-139/16). Björk, G., Mårtensson, K. und Daag, B.: Gasturbinen zur Notstromerzeugung in Kernkraftwerken, in: Energie, 26. Jg. (1974), H. 4, S. 134-140.

3) Ausführlicher siehe dazu die Erörterungen in Kapitel B. III. 1. - ad 3. Nukleare Fernwärmeversorgung.

dauer sowie der hohen Wärmeverluste bei größeren Transportentfernungen besonders zu beachten [1].
Während konventionelle Heizkraftwerke hinsichtlich der Engpaßleistung [2] unter Beachtung sonstiger Bedingungen so ausgelegt werden können, daß sie dem zu deckenden Heizwärmebedarf entsprechen, kommen Kernkraftwerke aufgrund ihrer Kapitalintensität nur als Großblöcke zur Versorgung großer Abnahmegebiete in Betracht [3].

Bei wärmeverwertenden Produktionsbetrieben ist der Standort des konventionellen Heizkraftwerks oder Kernheizkraftwerks in unmittelbarer Nähe des Betriebs zwangsläufig festgelegt, um die Einhaltung eines aus Wettbewerbsgründen zu fordernden niedrigen Wärmepreises zu gewährleisten [4].

---

1) Vgl. Rietschel, (H.) und Raiß, W.: Heiz- und Klimatechnik, Bd. 1: Grundlagen-Systeme-Ausführung, 15. Aufl., Berlin-Heidelberg-New York 1968, S. 302f. Welter, J.H.: Zur Problematik der optimalen Betriebsgröße von Heizkraftwerken, Diss. Aachen 1971, S. 45ff. Vereinigung Deutscher Elektrizitätswerke (VDEW) e.V. (Hrsg.): Fernwärmeversorgung aus Heizwerken - Richtlinien für Planung, Bau und Betrieb, Frankfurt/M. 1973, S. 30ff. Brachetti, H.E.: Technisch-wirtschaftliche und bauphysikalisch-konstruktive Probleme bei der Planung von Fernwärmenetzen, Frankfurt/M. 1974, S. 43ff. und S. 82ff.

2) Die Engpaßleistung eines Kraftwerks oder Kraftwerksblocks ist die durch den leistungsschwächsten Anlagenteil begrenzte, höchste ausfahrbare Leistung. Die Engpaßleistung kann als Brutto- oder Netto-Wert angegeben werden. Vgl. Vereinigung Deutscher Elektrizitätswerke (VDEW) e.V. (Hrsg.): Begriffsbestimmungen in der Energiewirtschaft, Bd. 1, T. 1: Elektrizitätswirtschaftliche Grundbegriffe, 4. Ausg. 1973, Frankfurt/M. 1973, S. 17f.

3) Diese Zusammenhänge und die sich daraus ergebenden Probleme werden ausführlicher diskutiert in Kapitel B. III. 1. - ad 3. Nukleare Fernwärmeversorgung.

4) Vgl. Wilck, A.-F.: Die Bedeutung der Kernenergie für die industrielle Kraftwirtschaft, in: Techn. Mitt., 61. Jg. (1968), H. 12, S. 534f. Wilck, A.-F.: Gesichtspunkte für Bau und Betrieb von Kernkraftwerken

Fortsetzung siehe Seite 99

Der damit verbundene Trend, Kernkraftwerke in Ballungszentren zu errichten, wird durch energieintensive Industriezweige, insbesondere der chemischen Industrie [1], gefördert, für die neben dem Strombezug auch die Lieferung von Prozeßdampf und im speziellen Fall der eisenerzeugenden Industrie [2] die Lieferung von Heißgasen (Reduktionsgase) aus Hochtemperaturreaktoren in Betracht kommt [3]. Diese Standorte sind dann

---

Fortsetzung zu Fußnote

4) zur Prozeßdampferzeugung, in: atw, 14. Jg. (1969), H. 8, S. 390-392. Zur Eignung einzelner Reaktortypen für die Erzeugung von Elektrizität und Prozeßdampf siehe Meyer, L.: Industriekernkraftwerk mit AGR, in: atw, 14. Jg. (1969), H. 8, S. 397-400. Braun, W. und Martin, A.: Industriekernkraftwerk mit Druckwasserreaktor, in: atw, 14. Jg. (1969), H. 8, S. 400-406. Mattern, J.: Industriekernkraftwerk mit Siedewasserreaktor, in: atw, 14. Jg. (1969), H. 8, S. 406-408. Schulten, R. et al.: Industriekernkraftwerk mit Hochtemperaturreaktor PR500-"OTTO-Prinzip"- zur Erzeugung von Prozeßdampf; Kernforschungsanlage Jülich GmbH , Bericht Jül-941, Jülich 1973.

1) Ludewig, W.: Probleme bei der Standortwahl chemischer Fabriken, in: CIT, 42. Jg. (1970), H. 18, S. A1633. Winnacker, K.: Die Chemie und die Kernenergie, in: CIT, 43. Jg. (1971), H. 1/2, S. 1f. Frank, B.: Die Verwendung der Kernenergie für die Erzeugung von Dampf und Strom in einem großen chemischen Komplex, in: Die BASF, 21. Jg. (1971), Ausg. Oktober, S. Elff.

2) Vgl. Wenzel, W., Wingen, E. und Franke, F.H.: Die integrierte Kernenergieanlage und ihre Bedeutung für die Eisenhüttenindustrie, in: VDI-Z, 111. Jg. (1969), H. 21, S. 1473-1478. o.V.: Über die Einsatzmöglichkeiten von Kernkraftanlagen im Eisenhüttenwesen (Eine Übersicht), in: Arch. Energiewirtsch., 28. Jg. (1974), H. 21, S. 1072-1080. Huffschmid, B.: Energiediskussion der Stahlindustrie, in: VDI-Nachr., Nr. 50 vom 13. Dezember 1974, S. 20/22. Manthey, Ch.: Einsatz von Hochtemperaturreaktoren in der Eisen- und Stahlindustrie unter besonderer Berücksichtigung des Einflusses auf die Standort- und Umweltprobleme dieses Industriezweiges; Kernforschungsanlage Jülich GmbH ,Bericht Jül-1180, Jülich 1975.

3) Gegenwärtig lassen sich im Prinzip folgende industrielle Einsatzbereiche der Kernenergie absehen:

Fortsetzung siehe Seite 100

Fortsetzung zu Fußnote

3) - Kohlevergasung und -hydrierung,
- Kohlenwasserstoffspaltung,
- Wärmequelle in einem Latentwärmesystem mit im Kreislauf geführtem chemischen Energieträger (z.B. Synthesegas/Methan),
- Thermochemische ("nukleare") Wasserspaltung.

Ohne detailliertere Ausführungen sei zu diesen zukünftigen Konzepten auf die nachfolgend genannte Literatur verwiesen. In einem späteren Abschnitt (Kapitel B. III. 1. - ad 3. Nukleare Fernwärmeversorgung) wird diese Thematik nochmals kurz aufgenommen, dort aber unter dem Aspekt der öffentlichen Wärmeversorgung behandelt.
Siehe dazu etwa Schwegmann, P.: Modellstudie über Kosten und Wirtschaftlichkeit möglicher Kombinationen von Industrieanlagen mit dem Hochtemperaturreaktor als Energiequelle; Kernforschungsanlage Jülich GmbH , Bericht Jül-842, Jülich 1972. Engelhardt, H.R.: Einsatzmöglichkeiten und Einsatzpotential von Hochtemperaturreaktoren in der Industriegruppe Chemie unter Berücksichtigung von technischen, ökonomischen und ökologischen Aspekten; Kernforschungsanlage Jülich GmbH , Bericht Jül-966, Jülich 1973. Speich, P.: Kohlevergasung - ein Beitrag zur Energie- und Rohstoffversorgung, in: ET, 24. Jg. (1974) H. 7, S. 323-337. Schulten, R., Kugeler, K. und Barnert, H.: Nukleare Energie und sekundäre Energieträger, in: ET, 24. Jg. (1974), H. 12, S. 602-606. o.V.: Kohlevergasung mit nuklearer Prozeßwärme, Realisierbarkeit und technisch-wirtschaftliche Aussichten der Vergasung von Kohle und Nuklearwärme aus Hochtemperaturreaktoren; Kurzfassung der Studie des Konsortiums GHT-BF-RBW-STEAG für den Minister für Wirtschaft, Mittelstand und Verkehr des Landes Nordrhein-Westfalen, 2. Aufl., Düsseldorf 1975. Schulten, R., Jüntgen, H. und Teggers, H.: Nukleare Prozeßwärme für die Kohlenvergasung, in: Glückauf, 112. Jg. (1976), H. 1, S. 14-19. Standort- und Struktureffekte des industriellen Einsatzes von Kernstrom und Prozeßwärme untersuchten Schmitt, D., Schulz, W. und Mönig, (W.): Die Auswirkungen von Kernkraftwerken auf die Wirtschaftsstruktur; Untersuchung des Energiewirtschaftlichen Instituts an der Universität Köln im Auftrag des Ministers für Wirtschaft, Mittelstand und Verkehr des Landes Nordrhein-Westfalen, Düsseldorf 1972. Schulten, R.: Welchen Einfluß kann der Hochtemperaturreaktor auf die Infrastruktur nehmen?, in: VGB Kraftwerkstechnik, 54. Jg. (1974), H. 9, S. 585-587.

meistens ausgesprochene Stadtstandorte [1].

ad 6. Standorte in Verbindung mit der Gewinnung von Frischwasser [2].

Die Probleme der Wasserverunreinigung und öffentlichen Versorgung mit Frischwasser sind in den vergangenen zehn Jahren im Rahmen der Diskussion um den Umweltschutz aktuell geworden [3], da einerseits die Verunreinigung der Oberflächengewässer, besonders in Ballungsgebieten, stark zugenommen

---

1) Zur Klassifizierung von Kernkraftwerks-Standorten hinsichtlich der Besiedlungsverhältnisse siehe Kapitel B. III. 2. - ad 8. Bevölkerungsdichte und -verteilung.

2) Der Terminus "Frischwasser" ist hier als genereller Gütegrad gegenüber Meerwasser mit ca. 3,5 % Salzgehalt oder salzhaltigem Brackwasser zu verstehen. Je nach Verwendungszweck des "Frischwassers" ergeben sich diffenzierte Qualitätsanforderungen und somit auch verschiedene Erzeugungskosten ($DM \cdot m^{-3}$); so sollte z.B. der Salzgehalt des für landwirtschaftliche Bewässerungszwecke verwendeten Wassers $\leq$0,1 % und bei Verwendung als Trinkwasser $\leq$0,05 % betragen. Bei Meerwasserentsalzung sollten die Erzeugungskosten nicht über 1 $DM \cdot m^{-3}$, bei der Aufbereitung von Brackwasser nicht über 0,1 bis 0,3 $DM \cdot m^{-3}$ liegen.

3) Vgl. z.B. Koeck, W.: Existenzfragen der Industriegesellschaft, Gefahren und Chancen des technischen Fortschritts, Düsseldorf-Wien 1962, S. 99ff. Michalski, W.: Die volkswirtschaftliche Problematik der Gewässerverunreinigung, Dargestellt am Beispiel der Bundesrepublik Deutschland, in: Hamburger Jahrbuch für Wirtschafts- und Gesellschaftspolitik, 8. Jg. (1963), T. 1: Abhandlungen (als unveränderter Sonderdruck, Tübingen 1963). Zwintscher, K.: Social Costs in der öffentlichen Wasserversorgung, Ein Beitrag zum Problem der Messung und Bewertung der Social Costs; Veröffentlichungen des Instituts für Wasserforschung GmbH Dortmund und der Hydrologischen Abteilung der Dortmunder Stadtwerke AG, Nr. 17, Dortmund 1973 (Diss. Köln 1972). Billib, H.: Wasserwirtschaftliche Rahmenplanung aus der Sicht des Jahres 2000, in: Österreichische Wasserwirtschaft, 24. Jg. (1972), H. 11/12, S. 225ff.

hat und diese für viele Zwecke - also nicht nur für die Trinkwasserversorgung - unbrauchbar geworden sind, andererseits verbrauchsnah gelegene Grundwasservorkommen vielfach erschöpft sind [1].
Auch wenn die Sicherheit der öffentlichen Wasserversorgung in der Bundesrepublik noch nicht akut gefährdet ist [2], so sind bereits Untersuchungen ausgeführt worden [3], unter welchen Bedingungen amerikanische Vorschläge [4] zur Frischwassergewinnung aus Meerwasser unter Einsatz von Kernkraftwerken auf die Verhältnisse in der Bundesrepublik Deutschland wirtschaftlich übertragbar sind.
A. Buch nennt für eine wirtschaftliche Frischwassergewinnung durch Entsalzung von Meerwasser folgende interdependente Kriterien [5]:

- Nach dem derzeitigen Stand der Technik kommt für die Gewinnung von Frischwasser das Mehrstufen-Entspannungsdampfverfahren [6] in Betracht.

---

1) Vgl. Zwintscher, K.: Social Costs in der öffentlichen Wasserversorgung, Ein Beitrag zum Problem der Messung und Bewertung der Social Costs; Veröffentlichungen des Instituts für Wasserforschung GmbH Dortmund und der Hydrologischen Abteilung der Dortmunder Stadtwerke AG, Nr. 17, Dortmund 1973, S. 15ff. Steinbuch, K.: Mensch-Technik-Zukunft, Probleme von morgen, Hamburg 1973, S. 176ff.

2) Vgl. Handge, P. und Schwarzer, W.: Möglichkeiten und Risiken der Nutzung der Kernenergie, in: DÖW, 21. Jg. (1972), H. 4, S. 144.

3) Siehe Buch, A.: Die Wirtschaftlichkeit der Süßwassererzeugung in Verbindung mit Kernstrom, in: Energie, 22. Jg. (1970), H. 5, S. 150ff. Schwegmann, P. und Bonnenberg, H.: Hochtemperaturreaktor zur Meerwasserentsalzung; Kernforschungsanlage Jülich GmbH., Bericht Jül-656, Jülich 1970, S. 17ff.

4) Siehe d'Orival, M.: Water Desalting and Nuclear Energy, München 1967, S. 98ff, Schwegmann, P. und Bonnenberg, H.: Hochtemperaturreaktor zur Meerwasserentsalzung; Kernforschungsanlage Jülich GmbH , Bericht Jül-656, Jülich 1970, passim.

5) Vgl. Buch, A.: Die Wirtschaftlichkeit der Süßwassererzeugung in Verbindung mit Kernstrom, in: Energie, 22. Jg. (1970), H. 5, S. 152.

6) Siehe dazu etwa Rautenbach, R. und Hoeck, H.: Die Gewinnung von Süß-

Fortsetzung siehe Seite 103

- Die größte Wirtschaftlichkeit dieses Verfahrens wird durch eine Kupplung mit der Stromerzeugung im Gegendruckbetrieb [1] erreicht.

- Die Kraft-Wärme-Kupplung ist nur dann anwendbar, wenn Frischwasser- und Strombedarf in ihrer Belastungscharakteristik annähernd übereinstimmen.

- Bei gekuppelter Frischwasser- und Stromerzeugung ist im Hinblick auf mögliche Leistungsausfälle die volle Reserve zur Aufrechterhaltung der Wasserversorgung vorzuhalten.

- Die Frischwassererzeugung auf der Basis von Kernstrom ist nur möglich, wenn ein ausgedehntes Verbundnetz vorhanden ist, aus dem bei einem Leistungsausfall Momentan- und ggf. Dauerreserven [2] bezogen werden können.

Aufgrund dieser Kriterien, bei denen die Kraft-Wärme-Kupplung zwischen den Prozessen der Frischwasser- und Stromerzeugung im Vordergrund steht, ergibt sich A. Buch folgend [3], daß in der Bundesrepublik als Planungsräume für Standorte so ausgelegter Kernkraftwerke nur die Nord- und Ostseeküsten in Betracht kommen. Darüber hinaus wird der räumliche Planungsraum eingeschränkt durch die oben genannte Forderung, daß Frischwasser- und Strombedarf bei einer Kraft-Wärme-Kupplung der Erzeugungsprozesse mengen- und

---

Forsetzung zu Fußnote

6) wasser aus dem Meer, Gegenwärtiger Stand und Entwicklungstendenzen, in: CIT, 44. Jg. (1972), H. 20, S. 1146ff.

1) Zur Technik des Gegendruckbetriebes bei der Kraft-Wärme-Kupplung siehe Kapitel B. III. 1. - ad 3. - Nukleare Fernwärmeversorgung und dort Abbildung 19.

2) Zur zeitlichen Differenzierung der Reservebereitstellung siehe Kapitel B. III. 1. - ad 1. Energiewirtschaftliche Rückwirkungen der Netzeinbindung großer Kernkraftwerke.

3) Vgl. Buch, A.: Planung und Standortwahl von Kraftwerken, Konzeption der Stromversorgung der BRD unter Berücksichtigung der Umweltbeeinflussung, Mainz 1973, S. 64.

belastungsgemäßig aufeinander abzustimmen sind, d.h. im Bereich der Nord- und Ostseeküsten kommen als Standorte nur die Verdichtungsräume in Betracht [1].

In den bisherigen Ausführungen standen die Grundlagen des allgemeinen Standortproblems, eine Abgrenzung des Problemfeldes sowie eine kurz gefaßte Übersicht der Planungsgrundsätze der räumlichen Verteilung von Kraftwerken im Vordergrund.
Als allgemeines Ergebnis dieser Erörterungen kann festgestellt werden, daß einerseits eine großräumige Betrachtung der Energieversorgung notwendig ist und Anhaltspunkte für die räumliche Eingliederung der Kernkraftwerke liefert. Diese Aspekte - in den weiteren Ausführungen unter dem Begriff "elektrizitätswirtschaftliche Standortbedingungen" subsumiert - werden erneut aufgegriffen und differenzierter betrachtet. Andererseits ist bei der Auswahl von Kernkraftwerks-Standorten eine lediglich elektrizitätswirtschaftliche Betrachtung nicht hinreichend. Ebenso wie bei konventionellen thermischen Kraftwerken [2] stellen die den Standort näher lokalisierenden Kriterien gewissermaßen Randbedingungen einer elektrizitätswirtschaftlichen Betrachtungsweise dar. Bei Kernkraftwerken sind jedoch gegenüber konventionellen Anlagen weitergehende, sich aus der spezifischen Eigenart der Kernenergie und Radioaktivität ergebende Aspekte zu berücksichtigen. Eine Diskussion der neben den elektrizitätswirtschaftlichen Gesichtspunkten wirksamen Standortbedingungen für Kernkraftwerke erfordert zunächst die Erörterung von Fragen des Strahlenschutzes [3] und der nuklearen Sicherheit. Erst auf der Grundlage dieser Zusammenhänge lassen sich Konsequenzen für die Standortwahl der Kernkraftwerke ableiten.

---

1) Als Standort für das erste bisher (nach Kenntnis d. Verf.) in der Bundesrepublik geplante Kernkraftwerk zur Meerwasserentsalzung ist von der HEW (Hamburgische Electrizitäts-Werke AG) die Insel Neuwerk vorgesehen. Siehe Koppe, J. (HEW): Atomstrom, Frankfurt/M. 1969, S. 42.

2) Vgl. dazu die oben angeführte Literatur (S. 84ff.).

3) Unter Strahlenschutz sind allgemein alle Maßnahmen zur Verhinderung von Strahlenschäden, d.h. Schäden durch die Einwirkung ionisierender Strahlen, wie α- und ß-Teilchen, Neutronen, Röntgen- und γ-Strahlung etc., zu verstehen.

II. Sicherheitskriterien und Sicherheitsmaßnahmen bei der Standortwahl für Kernkraftwerke

Die Wahl des Standorts für Kernkraftwerke ist ein komplexer Vorgang, der eine Beurteilung und Wertung zahlreicher Einflußfaktoren erfordert [1]. Zwei fundamentale Forderungen stehen jedoch dabei im Vordergrund: Die nukleare Sicherheit und die Wirtschaftlichkeit des Kernkraftwerks [2]. Kernkraftwerke müssen an jedem gewählten Standort sicher sein: "Die Sicherheit ist eine conditio sine qua non, abgesehen davon, daß ein unsicheres Kernkraftwerk im allgemeinen auch nicht wirtschaftlich sein kann" [3]. Beide Forderungen werden damit auch größtenteils von den gleichen Standortbedingungen beeinflußt [4].
"Die nukleare Sicherheit ist kein konkretes technisches Fachgebiet, sondern eine Forderung" [5]. Aspekte und Beurteilungskriterien der nuklearen Sicherheit werden daher an den Beginn der weiteren Untersuchung gestellt. Die Zielsetzung dieser Ausführungen besteht einmal in der Darlegung sicherheitstechnischer Zusammenhänge als Grundlage für die Erörterung der rechtlichen, technischen und administrativen Sicherheitsmaßnahmen, andererseits ist das atomrechtliche Genehmigungsverfahren, insbesondere die atomrechtliche Genehmigung, sowie die sich daraus erhebenden Auflagen für die sicherheitstechnische Auslegung und den Betrieb eines Kernkraftwerks von wesentlicher Bedeutung bei der Wahl des Standorts für ein Kernkraftwerk. Unter dem

---

1) Und M. Ellmer bemerkt: "Die Wahl eines Standortes selbst kann man zwar nicht als Wissenschaft bezeichnen, aber fast alle Wissenschaften werden hierbei hinzugezogen". Ellmer, M.: Standortwahl für Kernkraftwerke, in: Atom und Strom, 11. Jg. (1965), H. 1, S. 1.

2) So u.a. Mandel, H.: Standortfragen bei Kernkraftwerken, in: atw, 16. Jg. (1971), H. 1, S. 22.

3) Mandel, H.: ebenda, S. 22.

4) Vgl. Kuhlmann, A.: Einführung in die Probleme der Kernreaktorsicherheit, Düsseldorf 1967, S. 163. Mandel, H.: Standortfragen bei Kernkraftwerken, in: atw, 16. Jg. (1971), H. 1, S. 22.

5) Stauber, E.: Grundzüge der Sicherheitsmaßnahmen bei Kernkraftwerken, Frankfurt/M. 1970, S. 5.

Begriff "Sicherheitskriterien" oder exakter "Reaktorsicherheitskriterien" sollen daher nach K.-H. Lindackers "alle Anforderungen an die Sicherheit von Kernkraftwerken verstanden (werden), die zur Erlangung der gesetzlich vorgeschriebenen Standort-, Bau- und Betriebsgenehmigung erfüllt sein müssen" [1)2)]. Darüber hinaus ist hier zu untersuchen, inwieweit die derzeitigen Sicherheitskonzepte als Planungsgrundlage bei der Auswahl von Kernkraftwerks-Standorten anwendbar sind.

1. Nukleare Sicherheit und Umgebungsschutz

Bisher bestehen in der Bundesrepublik Deutschland - im Gegensatz zum englischen und amerikanischen Genehmigungsverfahren [3)] - keine unmittelbaren

---

1) Lindackers, K.-H.: Tendenzen in der Entwicklung spezieller Reaktorsicherheitskriterien, in: atw, 17. Jg. (1972), H. 8, S. 428.

2) Die im Rahmen dieser Untersuchung für Kernkraftwerke (Leistungsreaktoren) angesprochenen Sicherheitsprobleme, Sicherheitskriterien und Sicherheitsmaßnahmen gelten mutatis mutandis auch für andere kerntechnischen Anlagen, wie Bestrahlungs- und Forschungsreaktoren, Testreaktoren, Nuklearschiffe (Schiffsreaktoren), Wiederaufarbeitungsanlagen, Endlagerung hochradioaktiver Abfälle, was im einzelnen bei den folgenden Ausführungen nicht jeweils vermerkt werden soll.

3) Siehe dazu US-AEC (Ed.): Reactor Site Criteria; Title 10, Code of Federal Regulations, Part 100 (10 CFR 100), Washington April 12, 1962. Ergen, W.K.: German Practices with Respect to Reactor Siting, in: Nuclear Safety, Vol. 10 (1969), No. 5, S. 377-379. Richardson, J.A.: Comparison of U.K. and U.S. Requirements for Safety and Siting of Nuclear Power Plants, in: Nucl. Eng. Int., Vol. 18 (1973), No. 210, S. 884-890. Mahlmann, W.: Grundzüge, neue Entwicklungen und ausgewählte Fragen des Genehmigungsverfahrens für Kernenergieanlagen in den Vereinigten Staaten von Amerika verglichen mit dem deutschen Recht, in: Lukes, R., Vollmer, L. und Mahlmann, W.: Grundprobleme zum atomrechtlichen Verwaltungsverfahren; Schriftenreihe Recht und Technik, Bd. 3, Heidelberg 1974, S. 67-176. Gausden, R.: Genehmigung und Überwachung von Kernenergieanlagen in Großbritannien, in: Verein Deutscher Ingenieure (VDI) (Hrsg.): Entwicklungslinien der Energietechnik, Energietechnische Tagung 1975; VDI-Berichte, Nr. 236, Düsseldorf 1975, S. 223-238.

Vorschriften für die Wahl von Kernkraftwerks-Standorten, abgesehen von Beschränkungen durch Schutzbereichsregelungen [1]. Im Rahmen des Genehmigungsverfahrens muß jedoch im einzelnen nachgewiesen werden, daß die getroffenen Sicherheitsmaßnahmen die Einhaltung der Richtwerte bezüglich der radiologischen Belastung der Umwelt sowohl beim Normalbetrieb als auch im Störfall gewährleisten. Darüber hinaus werden durch das Genehmigungsverfahren Umwelteinwirkungen nicht-radioökologischer Art angesprochen, was üblicherweise mit zahlreichen Auflagen für den jeweiligen Standort verbunden ist. In der Konsequenz sind damit hinsichtlich der Standortwahl sowie der Anzahl der Blöcke, des Typs [2] und der Betriebsweise des Kernkraftwerks gewisse Grenzen gesetzt.

---

1) Schutzbereichsregelungen finden sich z.B. in folgenden Gesetzen: Luftverkehrsgesetz (LuftVG), Schutzbereichsgesetz (SchutzBerG), Wasserhaushaltsgesetz (WHG), Bundesfernstraßengesetz (FStrG), Naturschutzgesetz (NatSchG). Siehe Börner, B.: Planungsrecht für Energieanlagen - Vom Liberum Veto zur Planfeststellung; Veröffentlichungen der Akademie für Raumforschung und Landesplanung, Abhandlungen, Bd. 69, Hannover 1973, S. 4ff.

2) In der Wahl des Kernbrennstoffs, Moderators und Reaktorkühlmittels etc. ist eine Vielzahl von Variationsmöglichkeiten gegeben und dementsprechend wurde eine Vielzahl von Reaktortypen entwickelt. Von den verschiedenen Entwicklungslinien der Leistungsreaktoren kommen jedoch für die zukünftige Stromversorgung nur folgende Reaktorlinien in Betracht (als Reaktorlinie oder Reaktorbaulinie wird die Gesamtheit von Reaktoren einer bestimmten Entwicklungsrichtung verstanden, die durch gemeinsame Merkmale wie Art des Brennstoffs, Moderators, Primär-Kühlmittels oder Energie der Neutronen etc. gekennzeichnet ist):

- Siedewasserreaktoren,
- Druckwasserreaktoren,
- Gasgekühlte Hochtemperaturreaktoren,
- Schnelle Brutreaktoren.

Siehe Mandel, H.: Strukturen der nuklearen Stromerzeugung in den 70er und 80er Jahren, in: atw, 18. Jg. (1973), H. 1, S. 18-24. Bundesministerium für Forschung und Technologie (Hrsg.): Viertes Atomprogramm der Bundesrepublik Deutschland für die Jahre 1973 bis 1976, Bonn o.J., S. 27ff.

Fortsetzung siehe Seite 108

Die rechtliche Gestaltung der Genehmigungsverfahren und die praktizierte Sicherheitstechnik im Bereich der Kernenergieerzeugung werden sowohl durch objektive als auch subjektive Faktoren bestimmt.
Aus der engen Kopplung der friedlichen mit der militärischen Anwendung der Kernenergie resultiert eine psychologische Belastung für die Kernenergiewirtschaft [1]. Unter ihrem Einfluß stehen primär weniger die verantwort-

---

Fortsetzung zu Fußnote

2) Auf eine Darstellung der verschiedenen Reaktorlinien und Kernkraftwerkstypen wird hier verzichtet, zumal eine sehr umfangreiche Literatur vorhanden ist. Siehe z.B. Sauer, A.: Siedewasserreaktoren für Kernkraftwerke, Berlin 1969. Oldekop, W. (Hrsg.): Druckwasserreaktoren für Kernkraftwerke, München 1974. Braun, W., Hundt, D. und Steinert, Chr.: Leichtwasserreaktoren in Deutschland, in: ETZ-A, 96. Jg. (1975), H. 1, S. 24-29. Bedenig, D.: Gasgekühlte Hochtemperaturreaktoren, München 1972. Müller, H.-W.: Die Baulinie des Hochtemperaturreaktors unter Umwelt- und Genehmigungsaspekten, in: ETZ-A, 96. Jg. (1975), H. 1, S. 12-18. Häfele, W., Faude, D., Fischer, E.A. and Laue, H.J.: Fast Breeder Reactors, in: Ann. Rev. Nucl. Sci., Vol. 20 (1970), S. 393-434 (als unveränderter Sonderdruck: Gesellschaft für Kernforschung mbH., Karlsruhe, Bericht KFK-1167, Karlsruhe 1970). Engelmann, P.: Schnelle Brutreaktoren-Entwicklungsstand, Betriebsverhalten von Prototypen und wirtschaftliche Aussichten, in: Kerntechnik, 14. Jg. (1972), H. 10, S. 455-461. Guthmann, E. und Traube, K.: Schnelle Brüter, in: ETZ-A, 96. Jg. (1975), H. 1, S. 19-23. Oldekop, W.: Einführung in die Kernreaktor- und Kernkraftwerkstechnik, T. 1: Kernphysikalische Grundlagen-Reaktorphysik-Reaktordynamik, München 1975, S. 2ff. Oldekop, W.: Einführung in die Kernreaktor- und Kraftwerkstechnik, T. 2: Wärmetechnik-Werkstoffe-Sicherheit-Reaktortypen, München 1975, S. 202ff. Smidt, D.: Reaktortechnik, Bd. 2: Anwendungen, 2. Aufl., Karlsruhe 1976, S. 28ff.

1) Diese Zusammenhänge analysieren u.a. Salin, E.: Ökonomik der Atomkraft, Vor einer neuen Etappe der industriellen Revolution, Köln-Marienburg 1955, S. 40ff (erweiterter Sonderdruck der gleichnamigen Veröffentlichung in: Kyklos, Vol. 8 (1955), Fasc. 1, S. 1-39). Hahn, O.: Cobalt 60, Göttingen-Berlin-Frankfurt/M. 1955. Oppenheimer, J.R.: Atomkraft und menschliche Freiheit; Rowohlts deutsche Enzyklopädie, Bd. 52, Hamburg 1957. Born, M.: Von der Verantwortung des Naturwissenschaftlers, 2. Aufl., München 1965, S. 7ff., und S. 191ff. Heisenberg, W.: Der Teil und das Ganze, Gespräche im Umkreis der Atomphysik, München 1969, S. 262ff. Weizsäcker, C.F. v.: Die Verantwortung der Wissenschaft im Atomzeitalter, 5. Aufl., Göttingen 1969.

lichen Experten der Kernkraftwerkshersteller und Betreiber als die Öffentlichkeit, die - im Vergleich zu konventioneller Energieerzeugung - in qualitativ und quantitativ anderem Maß von den Auswirkungen eines schweren Störfalls, der vielfach in der Öffentlichkeit mit den Auswirkungen einer Nuklearexplosion [1] assoziert wird, betroffen sein kann.
Die durch Erprobung und Einsatz kerntechnischer Waffen sichtbar gewordenen Gefahren haben andererseits dazu geführt, daß bei Kernkraftwerken Sicherheitsmaßnahmen in einem Umfang getroffen werden, wie er bei anderen gefährlichen technischen Anlagen nicht üblich ist [2]. "So ist es zum Beispiel übliche Praxis geworden, jede Anlage auf Gefahrensmöglichkeiten zu untersuchen und das Betriebsverhalten und die Zuverlässigkeit wichtiger Systeme sowie

---

1) Nukleare Explosionen wie bei Kernwaffen sind bei Kernkraftwerken aufgrund physikalisch inhärenter Eigenschaften (negativer Brennstofftemperaturkoeffizient, wesentlich niedrigere Spaltstoffanreicherung etc.) grundsätzlich nicht möglich.
Das Gefährdungspotential eines Kernkraftwerks, d.h. die maximalen Schäden, die aufgrund von Störfällen in einem Kernkraftwerk ausgelöst werden können, ist daher höchstens an "schweren" und "hypothetischen" Störfällen (siehe dazu unten) mit Freisetzung großer Inventarmaterialmengen und den radiologischen Auswirkungen zu messen. Für technisch-ökonomische und sozio-technische Betrachtung, wie sie u.a. im folgenden dargelegt werden, ist der quantifizierbare Begriff "Gefährdungspotential" nach Ansicht d. Verf. eine unrealistische Größe und wird durch noch zu definierende Risiko-Begriffe und Risiko-Größen ersetzt.

2) W. Häfele erläutert dies wie folgt: "Ein neuartiger Zug in der sicheren Handhabung der friedlichen Nutzung der Kernenergie besteht nun darin, daß ein erhebliches Ausmaß an Sicherheitsvorkehrungen und Sicherheitsmaßnahmen erarbeitet worden ist, ohne daß es zu dem normalen Lernprozeß durch konkrete Unglücksfälle hat kommen müssen.... Wegen der Reichweite der mit einer Aktivitätsfreisetzung verbundenen Folgen verbietet sich im Bereich der Reaktorsicherheit das umfassende Experiment". Häfele, W.: Fortschritt, Funktion und Einordnung der Kernenergie; Vortrag bei der 150-Jahrfeier - 107. Versammlung - der Gesellschaft Deutscher Naturforscher und Ärzte am 10. Oktober 1972 in München (masch.-schr. Ms.), S. 15.

die Auswirkungen möglicher und sogar hypothetischer Unfälle zu analysieren" [1]. Ähnlich äußert sich auch L.F. Franzen: "Die Beschäftigung mit hypothetischen Störfällen begleitet die Kernenergieentwicklung schon von vergleichsweise frühen Anfängen. Die mangelnden Parallelen in den übrigen technischen Bereichen müssen unverständlich bleiben, wenn man nicht die besondere psychologische Einstellung der Öffentlichkeit berücksichtigt, der auch heute noch die Spuren des Kernwaffeneinsatzes zugrunde liegen. Hinzu kommt die weitverbreitete Unkenntnis der grundlegenden Erscheinungen von Radioaktivität und Strahlenwirkung. Schließlich scheint das noch weitgehend unartikulierte Umweltbewußtsein hier konkrete Ansatzpunkte zu finden. Losgelöst davon steht das Bemühen der Fachwelt, in einem umfassenden Risikokonzept alle Störfälle mit ihren jeweiligen Wahrscheinlichkeiten zu erfassen, um eine objektive Entscheidung darüber vorzubereiten, welche Risiken die Öffentlichkeit langfristig zu tragen bereit ist" [2].

Zu den objektiven Faktoren zählt in erster Hinsicht, daß der Energieumwandlungsprozeß untrennbar mit ionisierender Strahlung und dem Aufbau eines Aktivitätsinventars, infolge zweier physikalisch unterschiedlicher Prozesse - Kernspaltung (fission) und Aktivierung - verbunden ist. Die Radionuklide als Träger der Aktivität [3] lassen sich schematisch folgenden Inventarmaterialien zuordnen:

- Brennstoff,
- Erbrütete Brennstoffe (Transurane),
- Spaltprodukte,
- Aktivierte Strukturmaterialien,
- Aktiviertes Kühlmittel.

---

1) Stauber, E.: Grundzüge der Sicherheitsmaßnahmen bei Kernkraftwerken, Frankfurt/M. 1970, S. 11.

2) Franzen, L.F.: Zur Bedeutung hypothetischer Störfälle in Kernkraftwerken; DAtF Sonderdrucke, S - 22, Bonn 1975, S. 2f.
Zur Definition "hypothetischer Störfälle" sowie zum Einfluß dieser Störfall-Annahmen auf die Standortwahl und Sicherheitsauslegung siehe unten.

3) Die Stärke eines Radionuklids hinsichtlich seiner Strahlungsfähigkeit wird als Radioaktivität oder kurz als Aktivität bezeichnet.

In radiotoxikologischer Hinsicht resultiert das besondere Gefährdungspotential eines Kernkraftwerks vornehmlich aus dem akkumulierten Spaltproduktinventar [1]. So wird bis zum Erreichen des Gleichgewichtszustands z.B. eines 1000 MW_{el}-Druckwasserreaktors im Reaktorkern eine Aktivität von ca. $6 \cdot 10^9$ Ci [2] aufgebaut; etwa ein Zehntel, also ca. $6 \cdot 10^8$ Ci (= $6 \cdot 10^{14}$ µCi), entfällt allein auf die langlebigen Jodisotope [3]. Im

---

1) Spaltprodukte sind die bei der Spaltung(fission) der Brennstoffkerne entstehenden Fragmente.
Eine Klassifikation und Beschreibung der Spaltprodukte im Hinblick auf die weiteren Ausführungen bezüglich Spaltausbeute, physikaliche Halbwertzeit (Zeit, in der die Hälfte der Kerne einer Radionuklidmenge zerfällt), biologische "Halbwertzeit"(Zeit, in der ein biologisches System, z.B. Mensch, Tier, auf natürlichem Wege die Hälfte der aufgenommenen Menge eines bestimmten Stoffes wieder ausscheidet), Aktivität, Radiotoxikologie etc. soll hier jedoch, mit Ausnahme einiger Anmerkungen, nicht vorgenommen werden. Siehe dazu etwa Schmeiser, K.: Radionuclide, 2. Aufl. von "Radioaktive Isotope", Berlin-Heidelberg-New York 1963. Hecht, F.: Grundzüge der Radio- und Reaktorchemie, Frankfurt/M. 1968. Lieser, K.H.: Einführung in die Kernchemie; Kernchemie in Einzeldarstellungen, Bd. 1, Weinheim 1969, Keller, C.: Radiochemie, Frankfurt/M.-Berlin-München-Aarau 1975.

2) Ci = Curie: Einheit der Zerfallsrate (als Zahl der Kernumwandlungen pro Sekunde). Weitere gebräuchliche Maßeinheiten sind mCi (Milli-Curie), µCi (Mikro-Curie), nCi (Nano-Curie) und pCi (Piko-Curie).
$1 \text{ Ci} = 10^3 \text{ mCi} = 10^6 \text{ µCi} = 10^9 \text{ nCi} = 10^{12} \text{ pCi} \stackrel{!}{=} 3{,}7 \cdot 10^{10}$ Kernumwandlungen pro Sekunde.

3) Vgl. Mandel, H.: Standortfragen bei Kernkraftwerken, in: atw, 16. Jg. (1971), H. 1, S. 22.
Für Sicherheitsbetrachtungen bei Kernkraftwerken und zur Beurteilung der Umgebungsgefährdung wird das Radioisotop Jod-131 wegen seiner hohen Spaltausbeute, der relativ großen Flüchtigkeit von Jod und wegen seines hohen Schilddrüsen-Dosisfaktors als "kritisches" Isotop betrachtet. (Für ein bestimmtes Radionuklid wird dasjenige Organ, das infolge der Strahleneinwirkung die größte Schädigung des gesamten Organismus verursachen kann,

Fortsetzung siehe Seite 112

Vergleich dazu ist die Freigrenze für das Isotop Jod-131 vom Gesetzgeber auf 1 µCi (= 10^{-6} Ci) festgesetzt [1]. Berücksichtigt man, daß eine Schilddrüsendosis von 200 rem [2], die von ca. $1{,}2 \cdot 10^{3}$ µCi Jod verursacht

---

Fortsetzung zu Fußnote

3) als "kritisches" Organ bezeichnet; dies ist in fast allen Fällen das Organ, in dem die selektive Anreicherung eines Radionuklids am größten ist). Siehe Beattie, J.R.: Risks to the Population and the Individual from Iodine Releases, S. 318-324 als Anhang zu: Farmer, F.R.: Siting Criteria - A New Approach, in: International Atomic Energy Agency (IAEA) (Ed.): Containment and Siting of Nuclear Power Plants; Proceedings Series - STI/PUB/154, Wien 1967, S. 303-329 (Report IAEA-SM-89/34). Bayer, A.: Die ortsabhängige Spezifische Dosis d von J^{131}; Gesellschaft für Kernforschung mbH Karlsruhe, Bericht KFK-1661, Karlsruhe 1972.

1) Vgl. Anlage I zur 1. Strahlenschutzverordnung (1. SSVO), z.B. in Fischerhof, H.: Atomgesetz mit Verordnungen einschließlich Röntgenverordnung - Textausgabe, 5. Aufl., Baden-Baden 1973.
Eine entsprechende Zahlenarithmetik läßt sich durch Vergleich der zulässigen Konzentration von Jod-131 in Luft - $2 \cdot 10^{-9}$ $\mu Ci \cdot cm^{-3}$ (Anlage II zur 1. Strahlenschutzverordnung) - durchführen. Zur Verdünnung von ca. $6 \cdot 10^{14}$ µCi auf die erlaubte Konzentration wäre demnach ein Volumen in der Größenordnung von 10^{23} cm^{3} erforderlich.

2) Strahlendosis (kurz: Dosis)ist die durch die Strahlung radioaktiver Nuklide an die bestrahlte Materie übertragene Energiemenge. Die Einheit für die von einem bestrahlten Objekt absorbierte Dosis, D, ist "rad" (radiation absorbed dose).
Bei der Bestrahlung von lebendem Gewebe ist neben der absorbierten Dosis (rad) die "Relative Biologische Wirksamkeit" (RBW), q, einer Strahlenart zu beachten (siehe Tabelle 1, Seite 113).
Die im Strahlenschutz gebräuchliche Einheit der biologischen Wirkungsdosis (Äquivalentdosis) "rem" (radiation equivalent man) trägt dieser Tatsache Rechnung, indem die Beziehung

$$1 \text{ rem} = 1 \text{ rad} \cdot \text{RBW} ,$$

oder allgemeiner

Fortsetzung siehe Seite 113

wird [1], die Schilddrüsenfunktion ernsthaft beeinträchtigt, so läßt sich die potentielle Gefährdung aus dem Verhältnis der Jod-Aktivitätswerte von $5 \cdot 10^{11}:1$ ($6 \cdot 10^{14}$ µCi:$1{,}2 \cdot 10^{3}$ µCi) erkennen.
Die voranstehenden Zahlenvergleiche können lediglich die Dimension bestimmter Sicherheitsmaßnahmen charakterisieren, sind jedoch für konkrete

---

Fortsetzung zu Fußnote

2)

Strahlenart	"Relative Biologische Wirksamkeit" q
Röntgen- und γ-Strahlung	1
ß-Strahlung	1
Neutronenstrahlung	2-10
Protenenstrahlung	10
α-Strahlung	10
Schwere Rückstoßkerne	20

Tabelle 1: "Relative Biologische Wirksamkeit" verschiedener Strahlenarten.

$$D_q = q \cdot D \;(\text{rem}) \qquad (2.1)$$

verwendet wird. Der im Rahmen dieser Untersuchung verwendete Terminus "Dosis" ist aufgrund der hier angesprochenen Zusammenhänge immer als "Äquivalentdosis", D_q, zu verstehen.
Eine weitere im praktischen Strahlenschutz vielfach verwendete Einheit ist "mrem" (Milli-rem = 10^{-3} rem).
Die Dosisleistung (exakter: Äquivalentdosisleistung), $\dot{D}_q$, - in der weiteren Darstellung ebenfalls häufig verwendet - ergibt sich als Diffentialquotient der Äquivalentdosis nach der Zeit:

$$\dot{D}_q = \frac{dD_q}{dt} = q \cdot \frac{dD}{dt} \;(\text{rem} \cdot \text{Zeit}^{-1}) \qquad (2.2).$$

Gebräuchliche Maßeinheiten sind $\text{mrem} \cdot h^{-1}$ (Milli-rem pro Stunde), $\text{mrem} \cdot a^{-1}$ (Milli-rem pro Jahr). $\text{rem} \cdot h^{-1}$ (rem pro Stunde) und $\text{rem} \cdot a^{-1}$ (rem pro Jahr).

1) Vgl. Mandel, H.: Standortfragen bei Kernkraftwerken, in: atw, 16. Jg. (1971) H. 1, S. 22.

Aussagen über die radiologischen Auswirkungen einzelner Störfälle von geringer wissenschaftlicher Relevanz. Aus diesen - notwendigerweise - kurz gefaßten Angaben ist aber zumindest ersichtlich, daß bei der Standortwahl für Kernkraftwerke teilweise qualitativ und quantitativ andere Kriterien als bei der Standortwahl für konventionelle Industrieanlagen oder konventionelle Kraftwerke anzuwenden sind.

Die Freisetzung größerer (aktiver) Inventarmaterialmengen ist nur bei Störfällen [1] möglich, die über den "Größten anzunehmenden Unfall" (GAU) [2]

---

1) In der Kernenergietechnik/Reaktortechnik werden die Termini "Störfall" und "Unfall" synonym verwendet. In den folgenden Ausführungen werden mit dem Begriff "Störfall" alle (Betriebs-) Zustände beschrieben, die nicht dem "Normalbetrieb" entsprechen. Ausnahme in dieser Terminologie bildet der terminus technicus "Größter anzunehmender Unfall". Zur Beschreibung von Störfällen werden im folgenden sowohl qualitative Formulierungen (z.B. leicht, schwer, hypothetisch, Ausfall bestimmter Aggregate) als auch quantitative Maßstäbe (z.B. Menge der freigesetzten Aktivität, Schadenseintrittswahrscheinlichkeit) benutzt.

2) Für den "Größten anzunehmenden Unfall" wird aufgrund der sicherheitstechnischen Auslegung eines Kernkraftwerks angenommen, daß keine akute Gefährdung der Umgebungsbevölkerung eintritt. Es muß jedoch darauf hingewiesen werden, daß bei den ca. 180 kommerziellen Reaktoren (Ende 1974 waren 163 Kernkraftwerksblöcke mit zusammen 63250 MW_{el} in Betrieb und weitere 332 Kernkraftwerke mit 300860 MW_{el} in Bau oder bestellt; vgl. o.V.: atw-Schnellstatistik: Kernkraftwerke 1974-Weltübersicht, in: atw, 20. Jg. (1975), H. 3, S. 132), die inzwischen in der Welt in Betrieb sind, ein "Größter anzunehmender Unfall" noch nicht vorgekommen ist und somit keine Verifikation dieser Annahme möglich war. (Zur Definition und Spezifikation "Größter anzunehmender Unfall" siehe die Ausführungen in Kapitel B. II. 2.).
Eine umfassende und detaillierte Zusammenstellung der Strahlenunfälle und Störfälle (mit deren Ursachen und Folgen) in kerntechnischen Anlagen im Zeitraum 1944 bis 1964 gibt Schulz, E.H.: Vorkommnisse und Strahlenunfälle in kerntechnischen Anlagen, München 1966. Eine Übersicht über Störfälle (mit deren Ursachen und Folgen) in Reaktoranlagen in der Bundesrepublik Deutschland seit Oktober 1971 enthält Bundesministerium des Innern (Hrsg.): Sicherheit kerntechnischer Einrichtungen und Strahlenschutz, Rechenschaftsbericht und Programm, 2. Aufl., Bonn 1974, S. 126ff.

hinausgehen [1]. Für Sicherheitsbetrachtungen bei Kernkraftwerken ist daher eine Unterscheidung zwischen

1. Normalbetrieb

und

2. Störfall

erforderlich.

ad 1. Freisetzung von Spaltprodukten beim Normalbetrieb

Beim Normalbetrieb kerntechnischer Anlagen ist trotz zahlreicher technischer Maßnahmen zum Einschluß oder zur Rückhaltung radioaktiver Stoffe sowie zur Emissionsbegrenzung [2] die Freisetzung von Radionukliden in die Umgebung nicht vollständig vermeidbar.
Der Aktivitätsfluß über Abgas, Abluft und Abwasser eines Kernkraftwerks, dargestellt am Beispiel eines 1000 MW_{el}-Siedewasserreaktors, ist in Abbildung 6 aufgezeigt. Dabei handelt es sich einerseits um Spaltprodukte aus dem Brennstoff, welche durch Undichtigkeiten der Brennstabhüllrohre in das Kühlmittel gelangen können, andererseits um Aktivierungsprodukte, die hauptsächlich aus dem Kühlmittel und den Kühlmittelverunreinigungen stammen.
Die durch Kernspaltung und Aktivierung entstehenden Radionuklide sind von

---

1) Jenseits des GAU beginnt der Bereich der "hypothetischen" Störfälle. Hypothetische Störfälle können nur eintreten, wenn mehrere Sicherheitseinrichtungen gleichzeitig versagen sollten. Dem entspricht die auf extrem geringe Werte absinkende Wahrscheinlichkeit für solche Auswirkungen, deren theoretisch obere Grenze in der unter ungünstigen Bedingungen stattfindenden Freisetzung des gesamten Spaltproduktinventars liegen würde. Franzen, L.F.: Zur Bedeutung hypothetischer Störfälle in Kernkraftwerken; DAtF Sonderdrucke, S-22, Bonn 1975, S. 2.

2) So u.a. durch Kapselung der Spaltstoffe in Brennstabhüllrohre, Verwendung geschlossener Kühlkreisläufe, Einbau des Reaktors in (mehrfache) Containments, Abklingenlassen kurzlebiger Radionuklide in Rückhalteeinrichtungen ("Verzögerungsstrecken"), Ableitung der Abluft und Abgase über Filteranlagen.

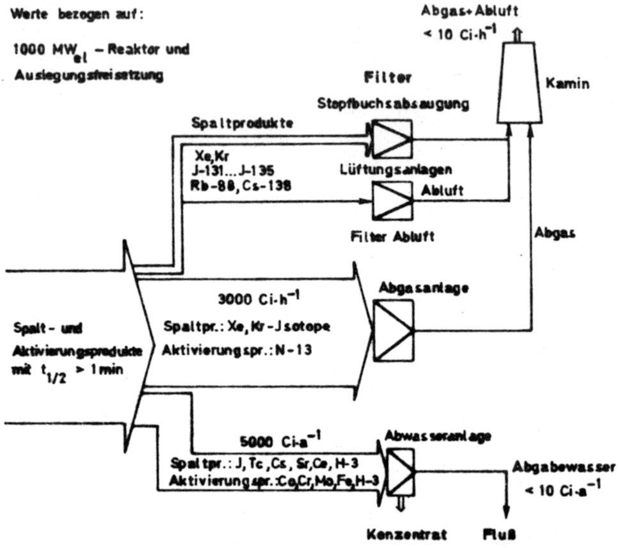

Abbildung 6: Aktivitätsflußschema eines Kernkraftwerks, dargestellt am Beispiel eines 1000 MW_{el}-Siedewasserreaktors [1].

sehr unterschiedlicher radiologischer Wirksamkeit [2]. Aufgrund ihres unterschiedlichen physikalischen, chemischen und biologischen Verhaltens werden die emittierten Radionuklide üblicherweise in fünf Gruppen eingeteilt:

- Edelgase,
- Jod-131,
- Langlebige Aerosole,
- Kurzlebige Aerosole,
- Tritium.

---

1) Queiser, H.: Verfahren zur Verringerung radioaktiver Abgaben aus Siedewasser-Kernreaktoren, in: Technische Vereinigung der Großkraftwerksbetreiber (VGB) e.V. (Hrsg.): Kraftwerk und Umwelt 1973; VGB-Konferenz-Vorträge, Essen (1974), S. 156.

2) Siehe Comper, W.: Berechnung der Dosisfaktoren radiologisch wichtiger Nuklide; Gesellschaft für Kernforschung mbH Karlsruhe, Bericht KFK-1615, Karlsruhe 1972, S. 2ff.

Zur Zurückhaltung werden für die einzelnen Nuklidgruppen verschiedene Techniken, wie Filter, Aktivkohle, "Verzögerungsstrecken" etc. [1], angewendet. Eine "Null-Abgabe" ist einerseits nach derzeitigen Stand der Technik nicht möglich [2], andererseits würde die generelle Verringerung der Aktivitätsabgabe mit dem Nuklidgemisch um ein bis zwei Größenordnungen die Stromerzeugungskosten des Kernkraftwerks erheblich [3] beeinflussen. Die häufig gestellte Forderung nach einer "Null-Abgabe" geht nach Ansicht d. Verf. auch am Problem der radiologischen Belastung vorbei; es werden dabei weder die (physikalische) Halbwertszeit (t_H) [4],

---

1) Siehe dazu Haury, G., Schikarski, W. und Thöne, E.: Zusammenstellung der in der Bundesrepublik Deutschland durch die Erzeugung und den Verbrauch von Energie bedingten Auswirkungen auf die Umwelt und der legislativen und technischen Maßnahmen zu ihrer Verminderung; Gesellschaft für Kernforschung mbH Karlsruhe, Bericht KFK-2103, Karlsruhe 1974, S. 129f. sowie die dort angegebene Referenzliteratur.

2) Stöbel, H.: Wie sicher sind Kernkraftwerke; VDI/VDE-Vortragsreihe zu aktuellen Fragen der Kernenergie, Mannheim 29. Oktober 1975.

3) Siehe z.B. Kusz, I.A. und Spang, A.: Verfahren zur Verringerung radioaktiver Abgaben aus Druckwasser-Kernkraftwerken, in: Technische Vereinigung der Großkraftwerksbetreiber (VGB) e.V. (Hrsg.): Kraftwerk und Umwelt 1973; VGB-Konferenz-Vorträge, Essen (1974), S. 168, dort Abbildung 7: Relation zwischen Aktivitätsabgabereduktion und Kostenanstieg bei Druckwasserreaktoren.

4) Der radioaktive Zerfall ist ein statistischer Vorgang - die Zahl der in einem Zeitintervall dt zerfallenden Atomkerne dN ist proportional der Anzahl N der vorhandenen Atomkerne:

$$dN = -\lambda \cdot N \cdot dt \qquad (2.3\ )$$

mit: λ = Zerfallskonstante (s^{-1}).

Durch Integration der Gleichung (2.3) ergibt sich:

$$N = N_o \cdot e^{-\lambda \cdot t} \qquad (2.4\ )$$

mit: N_o = Anzahl der Atomkerne zum Zeitpunkt t = 0,

N = Anzahl der Atomkerne nach der Zeit t.

In einer bestimmten, für jedes Radionuklid charakteristischen Zeit sind

Fortsetzung siehe Seite 118

der prozentuale Anteil im Nuklidgemisch noch die ß-resp. γ-Dosiskonstanten [1] der einzelnen Nuklide berücksichtigt. Wesentliches Problem ist nach Ansicht d. Verf. nicht die Realisierung einer "Null-Abgabe", sondern die selektive Reduzierung von Nukliden aus dem Nuklidgemisch [2].

Beim Normalbetrieb werden aus Leistungsreaktoren hauptsächlich Xenon-133, Jod-131, Krypton-85 und Tritium (H-3), aus Wiederaufarbeitungsanlagen hauptsächlich Jod-131, Krypton-85 und Tritium freigesetzt [3]. Besondere

---

Fortsetzung zu Fußnote

4) $0{,}5 \cdot N_0$ Atomkerne zerfallen. Diese Zeit wird als Halbwertzeit, t_H, bezeichnet. Es besteht die Beziehung:

$$t_H = \ln 2 \cdot \lambda^{-1} \qquad (2.5)\ .$$

Die Halbwertszeiten von Radionukliden liegen zwischen Bruchteilen von Sekunden und Millionen Jahren. Soweit hier für einzelne Radionuklide die Halbwertszeit angegeben sind, entstammen die Werte aus Seelmann-Eggebert, W. und Pfennig, G.: Radionuklid-Tabellen, Bonn 1974.

1) In der Literatur auch als "Dosisfaktoren" bezeichnet.

2) Im Hinblick auf die radiotoxikologische Bedeutung (ß-resp. γ-Dosiskonstante), die physikalische Halbwertzeit, t_H, und die abgegebene Menge (in [Ci]) sind beim Normalbetrieb vor allem die kurzlebigen Radionuklide Xenon-133 (t_H = 5,3 Tage) und Jod-131 (t_H = $8{,}0_5$ Tage) sowie die langlebigen Radionuklide Krypton-85 (t_H = 10,7 Jahre) und Tritium (t_H = 12,3 Jahre) von Bedeutung.
Xenon, Krypton und Jod entstehen als Spaltprodukte; Tritium entsteht bei ternären Kernspaltungsprozessen sowie bei Neutronenabsorptionsprozessen. Xenon und Krypton gelangen als Edelgase ausschließlich in die Atmosphäre; Jod wird zum überwiegenden Teil an die Atmosphäre, Tritium zum überwiegenden Teil an das Wasser abgegeben.

3) Vgl. Boehnert, R. und Bonka, H.: Zu erwartende Tritiumverunreinigung durch Kernreaktoren in der Luft und im Wasser bei homogener Verteilung bis zum Jahr 2000; Kernforschungsanlage Jülich GmbH , Bericht Jül-763, Jülich 1971, S. 26ff. Schikarski, W.: Kernenergie und Umwelt, in: Atom und Strom, 18. Jg. (1972), H. 1/2, S. 37ff. Bonka, H. und Brüssermann, K.: Die Jodfrei-

Fortsetzung siehe Seite 119

Probleme werden die nach 1980 in der Bundesrepublik Deutschland in Betrieb gehenden großen Wiederaufarbeitungsanlagen aufgrund der bisher berechneten Emissionsraten von Krypton-85 und Tritium bereiten [1], wobei derzeit noch keine sicherheitstechnisch vertretbaren Verfahren zur Zurückhaltung von Krypton-85 existieren [2]. Ein weiteres - gegenwärtig noch

---

Fortsetzung zu Fußnote

3) setzung aus Kernkraftwerken und Wiederaufarbeitungsanlagen sowie Abschätzung der zukünftigen Umgebungsbelastung; Kernforschungsanlage Jülich GmbH , Bericht Jül-997, Jülich 1973. Porz, F.: Erzeugung und Freisetzung von radioaktiven Jodisotopen durch Kernreaktoren und Wiederaufarbeitungsanlagen und die voraussichtliche radiologische Belastung bis zum Jahr 2000; Gesellschaft für Kernforschung mbH Karlsruhe, Bericht KFK-1912, Karlsruhe 1974, S. 22ff. Hilbert, F.: Erzeugung und Freisetzung von radioaktiven Krypton- und Xenonisotopen durch Kernreaktoren und Wiederaufarbeitungsanlagen und die voraussichtliche radiologische Belastung bis zum Jahr 2000; Gesellschaft für Kernforschung mbH Karlsruhe, Bericht KFK-2035, Karlsruhe 1974, S. 48ff. Bonka, H. und Vogt, K.J.: Die Strahlenbelastung durch aus Kernkraftwerken und Wiederaufarbeitungsanlagen freigesetzten Radionuklide, in: VDI-Z, 117. Jg. (1975), H. 12, S. 590-597.

1) Zur Diskussion der zukünftigen Einschränkungen bei der Standortwahl für Kernkraftwerke durch im vorgesehenen Standortbereich gelegene oder geplante Wiederaufbereitungsanlagen siehe die Ausführungen in Kapitel B. III. 2. - ad 4. Radiologische Vorbelastung des Standortbereichs.

2) Die überaus umfangreiche Literatur der vergangenen zwei Jahre zeigt, daß verstärkte Anstrengungen zur Lösung dieses Problems unternommen werden. Zum gegenwärtigen Entwicklungsstand siehe etwa Jüntgen, H. und Schröter, H.J.: Ein neues Verfahren zur Krypton - 85-Abscheidung, in: Glückauf, 111. Jg. (1975), H. 17, S. 822. Ammon, R.v., Weinländer, W., Hutter, E., Neffe, G. und Leichsenring, C.H.: Entwicklung der Krypton-85-Abtrennung aus dem Abgas der großen Wiederaufbereitungsanlage, in: KFK-Nachr., 7. Jg. (1975), H. 3, S. 63-65.
Zum "Tritiumproblem" bei Wiederaufarbeitungsanlagen siehe z.B. Schnez, H., Laser, M. und Merz, E.: Tritium in Wiederaufarbeitungsanlagen, Eine Studie über das Inventar, das Verhalten und die Abtrennungsmöglichkeiten des überschweren Wasserstoffisotops; Kernforschungsanlage Jülich GmbH , Bericht Jül-1099, Jülich 1974, S. 10ff.

nicht befriedigend gelöstes - Problem ist die Zurückhaltung und Beseitigung, des in großen Mengen bei der Wiederaufarbeitung von Brennstoffelementen aus Hochtemperaturreaktoren entstehenden $C^{14}O_2$ [1].

Im Rahmen des atomrechtlichen Genehmigungsverfahrens wird von den Kernkraftwerks-Betreibern die Einhaltung einer mittleren Strahlenbelastung von 30 $mrem \cdot a^{-1}$ als Strahlenschutzrichtwert verlangt [2]. Der normale Betriebsablauf in einem Kernkraftwerk gestattet in der Regel die Einhaltung wesentlich geringerer Emissionsraten [3], d.h. eine radiologische Belastung <<30 $mrem \cdot a^{-1}$. Aus technischen Gründen sind jedoch über kürzere Zeiträume erhöhte Emissionsraten [4] erforderlich (z.B. infolge Regeneration von

---

1) Der Kernbrennstoff von Hochtemperaturreaktoren ist in eine Graphit-Matrix ("coated particles") eingebettet (siehe dazu z.B. Bedenig, D.: Gasgekühlte Hochtemperaturreaktoren, München 1972, S. 63ff). Während des Reaktorbetriebs entsteht aus dem inaktiven Kohlenstoffisotop C^{12} durch Neutronenabsorption das Radioisotop C^{14}. Nach derzeitiger technologischer Erkenntnis wird man den Kohlenstoff (Graphit) im Wirbelschichtverfahren verbrennen müssen (dabei Bildung von $C^{14}O_2$), bevor eine Wiederaufarbeitung möglich ist.

2) Siehe hierzu detailliertere Ausführungen in Kapitel B. II. 3. - ad 1. Maßnahmen im Bereich gesetzlicher Regelungen und Genehmigungsverfahren.

3) Siehe dazu o.V.: Betriebserfahrungen mit Kernkraftanlagen in der Bundesrepublik Deutschland, Jahresbericht 1972, in: Atom und Strom, 19. Jg. (1973), H. 5/6, S. 45-65. dsgl. Jahresbericht 1973, in: Atom und Strom, 20. Jg. (1974), H. 5/6, S. 41-68. dsgl. Jahresbericht 1974, in: Atom und Strom, 21. Jg. (1975), H. 5/6, S. 33-58. Bödege, R., David, H. und Kluge, E.: Radioaktivitätsabgaben aus Kernkraftwerken der Bundesrepublik, in: Technische Vereinigung der Großkraftwerksbetreiber (VGB) e.V. (Hrsg.): Kraftwerk und Umwelt 1975; VGB-Konferenz-Vorträge, Essen (1976), S. 142-147.

4) Vgl. Vogt K.J.: Umweltkontamination und Strahlenbelastung durch radioaktive Abluft aus kerntechnischen Anlagen; Kernforschungsanlage Jülich GmbH , Bericht Jül-637, Jülich 1970, S. 5. Lindackes, K.-H. et al.: Emissionsquellstärke von Kernkraftwerken; Schriftenreihe Kernforschung, H. 6, Bonn 1972, S. 1.

Gasreinigungsanlagen, Entgasung des Primärkühlmittels bei Druckwasserreaktoren, Betriebsunregelmäßigkeiten, kleinere Störfälle), die nur unter bestimmten momentanen meteorologischen Verhältnissen abgegeben werden können und bereits bei der Standortauswahl (meteorologische Verhältnisse im Jahresmittel, orographische Verhältnisse, Bevölkerungsdichte und -verteilung) berücksichtigt werden müssen [1].

ad 2. Freisetzung von Radionukliden als Folge schwerer Störfälle

Die mögliche Freisetzung von Radionukliden (Brennstoff, Transurane, Spaltprodukte, aktivierte Strukturmaterialien und aktiviertes Kühlmittel) in der Folge eines schweren oder "hypothetischen" Störfalls ist in qualitativer und quantitativer Hinsicht aufgrund des komplexen Störfallablaufs mit seinen diversen Einflußgrößen schwierig zu beurteilen [2].

---

1) Siehe dazu die Ausführungen in Kapitel B. III. 2.

2) Mögliche Auswirkungen "hypothetischer" Störfälle wurden erstmals in den Jahren 1955 bis 1957 durch das "Brookhaven National Laboratory" (BNL) untersucht und als "Brookhaven-Report" veröffentlicht. Siehe US-AEC (Ed.): Theoretical Possibilities and Consequences of Major Accidents in Large Nuclear Power Plants, A Study of Possible Consequences if Certain Assumed Accidents, Theoretically Possible but Highly Improbable, Were to Occure in Large Nuclear Power Plants; Report WASH-740, Washington 1957. (Der Bericht diente u.a. dazu, die Grundlagen für den "Price Anderson Act" zu schaffen - Inkrafttreten 2. September 1957. Durch dieses Gesetz wurde die US-AEC verpflichtet, die über die privatwirtschaftlichen mit damals maximal 60 Millionen Dollar abgesicherten Risiken hinaus noch verbleibenden Risiken bis zu 500 Millionen Dollar abzudecken). Eine Übersicht über die der Untersuchung zu Grunde liegenden Störfallannahmen und angenommene Auswirkungen gibt Merton, A.: Der Brookhaven-Bericht (WASH-740)-Inhalt und Bedeutung; IRS-Stellungnahmen zu Kernenergiefragen, Bericht IRS-S-9, Köln 1973. Weitere theoretische Untersuchungen über schwere oder "hypothetische" Störfälle stammen von Cave, L. and Halliday, P.: Suitability of Gas-Cooled Reactors for Fully Urban Sites; British Nuclear Energy Society (BNES), Symposium on

Fortsetzung siehe Seite 122

Zur Abschätzung der Strahlenbelastung in der Umgebung - als wichtigste Konsequenz eines schweren oder "hypothetischen" Störfalls -, sind folgende Zusammenhänge zu berücksichtigen [1]:

- Der physikalische Zusammenhang zwischen dem Störfallablauf und der Freisetzung von Radionukliden aus dem Reaktorcore,
- Die Transportvorgänge sowie das Dekontaminations-, Ablagerungs- und Filterungsverhalten der beim Störfall in das Reaktorgebäude freigesetzten Radionuklide [2],
- Die Leckage der im Reaktorgebäude vorhandenen Radionuklide durch das Containment-System,
- Die Verteilung und Ausbreitung der das Reaktorgebäude verlassenden Radionuklide in Abhängigkeit von der Wetterlage und Orographie des Standortbereichs,

---

Fortsetzung zu Fußnote

2) Safety and Siting, London 28. März 1969. Lindackers, K.-H.: Die Auswirkungen sehr schwerer Schäden an Kernkraftwerken; Vortrag anläßlich der mündlichen Doktorprüfung vor der Fakultät für Maschinenwesen der Rheinisch-Westfälischen Technischen Hochschule Aachen, 8. Januar 1970 (masch.-schr. Ms.). Eine Zusammenfassung der Ergebnisse der hier genannten sowie weiterer Untersuchungen gibt Franzen, L.F.: Zur Bedeutung hypothetischer Störfälle in Kernkraftwerken; DAtF-Sonderdrucke, S-22, Bonn 1975. Auf einige Ergebnisse dieser Untersuchungen wird auch in den nachfolgenden Ausführungen Bezug genommen.

1) Vgl. Heller, F., Schikarski, W. und Wickenhäuser, A.: MUNDO - Digital Programm zur Berechnung von Unfalldosen in der Umgebung einer Reaktoranlage; Gesellschaft für Kernforschung mbH Karlsruhe, Bericht KFK-653/ EUR-3684d, Karlsruhe 1967, S. 1 (MUNDO = Maximale UNfallDOsis).

2) Die Kenntnis dieser Vorgänge ist von besonderer Bedeutung für die Abschätzung der nach Zeit und Höhe zu erwartenden Aktivitätsfreisetzung aus dem Reaktorgebäude. Siehe Hosemann, J.P., Jordan, H., Schikarski, W. und Wild, H.: Nukleare Schadstoffe in der Nachunfallatmosphäre eines Leichtwasser-Reaktor (LWR)-Containments (Übersicht und Stand der Kenntnis); Gesellschaft für Kernforschung mbH Karlsruhe, Bericht KFK-1800, Karlsruhe 1973.

- Die Applikation der Störfalldosis an einem Ort in der Umgebung des Kernkraftwerks durch äußere und innere Bestrahlung.

Im Rahmen der vorliegenden Ausführungen soll auf die drei zuerst genannten Zusammenhänge nicht näher eingegangen werden. Die beiden zuletzt genannten Vorgänge und deren mögliche Auswirkungen auf die Umgebungsbevölkerung werden von Größen bestimmt, die im Rahmen der Auswahl von Kernkraftwerks-Standorten zu berücksichtigen sind und hier im Zusammenhang mit Sicherheitsmaßstäben, Sicherheitsmaßnahmen und Standortbedingungen behandelt werden.

Zusammengefaßt ergeben sich als wesentliche Aspekte des Entstehens und der möglichen Auswirkung der radiologischen Gefährdung des Menschen und seiner Umwelt durch Kernkraftwerke [1]:

a. Entstehung und Anhäufung von Spaltprodukten (aktiver Inventarmaterialien) im Reaktor infolge Kernspaltung und Aktivierung,

b. Versagen der die Spaltprodukte (aktive Inventarmaterialien) zurückhaltenden Barrien bei einem Störfall,

c. Kontinuierliche Abgabe von Radionukliden während des Normalbetriebs,

d. Atmosphärische und hydrosphärische Ausbreitung der beim Normalbetrieb und Störfall freigesetzten Radionuklide,

e. Erzeugung von Strahlenschäden in der Umwelt durch die freigesetzten Radionuklide.

Die Maßnahmen zur Beherrschung dieser Gefahrensmöglichkeiten lassen sich grundsätzlich klassifizieren in [2]:

---

1) Vgl. auch Fürste, W., Hemmerling, H., König, W., Pfeiffer, A. und Roßberg, K.: Studie über die nukleare Sicherheit standortunabhängiger Kernkraftwerke und deren Einfluß auf die Wirtschaftlichkeit; Bundesministerium für Forschung und Technologie, Forschungsbericht K 73-01, Leopoldshafen (Karlsruhe) 1973, S. 18.

2) Vgl. Weckesser, A.: Betrieb von Kernkraftwerken, München 1969, S. 160.

Fortsetzung siehe Seite 124

1. Gesetzliche Regelung und Genehmigungsverfahren,
2. Technische Sicherheitsmaßnahmen,
3. Administrative Sicherheitsmaßnahmen.

Der Anwendungsbereich dieser Maßnahmen ist beschränkt auf die Punkte b, c und e. Diesbezügliche Sicherheitsmaßnahmen bilden die Einrichtung wirksamer und zuverlässiger, die Spaltprodukte (aktive Inventarmaterialien) zurückhaltende Systeme und Barrieren (Brennstabhüllrohre, Reaktor-Sicherheitsbehälter, Filtersysteme, Verzögerungsstrecken etc.) in Verbindung mit grundlegenden Sicherheitseinrichtungen (Kernnotkühlsysteme, Sprüh- und Nebelsysteme, Notversorgungssysteme etc.) und Maßnahmen zum Schutz der Bevölkerung nach einem Störfall (Notfallmaßnahmen).
Der erste Punkt, die Anhäufung von Spaltprodukten im Reaktor, läßt sich wirkungsvoll nur beim "Salzschmelzenreaktor" (MSR = Molten Salt Reactor) durch kontinuierliche Abtrennung der Spaltprodukte [1] oder bei allen anderen Reaktortypen - nur unwesentlich - durch Verringerung der Reaktorleistung und des Brennelementabbrands [2] erreichen. Reduzierung der Reaktorleistung

---

Fortsetzung zu Fußnote

2) Lindackers, K.-H., Aurand, K., Hug, O., Kiefer, H., Krämer, H., Seetzen, J. und Trott, K.-R.: Kernenergie - Nutzen und Risiko, Stuttgart 1970, S. 123. Stauber, E.: Grundzüge der Sicherheitsmaßnahmen bei Kernkraftwerken, Frankfurt/M. 1970, S. 11.

1) Vgl. Keller, C.: Reaktorchemie und Technologie, T. 1: Grundlagen, Reaktormaterialien und Reaktorkomponenten; masch.-schr. Ms. zur gleichnamigen Vorlesung, Universität Karlsruhe, Winter-Semester 1969/70ff., Karlsruhe o.J., S. 77.
Für diesen Reaktortyp bestehen einerseits gegenwärtig und wahrscheinlich auch in Zukunft keine wirtschaftlichen Aussichten, andererseits konnten die Probleme des sehr großen Anfalls an Tritium und dessen Freisetzung in die Atmosphäre (infolge Diffusion durch alle im Reaktorbau verwendbaren Materialien) bisher nicht sicherheitstechnisch einwandfrei gelöst werden.

2) Der "Abbrand" ist ein Maß für den Umsatz an Brennstoff in einem Kernreaktor. Der Brennstoff von Kernreaktoren kann im Gegensatz zu fossilem Brennstoff

Fortsetzung siehe Seite 125

und des Brennelementabbrands sind zumal aufgrund ihres geringen Effekts keine diskutablen Maßnahmen für die Reaktorsicherheit.
Der Ausbreitungsvorgang freigesetzter Radionuklide in der Atmosphäre und Hydrosphäre (Punkt d), ist als großräumiger Naturvorgang - abgesehen von dem atmosphärischen Konzentrationsverdünnungseffekt durch Kamine und Trockenkühltürme [1] - kaum zu beeinflussen.

In der weiteren Darstellung sollen - im Anschluß an eine Darstellung von Maßstäben zur Sicherheitsbeurteilung - die Sicherheitsmaßnahmen zur Vermeidung oder Reduzierung der nuklearen Gefährdung unter gesetzlichen, technischen und administrativen Aspekten erörtert werden, wobei die Betrachtungen insbesondere auf die Probleme bei der Auswahl und Bewertung von Kernkraftwerks-Standorten ausgerichtet sind.

Fortsetzung zu Fußnote

2) nicht vollständig umgesetzt werden, da während der Einsatzzeit im Reaktor der Brennstoff physikalische, chemische und metallurgische Veränderungen (Anreicherung von "Neutronengiften", d.h. Spaltprodukte mit großen Neutronenabsorptionsquerschnitten, Volumendilatation etc.) erfährt, die zu einem Auswechseln der Brennelemente zwingen.
Als Maß für den Abbrand gelten die Quotienten:

$$\frac{\text{durch Spaltung verbrauchter Brennstoff}}{\text{zu Beginn vorhandener Brennstoff}} \cdot 100\ (\%) \qquad (2.6)$$

oder

$$\frac{\text{erzeugte Wärmeenergie}}{\text{Masse des zu Beginn vorhandenen Brennstoffs}} \left(\text{MWd} \cdot t^{-1}\right)^{+)} \qquad (2.7).$$

Die heute erreichbaren Abbrände bei Thermischen Reaktoren liegen bei 2,5 bis 3,5 %; für Schnelle Brutreaktoren erwartet man Werte um 10 %. Vgl. Keller, C.: Radiochemie, Frankfurt/M.-Berlin-München-Aarau 1975, S. 165.

+) $\left(\text{MWd} \cdot t^{-1}\right)$ = Megawattage pro Tonne (Brennstoff)
Es entsprechen:
1 % Abbrand $\approx 10^4$ $\text{MWd} \cdot t^{-1}$
1 MWd (Megawattag) = $24 \cdot 10^3$ kWh

1) Siehe dazu die Ausführungen in Kapitel B. III. 1. - ad 2. Kühlwasserversorgung und Kühlverfahren.

Folgende grundsätzliche Schwierigkeiten sind jedoch dabei zu beachten [1]:

- Nur der erste Punkt der oben genannten Folge ist in seinem Ablauf determiniert und läßt sich physikalisch exakt berechnen. Den übrigen Punkten liegen subjektive oder wahrscheinlichkeitstheoretische Annahmen zu Grunde [2].

---

1) Vgl. auch Lindackers, K.-H., Aurand, K., Hug, O., Kiefer, H., Krämer, H., Seetzen, J. und Trott, K.-R.: Kernenergie - Nutzen und Risiko, Stuttgart 1970, S. 123ff.

2) Insbesondere bestehen trotz umfangreicher Forschungs- und Beobachtungsreihen Wissenslücken bezüglich strahleninduzierter Inzidenzen (Punkte e). Die bisher ungeklärten Fragen sind mit ein wesentlicher Grund für die heftigen Kontroversen über die strahlenbedingten Risiken der großtechnischen Nutzung der Kernenergie. Diese lückenhaften oder fehlenden Kenntnisse werden auch teilweise in den späteren Ausführungen offensichtlich.
Dringend erscheint nach H. Brunner die Bearbeitung nachfolgend genannter Zusammenhänge (Brunner, H.: Zweiter Internationaler Kongress der IRPA, Beilage zum Bulletin der Schweizerischen Vereinigung für Atomenergie, Nr. 16, September 1970, zit. nach Fürste, W., Hemmerling, H., König, W., Pfeiffer, A. und Roßberg, K.: Studie über die nukleare Sicherheit standortunabhängiger Kernkraftwerke und deren Einfluß auf die Wirtschaftlichkeit; Bundesministerium für Forschung und Technologie, Forschungsbericht K73-01, Leopoldshafen (Karlsruhe) 1973, S. 6):

   - Strahlenunempfindlichkeit der verschiedenen Gewebearten hinsichtlich der Karzinombildung,
   - Verlauf der Dosiswirkungsbeziehung im Bereich kleiner und kleinster Dosen,
   - Inkorporation von Nukliden hoher spezifischer Aktivität und Dosisberechnung in kleinen Volumen,
   - Metabolismus von Radionukliden,
   - Extrapolation klinischer Daten von hohen Dosen auf niedrige Dosen,
   - Bedeutung genetischer Effekte verglichen mit somatischen,

Fortsetzung siehe Seite 127

- Die Sicherheitsmaßnahmen sind weitgehend präventiver Natur. Normale Lernprozesse, die von konkreten Störfällen ausgehen können, sind größtenteils nicht möglich. Die Sicherheitsforschung ist daher vielfach auf das "Hypothetische" (W. Häfele) bezogen.
- Es existiert heute noch kein allgemein anerkanntes Konzept für die Sicherheitsbeurteilung.
- Die Maßstäbe zur Beurteilung der nuklearen Sicherheit eines Kernkraftwerks variieren nach dem Standpunkt der jeweiligen Interessengruppen: Hersteller, Betreiber, Gesetzgeber, Genehmigungsbehörden, Gutachter, Öffentlichkeit, "Kernenergie-Gegner", "Kernenergie-Promotoren".

Fortsetzung zu Fußnote

2) - Synergetische Effekte, d.h. Zusammenwirken von Strahlung und anderen (z.B. chemischen) Einwirkungen,
 - Genauere Werte für die "Relative Biologische Wirksamkeit (RBW)" bei der Karzinombildung,
 - Zusammenwirken sukzessiver Bestrahlungen mit kleinen Dosen.

Übersichten zu strahlenbiologischen Grundlagen, der Problematik der quantitativen Abschätzung strahlenbedingter Risiken sowie den gegenwärtigen Diskussionen geben z.B. Lindackers, K.-H., Aurand, K., Hug, O., Kiefer, H., Krämer, H., Seetzen, J. und Trott, K.-R.: Kernenergie - Nutzen und Risiko, Stuttgart 1970, S. 17ff. Hug, O.: Strahlenschäden und Strahlenschutz, in: atw, 16. Jg. (1971), H. 6, S. 294-300. Ott, K.O.: Das Sternglass Phänomen und die Gofman-Tamplin Kontroverse, in: atw, 17. Jg. (1972), H. 1, S. 25-34. Rausch, L.: Aktuelle Probleme des Umweltschutzes bei der Stromerzeugung unter Berücksichtigung der Beziehungen zwischen Umweltschutz und Strahlenschutz, in: Braun, H., Heuck, F., Ladner, H.-A., Messerschmidt, O., Niklas, K. und Rausch, L. (Hrsgg.): Umweltschutz bei nuklearer und konventioneller Energiegewinnung, Ergebnisse der Strahlen- und Umweltforschung; Strahlenschutz in Forschung und Praxis, Bd. 12, Stuttgart 1973, S. 6ff. Jacobi, W.: Beziehungen zwischen der Strahlendosis und dem somatischen Strahlenrisiko, in: atw, 19. Jg (1974), H. 6, S. 278-283.

- "Sicherheit" als menschliches Wertgefühl ist nicht quantifizierbar; es besteht lediglich die Möglichkeit, das mit dem Betrieb von Kernkraftwerken verbundene Risiko mit anderen Risiken des menschlichen Lebens zu relativieren.

Der hier angesprochene Risiko-Begriff ist nicht identisch mit dem Risiko-Begriff in der wirtschaftswissenschaftlichen[1], energiewirtschaftlichen [2] oder sozialwissenschaftlichen [3] Literatur.
Als Risiko, R_i, wird im folgenden das Produkt aus Eintrittwahrscheinlichkeit, w_i^S, und möglicher (Schadens-)Auswirkung (Gefährdungspotential; vgl. oben), a_i, eines Reaktorstörfalls i $(i = 1,2...,\bar{i})$ verstanden [4]:

$$R_i = w_i^S \cdot a_i \qquad (2.8)\ .$$

Das Gesamtrisiko, R, ergibt sich als Summe der Teilrisiken aus allen physikalisch-technisch möglichen Störfällen [5]:

$$R = \sum_i R_i = \sum_i w_i^S \cdot a_i \qquad (2.9)\ .$$

---

1) Siehe Bussmann, K.F.: Das betriebswirtschaftliche Risiko; Schriften zur wirtschaftswissenschaftlichen Forschung, Bd. 4, Meisenheim am Glan 1955, S. 11ff. Philipp, F.: Risiko und Risikopolitik; Slg. Poeschel, Bd. P52, Stuttgart 1967, S. 34ff.

2) Siehe Bauer, L.: Die Risiken in der Elektrizitätswirtschaft, Habilitationsschrift Wien 1965, S. 2ff.

3) Siehe etwa Drever, J. und Fröhlich, W.D.: [Stichwort:] Risiko, dtv-Wörterbuch zur Psychologie; dtv-Bd. 3031, 9. Aufl., München 1975, S. 256.

4) Der hier allgemein zur Beschreibung einer (Schadens-)Auswirkung verwendete Parameter a_i wird unten spezifiziert.

5) In der Wahrscheinlichkeitsrechnung wird der Ausdruck (2.9) als Erwartungswert oder mathematische Erwartung der Zufallsgrößen bezeichnet. Siehe etwa Meschkowski, H.: Wahrscheinlichkeitsrechnung, Mannheim-Wien-Zürich 1968, S. 153. Körth, H., Otto, C., Runge, W. und Schoch, M. (Hrsgg.): Lehrbuch der Mathematik für Wirtschaftswissenschaften, Opladen 1972, S. 803.

Analog wird diese Risiko-Definition zur Erfassung "natürlicher", d.h. nicht durch die friedliche Nutzung der Kernenergie verursachter Inzidenzen verwendet.
Wird die Eintrittswahrscheinlichkeit in Ereignissen pro Zeiteinheit und die (Schadens-)Auswirkung pro Ereignis angegeben, so ist das Risiko als (Schadens-)Auswirkung pro Zeiteinheit definiert [1]:

$$\text{Risiko}\left\{\frac{\text{Auswir-kungen}}{\text{Zeit-einheit}}\right\} = \text{Häufigkeit}\left\{\frac{\text{Ereig-nisse}}{\text{Zeit-einheit}}\right\} \times \text{Schwere}\left\{\frac{\text{Auswir-kungen}}{\text{Ereig-nis}}\right\} \quad (2.10)\ .$$

$$\text{Beispiel: } \frac{\text{Zahl der Verkehrstoten}}{\text{Jahr}} = \frac{\text{Zahl der Unfälle}}{\text{Jahr}} \times \frac{\text{Zahl der Toten}}{\text{Unfall}}$$

2. Methoden und Kriterien zur Beurteilung nuklearer Risiken

Um zumindest relative Aussagen über die nukleare Sicherheit von Kernkraftwerken und die nuklearen Risiken treffen zu können, sind seit Beginn der Kernenergienutzung verschiedene Beurteilungskonzepte eingeführt oder vorgeschlagen worden, die sich in der Methodik der Analyse sowie in der Beurteilung von Schadensursachen und Auswirkungen unterscheiden.
Diese Beurteilungskonzepte ermöglichen eine mehr oder weniger vollständige Beschreibung [2]:

- Der Methodik bei der Beurteilung der nuklearen Gefährdung und der notwendigen Sicherheitsmaßnahmen,

---

1) Vgl. Borsch, P. und Münch, E.: Die Sicherheit von Kernkraftwerken, in: Barnert, H., Borsch, P., Feldmann, A., Merz, E., Münch, E. und Voß, A.: Nutzen und Risiko der Kernenergie, Vorträge eines Seminars veranstaltet von der Arbeitsgruppe Kernenergie - Information der Kernforschungsanlage Jülich GmbH; Kernforschungsanlage Jülich GmbH , Bericht Jül-Conf-17, Jülich 1975, S. 54.

2) Vgl. Fürste, W., Hemmerling, H., König, W., Pfeiffer, A. und Roßberg, K.: Studie über die nukleare Sicherheit standortunabhängiger Kernkraftwerke und deren Einfluß auf die Wirtschaftlichkeit; Bundesministerium für Forschung und Technologie, Forschungsbericht K73-01, Leopoldshafen (Karlsruhe) 1973, S. 20.

- Der anzunehmenden Parameter und Randbedingungen der Berechungen oder der qualitativen Beurteilung,
- Der Sicherheitsmaßstäbe, mit denen das Ausmaß der ermittelten Gefährdung verglichen werden kann.

In der historischen und logischen Entwicklung der Beurteilungskonzepte lassen sich die folgenden vier Phasen unterscheiden:

1. "Abstandsformel",
2. Konzept des "Größten anzunehmenden Unfalls" (GAU),
3. "Wahrscheinlichkeitskonzept",
4. "Risikovergleich" oder "Risikokonzept".

Bei diesen Stichworten handelt es sich um in der Kernenergietechnik/Reaktortechnik gebräuchliche Begriffe, jeweils benannt nach dem charakterischen Merkmal des Konzepts. In dieser Form sollen sie zugleich als Gliederungskriterium für die folgenden Ausführungen dienen.

ad 1. "Abstandsformel"

Die erste Phase in der Entwicklung von Sicherheitsmaßstäben zur Beurteilung von Kernkraftwerken und Kernkraftwerks-Standorten ist gekennzeichnet durch eine weitgehende Identifikation des Sicherheitsmaßstabs mit Sicherheitsmaßnahmen.
Kernkraftwerke und Kernkraftwerks-Standorte galten damals hinsichtlich nuklearer Auswirkungen auf die Umgebungsbevölkerung als sicher, wenn bei der Standortwahl die Einhaltung eines nach der "Abstandsformel" berechneten Sicherheitsabstands zu besiedelten Gebieten möglich war (die "Abstandsformel" basiert auf einer direkten Proportionalität zwischen dem Radius der erforderlichen Schutzzone und der thermischen Reaktorleistung) [1]. Das Konzept gestattete keine Störfallbetrachtungen; als Störfolge wurde lediglich ein pauschaler Wert für die störfallbedingte Aktivitätsfreisetzung angenommen (siehe unten). Sicherheitsüberlegungen im Sinne heutiger Verständnisses waren damit nicht möglich.

---

1) Siehe ausführlicher hierzu Kapitel B. III. 2. - ad 8. Bevölkerungsdichte und -verteilung.

ad 2. Konzept des "Größten anzunehmenden Unfalls" (GAU)

Die Unzulänglichkeit des Konzepts der "Abstandsformel" führte zu Überlegungen nach einer Analysiermethode, die eine gewisse Aussage über zu erwartende Reaktorstörfälle gestattete sowie Hinweise auf sinnvolle Sicherheitsmaßnahmen und -systeme ermöglichte.
Das von der US-AEC im Jahre 1961 postulierte und mit geringfügigen Modifikationen heute noch unter anderen angewendete Konzept, das auch weitgehend international übernommen wurde, geht von einem "Maximum Credible Accident" (MCA), resp. einen (als äquivalenter Begriff) "Größten anzunehmenden Unfall" (GAU) aus [1].
Die theoretischen Grundlagen des MCA-Konzepts sind zwar nie zusammenhängend dargelegt worden, die wesentlichen Gedankengänge und Störfallkonsequenzen lassen sich jedoch aus verschiedenen Veröffentlichungen der US-AEC ableiten [2].

Wm. B. Cottrell definiert den "Größten anzunehmenden Unfall" als "denjenigen Störfall, dessen Folgen, gemessen an der radiologischen Belastung der Umgebungsbevölkerung, durch keinen anderen Störfall übertroffen werden, der während der Lebensdauer der Anlage glaubhaft erscheint" [3].

---

1) Siehe ferner Schikarski, W.: Überlegungen zu schweren Reaktorunfällen (Ansätze zu einer neuen quantitativen Unfallphilosophie); Gesellschaft für Kernforschung mbH Karlsruhe, Bericht KFK-530, Karlsruhe 1967, S. 2ff. Wiesenack, G.: Entwicklung der Sicherheitsphilosophie nach dem Modell des GAU, in: atw, 12. Jg. (1967), H. 8/9, S. 418ff.

2) So z.B. US-AEC (Ed.): Reactor Site Criteria, Notice of Proposed Guides; Report D-38, Washington February 10, 1961. US-AEC (Ed.): Reactor Site Criteria; Title 10, Code of Federal Regulations, Part 100 (10 CFR 100), Washington April 12, 1962. DiNunno, J.J., Anderson, F.D., Baker, R.E. and Waterfield, R.L.: Calculations of Distance Factors for Power and Test Reactor Sites; US-AEC Technical Information Document (TID)-14844, Washington 1962, S. 8ff. Morris, P.A. and Waterfield, R.L.: Site Evaluation and Diffusion Calculation Procedures in the United Staates of America, in: International Atomic Energy Agency (Ed.): Containment and Siting of Nuclear Plants; Proceedings Series-STI/PUB/154, Wien 1967, S. 49-63 (Report-SM-89/55).

3) "The maximum credible accident (mca) (also sometimes referred to as the

Fortsetzung siehe Seite 132

Diese Definition hat sich auch in der deutschen Reaktortechnik eingebürgert. Gleichbedeutend für den "Größten anzunehmenden Unfall" werden in Literatur und Praxis die Termini "Auslegungsunfall" oder "Auslegungsstörfall" verwendet. Der Begriff "Größter anzunehmender Unfall" impliziert jedoch nicht, daß schwerere oder "hypothetische" Störfälle mit größeren Auswirkungen nicht eintreten können, sondern lediglich bei den Störfallbetrachtungen nach diesem Konzept aufgrund teilweise subjektiver Auswahlkriterien [1)] nicht mehr erfaßt werden.

Auf der Basis der genannten Definition des MCA resp. GAU kann prinzipiell für jeden Kernkraftwerkstyp ein "Größter anzunehmender Unfall" spezifiziert werden [2)]. Er besteht aus einer Folge von Fehlleistungen, für die

---

Fortsetzung zu Fußnote

3) maximum design accident (Auslegungsstörfall; Anm. d. Verf.)) is that accident whose consequences, as measured by the radiation exposure of the surrounding public, would not be exceeded by any other accident whose occurrence during the lifetime of the facility would appear to be credible". Cottrell, Wm.B.: Introduction, in: Cottrell, Wm.B. and Savolainen, A.W. (Eds.): U.S. Reactor Containment Technology, A Compilation of Current Practice in Analysis, Design, Construction, Test, and Operation, Vol. 1; ORNL-NSIC-5, Oak Ridge 1965, S. 1.2.

1) Siehe dazu die folgenden Ausführungen.

2) Zur Qualifizierung der bei Leichtwasserreaktoren dem "Größten anzunehmenden Unfall" zu Grunde liegenden Annahmen erläutern Birkhofer, A., Braun, W., Koch, E.H., Kellermann, O., Lindackers, K.-H. und Smidt, D.: Reaktorsicherheit in der Bundesrepublik Deutschland, in: atw, 15. Jg. (1970), H. 9/10, S. 444: "Als größten anzunehmenden Unfall definiert man beim Druck- und Siedewasserreaktor den plötzlichen und völligen Bruch der größten Kühlmittelleitung im Primärkreis, obwohl dies mit an Sicherheit grenzender Wahrscheinlichkeit auszuschließen ist. Erschwerend wird, beispielsweise beim Druckwasserreaktor, dabei angenommen, daß gleichzeitig das elektrische Netz und das unabhängige Eigenbedarfsnetz ausfallen und nur zwei der vier Notstromdiesel anspringen, daß ein Teil der Abschaltsteuerstäbe durch Schwerkraft nicht mehr einfällt und jeweils

Fortsetzung siehe Seite 133

Fortsetzung zu Fußnote

2) nur die Hälfte der installierten Druckspeicher-, Sicherheitseinspeise- und Notkühlanlagen, Zwischen- und Nebenkühlkreisläufe, Gebäudesprühanlagen und jeweils eines von zwei Abschlußorganen der Sicherheitshülle funktionieren. Und obwohl dies mit hoher Wahrscheinlichkeit verhütet werden kann, wird für die Berechnung der radiologischen Auswirkungen und die Auslegung der entsprechenden Gegenmaßnahmen unterstellt, daß trotzdem ein Teil der Brennelementhüllrohre birst und dabei eine Freisetzung von 10 % des Spaltproduktinventars stattfindet". - Ähnliches gilt sinngemäß für die Störfallannahmen beim Siedewasserreaktor.

Als "Größter anzunehmender Unfall" eines Schnellen Natriumgekühlten Reaktors gilt das Schmelzen des Reaktorkerns aufgrund der Unterbrechung der kontinuierlichen Kühlmittelführung (z.B. durch Verstopfung von Kühlkanälen, Bruch des Primärkühlsystems, Ausfall der Umwälzpumpen etc.) mit nachfolgender Überhitzung, die zum Sieden des Natriums führen kann. Aufgrund inhärenter physikalischer Eigenschaften (positiver "Natrium-Void-Koeffizient") ist dies mit einer starken Reaktivitätszunahme verbunden, deren Folgen wiederum Temperatur- und Leistungssteigerungen sind. Eine zusätzliche Energiefreisetzung ist durch chemische Reaktion des Natriums mit Luft zu erwarten. (Ein Niederschmelzen von Brennelementen oder - im Extremfall - des gesamten Reaktorkerns kann zumindest theoretisch zu einer nuklearen Exkursion führen, da zur Erreichung der Kritikalität bei einem Schnellen Reaktor kein Moderator notwendig ist). Hierzu liegen umfangreiche Arbeiten des Kernforschungszentrums Karlsruhe im Rahmen des "Projekts Schneller Brüter" vor. Zur Literaturübersicht siehe Engelmann, P., Hüper, R., Karsten, G., Kessler, G., Schröder, R. und Stamm, H.: Abschlußbericht über die Arbeiten der GfK in der Phase IIa des Projektes Schneller Brüter; Gesellschaft für Kernforschung mbH Karlsruhe, Bericht KFK-Ext. 25/72-1, Karlsruhe 1973, insbesondere S. 52ff.

Die "glaubhaften" Störfälle (zur Terminologie siehe unten) sind bei Hochtemperaturreaktoren, insbesondere bei solchen vom Kugelhaufentyp ("Schulten-Reaktor"), "weniger" problematisch. Aufgrund des außerordentlich günstigen dynamischen Verhaltens (insbesondere die inhärente Sicherheit durch den negativen Brennstofftemperaturkoeffizienten und die große Wärmekapazitat von Graphit) sind nukleare Exkursionen oder ein Schmelzen des Cores kaum resp. nicht möglich. Als "Größter anzunehmender

Fortsetzung siehe Seite 134

im Prinzip folgende Ursachen [1] angenommen werden:

- Versagen einer technischen Anlage oder eines Anlagenteils,
- Auftreten von Instrumentierungsfehlern,
- Bedienungsfehler.

Der "Größte anzunehmende Unfall" wird somit durch Schadensereignisse ausgelöst, die auch an konventionellen Anlagen oder Anlagenteilen vergleichbarer Bauart oder Konstruktion auftreten können. Ausgeschlossen aus der Betrachtung werden bei diesem Konzept Schäden durch Fremdeinwirkungen - allgemeiner "common mode failures", wie z.B. Sabotage, Natureinwirkungen (seismische, geologische und bodenmechanische Einwirkungen, Hochwasser etc.), zivilisatorisch und militärisch bedingte Einwirkungen (Explosionsdruckwellen von Chemieanlagen, Tanklagern oder Tanktransporten, Flugzeugabsturz, Flächenbrand, Brand innerhalb des Reaktorgebäudes, Beschuß etc.).

Fortsetzung zu Fußnote

2) Unfall" sind folgende "Reaktivitätsstörfälle" in Betracht zu ziehen:

- Störungen in der Abschalteinrichtung, z.B. "Herausschießen" der Abschaltstäbe (rod ejection),
- "Rohrreißer" als Folge von Schäden an Dampferzeugerrohren.

Zur Reaktorsicherheit von Hochtemperaturreaktoren siehe z.B. Baust, E.: Grundsätzliche Sicherheitsaspekte des Kugelhaufenreaktors - HTR, in atw, 14. Jg. (1969), H. 1, S. 32-33. Baust, E.: Nukleare Sicherheit des THTR-Prototyp-Kernkraftwerks, in: atw, 14. Jg. (1969), H. 3, S. 122-124. Bedenig, D.: Gasgekühlte Hochtemperaturreaktoren, München 1972, S. 141ff. Müller, H.-W.: Die Baulinie des Hochtemperaturreaktors unter Umwelt- und Genehmigungsaspekten, in: ETZ-A, 96. Jg. (1975), H. 1, S. 12-18.

1) Das Konzept des GAU wird in der Literatur üblicherweise als "deterministisch" bezeichnet. So z.B. Merz, L.: Philosophie des Reaktorschutzes, Deterministische und probabilistische Thesen zur Reaktorsicherheit, in: atw, 15. Jg. (1970), H. 3, S. 118f. Baust, E., Bugl, J. und Stürmer, W.:

Fortsetzung siehe Seite 135

Entsprechend den zuvor genannten prinzipiellen Schadensursachen wird die Gesamtauslegung des Kernkraftwerks untersucht. Die theoretisch möglichen Störfälle werden aufgelistet und nach steigendem Schadensumfang geordnet. Bei Annäherung an das Gefährdungspotential (als Strahlenbelastung) wird die Eintrittswahrscheinlichkeit der Störfälle extrem klein. Von einem qualitativ-subjektiven Grenzwert ab werden weitere Störfälle aus der Betrachtung ausgeschlossen. Damit wird zwischen Störfällen unterschieden, die als "unglaubhaft" und "glaubhaft" gelten [1].
Der noch "glaubhafte" Störfall mit den schwersten Auswirkungen auf die Umgebung - der "Größte anzunehmende Unfall - wird der Auslegung der Sicherheiteinrichtungen zu Grunde gelegt, die nach dem Eintreten dieses Störfalls eine unkontrollierte Freisetzung von Spaltprodukten (aktiven Inventarmaterialien) verhindern sollen [2].

Im Rahmen des GAU-Konzepts wird aufgrund der Wahrscheinlichkeitsbetrachtungen somit nur entschieden, welche Störfälle zu beachten sind. Die Entscheidung zwischen "glaubhaften" und "unglaubhaften" Störfällen steht daher im Mittelpunkt der Betrachtungen [3] und ist zugleich Ansatzpunkt der

---

Fortsetzung zu Fußnote

1) Sicherheit und Risiko von Kernkraftwerken, in: ETZ-A, 96. Jg. (1975), H. 1, S. 35.
Als "deterministisch" sind solche Ausfälle/Störfälle zu verstehen, die nach dem gegenwärtigen Stand der Technik eine bestimmte angebbare Ursache haben und deshalb grundsätzlich vermeidbar sind. Deterministische Ausfälle/Störfälle sind kausal auf deterministische Fehler zurückzuführen, z.B. Planungsfehler, Berechnungsfehler, Konstruktionsfehler, Fabrikationsfehler, Bedienungsfehler etc. Vgl. Merz, L.: Philosophie des Reaktorschutzes, Deterministische und probabilistische Thesen zur Reaktorsicherheit, in: atw, 15. Jg. (1970), H. 3, S. 118.

1) Vgl. hierzu den oben im Rahmen des MCA-Konzepts angeführten Terminus "credible".

2) Vgl. Mieze; G.: Das Wahrscheinlichkeitskonzept in der Sicherheitsbeurteilung von Kernkraftwerken, in: TÜ, 11. Jg. (1970), H. 3, S. 70.

3) Zur Problematik des anzuwendenden Entscheidungskriteriums siehe auch

Fortsetzung siehe Seite 136

Kritik an diesem Konzept [1]. Die Höhe der Wahrscheinlichkeit "glaubhafter" Störfälle wird dann bei den zu treffenden Sicherheits- und Schutzmaßnahmen nicht weiter berücksichtigt [2]. Die Anwendung dieser Methode führt somit zwangsläufig zu Schwierigkeiten bei der sicherheitstechnischen und sicherheitsökonomischen Bewertung unterschiedlicher Reaktortypen, Sicherheitsmaßnahmen, alternativer Standorte etc.

Fortsetzung zu Fußnote

3) Seipel, H.G.: Kritische Analyse der Beurteilungsmethoden in der Reaktorsicherheit, in: Institut für Reaktorsicherheit der Technischen Überwachungsvereine e.V. (Hrsg.): Fortschritte bei der Sicherheitsbeurteilung von Kernkraftwerken; 5. IRS-Fachgespräch am 27./28. Oktober 1969 in Hamburg, Tagungsbericht IRS-T-18, Köln 1970, S. 27.

1) Neben dem "Größten anzunehmenden Unfall" sind nämlich weitere "glaubhafte" Störfälle als Folge von "common mode failures" denkbar, die in die Klassifikation der zu betrachtenden Schadensursachen nicht aufgenommen worden sind und auch nach der Entscheidungslogik der GAU-Konzepts nicht berücksichtigt würden, jedoch größere Auswirkungen auf die Umgebung haben können. "Es besteht aber international Übereinstimmung darüber, daß es nicht zumutbar ist, auch hiergegen bauliche Schutzmaßnahmen zu fordern. Diese Auffassung ist weniger technisch begründet als vielmehr durch wirtschaftliche Überlegungen, weil eine ausreichende Wirtschaftlichkeit bei zu großem Aufwand für Schutzmaßnahmen nicht mehr erzielt werden kann". Lindackers, K.-H.: Einflüsse des atomrechtlichen Genehmigungsverfahrens in der Bundesrepublik Deutschland auf die technische Auslegung und den Betrieb von Kernkraftwerken, Diss. Aachen 1970, S. 11.
Dieser Ansicht kann nicht gefolgt werden, zumal das nukleare Risiko solcher Störfälle in dicht besiedelten Ländern wie der Bundesrepublik nicht akzeptiert werden kann. Eine grundsätzliche sicherheitstechnische Auslegung gegen alle denkbaren Fremdeinwirkungen wie sie derzeit von verschiedener Seite angestrebt wird (siehe unten), wird hier nicht vertreten, dagegen jedoch die Anpassung der Sicherheitsauslegung und des Kernkraftwerkstyps sowie u.U. der Leistungsgröße an die individuellen Standortgegebenheiten.

2) Vgl. Smidt, D.: Verminderung des Restrisikos in DWR-Kernkraftwerken, in: atw, 21. Jg. (1976), H. 5, S. 253.

Die Kritik an der "Sicherheitsphilosophie" [1] des "Größten anzunehmenden Unfalls" stützt sich u.a. auf die folgenden Überlegungen und Merkmale des Konzepts [2]:

- Die zur Quantifizierung des "Größten anzunehmenden Unfalls" notwendigen Annahmen sind subjektiv und in gewissem Maße willkürlich.
- Die Beschränkung auf "glaubhafte" Störfälle simplifiziert die realen Verhältnisse. Über den "Größten anzunehmenden Unfall" hinaus ist eine Skala schwererer Störfälle denkbar.
- Der besonders deklarierte "Größte anzunehmende Unfall" verleitet dazu, bei der Beurteilung der Sicherheit eines Kernkraftwerks vornehmlich diesen Fall heranzuziehen. Die sicherheitstechnische Auslegung des Kernkraftwerks für diesen Störfall führt zu einem falschen Sicherheitsbewußtsein, daß mit der Absicherung gegen den GAU eine 100 %ige Sicherheit erreicht wird.
- Die besondere Betonung des GAU verleitet ferner dazu, "kleinere" Störfälle in der Schadensforschung weniger zu beachten. Die Praxis zeigt aber, daß häufig kleinere Störfälle sich über Störfallketten zu schwereren Störfällen ausweiten.

---

1) Im angelsächsichen Sprachbereich hat sich der Terminus "philosophy" in der Kernenergietechnik/Reaktortechnik als Umschreibung für die Konzeptionen und gedanklichen Voraussetzungen der Reaktorsicherheit eingebürgert und ist auch in der deutschen Kernenergietechnik/ Reaktortechnik zu einem feststehenden Begriff geworden (vgl. z.B. den Begriff "Unternehmensphilosophie").

2) Vgl. Franzen, L.F.: Der größte anzunehmende Unfall als Kriterium für die Sicherheitsbeurteilung von Atomanlagen, in: TÜ, 8. Jg. (1967), H. 2, S. 72f. Wiesenack, G.: Entwicklung der Sicherheitsphilosophie nach dem Modell des GAU, in: atw, 12. Jg. (1967), H. 8/9, S. 420f. Schikarski, W.: Überlegungen zu schweren Reaktorunfällen (Ansätze zu einer neuen quantitativen Unfallphilosophie); Gesellschaft für Kernforschung mbH. Karlsruhe, Bericht KFK-530, Karlsruhe 1969, S. 4f. Seipel, H.G.: Kritische Analyse der Beurteilungsmethoden in der Reaktorsicherheit, in: Institut für Reaktorsicherheit der Technischen Überwachungsvereine e.V. (Hrsg.): Fortschritte bei der Sicherheitsbeurteilung von Kernkraftwerken; 5. IRS-Fachgespräch am 27./28. Oktober 1969 in Hamburg, Tagungsbericht IRS-T-18, Köln 1970, S. 27.

- Für Ereignisketten, die charakteristisch für einen schweren Störfall sind, besteht eine jeweils endliche Eintrittswahrscheinlichkeit, die in dem GAU-Konzept keine Berücksichtigung findet.
- Die Ausfallanalyse technischer Sicherheitseinrichtungen (engineered safeguards) wird auf die Zustände "funktionierend" und "nicht-funktionierend" beschränkt. Zuverlässigkeit und Ausfallwahrscheinlichkeit von Systemen und Komponenten werden nicht berücksichtigt [1)2)].

---

1) Die Zuverlässigkeitsfunktion, Z(t), gibt die Wahrscheinlichkeit an, daß eine Komponente unter bestimmten Bedingungen für eine bestimmte Zeit t ihre Funktion ausübt. Z(t) ist eine monoton fallende Funktion von t mit den Grenzwerten $Z(0) = 1$ und $Z(\infty) = 0$. Die Zuverlässigkeitsfunktion ist eine Kenngröße der Zuverlässigkeit ("Zuverlässigkeit" wird hierbei verstanden als "Fähigkeit einer Betrachtungseinheit, innerhalb der vorgegebenen Grenzen denjenigen durch den Verwendungszweck bedingten Anforderungen zu genügen, die an das Verhalten ihrer Eigenschaften während einer bestimmten Zeitdauer gestellt sind". DIN 40041: Zuverlässigkeit elektrischer Bauelemente-Begriffe, Berlin-Köln 1967, S. 2).
Die Ausfallwahrscheinlichkeitsfunktion, W(t), gibt die Wahrscheinlichkeit an, daß eine Komponente bis zur Zeit t ausfällt. W(t) ist eine monoton steigende Funktion von t mit den Grenzwerten $W(0) = 0$ und $W(\infty) = 1$.
Vgl. Schneeweiss, W.: Zuverlässigkeitstheorie, Berlin-Heidelberg-New York 1973, S. 8f. Weber, G.: Grundbegriffe der Zuverlässigkeit, in: Einführung in Methoden und Probleme der Zuverlässigkeit, zgest. von G. Weber; Gesellschaft für Kernforschung mbH Karlsruhe, Bericht KFK-1811, Karlsruhe 1974, S. 22f.

2) Zur detaillierten Übersicht über Methoden der Zuverlässigkeitsanalyse siehe Rapp, R., Caldarola, L., Helm, F., Jansen, P., McGrath, P. und Weber, G.: Statusbericht - Methoden zur quantitativen Analyse von Kernenergie-Risiken; Gesellschaft für Kernforschung mbH Karlsruhe, Bericht KFK-2100, Karlsruhe 1975, S. 9ff.

- Das ursprüngliche Konzept ist gekoppelt mit Standortkriterien bezüglich der Bevölkerungsdichte [1]. Zumindest in Mitteleuropa stehen kaum noch Standorte zur Verfügung, die den Standortkriterien der US-AEC genügen.
- Ein Vergleich des sicherheitstechnischen Verhaltens verschiedener Reaktortypen ist schwierig, wenn nicht gar unmöglich, weil Störfälle verglichen werden, die auf verschiedenen Ebenen liegen [2].
- Das GAU-Konzept ermöglicht keine direkte, quantitativ formulierbare Behandlung der ökonomischen und gesellschaftlichen Problematik der Sicherheit von Kernkraftwerken oder Kernkraftwerks-Standorten.

Das GAU-Konzept hat sich zwar bei der Auslegung der ersten Kernkraftwerksgenerationen bewährt, jedoch erwies sich der Begriff der "Glaubwürdigkeit" von Störfällen insbesondere hinsichtlich "hypothetischer" Störfälle sowie bei Schnellen Natriumgekühlten Reaktoren - mit einer breiteren Skala möglicher Störfälle und einem komplexeren Störfallgeschehen [3] - als zu pauschal.

---

1) Die Abstandsvorschriften der US-AEC wurden von den deutschen Genehmigungsbehörden allerdings nicht übernommen. Siehe dazu näheres in Kapitel B. III. 2. - ad 8. Bevölkerungsdichte und -verteilung.

2) Zu diesem Einwand nennt Chr. Marnet folgendes Beispiel: "Beim wassergekühlten Reaktor wird durch den Bruch einer Rohrleitung im Primärsystem der Kern schmelzen (falls die Notkühlsysteme nicht ausreichend arbeiten; Anm. d. Verf.). Die Analyse dieses Störfalls zeigt, daß bei teilweisem Arbeiten der Sicherheitseinrichtungen im Sicherheitsbehälter eine bestimmte zumutbare Strahlenbelastung für die Bevölkerung entsteht. Wenn bei einem gasgekühlten Reaktor die gleichen Komponenten ausfallen und die Sicherheitseinrichtungen ausfallen, so wird der Störfall für die Strahlenbelastung der Umgebung bedeutungslos. Bei Störfällen, die zu einer höheren Strahlenbelastung der Umgebung führen, müssen Ausfälle von Anlagenteile vorausgesetzt werden, die beim wassergekühlten Reaktor als nicht glaubhaft angesehen werden". Marnet, Chr.: Kernkraftwerke in besiedeltem Gebiet, in: BBC-Nachr., 49. Jg. (1967), H. 8, S. 336 (dort auch Angabe der Originalliteratur).

3) Vgl. die oben beschriebenen Störfallannahmen für Natriumgekühlte Schnelle

Fortsetzung siehe Seite 140

Für die Reaktorsicherheitsforschung ergab sich daraus der Zwang zu einer wissenschaftlicheren Systematik bei der Identifikation von Schwachstellen im Gesamtsystem "Kernkraftwerk".

ad 3. "Wahrscheinlichkeitskonzept"

Die Kritik am GAU-Konzept und die nicht für alle Reaktortypen universelle Anwendbarkeit zur Sicherheitsauslegung führte in den vergangenen zehn Jahren zur Entwicklung einer neuen Methode der Sicherheitsbeurteilung, der "Sicherheitsphilosophie" nach dem "Wahrscheinlichkeitskonzept" [1]. Dieses Konzept beruht auf folgenden Überlegungen:
Um das Funktionieren eines technischen Systems deterministerisch (vgl. oben) sicherzustellen, ist die Kenntnis aller kontigenten Faktoren für alle anstehenden Kausalzusammenhänge erforderlich. Bei modernen technischen Systemen mit großer "Reichweite" (W. Häfele) ist dies in einem absoluten Sinn nicht vollziehbar. Die Informationslücke hinsichtlich der im Sinne deterministischen Vorgehens vollständigen Kenntnis der Anfangs- und Randbedingungen läßt sich durch statistische Methoden überbrücken, wobei man zum Konzept der Ausfallwahrscheinlichkeiten kommt. Das Auftreten

---

Fortsetzung zu Fußnote

3) Reaktoren sowie Gast, K.: Zur Sicherheitsproblematik Schneller Natrium-gekühlter Reaktoren, in: Deutsches Atomforum e.V. und Kerntechnische Gesellschaft im Deutschen Atomforum e.V. (Hrsgg.): Reaktortagung Berlin 20./22. April 1970; Reaktortagung-Compacts, Bonn 1970, S. 42-45.

1) Siehe ferner Schikarski, W.: Überlegungen zu schweren Reaktorunfällen (Ansätze zu einer neuen Unfallphilosophie); Gesellschaft für Kernforschung mbH Karlsruhe, Bericht KFK-530, Karlsruhe 1967, S. 6ff. Merz, L.: Philosophie des Reaktorschutzes, Deterministische und probabilistische Thesen zur Reaktorsicherheit, in: atw, 15. Jg. (1970), H. 3, S. 118ff. Mieze, G.: Das Wahrscheinlichkeitskonzept in der Sicherheitsbeurteilung von Kernkraftwerken, in: TÜ, 11. Jg. (1970), H. 3, S. 70ff. Knecht, O.: Determinismus und Statistik in der Reaktorsicherheit, in: atw, 15. Jg. (1970), H. 11, S. 528-530. Baust, E., Bugl, J. und Stürmer, W.: Sicherheit und Risiko von Kernkraftwerken, in: ETZ-A, 96. Jg. (1975), H. 1, S. 35f.

möglicher Ausfälle/Störfälle kann demnach nicht mehr deduktiv durch Naturgesetze beschrieben werden, sondern nur durch induktive Methoden [1)2)]. Nach diesem Konzept werden alle nachweislich nicht unmöglichen Störfälle [3)] (S = Störfall) mit ihren Wechselwirkungen und Ereignisfolgen als möglich unterstellt, wobei jedem Ereignis (E = Ereignis) eine Eintrittswahrscheinlichkeit, w^E, zugeordnet wird. In gleicher Weise werden den Sicherheits-

---

1) Vgl. Häfele, W.: Einführung zum Seminar über Zuverlässigkeitskontrolle, in: Einführung in Methoden und Probleme der Zuverlässigkeit, zgest. von G. Weber; Gesellschaft für Kernforschung mbH Karlsruhe, Bericht KFK-1811, Karlsruhe 1974, S. 13ff., insbesondere S. 18. Zum Begriff der "Reichweite" technischer Systeme siehe Häfele, W.: Ergebnis und Sinn des SEFOR-Experiments, in: Scheibe, E. und Süßmann, G. (Hrsgg.): Einheit und Vielheit; Festschrift für Carl Friedrich von Weizsäcker zum 60. Geburtstag Göttingen 1973, S. 266 (SEFOR = Southwest Experimental Fast Oxide Reactor; Schneller Natriumgekühlter Plutoniumoxid-Reaktor zum Studium von Sicherheitseigenschaften Schneller Reaktoren).

2) Diese Konzeption wird in der Reaktorsicherheitstechnik üblicherweise als "probabilistisch" bezeichnet. So z.B. Merz, L.: Philosophie des Reaktorschutzes, Deterministische und probabilistische Thesen zur Reaktorsicherheit, in: atw, 15. Jg. (1970), H. 3, S. 119. Baust, E., Bugl, J. und Stürmer, W.: Sicherheit und Risiko von Kernkraftwerken, in: ETZ-A, 96. Jg. (1975), H. 1, S. 35.

3) Das Spektrum der möglichen Störfälle wird in vier Kategorien klassifiziert:

1. Reaktivitätsstörfälle: unkontrollierte Regelstabbewegungen, unkontrollierter Borgehalt, Versagen von Regeleinrichtungen etc.,

2. Wärmetransportstörfälle: Ausfall der Hauptumwälzpumpen, Versagen der Umleiteinrichtungen, Ausfall des Kondensators, der Speisewasserversorgung, des Nachkühlsystems, des Beckenkühlkreislaufs etc.,

3. Kühlmittelverluststörfälle: Primärleitungsbruch, Anschlußleitungsbereich, Dampferzeuger-Heizrohrbruch, Leckagen etc.,

4. Energieversorgungsstörfälle: Netzzusammenbruch, Ausfall der Blockeigenbedarfsversorgung etc.

Fortsetzung siehe Seite 142

einrichtungen bestimmte Ausfallwahrscheinlichkeiten, w^A, zugeordnet. Als Ergebnis derartiger Untersuchungen ergibt sich eine Reihe von Störfallketten [1] mit den zugehörigen Werten der Eintrittswahrscheinlichkeit eines

---

Fortsetzung zu Fußnote

3) Vgl. Kafka, P.: Die Störfallanalyse als Grundlage zur Abschätzung und Festlegung der sicherheitstechnischen Bezugsgrößen Kernkraftwerk-Umwelt, in: Deutsches Atomforum e.V. und Kerntechnische Gesellschaft im Deutschen Atomforum e.V. (Hrsgg.): Reaktortagung Karlsruhe 10./13. April 1973; Reaktortagung-Compacts, Bonn 1973, S. 194f. Fremdeinwirkungen oder umfassender "common mode failures" sind bisher als mögliche Ursachen für Störfälle in diese Klassifikation unter Hinweis auf ihre sehr geringe Wahrscheinlichkeit nicht aufgenommen worden. Ein genereller Ausschluß von "common mode failures" aus den Wahrscheinlichkeitsbetrachtungen sollte nach Ansicht d. Verf. nicht vorgenommen werden. Aus besonderen individuellen Standortgegebenheiten lassen sich Wahrscheinlichkeiten für den Eintritt z.B. von Unfällen mit Explosionsdruckwellen (Chemieanlagen, Munitions- und Tanklager, Tanktransporte), seismischer Aktivitäten oder eines Flugzeugabsturzes (Flugplatznähe) ableiten, deren Werte in der Größenordnung typisch nuklearer Störfälle liegen oder diese verursachen können.
Fremdeinwirkungen durch Sabotage oder militärische Aktionen lassen sich jedoch durch die Abschätzung von Wahrscheinlichkeiten nicht sinnvoll berücksichtigen. Maßnahmen gegen diese Art der Einwirkungen können in der sicherheitstechnischen Auslegung liegen, die allgemein zur Abwendung oder Beherrschung von "common mode failures" getroffen werden können; das Schwergewicht möglicher Maßnahmen, insbesondere gegen Sabotage, liegt aber im administrativen Bereich.

1) Siehe dazu etwa Knecht, O. und Keil, H.: Graphische Analyse von Reaktorstörfällen, in: Atom und Strom, 14. Jg. (1968), H. 7/8, S. 107-110. Lindackers, K.-H.: Einflüsse des atomrechtlichen Genehmigungsverfahrens in der Bundesrepublik Deutschland auf die technische Auslegung und den Betrieb von Kernkraftwerken, Diss. Aachen 1970, S. 42ff. Weber G.: Systemreliability, in: Einführung in Methoden und Probleme der Zuverlässigkeit, zgest. von G. Weber; Gesellschaft für Kernforschung mbH Karlsruhe, Bericht KFK-1811, Karlsruhe 1974, S. 41ff.

jeden Störfalls, $w^E \cdot w^A = w^S$, oder der auf ein Jahr bezogenen Häufigkeit, $h^S(a^{-1})$, und der dabei freigesetzten Radioaktivität, D(Ci).

Bevor zu der methodischen Erweiterung des Wahrscheinlichkeitskonzepts übergegangen wird, sollen einige grundsätzliche Vorteile gegenüber dem GAU-Konzept zusammengefaßt werden [1]:

- Die Einzelereignisse im Störfallgeschehen werden mit Wahrscheinlichkeiten belegt.
- Für die Sicherheitseinrichtungen werden Ausfallwahrscheinlichkeiten verwendet.
- Es ist ein Vergleich des Gefährdungspotentials und damit des Risikos verschiedener Reaktortypen möglich.
- Es ist eine Klassifikation der Sicherheitseinrichtungen nach Wirksamkeit und Bedeutung möglich [2].
- Die monetäre Bewertung von Sicherheitseinrichtungen ermöglicht eine ökonomisch quantitative Behandlung [2] der Sicherheitstechnik bei Kernkraftwerken [3].

---

1) Vgl. auch Schikarski, W.: Überlegungen zu schweren Reaktorunfällen (Ansätze zu einer neuen quantitativen Unfallphilosophie); Gesellschaft für Kernforschung mbH Karlsruhe, Bericht KFK-530, Karlsruhe 1967, S. 6ff. Seipel, H.G.: Kritische Analyse der Beurteilungsmethoden in der Reaktorsicherheit, in: Institut für Reaktorsicherheit der Technischen Überwachungsvereine e.V. (Hrsg.): Fortschritte bei der Sicherheitsbeurteilung von Kernkraftwerken; 5. IRS-Fachgespräch am 27./28. Oktober 1969 in Hamburg, Tagungsbericht IRS-T-18, Köln 1970, S. 28ff. Knecht, O. und Zeibig, H.: Zuverlässigkeitsanforderungen bei Kernkraftwerken, in: Kerntechnik, 13. Jg. (1971), H. 7/8, S. 314ff. Blombach, J., Rosenhauer, W. und Zeibig, H.: Beitrag der Zuverlässigkeitstechnik zur Sicherheit von Kernkraftwerken, in: VDI-Z, 117. Jg. (1975), H. 23, S. 1141-1142.

2) Gegenwärtig ist dies allerdings nur in beschränktem Umfang durchführbar. Siehe die nachfolgenden Ausführungen sowie Kapitel B. II. 3. - ad 2. Technische Sicherheitsmaßnahmen.

3) Zur Konzeption siehe Knecht, O.: Grundlagen einer allgemeinen Sicherheits-

Fortsetzung siehe Seite 144

- Das Wahrscheinlichkeitskonzept ist Grundlage für ein Risikokonzept, dieses wiederum erlaubt eine quantifizierte Beurteilung des Risikos verschiedener Standorte.

Ein gegenwärtig schwerwiegender Nachteil bei der konsequenten Anwendung des Wahrscheinlichkeitskonzepts besteht in der Ermittlung und Festlegung der verschiedenen Ausfallwahrscheinlichkeiten.
Für bestimmte Anlagenteile und Komponenten, z.B. Meßgeräte, sind Ausfallwahrscheinlichkeiten entweder hinlänglich bekannt oder lassen sich relativ leicht ermitteln. Für eine Reihe weiterer Anlagenteile und Komponenten kann aus der Erfahrung der konventionellen Technik die Größenordnung bestimmter Wahrscheinlichkeitswerte abgeschätzt werden.
Für eine weitere große Anzahl von Anlagenteilen und Komponenten ist derzeit aufgrund nicht vorhandener Erfahrung lediglich eine intuitive Schätzung der Ausfallwahrscheinlichkeiten möglich, wodurch auch bei diesem Sicherheitskonzept noch ein weitgehend subjektiver Einfluß vorhanden ist [1].
Grundsätzliche "Schwachstelle" dieses Konzepts ist aber, daß mit Hilfe der Störfallanalyse nur bekannte oder für möglich gehaltene Fehlerquellen,

---

Fortsetzung zu Fußnote

3) theorie, Mit Beispielen aus der Reaktortechnik, in: atw, 12. Jg. (1967), H. 8/9, S. 427ff. Knecht, O. und Zeibig, H.: Zuverlässigkeitsanforderungen bei Kernkraftwerken, in: Kerntechnik, 13. Jg. (1971), H. 7/8, S. 314ff.

1) Siehe auch Mieze, G.: Das Wahrscheinlichkeitskonzept in der Sicherheitsbeurteilung von Kernkraftwerken, in: TÜ, 11. Jg. (1970), H. 3, S. 72ff. Birkhofer, A., Braun, W., Koch, E.-H., Kellermann, O., Lindackers, K.H. und Smidt, D.: Reaktorsicherheit in der Bundesrepublik Deutschland, in: atw, 15. Jg. (1970), H. 9/10, S. 444f. Rapp, R., Caldarola, L., Helm, F., Jansen, P., McGrath, P. und Weber, G.: Statusbericht - Methoden zur quantitativen Analyse von Kernenergie - Risiken; Gesellschaft für Kernforschung mbH. Karlsruhe, Bericht KFK-2100, Karlsruhe 1975, S. 21.

nicht dagegen unerkannte [1], berücksichtigt werden können. Gegenwärtig existiert jedoch keine prinzipiell andere Methode [2], als über eine formalisierte Suche nach möglichen Ereignisfolgen die Störfallwahrscheinlichkeiten zu berechnen, "solange man keine konkreten Erfahrungen mit Kernkraftwerkskatastrophen hat, wovor uns das Schicksal allerdings bewahren möge" [3]. Darüber hinaus läßt die Kenntnis einer bestimmten Störfallwahrscheinlichkeit keine Aussage über den definitiven Eintrittszeitpunkt des betreffenden Störfalls zu.

---

1) Wirkungsvolle Ansatzpunkte zur Reduzierung für möglich gehaltener oder bisher unerkannter Fehlerquellen bestehen noch insbesondere in der eingehenden Untersuchung von Fehlermöglichkeiten durch menschliches Verhalten in Folge Unkenntnis oder Fehleinschätzung beim Bau und Betrieb (Inbetriebnahme, Normalbetrieb, Störfall) der Anlage. Ansätze dazu sind erst jüngsten Datums. Eine Literaturübersicht geben Rapp, R., Caldarola, L., Helm, F., Jansen, P., McGrath, P. und Weber, G.: Statusbericht - Methoden zur quantitativen Analyse von Kernenergie - Risiken; Gesellschaft für Kernforschung mbH Karlsruhe, Bericht KFK-2100, Karlsruhe 1975, S. 102ff.
Bei der anzustrebenden Vollautomatisierung von Kernkraftwerken sind insbesondere diese Fehlerquellen zu berücksichtigen - ein vollautomatisiertes Reaktorsteuer- und -regelsystem muß dann u.a. in der Lage sein, im Störfall den "Unsicherheitsfaktor Mensch" auszuschalten, den Reaktor sicher abzufahren und sicher im abgeschalteten Zustand zu halten.

2) Siehe dazu auch Rapp, R., Caldarola, L., Helm, F., Jansen, P., McGrath, P. und Weber, G.: Statusbericht - Methoden zur quantitativen Analyse von Kernenergie - Risiken; Gesellschaft für Kernforschung mbH Karlsruhe, Bericht KFK-2100, Karlsruhe 1975, S. 9ff.

3) Rudzinski, K.: Wie sicher sind sichere Atomkraftwerke ? - Wir müssen lernen, die Risiken der Kernenergie offen zu diskutieren, in: FAZ, Nr. 194 vom 23. August 1974, nicht paginierte Beilage.

ad 4. "Risikovergleich" oder "Risikokonzept"

Prinzipiell muß zur Ableitung eines quantitativen Risiko-Begriffs die mit Hilfe von Zuverlässigkeits- und Ausfallsanalysen ermittelte Eintrittswahrscheinlichkeit, w_i^S, eines jeden als möglich betrachteten Störfalls i und die dabei festgesetzte Radioaktivität, D_i [1], in Beziehung gesetzt werden [2].
Ein erster Ansatz hierzu wurde von F.R. Farmer [3] vorgeschlagen. Durch multiplikative Verknüpfung der Größen $h_i^S \left(\frac{\text{Störfall}}{\text{Reaktor}\cdot\text{Jahr}}\right)$ (aus w_i^S) und D_i(Ci) bildet F.R. Farmer die Relation:

$$h_i^S \cdot D_i \leq R^{(F)} \left(\text{Ci}\cdot a^{-1}\right) \qquad (2.11)$$

mit:

$h_i^S \left(\frac{\text{Störfall}}{\text{Reaktor}\cdot\text{Jahr}}\right)$: Häufigkeit des Störfalls i,

D_i(Ci): Aktivitätsfreisetzung beim Störfall i (als Jod-131) [4],

$R^{(F)}\left(\text{Ci}\cdot a^{-1}\right)$: Risiko-Grenzwert nach F.R. Farmer (F).

---

1) Das im folgenden unterschiedlich indizierte Symbol D bezieht sich jeweils auf die in Kapitel B. II. 1. - Beziehung (2.1) definierte Äquivalentdosis D_q (rem). Der Index q wird aus Gründen der Übersichtlichkeit dann nicht weiter mitgeführt.

2) Vgl. die Ausführungen in Kapitel B. II. 1.

3) Vgl. Farmer, F.R.: Siting Criteria - A New Approach, in: International Atomic Energy Agency (IAEA) (Ed.): Containment and Siting of Nuclear Power Plants; Proceedings Series - STI/PUB:154, Wien 1967, S. 303ff. (Report IAEA-SM-89/34). Farmer, F.R.: Reactor Safety and Siting: A Proposed Risk Criterion, in: Nuclear Safety, Vol 8 (1967), No 6, S. 539-548.

4) Die freigesetzte Aktivität an Jod-131 wird üblicherweise als Maß für die Störfallauswirkungen angenommen. Zur Begründung vgl. die Ausführungen in Kapitel B. II. 1.

Die freigesetzte Jod-131-Aktivität, $D_i(Ci)$, steht in indirekter Beziehung zu der Zahl der betroffenen Personen. Den so abgeschätzten Risiko-Grenzwert, $R^{(F)}$, vergleicht F.R. Farmer mit den "natürlichen" Risiken (Krankheiten, Unfall, Tod), welche die Gesellschaft als erträglich oder unabänderlich akzeptiert [1], wobei das nukleare Risiko, $h_i^S \cdot D_i$, eines Störfalls klein gegen die schon vorhandenen Risiken sein soll.
Die Relation (2.11) zur Abschätzung des nuklearen Risikos gilt nur für eine einzige Störfallmöglichkeit. Als Resultat einer Analyse verschiedener Störfallmöglichkeiten erhält R.F. Farmer ein Diagramm ("Grenzkurve"), in dem jeder Störfall durch einen Punkt, dessen Koordinaten der Häufigkeit und den Auswirkungen des jeweils betrachteten Störfalls entsprechen, charakterisiert wird (Abbildung 7).

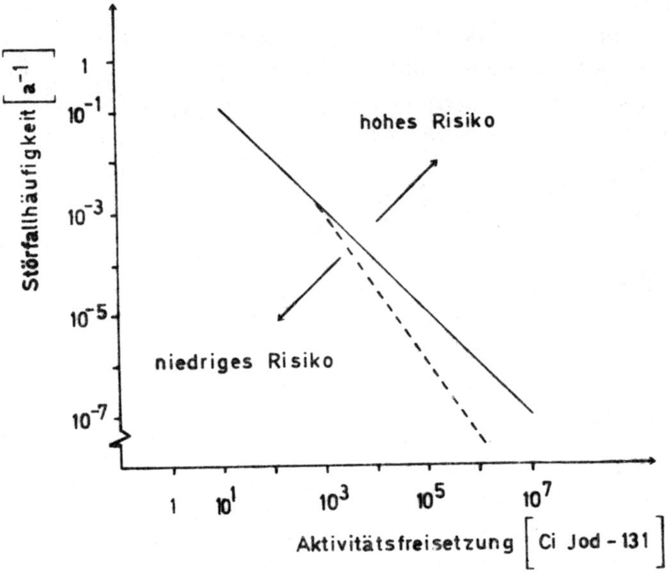

Abbildung 7: Analysediagramm der Störfallhäufigkeit vs. Aktivitätsfreisetzung nach F.R. Farmer [2].

1) Siehe dazu die nachfolgenden Ausführungen.

2) Nach Farmer, F.R.: Siting Criteria - A New Approach, in: International

Fortsetzung siehe Seite 148

Die Grenzkurve kann als Maß für die akzeptierte Häufigkeit oder Wahrscheinlichkeit von Störfällen aufgrund des Sicherheitsbedürfnisses der Umgebungsbevölkerung angesehen werden. Die "Grenzkurve" verbindet nicht Störfälle gleichen Risikos, sondern durch die Steigung -1,5 der Kurve (eine Gerade mit der Steigung -1 verbindet Punkte gleichen Risikos, d.h. das Produkt aus Störfallhäufigkeit und freigesetzter Jod-Aktivität ist gleich) wird berücksichtigt, daß die Bevölkerung die Freisetzung größerer Jod-Aktivitäten selbst bei entsprechend geringer Häufigkeit oder Wahrscheinlichkeit des Störfalls gravierender empfinden wird [1]. R.F. Farmer schlägt aufgrund von Ausbreitungsberechnungen [2] für Jod-131 vor, daß das größte, noch akzeptable Risiko für ein Kernkraftwerk in einem dichter besiedelten Gebiet, einem Störfall entsprechen soll, der mit einer Aktivitätsfreisetzung von 10^3 Ci Jod-131 verbunden ist und mit einer Häufigkeit von 10^{-3} Jahren zu erwarten ist [3]. Entsprechend Abbildung 7 bedeutet dies, daß alle im Rahmen der Sicherheitsanalyse ermittelten Punkte links von der Risiko-Grenzkurve liegen müssen. Ist diese Forderung nicht erfüllt, so sind weitere technische Sicherheitsmaßnahmen zu treffen.

Fortsetzung zu Fußnote

2) Atomic Energy Agency (IAEA) (Ed.): Containment and Siting of Nuclear Power Plants; Proceedings Series - STI/PUB/154, Wien 1967, S. 305 (Report IAEA-SM-89/34). Farmer, F.R.: Reactor Safety and Siting: A Proposed Risk Criterion, in: Nuclear Safety, Vol. 8 (1967), No. 6, S. 546.

1) Vgl. Farmer, F.R.: Reactor Safety and Siting: A Proposed Risk Criterion, in: Nuclear Safety, Vol. 8 (1967), No. 6, S. 545f.

2) Vgl. Beattie, J.R.: Risks to the Population and the Individual from Iodine Releases, S. 318-324, als Anhang zu Farmer, F.R.: Siting Criteria - A New Approach, in: International Atomic Energy Agency (IAEA) (Ed.): Containment and Siting of Nuclear Power Plants; Proceedings Series - STI/PUB/154, Wien 1967, S. 303-329 (Report IAEA-SM-89/34).

3) Vgl. Farmer, F.R.: Siting Criteria - A New Approach, in: International Atomic Energy Agency (IAEA) (Ed.): Containment and Siting of Nuclear Power Plants; Proceedings Series - STI/PUB/154, Wien 1967, S. 314 (Report IAEA-SM-89/34).

Schwachstellen des Risikokonzepts von F.R. Farmer sind einerseits die unrealistische Annahme, daß unabhängig von der Höhe der freigesetzten Jod-131-Aktivität nur eine Schadensart - Schilddrüsenkarzinombildung - resultiert, andererseits wird die Zahl der betroffenen Personen nicht unmittelbar berücksichtigt.
Ausgehend von dieser Kritik am Risikokonzept von R.F. Farmer [1)] leitet K.-H. Lindackers [2)] eine modifizierte Relation ab.
Es wird von folgender Annahme ausgegangen: Bei einem bestimmten Störfall i mit der Häufigkeit, $h_i^{S,s}$ $\left(\frac{\text{Störfall}}{\text{Reaktor}\cdot\text{Jahr}}\right)$, wird durch die Aktivitätsfreisetzung eine für die somatische (s = somatisch) Inzidenz j (j = 1: Leukämie, j = 2: Schildrüsenkarzinom etc. als Folge des inkorporierten Jod-131) relevante maximale Dosis, D_{ij}^{s} [rem], empfangen. Die erzeugten radiologischen Schäden werden durch einen Risiko-Koeffizienten, K_j^s $\left(\frac{\text{Schadensfall}}{\text{Person}\cdot\text{rem}}\right)$[3)], zur Strahlendosis in Beziehung gesetzt. Im Gegensatz zu R.F. Farmer, der von einer fixierten "Grenzkurve" ausgeht und die Relation jedes einzelnen Störfalls zu dieser Grenzkurve analysiert, wird von K.-H. Lindackers eine solche Grenzkurve nicht formuliert, sondern über alle Störfallmöglichkeiten i (i = 1,2,...,$\bar{i}$) summiert und das ermittelte Gesamtrisiko mit einem tolerierbaren Risiko-Grenzwert verglichen:

$$\sum_i K_j^s \cdot D_{ij}^s \cdot h_i^{S,s} \leq R_j^s \quad \left(\frac{\text{Schadensfall}}{\text{Person}\cdot\text{Jahr}}\right) \qquad (2.12)$$

für alle j

1) Zur Weiterentwicklung des "Farmer'schen Risikokonzepts" siehe Meleis, M. and Erdmann, R.C.: The Development of Reactor Siting Criteria Based upon Risk Probability, in: Nuclear Safety, Vol. 13 (1972), No. 1, S. 22-28.

2) Vgl. Lindackers, K.-H.: Einflüsse des atomrechtlichen Genehmigungsverfahrens in der Bundesrepublik Deutschland auf die technische Auslegung und den Betrieb von Kernkraftwerken, Diss. Aachen 1970, S. 53ff.

3) Diese Werte sind aus strahlenbiologischen Untersuchungen bekannt. Siehe dazu etwa Hug, O.: Strahlenschäden und Strahlenschutz, in: atw, 16. Jg. (1971), H. 6, S. 294ff. Jacobi, W.: Beziehungen zwischen der Strahlendosis und dem somatischen Strahlenrisiko, in: atw, 19. Jg. (1974), H. 6, S. 278-283.

mit:

K_j^s $\left(\frac{\text{Schadensfall}}{\text{Person}\cdot\text{rem}}\right)$: Risiko-Koeffizient; stellt eine Beziehung zwischen strahleninduzierter somatischer Inzidenz j und der applizierten Strahlendosis dar,

D_{ij}^s (rem) : für die somatische Inzidenz j wirksame Dosis infolge der Aktivitätsfreisetzung beim Störfall i,

$h_i^{S,s}$ $\left(\frac{\text{Störfall}}{\text{Reaktor}\cdot\text{Jahr}}\right)$: Häufigkeit des zu somatischen Inzidenzen führenden Störfalls i,

R_j^s $\left(\frac{\text{Schadensfall}}{\text{Person}\cdot\text{Jahr}}\right)$: Risiko-Grenzwert für die strahleninduzierte somatische Inzidenz j,

wobei der Risiko-Grenzwert, R_j^s, für strahleninduzierte Leukämie, Schilddrüsenkarzinom etc. [1], nicht größer sein soll, als das "natürliche" Risiko, von diesen Schäden befallen zu werden [2].

---

1) Der Risiko-Koeffizien, K_j^s, berücksichtigt nur die momentan meßbare Schadenskomponente späterer somatischer Strahlenschäden, wie Sarkome der Weichteile und der Knochen, Karzinome innerer Organe verschiedenster Lokalisationen (Brustdrüsen, Kehlkopf, Schilddrüsen, Speiseröhre, Uterus etc.), Leukämien. Genetische Schäden können gegenwärtig aufgrund unzureichender Kenntnisse der Dosiswirkungsbeziehung nicht befriedigend erfaßt werden. Daß radiologisch bedingte genetische Schäden in einem Risikokonzept zu berücksichtigen sind, ist demgegenüber heute unbestritten.
Zum Problemkomplex strahlengenetischer Risiken siehe z.B. Stephan, G.: Genetische Strahlenwirkung, in: Aurand, K. (Hrsg.): Kernenergie und Umwelt, Berlin 1976, S. 163-172 sowie die dort genannte Referenzliteratur.

2) Vgl. Lindackers, K.-H.: Einflüsse des atomrechtlichen Genehmigungsverfahrens in der Bundesrepublik Deutschland auf die technische Auslegung und den Betrieb von Kernkraftwerken, Diss. Aachen 1970, S. 55f. Birkhofer, A., Braun, W., Koch, E.H., Kellermann, O. Lindackers, K.-H. und Smidt, D.: Reaktorsicherheit in der Bundesrepublik Deutschland, in: atw, 15. Jg.

Fortsetzung siehe Seite 151

Als Bezugsgrößen für R_j^s $\left(\frac{\text{Schadensfall}}{\text{Person·Jahr}}\right)$ können die in Tabelle 2 zusammengestellten Risikowerte betrachtet werden.

Art der "natürlich" verursachten Inzidenz j	Risikowert $\left(\frac{\text{Schadensfall}}{\text{Person·Jahr}}\right)$
Leukämie	$5 \cdot 10^{-5}$
Schilddrüsenkarzinom	$4 \cdot 10^{-6}$
Lungenkarzinom	$1 \cdot 10^{-5}$
andere Karzinome	$3 \cdot 10^{-3}$
angeborene Mißbildungen	$2 \cdot 10^{-4}$

Tabelle 2: "Natürliches" Risiko einiger somatischer Inzidenzen [1].

In Anlehnung an diese Bezugsgrößen sind die in Tabelle 3 aufgeführten Risikogrenzwerte, R_j^s $\left(\frac{\text{Schadensfall}}{\text{Person.Jahr}}\right)$, für strahleninduzierte somatische Inzidenzen vorgeschlagen worden.

Strahleninduzierte somatische Inzidenz j	Risikogrenzwert R_j^s $\left(\frac{\text{Schadensfall}}{\text{Person·Jahr}}\right)$
Leukämie	$3{,}5 \cdot 10^{-6}$
Schilddrüsenkarzinom	$0{,}35 \cdot 10^{-6}$
Lungenkarzinom	$3 \cdot 10^{-6}$

Tabelle 3: Vorgeschlagene Risikogrenzwerte einiger strahleninduzierter somatischer Inzidenzen [2].

Fortsetzung zu Fußnote

2) (1970), H. 9/10, S. 445. Birkhofer, A., Kellermann, O., Tscherner, M., Smidt, D. und Wengler, J.: Reactor Safety in the Federal Republic of Germany, in: United Nations and International Atomic Energy Agency (IAEA) (Eds.): Peaceful Uses of Atomic Energy, Vol. 3: Safety Aspects of Nuclear Plants - Legal Aspects of Nuclear Energy; Proceedings Series - STI/PUB/300, New York-Wien 1972, S. 115ff. (Report-A/Conf. 49/P/364).

Fußnote 1) und 2) siehe Seite 152

Werden die in Tabelle 3 genannten Risikogrenzwerte, entsprechend der Beziehung (2.12), nicht überschritten, so trägt der Betrieb des Kernkraftwerks nicht zu einer signifikanten Risikoerhöhung bezüglich somatischer Inzidenzen bei.

In den voranstehenden Betrachtungen wurden allerdings solche Störfälle nicht berücksichtigt, bei denen akut letale Strahlendosen ($D_q \geq 300$ rem Ganzkörperdosis [1]) appliziert werden können [2]. Ein Auftreten tödlicher Strahlendosen muß aber zumindest bei Störfällen angenommen werden, die über den der sicherheitstechnischen Reaktorauslegung zugrunde gelegten "Größten anzunehmenden Unfall" hinausgehen.

Fußnote 1) und 2) von Seite 151

1) Zahlenwerte nach Alder, F.: Sicherheit und Risiko von Kernkraftwerken, in: NT, 12. Jg. (1970), H. B6, S. 204.

2) Vgl. Lindackers, K.-H.: Einflüsse des atomrechtlichen Genehmigungsverfahrens in der Bundesrepublik Deutschland auf die technische Auslegung und den Betrieb von Kernkraftwerken, Diss. Aachen 1970, S. 55. Birkhofer, A., Braun, W., Koch, E.H., Kellermann, O., Lindackers, K.-H. und Smidt, D.: Reaktorsicherheit in der Bundesrepublik Deutschland, in: atw, 15. Jg. (1970), H. 9/10, S. 445.

1) Aussagen über die äußere Strahlenexposition sind häufig auf eine als repräsentativ geltende Stelle der Körperoberfläche (repräsentativ für äußere Bestrahlung) bezogen. Bei einer Ganzkörperbestrahlung von außen ist dies die Brust, bei Teilkörperbestrahlung werden fallweise die Extremitäten verschiedener Lokalisation zugrunde gelegt.

2) Eine Zusammenstellung der zu erwartenden Auswirkungen in Abhängigkeit von der applizierten Strahlendosis ist in Tabelle 4 wiedergegeben.

Dosis D_q (rem)	Auswirkungen
0- 50	keine nachweisbare Wirkung außer geringfügigen Blutveränderungen

Fortsetzung siehe Seite 153

Fortsetzung zu Fußnote

2)

Dosis D_q (rem)	Auswirkungen
80-120	bei 5 bis 10 % der Exponierten etwa 1 Tag lang Erbrechen, Übelkeit und Müdigkeit, aber keine ernstliche Arbeitsunfähigkeit
130-170	bei etwa 25 % der Exponierten etwa 1 Tag lang Erbrechen und Übelkeit, gefolgt von anderen Symptomen der Strahlenkrankheit; keine Todesfälle zu erwarten
180-260	bei etwa 25 % der Exponierten etwa 1 Tag lang Erbrechen und Nausea, gefolgt von anderen Symptomen der Strahlenkrankheit; einzelne Todesfälle möglich
270-330	bei fast allen Exponierten Erbrechen und Nausea am ersten Tag, gefolgt von anderen Symptomen der Strahlenkrankheit; etwa 20 % Todesfälle innerhalb von 2 bis 6 Wochen nach Exposition; etwa 3 Monate lange Rekonvaleszenz der Überlebenden
400-500	bei allen Exponierten Erbrechen und Nausea am ersten Tag, gefolgt von anderen Symptomen der Strahlenkrankheit; etwa 50 % Todesfälle innerhalb eines Monats; etwa 6 Monate lang Rekonvaleszenz der Überlebenden
550-750	bei allen Exponierten Erbrechen und Nausea innerhalb 4 Stunden nach Exposition, gefolgt von anderen Symptomen der Strahlenkrankheit. Bis zu 100 % Todesfälle; wenige Überlebende mit Rekonvaleszenzzeiten von etwa 6 Monaten
1000	bei allen Exponierten Erbrechen und Nausea innerhalb 1 bis 2 Stunden; wahrscheinlich keine Überlebenden
5000	fast augenblicklich einsetzende schwerste Krankheit; Tod aller Exponierten innerhalb 1 Woche

Tabelle 4: Zu erwartende Auswirkungen einer akuten Ganzkörperbestrahlung. Nach Lindackers, K.-H., Aurand, K., Hug, O., Kiefer, H., Krämer, H., Seetzen, J. und Trott, K.-R.: Kernenergie-Nutzen und Risiko, Stuttgart 1970, S. 28. Siehe auch zum Winkel, K.: Nuklearmedizin; Heidelberger Taschenbücher, Bd. 167, Berlin-Heidelberg-New York 1975, S. 94.

Bei der Analyse möglicher Störfälle mit einer applizierten Ganzkörperdosis $D_q \geq 300$ rem, ist es entsprechend Tabelle 4 auch nicht mehr realistisch einzelne Inzidenzen mit Langzeitfolgen, wie Leukämie, Schilddrüsenkarzinom etc., zu betrachten, sondern es muß die Eintrittswahrscheinlichkeit oder Häufigkeit, $h_i^{S,l} \left(\frac{\text{Störfall}}{\text{Reaktor}\cdot\text{Jahr}}\right)$, akut letal (l = letal) verlaufender Reaktorstörfälle mit dem individuellen "natürlichen" oder zivilisatorisch (nz = natürlich-zivilisatorisch) bedingten Mortalitätsrisiko, $R^{nz} \left(\frac{\text{Todesfall}}{\text{Person}\cdot\text{Jahr}}\right)$, verglichen werden. Das individuelle Risiko eines akuten Strahlentods, $R^l \left(\frac{\text{Todesfall}}{\text{Person}\cdot\text{Jahr}}\right)$, kann bei dieser Betrachtung als identisch mit der Störhäufigkeit, $h_i^{S,l} \left(\frac{\text{Störfall}}{\text{Reaktor}\cdot\text{Jahr}}\right)$, angenommen werden.

Soll das individuelle Risiko, durch einen schweren oder "hypothetischen" Störfall eines Kernkraftwerks zu Tode zu kommen, nicht größer sein als das "natürliche" oder zivilatorisch bedingte Mortalitätsrisiko, so muß gelten [1]:

$$\sum_i h_i^{S,l} \equiv R^l \leq R^{nz} \left(\frac{\text{Todesfall}}{\text{Person}\cdot\text{Jahr}}\right) \quad (2.13)$$

für $D_q \geq 300$ rem

mit:

$h_i^{S,l} \left(\frac{\text{Störfall}}{\text{Reaktor}\cdot\text{Jahr}}\right)$: Häufigkeit des Störfalls i mit akut letaler Ganzkörperdosis für die Einzelperson,

$R^l \left(\frac{\text{Todesfall}}{\text{Person}\cdot\text{Jahr}}\right)$: Individuelles Mortalitätsrisiko durch ein Kernkraftwerk,

$R^{nz} \left(\frac{\text{Todesfall}}{\text{Person}\cdot\text{Jahr}}\right)$: Individuelles natürlich oder zivilisatorisch bedingtes Mortalitätsrisiko,

D_q [rem] : (Äquivalent-)Dosis (vgl. Kapitel B. II. 1.).

---

1) Vgl. auch Ando, Y., Mishima, Y., Togo, Y., Kawasaki, M., Suguri, S. and Takekoshi, T.: Review of Safety Aspects of Nuclear Power Plants in Japan, in: United Nations and International Atomic Energy Agency (IAEA) (Eds.): Peaceful Uses of Atomic Energy, Vol. 3: Safety Aspects of Nuclear Plants-Legal Aspects of Nuclear Energy; Proceedings Series-STI/PUB/300, New York-Wien 1972, S. 292ff. (Report-A/Conf. 49/P/225). Kuhlmann, A.: Kraftwerksstandorte, in: TÜ, 16. Jg. (1975), H. 2, S. 36. Kuhlmann, A.: Kernkraftwerke: Ja, aber wohin?, Kriterien für die Wahl der Kraftwerksstandorte, in: VDI-Nachr., Nr. 24 vom 13. Juni 1975, S. 25.

Wesentlich für einen Vergleich des Mortalitätsrisikos durch Kernkraftwerke mit "natürlich" oder zivilisatorisch bedingten Mortalitätsrisiken ist, daß allein Risiken betrachtet werden, die permanent sind und die Gesamtbevölkerung, also nicht nur eine bestimmte Bevölkerungsgruppe, betreffen können. Die mehrfach in der Literatur zu einem Risikovergleich herangezogenen quantifizierten Risiken wie Sportfliegen, Linienflug, Penicillin etc. [1] erfüllen diese Kriterien nicht.
Darüber hinaus sind für einen Risikovergleich solche Risiken umso geeigneter, je stärker sie von der Gesellschaft als nicht existent oder unabänderlich, als "An act of God" [2], betrachtet werden.
Als Bezugsgrößen für R^1 $\left(\frac{\text{Todesfall}}{\text{Person}\cdot\text{Jahr}}\right)$ können die in Tabelle 5 aufgeführten permanenten individuellen Mortalitätsrisiken betrachtet werden.

Art des Mortalitätsrisikos	Mortalitätsrisiko R^{nz} $\left(\frac{\text{Todesfall}}{\text{Person}\cdot\text{Jahr}}\right)$
natürliche Krankheiten	$1 \cdot 10^{-2}$
Raucherkrankheiten	$2 \cdot 10^{-3}$
Unfälle aller Art	$5 \cdot 10^{-4}$
Verkehrsunfälle	$2{,}5 \cdot 10^{-4}$
Krieg	$2 \cdot 10^{-4}$
Selbstmord	$2 \cdot 10^{-4}$
natürliche Sterblichkeit	$1{,}9 \cdot 10^{-4}$
Verwendung elektrischer Energie	$2 \cdot 10^{-5}$
Kohle- und Ölkraftwerke	$3 \cdot 10^{-6}$
Naturkatastrophen	$1 \cdot 10^{-6}$

Tabelle 5: Permanente individuelle Mortalitätsrisiken [3].

1) Vgl. z.B. Alder, F.: Sicherheit und Risiko von Kernkraftwerken, in: NT, 12. Jg. (1970), H. B6, S. 205. Koelzer, W.: Auswirkungen radioaktiver Emissionen von Kernkraftwerken auf die Umgebung; DAtF Sonderdrucke, S-8, Bonn 1973, S. 8.

2) Otway, H.J., Lohrding, R.K. and Battat, M.E.: A Risk Estimate for an Urban-Sited Reactor, in: Nuclear Technology, Vol. 12 (1971), No. 10, S. 177.

3) Zahlenwerte nach Alder, F.: Sicherheit und Risiko von Kernkraftwerken,
Fortsetzung siehe Seite 156

Den weiteren Betrachtungen wird als Mortalitätsrisikowert die "natürliche Sterblichkeit" (vgl. Tabelle 5) zugrunde gelegt, da insbesondere dieser Tatbestand die zuvor genannten Kriterien erfüllt.
Soll gegenüber der natürlichen Sterblichkeit keine signifikante Risikoerhöhung durch den Betrieb eines Kernkraftwerks eintreten, so wäre entsprechend der Beziehung (2.13) zumindest die Vorgabe eines Risikogrenzwertes $R^1 = 10^{-5} \left(\frac{\text{Todesfall}}{\text{Person}\cdot\text{Jahr}}\right)$ erforderlich, d.h. das Risiko eines akuten Strahlentods durch ein Kernkraftwerk liegt bei Einhaltung des vorgegebenen Risikogrenzwertes um etwa eine Größenordnung niedriger als das Risiko der "natürlichen Sterblichkeit".
Ob ein Mortalitätsrisiko etwa von $10^{-5} \left(\frac{\text{Todesfall}}{\text{Person}\cdot\text{Jahr}}\right)$ durch die Bevölkerung in der Umgebung eines Kernkraftwerks akzeptiert wird oder ob ein Risikogrenzwert von $10^{-6} \left(\frac{\text{Todesfall}}{\text{Person}\cdot\text{Jahr}}\right)$ vorgegeben werden sollte, ist nicht mehr allein aufgrund eines Risikovergleichs erfaßbar.
Entsprechendes gilt für strahleninduzierte somatische Risiken.
Hier muß berücksichtigt werden, daß die Einzelperson den Kernenergie-Risiken unfreiwillig [1)] ausgesetzt ist, so daß sich die Frage der Akzeptierung des Risikos teilweise qualitativ anders stellt. So weist auch Ch. Starr darauf hin, daß das Verlangen nach Sicherheit um so ausgeprägter ist, je weniger

---

Fortsetzung zu Fußnote

3) in: NT, 12. Jg. (1970), H. B6, S. 204. Sowby, F.D.: Some Risks of Modern Life, in: International Atomic Energy Agency (IAEA) (Ed.): Environmental Aspects of Nuclear Power Stations; Proceedings Series-STI/PUB/261, Wien 1971, S. 921ff. (Report IAEA-SM-146/48). Starr, Ch.: Benefit - Cost Relationships in Socio - Technical Systems, in: ebenda, S. 895ff. (Report IAEA-SM-146/47).

1) Zu den Kategorien "freiwillige Risiken" und "unfreiwillige Risiken" vgl. Starr, Ch.: Social Benefit versus Technological Risk, What is our society willing to pay for safety?, in: Science, Vol. 165 (1969), S. 1232-1238. Starr, C.: Benefit - Cost Relationships in Socio - Technical Systems, in: International Atomic Energy Agency (IAEA) (Ed.): Environmental Aspects of Nuclear Power Stations; Proceedings Series-STI/PUB/261, Wien 1971, S. 895-917 (Report IAEA-SM-146/47). Otway, H.J.: Risk vs. Benefit: Solution or Dream; Los Alamos Scientific Laboratory, Report LA-4860, Los Alamos 1972.

die Entscheidung, ein bestimmtes Risiko einzugehen, beim Einzelnen liegt [1]. In diesem Sinn kann der hier vorgelegte Formalismus des Risikovergleichs keine Entscheidung über die Akzeptierung möglicher Reaktorstörfälle sein, sondern muß in einem Kommunikationsprozeß zur Konsensbildung mit der Öffentlichkeit auf lokaler, regionaler und nationaler Ebene eingesetzt werden.

Die bisherigen Erörterungen beinhalten nur die durch Reaktorstörfälle bedingten somatischen Risiken sowie das Risiko akuter Mortalität. Analoge Risikovergleiche sind für den normalen, ungestörten Betrieb eines Kernkraftwerks durchzuführen.
Hierbei bietet sich zunächst der Vergleich mit der Schadstoffemission und Umweltbelastung durch konventionelle thermische Kraftwerke an. Zahlreiche vergleichende Betrachtungen über die Schadstoffbelastung durch Kernkraftwerke (bei Normalbetrieb) und fossil befeuerte Kraftwerke sind in den letzten Jahren erschienen [2], so daß hier keine detailliertere Diskussion vorgenommen werden soll.

---

1) Vgl. Starr, Ch.: Social Benefit versus Technological Risk, What is our society willing to pay for safety?, in: Science, Vol. 165 (1969), S. 1237.

2) Siehe etwa Grümm, H.: Energieerzeugung und Umwelt, Eine Analyse unter besonderer Berücksichtigung der Kernenergie, in: atw, 16. Jg. (1971), H. 6, S. 286. Schikarski, W., Jansen, P. and Jordan, S.: An Approach to Comparing Air Pollution from Fossil-Fuel and Nuclear Power Plants, in: International Atomic Energy Agency (IAEA) (Ed.): Environmental Aspects of Nuclear Power Stations; Proceedings Series-STI/PUB/261, Wien 1971, S. 877-891 (Report IAEA-SM-146/57). Schikarski, W.: Kernenergie und Umwelt, in: Atom und Strom, 18. Jg. (1972), H. 1/2, S. 41ff. Starr, Ch., Greenfield, M.A. and Hausknecht, D.F.: A Comparison of Public Health Risks: Nuclear vs Oilfired Power Plants, in: Nuclear News, Vol. 15 (1972), No. 10, S. 37-45. Jansen, P., Jordan, S. und Schikarski, W.: Vergleichende Modelltheorie der atmosphärischen Schadstoffbelastung durch Kraftwerke, in: Staub-Reinhalt. Luft, 32. Jg. (1972), H. 11, S. 454-458. Büker, H., Jansen, P., Sassin, W. und Schikarski, W.: Technischer und wirtschaftlicher Stand sowie Aussichten der Kernenergie in der Kraftwirtschaft der

Fortsetzung siehe Seite 158

Wenn auch die gegenwärtigen Kenntnisse zur Beurteilung gesundheitlicher Risiken bei konventionellen thermischen Kraftwerken [1] unzureichend und Vergleiche mit Kernkraftwerken nur unter Vorbehalten zu bewerten sind [2], so lassen doch die Ergebnisse z.B. von W. Schikarski et al. erkennen, daß selbst bei gewissen Fehleinschätzungen der Schadstoffwirkung ein Vergleich möglich bleibt (siehe Tabelle 6). Dabei wurden von W. Schikarski et al.

Fortsetzung zu Fußnote

2) BRD, T. 4: Kernenergie und Umwelt; Kernforschungsanlage Jülich GmbH/ Gesellschaft für Kernforschung mbH Karlsruhe, Bericht Jül-929/KFK-1366, Jülich-Karlsruhe 1973, S. 46ff. Lave, L.B. and Freeburg, L.C.: Health Effects of Electricity Generation from Coal, Oil, and Nuclear Fuel, in: Nuclear Safety, Vol. 14 (1973), No. 5, S. 409-428. Schikarski, W.: Möglichkeiten und Grenzen vergleichender Modelluntersuchungen am Beispiel der Umweltbelastung durch Kraftwerke, in: Haas, H.; Gesellschaft für Verantwortung in der Wissenschaft (Hrsg.): Technikfolgen-Abschätzung (Technology Assessment, TA: Bewertung technischer Entwicklungen), München-Wien 1975, S. 70ff.

1) Siehe dazu Brocke, W.: Die Luftbelastung durch Emissionenkonventioneller Kraftwerke, in: Braun, H., Heuck, F., Ladner, H.-A., Messerschmidt, O., Niklas, K. und Rausch, L. (Hrsgg.): Umweltschutz bei nuklearer und konventioneller Energiegewinnung, Ergebnisse der Strahlen- und Umweltforschung; Strahlenschutz in Forschung und Praxis, Bd. 12, Stuttgart 1973, S. 67-76. Külske, S.: Die Immissionsbelastung durch konventionelle Kraftwerke, in: ebenda, S. 76-81. Einbrodt, H.J. und Kinny, H.: Immissionsschäden beim Menschen durch konventionelle Kraftwerke, in: ebenda, S. 98-105.

2) Vgl. Fish, B.R.: Radiation in Perspective - The Role of Nuclear Energy in the Control of Air Pollution, in: Nuclear Safety, Vol. 10 (1969), No. 2, S. 119-130. Meißner, J.: Biologische Auswirkungen der Emissionen von Schadstoffen durch technische Anlagen, insbesondere durch Kraftwerke, in: Technische Vereinigung der Großkraftwerksbetreiber (VGB) e.V. (Hrsg.): Kraftwerk und Umwelt 1973; VGB-Konferenz-Vorträge, Essen [1974], S. 37. Jacobi, W.: [Schriftliche Stellungnahme zum Thema: Radioökologie der Kerntechnik, Umweltradioaktivität und Strahlenbelastung], in: Presse- und Informationszentrum des Deutschen Bundestages (Hrsg.): "Zur Sache" (Themen parlamentarischer Beratung), Nr. 2/75: Umweltschutz(IV) - Das Risiko Kernenergie, Bonn [1975], S. 36f.

Brennstoff/Kraftwerkstyp	Relative Schadstoffbelastungen (Summe)
Steinkohle	1,34
Braunkohle	2,30
Öl	0,97
Erdgas	0,05
Siedewasserreaktor	$6{,}6 \cdot 10^{-4}$
Druckwasserreaktor	$5{,}6 \cdot 10^{-4}$

Tabelle 6: Relative Schadstoffbelastungen in der Bundesrepublik Deutschland bei alternativer Erzeugung des elektrischen Energieverbrauchs von 1970 [1].

die Emissionen unter der Voraussetzung ermittelt, daß jeder Kraftwerkstyp allein den gesamten elektrischen Energieverbrauch der Bundesrepublik Deutschland im Jahre 1970 (ca. 228 TWh) erbracht hätte und ins Verhältnis gesetzt zu der jeweils maximal zulässigen Schadstoffbelastung. Wie Tabelle 6 zeigt bleibt die Schadstoffbelastung der Kernstromerzeugung mit einem Faktor 10^3 (resp. 10^2 gegenüber Erdgas) weit unter der Toleranzgrenze, die für chemische Schadstoffe (SO_2, NO_x, Fluor, C_mH_n etc.) akzeptierbar wäre. Unberücksichtigt blieben allerdings dabei die gegenwärtig hoch anzusetzenden Krypton-85-Emissionsraten aus Wiederaufarbeitungsanlagen. Diese Prämisse verfälscht das Ergebnis insofern nicht, als in Zukunft hinsichtlich der Zurückhaltung des Krypton-85 aus Wiederaufarbeitungsanlagen ähnlich strenge Maßstäbe wie bei Kernkraftwerken zu erwarten sind und effektivere Abtrennungsverfahren gegenwärtig entwickelt werden [2].

Generell läßt sich damit feststellen, "daß in Zukunft die Schadstoffbe-

---

1) Nach Büker, H., Jansen, P., Sassin, W. und Schikarski, W.: Technischer und wirtschaftlicher Stand sowie Aussichten der Kernenergie in der Kraftwirtschaft der BRD, T. 4: Kernenergie und Umwelt; Kernforschungsanlage Jülich GmbH/Gesellschaft für Kernforschung mbH Karlsruhe, Bericht Jül-929/KFK-1366, Jülich-Karlsruhe 1973, S. 48.

2) Siehe hier die Ausführungen in Kapitel B. II. 1. und B. III. 2. - ad 4. Radiologische Vorbelastung des Standortbereichs.

lastung der Luft durch Kraftwerke in dem Maße abnimmt, in dem die Kernenergie zur Stromerzeugung herangezogen wird" [1].

Die vorstehenden Betrachtungen der atmosphärischen Schadstoffbelastung durch konventionelle thermische Kraftwerke beziehen sich allein auf die Emission chemischer Schadstoffe, wie SO_2, NO_x, Fluor, CO, C_mH_n, Metalloxide, Staub und Ruß. Darüberhinaus können Kohle- und Ölkraftwerke einen vergleichbar großen Beitrag zur radiologischen Belastung liefern wie Kernkraftwerke beim Normalbetrieb.
Nach Angaben von E. Eisenbud und H. Petrow emittiert ein 1000 MW_{el}-Kohlekraftwerk je nach eingesetzter Kohle ca. 10 bis 100 $mCi \cdot a^{-1}$ eines Radium-226/Radium-228 Gemisches; ein Ölkraftwerk gleicher Leistung ca. 0,1 bis 1 $mCi \cdot a^{-1}$ Radium-226/Radium-228 [2]. Vom Verhältnis der maximal zulässigen Konzentrationen [3] her ist 1 mCi Radium, das zu gleichen Teilen aus Radium-226 und Radium-228 besteht, vergleichbar mit ca. $4 \cdot 10^5$ mCi (= $4 \cdot 10^2$ Ci) Kryp-

---

1) Büker, H., Jansen, P., Sassin, W. und Schikarski, W.: Technischer und wirtschaftlicher Stand sowie Aussichten der Kernenergie in der Kraftwirtschaft der BRD, T. 4: Kernenergie und Umwelt; Kernforschungsanlage Jülich GmbH/Gesellschaft für Kernforschung mbH Karlsruhe, Bericht Jül-929/KFK-1366, Jülich-Karlsruhe 1973, S. 48.

2) Vgl. Eisenbud, M. and Petrow, H.: Radioactivity in the Atmospheric Effluents of Power Plants That Use Fossil Fuels, in: Science, Vol. 144 (1964), S. 288-289. Eisenbud, M.: Radiation in Perspective, in: Nuclear Safety, Vol. 6 (1965), No. 4, S. 382.
Entsprechende deutsche Untersuchungen sind d. Verf. nicht bekannt. Für den Bereich der Vereinigten Staaten sind die radiochemischen Meßergebnisse von M. Eisenbud und H. Petrow durch anderseitige Untersuchungen mehrfach bestätigt worden.

3) M. Eisenbud und H. Petrow legen amerikanische Konzentrationsmaßstäbe zu Grunde. Nach Anlage II zur (deutschen) 1. Strahlenschutzverordnung (1. SSVO), die Konzentrationswerte radioaktiver Stoffe in Luft (in $[\mu Ci \cdot cm^{-3}]$ resp. $[Ci \cdot m^{-3}]$) festlegt, ergeben sich geringfügig veränderte Verhältniszahlen. Zur Kritik dieser Äquivalenzbeziehungen siehe jedoch unten.

ton-85 und ca. $4 \cdot 10^2$ mCi (= 0,4 Ci) Jod-131 [1]. Den zuvor genannten Emissionswerten von Radium-226/Radium-228 sind somit "äquivalent" bei einem

- Kohlekraftwerk (1000 MW_{el}):
  $4 \cdot 10^3$ bis $4 \cdot 10^4$ $Ci \cdot a^{-1}$ Krypton-85
  und
  4 bis 40 $Ci \cdot a^{-1}$ Jod-131,
- Ölkraftwerk (1000 MW_{el}):
  40 bis 400 $Ci \cdot a^{-1}$ Krypton-85
  und
  0,04 bis 0,4 $Ci \cdot a^{-1}$ Jod-131.

Bei Kohlekraftwerken ohne mechanische oder elektrische Flugstaubabscheidung kann die Emissionsrate mehr als 10^3 $mCi \cdot a^{-1}$ (= 1 $Ci \cdot a^{-1}$) Radium-226/Radium-228 betragen - entsprechend $4 \cdot 10^5$ $Ci \cdot a^{-1}$ Krypton-85 und $4 \cdot 10^2$ $Ci \cdot a^{-1}$ Jod-131 [2].

Krypton-85 und Jod-131 wurden von M. Eisenbud und H. Petrow zum Vergleich der radiologischen Belastung durch Kernkraftwerke und fossil gefeuerte Kraftwerke herangezogen, da die beiden Radionuklide jeweils repräsentativ für die Hauptbestandteile der Spaltproduktemission sind: Jod-131 [3] (t_H = 8,0_5 d) bezüglich der kurzlebigen und Krypton-85 (t_H = 10,7 a) bezüglich der flüchtigen langlebigen Radionuklide. Ob bei den hohen Emissionsraten an Radium-226/Radium-228 durch fossil befeuerte Kraftwerke ein einfacher Vergleich mit den Verhältnissen bei Kernkraftwerken im Normalbetrieb gerechtfertigt ist und ob die hohe Radiotoxizität der Radiumisotope nach

---

1) Vgl. Eisenbud, M. and Petrow, H.: Radioactivity in the Atmospheric Effluents of Power Plants That Use Fossil Fuels, in: Science, Vol. 144 (1964), S. 289. Eisenbud, M.: Radiation in Perspective, in: Nuclear Safety, Vol. 6 (1965), No. 4, S. 382.

2) Vgl. Eisenbud, M. and Petrow, H.: Radioactivity in the Atmospheric Effluents of Power Plants That Use Fossil Fuels, in: Science, Vol. 144 (1964), S. 289. Eisenbud, M.: Radiation in Perspective, in: Nuclear Safety, Vol. 6 (1965), No. 4, S. 382.

3) Vgl. auch die Ausführungen in Kapitel B. II. 1.

Inhalation/Ingestion bei diesem Vergleich mit Krypton-85 und Jod-131 gebührend berücksichtigt wird, erscheint d. Verf. fraglich [1]. Eine begründete Aussage zu der aufgestellten "Äquivalenzbeziehung" wird von M. Eisenbud und H. Petrow selbst nicht gegeben.
Inwieweit sich die Meßergebnisse von M. Eisenbud und H. Petrow auf deutsche Verhältnisse übertragen lassen, kann aufgrund fehlender Informationen hier nicht beurteilt werden.
In Tabelle 7 sind zum "Vergleich" der Emissionsraten von Kernkraftwerken und fossil befeuerten Kraftwerken (siehe die vorstehenden Werte) die Jahresabgaben $(Ci \cdot a^{-1})$ an Edelgasen (insgesamt, d.h. Krypton-85, Xenon-133 etc.) und Jod-131 aus Kernkraftwerken in der Bundesrepublik in Jahren 1970 bis 1974 zusammengestellt.–Die Schwankungen der Emissionswerte sind auf Betriebsunregelmäßigkeiten, kleinere Störfälle, Regeneration der Gasreinigungsanlagen, Abschaltungen zum Brennelementwechsel und zu Reparaturen etc. zurückzuführen.
Trotz Vorbehalten, einerseits bezüglich exakter Daten über die Radium-Emissionen aus deutschen Kohle- und Ölkraftwerken, andererseits hinsichtlich der von M. Eisenbud und H. Petrow angegebenen "Äquivalenzwerte", ist erkennbar, daß ein Vergleich der radiologischen Belastung möglich ist. —

Zur realistischen Beurteilung der mittleren Strahlenbelastung der Bevölkerung durch Kernkraftwerke (Normalbetrieb), die gegenwärtig in der Bundesrepublik mit < 1 $mrem \cdot a^{-1}$ angesetzt werden kann, ist ein auch Vergleich mit den natürlichen und zivilisatorischen Komponenten der Gesamtstrahlenexposition der Bevölkerung erforderlich.
Die natürliche Strahlenexposition der Bevölkerung setzt sich zusammen aus der:

---

1) Radium wird aufgrund seines zum Calcium sehr ähnlichen chemischen Verhaltens selektiv im Knochensystem angereichert. Die beim α-Zerfall von Radium-226 entstehende relativ hohe α-Energie führt zu einer sehr starken lokalen Strahlenbelastung der Knochen. (Radium-228 ist als niederenergetischer ß-Strahler demgegenüber von untergeordneter Bedeutung). Vgl. dazu auch die nachfolgenden Bemerkungen zur Wirkung chronisch kleiner und kleinster Strahlendosen.

Kernkraftwerk (Brutto-Leistung (MW_{el}))	1970	1971	1972	1973	1974
I. Edelgase $(Ci \cdot a^{-1})$					
Kahl (16)	2 900	2 100	-	480	993
Gundremmingen (250)	7 350	6 500	11 027	23 700	4 145
Lingen (250)	11 000	8 700	5 100	2 600	9 500
Würgassen (670)	-	-	594	559	52
Obrigheim (345)	7 700	1 455	3 202	2 928	13 456
Stade (660)	-	-	2 445	2 613	890
Biblis-A (1200) +)	-	-	-	-	62
II. Jod-131 $(Ci \cdot a^{-1})$					
Kahl (16)	0,005	0,002	-	0,002	0,003
Gundremmingen (250)	0,197	0,341	0,195	1,96	0,116
Lingen (250)	0,26	0,38	0,15	0,016	0,002
Würgassen (670)	-	-	$<10^{-4}$	$<10^{-4}$	$<7 \cdot 10^{-4}$
Obrigheim (345)	0,045	0,015	0,006	0,005	0,005
Stade (660)	-	-	0,047	0,043	0,011
Biblis-A (1200) +)	-	-	-	-	$6 \cdot 10^{-5}$

Tabelle 7: Jahresabgabe $(Ci \cdot a^{-1})$ an Edelgasen und Jod-131 mit der dem Abgas und der Abluft aus Kernkraftwerken in der Bundesrepublik Deutschland in den Jahren 1970 bis 1974 [1].

+) ab erstem Leistungsbetrieb am 7. August 1974.

---

1) Zahlenwerte nach Haubelt, R.: Zusammenstellung von Daten über die Jahresabgaben radioaktiver Stoffe mit der Abluft von Kernkraftwerken in der Bundesrepublik Deutschland für das Jahr 1974 und in den USA für das Jahr 1973; Institut für Strahlenhygiene des Bundesgesundheitsamtes, Bericht STH-4/75, Neuherberg (München) 1975, S. 6f. Weiteres Datenmaterial findet sich bei Huber, O., Gans, I., Wolter, R. und Haubelt, R.: Strahlenexposition im Jahre 1974 durch kerntechnische Anlagen in der Bundesrepublik Deutschland; Institut für Strahlenhygiene des Bundesgesundheitsamtes, Bericht STH-6/76, Neuherberg (München) 1976.

1. Strahlenbelastung durch sekundäre [1] kosmische Strahlung (Photonen, Elektronen, Positronen, Neutronen, Myonen und Pionen).
Für das Gebiet der Bundesrepublik ist eine kosmische Strahlenbelastung von ca. 35 $mrem \cdot a^{-1}$ bezogen auf NN und eine Zunahme von etwa 2 bis 3 $mrem \cdot a^{-1}$ pro 100 m anzusetzen [2].

2. Strahlenbelastung durch terrestrische Strahlung.
Die terrestrische Strahlenbelastung ist bedingt durch die Strahlung der primordialen Radionuklide (Uran und Thorium sowie deren Folgeprodukte, Kalium-40 etc.) [3] im Erdboden. Die terrestrische Strahlenbelastung ist abhängig von der geologischen Formation des Untergrunds und somit ortsabhängig [4]. Einige Zahlenwerte terrestrischer Strahlenbelastung sind in Tabelle 8 zusammengestellt.
Darüber hinaus trägt die natürliche Radioaktivität der zum Hausbau verwendeten Baumaterialien je nach Art des benutzten Materials mit etwa 10 bis 20 $mrem \cdot a^{-1}$ zur Strahlenbelastung bei [5]. In Einzelfällen

---

1) Die primäre kosmische Strahlung ist galaktischen und solaren Ursprungs und besteht vorwiegend aus Protonen. Durch verschiedene Wechselwirkungsprozesse entstehen die genannten Strahlengruppen.

2) Vgl. Bonka, H.: Die ortabhängige mittlere natürliche Strahlenbelastung der Bevölkerung in der Bundesrepublik Deutschland, in: ATKE, Bd. 23 (1974), H. 2, S. 137ff. Bayer, A.: Radiologische Belastung im Oberrheingebiet durch kerntechnische Anlagen, in: KFK-Nachr., 6. Jg. (1974), H. 3, S. 24.

3) Vgl. Keller, C.: Radiochemie, Frankfurt/M.-Berlin-München-Aarau 1975, S. 110ff.

4) Vgl. Bonka, H.: Die ortabhängige Mittlere natürliche Strahlenbelastung der Bevölkerung in der Bundesrepublik Deutschland, in: ATKE, Bd. 23 (1974), H. 2, S. 138ff.

5) Vgl. Jacobi, W.: [Schriftliche Stellungnahme zum Thema: Radioökologie der Kerntechnik, Umweltradioaktivität und Strahlenbelastung], in: Presse- und Informationszentrum des Deutschen Bundestages (Hrsg.): "Zur Sache" (Themen parlamentarischer Beratung), Nr. 2/75: Umweltschutz(IV) - Das Risiko Kernenergie, Bonn [1975], S. 37.

Gebiet	Strahlenbelastung $(mrem \cdot a^{-1})$
Bundesrepublik Deutschland (Mittelwert)	50- 55 [1]
Rheinufer-Oberrheingebiet (fluviatile Sedimente)	50- 60 [2]
mittlerer Schwarzwald (Gneis)	70- 120 [2]
südlicher Schwarzwald (Granit)	130- 150 [2]
Ergußgestein im Kaiserstuhl	90- 160 [2]
Menzenschwand (Uranlagerstätte)	1800 [3]
Granitbezirke in Frankreich	265- 350 [4]
Monazitbezirke in Indien	1300-2800 [4]
Monazitbezirke in Brasilien	500-1200 [4]

Tabelle 8: Natürliche Strahlenbelastung durch terrestrische Strahlung in der Bundesrepublik Deutschland und in ausländischen Gebieten extrem hoher terrestrischer Strahlung.

---

1) Nach Bonka, H.: Die ortabhängige mittlere natürliche Strahlenbelastung der Bevölkerung in der Bundesrepublik Deutschland, in: ATKE, Bd. 23 (1974), H. 2, S. 137.

2) Zahlenwerte nach Bayer, A.: Radiologische Belastung im Oberrheingebiet durch kerntechnische Anlagen, in: KFK-Nachr., 6. Jg. (1974), H. 3, S. 24.

3) Nach Schikarski, W.: Möglichkeiten und Grenzen vergleichender Modelluntersuchungen am Beispiel der Umweltbelastung durch Kraftwerke, in: Haas, H.; Gesellschaft für Verantwortung in der Wissenschaft (Hrsg.): Technikfolgen-Abschätzung (Technology Assessment, TA: Bewertung technischer Entwicklungen), München-Wien 1975, S. 85.

4) Zahlenwerte nach Koelzer, W.: Auswirkungen radioaktiver Emissionen von Kernkraftwerken auf die Umgebung; DAtF Sonderdrucke, S-8, Bonn 1973, S. 4 (Originalquelle: Report of the United Nations Scientific Committee on the Effects of Atomic Radiation 13. Session Suppl. No. 17, A/3838, New York 1958).

können sich Strahlenbelastungen bis zu 50 mrem·a^{-1} ergeben [1].

3. Innere Strahlenbelastung infolge Ingestion und Inhalation natürlich vorkommender Radionuklide.
   Die zahlreichen natürlich vorkommenden Radionuklide (Uran und Thorium sowie deren Folgeprodukte, Kalium-40, Kohlenstoff-14, Tritium) gelangen mit dem Trinkwasser und den Nahrungsmitteln sowie durch Inhalation (Radon-222, Radon-220) in den menschlichen Organismus, werden dort teilweise selektiv angereichert und führen zu einer differenzierten Strahlenbelastung einzelner Organe [2]. Als Durchschnittswert kann für den Bereich der Bundesrepublik etwa 20 bis 25 mrem·a^{-1} angenommen werden [3].

Die zivilisatorisch bedingte Strahlenexposition setzt sich zusammen aus der:

4. Strahlenbelastung durch medizinische Strahlenanwendung.
   Der weitaus größte Betrag der zivilisatorisch bedingten Strahlenbelastung resultiert aus der medizinischen Strahlenanwendung. Der überwiegende Anteil folgt aus der Strahlenanwendung zu diagnostischen

---

1) Koelzer, W.: Die Strahlenbelastung des Menschen, in: Vortragsreihe "Aktuelle Themen zur Kernenergie", Mannheim 26. Februar 1975.
Von der Bundesregierung wird daher zur Zeit eine Verordnung vorbereitet, die die Verwendung von Hausbaumaterialien mit zu großen Mengen an natürlichen radioaktiven Stoffen untersagt.

2) Siehe z.B. Lindackers, K.-H., Aurand, K., Hug, O., Kiefer, H., Krämer, H., Seetzen, J. und Trott, K.-R.: Kernenergie - Nutzen und Risiko, Stuttgart 1970, S. 78.

3) Vgl. Jacobi, W.: [Schriftliche Stellungnahme zum Thema: Radioökologie der Kerntechnik, Umweltradioaktivität und Strahlenbelastung], in: Presse- und Informationszentrum des Deutschen Bundestages (Hrsg.): "Zur Sache" (Themen parlamentarischer Beratung), Nr. 2/75: Umweltschutz(IV) - Das Risiko Kernenergie, Bonn [1975], S. 37.

Zwecken [1]; der durch therapeutische Anwendung und nuklearmedizinische Untersuchungen bedingte Anteil beträgt dagegen jeweils etwa nur 1 %. Aufgrund der vielen variablen Bedingungen bei medizinischen Verfahren ist die Ermittlung der Strahlenbelastung außerordentlich erschwert und die in der Literatur aufgeführten Werte weisen Schwankungen von etwa (50 $\pm$ 10) mrem$\cdot a^{-1}$ auf.

5. Strahlenbelastung durch fall-out von Kernwaffentests.
Die Strahlenbelastung durch Kernwaffentests ist seit Einstellung überirdischer Explosionen inzwischen um einen Faktor 10 zurückgegangen und beträgt gegenwärtig in der Bundesrepublik etwa 5 bis 8 mrem$\cdot a^{-1}$.

6. Strahlenbelastung durch technische Anwendungen und Industrieprodukte, wie Leuchtzifferblätter, Fernsehgeräte (0,7 mrem$\cdot a^{-1}$), Werkstoffprüfung, sonstige Industrieprodukte, etwa 1 mrem$\cdot a^{-1}$.

Tabelle 9 gibt eine Zusammenstellung der gegenwärtigen natürlichen und zivilisatorisch bedingten Strahlenbelastung der Bevölkerung in der Bundesrepublik, aufgegliedert nach der Expositionsursache. Die Tabelle kann nur Durchschnittswerte ausweisen, da wie oben beschrieben, einzelne Expositionsursachen aufgrund verschiedener Faktoren Schwankungen der Strahlenbelastung bedingen.

Wenngleich anhand eines Vergleichs dieser Art keine exakte Aussage über das Risiko der nuklearen Energieerzeugung bei normalem, ungestörten Betriebsablauf zulässig ist, so kann jedoch der direkte Vergleich der Größenordnungen qualitative Anhaltspunkte geben: Die zusätzliche Strahlenbelastung durch Kernkraftwerke ist gegenüber der natürlichen Strahlenbelastung in der Bundesrepublik um einen Faktor 10^2 tatsächlich geringer. Darüberhinaus unterliegt die natürliche Strahlenbelastung breiten Schwankungen; allein aus der Höhe des Wohnorts resultieren Differenzwerte der natürlichen Strahlenbelastung (vgl. oben), welche die durch Kernkraftwerke bedingte Strahlenbelastung um ein vielfaches übersteigen können.
Vergleiche dieser Art dürfen aber nicht über die Tatsache hinwegtäuschen, daß mit einer Erhöhung der äußeren Strahlenbelastung der Bevölkerung infolge

---

1) Siehe dazu auch Morgan, K.Z.: Ionizing Radiation: Benefits Versus Risks, in: Health Physics, Vol 17 (1969), S. 539-545.

Expositionsursache	Strahlenbelastung ($mrem \cdot a^{-1}$)
I. Natürliche Strahlenbelastung	
1. kosmische Strahlung	35-40
2. terrestrische Strahlung	
a) in Freiluft	50-55
b) zusätzlich durch Häuser	10-20
3. inkorporierte Radionuklide	20-25
	Summe 115-140
II. Zivilisatorische Strahlenbelastung	
4. medizinische Strahlenanwendung	50
5. fall-out von Kernwaffentests	5-8
6. technische Anwendungen und Industrieprodukte	1
7. Kernkraftwerke (Normalbetrieb)	<1

Tabelle 9: Natürliche und zivilisatorisch bedingte Strahlenbelastung der Bevölkerung in der Bundesrepublik Deutschland.

eines intensiven Ausbaus kerntechnischer Anlagen eine Erhöhung der inneren Strahlenbelastung durch inkorporierte Radionuklide verbunden ist. Dabei sind folgende strahlenbiologische Effekte in Betracht zu ziehen:

- Bei inkorporierten Radionukliden ist insbesondere die "Relative Biologische Wirksamkeit" der α-Strahlung (q = 10) sowie evtl. Schwerer Rückstoßkerne (q = 20) zu berücksichtigen [1].
- Inkorporierte Radionuklide werden selektiv in verschiedenen Organsystemen angereichert.
- Bei inkorporierten Radionukliden wird - im Gegensatz zur äußeren Bestrahlung - neben der Wirkung auch die Aktivität kummuliert.

---

1) Vgl. Tabelle 1 in Kapitel B. II. 1.

Welche Konsequenzen im einzelnen zu berücksichtigen sind (Leukämie, Karzinome, Sarkome, Reduzierung der Lebenserwartung, genetische Effekte), kann noch nicht zuverlässig angenommen werden. Sicher ist allerdings, daß bei chronischer Einwirkung dicht ionisierender Strahlung, wie Neutronen, α-Teilchen oder Schwerer Rückstoßkerne, keine Dosiswirkungsbeziehungen unterstellt werden können, wie sie in Kurve b) und c) der Abbildung 8 dargestellt sind. Die exponentielle Dosiswirkungsbeziehung (Kurve a) ist dadurch gekennzeichnet, daß im Bereich kleiner und kleinster Dosen eine gewisse Wirkung vorliegt, weil die zahlreichen Restitutions-, Reperations- und Erholungsvorgänge in den Zellarten bei dicht ionisierender Strahlung kaum wirksam werden [1].

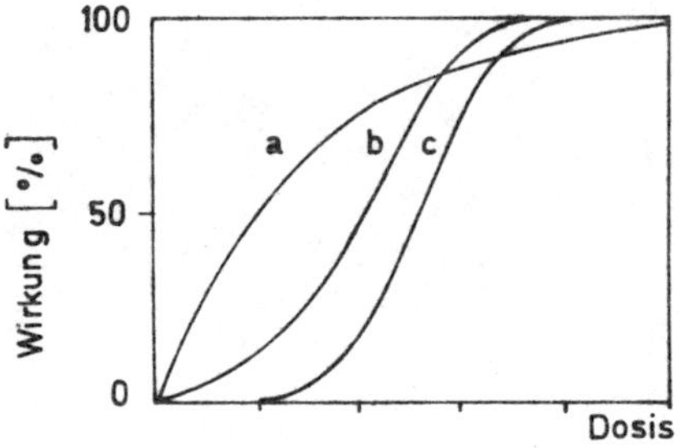

Abbildung 8: Schematische Darstellung der wichtigsten Dosiswirkungsbeziehungen [2].

a) Exponentielle Kurve
b) Sigmoide Kurve
c) Sigmoide Kurve mit Schwellenwert der wirksamen Dosis.

Aufgrund dieser Unsicherheiten ist von den deutschen Genehmigungsbehörden der Grenzwert der Strahlenbelastung durch kerntechnische Anlagen auf 30 mrem·a^{-1} reduziert worden [3]. Amerikanische Vorschläge zielen weiter-

---

1) Vgl. Hug, O.: Strahlenschäden und Strahlenschutz, in: atw, 16. Jg. (1971), H. 6, S. 294.

2) Hug. O.: Strahlenschäden und Strahlenschutz, in: ebenda, S. 294.

3) Siehe dazu ausführlicher in Kapitel B. II. 3. - ad 1. Maßnahmen im Bereich gesetzlicher Regelungen und Genehmigungsverfahren.

gehend darauf ab, als Grenzwert 5 mrem·a^{-1} zuzulassen [1].
Der generelle Wert vergleichender Betrachtungen der Strahlenbelastung bleibt von den vorstehenden Einwänden und Bedenken unberührt: "Damit drückt sich ...eine Zahlenpräzisierung des grundsätzlich wissenschaftlichen Standpunktes aus, wobei man sagt, jede zivilatorische Strahlenbelastung, die vermeidbar ist, sollte vermieden werden" [2].

---

1) Vgl. Meißner, [J.]: [Diskussionsbeitrag zur] Podiumsdiskussion "Umweltprobleme der Energieumwandlung", in: Tagungsberichte des Energiewirtschaftlichen Instituts (Universität Köln), H. 16: Energiewirtschaft und Umwelt, München 1972, S. 114.

2) Meißner, [J.]: [Diskussionsbeitrag zur] Podiumsdiskussion "Umweltprobleme der Energieumwandlung", in: ebenda, S. 115.

3. Genehmigungsrechtliche, technische und administrative Sicherheitsmaßnahmen im Rahmen der Standortwahl für Kernkraftwerke

Als mögliche Maßnahmen zur Beherrschung oder Reduzierung nuklearer und radiologischer Gefahren wurden oben 1. gesetzliche Regelungen und Genehmigungsverfahren, 2. technische - sowie 3. administrative Sicherheitsmaßnahmen unter Hinweis auf ihren eingeschränkten Anwendungsbereich genannt [1]. Auf der Grundlage der zuvor abgeleiteten Bewertungsmaßstäbe soll in den folgenden Ausführungen eine differenziertere Analyse vorgenommen werden.
In sachlicher Folge der vorangehenden Ausführungen wäre zunächst die Darstellung und Untersuchung potentieller technischer Sicherheitsmaßnahmen geboten. Aus methodischen Gründen wird jedoch die Erörterung gesetzlicher Regelungen vorgezogen. Damit wird Rechnung getragen, daß sich durch das atomrechtliche Genehmigungsverfahren, insbesondere die atomrechtliche Genehmigung, vielfältige Einflüsse auf die technischen Sicherheitsmaßnahmen ergeben.

ad 1. Maßnahmen im Bereich gesetzlicher Regelungen und Genehmigungsverfahren.

Die Errichtung und der Betrieb eines Kernkraftwerks setzt wie bei jeder technischen Anlage bestimmte Genehmigungen von Seiten der Genehmigungsbehörden voraus, durch die mit Hilfe gesetzlicher Maßnahmen Einfluß auf die technische Sicherheitsauslegung genommen werden soll. Das vom Gesetzgeber für die Errichtung und den Betrieb von Kernkraftwerken vorgeschriebene Genehmigungsverfahren ist zwar nicht prinzipiell verschieden, jedoch aufgrund der Besonderheiten der nuklearen Energiegewinnung wesentlich umfangreicher als bei konventionellen Kraftwerken [2]. Erschwerend kommt bei Kernkraftwerken eine Anzahl besonderer Umstände aufgrund der potentiellen strahlenbiologischen Auswirkungen auf die Umwelt hinzu.
Der strahlenschutztechnischen und nuklearen Sicherheit der Kernkraftwerke wird aufgrund des Risikos für die Allgemeinheit daher im Rahmen des atom-

---

1) Vgl. Kapitel B. II. 1.

2) Vgl. Lauer, G.: Praktische Erfahrungen in Genehmigungsverfahren für Kernkraftwerke, in: ET, 22. Jg. (1972), H. 5, S. 226.

rechtlichen Genehmigungsverfahrens eine entscheidende Bedeutung zuerkannt [1]. Abgesehen von dem nuklearen Risiko werden durch den Bau von Kernkraftwerken eine Vielzahl sonstiger öffentlicher Interessen betroffen, insbesondere aus dem Bereich des Gewerbe-, Immissionsschutz-, Naturschutz-, Bau- und Wasserrechts [2]. Die Beachtung dieser Belange bereitet teilweise mindestens ebenso große Schwierigkeiten wie die Gewährleistung der strahlenschutztechnischen und nuklearen Sicherheit [3]. Mit der wachsenden Zahl und Leistungsgröße der Kernkraftwerke wird die Festlegung von Standorten und geeigneten Trassen für das Leitungsnetz zunehmend auch zu einem Problem der Raumordnung und Landesplanung [4][5].

---

1) J.K. Pfaffelhuber bemerkt hierzu: "Eine radioaktive Kontamination unserer Umwelt infolge der Nutzung der Kernenergie..., die dem Ausmaß der Umweltverschmutzung herkömmlicher Art entspräche, wäre wegen der damit verbundenen Gefahr nicht tolerierbar. Das hat der Gesetzgeber nicht erst in einem verhältnismäßig späten Zeitpunkt, nachdem die Umweltkontamination unerträglich geworden wäre, sondern bereits...erkannt, als er durch das Atomgesetz (AtG) die Erforschung, die Entwicklung und die Nutzung der Kernenergie zu fördern begonnen hat". Pfaffelhuber, J.K.: Neue Tendenzen im Atomrecht, in: ET, 22. Jg. (1972), H. 5, S. 213.

2) Vgl. Pfaffelhuber, J.K.: Neue Tendenzen im Atomrecht, in: ET, 22. Jg. (1972), H. 5, S. 213.

3) Vgl. Lukes, R. und Vollmer, L.: Ersetzung der Genehmigungsverfahren für kerntechnische Anlagen durch ein atomrechtliches Planfeststellungsverfahren, in: Lukes, R., Vollmer, L. und Mahlmann, W.: Grundprobleme zum atomrechtlichen Verwaltungsverfahren; Schriftenreihe Recht und Technik, Bd. 3, Heidelberg 1974, S. 17.

4) Vgl. Hünlich, W.H.F.: Raumordnung und Standortprobleme für Kernkraftwerke großer Leistung, in: RuS, 1969, H. 5, S. 104ff. Pfaffelhuber, J.K.: Neue Tendenzen im Atomrecht, in: ET, 22. Jg. (1972), H. 5, S. 214. Reaktortagung 1973: Podiumsdiskussion "Kernenergie und Raumordnung", Karlsruhe 12. April 1973, Abdruck u.a. in: BdW, 10. Jg. (1973), H. 7, S. 795-802. Guck, R.: Standorte für Kernkraftwerke, in: atw, 18. Jg.

Fortsetzung siehe Seite 173

Bei dem atomrechtlichen Genehmigungsverfahren für Kernkraftwerke ist nach geltendem Recht im wesentlichen zu unterscheiden zwischen [1)2)]:

Fortsetzung zu Fußnote

4) (1973), H. 8/9, S. 390. Grawe, J.: Auswahl und Sicherung von Kraftwerksstandorten in Baden-Württemberg, in: ET, 25. Jg. (1975), H. 1/2, S. 31ff.

5) Die Bezeichnung "Raumordnung" ist im Grundgesetz (Art. 75 Ziff. 4 GG) enthalten, ohne jedoch als Begriff erläutert zu sein. Er ist umfassend und wird oft übergeordnet, zuweilen aber auch wechselseitig mit "Landesplanung" gebraucht. "Raumordnung bezeichnet im allgemeinen die Aufgabe und das Ziel, während die Landesplanung das Mittel ist, dieses durch geeignete Maßnahmen und Verwaltungsakte zu konkretisieren und schließlich zu erreichen oder ihm wenigstens näher zu kommen" [1)]. Kries, O. v.: Gesichtspunkte der Raumordnung und Landesplanung zur Führung und Gestaltung von Freileitungen, in: ET, 16. Jg. (1966), H. 150, S. 13.
Als raumbeanspruchender und raumverändernder Wirtschaftszweig ist die Energiewirtschaft Gegenstand der staatlichen Raumordnungspolitik. Grundlage dieser Politik ist auf Bundesebene u.a. das Raumordnungsgesetz (RaumOG), in dem auch die öffentlichen Elektrizitätsversorgungsunternehmen direkt angesprochen sind. Vgl. Ladewig, W.: Die Energieversorgungsunternehmen in der Raumordnung, Ein Beitrag zur Rechtsstellung der Energieversorgungsunternehmen im überörtlichen Planungsrecht, Gräfeling 1970.

1) Vgl. Lauer, G.: Praktische Erfahrungen in Genehmigungsverfahren für Kernkraftwerke, in: ET, 22. Jg. (1972), H. 5, S. 226. Lukes, R. und Vollmer, L.: Ersetzung der Genehmigungsverfahren für kerntechnische Anlagen durch ein atomrechtliches Planfeststellungsverfahren, in: Lukes, R., Vollmer, L. und Mahlmann, W.: Grundprobleme zum atomrechtlichen Verwaltungsverfahren; Schriftenreihe Recht und Technik, Bd. 3, Heidelberg 1974, S. 21ff.

2) Verfahrensrechtlich unabhängig neben dem atomrechtlichen Genehmigungsverfahren steht nach geltendem Recht die "energiewirtschaftliche" Genehmigung nach § 4 EnWG. Vgl. dazu die Ausführungen in Kapitel A. II. 2. Zum Entwurf des Planfeststellungsverfahrens für Energieanlagen (EnVG) siehe unten.

a. Atomrechtlicher Genehmigung,
b. Gewerberechlicher Genehmigung,
c. Immissionsschutzrechtlicher Genehmigung,
d. Baurechtlicher Genehmigung,
e. Wasserrechtlicher Genehmigung.

Eine schematische Darstellung des atomrechtlichen Genehmigungsverfahrens in der Bundesrepublik Deutschland ist in Abbildung 9 wiedergegeben.

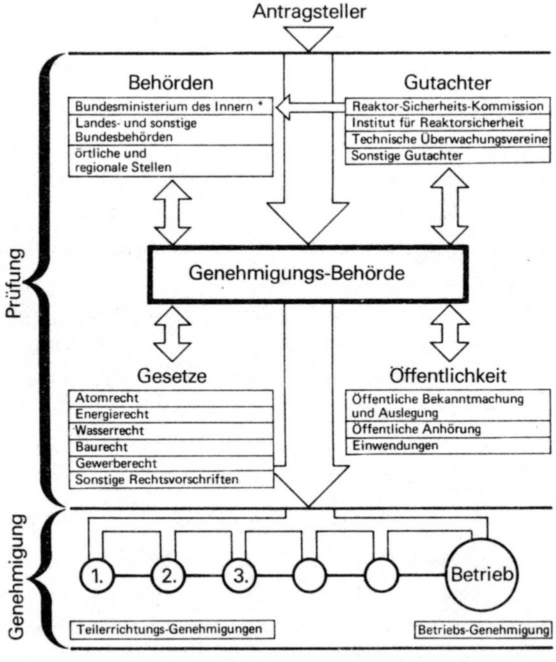

*) Weisungsbefugt gegenüber der Genehmigungsbehörde

Abbildung 9: Schematische Darstellung des atomrechtlichen Genehmigungsverfahrens in der Bundesrepublik Deutschland [1].

---

1) Grupe, H.: Kernenergie in Baden-Württemberg - Bedeutung, Probleme, Aufgaben; hrsg. vom Ministerium für Wirtschaft, Mittelstand und Verkehr Baden-Württemberg, Stuttgart 1975, nicht paginierter Anhang.

Da die Errichtung eines Kernkraftwerks einen Zeitraum von mehreren Jahren in Anspruch nimmt, werden im Rahmen des atomrechtlichen Genehmigungsverfahrens Teilgenehmigungen ausgesprochen [1], die aufgrund teilweise vorläufiger Unterlagen gestatten, einerseits verschiedene Prozesse zeitlich parallel ablaufen zu lassen und andererseits im Verlaufe der Aufbauphase bis zur Inbetriebnahme sich noch abzeichnende technische Fortschritte zu realisieren [2]. Bei der derzeitigen Genehmigungspraxis wird dem insoweit Rechnung getragen, als das atomrechtliche Genehmigungsverfahren in einzelne Genehmigungsstufen aufgespalten wird. Nach der idealtypischen sequentiellen Abfolge der Teilgenehmigungen kann unterschieden werden zwischen [3]:

- Standortgenehmigung,
- Errichtungsgenehmigung,
- Inbetriebnahme- und Probebetriebsgenehmigung,
- Betriebsgenehmigung, d.h. Genehmigung zum Dauerbetrieb des Kernkraftwerks.

In den folgenden Ausführungen werden die rechtlichen Voraussetzungen des atomrechtlichen Genehmigungsverfahrens nur so weit behandelt, als ein entsprechender Sachzusammenhang mit den verschiedenen Aspekten der Standortwahl

---

1) Siehe Schnurer, H.: Das atomrechtliche Genehmigungsverfahren in der Bundesrepublik Deutschland; DAtF Sonderdrucke, S-1, Bonn 1972, S. 14ff.

2) Vgl. Franzen, L.F.: Nachträgliche Berücksichtigung der Änderungen von Wissenschaft und Technik oder der Umgebung bei einer genehmigten Kernkraftanlage einschließlich Entschädigungsfragen - Technische Problematik (1. Referat), in: Lukes, R. (Hrsg.): Erstes Deutsches Atomrechts-Symposium, 7./8. Dezember 1972 in Münster/W.; Referate und Diskussionsberichte, Köln-Berlin-Bonn-München 1973, S. 125. Franke, L.: Standardisierte Kernkraftwerke, Genehmigung in Schritten hat sich bewährt - Einheitliche Standortwahl wichtig, in: VDI-Nachr., Nr. 48 vom 29. November 1974, S. 7.
Kritisch dazu Trenkler, H.: Kosten der Bauzeitverlänverungen bei Kernkraftwerken, in: atw, 21. Jg. (1976), H. 5, S. 246.

3) Vgl. Schnurer, H.: Das atomrechtliche Genehmigungsverfahren in der Bundesrepublik Deutschland; DAtF Sonderdrucke, S-1, Bonn 1972, S. 14ff.

besteht. Gesichtspunkte der Errichtungs[1)]- und Betriebsgenehmigung sind mithin im weiteren teilweise zu berücksichtigen, da die Standortgenehmigung und die Genehmigungen über Bauweise, Auslegung und Betrieb des Kernkraftwerks derzeit noch weitgehend unabhängig voneinander gehandhabt werden [2)]. S p e z i e l l e Aspekte der Inbetriebnahme- und Probegenehmigung sowie der Betriebsgenehmigung werden hier nicht betrachtet.

Zu a. Atomrechtliche Genehmigung

Die atomrechtliche Genehmigung bezieht sich allein auf kerntechnische Anlagen (§ 7 Abs. 1 AtG) [3)], d.h. bei Kernkraftwerken nur auf den nuklearen Teil, jedoch nicht auf den nicht-nuklearen ("konventionellen") Teil der Gesamtanlage [4)]. Für den nicht-nuklearen Teil gelangen somit die Vorschriften

---

1) Die Errichtungsgenehmigung bezieht sich im wesentlichen auf die Auslegung folgender Anlagen und Systeme: Sicherheitsbehälter, (Containment), Betoneinbauten im Containment, Druckgefäß, Schleusen, Primärkühlsystem, Notkühlsystem, Schnellabschaltesystem, Reaktorschutzsystem, Abluft- und Abgasanlagen, Abwasseraufbereitungsanlage.

2) Siehe auch Schwarzer,W.: Beziehungen zwischen Standort und Sicherheit von Kernkraftwerken, in: Institut für Reaktorsicherheit der Technischen Überwachungsvereine e.V. (Hrsg.): Die Sicherheit standortunabhängiger Kernkraftwerke; 4. IRS-Fachgespräch am 4./5. November 1968 in Düsseldorf, Tagungsbericht IRS-T-16, Köln 1969, S. 36f.
Standort- und Errichtungsgenehmigung für den standortunabhängigen Teil des Kernkraftwerks werden in Zukunft zumindest für standardisierte Leichtwasserreaktor-Kernkraftwerke zusammenfallen. Siehe weiter dazu in ad 3. Technische Sicherheitsmaßnahmen.

3) Gesetz über die friedliche Verwendung der Kernenergie und den Schutz gegen ihre Gefahren vom 23. Dezember 1959, BGBl. I, S. 814, mit späteren Änderungen (Atomgesetz - AtG).

4) Die Abgrenzung ist problematisch und bereitet Schwierigkeiten, da Kernkraftwerke als Gesamtanlage eine Einheit bilden, bei der die einzelnen nuklearen und nicht-nuklearen Anlagenteile mehr oder weniger stark auch im Hinblick auf potentielle Störfälle (vgl. die in Kapitel B. II. 2. skizzierten Störfallannahmen) miteinander verbunden sind.

des Gewerbe-, Immissionsschutz-, Bau- und Wasserrechts etc. zur Anwendung. Die für die Errichtung und den Betrieb eines Kernkraftwerks zu beachtenden Genehmigungsvoraussetzungen sind im einzelnen in § 7 Abs. 2, Ziff. 1 bis 5 AtG geregelt. Die Genehmigung darf danach nur erteilt werden, wenn

- gegen die "Zuverlässigkeit des Antragstellers" keine Bedenken bestehen (Ziff. 1),
- "die nach dem Stand der Wissenschaft und Technik erforderliche Vorsorge gegen Schäden durch die Errichtung und den Betrieb der Anlage getroffen ist" (Ziff. 2),
- "die erforderliche Vorsorge für die Erfüllung gesetzlicher Schadensersatzverpflichtungen getroffen ist" (Ziff. 3),
- "der erforderliche Schutz gegen Sörmaßnahmen oder sonstige Einwirkungen Dritter gewährleistet ist" (Ziff. 4),
- "überwiegende öffentliche Interessen, insbesondere im Hinblick auf die Reinhaltung der Luft und des Bodens, der Wahl des Standorts der Anlage nicht entgegenstehen" (Ziff. 5).

Der materielle Inhalt der atomrechtlichen Genehmigung für Kernkraftwerke wird in den §§ 1,2 AtAnVO [1] geregelt [2]. Danach bezieht sich die Prüfung

---

1) Verordnung über das Verfahren bei der Genehmigung von Anlagen nach § 7 des Atomgesetzes i.d.F. vom 29. Oktober 1970, BGBl. I, S. 1518 (Atomanlagen-Verordnung-AtAnVO).

2) Zum zeitlichen und sachlichen Ablauf des atomrechtlichen Genehmigungsverfahrens siehe z.B. Schnurer, H.: Das atomrechtliche Genehmigungsverfahren in der Bundesrepublik Deutschland; DAtF Sonderdrucke, S-1, Bonn 1972, S. 12ff. Stauber, E.: Grundzüge der Sicherheitsmaßnahmen bei Kernkraftwerken, Frankfurt/M. 1970, S. 47ff.
Die Durchführung wird allerdings unterschiedlich gehandhabt. Verschiedene Bundesländer leiten gemäß Art. 85 GG aus § 7 Abs. 3 AtG die Dezentralisation der Entscheidungskompetenz ab: "Im Genehmigungsverfahren sind alle Behörden des Bundes, der Länder, der Gemeinden und der sonstigen Gebietskörperschaften zu beteiligen, deren Zuständigkeitsbereich berührt wird..." (§ 7 Abs. 3 AtG). Andere Bundesländer leiten aus § 4 AtAnVO eine Entschei-

Fortsetzung siehe Seite 178

u.a. auf den Sicherheitsbericht, "der alle mit der Anlage verbundenen Gefahren und die vorgesehenen Sicherheitsmaßnahmen" (§ 1 Abs. 2, Ziff. 2 AtAnVO) dargelegt. Im einzelnen sind den Behörden endgültige Angaben über die geologischen-, bodenmechanischen-, seismologischen-, hydrologischen-, meterologischen- und Besiedlungsverhältnisse des Standorts oder Standortbereichs [1], über die Auslegung und Eigenschaften des Reaktorgebäudes, den "Größten anzunehmenden Unfall" [2] und die "Unfallfolgen-Begrenzungsmaßnahmen" vorzulegen. "Den Standort eines Kernkraftwerks genehmigen heißt, zugleich eine vorläufige Entscheidung über die grundsätzliche Bauweise des Reaktors und eine endgültige Entscheidung über den Größten anzunehmenden Unfall und seine voraussichtlichen Folgen für die Umgebung treffen" [3].

Neben den allgemeinen Genehmigungsvoraussetzungen des Atomgesetzes werden durch die "Erste Strahlenschutzverordnung" (1. SSVO) [4] detailliertere

---

Fortsetzung zu Fußnote

2) dungskonzentration ab und fassen die Genehmigungsvorschriften in einem geschlossenen Verfahren und einer gemeinsamen Genehmigung von einer Stelle zusammen. Vgl. auch Krolewski, H.: Genehmigungsverfahren bei Kernkraftwerken, in: Technische Vereinigung der Großkraftwerksbetreiber (VGB) e.V. (Hrsg.): VGB-Kernkraftwerks-Seminar 1970, Essen (1971), S. 305. Lauer, G.: Praktische Erfahrungen in Genehmigungsverfahren für Kernkraftwerke, in: ET, 22. Jg. (1972), H. 5, S. 228f.

1) Siehe dazu die Ausführungen in Kapitel B. III. 2.

2) Die Maßstäbe des Sicherheitsberichts orientieren sich derzeit noch am "Größten anzunehmenden Unfall" und nur bei Teilsystemen bereits an Ausfall- und Zuverlässigkeitsanalysen auf der Grundlage des Wahrscheinlichkeitskonzepts. Vgl. auch die Ausführungen in Kapitel B. II. 2. sowie z.B. Blombach, J., Rosenhauer, W. und Zeibig, H.: Beitrag der Zuverlässigkeitstechnik zur Sicherheit von Kernkraftwerken, in: VDI-Z, 117. Jg. (1975), H. 23, S. 1141.

3) Groos, O.H.: Aufgaben der Behörden bei der Genehmigung von Reaktorstandorten, in: TÜ, 7. Jg. (1966), H. 2, S. 54.

4) Erste Verordnung über den Schutz von Schäden durch Strahlen radioaktiver Stoffe i.d.F. vom 15. Oktober 1965, BGBl. I, S. 1654 (Erste Strahlenschutzverordnung - 1. SSVO).

Schutzvorschriften festgelegt, die für den mit dem Betrieb eines Kernkraftwerks verbundenen Umgang mit Radionukliden Anwendung finden. Von besonderer Bedeutung für den "Schutz von Wasser, Luft und Boden" sind die in § 34 Abs. 1 bis 4 der 1. SSVO quantitativ festgelegten, maximal zulässigen festen, flüssigen und gasförmigen Emissionen radioaktiver Stoffe. In Anlage II zur 1. SSVO sind allerdings nur die Konzentrationswerte der Radionuklide (in $[\mu Ci \cdot cm^{-3}]$) angegeben, die entsprechend § 34 der 1. SSVO in "Gewässer, Luft und Boden" gelangen dürfen [1], nicht jedoch die Abgabemengen pro Zeiteinheit (z.B. in $[Ci \cdot a^{-1}]$). Diese Festlegung ist im Einzelfall einerseits dem Ermessen der atomrechtlichen Genehmigungsbehörde in Anwendung des Grundsatzes, "die Strahlenbelastung von Personen und strahlenempfindlichen Sachgütern Dritter oder der Allgemeinheit so gering wie möglich [zu halten]" (§ 21 Ziff. 3 der 1. SSVO), überlassen [2]. Nach § 34 Abs. 6 der 1. SSVO bleiben andere Rechtsvorschriften, die den "Schutz von Luft, Wasser und Boden" betreffen, unberührt; diese Regelung ermöglicht dann andererseits z.B. den wasserrechtlichen Genehmigungsbehörden Abgabemengen pro Zeiteinheit festzusetzen [3].

---

1) Siehe Anlage II zur 1. Strahlenschutzverordnung (1. SSVO), z.B. in Fischerhof, H.: Atomgesetz mit Verordnungen einschließlich Röntgenverordnung - Textausgabe, 5. Aufl., Baden-Baden 1973.

2) Zu den Kategorien "Ermessen" und "Beurteilungsspielraum" im atomrechtlichen Genehmigungsverfahren siehe Mahlmann, W.: Ermessen, Beurteilungsspielraum und Beweislastverteilung im atomrechtlichen Genehmigungsverfahren (1. Referat), in: Lukes, R. (Hrsg.): Erstes Deutsches Atomrechts-Symposium, 7./8. Dezember 1972 in Münster/W.; Referate und Diskussionsberichte, Köln-Berlin-Bonn-München 1973, S. 269-289. Wiedemann, H.: Ermessen, Beurteilungsspielraum und Beweislastverteilung im atomrechtlichen Genehmigungsverfahren (2. Referat), in: ebenda, S. 291-299. Schmitz, H.-T.: Ermessen, Beurteilungsspielraum und Beweislastverteilung im atomrechtlichen Genehmigungsverfahren (3. Referat), in: ebenda, S. 301-304.

3) Eine detailliertere Diskussion der gegenwärtigen, diesbezüglichen Genehmigungspraxis erfolgt in Kapitel B. II. 2. - ad 5. Hydrologische Verhältnisse.

Als Grenzwert der zulässigen Strahlenbelastung in der Umgebung kerntechnischer Anlagen wird in § 35 Abs. 1 der 1. SSVO 0,5 rem·a^{-1} (= 500 mrem·a^{-1}) angegeben. Eine Definition des räumlichen Umkreises, auf den sich der Terminus "Umgebung" erstreckt ist allerdings in der gesetzlichen Regelung selbst nicht enthalten.
In Anwendung des genannten Grundsatzes, "die Strahlenbelastung von Personen und strahlenempfindlichen Sachgütern Dritter oder der Allgemeinheit so gering wie möglich [zu halten]" (§ 21 Ziff. 3 der 1. SSVO) sowie der Überlegung, daß in einem betrachteten Bereich im Zeitablauf weitere Emittenden hinzukommen können, werden seit einigen Jahren in der Bundesrepublik von den Genehmigungsbehörden restriktivere Bestimmungen bei der Genehmigung von Ableitungen radioaktiver Abgase und Abluft angewendet. Danach gilt, daß an keiner Stelle der Umgebung von kerntechnischen Anlagen die Ganzkörperbelastung als Folge der Emission von Radionukliden in die Atmosphäre beim Normalbetrieb der Wert von 30 mrem·a^{-1} überschritten werden darf ("30 mrem-Konzept")[1)2)].
Entsprechend gilt für die Strahlenbelastung durch radioaktive Stoffe im Abwasser ebenfalls ein Grenzwert von 30 mrem·a^{-1}.
Ein weitergehender Vorschlag sieht vor, diesen Wert wegen der Bedeutung der verschiedenen Expositionswege folgendermaßen zu unterteilen [3)]:

- Strahlenbelastung durch radioaktive Abwässer über den Expositionsweg "Trinkwasser": 10 mrem·a^{-1},

---

1) Siehe dazu auch Aurand, K., Ruf, M., Schikarski, W. und Schwibach, J.: Umweltbelastung durch Radionuklide in Abluft und Abwasser aus Kernkraftwerken in der Bundesrepublik Deutschland; Gesellschaft für Kernforschung mbH , Karlsruhe, Bericht KFK-1515, Karlsruhe 1972, S. 5.

2) Der vom "Bundesministerium des Innern" vorbereitete Entwurf zur Neuregelung der Strahlenschutzverordnung sieht die Reduzierung des bisherigen Grenzwertes der zulässigen Strahlenbelastung (500 mrem·a^{-1}) durch kerntechnische Anlagen auf 6 % und damit eine Angleichung an diesen Wert vor.

3) Vgl. Schwibach, J.: Strahlenschutzrichtwerte für die Genehmigung der Ableitung radioaktiver Stoffe aus kerntechnischen Anlagen, in: Institut für Reaktorsicherheit der Technischen Überwachungsvereine e.V. (Hrsg.): Betriebliche Ableitungen radioaktiver Stoffe aus kerntechnischen Anlagen; 7. IRS-Fachgespräch am 8./9. November 1971 in Köln, Tagungsbericht IRS-T-23, Köln 1972, S. 26.

- Strahlenbelastung durch radioaktive Abwässer über den Expositionsweg "Nahrungsmittel": 10 $mrem \cdot a^{-1}$,
- Strahlenbelastung durch radioaktive Abwässer über den Expositionsweg "Äußere Belastung": 10 $mrem \cdot a^{-1}$.

Zu b. Gewerberechtliche Genehmigung

Das Verhältnis des Atomgesetzes zur Gewerbeordnung (GeWO) [1] und - in Fortführung der früher in §§ 16ff. GeWO enthaltenen Regelungen - zum Bundes-Immissionsschutzgesetz (BImSchG) [2] wird in § 8 AtG n.F. [3] geregelt.
Nach § 69 Abs. 1 Ziff, 2b BImSchG finden die Vorschriften des § 4 BImSchG (bisher § 16 GeWO) auf genehmigungspflichtige Anlagen im Sinne des § 7 Abs. 1 AtG keine Anwendung, "soweit es sich um den Schutz vor den Gefahren der Kernenergie oder der schädlichen Wirkung ionisierender Strahlen handelt" (§ 8 Abs. 1 AtG n.F.) [4] (vgl. oben "Atomrechtliche Genehmigung").

Wesentlichen Bestandteil der gewerberechtlichen Genehmigung bilden die Vorschriften über genehmigungspflichtige Anlagen, die in Kernkraftwerken Verwendung finden, nach § 24 GeWO mit Festlegung der grundsätzlichen Anwendung nach § 8 Abs. 2 AtG.
Von besonderer Bedeutung sind in dieser Hinsicht die Dampfkesselanlagen, deren Errichtung und Betrieb durch die Vorschriften der Dampfkesselver-

---

1) Gewerbeordnung i.d.F. des Vierten Bundesgesetzes zur Änderung der Gewerbeordnung vom 5. Februar 1960, BGBl. I, S. 61 (GeWO).

2) Gesetz zum Schutz vor schädlichen Umwelteinwirkungen durch Luftverunreinigungen, Geräusche, Erschütterungen und ähnliche Vorgänge vom 15. März 1974, BGBl. I, S. 721 (Bundes-Immissionsschutzgesetz-BImSchG).

3) n.F. = neue Fassung - infolge Änderung durch § 69 Abs. 1 Ziff. 2 BImSchG.

4) Zur verfahrensrechtlichen Erweiterung des atomrechtlichen Genehmigungsverfahrens durch das Bundes-Immissionsschutzgesetz siehe nachfolgende Ausführungen.

ordnung [1] festgestellt sind. Nach der Dampfkesselverordnung gelten wesentliche Teile des Primärkühlkreislaufs von Druck- und Siedewasserreaktoren als Dampfkesselanlagen [2] und unterliegen damit dieser Verordnung [3].

Zu c. Immissionsschutzrechtliche Genehmigung

Der Bedeutung des Immissionsschutzes wurde früher beim Betrieb von kleineren Kernkraftwerken eine untergeordnete Rolle zuerkannt, zumal da die Abgrenzung zum Gewerberecht nach § 8 Abs. 1 AtG a.F. und die damit im Verfahren nach § 7 AtG a.F. vorzunehmende Prüfung als sachgerecht und ausreichend empfunden wurde [4]. Nach rechtskonformer Auslegung des § 7 Abs. 2 AtG war die Entscheidungskompetenz der atomrechtlichen Genehmi-

---

1) Verordnung über die Errichtung und den Betrieb vom Dampfkesselanlagen (Dampfkesselverordnung-DampfkV) vom 8. September 1965, BGBl. I, S. 1300, in der Fassung der Ersten Verordnung zur Änderung der Dampfkesselverordnung vom 30. Juli 1968, BGBl. I, S. 881.

2) Als "Dampfkessel" im Sinne der Dampfkesselverordnung gelten alle "geschlossenen Gefäße, die den Zweck haben, Wasserdampf von höherer als atmosphärischer Spannung zur Verwendung außerhalb des Dampfentwicklers" zu erzeugen.

3) Vgl. Lindackers, K.-H.: Einflüsse des atomrechtlichen Genehmigungsverfahrens in der Bundesrepublik Deutschland auf die technische Auslegung und den Betrieb von Kernkraftwerken, Diss. Aachen 1970, S. 89f. Franzen, L.F.: Einflüsse der aus dem Genehmigungsverfahren sich ergebenden Auflagen auf die Ausführbarkeit und Wirtschaftlichkeit von Kraftwerken mit Kernbrennstoffen; VDI-BW 2129, Düsseldorf (1972), S. 2. Jaeger, (...), Ulrichs, (...), Greinert, W., Dörrscheidt, W. und Hoffmann, W.E.: Dampfkessel-Errichtung und Betrieb, Bd. 1, T. 1: Dampfkesselverordnung und Verwaltungsvorschriften, Kommentar von W. Greinert, 7. Aufl., Köln-Berlin-Bonn-München 1974, S. 85.

4) Vgl. Pfaffelhuber, J.K.: Neue Tendenzen im Atomrecht, in: ET, 22. Jg. (1972), H. 5, S. 216.

gungsbehörden jedoch nur auf den Schutz vor nuklearen Gefahren beschränkt. Auch die Genehmigungsvoraussetzung des § 7 Abs. 2 Ziff. 5 AtG, nach dem die Genehmigung nur erteilt werden darf, wenn "überwiegende öffentliche Interessen, insbesondere im Hinblick auf die Reinhaltung der Luft und des Bodens, der Wahl des Standorts der Anlage nicht entgegenstehen", dient dem Schutz gegen nukleare und radioökologische Gefahren und ist bei rechtskonformer Auslegung nicht auf nicht-radioökologische Gefahren anwendbar [1]. Die Rechtsunsicherheit bei der Beurteilung an sich "gewerberechtlicher" "Gefahren, Nachteile oder Belästigungen" (§ 18 Satz 1 GeWO) ist durch die Änderung der §§ 7,8 AtG i.V.m. § 69 Abs. 1 BImSchG beseitigt worden. Wesentliche Neuregelung ist dabei, daß die Genehmigung nach § 7 AtG die Genehmigung nach § 4 BImSchG einschließt (§ 69 Abs. 1 Ziff. 2c BImSchG i.V.m. § 8 Abs. 1a AtG n.F.). Damit können im Rahmen der atomrechtlichen Genehmigung Umwelteinwirkungen nicht-radioökologischer Art, insbesondere Umwelteinflüsse durch Abwärme, nach dem Bundesimmissionsschutzgesetz erfaßt werden.

Zu d. Baurechtliche Genehmigung

Hinsichtlich der baurechtlichen Genehmigung sind die in dem jeweiligen Bundesland gültigen Bauordnungen und die zur Durchführung dieser Bauordnungen ergangenen Verordnungen und Durchführungsbestimmungen zu beachten.
In einigen Landesbauordnungen (z.B. Bauordnung von Nordrhein-Westfalen, Baden-Württemberg, Saarland) ist ausdrücklich bestimmt, daß die atomrechtliche Genehmigung nach § 7 AtG die Baugenehmigung einschließt, während in anderen Bundesländern (z.B. Bayern; vgl. § 82 BayBauO) die baurechtliche Genehmigung als selbständiges Verfahren neben dem atomrechtlichen Genehmigungsverfahren

---

1) Nach Pfaffelhuber, J.K.: Neue Tendenzen im Atomrecht, in: ET, 22. Jg. (1972), H. 5, S. 216. Kritisch gegenüber dieser Auslegung Lukes, R. und Vollmer, L.: Ersetzung der Genehmigungsverfahren für kerntechnische Anlagen durch ein atomrechtliches Planfeststellungsverfahren, in: Lukes, R., Vollmer, L. und Mahlmann, W..: Grundprobleme zum atomrechtlichen Verwaltungsverfahren; Schriftenreihe Recht und Technik, Bd. 3, Heidelberg 1974, S. 25.

durchgeführt wird [1].
Da eine dem § 8 AtG vergleichbare Regelung über die Abgrenzung des Baurechts zum Atomrecht fehlt, ergeben sich Abgrenzungsschwierigkeiten und Überschneidungen der bauordnungsrechtlichen Prüfung mit der von den atomrechtlichen Genehmigungsbehörden vorzunehmenden sicherheitsrechtlichen Prüfung unter nuklearspezifischen Gesichtspunkten [2].
Für die Erteilung der atomrechtlichen Genehmigung bedarf es in jedem Fall noch des Einvernehmens der Gemeinde, in deren Außenbereich das Kernkraftwerk errichtet werden soll, sowie der Zustimmung der höheren Verwaltungsbehörde (§§ 35,36 Abs. 1 BBauG[3]) [4].

Zu e. Wasserrechtliche Genehmigung

Für die Errichtung und den Betrieb von Kernkraftwerken ist die Beachtung und Einhaltung wasserrechtlicher Vorschriften des Wasserhaushaltsgesetzes

---

1) Vgl. Lauer, G.: Praktische Erfahrungen in Genehmigungsverfahren für Kernkraftwerke, in: ET, 22. Jg. (1972), H. 5, S. 226. Lukes, R. und Vollmer, L.: Ersetzung der Genehmigungsverfahren für kerntechnische Anlagen durch ein atomrechtliches Planfeststellungsverfahren, in: Lukes, R., Vollmer, L. und Mahlmann, W.: Grundprobleme zum atomrechtlichen Verwaltungsverfahren; Schriftenreihe Recht und Technik, Bd. 3, Heidelberg 1974, S. 28f.

2) Siehe Lukes, R. und Vollmer, L.: Ersetzung der Genehmigungsverfahren für kerntechnische Anlagen durch ein atomrechtliches Planfeststellungsverfahren, in: Lukes, R., Vollmer, L. und Mahlmann, W.: Grundprobleme zum atomrechtlichen Verwaltungsverfahren; Schriftenreihe Recht und Technik, Bd. 3, Heidelberg 1974, S. 28.

3) Bundesbaugesetz vom 23. Juni 1960, BGBl. I, S. 341, mit späteren Änderungen (BBauG).

4) Ausführlicher siehe dazu Börner, B.: Planungsrecht für Energieanlagen - Vom Liberum Veto zur Planfeststellung; Veröffentlichungen der Akademie für Raumforschung und Landesplanung, Abhandlungen, Bd. 69, Hannover 1973, S. 9f.

(WHG) [1] und der dazu ergangenen Landeswassergesetze erforderlich [2]. Nach § 2 WHG bedarf eine Benutzung der Gewässer, insbesondere das Einleiten von Abwasser in Oberflächengewässer oder in das Grundeasser (§ 3 Abs. 1 Ziff. 4 und 5 WHG) der besonderen wasserrechtlichen Erlaubnis (§ 7 WHG) [3] oder der Bewilligung (§ 8 WHG) [4]. Die wasserrechtliche Erlaubnis oder Bewilligung besteht neben der atomrechtlichen Genehmigung.
Für die wasserrechtliche Erlaubnis oder Bewilligung ist einerseits die Prüfung hinsichtlich eines ausreichenden Schutzes gegen eine zu hohe Kontamination des öffentlichen Gewässers durch Einleiten von Radionukliden mit dem Abwasser erforderlich, andererseits ist zu klären, ob und in welchem Ausmaß andere Gefahren, z.B. durch die Erwärmung des Vorfluters aufgrund der Einleitung von Kühlwasser, bestehen.

Zur Errichtung von Kernkraftwerken an Bundeswasserstraßen, sind darüber hinaus die nach dem Bundeswasserstraßengesetz (BWaStrG) [5] notwendigen strom- und schiffahrtspolizeilichen Genehmigungen erforderlich (§ 31 BWaStrG).

Wie die bisherige Erfahrung bei der Genehmigung von Kernkraftwerken zeigt, ergeben sich bestimmte Koordinationsschwierigkeiten und damit zeitliche Verzögerungen durch die Vielzahl der Genehmigungen und Genehmigungsbehörden [6].

---

1) Gesetz zur Ordnung des Wasserhaushalts vom 27. Juli 1957, BGBl. I, S. 1110, mit späteren Änderungen (Wasserhaushaltsgesetz-WHG).

2) Vgl. Lauer, G.: Praktische Erfahrungen in Genehmigungsverfahren für Kernkraftwerke, in: ET, 22. Jg. (1972), H. 5, S. 226f.

3) "Die Erlaubis gewährt die widerrufliche Befugnis ein Gewässer zu einem bestimmten Zweck in einer nach Art und bestimmten Weise zu benutzen; sie kann befristet werden". § 7 WHG.

4) "Die Bewilligung gewährt das Recht, ein Gewässer in einer nach Art und Maß bestimmten Weise zu benutzen..." § 8 Abs. 1 WHG.

5) Bundeswasserstraßengesetz vom 2. April 1968, BGBl. I, S. 503 (BWaStrG).

6) Vgl. Smidt, D.: Engpaß Genehmigungsverfahren?, in: atw, 18. Jg. (1973), H. 3, S. 116f. Lukes, R. und Vollmer, L.: Ersetzung der Genehmigungsver-

Fortsetzung siehe Seite 186

Erforderlich sind insgesamt etwa zwanzig bis dreißig Genehmigungen [1] aufgrund des Atomgesetzes oder anderer öffentlich-rechtlicher Vorschriften. "Die gegenständlich und sachlich beschränkte Entscheidungskompetenz der Atombehörden macht eine einheitliche Gesamtentscheidung unter Berücksichtigung aller öffentlichen Belange und bei Kernkraftwerken in bezug auf die Gesamtanlage unmöglich. Das erscheint vor allem in Hinblick auf die schwierige Standortentscheidung ein schwerwiegender Mangel" [2)3)].

Fortsetzung zu Fußnote

6) fahren für kerntechnische Anlagen durch ein atomrechtliches Planfeststellungsverfahren, in: Lukes, R., Vollmer, L. und Mahlmann, W.: Grundprobleme zum atomrechtlichen Verwaltungsverfahren; Schriftenreihe Recht und Technik, Bd. 3, Heidelberg 1974, S. 18. Trenkler, H.: Kosten der Bauzeitverlängerungen bei Kernkraftwerken, in: atw, 21. Jg. (1976), H. 5, S. 246.

1) Vgl. Lukes, R.: Die zukünftige Entwicklung des Kernenergierechts, in: NJW, 26. Jg. (1973), H. 28, S. 1211.

2) Lukes, R. und Vollmer, L.: Ersetzung der Genehmigungsverfahren für kerntechnische Anlagen durch ein atomrechtliches Planfeststellungsverfahren, in: Lukes, R., Vollmer, L. und Mahlmann, W.: Grundprobleme zum atomrechtlichen Verwaltungsverfahren; Schriftenreihe Recht und Technik, Bd. 3, Heidelberg 1974, S. 31.

3) In Baden-Württemberg sind die möglichen Kraftwerksstandorte einschließlich der Kernkraftwerksstandorte durch einen Standortvorsorgeplan bestimmt. Der Plan wurde im Einvernehmen mit dem Innenministerium im August 1974 entworfen und anschließend allen berührten Stellen zugeleitet. Er beruht auf Untersuchungen und Empfehlungen des Interministeriellen Arbeitskreises "Kraftwerksstandorte" seit Ende 1972.
Die Standortgemeinden, die an sie angrenzenden Gemeinden, die Landkreise, in denen diese Gemeinden liegen, und die Regionalverbände wurden an der Aufstellung beteiligt. Sie konnten insbesondere ihre eigenen Planungsvorstellungen darlegen, Bedenken vorbringen und Alternativen vorschlagen. Außerdem wurden sie über die dem Plan zugrunde liegenden energiepolitischen und landespolitischen Überlegungen und die Umweltprobleme im Zusammen-

Fortsetzung siehe Seite 187

Weitere zeitliche Verzögerungen ergeben sich, wenn gegen das Bauvorhaben Masseneinsprüche [1] eingelegt und die erteilten Genehmigungen vor dem Ver-

---

Fortsetzung zu Fußnote

3) hang mit Kraftwerken unterrichtet.
Die Standorte selbst wurden vom Interministeriellen Arbeitskreis "Kraftwerksstandorte", in dem die für Umweltschutz, Landschaftsökologie, Wasserwirtschaft, Natur- und Landschaftschutz, Energieversorgung, Reaktorsicherheit, Strahlenschutz, Immissionsschutz und Landesplanung zuständigen Ressorts vertreten waren, aus einer Reihe von Standortvorschlägen der Versorgungsunternehmen ausgewählt.
Die wichtigsten Kriterien bei der Standortwahl waren:
- Einklang mit raumordnerischen Zielsetzungen,
- Grundsatz der Vermeidung von Kernkraftwerksmassierungen,
- Berücksichtigung der Besiedlungsdichte,
- Berücksichtigung des Gewässerschutzes, Natur- und Landschaftsschutzes,
- Berücksichtigung der Trinkwasserversorgung,
- Beachtung der meteorologischen Auswirkungen großer Naßkühltürme auf die Umgebung,
- Berücksichtigung von Anlagen, die das Kernkraftwerk gefährden könnten, wie Flugplätze, Sprengstofflager, Fabriken mit Explosionsgefahr,
- Mögliche radiologische Überlagerungseffekte,
- Lage des Standorts zum Verbundnetz.
Nach einer schriftlichen Mitteilung der Kernkraftwerk Süd GmbH., Karlsruhe, vom 28. August 1975 an d. Verf. Siehe auch Grawe, J.: Auswahl und Sicherung von Kraftwerksstandorten in Baden-Württemberg, in: ET, 25. Jg. (1975), H. 1/2, S. 31-35. Ein Lageplan der ausgewiesenen Standorte (Stand 1974) findet sich z.B. in Schubert, D.: Kraftwerksplätze zur Wahl, Baden-Württembergs Regierung will vorsorgen, in: ZfK, Nr. 6 vom 14. Juni 1974, S. 2.

1) Die Anzahl der Einsprüche gegen einzelne Kernkraftwerksprojekte liegt inzwischen in der Größenordnung 10^4 bis 10^5. Eine statistische Erfassung der Eskalation der Einsprüche gegen den Bau von Kernkraftwerken im Zeitraum 1967 bis 1974 gibt Kohler, H.A.G.: Sites of Light-Water Reactor Power Plants in the Federal Republic of Germany, in: International Atomic Energy Agency (IAEA) (Ed.): Siting of Nuclear Facilities; Proceedings Series-STI/PUB/384, Wien 1975, S. 208, dort Abbildung 6 (Report IAEA-SM -188/23).

waltungsgericht angefochten werden [1]. Nach § 80 VwGO [2] hat die Anfechtungsklage aufschiebende Wirkung, so daß von der Genehmigung nicht Gebrauch gemacht werden darf; das Verwaltungsgericht kann die aufschiebende Wirkung der Anfechtungsklage wiederherstellen [3].
Der Entwurf zum EnVG [4] von 1973 will diesen Verzögerungen entgegenwirken. § 12 EnVG sieht ein Planfeststellungsverfahren für alle Bauvorhaben vor, die der energiewirtschaftlichen Investitionsaufsicht nach § 4 EnWG unterliegen. Wesentliche Wirkung des Planfeststellungsverfahrens ist die Konzentration aller für die Durchführung des Bauvorhabens erforderlichen öffentlich-rechtlichen Genehmigungen und damit bei Kernkraftwerken auch die Genehmigung nach dem Atomgesetz (AtG) [5].

---

1) Vgl. Lukes, R.: Die zukünftige Entwicklung des Kernenergierechts, in: NJW, 26. Jg. (1973), H. 28, S. 1212.

2) Verwaltungsgerichtsordnung vom 21. Januar 1960, BGBl. I, S. 17, mit späteren Änderungen (VwGO).

3) Vgl. Evers, H.-U.: Das Recht der Energieversorgung, München 1974, S. 115. Ausführlicher dazu Fischerhof, H.: Die Energieversorgungsunternehmen und das öffentliche Interesse - seine Geltendmachung und Würdigung im Verfahren über den vorläufigen Rechtsschutz, in: ET, 26. Jg. (1976), H. 3, S. 81-84.

4) Gesetz zur Förderung und Sicherung der Versorgung mit leitungsgebundener Energie-Entwurf 1973 (EnVG).

5) Vgl. Pfaffelhuber, J.K.: Neue Tendenzen im Atomrecht, in: ET, 22. Jg. (1972), H. 5, S. 214ff. Börner, B.: Planungsrecht für Energieanlagen - Vom Liberum Veto zur Planfeststellung; Veröffentlichungen der Akademie für Raumforschung und Landesplanung, Abhandlungen, Bd. 69, Hannover 1973, S. 45ff. Pfaffelhuber, J.K.: Deutsches Atomrecht - Die zukünftige Entwicklung (1. Referat), in: Lukes, R. (Hrsg.): Erstes Deutsches Atomrechts-Symposium, 7./8. Dezember 1972 in Münster/W.; Referate und Diskussionsberichte, Köln-Berlin-Bonn-München 1973, S. 13ff. Scheuten, G.(H.): Deutsches Atomrecht - Die zukünftige Entwicklung (2. Referat), in: ebenda, S. 24ff. Lukes, R.: Die Entwicklung des Kernenergierechts, in: NJW, 26. Jg. (1973), H. 28, S. 1211ff. Lukes, R. und Vollmer, L.:

Fortsetzung siehe Seite 189

Durch das vorgesehene energiewirtschaftliche Planfeststellungsverfahren würde bei Kernkraftwerken die Gesamtanlage erfaßt, d.h. nicht nur der nicht-nukleare Teil, sondern auch der nukleare Teil des Kernkraftwerks [1]. Nach R. Lukes und L. Vollmer erscheint hierzu eine rechtliche Klarstellung unbedingt erforderlich, da sich die Frage stellt, "ob das Planfeststellungsverfahren für die Gesamtanlage wegen ihres nuklearen Teils von den atomrechtlichen Genehmigungsbehörden im Wege der Bundesauftragsverwaltung durchzuführen ist, oder wegen des nicht-nuklearen Teils von anderen Landesbehörden als eigene Verwaltungsangelegenheit" [2]. Die gesetzliche Regelung müßte nach R. Lukes und L. Vollmer dahin erfolgen, "daß für Kernenergieanlagen, und zwar für die Gesamtanlage, die atomrechtlichen Genehmigungsbehörden als Planfeststellungsbehörden zuständig sind, damit der Schutz vor den Gefahren der Kernenergie in der vom Atomgesetz für notwendig erachteten Weise (§ 24 AtG) durch die besonderen atomrechtlichen Genehmigungsbehörden in Form der Bundesauftragsverwaltung auch in Zukunft gewährleistet ist" [3]. Durch das energiewirtschaftliche Planfeststellungsverfahren würden darüberhinaus auch andere dem EnVG (Entwurf 1973) nicht unterliegende kerntechnische Anlagen, z.B. Anreicherungsanlagen, Anlagen zur Brennelementherstellung,

---

Fortsetzung zu Fußnote

5) Ersetzung der Genehmigungsverfahren für kerntechnische Anlagen durch ein atomrechtliches Planfeststellungsverfahren, in: Lukes, R., Vollmer, L. und Mahlmann, W.: Grundprobleme zum atomrechtlichen Verwaltungsverfahren; Schriftenreihe Recht und Technik, Bd. 3, Heidelberg 1974, S. 35ff.
Scheuten, G.H.: Das Kernenergierecht in seiner Entwicklung - Praxis und Wandlung, in: ET, 25. Jg. (1975), H. 8, S. 362ff.

1) Zur derzeitigen Regelung vgl. oben "Atomrechtliche Genehmigung".

2) Lukes, R. und Vollmer, L.: Ersetzung der Genehmigungsverfahren für kerntechnische Analgen durch ein atomrechtliches Planfeststellungsverfahren, in: Lukes, R., Vollmer, L. und Mahlmann, W.: Grundprobleme zum atomrechtlichen Verwaltungsverfahren; Schriftenreihe Recht und Technik, Bd. 3, Heidelberg 1974, S. 34.

3) Lukes, R. und Vollmer, L.: ebenda, S. 34. Vgl. auch Lukes, R.: Die Entwicklung des Kernenergierechts, in: NJW, 26. Jg. (1973), H. 28, S. 1212.

Wiederaufarbeitungsanlagen nicht erfaßt [1]. Aufgrund der gleichen nuklearspezifischen und kernenergierechtlichen Problematik dieser Anlagen wie bei Kernkraftwerken, "kann auch aus diesem Grund im Ergebnis nur ein Rechtszustand befriedigen, bei dem für alle kerntechnischen Anlagen ein besonderes atomrechtliches Planfeststellungsverfahren vorgesehen ist, das von den atomtrechtlichen Genehmigungsbehörden durchgeführt wird" [2].

---

1) Vgl. Lukes, R.: Die zukünftige Entwicklung des Kernenergierechts, in: NJW, 26. Jg. (1973), H. 28, S. 1212.

2) Lukes, R. und Vollmer, L.: Ersetzung der Genehmigungsverfahren für kerntechnische Anlagen durch ein atomrechtliches Planfeststellungsverfahren, in: Lukes, R., Vollmer, L. und Mahlmann, W.: Grundprobleme zum atomrechtlichen Verwaltungsverfahren; Schriftenreihe Recht und Technik, Bd. 3, Heidelberg 1974, S. 34. Zur Diskussion der konkreten Ausgestaltung eines atomrechtlichen Planfeststellungsverfahrens siehe Lukes, R. und Vollmer, L.: ebenda, S. 46ff. und kritische Stellungnahme S. 60ff.

ad 2. Technische Sicherheitsmaßnahmen

Technische Sicherheitsmaßnahmen können entweder konstruktiver, d.h. anlagen- und bautechnischer, oder verfahrenstechnischer Art sein. Grundsätzliches Ziel technischer Sicherheitsmaßnahmen ist es, die Freisetzung von Radionukliden zu verhindern sowie unbeabsichtigte gefährliche Betriebszustandsänderungen zu erkennen und gegebenenfalls Gegenmaßnahmen einzuleiten [1)]. Die erforderlichen Sicherheitsmaßnahmen haben sich einerseits an der zulässigen Strahlenbelastung der Allgemeinheit, andererseits am individuellen Gefährdungspotential des jeweiligen Kernkraftwerks unter Berücksichtigung der Wechselwirkung "Gefährdung des Kernkraftwerks durch die Umgebung" und "Gefährdung der Umgebung durch das Kernkraftwerk" zu orientieren [2)].
Ziel technischer Sicherheitsmaßnahmen kann es jedoch nicht sein, Kernkraftwerke grundsätzlich so auszulegen, daß ihre Errichtung a priori an jeden beliebigen Standort möglich wäre [3)]. Diese Bestrebungen widersprächen auch elektrizitätswirtschaftlichen Grundsätzen [4)]. "Deshalb erscheint es - zu-

---

1) Vgl. Fürste, W., Hemmerling, H., König, W., Pfeiffer, A. und Roßberg, K.: Studie über die nukleare Sicherheit standortunabhängiger Kernkraftwerke und deren Einfluß auf die Wirtschaftlichkeit; Bundesministerium für Forschung und Technologie, Forschungsbericht K73-01, Leopoldshafen (Karlsruhe) 1973, S. 37.

2) Vgl. Bayer, A.: Untersuchung von Individual- und Populations-Ausbreitungsfaktoren für mögliche Reaktorstandorte am Rhein von Karlsruhe (Flußkilometer 360) bis Mannheim (Flußkilometer 430); Gesellschaft für Kernforschung mbH Karlsruhe, Bericht KFK-1501, Karlsruhe 1971, S. 1.

3) Diese Auffassung steht nicht in Widerspruch zu der als Vorbemerkung zu Kapitel B. II. geforderten Maxime: 'Kernkraftwerke müssen an jedem gewählten Standort sicher sein' und "Die Sicherheit ist eine conditio sine qua non, abgesehen davon, daß ein unsicheres Kernkraftwerk im allgemeinen auch nicht wirtschaftlich sein kann" (H. Mandel).

4) Ähnlich auch Guck, R.: Standorte für Kernkraftwerke, in: atw, 18. Jg. (1973), H. 8/9, S. 387.

mindest aus der Sicht heutiger Erkenntnisse - unzweckmäßig, einen völlig standortunabhängigen Kernkraftwerkstyp zu schaffen, der alle Anforderungen hinsichtlich Sicherheit, Umweltschutz usw. von vornherein erfüllt und in größerer Stückzahl an beliebigen, d.h. auch an extrem ungünstigen Standorten errichtet würde " [1]. Dieser Formulierung entsprechen die bisher hier vertretenen Ausführungen [2].
Eine entgegengesetzte Auffassung, nämlich die Kernkraftwerksauslegung generell so vorzunehmen, "indem der Standard die jeweils strengsten Standortanforderungen erfüllt", vertritt M. Diederichs [3]. Ähnlich glaubt L.F. Franzen, daß sich durch Schaffung eines standortunabhängigen Kernkraftwerks sehr viele Probleme "von allein" erledigen [4].

Zunächst unberührt von diesen konträren Auffassungen bleibt die Forderung bestehen, Kernkraftwerke in Zukunft weiterhin zu standardisieren.
Geeignet zur Standardisierung sind - folgt man der hier vom Verf. vertretenen Ansicht - standortunabhängige Systeme und Komponenten. Als wesentliche Ziele der Standardisierung gelten dabei [5]:

---

1) Bundesministerium des Innern (Hrsg.): Sicherheit kerntechnischer Einrichtungen und Strahlenschutz, Rechenschaftsbericht und Programm, 2. Aufl., Bonn 1974, S. 39.

2) Vgl. insbesondere Kapitel B. II. 2.

3) Diederichs, M.: Standardisierung von Kernkraftwerken mit Leichtwasserreaktoren, in: VGB Kraftwerkstechnik, 54. Jg. (1974), H. 9, S. 580.

4) Franzen, L.F.: Nachträgliche Berücksichtigung der Änderungen von Wissenschaft und Technik oder der Umgebung bei einer genehmigten Kernkraftanlage einschließlich Entschädigungsfragen - Technische Problematik (1. Referat), in: Lukes, R. (Hrsg.): Erstes Deutsches Atomrechts-Symposium, 7./8. Dezember 1972 in Münster/W.; Referate und Diskussionsberichte, Köln-Berlin-Bonn-München 1973, S. 128f.

5) Vgl. auch Altvater, W.: Derzeitiger Stand und Entwicklung der Kernkraftwerkstechnik, in: Energietechnik im Hinblick auf künftige Entwicklungen; Vorträge an der Technischen Hochschule Darmstadt im Winterhalbjahr 1974/75 als Gemeinschaftsveranstaltungen des VDI-Berzirksvereins Frankfurt/Darmstadt, des VDE-Bezirksvereins Frankfurt und des Elektrotechnischen Vereins an der TH Darmstadt, Frankfurt/M. 1975, S. 12f.

- Einheitliche sicherheitstechnische Auslegung standortunabhängige Systeme und Komponenten,
- Einheitliche verfahrenstechnische und elektrische Schaltbilder,
- Einheitliche maschinentechnische und elektrische Ausrüstungen,
- Einheitliche räumliche Gestaltung einschließlich der Gebäudeabmessungen,
- Einheitliche Konzeption und Technik der Reaktorsteuerung und -regelung, Instrumentierung und Gestaltung der Kraftwerkswarte.

Damit sind prinzipiell folgende organisatorische, technische und wirtschaftliche Vorteile verbunden [1]:

- Verkürzung und Vereinheitlichung des Genehmigungsverfahrens,
- Reduzierung der Kosten des Genehmigungsverfahrens,
- Erleichterungen für die Industrie und Elektrizitätsversorgungsunternehmen bei der Abwicklung paralleler Projektaufträge,
- Serienfertigung von Systemen und Komponenten,
- Vorfertigung terminbestimmender Anlagen, Komponenten und Systeme,
- Termingerechte Einhaltung der Bauzeiten,
- Erhöhung der Sicherheit durch Verwendung erprobter Komponenten und Systeme,
- Monetäre und räumliche Einsparungen bei der Haltung von Reserveteilen,
- Einsparungen an Reparatur- und Wartungszeiten durch Verwendung genormter Bauteile,
- Erleichtungen für das Betriebspersonal.

---

1) Vgl. auch Hoffmann, (..): Reaktor-Typen, Die Kernenergie in der Elektrizitätsversorgung der nächsten Zukunft, in: Die Führungskraft, 39. Jg. (1974), H. 12, S. 11. Altvater, W.: Derzeitiger Stand und Entwicklung der Kernkraftwerkstechnik, in: Energietechnik im Hinblick auf künftige Entwicklungen, Frankfurt/M. 1975, S. 12.

Neben den standortunabhängigen und standardisierten oder standardisierbaren Anlagen, Systemen und Komponenten, steht die standortspezifische Auslegung des Kernkraftwerks, die unter sicherheitstechnischen Aspekten im folgenden detaillierter untersucht wird.

In konsequenter Weiterführung der oben formulierten Ansicht, können die technischen Sicherheitseinrichtungen prinzipiell in standortunabhängige und standortabhängige Sicherheitseinrichtungen klassifiziert werden. Diese Klassifizierung erfordert zunächst eine Übersicht über die sicherheitstechnischen Maßnahmen bei Kernkraftwerken, wobei im wesentlichen auf die Arbeiten von A. Kuhlmann [1)], E. Stauber [2)], L.F. Franzen [3)], W. Fürste et al. [4)] sowie W. Oldekop [5)] zurückgegriffen wird.

Die Entwicklung technischer Sicherheitsmaßnahmen läßt sich nach W. Fürste

---

1) Vgl. Kuhlmann, A.: Einführung in die Probleme der Kernreaktorsicherheit, Düsseldorf 1967, S. 5ff.

2) Vgl. Stauber, E.: Grundzüge der Sicherheitsmaßnahmen bei Kernkraftwerken, Frankfurt/M. 1970, S. 55ff.

3) Vgl. Franzen, L.F.: Einflüsse der aus dem Genehmigungsverfahren sich ergebenden Auflagen auf die Ausführbarkeit und Wirtschaftlichkeit von Kraftwerken mit Kernbrennstoffen; VDI-BW 2129, Düsseldorf [1972], S. 8ff. Franzen, L.F.: Unfallrisiken bei Kernkraftwerken (Reaktorsicherheit), in: Braun, H., Heuck, F., Ladner, H.-A., Messerschmidt, O., Niklas, K. und Rausch, L. (Hrsgg.): Umweltschutz bei nuklearer und konventioneller Energiegewinnung, Ergebnisse der Strahlen- und Umweltforschung; Strahlenschutz in Forschung und Praxis, Bd. 12, Stuttgart 1973, S. 147ff.

4) Vgl. Fürste, W. Hemmerling, H., König, W., Pfeiffer, A. und Roßberg, K.: Studie über die nukleare Sicherheit standortunabhängiger Kernkraftwerke und deren Einfluß auf die Wirtschaftlichkeit; Bundesministerium für Forschung und Technologie, Forschungsbericht K73-01, Leopoldshafen (Karlsruhe) 1973, S. 39ff.

5) Vgl. Oldekop, W.: Einführung in die Kernreaktor- und Kernkraftwerkstechnik, T. 2: Wärmetechnik-Werkstoffe-Sicherheit-Reaktortypen, München 1975.

et al. durch die nachfolgend genannten Phasen charakterisieren [1]:

1. "Nutzung r e g u l i e r e n d e r und k o n t r o l l i e r e n d e r Bauelemente (z.B. Neutronenfluß-, Temperatur- und Druckmeßgeräte, Sicherheitsventile) und Verwendung von Notversorgungseinrichtungen als präventive Sicherheitseinrichtungen".

2. "Anwendung a u s w i r k u n g s b e g r e n z e n d e r Maßnahmen für den Störfall. Besondere Bedeutung hatte in dieser Phase das Containment mit seinen Durchdringungsabschlüssen".

3. "Ausweitung und Einführung störfallbegrenzender Sicherheitseinrichtungen, wie z.B. Schnellabschaltesystem, Notkühleinrichtungen und nukleare Hilfssysteme".

4. "Anwendung mathematischer Störfallanalysen, Untersuchung von Ausfallwahrscheinlichkeiten und Ausweitung von Wiederholungsprüfungen und qualitätssichernden Maßnahmen".

Aus dieser Klassifikation der Entwicklungsphasen lassen sich zwei verschiedene Arten technischer Sicherheitsmaßnahmen ableiten [2]:

a) Sicherheitseinrichtungen zur Vermeidung oder Begrenzung eines Störfalls sowie seiner Auswirkungen,

b) Erhöhung der Sicherheit durch Anwendung spezieller Sicherheitsverfahren:
   - Systemanalysen,
   - Störfallanalysen,
   - Zuverlässigkeitsanalysen,
   - Qualitätssicherung,
   - Wiederholungsprüfungen.

---

1) Fürste, W., Hemmerling, H., König, W., Pfeiffer, A. und Roßberg, K.: Studie über die nukleare Sicherheit standortunabhängiger Kernkraftwerke und deren Einfluß auf die Wirtschaftlichkeit; Bundesministerium für Forschung und Technologie, Forschungsbericht K73-01, Leopoldshafen (Karlsruhe) 1973, S. 39f.

2) Vgl. Fürste, W., Hemmerling, H., König, W., Pfeiffer, A. und Roßberg, K.: ebenda, S. 40.

Zu einer technisch-wirtschaftlichen Analyse möglicher Sicherheitseinrichtungen bieten sich mehrere Gliederungskriterien [1] an, so z.B.:

- Aufteilung in Komponenten mit alleiniger Sicherheitsfunktion und solchen mit zusätzlichen betrieblichen Aufgaben,
- Aufteilung in bautechnische und sicherheitstechnische Sicherheitseinrichtungen,
- Aufteilung der Sicherheitseinrichtungen entsprechend ihrer Sicherheitsfunktion.

Im Rahmen dieser Darstellung soll vorwiegend von dem zuletzt genannten, funktionellen Gliederungskriterium ausgegangen werden, da sich nach diesem Kriterium eine Diffenzierung zwischen standortunabhängigen und standortabhängigen Sicherheitseinrichtungen geeignet durchführen läßt. Zuvor muß jedoch eine Differenzierung nach Sicherheitsfunktionen vorgenommen werden. Entsprechend ihrer Sicherheitsfunktion können die Sicherheitseinrichtungen weiter unterteilt werden in:

1. Barrieren - dienen der Verhinderung oder Reduzierung des Austritts von Radionukliden bei Normalbetrieb und im Störfall. Im einzelnen zählen hierzu [2]:

    - Brennstabhüllrohre,
    - Primärkühlkreislauf,
    - Containment (Sicherheitsbehälter),
    - Nuklearer Zwischenkühlkreislauf,
    - Reaktor-Betongebäude.

---

1) Vgl. Fürste, W., Hemmerling, H., König, W., Pfeiffer, A. und Roßberg, K.: ebenda, S. 42.

2) Siehe dazu etwa Klusmann, A. und Völcker, H.: Brennelemente von Kernreaktoren, München 1969, S. 49ff. Franzen, L.F.: Einflüsse der aus den Genehmigungsverfahren sich ergebenden Auflagen auf die Ausführbarkeit und Wirtschaftlichkeit von Kraftwerken mit Kernbrennstoffen; VDI-BW 2129, Düsseldorf (1972), S. 8ff. Oldekop, W.: Einführung in die Kernreaktor- und Kernkraftwerkstechnik, T. 2: Wärmetechnik-Werkstoffe-Sicherheit-Reaktortypen, München 1975, passim.

2. Barrierenschutzeinrichtungen - dienen der Sicherung der Barrierenintegrität. Zu diesen Einrichtungen gehören [1]:

   - Reaktorschutzsystem,
   - Abschaltsystem,
   - Notkühleinrichtungen,
   - Splitterschutz,
   - Sicherheitsventile,
   - Druckabbausysteme,
   - Brennelement-Lagerbeckenkühlung,
   - Berstscheiben,
   - Notstromversorgung.

3. Sonstige Sicherheitseinrichtungen - während Barrieren und Barrierenschutzeinrichtungen der Verhinderung von Störfällen oder einer Reduzierung der Auswirkungen von Störfällen dienen, werden die nachfolgend genannten Einrichtungen hauptsächlich für die Betriebssicherheit beim Normalbetrieb benötigt [2]:

   - Reinigungsanlagen,
   - Lufttechnische Anlagen,
   - Strahlenschutzeinrichtungen,
   - Prozeßrechner.

---

1) Siehe dazu etwa Stauber, E.: Grundzüge der Sicherheitsmaßnahmen bei Kernkraftwerken, Frankfurt/M. 1970, S. 75ff. und S. 89f. Franzen, L.F.: Einflüsse der aus den Genehmigungsverfahren sich ergebenden Auflagen auf die Ausführbarkeit und Wirtschaftlichkeit von Kraftwerken mit Kernbrennstoffen; VDI-BW 2129, Düsseldorf (1972), S. 10ff. Fürste, W. et al.: a.a.O., S. 45ff. Olekop, W.: Einführung in die Kernreaktor- und Kernkraftwerkstechnik, T. 2: Wärmetechnik-Werkstoffe-Sicherheit-Reaktortypen, München 1975, passim. Müller, R.A. und Schlechtendahl, E.G.: Dynamische Belastungen und Strukturverhalten von Reaktorsicherheitsbehältern mit Druckabbausystemen, in: KFK-Nachr., 7. Jg. (1975), H. 3, S. 12ff.

2) Siehe dazu etwa Weckesser, A.: Betrieb von Kernkraftwerken, Mümchen 1969, S. 146ff. Stauber, E.: Grundzüge der Sicherheitsmaßnahmen bei Kernkraftwerken, Frankfurt/M., 1970, S. 81ff. Fürste, W. et al.: a.a.O., S. 48f.

Fortsetzung siehe Seite 198

Nach dieser Übersicht soll an die oben genannte Klassifikation zwischen standortunabhängigen und standortabhängigen Sicherheitseinrichtungen angeknüpft werden. Dabei kann im Rahmen dieser Darstellung auf eine Erörterung standortunabhängiger Sicherheitsmaßnahmen verzichtet werden. Zur Illustration dieser und späterer Ausführungen sei auf die in den Abbildungen 10 und 11 dargestellten Reaktorgebäudequerschnitte eines Druck- und Siedewasserreaktors verwiesen.

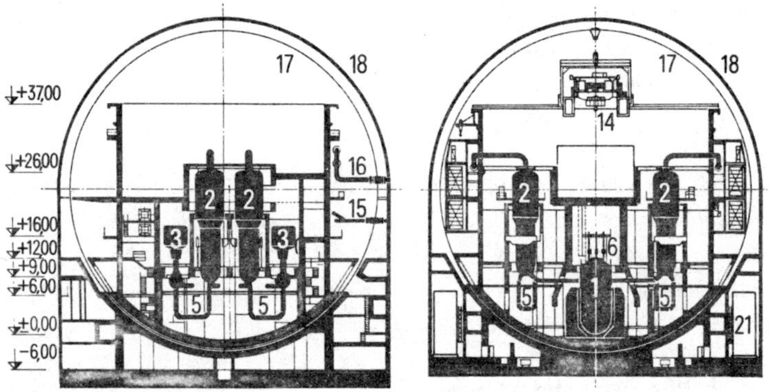

Abbildung 10: Kernkraftwerk mit Druckwasserreaktor, Reaktorgebäudequerschnitte [1].

1 Reaktor
2 Dampferzeuger
3 Hauptkühlmittelpumpen
5 Hauptkühlmittelleitung
6 Steuerstäbe und Antriebe
14 Reaktorgebäudekran
15 Speisewasserleitung
16 Frischdampfleitung
17 Sicherheitshülle
18 Sekundärabschirmung
21 Behälter für Borwasser

Standortabhängige Sicherheitseinrichtungen können als "zusätzliche" Sicherheitseinrichtungen bezeichnet werden, die aufgrund einer besonderen Lage des jeweilig betrachteten Standorts gegenüber dem sog. "hypothetischen Stand-

---

Fortsetzung zu Fußnote

2) Oldekop, W.: Einführung in die Kernreaktor- und Kernkraftwerkstechnik, T. 2: Wärmetechnik-Werkstoffe-Sicherheit-Reaktortypen, München 1975, passim.

1) Kliefoth, W. und Sauter, E.: Kernreaktoren; Schriftenreihe des Deutschen Atomforums, H. 2, 5. Aufl., Bonn 1973, S. 94.

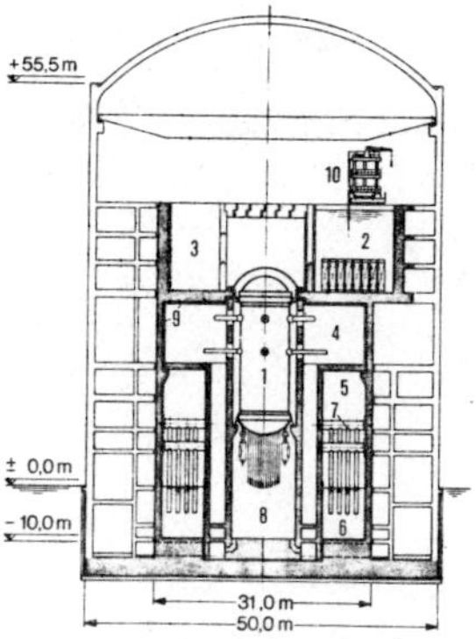

1 Reaktordruckbehälter
2 Brennelement-Lagerbecken
3 Absetzbecken
4 Druckkammer
5 Kondensationskammer (Luftbereich)
6 Kondensationskammer (Wasserbereich)
7 Kondensationsrohre
8 Steuerstabantriebsraum
9 Dichthaut
10 Brennelementwechselmaschine

Abbildung 11: Kernkraftwerk mit Siedewasserreaktor, Reaktorgebäudequerschnitt [1].

ort" [2] erforderlich werden. Ziel zusätzlicher Sicherheitseinrichtungen ist es, die nukleare Sicherheit eines Kernkraftwerks aufgrund bestimmter äußerer Bedingungen zu erhöhen, d.h. das nukleare Risiko für die Umwelt zu reduzieren. Diese an sich triviale Aussage führt schon bei einer theoretischen Beurteilung zu folgenden Schwierigkeiten und Fragen, auf die teilweise in den bisherigen Ausführungen mehr oder weniger ausführlich hingewiesen wurde:

- In der Technik gibt es, abgesehen von einfachsten technischen Systemen, keine absolute Sicherheit, d.h. Ausfallwahrscheinlichkeit und Zuverlässigkeit sind endliche Größen.
- "Sicherheit" als menschlicher Wertmaßstab kann hier nur durch einen technischen Begriff "abgebildet" und das nukleare Risiko lediglich mit anderen Risiken des menschlichen Lebens verglichen werden.
- Wie sicher sind die bisher in Betrieb genommen oder in Bau befindlichen Kernkraftwerke?
- Kann eine Störfallwahrscheinlichkeit etwa von 10^{-6} als "sicher" gelten, oder sollte der Wert beispielsweise auf 10^{-8} reduziert werden, weil das dann "eben hundert mal sicherer" ist?

---

1) Kliefoth, W. und Sauter, E.: ebenda, S. 111.

2) Zur Definition "hypothetischer Standort" und Spezifikation "hypothetischer Standortbedingungen" siehe Europäische Atomgemeinschaft (EURATOM) (Hrsg.): EURATOM-Handbuch der Kernenergiekostenrechnung; Bericht EUR-3079d, Brüssel 1967, S. 85ff.

- "Wie sicher ist sicher genug?" [1].

- Der Wert des "Restrisikos" ist nicht exakt quantifizierbar [2].

- In der Öffentlichkeit wird aus dem Begriff "Restrisiko" der Schluß gezogen, daß Kernkraftwerke "eben ein Risiko darstellen" und daher abzulehnen sind [3].

---

1) Damit wird die Titelzeile eines Zeitungsberichts zu dem IAEA-Symposium über Reaktorsicherheit [+] am 5./9. Februar 1973 in Jülich aufgegriffen. Sandschepper, G.: Wie sicher ist sicher genug?, in: VDI-Nachr., Nr. 9 vom 28. Februar 1973, S. 2.

   +) Siehe International Atomic Energy (IAEA) (Ed.): Principles and Standards of Reactor Safety, Proceedings of a Symposium on Principles and Standards of Reactor Safety Organized by the International Atomic Energy Agency and Held at Jülich, 5-9 February 1973; Proceedings Series-STI/PUB/342, Wien 1973.

2) Das "Restrisiko" ist eine "Sammelgröße", dessen quantitativer Term sich aufgrund des mathematischen Fehlers bei der Berechnung der Störfallwahrscheinlichkeiten ergibt und dessen nicht-quantifizierbarer "Term" die Wahrscheinlichkeiten der bei der Störfallanalyse unerkannt gebliebenen Störfälle aufnimmt (vgl. oben). Die Gesamtgröße "Restrisiko" ist daher nicht exakt quantifizierbar. Andererseits bezeichnet der Terminus "Restrisiko" "nicht mehr und nicht weniger als den Unterschied zwischen einer beliebig klein zu machenden Größe und Null". Häfele, W.: Ergebnis und Sinn des SEFOR-Experiments, in: Scheibe, E. und Süßmann, G. (Hrsgg.): Einheit und Vielheit; Festschrift für Carl Friedrich von Weizsäcker zum 60. Geburtstag, Göttingen 1973, S. 264.

3) So z.B.: "Die Widerstände gegen die Errichtung von Kernkraftwerken sind so lange nicht unbegründet, als die durch den heutigen technischen Stand bestehenden, augenblicklich noch erheblichen Restrisiken nicht völlig geklärt sind". Deutscher Naturschutzring e.V., Bundesverband für Umweltschutz, zit. nach (dort ohne bibliographische Angaben) Menke-Glückert, P.: Atomenergie, Umweltschutz und internationale Konflikte - Ein Ausblick, in: Kaiser, K. und Lindemann, B. (Hrsgg.): Kernenergie und internationale Politik, Zur friedlichen Nutzung der Kernenergie; Schriften des Forschungsinstituts der Deutschen Gesellschaft für Auswärtige Politik e.V., Bonn, Reihe: Internationale Politik und Wirtschaft, Bd. 37, München-Wien 1975, S. 300.

Unabhängig von den zuvor angesprochenen Problemen, die sich einerseits grundsätzlich oder methodisch nicht, andererseits zumindest noch nicht gegenwärtig beantworten lassen, wird hier die Frage gestellt und untersucht, ob weitere, bisher nicht angewendete oder realisierbare technische (und administrative; siehe unten) Möglichkeiten bestehen, die Sicherheit eines aufgrund seines Standorts exponierten Kernkraftwerks zu erhöhen. Die Forderung nach Ausweichen auf "problemlose" Standorte erscheint d. Verf. für die Verhältnisse der Bundesrepublik demgegenüber keine realisierbare Lösung.
Zu der Kategorie "exponierte Standorte" sind insbesondere zu rechnen:

a. Standorte in der Nähe oder in Ballungsgebieten [1)] resp. Industriezentren,

b. Standorte in der Nähe technischer Anlagen, z.B. Chemieanlagen, Tankanlagen, Munitionslager,

c. Standorte in seismisch aktiven Gebieten,

d. Standorte in der Nähe von Verkehrswegen und -plätzen:

- Wasserstraßen (Hochwasservorkommen; Tanktransporte, insbesondere Flüssiggase),
- Fernstraßen (Tanktransporte),
- Luftverkehrswege,
- Flugplätze - Einflugschneisen.

---

1) Eine den vorliegenden Ausführungen entsprechende Auffassung vertrat die Bundesregierung in ihrer Antwort auf die Große Anfrage der Koalitionsparteien im Deutschen Bundestag zur friedlichen Nutzung der Kernenergie in der Bundesrepublik Deutschland vom 16. Juli 1975. Auf die Frage: "Wie beurteilt die Bundesregierung die Errichtung von Kernkraftwerken und anderen kerntechnischen Einrichtungen in Ballungsgebieten" antwortete die Bundesregierung u.a.: "Die Bundesregierung lehnt Kernkraftwerke in Ballungsräumen nicht grundsätzlich ab. Sie ist vielmehr der Ansicht, daß eine Kompensation der Standort-Nachteile durch eine weitere sicherheitstechnische Ertüchtigung der Anlagen und zusätzliche Sicherheitssysteme erfolgen muß". Der Bundesminister des Innern: Friedliche Nutzung der Kernenergie in der Bundesrepublik Deutschland, Antwort der Bundesregierung auf eine Große Anfrage im Deutschen Bundestag; BT-Drucksache VII/3871, Bonn 16. Juli 1975, S. 25.

Die Untersuchung zusätzlicher technischer Sicherheitsmaßnahmen verlangt zunächst die Abkehr vom derzeit im Genehmigungsverfahren praktizierten Konzept des "Größten anzunehmenden Unfalls" (vgl. oben), d.h. es müssen die nach dem GAU-Konzept als hypothetisch bezeichneten Störfälle als möglich unterstellt werden. Dazu gehören u.a. folgende Störfälle:

- Kühlmittelverlust,
- Kernschmelzen,
- Bersten des Druckbehälters,
- Fremdeinwirkungen: Druckwellen, seismische Einwirkungen, Flugzeugabsturz, Sabotage, Hochwasser, Flächenbrand etc.

Dabei sind die zuerst genannten, typisch nuklearen Störfälle vor allem als Folge von Fremdeinwirkungen in die Betrachtungen einzubeziehen. Prinzipiell lassen sich die Möglichkeiten zusätzlicher technischer Sicherheitsmaßnahmen zur Abwendung oder Begrenzung dieser Störfälle wie folgt klassifizieren [1]:

a. Erhöhung der Zuverlässigkeit der nuklearen und konventionellen Anlagen, Systeme und Komponenten, um die Störfallwahrscheinlichkeit generell herabzusetzen.

b. Ausbau und Verbesserung der technischen Sicherheitseinrichtungen zur Verhinderung und Begrenzung nuklearer Störfälle, die mit einer möglichen Freisetzung von Radionukliden verbunden sind.

c. Entwicklung und Anwendung technischer Schutzmaßnahmen gegen Fremdeinwirkungen, die zu typisch nuklearen Störfällen führen können.

Maßnahmen der Gruppe a. sind die oben erwähnten Sicherheitsverfahren: Systemanalysen, Störfallanalysen, Zuverlässigkeitsanalysen, Qualitäts-

---

1) Vgl. Fürste, W., Hemmerling, H., König, W., Pfeiffer, A. und Roßberg, K.: Studie über die nukleare Sicherheit standortunabhängiger Kernkraftwerke und deren Einfluß auf die Wirtschaftlichkeit; Bundesministerium für Forschung und Technologie, Forschungsbericht K73-01, Leopoldshafen (Karlsruhe) 1973, S. 63.

sicherung und Wiederholungsprüfungen [1]. Hierbei handelt es sich zwar um grundlegende Maßnahmen der Reaktorsicherheit, die aber in diesem Zusammenhang besondere Bedeutung erlangen und somit intensiver und extensiver durchzuführen sind.
Maßnahmen der Gruppe b. und c. bestehen in der Anwendung zusätzlicher Sicherheitseinrichtungen oder Systemänderungen. Konkrete Maßnahmen sind:

1. Druckbehälterberstsicherung [2]
Ein Bersten des Reaktordruckbehälters wurde bisher als "unglaubhaft" angenommen; dieser Störfall kann jedoch aufgrund der strahlenbedingten Werkstoffversprödung und der zusätzlichen Wirkung störfallbedingter unzulässiger Druck- und Temperaturgradienten nicht ausgeschlossen werden. Die Druckbehälterberstsicherung hat die Aufgabe, einen solchen Bruch abzusichern. Als wesentliche Einzelaufgaben der Druckbehälterberstsicherung gelten: Verkleinerung der Ausströmquerschnitte mit dadruch bedingter Reduzierung und zeitlicher Verschiebung der Druckspitze im Containment, Schutz der für die Sicherheit relevanten Anlagen vor wegfliegenden Trümmerstücken etc.

---

1) Siehe dazu etwa Fürste, W., Hemmerling, H., König, W., Pfeiffer, A. und Roßberg, K.: Studie über die nukleare Sicherheit standortunabhängiger Kernkraftwerke und deren Einfluß auf die Wirtschaftlichkeit; Bundesministerium für Forschung und Technologie, Forschungsbericht K73-01, Leopoldshafen (Karlsruhe) 1973, S. 81ff. Oldekop, W.: Einführung in die Kernreaktor- und Kernkraftwerkstechnik, T. 2: Wärmetechnik-Werkstoffe-Sicherheit-Reaktortypen, München 1975, passim. Kraftwerk Union (KWU) AG (Hrsg.): Druckwasserreaktor, Mühlheim/Ruhr 1975, S. 41ff. Stauber, E.: Sicherheitsphilosophie bei der Planung von Kernkraftwerken, in: Vereinigung der Großkraftwerksbetreiber (VGB) e.V. (Hrsg.): Kraftwerk und Umwelt 1975; VGB-Konferenz-Vorträge, Essen [1976], S. 130f.

2) Vgl. Smidt, D.: Die Verminderung des Restrisikos in Druckwasser-Kernkraftwerken, in: Gesellschaft für Kernforschung mbH. (Hrsg.): Beiträge zur Kerntechnik - Karl Wirtz gewidmet zum 65. Geburtstag; Gesellschaft für Kernforschung mbH Karlsruhe, Bericht KFK-2200/Jül 1178, Karlsruhe 1975, S. 77ff. Smidt, D.: Die Verminderung des Restrisikos in DWR-Kernkraftwerken, in: atw, 21. Jg. (1976), H. 5, S. 259.

2. Auffangssystem für den geschmolzenen Reaktorkern (Core-Catcher)
Bei der sicherheitstechnischen Reaktorauslegung wird angestrebt, daß die Kühlung des Reaktorkerns unter allen möglichen Umständen gewährleistet ist. Wird der Reaktorkern in der Folge eines Störfalls ungenügend gekühlt, so kann ein Niederschmelzen des Reaktorkerns eintreten (Kernschmelzen). Aufgabe einer Einrichtung zum Auffangen der Kernschmelze-Core-Catcher- ist es, die auftretenden Schmelzmasse zu sammeln und damit die Containmentintegrität aufrecht zu erhalten.
Ein Core-Catcher ist bei Schnellen Reaktoren obligatorisch, um die Schmelzmasse zu sammeln, sie zu verteilen und an der Wiederkritikalität zu verhindern. Die letzte Aufgabe besteht bei Leichtwasserreaktoren nicht [1]. "Bei einem Leichtwasserreaktor ist es andererseits sehr viel schwieriger, das Durchschmelzen durch den Reaktordurckbehälter mit einem Core-Catcher allein zu beherrschen, denn die Core-Schmelze darf unter gar keinen Umständen mit Wasser in Berührung kommen, da sonst eine Dampfexplosion zu befürchten ist" [2]. Damit wäre u.U. eine weitreichende Verbreitung aktiver Inventarmaterialien verbunden. Wasser ist aber genau das Mittel, welches in großen Mengen zur Ergänzung des Kühlmittelverlusts einzusetzen ist und um den Reaktor wieder unter Kontrolle zu bringen. Die Entwicklung eines Core-Catchers für Leichtwasserreaktoren scheint damit wesentlich schwieriger zu sein als bei den wasserfreien, insbesondere gasgekühlten Schnellen Reaktoren [3][4].

---

1) Eine tabellarische Darstellung des möglichen Ablaufs eines Kernschmelzstörfalls bei einem 3200 MM_{th}-Leichtwasserreaktor (ca. 1050 MW_{el}) geben Fürste, W., Hemmerling, H., König, W., Pfeiffer, A. und Roßberg, K.: Sudie über die nukleare Sicherheit standortunabhängiger Kernkraftwerke und deren Einfluß auf die Wirtschaftlichkeit; Bundesministerium für Forschund und Technologie, Forschungsbericht K73-01, Leopoldshafen (Karlsruhe) 1973, S. 127.

2) Braun, W.: (Mündliche Stellungnahme zum Thema: Technische Sicherheitsaspekte bei der Nutzung der Kernenergie), in: Presse- und Informationszentrum des Deutschen Bundestages (Hrsg.): "Zur Sache" (Themen parlamentarischer Beratung), Nr. 2/75: Umweltschutz(IV) - Das Risiko Kernenergie, Bonn (1975), S. 101.

3) Vgl. Braun, W.: ebenda, S. 101.

Fußnote 4 siehe Seite 205

"Kernschmelzen" wurde bisher als "hypothetischer Störfall" betrachtet [1], so daß derzeit mit Ausnahmen [2] noch keine konkreten Konzepte für einen Core-Catcher vorliegen. "Die Philosophie der Reaktorsicherheit geht zunächst dahin, die Notwendigkeit eines Core-Catchers durch höchste Zuverlässigkeit und Wirksamkeit der Notkühlsysteme auszuschließen und die Verhaltensweisen der Kernschmelze - diese Phänomene im Bereich weit über 2000 Grad Celsius sind noch keineswegs gut bekannt - eingehend und grundlegend zu untersuchen, um festzustellen, wie denn nun ein Core-Catcher wirklich gemacht werden müßte" [3].

Ein hierzu bemerkenswertes Ergebnis der "Rasmussen-Studie" [4] ist, daß Kernschmelzstörfälle mit einer wesentlich größeren Wahrscheinlichkeit auftreten (Druckwasserreaktor: $6 \cdot 10^{-5}$ je Reaktor und Jahr; Siedewasserreaktor: $5 \cdot 10^{-7}$ je Reaktor und Jahr) als bisher allgemein angenommen, daß

Fußnote 4) von Seite 204

4) Siehe Dalle Donne, M. und Dorner, S.: Problematik eines Core-Catchers für einen gasgekühlten Schnellen Brüter; Gesellschaft für Kernforschung mbH Karlsruhe, Bericht KFK-2246, Karlsruhe 1975.

1) Vgl. auch Dalle Donne, M. und Dorner, S.: ebenda, S. 1.

2) Siehe Zivi, S.M.: A Passive Safety Device against a Melt-Through Accident, in: Nucl. Appl., Vol. 5 (1968), No. 2, S. 53-54.
Ein deutsches Forschungsprogramm zu diesem Thema ist angelaufen: BMFT-Forschungsvorhaben "Coreschmelze". Vgl. Smidt, D.: Die Verminderung des Restrisikos in Druckwasser-Kernkraftwerken, in: Gesellschaft für Kernforschung mbH. (Hrsg.): Beiträge zur Kerntechnik - Karl Wirtz gewidmet zum 65. Geburtstag; Gesellschaft für Kernforschung mbH Karlsruhe, Bericht KFK-2200/Jül-1178, Karlsruhe 1975, S. 84.

3) Braun, W.: ebenda, S. 101. Vgl. auch Smidt, D.: Verminderung des Restrisikos in DWR-Kernkraftwerken, in: atw, 21. Jg. (1976), H. 5, S. 257.

4) US-AEC (Ed.): Reactor Safety Study, An Assessment of Accident Risks in U.S. Commercial Nuclear Power Plants; Report WASH-1400, Washington August 1974 (Draft). (Häufig nach dem Projektleiter N.C. Rasmussen, MIT, benannt).

aber ihre Auswirkungen um 2 bis 3 Größenordnungen geringer als nach bisherigen Erwartungen sind [1]. Diese standortbezogene Aussage ist auf deutsche Verhältnisse nicht übertragbar. So sind die Besiedlungsdichten in selbst dünn besiedelten deutschen Standortumgebungen ungünstiger als im Mittel über die 66 amerikanischen Standorte, die der "Rasmussen-Studie" zugrunde gelegt wurden [2].
Zudem geht die "Rasmussen-Studie" von der Möglichkeit einer Evakuierung der Umgebungsbevölkerung nach einem schweren Störfall aus. Evakuierungsmaßnahmen als effektive Unfallfolgen-Begrenzungsmaßnahmen sind aber für deutsche Verhältnisse in Frage zu stellen [3].

3. Systeme zur Abfuhr der Nachwärme eines geschmolzenen Reaktorkerns aus Druckbehälter

Aufgabe dieser Einrichtung ist die Abfuhr der Nachwärme eines geschmolzenen Reaktorkerns aus dem Druckbehälter und somit ein Durchschmelzen des Druckbehälters zu vermeiden. Aufgrund der bisher hypothetischen Betrachtung des Kernschmelzstörfalls (vgl. 2.), liegen derzeit noch keine sicherheitstechnisch akzeptierbaren Lösungen vor [4].

4. Bau- und systemtechnische Schutzmaßnahmen gegen äußere Einwirkungen

Zu dieser Kategorie von Schutzmaßnahmen gehören insbesondere der Vorkehrungen

---

1) Vgl. auch o.V.: Bericht übr die Reaktortagung 1976 (Referat zum Vortrag von N.C. Rasmussen: "Probability and consequences of large nuclear accidents"), in: atom-informationen, 1976, H. 5, S. 12-13.

2) Siehe dazu Gutschmidt, W.-D.: Sicherheitsfaktor Abstand, Standortwahl von Kernkraftwerken unter dem Aspekt der Bevölkerungsverteilung, in: VDI-Nachr., Nr. 24 vom 18. Juni 1976, S. 2.

3) Vgl. unten ad 3. Administrative Sicherheitsmaßnahmen.

4) Vgl. Fürste, W., Hemmerling, H., König, W., Pfeiffer, A. und Roßberg, K.: Studie über die nukleare Sicherheit standortunabhängiger Kernkraftwerke und deren Einfluß auf die Wirtschaftlichkeit; Bundesministerium für Forschung und Technologie, Forschungsbericht K73-01, Leopoldshafe (Karlsruhe) 1973, S. 69.

gegen [1])

- Hochwasser,
- Flächenbrand,
- Bodensetzungen,
- Erdbeben,
- Explosionsdruckwellen,
- Flugzeugabsturz,
- Militärische Einwirkungen,
- Sabotage.

Während sicherheitstechnische Maßnahmen gegen Hochwasser und statische Lasteinwirkungen in der Baupraxis bei Kernkraftwerken seit langem allgemein üblich sind, werden sicherheitstechnische Maßnahmen gegen dynamische und andere mögliche äußere Einwirkungen erst in neuester Zeit [2])

---

1) Vgl. auch Fürste, W., Hemmerling, H., König, W., Pfeiffer, A. und Roßberg, K.: Studie über die nukleare Sicherheit standortunabhängiger Kernkraftwerke und deren Einfluß auf die Wirtschaftlichkeit; Bundesministerium für Forschung und Technologie, Forschungsbericht K73-01, Leopoldshafen (Karlsruhe) 1973, S. 71.

2) Hierzu bemerkt W. Zerna: "Zu Beginn der Einführung der Kernenergie haben vor allem die neuartigen physikalischen Vorgänge und die Probleme der maschinentechnischen Anlagen die Fachwelt beschäftigt. Die bautechnischen Aufgaben standen demgegenüber im Hintergrund, da sie weitgehend konventionell zu sein schienen. Mit der Zunahme der Anzahl von Kernkraftwerken werden die Fragen ihrer Sicherheit immer schwerwiegender, und neue bautechnische Entwicklungen sind erforderlich, um den vielseitigen Anforderungen einigermaßen wirtschaftlich begegnen zu können". Zerna, W.: Neue bautechnische Entwicklungen bei Kernkraftwerken, in: Glubrecht, H. (Hrsg.): Kraftwerksbau als interdisziplinäre Aufgabe; Festschrift für Fritz Börnke zum 60. Geburtstag, Wiesbaden-Berlin 1973 (nicht paginiert).

in der Literatur diskutiert [1] und in der Praxis rezipiert [2].

---

1) Siehe etwa Lindackers, K.-H.: Tendenzen in der Entwicklung spezieller Reaktorsicherheitskriterien, in: atw, 17. Jg. (1972), H. 8, S. 429f. Zerna, W.: Neue bautechnische Entwicklungen bei Kernkraftwerken, in: Glubrecht, H. (Hrsg.): Kraftwerksbau als interdisziplinäre Aufgabe; Festschrift für Fritz Börnke zum 60. Geburtsgag, Wiesbaden-Berlin 1973 (nicht paginiert). Stüger, R.: Sicherheit gegen Großschäden in Kernkraftwerken, T. 2: Maßnahmen gegen Schäden durch äußere Einwirkungen, in: Allianz-Berichte für Betriebstechnik und Schadenverhütung, Nr. 20 (1974), S. 39-43. Schnurer, H.: Schutzmaßnahmen für äußere Einwirkungen bei Kernkraftwerken, in: VGB Kraftwerkstechnik, 54. Jg. (1974), H. 6, S. 398-405. Sütterlin, L.: Über die Gefährdung von Kernkraftwerken durch äußere Einwirkungen, in: TÜ, 16. Jg. (1975), H. 2, S. 38-40. de Jong, K.H.: Schutz von Kernkraftwerken gegen äußere Einwirkungen - Flugzeugabsturz, Druckwellen, Erdbeben, in: TÜ, 16. Jg. (1975), H. 2, S. 41-44. Schwarzer, W. und Bork, M.: Schutz von Kernkraftwerken gegen äußere Einwirkungen; Bericht über das 10. IRS-Fachgespräch am 30./31. Oktober 1974 in Köln, in: atw, 20. Jg. (1975), H. 4, S. 211-212. Liersch, G.: Bauliche Maßnahmen zum Schutz gegen äußere Einwirkungen auf ein Kernkraftwerk, in: Technische Vereinigung der Großkraftwerksbetreiber (VGB) e.V. (Hrsg.): Kraftwerk und Umwelt 1975; VGB-Konferenz-Vorträge, Essen (1976), S. 137-142.

2) Siehe z.B. Eilinghoff, K.-J.: Auswirkungen nachträglicher Sicherheitsauflagen für den Bau des Kernkraftwerkes der Kernkraftwerk Philippsburg GmbH., in: VGB Kraftwerkstechnik, 54. Jg. (1974), H. 12, S. 829ff. Mandel, H., Dietrich, L., Hippel, W., Tochtrop, F., Wolf, M., Berg, D., Koch, W., Heining, U., Rast, H.-E., Meyer, F., Börnke, F., Watzel, G.V.P. und Weber, D.: Das Kernkraftwerk Biblis des RWE; Musteranlagen der Energiewirtschaft, Bd. 10, Gräfeling (1975), S. 73ff.
Vgl. dazu auch Der Bundesminister des Innern: Friedliche Nutzung der Kernenergie in der Bundesrepublik Deutschland, Antwort der Bundesregierung auf eine Große Anfrage im Deutschen Bundestag; BT-Drucksache VII/3871, Bonn 16. Juli 1975, S. 21f.

Die Beherrschung der Gefahren durch mögliche Fremdeinwirkungen verlangt die Erfüllung von drei sicherheitstechnischen Zielvorstellungen:

- Integrität des Containments, d.h. das Aktivitätsinventar des Reaktors bleibt nach einem Störfall sicher eingeschlossen und kann somit von der Umgebung ferngehalten werden,

- Gewährleistung der jederzeit sicheren Abschaltung und des sicheren Haltens im abgeschalteten Zustand,

- Funktionsfähigkeit der Not- und Nachkühleinrichtungen zur Nachwärmeabfuhr [1].

---

1) Als Nachwärme wird üblicherweise die im Kern eines abgeschalteten Reaktors durch radioaktiven Zerfall von Spaltprodukten ("Nachzerfall") erzeugte Wärme bezeichnet. Die Nachwärme beträgt zwar nur wenige Prozent der gefahrenen Leistung (Ausgangsleistung), ist aber trotzdem groß genug, um den Reaktor nach einiger Zeit völlig zu zerstören, falls keine ausreichende Kühlung besteht. Ist eine ausreichende Nachkühlung nicht sichergestellt, so ist neben der Zerstörung des Reaktors mit einer größeren Aktivitätsfreisetzung zu rechnen. Überschlagswerte der Nachwärmeleitung eines Reaktors sind in Tabelle 10 zusammengestellt.

Zeit nach Abschaltung des Reaktors	Nachwärmeleistung bezogen auf die Ausgangsleistung
10 s	6 %
2 min	4 %
1 h	1,6 %
2 h	1 %

Tabelle 10: Nachwärmeleistung eines Reaktors [+].

+) Zahlenwerte nach Koch, E.: Die Kernnotkühlung des AEG-Siedewasserreaktors, in: Wärme, 78. Jg. (1972), H. 1/2, S. 3.

Als bautechnische Maßnahmen kommen insbesondere in Betracht: verschiedene Untergrundbauweisen, Entwicklung neuer Druckbehälter und Containments. Gemeinsames Merkmal dieser Maßnahmen ist die Vorkehrung gegen dynamische Lasteinwirkungen und Druckwellen. Wegen der Verschiedenartigkeit der Konzeptionen sowie weiterer individueller Sicherheitsfunktionen werden diese baulichen Maßnahmen im folgenden getrennt betrachtet.

Als systemtechnische Vorkehrung gegen Folgen der Einwirkungen von Druckwellen, dynamischen Lasteinwirkungen und Sabotage wird das "Prinzip der redundanten Anordnung" angewendet, d.h. sicherheitstechnisch relevante Komponenten und Systeme werden mehrfach ausgelegt, obwohl bereits eine Komponente oder ein System die sicherheitstechnische Aufgabe vollständig erfüllt. Grundsätzlich ist zu unterscheiden zwischen:

- Funktioneller Redundanz, d.h. Mehrfachauslegung sicherheitstechnischer relevanter Komponenten und Systeme,

- Räumlicher Redundanz, d.h. räumliche Trennung mehrfach ausgelegter Komponenten und Systeme,

- Verbunkerung, d.h. Abkapselung der ein- oder mehrfach ausgelegten Komponenten und Systeme.

Um bei redundant ausgelegten Komponenten und Systemen nach Möglichkeit einen gleichzeitigen Ausfall aufgrund eines gemeinsamen Fehlers (z.B. Auslegungsfehler, Stromausfall etc.) zu vermeiden, muß bei der Auslegung das "Prinzip der Diversität" angewendet werden, d.h. eine sicherheitstechnische Funktion wird durch physikalisch verschiedenartig konzipierte und unabhängig arbeitende Komponente und Systeme erfüllt (z.B. Abschaltung des Reaktors durch Absorberstäbe einerseits und flüssige Borsäure andererseits; Temperaturmessung durch mechanische, elektrische und optische Verfahren).
Nachteile einer konsequenten Trennung in Redundanzgruppen ergeben sich gegenwärtig durch die Auflösung der bislang üblichen vermaschten Kompaktbauweisen. Eine weitere Schwierigkeit ergibt sich bei der Bemessung bautechnischer Schutzmaßnahmen dadurch, daß Intensität und zeitlicher Verlauf von Druckwellen und dynamischen Lasteinwirkungen lediglich experimentell an kleinen und u.U. nicht vergleichbaren Objekten ermittelt werden können.

5. Untergrundbauweise

Projektstudien zur Untergrundbauweise von Kernkraftwerken sind bereits in mehreren Ländern in Auftrag gegeben oder abgeschlossen worden. Mit Ausnahmen von Versuchsanlagen, z.B. Halden/Norwegen, Ågesta/Schweden (Kernheizkraftwerk), Humboldt Bay/USA, Lucens/Schweiz, sind bisher keine größeren Kernkraftwerke in Untergrundbauweise erstellt worden. In der Bundesrepublik sind "Forschungsaufträge auf dem Gebiet der unterirdischen Kernkraftwerke...vom Bundesministerium für Forschung und Technik (bisher) nicht vergeben worden" [1].

Prinzipiell bietet die Untergrundbauweise möglicherweise folgende Vorteile [2]:

- Schutz gegen dynamische Fremdeinwirkungen, wie z.B. Druckwellen, Flugzeugabsturz, Beschuß,

---

1) Schmidt, Th. (Bundesministerium für Forschung und Technologie, Bonn, auf Anfrage der ZfK-Redaktion): Kein unterirdisches Kernkraftwerk, in: ZfK, Nr. 5 vom 15. Mai 1976, S. 27.

2) Vgl. auch Jamne, E.: Unterground Siting of Nuclear Power Plants in Norway, in: United Nations and International Atomic Energy Agency (IAEA) (Eds.): Peaceful Uses of Atomic Energy, Vol. 3: Safety Aspects of Nuclear Plants - Legal Aspects of Nuclear Energy; Proceedings Series-STI/PUB/300, New York-Wien 1972, S. 369ff. (Report-A/Conf. 49/P/290). Fürste, W., Hemmerling, H., König, W., Pfeiffer, A. und Roßberg, K.: Studie über die nukleare Sicherheit standortunabhängiger Kernkraftwerke und deren Einfluß auf die Wirtschaftlichkeit; Bundesministerium für Forschung und Technologie, Forschungsbericht K73-01, Leopoldshafen (Karlsruhe) 1973, S. 73. Kröger, W.: Schutzbehälter für Hochtemperaturreaktoren unter Berücksichtigung von Umwelt und Sicherheitsaspekten; Kernforschungsanlage Jülich GmbH., Bericht Jül-1098, Jülich 1974, passim. Kellermann, O.: Kernenergie und Umwelt, in: atw, 20. Jg. (1975), H. 6, S. 307f. Karpenko, V.N. and Walter, C.E.: Underground Siting of Nuclear Power Reactors, in: International Atomic Energy Agency (IAEA) (Ed.): Siting of Nuclear Facilities; Proceedings Series-STI/PUB/384, Wien 1975, S. 581-595 (Report-IAEA-SM-188/44). Der Bundesminister des Innern: Friedliche Nutzung der Kernenergie in der Bundesrepublik Deutschland, Antwort der Bundesregierung auf eine Große Anfrage im Deutschen Bundestag; BT-Drucksache VII/3871, Bonn 16. Juli 1975, S. 22.

- Zeitliche Verzögerung und dadurch abgeschwächte Freisetzung (radioaktiver Zerfall; vgl. oben) von Radionukliden in die Umgebung nach einem Störfall; dieser Zeitgewinn ist von Besonderer Bedeutung für die Einleitung administrativer Maßnahmen (Notfallmaßnahmen [1]),

- Absorption und Adsorption [2] von Radionukliden in der Bodenaufschüttung,

- Eignung für alle Reaktortypen,

- Wirtschaftliche Alternative für stadtnahe Kernkraftwerks-Standorte infolge Einsparungen an Stromübertragungskosten resp. Fernwärmetransportkosten,

- Vereinfachte und kostengünstigere Stillegung durch Anwendung des Prinzips "gesicherter Einschluß" [3].

Als generelle Nachteile dieser Baukonzeption sind in Betracht zu ziehen:

- Höhere Baukosten (Mehrkosten etwa 100 Millionen DM bei einem 1200 MW_{el}-Kernkraftwerk),

---

1) Siehe dazu unten ad 3. Administrative Sicherheitsmaßnahmen.

2) Als Absorption wird bei Mineralien der Einbau von Ionen in das Kristallgitter und als Adsorption die Anlagerung von Ionen an den Außenflächen der Kristalle (extramizellar) verstanden.

3) Siehe dazu Franke, L.: Kernkraftwerke sicher verschrotten, Abbau kerntechnischer Anlagen - nicht erst ein Zukunftsproblem, in: VDI-Nachr., Nr. 3 vom 26. Januar 1976, S. 1.
Die Kosten der Beseitigung eines Kernkraftwerks lassen sich aufgrund mangelnder Erfahrung heute noch nicht exakt beziffern. H. Mandel rechnet für Abbruch und Beseitigung eines 1200 MW_{el}-Kernkraftwerks mit 10 bis 15 % der derzeitigen Baukosten, entsprechend etwa 100 bis 150 Millionen DM. Vgl. Franke, L.: ebenda. Siehe dazu auch Maul, K.-H.: Die bilanzielle Behandlung von Dekontaminationskosten für Kernkraftwerke, in: atw, 20. Jg. (1975), H. 1, S. 43-46.

- Verlängerung der Bauzeit (um etwa 7 bis 14 Monate) [1],
- Besondere Abhängigkeit von geologischen und bodenmechanischen Standortverhältnissen,
- Erschwerte Zugänglichkeit bei Transporten und Wartung,
- Größeres Risiko einer störfallbedingten Grundwasserkontamination.

Als spezielle Ausführungen einer Untergrundbauweise kommen in Betracht:

- Halbunterirdische Bauweise: nur der Druckbehälter liegt unter der Erdoberfläche,
- Ganzunterirdische Bauweise [2]: das gesamte nukleare Anlagensystem liegt unter der Erdoberfläche,
- Unterwasser Bauweise [3]: Unterwassercontainment; dieses Konzept ermöglicht im Fall eines Versagens der reaktoreigenen Notkühl - resp. Nachkühleinrichtungen die Nachzerfallswärme abzuführen und damit einen Kernschmelzstörfall zu verhindern. Aufgrund spezieller Barrieren für das Containment lassen sich damit wesentlich geringere störfallbedingte Radionuklidfreisetzungen (Reduzierung um den Faktor $5 \cdot 10^3$) als bei konventionellen oberirdischen Kernkraftwerken erreichen [4].

---

1) Vgl. Kröger, W.: Schutzbehälter für Hochtemperaturreaktoren unter Berücksichtigung von Umwelt- und Sicherheitsaspekten; Kernforschungsanlage Jülich GmbH, Bericht Jül-1098, Jülich 1974, S. 79.

2) Siehe dazu Wahl, H.W.: Foundation Caisson Provides Underground Containment for Nuclear Power Plant, in: Nucl. Eng. Design., Vol. 3 (1966), S. 478-494. Karpenko, V.N. and Walter, C.E.: Underground Siting of Nuclear Power Reactors, in: International Atomic Energy Agency (IAEA) (Ed.): Siting of Nuclear Facilities; Proceedings Series-STI/PUB/384, Wien 1975, S. 582ff. (Report IAEA-SM-188/44).

3) Siehe dazu Klepper, O.H. and Bell, C.G.: Underwater Caisson Containment of Large Power Reactors; Oak Ridge National Laboratory, Report ORNL-4073, Oak Ridge 1967.

4) Vgl. Klepper, O.H. and Bell, C.G.: Underwater Caisson Containment of Large Power Reactors; Oak Ridge National Laboratory, Report ORNL-4073, Oak Ridge 1967, S. 83.

- Kavenenbauweise [1]: das nukleare Anlagensystem liegt in Fels- oder Bergwerkskavernen.

Kritisch zur Untergrundbauweise bemerken W. Fürste et al.: "Bei einer rein subjektiven Betrachtungsweise scheint die Untergrundbauweise eine geeignete Lösung des Sicherheitsproblems von Kernkraftwerken zu sein. Sie bietet Schutz gegen zivile und militärische Einwirkungen von außen und vermindert, falls die Integrität des Systems bewahrt bleibt, Spaltproduktfreisetzungen bei nuklearen Störfällen. Ob dieses alles jedoch tatsächlich gegeben ist, bedarf einer umfassenden System- und Störfallanalyse, die alle Störfallmöglichkeiten einschließt. Erst aus solchen Untersuchungen können sicherheitstechnische Vor- und Nachteile dieser Bauweise ermittelt werden" [2].

6. Neuartige Druckbehälter

Alternativ zum derzeit üblichen Stahldruckbehälter werden folgende neuartige Konzepte diskutiert:

- Spannbetondruckbehälter

und - Mehlagenstahldruckbehälter.

Sicherheitstechnische Merkmale gegen Einwirkung von Außen und Innen so-

---

1) Siehe dazu Grosselin, P.: Das Ardennenkraftwerk der SENA, in: atw, 7. Jg. (1962), H. 5, S. 301-304. Ellmer, M.: Standortwahl für Kernkraftwerke, in: Atom und Strom, 11. Jg. (1965), H. 1, S. 3. Jamne, E.: Underground Siting of Nuclear Power Plants in Norway, in: United Nations and International Atomic Energy Agency (IAEA) (Eds.): Peaceful Uses of Atomic Energy, Vol. 3: Safety Aspects of Nuclear Plants - Legal Aspects of Nuclear Energy; Proceedings Series-STI/PUB/300, New York-Wien 1972, S. 359-373 (Report-A/Conf. 49/P/290).

2) Fürste, W., Hemmerling, H., König, W., Pfeiffer, A. und Roßberg, K.: Studie über die nukleare Sicherheit standortunabhängiger Kernkraftwerke und deren Einfluß auf die Wirtschaftlichkeit; Bundesministerium für Forschung und Technologie, Forschungsbericht K73-01, Leopoldshafen (Karlsruhe) 1973, S. 75.

wie fertigungstechnische Vorteile werden in der Literatur beschrieben [1].

7. Neuartige Containmentkonzepte

Dem Containment als gasdichter Schutzbehälter um das gesamte Reaktorsystem kommen prinzipiell folgende Schutzfunktionen zu:

- Barriere gegen störfallbedingte Radionuklidfreisetzungen,
- Schutzeinrichtung gegen Einwirkungen von Innen und Außen.

Um den sicherheitstechnischen Anforderungen zu genügen, muß das Containment für folgende Belastungen ausgelegt werden [2]:

---

1) Siehe dazu Jorde, J., Müller, R., Schulte, D. und Bretfeld, H.: Entwicklung großer Stahlbehälter in Mehrlagenbauweise, in: Kerntechnik, 10. Jg. (1968), H. 4, S. 198-207. Fürste, W. und Schafstall, H.G.: Tendenzen im Druckbehälterbau für Kernkraftwerke - Sicherheitskonzeption für einen Siedewasserreaktor mit Spannbetondruckbehälter, in: Techn. Mitt. Krupp-Werksberichte, Bd. 27 (1969), H. 3, S. 117-122. Fürste, W., Hemmerling, H., König, W., Pfeiffer, A. und Roßberg, K.: Studie über die nukleare Sicherheit standortunabhängiger Kernkraftwerke und deren Einfluß auf die Wirtschaftlichkeit; Bundesministerium für Forschung und Technologie, Forschungsbericht K73-01, Leopoldshafen (Karlsruhe) 1973, S. 76ff. Zerna, W.: Neue bautechnische Entwicklungen bei Kernkraftwerken, in: Glubrecht, H. (Hrsg.): Kraftwerksbau als interdisziplinäre Aufgabe; Festschrift für Fritz Börnke zum 60. Geburtstag, Wiesbaden-Berlin 1973 (nicht paginiert). Schnellenbach, G., Zerna, W. und Stangenberg, F.: Sicherheitsbehälter aus Stahlbeton und Spannbeton für Kernkraftwerke, in: VGB Kraftwerkstechnik, 55. Jg. (1975), H. 2, S. 81-88. Oldekop, W.: Einführung in die Kernreaktor- und Kernkraftwerkstechnik, T. 2: Wärmetechnik-Werkstoffe-Sicherheit-Reaktortypen, München 1975, S. 199f.

2) Vgl. auch Franzen, L.F.: Einflüsse der aus dem Genehmigungsverfahren sich ergebenden Auflagen auf die Ausführbarkeit und Wirtschaftlichkeit von Kraftwerken mit Kernbrennstoffen; VDI-BW 2129, Düsseldorf (1972), S. 8. Zerna, W.: Neue bautechnische Entwicklungen bei Kernkraftwerken, in: Glubrecht, H.: Kraftwerksbau als interdisziplinäre Aufgabe; Festschrift für Fritz Börnke zum 60. Geburtstag, Wiesbaden-Berlin 1973 (nicht paginiert).

- Innendruck, aufgrund der Ausdehnung des ausströmenden Kühlmittels in Dampf- oder Gasform,
- Innendruck, aufgrund von chemischen Reaktionen zwischen Reaktorwerkstoffen und Umgebung,
- Innere lokale Belastungen, aufgrund von wegfliegenden Trümmerstücken,
- Äußere Belastungen, aufgrund von Druckwellen, Beschuß, Sprengladungen (Sabotage), Flugzeugabsturz sowie seismischer Aktivität oder Bodensetzungen.

Gegenüber dem bisher vorwiegend verwendeten Konzept des Volldruckcontainments [1] werden fortgeschrittene Containmentkonzepte bereits angewendet oder entwickelt [2]:

- Doppelcontainment mit "Popcornbetonfüllung",
- Doppelcontainment mit Ringspaltabsaugung,
- Containment mit Druckabbausystem [3], z.B. mittels Wasser- oder Eisvorlage,

---

1) Siehe z.B. Franzen, L.F.: Einflüsse der aus dem Genehmigungsverfahren sich ergebenden Auflagen auf die Ausführbarkeit und Wirtschaftlichkeit von Kraftwerken mit Kernbrennstoffen; VDI-BW 2129, Düsseldorf (1972), S. 8f.

2) Vgl. Franzen, L.F.: Einflüsse der aus dem Genehmigungsverfahren sich ergebenden Auflagen auf die Ausführbarkeit und Wirtschaftlichkeit von Kraftwerken mit Kernbrennstoffen; VDI-BW 2129, Düsseldorf (1972), S. 9f. Fürste, W., Hemmerling, H., König, W., Pfeiffer, A. und Roßberg, K.: Studie über die nukleare Sicherheit standortunabhängiger Kernkraftwerke und deren Einfluß auf die Wirtschaftlichkeit; Bundesministerium für Forschung und Technologie, Forschungsbericht K73-01, Leopoldshafen (Karlsruhe) 1973, S. 80.

3) Siehe dazu Müller, R.A. und Schlechtendahl, E.G.: Dynamische Belastungen und Strukturverhalten von Reaktorsicherheitsbehältern mit Druckabbausystemen, in: KFK-Nachr., 7. Jg. (1975), H. 3, S. 12f.

- Unterdruckcontainment,
- Containment mit Inertgasatmosphäre,
- Untergrund-Containment [1],
- Kombinationen der genannten Containmentkonzepte.

Als erstes bemerkenswertes Beispiel eines Kernkraftwerks mit standortabhängigen, zusätzlichen Sicherheitseinrichtungen kann das geplante Druckwasserreaktor-Kernkraftwerk der BASF in Ludwigshafen aufgrund seines bisher in der Welt einzigartigen Standorts angesehen werden [2].
Da die Baugenehmigung im August 1970 bis zur Erstellung weiterer Unterlagen zurückgestellt wurde, sind von der kerntechnischen Industrie als

---

1) Vgl. oben - 5. Untergrundbauweise.

2) Siehe auch die Vorbemerkungen zu Kapitel B. III. 2. sowie B. III. 2. - ad 8. Bevölkerungsdichte und -verteilung.
Die Bevölkerungszahl im 10 km-Umkreis um Ludwigshafen ist um etwa den Faktor 5 größer als bei anderen Kernkraftwerksstandorten in der Bundesrepublik und etwa um den Faktor 15 größer als bei dem der "Rasmussen-Studie" zugrunde liegenden "mittleren" amerikanischen Standort. Siehe Gutschmidt, W.-D.: Sicherheitsfaktor Abstand, Standortwahl von Kernkraftwerken unter dem Aspekt der Bevölkerungsverteilung, in: VDI-Nachr., Nr. 24 vom 18. Juni 1976, S. 2.
Weitere Beispiele für Standorte dieser Klasse sind die von mehreren deutschen Chemieunternehmen auf oder in der Nähe des Werksgeländes vorgesehenen Kernkraftwerke, deren Beantragung wohl u.a. im Hinblick auf die gegenwärtige Genehmigungspraxis und die Aussetzung des Genehmigungsverfahrens für das BASF-Kernkraftwerk bisher unterblieben ist; ferner das seit einigen Jahren diskutierte Kernkraftwerk in West-Berlin. Die Beantragung dieses Kraftwerks wird u.a. wesentlich von der politischen Lösung der Leitungsführung vom geplanten Kernkraftwerk bei Königsberg in die Bundesrepublik abhängen: Leitungsführung über West-Berlin oder Stichleitung. Siehe dazu auch Nowrocki, J.: Wenn die Lichter ausgehen..., Die Energieversorgung der Inselstadt wird immer schwieriger, in: Die Zeit, Nr. 18 vom 27. April 1973, S. 52b. Schulz, L.: Kernkraftwerke in Ballungsgebieten, in: VDI-Nachr., Nr. 46 vom 14. November 1975, S. 24.

Sofortmaßnahmen folgende zusätzliche Sicherheitseinrichtungen angeboten worden [1]:

- Berstsicherung des Reaktordruckbehälters, die eine Zerstörung des Containments und der Einbauten beim Bersten des Reaktordruckgefäßes verhindern soll,

- Berieselungsanlage für das Containment (zwischen Stahlkugel und Betonhülle) zur Abfuhr der Zerfallswärme der störfallbedingt aus dem Reaktordruckbehälter freigesetzten Radionuklide,

- Eisvorlage von 600 t zum Druckabbau bei Beibehaltung des Volldruckcontainmentkonzepts mit "Null-Leckage",

- Verstärkung des Betons der Sekundärabschirmung von 0,6 m auf 1,2 m gegen äußere Einwirkungen, z.B. Druckwellen von explodierenden Chemieanlagen oder Tankschiffen.

Die voranstehende Darstellung zeigt den gegenwärtigen Entwicklungsstand einiger wichtiger Reaktorsicherheitseinrichtungen als Vorkehrungen gegen innere und äußere, insbesondere standortbedingte Einwirkungen sowie zur Begrenzung möglicher Störfallauswirkungen auf die Standortumgebung.
Für diese Darstellung wurde eine Analyse der Sicherheitseinrichtungen entsprechend ihrer funktionellen Aufgabe vorgenommen. Eine derartige Gliederung ist jedoch lediglich für eine Übersicht dieser Art geeignet. Die konkrete standortspezifische sicherheitstechnische Reaktorauslegung kann dagegen nur durch System- und Störfallanalysen anhand technischer Spezifikation und

---

1) Vgl. o.V.: atw-Interview: "Das ist der große Sprung in die Ballungsgebiete", Ein Gespräch mit dem Bundesminister für Bildung und Wissenschaft, Prof. H. Leussink, über Probleme des Genehmigungsverfahrens und über die BASF- und SNR-Beschlüsse, in: atw, 15. Jg. (1970), H. 12, S. 562. Frank, B.: Die Verwendung der Kernenergie für die Erzeugung von Dampf und Strom in einem großen chemischen Komplex, in: Die BASF, 21. Jg. (1971), Ausg. Oktober, S. E4ff. Smidt, D.: Die Verminderung des Restrisikos in Druckwasser-Kernkraftwerken, in: Gesellschaft für Kernforschung mbH. (Hrsg.): Beiträge zur Kerntechnik - Karl Wirtz gewidmet zum 65. Geburtstag; Gesellschaft für Kernforschung mbH Karlsruhe, Bericht KFK-2200/Jül-1178, Karlsruhe 1975, S. 84ff.

Standortdaten erfolgen. Aus der funktionellen Gliederung geht ferner nicht hervor in welchem Maße diese Sicherheitseinrichtungen mit anderen Reaktorkomponenten und -systemen kooperieren. Dies ist allerdings auch nicht Aufgabe der vorliegenden Untersuchung. Im Hinblick auf hier gewählte Methodik der Darstellung muß aber darauf hingewiesen werden, technische Sicherheitseinrichtungen und -verfahren nicht als Einzelaspekte, sondern im Gesamtkonzept "Sicheres Kernkraftwerk" zu betrachten. Für einen konkreten Standort ist jedoch insbesondere zu prüfen, ob der mit evtl. außergewöhnlichen sicherheitstechnischen Vorkehrungen belastete Standort in einem angemessenen Verhältnis zum Nutzen dieses Standorts steht. Leider ist es im Rahmen dieser Untersuchung nicht möglich gewesen, Kostenangaben über Reaktorsicherheitsmaßnahmen [1)] zu sammeln, zumal auch insbesondere für fortgeschrittene Sicherheitskonzeptionen entweder noch keine definitiven Maßnahmen entwickelt werden konnten oder noch nicht sicherheitstechnisch akzeptierbar und damit angebotsreif sind.

---

1) Die (nach Kenntnis d. Verf.) ausführlichsten veröffentlichten Kostendaten von S.J. Harris (1961) und J.A. Lane (1963/64) sind sowohl aufgrund der absoluten Kostenbeträge und des technischen Fortschritts in der Reaktorsicherheitstechnik als auch hinsichtlich der zugrunde gelegten ökonomischen Sicherheitskonzeption (J.A. Lane) resp. des Bezugschemas (S.J. Harris) unbrauchbar. Während z.B. S.J. Harris aufgrund seiner Abgrenzung der Sicherheitsmaßnahmen zu einem Anteil der Sicherheitskosten an den gesamten Anlagekosten von rd. 56 % kommt (siehe ausführlicher Harris, S.J., S. 76), verfolgt J.A. Lane das Ziel, durch eine Beschränkung der Sicherheitsmaßnahmen auf die Anlagen und Komponenten des Notsystems und des Containments die Sicherheitskosten zu minimieren. Vgl. dazu Harris, S.J.: Nuclear Power Safety Economics, An Analysis of Health and Safety Costs Associated with the Design, Construction, and Operation of Nuclear Power Reactors; Pilot Books (Better Business Book Series), New York 1961. Lane, J.A.: Nuclear Safety Economics, in: Nuclear Safety, Vol. 5 (1963/64), No. 2, S. 139-145.

ad 3. Administrative Sicherheitsmaßnahmen

Die derzeitige atomrechtliche Genehmigungspraxis fordert für die Auslegung der technischen Sicherheitseinrichtungen in Kernkraftwerken, daß Störfälle bis zum "Größten anzunehmenden Unfall" (GAU), der je nach Reaktortyp unterschiedlich definiert werden kann, sicher beherrscht werden. Die sicherheitstechnische Auslegung eines Kernkraftwerks nach dem GAU-Konzept bedeutet jedoch, eine Grenze zwischen "glaubhaften" und "unglaubhaften" Störfällen zu ziehen [1]. Diese Konzeption sowie das oben im Prinzip dargelegte Wahrscheinlichkeitskonzept, mit einer nicht quantifizierbaren Wahrscheinlichkeit für bei der Störfallanalyse unerkannt gebliebene Störfallmöglichkeiten, bedingen ein - wenn auch geringes - Restrisiko.
Komponenten dieses Restrisikos sind neben technischem Versagen: Bedienungsfehler, Sabotage, Natureinwirkungen (seismische, geologische und bodenmechanische Einflüsse, Hochwasser etc.), zivile und militärische Einwirkungen. Eine - zumindest teilweise - Abdeckung des Restrisikos ist die Aufgabe administrativer Sicherheitsmaßnahmen [2].
"Unter dem Begriff 'administrative Sicherheitsmaßnahmen'...[sind] nicht nur Sicherheitsvorschriften, institutionelle Vereinbarungen und andere Verwaltungsanordnungen zu verstehen..., sondern auch die zu ihrer Durchführung erforderlichen technischen Hilfsmittel" [3].

Die bei Kernkraftwerken praktizierbaren administrativen Sicherheitsmaßnahmen können nach zwei Aspekten klassifiziert werden [4].
Zur ersten Gruppe können diejenigen Maßnahmen gezählt werden, die dem verbleibenden Restrisiko aufgrund konventionller Einwirkungen, wie Sabotage, Natureinwirkungen, zivile Einwirkungen begegnen sollen. Maßnahmen der zweiten

---

1) Vgl. die Ausführungen in Kapitel B. II. 2.

2) Vgl. Fürste, W., Hemmerling, H., König, W., Pfeiffer, A. und Roßberg, K.: Studie über die nukleare Sicherheit standortunabhängiger Kernkraftwerke und deren Einfluß auf die Wirtschaftlichkeit; Bundesministerium für Forschung und Technologie, Forschungsbericht K73-01, Leopoldshafen (Karlsruhe) 1973, S. 54.

3) Fürste, W., Hemmerling, H., König, W., Pfeiffer, A. und Roßberg, K.: ebenda, S. 54.

4) Vgl. Fürste, W., Hemmerling, H., König, W., Pfeiffer, A. und Roßberg, K.: ebenda, S. 54.

Gruppe sollen das Restrisiko typisch nuklearer Störfälle abdecken, die möglicherweise als Folge konventioneller Einwirkungen auftreten.

Kennzeichen aller administrativen Sicherheitsmaßnahmen ist es, daß ihre Planung und Vorbereitung präventiv sind. Bei Störfällen im Kernkraftwerk, die durch technische Sicherheitsmaßnahmen nicht mehr beherrschbar sind, müssen einige oder alle der geplanten Maßnahmen angewendet werden und werden damit zu Notfallmaßnahmen [1].
Administrative Maßnahmen lassen sich somit unterteilen in:

1. Präventive Maßnahmen [2]: diese sind im einzelnen fixiert in Alarm- und Katastrophenschutzplänen,

2. Notfallmaßnahmen [3]:

   - Bevölkerungsschutzmaßnahmen,
   - Verkehrsregelnde Maßnahmen,
   - Dekontaminationsmaßnahmen zur Verhinderung der großräumigen Ausbreitung von Radionukliden.

---

1) Vgl. Fürste, W., Hemmerling, H., König, W., Pfeiffer, A. und Roßberg, K.: ebenda, S. 55.

2) Siehe dazu Fürste, W. et al.: a.a.O., S. 56ff. Bundesministerium des Innern (Hrsg.): Sicherheit kerntechnischer Einrichtungen und Strahlenschutz, Rechenschaftsbericht und Programm, 2. Aufl., Bonn 1974, S. 181ff. (Rahmenrichtlinien für den behördlichen Katastrophenschutz in der Umgebung kerntechnischer Anlagen). Büker, K.: Katastrophenschutzpläne, in: Handelsblatt GmbH. (Hrsg.): 25 Fragen zur nuklearen Sicherheit; atw-Broschüren "Kernenergie und Umwelt", Nr. 4, Düsseldorf o.J. (etwa 1974/75), S. 12-13.

3) Siehe dazu Wachsmann, F. und Hubacher, O.: Strahlenschutz der Bevölkerung bei einer Nuklearkatastrophe, in: Schweizerische Ärztezeitung, 48. Jg. (1968), H. 27, S. 734. Fürste, W. et al.: a.a.O., S. 60f. Pohl, W.: Möglichkeiten des nuklearen Notfallschutzes (Notfallschutzpläne), in: Braun, H., Heuck, F., Ladner, H.-A., Messerschmidt, O., Niklas, K. und Rausch, L. (Hrsgg.): Umweltschutz bei nuklearer und konventioneller Energiegewinnung, Ergebnisse der Strahlen- und Umweltforschung; Strahlenschutz in Forschung

Fortsetzung siehe Seite 222

Verschiedentlich wird in der Literatur auch auf eine Evakuierung der Bevölkerung als mögliche Notfallmaßnahme hingewiesen.
Evakuierungsmaßnahmen können sich jedoch nur auf kleine Bevölkerungsteile erstrecken. Größere Ortschaften oder Städte innerhalb kurzer Zeit zu evakuieren, sollte daher nicht als Notfallmaßnahme von hoher Effizienz in Betracht gezogen werden [1].

Die Wirksamkeit administrativer Sicherheitsmaßnahmen hängt neben den zur Verfügung stehenden Möglichkeiten zum Bevölkerungsschutz wesentlich von der Kenntnis der zu erwartenden Strahlendosis und von der verfügbaren Zeit für solche Maßnahmen ab [2]. Eine derzeit prinzipielle Schwierigkeit bei der Planung administrativer Sicherheitsmaßnahmen resp. Notfallmaßnahmen besteht jedoch darin, daß bisher vom Gesetzgeber keine Richtwerte für Störfalldosen

---

Fortsetzung zu Fußnote

3) und Praxis, Bd. 12, Stuttgart 1973, S. 173ff. Bundesministerium des Innern (Hrsg.): Sicherheit kerntechnischer Einrichtungen und Strahlenschutz, Rechenschaftsbericht und Programm, 2. Aufl., Bonn 1974, S. 58f. Narrog, J.: Notfallplanung, in: Aurand, K. (Hrsg.): Kernenergie und Umwelt, Berlin 1976, S. 242f.

1) Siehe hierzu auch Lindackers, K.-H.: Theoretische Analysen über Störfälle an Kernkraftwerken, in: Naumann, K. (Hrsg.): Kraftwerk 2000, Ein energiepolitisches Forum, Stuttgart 1975, S. 88f., der die Möglichkeit/ Unmöglichkeit einer Evakuierung am Beispiel des Kernkraftwerk-Standorts Mülheim-Kärlich (nördlich von Koblenz) unter der Annahme einer prompten Radioaktivitätsfreisetzung sowie nach einem Zeitintervall von 1,5 Stunden nach Störfalleintritt diskutiert.

2) Vgl. Fürste, W., Hemmerling, H., König, W., Pfeiffer, A. und Roßberg, K.: Studie über die nukleare Sicherheit standortunabhängiger Kernkraftwerke und deren Einfluß auf die Wirtschaftlichkeit; Bundesministerium für Forschung und Technologie, Forschungsbericht K73-01, Leopoldshafen (Karlsruhe) 1973, S. 89. Vogt, S.: Statistische Voraussagen für Lage und Betrag der maximalen Dosis bei störfallbedingter Emission; Gesellschaft für Kernforschung mbH. Karlsruhe, Bericht KFK-2215, Karlsruhe 1975, S. 1.

festgelegt worden sind [1]. Hier wäre es erforderlich, "Aktionsdosiswerte" ("Störfalldosen") zu konkretisieren, d.h. Dosisgrenzwerte (mrem) oder Dosisleitungsgrenzwerte ($mrem \cdot h^{-1}$) für bewohnte Gebiete nach störfallbedingten Aktivitätsfreisetzungen festzulegen, bei deren Erwartung administrative Maßnahmen zu ergreifen sind.

Die Planung administrativer Sicherheitsmaßnahmen ist bisher noch nicht integrierter Bestandteile der Standortplanung für Kernkraftwerke. Aus der kurz gefaßten Übersicht lassen sich jedoch nachstehende Schlußfolgerungen ableiten:

1. Administrative Sicherheitsmaßnahmen sind geeignet, das durch Anwendung des GAU-Konzepts oder Wahrscheinlichkeitskonzepts methodisch oder systematisch bedingte Restrisiko zu reduzieren.

2. Komponenten des Restrisikos sind standortbedingte Gefahren für ein Kernkraftwerk (seismische, geologische und bodenmechanische Einflüsse, Flächenbrand, Hochwasser, Explosionsdruckwellen von in der Nähe gelegenen Analgen oder Tanktransporten etc.) und standortunabhängige Gefahren (Bedienungsfehler, Sabotage etc.).

3. Administrative Sicherheitsmaßnahmen sind von besonderer Bedeutung für Störfälle mit Aktivitätsfreisetzung bei Kernkraftwerken in der Nähe größerer Ortschaften oder Ballungsgebieten.

4. Administrative Sicherheitsmaßnahmen können sich an den individuellen Standortgegebenheiten orientieren. Es wäre daher zweckmäßig, die Planung administrativer Sicherheitsmaßnahmen in Verbindung mit der Standortwahl und der sicherheitstechnischen Auslegung des Kernkraftwerks vorzunehmen [2].

---

1) Die in Kapitel B. II. 1. angedeuteten Unsicherheiten in der quantitativen Abschätzung strahleninduzierter Inzidenzen waren zumindest u.a. bestimmend dafür, daß vom Gesetzgeber keine Aktionsdosiswerte festgelegt worden sind.

2) Daraus ergibt sich auch unmittelbar, daß insbesondere bei Standorten in Ballungsgebieten, in denen die Druchführung von Notfallmaßnahmen erschwert oder teilweise nicht möglich ist (wie etwa Evakuierungsmaßnahmen, z.B. in der Umgebung der geplanten Standorte Berlin und Ludwigshafen), eine weitere Reduzierung des Risikos durch technische Sicherheitsmaßnahmen erreicht werden muß.

5. Zur Planung und Durchführung effektiver Notfallmaßnahmen nach Kernkraftwerkstörfällen sind als Entscheidungsgrundlage "Aktionsdosiswerte" erforderlich.

6. Die Katastrophenschutzpläne sind öffentlich nicht generell einsehbar. Diese Praxis trägt nicht dazu bei, das Vertrauen der Bevölkerung in der Standortumgebung für die Entscheidungen der Elektrizitätsversorgungsunternehmen zu gewinnen. Eine effektive Standortpolitik der Elektrizitätswirtschaft wird in Zukunft ohne Vertrauen und Akzeptanz der Bevölkerung nicht möglich sein [1].

---

1) Siehe hierzu Kapitel D.

III. Standortbedingungen für den Bau und Betrieb von Kernkraftwerken

Betrachtungen über Standortbedingungen für Kernkraftwerke sind seit Beginn der Kernenergieentwicklung in Deutschland zum Gegenstand zahlreicher Untersuchungen [1)] geworden, wobei insbesondere in der äteren Literatur die Diskussion über die Relevanz der Standortbedingungen breiten Raum einnimmt. Dabei sind die elektrizitätswirtschaftlichen, ökologischen und sicherheitstechnischen Probleme bei der Auswahl von Kernkraftwerks-Standorten vielfach unabhängig voneinander behandelt worden.

---

1) Die nachfolgend genannte Literatur markiert zugleich die Entwicklungstendenzen in der Beurteilung von Standortbedingungen für Kernkraftwerke innerhalb der vergangenen zwanzig Jahre. Überdies wird hier das Spektrum deutlich, mit denen eine Standortbeurteilung von den verschiedenen Interessengruppen vorgenommen wird.
Siehe Amflur-Thuf, W.: Standortprobleme für atomare Energieerzeugung, in: Wirtschaftsdienst, 36. Jg. (1956), H. 6, S. 318-321. Kaussmann, E.: Standortprobleme der europäischen Atomkraftwirtschaft, in: Zimmermann, H.W. (Hrsg.): Zur Ökonomik und Technik der Atomzeit; Veröffentlichungen der List Gesellschaft e.V., Bd. 3, Tübingen 1957, S. 53-84. Stahl, F.: Atomkraftwerke - ihre Standortprobleme und die Raumordnung, in: RfuRo, 17. Jg. (1959), H. 1, S. 13-24. Grosse, N.: Ökonomik der Kernenergie; Veröffentlichungen der List Gesellschaft e.V., Bd. 29, Basel-Tübingen 1963, passim. Ufer, D.: Bemerkungen zur Standortplanung von Kernkraftwerken, in: Kernenergie, 7. Jg. (1964), H. 3, S. 163-166. Luks, H.: Eine Analyse der Standortbedingungen für Reaktoren; Kernforschungsanlage Jülich GmbH , Bericht Jül-189, Jülich 1964. Ellmer, M.: Standortwahl für Kernkraftwerke, in: Atom und Strom, 11. Jg. (1965), H. 1, S. 1-5. Berthold, T.: Zur Standortwahl für Kernkraftwerke, in: PEK, 14. Jg. (1966), H. 2/3, S. 58-59. Mandel, H.: Gesichtspunkte bei der Standortwahl für Kernkraftwerke, in: BWK, 18. Jg. (1966), H. 10, S. 493-498. Europäische Atomgemeinschaft (EURATOM) (Hrsg.): EURATOM-Handbuch der Kernenergiekostenrechnung; Bericht EUR-3079d, Brüssel 1967, S. 85ff. Michaelis, H.: Die Kernenergie an der Schwelle der Konkurrenzfähigkeit - Organisatorische und planerische Probleme bei der Projektierung von Kernkraftwerken, in: Burgbacher, F. (Hrsg.): Ordnungsprobleme und Entwicklungstendenzen in der deutschen Energiewirtschaft; Festschrift für Theodor Wessels zur Vollendung seines 65. Lebens-

Fortsetzung siehe Seite 226

Fortsetzung zu Fußnote

1) jahres, Essen 1967, S. 276ff. Schwille, F.: Kernkraftwerke und Grundwassernutzung - eine Aufgabe der wasserwirtschaftlichen Planung, in: Dtsch. Gewkdl. Mitt., 12. Jg. (1968), H. 4, S. 95-103. Hünlich, W.H.F.: Raumordnung und Standortprobleme für Kernkraftwerke großer Leistung, in: RuS, 1969, H. 5, S. 104-108. Krolewski, H.: Standorte von Kernkraftwerken in der wasserwirtschaftlichen Diskussion, in: gwf (Ausgabe: Wasser-Abwasser), 110. Jg. (1969), H. 24, S. 641-646. Courvoisier, P.: Standortfaktoren, in: NT, 12. Jg. (1970), H. B6, S. 196-200. Ailleret, P.: Standortprobleme für Kernkraftwerke, in: Atom und Strom, 16. Jg. (1970), H. 10, S. 149-152. Stauber, E.: Grundzüge der Sicherheitsmaßnahmen bei Kernkraftwerken, Frankfurt/M. 1970, S. 55ff. Mandel, H.: Standortfragen bei Kernkraftwerken, in: atw, 16. Jg. (1971), H. 1, S. 22-26. [Stahl, F.]: Standortbestimmung von Kernkraftwerken, in: RuS, 1971, H. 7, S. 157-159. Bachmair, A.: Standortbeeinflussende technische Fakten für Bau und Betrieb von thermischen Kraftwerken, in: Zur Standortproblematik in der regionalen Energiewirtschaft; Veröffentlichungen der Akademie für Raumforschung und Landesplanung, Forschungs- und Sitzungsberichte, Bd. 82, Hannover 1972, S. 19-36. Guck, R.: Standorte für Kernkraftwerke, in: atw, 18. Jg. (1973), H. 8/9, S. 386-391. Böck, H.: Standortkriterien für Kernkraftwerke, in: E. u. M., 91. Jg. (1974), H. 6, S. 312-315. Bundesministerium des Innern (Hrsg.): Sicherheit kerntechnischer Einrichtungen und Strahlenschutz, Rechenschaftsbericht und Programm, 2. Aufl., Bonn 1974, S. 38ff. Guck, R.: Umweltschutzbestimmungen und Standortwahl für Kernkraftwerke, in: ETZ-A, 96. Jg. (1975), H. 1, S. 38-44. Grawe, J.: Auswahl und Sicherung von Kraftwerksstandorten in Baden-Württemberg, in: ET, 25. Jg. (1975), H. 1/2, S. 31-35. Kuhlmann, A.: Kraftwerksstandorte, in: TÜ, 16. Jg. (1975), H. 2, S. 31-37. Kuhlmann, A.: Kernkraftwerke: Ja, aber wohin?, Kriterien für die Wahl der Kernkraftwerksstandorte, in: VDI-Nachr., Nr. 24 vom 13. Juni 1975, S. 24-25. Strohm, H.: Friedlich in die Katastrophe, Eine Dokumentation über Kernkraftwerke, 2. Aufl., Hamburg 1975, S. 75ff. Kohler, H.A.G.: Sites of Light-Water Reactor Power Plants in the Federal Republic of Germany, in: International Atomic Energy Agency (IAEA) (Ed.): Siting of Nuclear Facilities; Proceedings Series-STI/PUB/384, Wien 1975, S. 183-215 (Report IAEA-SM-188/23). Gutschmidt, W.-D.: Sicherheitsfaktor Abstand, Standortwahl von Kernkraftwerken unter dem Aspekt der Bevölkerungsverteilung, in: VDI-Nachr., Nr. 24 vom 18. Juni 1976, S. 2.

Erst ab Mitte der sechziger Jahre zeigt sich die Tendenz einer Verknüpfung ökologischer Kriterien mit wirtschaftlichen Überlegungen. Insbesondere sind hierzu die Arbeiten von H. Mandel zu nennen [1].
Die gedankliche Fixierung auf den "Größten anzunehmenden Unfall" und die Auslegung des Kernkraftwerks zur Beherrschung dieses konkretisierten Störfalls haben sicherheitstechnische Betrachtungen im Rahmen der Standortwahl für Kernkraftwerke weitgehend losgelöst von wirtschaftlichen Aspekten entstehen lassen [2]. Richtungsweisende Ansätze einer simultanen sicherheitstechnischen und ökonomischen Betrachtung von Kernkraftwerks-Standorten wurden in der Bundesrepublik Deutschland erst gegen Ende der sechziger Jahre veröffentlicht [3].

Der aufgrund des technologischen Fortschritts im Maschinenbau, der Reaktor- und Elektrotechnik möglich gewordene Bau von Kernkraftwerkseinheiten mit 1000 bis 1300 MW_{el} Leistung, der Ausbau von zwei Großböcken am gleichen Standort (als vorläufiger Regelfall) und die erkennbare Tendenz zu Ausbauleistungen von 4000 bis 5000 MW_{el} sowie die Entwicklung einer neuen Generation

---

1) Vgl. Mandel, H.: Gesichtspunkte bei der Standortwahl für Kernkraftwerke, in: BWK, 18. Jg. (1966), H. 10, S. 493-498. Die definitive Verknüpfung ökologischer und wirtschaftlicher Kriterien wird von H. Mandel erst später vorgenommen. Vgl. Mandel, H.: Standortfragen bei Kernkraftwerken, in: atw, 16. Jg. (1971), H. 1, S. 22-26.

2) Siehe etwa Luks, H.: Eine Analyse der Standortbedingungen für Reaktoren; Kernforschungsanlage Jülich GmbH , Bericht Jül-189, Jülich 1964. Kellermann, O. und Franzen, L.F.: Auswahl und sicherheitstechnische Beurteilung des Reaktorstandortes, in: atw, 10. Jg. (1965), H. 7, S. 380-384.

3) Vgl. z.B. Kellermann, O.: Sind Kernkraftwerke in Verbrauchszentren notwendig?, in: Institut für Reaktorsicherheit der Technischen Überwachungsvereine e.V. (Hrsg.): Die Sicherheit standortunabhängiger Kernkraftwerke; 4. IRS-Fachgespräch in Düsseldorf am 4./5. November 1968, Tagungsbericht IRS-T-16, Köln 1969, S. 13-21. Schwarzer, W.: Beziehungen zwischen Standort und Sicherheit von Kernkraftwerken, in: ebenda, S. 33-37. Jahns, A.: Sicherheitseinrichtungen für standortunabhängige Kernkraftwerke, in: ebenda, S. 55-66. Siehe dazu auch Harris, S.J.: Nuclear Power Safety Economics, An Analysis of Health and Safety Costs Associated with the

Fortsetzung siehe Seite 228

von Schnellen Brütern mit 1000 bis 2000 MW_{el} verlangen eine Überprüfung der bisher angewendeten Kriterien bei der Standortwahl.
Generell kann festgestellt werden, daß sich das Gefährdungspotential mit dem technischen Fortschritt stark vergrößert hat, so daß bei einem schweren oder "hypothetischen" Reaktorstörfall große Bevölkerungsteile betroffen sein können.
Das Gefährdungspotential eines Kernkraftwerks ist allerdings kein realistisches Kriterium für die Beurteilung der Sicherheit eines Kernkraftwerks oder Standorts. Darauf ist in den bisherigen Ausführungen mehrfach hingewiesen worden [1].
Soll das Risiko, hier definiert als Produkt aus Störfallwahrscheinlichkeit und Gefährdungspotential, für die Bevölkerung durch den Betrieb von Kernkraftwerken nicht vergrößert werden, so muß entsprechend der allgemeinen Beziehung (2.9) [2]

$$R = \sum_i R_i = \sum_i w_i^S \cdot a_i$$

mit steigendem Gefährdungspotential die Wahrscheinlichkeit möglicher Störfälle reduziert werden. Effektive Maßnahmen hierzu liegen, neben gesetzlichen, technischen und administrativen Sicherheitsmaßnahmen, im Bereich der Standortwahl.

Vier, teilweise interdependente Problemkreise, die sich aus der technischen Entwicklung der nuklearen Energieerzeugung für die Kernkraftwerks-Standortwahl ergeben, sollen hier insbesondere untersucht werden: Das Kühl- und Abwärmeproblem, Möglichkeiten der nuklearen Fernwärmeversorgung, die Einbeziehung standortbedingter Fremdeinwirkungen (resp. Auswirkungen auf die Standortumgebung) in Sicherheitsüberlegungen bei der Standortwahl sowie die Tendenz, Kernkraftwerke in der Nähe oder in Ballungsräumen zu errichten.

Fortsetzung zu Fußnote

3) Design, Construction, and Operation of Nuclear Power Reactors; Pilot Books (Better Business Book Series), New York 1961. Lane, J.A.: Nuclear Safety Economics, in: Nuclear Safety, Vol. 5 (1963/64), No. 2, S. 139-145.

1) Vgl. die Ausführungen in Kapitel B. II.

2) Vgl. Kapitel B. II. 1., S. 128f.

Eine differenzierte Analyse der Kriterien für die Wahl von Kernkraftwerks-Standorten kann sich jedoch nicht auf diese "aktuellen" Probleme beschränken; gleichzeitig wird hier eine "Bestandsaufnahme" der Standortbedingungen für Kernkraftwerke vorgenommen und dargelegt, welche Entwicklungen in Zukunft zu erwarten sind.

Nach H. Mandel lassen sich die Auswahlkriterien für Kernkraftwerks-Standorte im wesentlichen in zwei Kategorien einteilen [1]. Kriterien "1. Ordnung" sind solche, die den Standort großräumig bestimmen und sich am primären Zweck des Kernkraftwerks orientieren: Netzverhältnisse, Leistungs- und Energiebedarf, Kühlwasserversorgung, Fernwärmeversorgung. Kriterien "2. Ordnung", die den Standort näher lokalisieren, stellen nach H. Mandel "wirtschaftliche Optimierungsgesichtspunkte" oder "Ja-Nein-Entscheidungen" [2] aufgrund der Standortverhältnisse dar [3].
Im einzelnen nennt H. Mandel als "Einflüsse 2. Ordnung" folgende "wirtschaftliche Optimierungsgesichtspunkte" und "Ja-Nein-Entscheidungen" [4]:

a. Wirtschaftliche Optimierungsgesichtspunkte,

- Kühlwasseranschlüsse,
- Energieableitungen,
- Verkehrsanschlüsse,
- Genehmigungsrisiko-Besiedlungsdichte,
- Geologische Einflüsse,
- Geländeerwerb,
- Sicherung gegen Explosionen außerhalb,
- Hochwassersicherungen,

---

1) Vgl. Mandel, H.: Standortfragen bei Kernkraftwerken, in: atw, 16. Jg. (1971), H. 1, S. 25.

2) Vgl. Mandel, H.: Standortfragen bei Kernkraftwerken in: atw, 16. Jg. (1971), H. 1, S. 25.

3) Als "Einflüsse 3. Ordnung" nennt H. Mandel: Trinkwasserversorgung des Kernkraftwerks und Versicherungsprämie. Vgl. Mandel, H.: Standortfragen bei Kernkraftwerken, in: atw, 16. Jg. (1971), H. 1, S. 25f. Zur Versicherung von Kernkraftwerken siehe hier die Ausführungen in Kapitel C. III. 1.

4) Vgl. Mandel, H.: Standortfragen bei Kernkraftwerken, in: atw, 16. Jg. (1971), H. 1, S. 25.

b. Ja-Nein-Entscheidungen,

- Naturschutzgebiete,
- Trinkwassergewinnungsgebiete,
- Flugplätze,
- Versorgungsstraßen,
- Verkehrsstraßen,
- Bebauung.

Für die folgende Darstellung werden u.a. auch im Hinblick auf die sich in Teil C. anschließende Untersuchung über die optimale Standortverteilung und den Ausbau der Energietransportanlagen die Standortbedingungen für Kernkraftwerke unter

1. energiewirtschaftlichen

und 2. genehmigungsrechtlichen

Aspekten zusammengefaßt.
In Anlehnung an H. Mandel werden hier unter energiewirtschaftlichen Aspekten solche Bedingungen subsumiert, die für eine großräumig orientierte Standortauswahl entscheidend sind.
Durch das atomrechtliche Genehmigungsverfahren sind gewissermaßen die Randbedingungen bei der Standortwahl für Kernkraftwerke festgelegt, da ein großer Teil der oben von H. Mandel genannten Standortbedingungen den Anforderungen des Genehmigungsverfahrens und damit dem Gesamtkonzept des Umweltschutzes sowie der sicherheitstechnischen Auslegung eines Kernkraftwerks unterliegt. Umweltschutz, sicherheitstechnische Auslegung und Standortwahl sind jedoch als interdependent zu betrachten. "Der Aufwand, der im weitesten Sinne für Sicherheit und Umweltschutz zu treffen ist, steht im umgekehrten Verhältnis zur Entfernung des Kraftwerks zum Verbrauchsschwerpunkt" [1]. Mit dem wachsenden Anteil der Kernkraftwerke an der elektrischen Gesamtleistung wird dieser Zusammenhang für die Beantragung von Standorten in der Nähe von Ballungsgebieten zunehmend an Bedeutung gewinnen. Auf die bereits von verschiedener Seite erhobene Forderung, Kernkraftwerke in Zukunft stadtnah zu errichten, wurde oben kurz hingewiesen.

---

1) Kuhlmann, A.: Kraftwerksstandorte, in: TÜ, 16. Jg. (1975), H. 2, S. 33. Ähnlich auch Stauber, E.: Grundzüge der Sicherheitsmaßnahmen bei Kernkraftwerken, Frankfurt/M. 1970, S. 55. Gutschmidt, W.-D.: Sicherheitsfaktor Abstand, Standortwahl von Kernkraftwerken unter dem Aspekt der Bevölkerungsverteilung, in: VDI-Nachr., Nr. 24 vom 16. Juni 1976, S. 2.

Damit wird dem von H. Mandel genannten zweiten Ordnungskriterium ("Einflüsse 2. Ordnung") hier nicht im einzelnen gefolgt, da ein Teil dieser Einflüsse den Auflagen aus dem Genehmigungsverfahren und dem Gesamtkonzept der sicherheitstechnischen Auslegung eines Kernkraftwerks unterliegt. Nach der hier dargestellten Vorgehensweise lassen sich auch die Interdependenzen zwischen Kernkraftwerkstyp, Ausbauleistung, Standort und Sicherheitseinrichtungen bei einer Bewertung besser erfassen. Der materielle Inhalt der als "wirtschaftliche Optimierungsgesichtspunkte" bezeichneten Einflüsse wird durch diese Vorgehensweise nicht berührt. Darüberhinaus wird teilweise der materielle Inhalt der "Ja-Nein-Entscheidungen" aufgrund der Entwicklung spezieller Sicherheitsmaßnahmen in der Zukunft eine Wandlung erfahren, so daß hierbei differenzierter vorgegangen werden muß.

1. Standortbedingungen unter energiewirtschaftlichen Aspekten

Als "energiewirtschaftliche Standortbedingungen" wurden oben solche Kriterien terminiert, die für die Auswahl eines geographisch mehr oder weniger großen Standortbereichs maßgebend sind. Unter den hier zu analysierenden Aspekten richtet sich der "räumliche Spielraum" [1] insbesondere nach dem jeweiligen Zweck der Anlage, so daß für die folgenden Ausführungen teilweise eine Differenzierung der ansonsten gemeinhin unter dem Begriff "Kernkraftwerk" subsumierten Leistungskernenergieanlagen zweckmäßig ist.
Hinsichtlich des wirtschaftlich verwerteten Energieträgers kann prinzipiell unterschieden werden zwischen [2]:

a. Kernkraftwerken für reine Stromerzeugung (Kondensationskraftwerke),

b. Kernkraftwerken zur kombinierten Strom- und Wärmeerzeugung (Kernheizkraftwerke; Kraft-Wärme-Kupplung) [3][4],

---

1) Mandel, H.: Standortfragen bei Kernkraftwerken, in: atw, 16. Jg. (1971). H. 1, S. 25.

2) Vgl. dazu die in Kapitel B. I. 2. genannten Einteilungskriterien.

3) Kernkraftwerke zur kombinierten Frischwassergewinnung und Stromerzeugung sollen aufgrund ihrer ähnlichen Anforderungen an die Netzverhältnisse

Fortsetzung siehe Seite 232 sowie Fußnote 4)

c. Nuklearen Heizwerken für reine Wärmeerzeugung.

Aus dieser Diffenzierung ergeben sich einerseits Bedingungen und Voraussetzungen, die zur Durchführung der Produktionsprozesse notwendig sind. Andererseits resultieren daraus Forderungen an einen Standort, die durch die Ausbauleistung, Art und Betriebsweise des Kernkraftwerks bedingt sind. Im einzelnen lassen sich hierzu folgende Aspekte abgrenzen:

1. Energiewirtschaftliche Rückwirkungen der Netzeinbindung großer Kernkraftwerke,

2. Kühlwasserversorgung und Kühlverfahren,

3. Nukleare Fernwärmeversorgung.

Fortsetzung zu Fußnote

3) sowie ihres in der Bundesrepublik regional sehr begrenzten Einsatzpotentials hier nicht eingehender erörtert werden. Vgl. dazu auch die Ausführungen in Kapitel B. I. 2. - ad 6. Standorte in Verbindung mit der Gewinnung von Frischwasser.

4) Aus der allgemein üblichen Unterscheidung zwischen Kondensationskraftwerk und Heizkraftwerk (unter Anwendung der Kraft-Wärme-Kupplung), ist nicht die Folgerung zu ziehen, daß es sich bei Kondensationskraftwerken um Einproduktbetriebe handelt. Diese Auffassung vertritt z.B. Messmann, H.: Anschauliche Theorie der verbundenen Produktion, Meisenheim am Glan-Wien 1952, S. 6 (Diss. Mannheim 1952). In beiden Fällen handelt es sich um Mehrproduktbetriebe mit Kuppelprozessen. Der Unterschied zwischen Kondensationskraftwerken und Heizkraftwerken besteht hinsichtlich der Wärmeproduktion allein in der Verwertung der naturgesetzlich determiniert anfallenden Abwärme. "Bei Heizkraftwerken wird sie nutzbar gemacht und als Fernwärme durch Rohrleitungen transportiert und verkauft, während sie bei... [Kondensationskraftwerken] 'vernichtet' wird. In beiden Fällen hat... [die Wärme] einen ökonomischen Wert, da sie im ersten Falle einen Erlös bringen kann und im Fall der Wärmebeseitigung Kosten verursacht". Welter, J.H.: Zur Problematik der optimalen Betriebsgröße von Heizkraftwerken, Diss. Aachen 1971, S. 5.

Ein weiterer Aspekt -

4. Geländebedarf des Kernkraftwerks [1],

ist bisher in der Literatur weniger beachtet worden. Dieser Gesichtspunkt wird aber vor allem für den Bau von Mehrfachblöcken, zumal wenn mehr als zwei Blöcke geplant oder später erforderlich werden [2] sowie aufgrund des Übergangs zu "nassen" und "trockenen" Rückkühlverfahren an Bedeutung gewinnen.

ad 1. Energiewirtschaftliche Rückwirkungen der Netzeinbindung großer Kernkraftwerke

Für die Standortwahl und die Erstellung eines großen Kernkraftwerks ergeben sich hinsichtlich der Einbindung in das Versorgungsnetz aus elektrotechnischen und elektrizitätswirtschaftlichen Gründen im Prinzip gleiche Konsequenzen wie bei großen konventionellen Kraftwerken. Der graduelle Unterschied in der diesbezüglichen Problematik resultiert aus der Leistungsgröße heutiger und tendenziell erkennbarer Kernkraftwerkseinheiten und Ausbauleistungen an einem Standort. Während bei modernen konventionellen Dampfkraftwerken gegenwärtig

---

1) Bei strenger Auslegung der Begriffe "energiewirtschaftlich" und "elektrizitätswirtschaftlich" ist der hier zugeordnete Aspekt weniger angemessen. Die dennoch vorgenommene Zuordnung läßt sich jedoch unter dem Gesichtspunkt einer Randbedingung für den geplanten oder eventuell erforderlichen Zubau weiterer Blöcke, die Erstellung von Kühltürmen sowie in Verbindung mit einer bestehenden günstigen resp. ungünstigen Netzführung (siehe die Beispiele und konkreteren Angaben in den folgenden Ausführungen) und den sich daraus ergebenden Konsequenzen rechtfertigen.

2) Erstes Beispiel in dieser Hinsicht ist der Standort Biblis, wo die Erstellung von insgesamt vier Blöcken (1x1200 MW_{el} und 3x1300 MW_{el} (brutto)) vorgesehen ist. Vgl. o.V.: Vier Kernkraftwerksblöcke in Biblis geplant, in: FAZ, Nr. 88 vom 16. April 1975, S. 15.
Kernkraftwerke mit mehr als zwei Blöcken werden vorerst aus verschiedenen Gründen (Netzverhältnisse, regionaler Leistungs- und Energiebedarf) allerdings Ausnahmefälle bleiben, zumal darüber hinaus mehrere Landesregierungen (z.B. Baden-Württemberg; vgl. oben) heute die Ansicht vertreten, den Leistungsausbau zu denzentralisieren.

Blockgrößen von 600 bis 700 MW_{el} als Standardgröße [1)] gelten, wird diese Größe bei Kernkraftwerken heute als Mindestausbauleistung betrachtet. Mit dem steigenden Anteil großer Kernkraftwerke an der elektrischen Gesamtleistung müssen auch die Auswirkungen solch großer Leistungseinheiten auf das betreffende Versorgungssystem berücksichtigt werden.
Für die zur Auswahl stehenden Leistungsgrößen und das in Betracht kommende Versorgungsgebiet sind insbesondere die folgenden Problembereiche zu untersuchen:

a. Relation zwischen Kraftwerksgröße, Lastdichte und Transportentfernung,

b. Reservehaltung und Netzsicherheit,

c. Wirtschaftliche Anlaufzeit.

zu a. Relation zwischen Kraftwerksgröße, Lastdichte und Transportentfernung

Das bestehende Übertragungsnetz und die großräumige Struktur der Leistungsbedarfsdichte (Lastdichte) $[MW \cdot km^{-2}]$ in diesem Netz sind wesentliche Einflußfaktoren für die Ausbauleistung und den günstigsten Standort eines zu errichtenden Kernkraftwerks. Der prinzipiell beste Standort wäre der in der Nähe eines Verbrauchsschwerpunkts [2)], zumindest aber in der Nähe eines

---

1) Siehe auch Koch, H.: Planung größter Kraftwerksblöcke, in: VGB Kraftwerkstechnik, 54. Jg. (1974), H. 9, S. 587-595.
Der technische Fortschritt zu Kesselleistungen von 2000 $t \cdot h^{-1}$ (Zwangsdurchlauf) mit hohem Frischdampfzustand bis 250 atü und 540°C sowie der Bau von 850 MW-Turbosätzen (MAN) und 1300 MW-Turbosätzen (BBC) lassen die gleichen Leistungsgrößen wie bei Kernkraftwerken erwarten.

2) Vgl. Hünlich, W.H.F.: Raumordnung und Standortprobleme für Kernkraftwerke großer Leistung, in: RuS, 1969, H. 5, S. 106. Hünlich, W.H.F.: Planungsprobleme im Zusammenhang mit der Einordnung von Kernkraftwerken in das Verbundnetz der Bundesrepublik Deutschland, in: Atom und Strom, 17. Jg. (1971), H. 5, S. 81. Beck, P. und Goettling, D.: Energie und Abwärme, Ursachen-Auswirkungen-Empfehlungen; Beiträge zur Umweltgestaltung,

Fortsetzung siehe Seite 235

günstigen Einspeisepunkts in das Verbundnetz (Umspannwerk oder Schaltanlage), um die Stromtransportkosten niedrig zu halten. Aus energiewirtschaftlicher Sicht ist allerdings ein verbrauchsnaher Standort für ein wirtschaftlich günstiges Ergebnis nicht allein maßgebend. Berücksichtigt werden muß bei der Standortauswahl der zuvor erwähnte Zusammenhang zwischen Leistungsbedarfsdichte, Kraftwerksleistung und Stromtransportkosten. - Aus methodischen Gründen wird eine Erörterung dieser Interdependenzen zurückgestellt und in Kapitel C. II. 1. ausführlicher vorgenommen.

zu b. Reservehaltung und Netzsicherheit

Geeignet für Voruntersuchungen über die notwendige Reservehaltung sowie die wirtschaftliche Anlaufzeit ist der sog. Lastanteilskoeffizient λ [1)2)].

Fortsetzung zu Fußnote

2) H. B8, Berlin 1973, S. 134. Buch, A.: Planung und Standortwahl von Kraftwerken, Konzeption der Stromversorgung der BRD unter Berücksichtigung der Umweltbeeinflussung, Mainz 1973, S. 46.

1) Vgl. Musil, L.: Allgemeine Energiewirtschaftslehre, Wien-New York 1972, S. 255. Bachmair, A.: Standortbeeinflussende technische Fakten für Bau und Betrieb von thermischen Kraftwerken, in: Zur Standortproblematik in der regionalen Energiewirtschaft; Veröffentlichungen der Akademie für Raumforschung und Landesplanung, Forschungs- und Sitzungsberichte, Bd. 82, Hannover 1972, S. 31.

2) Der Lastanteilskoeffizient, λ, ist nicht identisch mit dem (tatsächlich vorhandenen) Reservefaktor, r_t, der durch die verfügbare Leistung, P_v(MW), bestimmt ist. Siehe ausführlicher dazu Brinkmann, K.: Einführung in die elektrische Energiewirtschaft, Braunschweig 1971, S. 66ff. Vereinigung Deutscher Elektrizitätswerke (VDEW) e.V. (Hrsg.): Begriffsbestimmungen in der Energiewirtschaft, Bd. 2: Verfügbarkeit von Wärmekraftwerken, 2. Ausg. 1973, Frankfurt/M. 1973. Fehndrich, W. und Kutsch, W.: Verfügbarkeitsbegriffe für Kernkraftwerke, in: atw, 20. Jg. (1975), H. 6, S. 288-292. Trautmann, K.: Wahrscheinlichkeitstheoretische Modelle zur Bestimmung der

Fortsetzung siehe Seite 236

Dieser ist - bezogen auf einen Kraftwerksblock - definiert als

$$\lambda = \frac{\text{Netto-Blockleistung}}{\text{Belastungsspitze des Versorgungsgebiets}} \cdot 100(\%) \qquad (2.14) .$$

Der Lastanteilskoeffizient gibt bei der Planung einen Anhalt, ob ein Block der in Betracht gezogenen Größe aus der Sicht der Kraftwerksreserve zum Zeitpunkt seiner Inbetriebnahme in das Netz und den dann bestehenden Kraftwerkspark des Versorgungsunternehmens hineinpaßt.
Geht man von dem überschlägigen Erfahrungswert aus, daß die Leistung des größten Blocks eines Elektrizitätsversorgungsunternehmens nicht mehr als 20 % der Belastungsspitze [1] ausmachen sollte, so läßt sich die Problematik der Reservehaltung beim Zubau großer Kernkraftwerksblöcke an folgendem Rechenexempel ablesen: Für Block A des Kernkraftwerks Biblis mit 1150 MW_{el} (netto) errechnet sich mit der Belastungsspitze des RWE von ca. 17000 MW (1974) [2] ein Lastanteilskoeffizient von $\lambda \approx 7$ %. Ein Block der halben Leistungsgröße, also etwa 600 MW_{el} (netto), ergäbe demgegenüber z.B. bei einer Belastungsspitze von 2000 MW (in Annäherung z.B. Badenwerk AG, Karlsruhe; Energie-Versorgung Schwaben AG, Stuttgart) [3] einen Lastanteilskoeffizienten von λ = 30 %.

Fortsetzung zu Fußnote

2) Verfügbarkeit von Kraftwerksanlagen, Eine Untersuchung ihrer Voraussetzungen, in: Elektrizitätswirtschaft, 73. Jg. (1974), H. 1, S. 3-8. Trautmann, K.: Methodische und rechnerische Probleme bei der Bestimmung der Verfügbarkeit von Kraftwerksblöcken, in: BKW, 26. Jg. (1974), H. 6, S. 261-266.

1) Vgl. z.B. Gersdorff, B. v.: Verbund in der Stromerzeugung, Vergleich des Verbundbetriebs zwischen Elektrizitätswerken in den USA und in Westdeutschland, Gräfeling 1968, S. 83.

2) Vgl. Rheinisch-Westfälisches Elektrizitätswerk AG (Hrsg.): Kernkraftwerk Biblis, Essen 1975, S. 1.

3) Vgl. Deutsche Verbundgesellschaft (DVG) e.V. (Hrsg.): Bericht 1972, Heidelberg 1973, S. 45f.

Die Größe des Lastanteilskoeffizienten macht so u.a. [1] verständlich, daß Landesversorgungsunternehmen und kleinere Versorgungsunternehmen ihre Kernkraftwerke als Gemeinschaftkraftwerke [2] errichten [3]. Selbst bei den relativ großen baden-württembergischen Landesversorgungsunternehmen Badenwerk AG und Energie-Versorgung Schwaben AG ergibt sich für den Block I des Gemeinschafts-Kernkraftwerk Philippsburg mit 865 MW_{el} (netto) und einer Belastungsspitze der beiden Unternehmen von ca. 4000 MW (die Belastungsspitzen der einzelnen Partner sind hierbei zu addieren) noch ein Wert von $\lambda \approx 20$ %.

---

1) Auf die Vorteile der Eigenkapitalsubstitution durch Gründung von Gemeinschaftskraftwerken weist u.a. A. Herrhausen hin. Vgl. Herrhausen, A.: Anforderungen der Investitionsfinanzierung der Energiewirtschaft an Kapitalmarkt und Steuergesetzgebung, in: Tagungsberichte des Energiewirtschaftlichen Instituts (Universität Köln), H. 18: Neuorientierungen der Energiewirtschaft, München 1975, S. 160.

2) Zum Begriff "Gemeinschaftskraftwerk" vgl. die Ausführungen in Kapitel A. II. 1.

3) So wies H. Michaelis bereits 1966 darauf hin: "Der Übergang zu größeren Leistungen stellt die Elektrizitätswirtschaft vor neue Aufgaben. Die Elektrizitätsversorgungsunternehmen sind für den alleinigen Betrieb eines Kernkraftwerks vielfach zu klein [inzwischen hat sich die Anzahl der öffentlichen Elektrizitätsversorgungsunternehmen durch Unternehmenszusammenschlüsse von damals 4000 auf ca. 690 Unternehmen reduziert - vgl. dazu die Ausführungen in Kapitel A. II. 1. sowie die dort genannte Literatur; Anm. d. Verf.]. Sie sind daher häufig veranlaßt, die Planung, den Bau und Betrieb von Kernkraftwerken gemeinsam mit anderen Unternehmen vorzunehmen, wie das Beispiel des vor kurzer Zeit in Angriff genommenen Baues des Kernkraftwerks Obrigheim [345 MW_{el}; Anm. d. Verf.] am Neckar zeigt; an diesem Projekt arbeiten 11 südwestdeutsche Elektrizitätsversorgungsunternehmen zusammen". Michaelis, H.: Atomenergie heute; Schriftenreihe des Energiewirtschaftlichen Instituts an der Universität Köln, Bd. 8, München 1966, S. 37. Ähnlich und ausführlicher vgl. ders.: Die Kernenergie an der Schwelle der Konkurrenzfähigkeit - organisatorische und planerische Probleme bei der Projektierung von Kernkraftwerken, in: Burgbacher, F. (Hrsg.): Ordnungsprobleme und Entwicklungstendenzen in der deutschen Energiewirtschaft; Festschrift für Theodor Wessels zur Vollendung seines 65. Lebensjahres, Essen 1967, S. 267ff.

Bei dem vorstehenden Zahlenvergleich handelt es sich lediglich um eine pauschale retrospektive Betrachtung, da hier weder die Blockgrößen auf die bei Planungsbeginn vorhandenen Prognosen der Belastungsspitze [1)] bezogen, noch der Streubereich für die Prognose der Belastungsspitze (etwa $\pm$ 5 %) berücksichtigt wurden. Richtig ist aber die Relation der Größenordnung der jeweils angegebenen Lastanteilskoeffizienten.

Von größerer Bedeutung für die Versorgungssicherheit ist jedoch die eigentliche Reservebereitstellung, für die allerdings auch der Lastanteilskoeffizient des geplanten Kraftwerks maßgebend ist.
Hinsichtlich der zeitlichen Bereitstellung der Reserveleistung ist zu unterscheiden zwischen [2)]:

- Momentanreserve,
- Überbrückungsreserve,
- Reserve für längerfristige Stillstände (Dauerreserve).

Bei der Momentanreserve handelt es sich im wesentlichen um ein Abfangen des ersten Laststoßes durch Aktivierung der sog. Sekundenreserve, die beim plötzlichen Ausfall eines Kraftwerks vom gesamten Verbundnetz übernommen wird [3)]. Wie W. Erbacher zeigt, ist hierfür die "Netzleistungszahl" [4)] des

---

1) Diese Daten lagen d. Verf. nicht vor.

2) Vgl. Musil, L.: Allgemeine Energiewirtschaftslehre, Wien-New York 1972, S. 256. Märzendorfer, H.: Der Ausfall von Kernkraftwerken als energiewirtschaftliches Problem, in: ET, 24. Jg. (1974), H. 10, S. 476-482.

3) Siehe ausführlicher Stühler, H.: Die Bedeutung der Momentanreserve für den Betrieb von modernen Versorgungsnetzen und die Möglichkeiten zu ihrer Bereitstellung, in: Elektrizitätswirtschaft, 66. Jg. (1967), H. 6, S. 130-135.

4) Die Netzleistungszahl K_N $(MW \cdot Hz^{-1})$ eines Netzverbandes ist gegeben durch das Verhältnis der Netzleistungsänderung $\Delta N (MW)$ zur Netzfrequenzänderung $\Delta f (Hz)$:

$$K_N = \frac{\Delta N}{\Delta f} \quad (MW \cdot Hz^{-1}) .$$

gesamten Netzverbandes (Bundesrepublik, Europa) im Verhältnis zur ausfallenden Leistung maßgebend [1].
Für diese Phase des Ausfalls können keine vertraglichen Maßnahmen getroffen werden, da es sich hierbei um einen rein regeltechnischen Vorgang handelt [2].
Die über das Verbundnetz zufließende Momentanreserve wird nach einer Zeitspanne von wenigen Minuten (innerhalb von 3 Minuten, höchstens jedoch innerhalb von 5 Minuten) [3] von eigenen oder vertraglich gesicherten Speicher- und Pumpspeicherwerken [4] sowie durch Ausfahren des Überlastbereichs in Betrieb befindlicher Dampfkraftwerke bis zur Lastübernahme durch schnell (d.h. etwa 10 bis 15 Minuten) anfahrende Gasturbinenkraftwerke und - falls erforderlich - stillstehende Reservedampfkraftwerke (sog. kalte Reserve; Anfahrdauer bis zu 8 Stunden) abgelöst.

Hinsichtlich der Reserve für längerfristige Sillstände ist zu unterscheiden zwischen einerseits geplanten und periodisch wiederkehrenden Betriebsunterbrechungen für Revisionen und zum Brennelementwechsel und

1) Vgl. Erbacher, W.: Die Leistungs-Frequenz Regelung großer Netzverbände, in: ÖZE, 23. Jg. (1970), H. 6, S. 266-274. Erbacher, W.: Die Auswirkungen der Einbindung eines Kernkraftwerkes bzw. eines Großkraftwerkes auf den Ausbau des Verbundnetzes und der großen Verteilungsnetze, in: ÖZE, 23. Jg. (1970), H. 10, S. 630f. Erbacher, W.: Die Regelung großer Netzverbände unter Berücksichtigung moderner Kernkraftwerke, in: Bull. SEV, 64. Jg. (1973), H. 12, S. 753-759.

2) Vgl. Erbacher, W.: Die Regelung großer Netzverbände unter Berücksichtigung moderner Kernkraftwerke, in: Bull. SEV, 64. Jg. (1973), H. 12, S. 753ff.

3) Vgl. Deutsche Verbundgesellschaft (DVG) e.V. (Hrsg.): Bericht 1972, Heidelberg 1973, S. 38.

4) Anfahrzeit vom Stillstand bis auf Vollast der Turbine etwa 20 bis 60 Sekunden bei Speicherwerken und etwa 2 bis 3 Minuten bei Pumpspeicherwerken. Speicher- und Pumpspeicherwerke werden daher auch als "Sofortreserve" bezeichnet. Zur Bedeutung der Pumpspeicherwerke als Leistungsreserve siehe auch Lenssen, G.: Energiespeicherung durch Pumpspeicherwerke, in: ET, 25. Jg. (1975), H. 6, S. 246.

andererseits unvorhergesehenen Ausfällen aufgrund größerer Schäden am Kernkraftwerk [1)2)].
Die zeitliche Dauer unvorhergesehener Ausfälle entzieht in der Regel sich der Entscheidung des Betreibers, da nach größeren Schäden im allgemeinen mit Auflagen der Genehmigungsbehörden gerechnet werden muß und Reparaturarbeiten besonders in den aktivierten Primärkreisläufen oft nur schwer und erst nach einer entsprechenden Abklingzeit (radioaktiver Zerfall) [3)] durchführbar sind.
Die Sicherstellung der Versorgung erfordert daher eine ausreichende eigene Dauerreserve. Kleinere Unternehmen werden auf ein "nicht garantiertes Aushilfeübereinkommen nach Können und Vermögen" [4)] angewiesen sein, um zu große Reservevorhaltungen zu vermeiden. Kritisch dazu bemerkt B. v. Gersdorff: "Bei der Vorhaltung nach Können und Vermögen weiß bei ungleichen Partnern der größere nicht, wie weit er sich auf den kleineren verlassen kann, und der kleinere umgekehrt empfindet Unsicherheit darüber, wie weit er bei der Inanspruchnahme des größeren gehen kann. Als Folge davon werden

---

1) Vgl. Musil, L.: Allgemeine Energiewirtschaftslehre, Wien-New York 1972, S. 257.

2) Statistische Analysen über Schadensursachen, Zeitdauer und jährliche Anzahl der Stillstände bei Leichtwasserreaktoren (nach Angaben der neun FORATOM-Mitgliedsstaaten) finden sich bei Meyer, F.: Bericht zum 5. FORATOM-Kongreß vom 15./17. Oktober 1973 in Florenz , in: atw. 19. Jg. (1974), H. 1, S. 43f. Birkhofer, A., Hawickhorst, W. und Köberlein, K.: Betriebserfahrungen mit Kernkraftwerken in der Bundesrepublik Deutschland, in: atw, 21. Jg. (1976), H. 5, S. 250f. Fehndrich, W. und Kutsch, W.: Verfügbarkeit deutscher Kernkraftwerke im internationalen Vergleich, in: atw, 21. Jg. (1976), H. 5, S. 260-266.

3) Vgl. dazu die Erläuterungen in Kapitel B. II. 1.

4) Erbacher, W.: Die Auswirkungen der Einbindung eines Kernkraftwerks bzw. eines Großkraftwerks auf den Ausbau des Verbundnetzes und der großen Verteilungsnetze, in: ÖZE, 23. Jg. (1970), H. 10, S. 631. Ähnlich auch Märzendorfer, H.: Der Ausfall von Kernkraftwerken als energiewirtschaftliches Problem, in: ET, 24. Jg. (1974), H. 10, S. 481.

beide mehr Reserveleistung als erforderlich installieren" [1].
Soweit es sich um geplante, zeitlich absehbare Betriebsunterbrechungen handelt, kann eine Lieferung "freier Leistung" [2] mit einem günstigen Leistungspreis [3] entweder aus dem Verbundnetz oder durch Import aus europäischen Nachbarnetzen, insbesondere Wasserkraftländern, vertraglich gesichert werden [4]. Bei vertraglich zu sichernder Leistungslieferung ist aber in jedem Fall die zeitliche Dauer der geplanten Betriebsunterbrechung zu berücksichtigen, da zeitlich differenzierte Leistungspreise bestehen.

zu c. Wirtschaftliche Anlaufzeit
Mit steigender Leistungsgröße eines Kraftwerksblocks sinken die spezifischen Erzeugungskosten [5]. Die Ersparnisse, die sich durch den Betrieb großer Kraftwerkseinheiten ergeben, sind jedoch wesentlich davon abhängig, wie schnell die Einheit in die Vollauslastung hineinwächst.

---

1) Gersdorff, B. v.: Verbund in der Stromerzeugung, Vergleich des Verbundbetriebs zwischen Elektrizitätswerken in den USA und Westdeutschland, Gräfeling 1968, S. 79.

2) "Die freie Leistung ist die Leistung, die über die Deckung des Gesamtleistungsbedarfs des Netzes und die erforderliche Reserveleistung hinaus zur Verfügung steht". Vereinigung Deutscher Elektrizitätswerke (VDEW) e.V. (Hrsg.): Begriffsbestimmungen in der Energiewirtschaft, Bd. 1, T. 1: Elektrizitätswirtschaftliche Grundbegriffe, 4. Ausg. 1973, Frankfurt/M. 1973, S. 22.

3) Zum Begriff "Leistungspreis" siehe z.B. Solling, H.: Kosten und Preise in der Energieversorgung der Bundesrepublik Deutschland, Gräfeling 1971.

4) Zu den verschiedenen Vereinbarungsformen für die Durchführung der Leistungslieferung siehe z.B. Boll, G.: Entstehung und Entwicklung des Verbundbetriebs in der deutschen Elektrizitätswirtschaft bis zum europäischen Verbund, Frankfurt/M. 1969, S. 53f.

5) Ausführlichere Erörterungen dazu finden sich in Kapitel C. II. 1.

Für die wirtschaftliche Anlaufzeit eines geplanten Kernkraftwerks ist neben dem Lastanteilskoeffizienten somit auch der jährliche Zuwachs der Belastungsspitze [1)] maßgebend. Da für den wirtschaftlichen Einsatzbereich von Kernkraftwerken insbesondere wegen ihrer Kostencharakteristik heute allein noch der Grundlastbereich in Frage kommt [2)] und dieser in einem großen Verbundnetz etwa 50 % der Belastungsspitze [3)] beträgt, muß zur Beurteilung der wirtschaftlichen Anlaufzeit der auf die Belastungsspitze bezogene jährliche Lastzuwachs etwa halbiert werden [4)]. Die wirtschaftliche Anlaufzeit ist damit abhängig vom Verhältnis des Lastanteilskoeffizienten zum jährlichen Zuwachs der Grundlast. Problematisch wird dieses Verhältnis für Elektrizitätsversorgungsunternehmen, wenn die Leistung eines diskutierten Kernkraftwerks in den Bereich der Größenordnung der elektrischen Gesamtleistung des Unternehmens kommt. Als Lösung bietet sich dann die Errichtung eines Gemeinschaftskraftwerks an, wobei mit zunehmender Anzahl der Partner das Verhältnis für die einzelnen Versorgungsunternehmen umso günstiger wird.

---

1) Siehe auch Theilsiefje, K. und Wagner, H.: Energieplanung, in: Siemens-Z., 39. Jg. (1965), H. 7, S. 841.

2) Differenzierter dazu in Kapitel C. II. 1.

3) Vgl. Musil, L.: Die Gesamtplanung von Dampfkraftwerken, 2. Aufl., Berlin-Göttingen-Heidelberg 1948, S. 13. Musil, L. und Knizia, K.: Die Gesamtplanung von Dampfkraftwerken, 3. Aufl., Bd. 1: Knizia, K.: Die Thermodynamik des Dampfkraftprozesses, Berlin-Heidelberg-New York 1966, S. 25.

4) Vgl. Eitz, A.W. und Theilsiefje, K.: Große Kernkraftwerkseinheiten - Argumente für und gegen ihren Einsatz, in: atw, 13. Jg. (1968), H. 8/9, S. 410ff. Musil, L.: Allgemeine Energiewirtschaftslehre, Wien-New York 1973, S. 255f.

ad 2. Kühlwasserversorgung und Kühlverfahren

Von den Berührungspunkten der auf Kernenergie basierenden Elektrizitätswirtschaft mit der Wasserwirtschaft [1] sollen vorerst nur Probleme und Lösungsmöglichkeiten der (Sekundär-)Kühlung von Kernkraftwerken im Rahmen der Standortwahl diskutiert werden. Kernenergiespezifisch sind die radioaktiven Ableitungen mit dem Abwasser sowie die Gefahren einer Kontamination des Grundwassers. Diese Probleme werden unten zusammenhängend erörtert [2].

Moderne Kernkraftwerke mit Leichtwasserreaktoren [3] haben heute Wirkungsgrade von ca. 33 % (netto) [4] - moderne konventionelle thermische Kraft-

---

1) Vgl. Krolewski, H.: Standorte von Kernkraftwerken in der wasserwirtschaftlichen Diskussion, in: gwf (Ausgabe: Wasser-Abwasser), 110. Jg. (1969), H. 24, S. 641. Haberer, K.: Wasser und Kernenergie, in: RuS, 1971, H. 5, S. 106f.

2) Siehe Kapitel B. III. 2. - ad 5. Hydrologische Verhältnisse. Wärmeeinleitungen in Gewässer sowie Auflagen zum Bau von Kühltürmen unterliegen ebenfalls der "Wasserrechtlichen Genehmigung" (vgl. oben) und damit dem "Atomrechtlichen Genehmigungsverfahren". Aus der Sicht der grundsätzlichen Notwendigkeit und besonderen wirtschaftlichen Bedeutung der Kühlung resp. Kühlverfahren für den Betrieb eines Kraftwerks sind die hier erörterten Zusammenhänge dem Gliederungspunkt "Standortbedingungen unter energiewirtschaftlichen Aspekten" zugeordnet. Daß diese gewisse Inkonsequenz vernünftig ist, wird auch in der weiteren Darstellung erkennbar.

3) Bei Hochtemperaturreaktoren und Schnellen Natriumgekühlten Reaktoren kann mit Wirkungsgraden von ca. 42 % resp. ca. 40 % gerechnet werden.

4) Die gegenwärtig realisierbaren Leichtwasserreaktoren liefern Dampf von niedrigem Druck (DWR: ca. 155 atü; SWR: ca. 70 atü) und geringer Überhitzung (Eintritt/Austritt-Temperatur-DWR: etwa 290/320°C; SWR: etwa 220/280°C)[+)]. Das verfügbare Enthalpiegefälle[++)] ist daher etwa nur halb so groß wie bei den modernen Heißdampfanlagen mit Zwischenüberhitzung. Dies hat u.a. zur Folge:

- Zur wirtschaftlichen Kondensation des Abdampfs ist eine niedrigere

Fortsetzung siehe Seite 244

werke demgegenüber bis zu 42 % (netto) [1]. Kernkraftwerke benötigen da-

---

Fortsetzung zu Fußnote

4) Kühlwassertemperatur und/oder eine größere Kühlwassermenge erforderlich.

- Der thermische Wirkungsgrad ist in starkem Maße von den Temperaturschwankungen am sog. kalten Ende abhängig.

Es hat daher nicht an Versuchen gefehlt, den Dampfzustand durch nukleare Überhitzung zu verbessern (Heißdampfreaktor). Eine Anhebung der Frischdampftemperatur auf etwa 500°C hätte eine Wirkungsgradsteigerung von ca. 15 % (relativ) zur Folge, wobei auch weniger Abwärme aus dem Turbinenkondensator abzuführen wäre. Bei diesem Konzept besteht allerdings die Gefahr, daß radioaktive Korrosionsprodukte mit dem Dampf in die Turbine getragen werden. Aus diesem und anderen Gründen (siehe dazu die angegebene Literatur) haben sich Heißdampfreaktoren nicht durchsetzen können (der im Jahre 1969 in Großwelzheim in Betrieb genommene Heißdampfreaktor wird für andere Zwecke umgebaut). Vgl. Sauer, A.: Siedewasserreaktoren für Kernkraftwerke; AEG-Telefunken-Handbücher, Bd. 10, Berlin 1969, S. 15. Oldekop, W.: Einführung in die Kernreaktor- und Kernkraftwerkstechnik, T. 2: Wärmetechnik-Werkstoffe-Sicherheit-Reaktortypen, München 1975, S. 217ff. Traube, K. und Seyfferth, L.: Der Heißdampfreaktor-Konstruktion und Besonderheiten, in: atw, 14. Jg. (1969), H. 11, S. 539-542 (zu weiteren Veröffentlichungen über das Projekt "Heißdampfreaktor Großwelzheim" siehe atw, Heft 11 (1969) - auch als unveränderter Sonderdruck).

+) Zahlenübersicht finden sich z.B. bei Oldekop, W. (Hrsg.): Druckwasserreaktoren für Kernkraftwerke, München 1974, S. 82f. Oldekop, W.: Einführung in die Kernreaktor- und Kernkraftwerkstechnik, T. 2, München 1975, S. 218.

++) Enthalpie: energetische Zustandsgröße; gleichbedeutend mit dem Wärmeinhalt bei konstantem Druck.

1) Vgl. Montanus, K. und Künstle, K.: Thermische Kraftwerke und Ökologie, in: Atom und Strom, 17. Jg. (1971), H. 5, S. 84. Hirschfelder, G.: Kühltürme in Kraftwerken, in: TdZ, H. 8 (1974), S. 45.

mit wie alle thermischen Kraftwerke Kühlwasser, um die durch den Energieumwandlungsprozeß bedingte "Verlustwärme" (2. Hauptsatz der Thermodynamik) an eine Wärmesenke abzuführen. Während bei konventionellen Wärmekraftwerken je Kilowattstunde erzeugter elektrischer Arbeit etwa 1,2 kWh als Abwärme abgegeben werden, beträgt die Abwärmeabgabe bei Kernkraftwerken bis zu 1,8 kWh je Kilowattstunde erzeugter elektrischer Arbeit [1]. Innerhalb dieses Problemkreises besteht somit zwischen konventionellen thermischen Kraftwerken und Kernkraftwerken kein prinzipieller, sondern lediglich ein gradueller Unterschied [2], der einerseits auf die systembedingte höhere Wärmeabgabe, andererseits auf die größeren Leistungseinheiten der Kernkraftwerke sowie Ausbauleistungen an einen Standort zurückzuführen ist.

Die nachfolgenden Erörterungen machen es erforderlich, zunächst als Grundlage einer Diskussion über das Kühlproblem bei Kernkraftwerken einige biologisch-ökologische Konsequenzen der künstlichen Erwärmung von Gewässern voranzustellen [3].

---

1) Vgl. etwa Schuller, A.H.: Flächenbedarf von Kraftwerken mit einer Stellungnahme zum deutschen Kühlwasserproblem, in: Zur Standortproblematik in der regionalen Energiewirtschaft; Veröffentlichungen der Akademie für Raumforschung und Landesplanung, Forschungs- und Sitzungsberichte, Bd. 82, Hannover 1972, S. 40. Guck, R.: Umweltschutzbestimmungen und Standortwahl für Kernkraftwerke, in: ETZ-A, 96. Jg. (1975), H. 1, S. 41.

2) Darauf weisen ebenfalls nachdrücklich hin:Krolewski, H.: Standorte von Kernkraftwerken in der wasserwirtschaftlichen Diskussion, in: gwf (Ausgabe: Wasser-Abwasser), 110. Jg. (1969), H. 24, S. 643. Montanus, K. und Künstle, K.: Thermische Kraftwerke und Ökologie, in: Atom und Strom, 17. Jg. (1971), H. 5, S. 84. Reimann, K.: Gewässererwärmung durch Kühlwasser aus Energiekraftwerken - biologische und chemische Folgen, in: Bayerische Biologische Versuchsanstalt, München (Hrsg.): Wasser für die Erholungslandschaft; Münchener Beiträge zur Abwasser-, Fischerei- und Flußbiologie, Bd. 26, München-Wien 1975, S. 49.

3) Siehe ferner dazu Schwoerbel, J.: Einführung in die Limnologie, Stuttgart 1971. Knöpp, H.: Biologisch-ökologische Konsequenzen der Kühlwassereinleitung, in: Braun, H., Heuck, F., Ladner, H.-A., Messerschmidt, O.,

Fortsetzung siehe Seite 246

Aussagen über ökologische Konsequenzen der Wärmeeinleitung in Gewässer haben zumindest folgende relevante Parameter zu berücksichtigen [1]:

- Absolute Aufwärmespanne, $\Delta T\,(^{\circ}C)$, im Vorfluter, insbesondere deren Höchstwert bei Niedrigstwasserführung, $NQ\,(m^3 \cdot s^{-1})$,
- Die erreichte Maximaltemperatur, T_{max} $(^{\circ}C)$, Vorfluter,
- Isothermenlagen im Vorfluter bei der Ausbildung von Kühlwasserfahnen (die nachfolgend genannten Auswirkungen treten verstärkt ein, solange nach der Einleitung erwärmten Kühlwassers die Durchmischung im Vorfluter noch nicht vollständig ist) [2],
- Aufwärmespannen und erreichte Maximaltemperaturen des Kühlwassers,
- Änderung des jährlichen Temperaturgangs gegenüber dem Naturzustand,

---

Fortsetzung zu Fußnote

3) Niklas, K. und Rausch, L. (Hrsgg.): Umweltschutz bei nuklearer und konventioneller Energiegewinnung, Ergebnisse der Strahlen- und Umweltforschung; Strahlenschutz in Forschung und Praxis, Bd. 12, Stuttgart 1973, S. 130-141. Reimann, K.: Gewässererwärmung durch Kühlwasser aus Energiekraftwerken - biologische und chemische Folgen, in: Bayerische Biologische Versuchsanstalt, München (Hrsg.): Wasser für die Erholungslandschaft; Münchener Beiträge zur Abwasser-, Fischerei- und Flußbiologie, Bd. 26, München-Wien 1975, S. 50ff.

1) Vgl. auch Knöpp, H.: Biologisch-ökologische Konsequenzen der Kühlwassereinleitung, in: Braun, H., Heuck, F., Ladner, H.-A., Messerschmidt, O., Niklas, K. und Rausch, L. (Hrsgg.): Umweltschutz bei nuklearer und konventioneller Energiegewinnung, Ergebnisse der Strahlen- und Umweltforschung; Strahlenschutz in Forschung und Praxis, Bd. 12, Stuttgart1973, S. 133.

2) Siehe dazu Naudascher, E. und Kobus, H.: Erforschung von Strömungsproblemen der Umweltverschmutzung, in: Umschau, 73. Jg. (1973), H. 6, S. 165-171. Schmidt, K.R.: Die Frischwasserkühlung in Kraftwerken, in: Verein Deutscher Ingenieure (VDI) (Hrsg.): Wärmebelastung der Gewässer und der Atmosphäre; VDI-Bericht, Nr. 204, Düsseldorf 1973, S. 10ff.

- Kinetik [1] der Temperaturänderung im Vorfluter,
- Belastung des Vorfluters mit anorganischen und organischen resp. toxischen Stoffen,
- Anderweitige Nutzungen des Gewässers, insbesondere zur Trinkwasserversorgung, Fischerei und als Erholungsgebiet.

"Diese komplexe Kombination von Variablen macht es fast unmöglich, für einzelne von ihnen wie Aufwärmspannen oder Maximaltemperaturen allgemein verbindliche Grenzwerte festzulegen. Jedes Gewässer ist durch diese Komplexität gleichsam ein Individuum und bedarf im Hinblick auf künstliche Eingriffe einer individuellen Betrachtung" [2]. Trotz dieser Vorbehalte sind jedoch grundsätzliche Aussagen über die ökologischen Konsequenzen der künstlichen Gewässeraufwärmung möglich. Zusammenfassend lassen sich folgende Aspekte anführen [3]:

- Jede Organismenart hat für die Entwicklung, Produktion und Reproduktion spezifische Optimal- und Maximaltemperaturen, die mit dem Niveau anderer Parameter variieren, z.B. O_2-Konzentration, Schadstoffkonzentration.

---

1) Als Kinetik ist hier die "chemische Kinetik" (Geschwindigkeiten physikalisch-chemischer und chemischer Reaktionen sowie Faktoren, welche die Reaktionsgeschwindigkeiten beeinflussen) zu verstehen.

2) Knöpp, H.: Biologisch-ökologische Konsequenzen der Kühlwassereinleitung, in: Braun, H., Heuck, F., Ladner, H.-A., Messerschmidt, O., Niklas, K. und Rausch, L. (Hrsgg.): Umweltschutz bei nuklearer und konventioneller Energiegewinnung, Ergebnisse der Strahlen- und Umweltforschung; Strahlenschutz in Forschung und Praxis, Bd. 12, Stuttgart 1973, S. 133.

3) Vgl. Schwoerbel, J.: Einführung in die Limnologie, Stuttgart 1971, S. 60ff. und S. 82ff. Ant, H.: Verschmutzung der Fließgewässer und ihre Folgen - am Beispiel der Lippe und des Rheins, in: Olschowy, G. (Hrsg.): Belastete Landschaft - Gefährdete Umwelt, München 1971, S. 35ff. Koenig, H.-W.: Thermische Belastung der Fließgewässer, in: ebenda, S. 56ff. Knöpp, H.: Biologisch-ökologische Konsequenzen der Kühlwassereinleitung, in: Braun, H., Heuck, F., Ladner, H.-A., Messerschmidt, O., Niklas, K.

Fortsetzung siehe Seite 248

- Temperaturänderungen verursachen Umstrukturierung der Lebensgemeinschaften.

- Temperaturerhöhungen ohne gleichzeitige Änderung anderer Parameter (z.B. Licht) fördern die Heterotrophierung der Gewässerbiozönosen, d.h. die relative Steigerung der Atmungsprozesse von Bakterien, Algen, Tieren etc. gegenüber den Assimilationsprozessen von grünen Pflanzen.

- Durch die Heterotrophierung steigt der biochemische Sauerstoffbedarf (BSB) des Gewässers (um ca. 15 % pro 1 ^{o}C Temperaturerhöhung).

- Schnelle und hohe Temperaturänderungen können biochemische Reaktionen initieren.

- Mit einer Erhöhung der Wassertemperatur sind weitere Reaktionen gekoppelt, z.B. Zunahme der Toxizität von Schadstoffen mit steigender Temperatur, der Sauerstoffbedarf von Wassertieren und die Abbaugeschwindigkeit organischer Stoffe nehmen mit steigender Temperatur zu, der Sauerstoffgehalt des Wassers nimmt mit steigender Temperatur ab (Henry'sches Gesetz), mit abnehmendem Sauerstoffgehalt ist wiederum eine Zunahme der Toxizität von Schadstoffen verbunden.

Als positive Auswirkungen und Nutzungsmöglichkeiten der Gewässererwärmung sind in Betracht zu ziehen [1]:

Fortsetzung zu Fußnote

3) und Rausch, L. (Hrsgg.): Umweltschutz bei nuklearer und konventioneller Energiegewinnung, Ergebnisse der Strahlen- und Umweltforschung; Strahlenschutz in Forschung und Praxis, Bd. 12, Stuttgart 1973, S. 134ff. Eckoldt, M.: Wärmebelastung der Flüsse durch Kernkraftwerke, in: Aurand, K. (Hrsg.): Kernenergie und Umwelt, Berlin 1976, S. 91-101.

1) Vgl. auch Koenig, H.-W.: Thermische Belastung der Fließgewässer, in: Olschowy, G. (Hrsg.): Belastete Landschaft - Gefährdete Umwelt, München 1971, S. 59.

- Mit steigender Temperatur ist eine zunehmende Reinigungsleistung der aus anderen Quellen (kommunale und industrielle Abwässer) verschmutzten Gewässer verbunden, sofern genügend Sauerstoff im Gewässer vorhanden ist oder zugeführt wird [1].

- Eine Znahme der Wassertemperatur kann sich u.U. positiv auf den Fischbestand auswirken [2].

- Durch Verwendung erwärmten Flußwassers [3] für landwirtschaftliche Bewässerungszwecke kann ein kontinuierlicheres Pflanzenwachstum erzielt werden [4].

- Vorteilhaft ist eine erhöhte Wassertemperatur für befahrene Wasserstraßen, sofern die gesamte Wasserstraße eisfrei bleibt [5]. Nachteilig wirkt sich u.a. dabei die früher einsetzende Nebelbildung [6] aus.

---

1) Vgl. Krolewski, [H.]: [Diskussionsbeitrag zur] Podiumsdiskussion "Umweltprobleme der Energieumwandlung", in: Tagungsberichte des Energiewirtschaftlichen Instituts (Universität Köln), H. 16: Energiewirtschaft und Umwelt, München 1972, S. 103.

2) Siehe dazu ausführlicher Krolewski, H.: Standorte von Kernkraftwerken in der wasserwirtschaftlichen Diskussion, in: gwf (Ausgabe: Wasser-Abwasser), 110. Jg. (1969), H. 24, S. 643.

3) Für landwirtschaftliche Bewässerungszwecke wird eine Wassertemperatur von 25°C als optimal angesehen.

4) Eine von der Konzeption her gegenüber dem hier diskutierten Problemkreis verschiedene Nutzungsmöglichkeit der Abwärme besteht in der Beheizung landwirtschaftlicher Großflächen über ein Rohrsystem. Erläuternde Bemerkungen dazu finden sich im Zusammenhang mit einer Abgrenzung der verschiedenen Abwärmenutzungsmöglichkeiten. Siehe Abschnitt ad 3. Nukleare Fernwärmeversorgung.

5) Vgl. Der Bundesminister des Innern: Thermische Belastung von Gewässern durch Kernkraftwerke; BT-Drucksache VI/3052, Bonn 20. Januar 1972, S. 2f.

6) Siehe dazu auch Giebel, J.: Auswirkungen des Kühlwassers über das Fluß-

Fortsetzung siehe Seite 250

Negative Auswirkungen ergeben sich durchweg für die gesamte Trinkwasserversorgung [1]. Bei zunehmenden Wassertemperaturen ist mit massierter Entwicklung und Reproduktion von Schwämmen und Muscheln sowie verstärkter Korrosion [2] in Entnahmebauwerken und Rohwassertransportleitungen zu rechnen. Entsprechend der sinkenden Rohwasserqualität wird eine intensivere Wasseraufbereitung erforderlich. Gleichzeitig würde eine Kühlung des aufbereiteten Trinkwassers [3] notwendig, da im Stadium der Wasserverteilung gegen die Folgen der Wassererwärmung, wie z.B. Wiederverkeimung, Korrosion, Geschmacksverschlechterung, kaum Gegenmaßnahmen möglich sind.

Fortsetzung zu Fußnote

6) wasser auf das Klima, in: Braun, H., Heuck, F., Ladner, H.-A., Messerschmidt, O., Niklas, K. und Rausch, L. (Hrsgg.): Umweltschutz bei nuklearer und konventioneller Energiegewinnung, Ergebnisse der Strahlen- und Umweltforschung; Strahlenschutz in Forschung und Praxis, Bd. 12, Stuttgart 1973, S. 127f. Caspar, J.W.: Meteorologische Auswirkungen von Kühlvorgängen, in: Verein Deutscher Ingenieure (VDI) (Hrsg.): Wärmebelastung der Gewässer und der Atmosphäre; VDI-Berichte, Nr. 204, Düsseldorf 1973, S. 61ff.

1) Siehe dazu auch Knöpp, H.: Biologisch-ökologische Konsequenzen der Kühlwassereinleitung, in: Braun, H., Heuck, F., Ladner, H.-A., Messerschmidt, O., Niklas, K. und Rausch, L. (Hrsgg.): Umweltschutz bei nuklearer und konventioneller Energiegewinnung, Ergebnisse der Strahlen- und Umweltforschung; Strahlenschutz in Forschung und Praxis, Bd. 12, Stuttgart 1973, S. 138ff.

2) Nach physikalisch-chemischen Erfahrungswerten kann mit einer Verdopplung der Korrosionsgeschwindigkeit bei einer Temperaturerhöhung von 10°C gerechnet werden (Van't Hoff'sche Regel).

3) Trinkwassertemperaturen zwischen 7°C und 12°C gelten als erwünscht, Temperaturen bis 15°C als tragbar. Temperaturen über 15°C wirken sich in geschmacklicher und hygenischer Hinsicht nachteilig auf das Trinkwasser aus. Vgl. Koenig, H.-W.: Thermische Belastung der Fließgewässer, in: Olschowy, G. (Hrsg.): Belastete Landschaft - Gefährdete Umwelt, München 1971, S. 59f.

Zusammenfassend ist festzustellen: Durch die thermische Belastung wird die Nutzungsmöglichkeit der Gewässer unmittelbar und mittelbar eingeschränkt. Temperaturerhöhungen beeinträchtigen die im Gewässer ablaufenden chemischen und biologischen Prozesse, die ihrerseits die Biozönose verändern. Mit der Erhöhung der Wassertemperatur geht eine Zunahme der Toxizität von Schadstoffen einher, gleichzeitig ein erhöhter Sauerstoffverbrauch zum Abbau organischer Stoffe. Als Resultat der Kausalkette ergibt sich ein Sauerstoffdefizit im Gewässer. Weitere negative Folgen ergeben sich für die Trink- und Brauchwasserversorgung. Diese negativen Auswirkungen werden verstärkt, wenn erwärmtes Kühlwasser von mehreren Kraftwerken, die an dem gleichen Vorfluter liegen, eingeleitet wird. Hier Abhilfe zu schaffen war u.a. Ziel der bisher ausgearbeiteten "Wärmelastpläne" [1].

Die bisher ausgearbeiteten Wärmelastpläne legen folgende Grenzwerte [2] fest: Für die Maximaltemperatur des Vorfluters nach Durchmischung mit dem Kühlwasser

$$T_{max} = 28^{o}C$$

und für die maximale Temperatursteigerung im Vorfluter

$$\Delta T_{max} = 3^{o}C \ .$$

---

1) Siehe z.B. Arbeitsgemeinschaft der Länder zur Reinhaltung des Rheins, Landesstelle für Gewässerkunde und wasserwirtschaftliche Planung, Baden-Württemberg (Hrsg.): Wärmelastplan Rhein, Aaremündung bis holländische Grenze, Wiesbaden 1971. Vgl. auch Jansen, P., Schikarski, W. und Stehfest, H.: Beitrag zur Analyse der zulässigen Kraftwerksbelegung des Rheins im Hinblick auf die thermische Belastung; Gesellschaft für Kernforschung mbH Karlsruhe, Bericht KFK-1511, Karlsruhe 1971.

2) Vgl. Der Bundesminister des Innern: Thermische Belastung von Gewässern durch Kernkraftwerke; BT-Drucksache VI/3052, Bonn 20. Januar 1972, S. 3. Schikarski, W.: Die voraussichtlichen Auswirkungen des Energieverbrauchs in der Bundesrepublik Deutschland auf die Umwelt, in: Elektrizitätswirtschaft, 73. Jg. (1974), H. 19, S. 539. Haury, G., Schikarski, W. und Thöne, E.: Zusammenstellung der in der Bundesrepublik durch die Er-

Fortsetzung siehe Seite 252

Durch Festlegung des zweiten Grenzwerts soll u.a. verhindert werden, daß die Gewässer in kalten Jahreszeiten zu stark aufgeheizt werden. Unter bestimmten Bedingungen wird auch eine Temperatursteigerung von $\Delta T_{max} = 5^{o}C$ zugelassen.
Die genannten Werte dürfen nur bei befriedigendem Güterzustand des Vorfluters ausgeschöpft werden, d.h. insbesondere: Der Sauerstoffgehalt im Gewässer darf unter dem Einfluß der Erwärmung nicht unter 5 $mg \cdot l^{-1}$ absinken.
Als Grenzwert der Temperatur des wiedereingeleiteten erwärmten Kühlwassers sollen $30^{o}C$ in der Regel nicht überschritten werden.
Auf der Grundlage dieser Grenzwerte, der Wasserführung des Vorfluters und der Wasser- und Lufttemperaturen läßt sich die einem Fluß zuzuordnende Kühlkapazität unter Berücksichtigung der gegenläufigen Effekte von Temperaturerhöhung und Selbstreinigung sowie anderweitiger Nutzungen des Gewässers bestimmen [1].

Die ersten an Flüssen errichteten Kernkraftwerke [2] wurden, als die Be-

---

Fortsetzung zu Fußnote

2) zeugung und den Verbrauch von Energie bedingten Auswirkungen auf die Umwelt und der legislativen und technischen Maßnahmen zu ihrer Verminderung; Gesellschaft für Kernforschung mbH Karlsruhe, Bericht KFK-2103, Karlsruhe 1974, S. 67f.

1) Siehe dazu Flinspach, D. und Fleig, H.: Die Aufstellung von Wärmelastplänen durch rechnerische Simulation der Wärmeaustauschvorgänge - dargelegt am Beispiel des "Wärmelastplanes Rhein", in: Wasserwirtschaft, 62. Jg. (1972), H. 5, S. 127-133. Stehfest, H.: Modelltheoretische Untersuchungen zur Selbstreinigung von Fließgewässern; Gesellschaft für Kernforschung mbH Karlsruhe, Bericht KFK-1654, Karlsruhe 1973. Stehfest, H.: Probleme bei der Erwärmung von Flüssen durch Kraftwerksabwärme, in: KFK-Nachr., 6. Jg. (1974), H. 3, S. 25-32. Täubert, U.: Wasserwirtschaftliche Systemanalyse des Wärmehaushalts von Flüssen; Wasserbau-Mitteilungen des Instituts für Wasserbau und Wasserwirtschaft an der Technischen Hochschule Darmstadt, H. 12, Darmstadt 1974 (Diss. Darmstadt 1974).

2) So u.a. die Kernkraftwerke Kahl (16 MW_{el}), Gundremmingen (250 MW_{el}), Obrigheim (345 MW_{el}), Stade (660 MW_{el}).

lastung der Flüsse durch Abwärme und Abwässer der Industrie und privaten Haushalte noch relativ gering war, wie viele andere konventionelle Wärmekraftwerke mit direkter Kühlung durch Oberflächenwasser (Frischwasserkühlung) betrieben.
Für die Errichtung thermischer Kraftwerke an Flüssen sind aus thermodynamischer und wirtschaftlicher Sicht im wesentlichen zwei Faktoren bestimmend:

- Die Umwandlung von thermischer Energie in elektrische Energie ist grundsätzlich mit dem Auftreten von "Verlustwärme" (vgl. oben) verbunden, die durch ein - möglichst billiges - Kühlmittel abgeführt werden muß.

- Der thermodynamische Wirkungsgrad ist um so größer, je höher die Temperaturdifferenz, $\Delta T(^{o}C)$, am "kalten Ende" des Kondensationskraftwerks ist, d.h., je niedriger c.p. die Temperatur des Kühlmittels ist [1].

Bei diesem Verfahren werden die erforderlichen Kühlwassermengen dem Vorfluter entnommen und in der Regel nach einer Aufwärmung um etwa 10 bis $15^{o}C$ dem Vorfluter wieder zugeführt.
In der Regel sind bei konventionellen Wärmekraftwerken etwa 32 bis 40 $Mcal \cdot s^{-1}$ pro 100 MW_{el} Leistung und bei Kernkraftwerken etwa 41 bis 54 $Mcal \cdot s^{-1}$ pro 100 MW_{el} an Wärme abzuführen [2]. Um auf eine einfache Weise die Wärmeübertragung bei Frischwasserkühlung an einen Vorfluter und damit die Temperaturerhöhung abschätzen zu können, ist die Wärmeabgabe $(Mcal \cdot s^{-1})$ auf die Wasserführung, $Q(m^{3} \cdot s^{-1})$, zu beziehen. (Aus dem Quotienten $(Mcal \cdot m^{-3})$ läßt sich die Temperaturerhöhung unmittelbar ableiten).

---

1) Siehe dazu Weinlich, K.: Die wirtschaftliche Auslegung des kalten Endes von Kondensationskraftwerken, in: Energie und Technik, 16. Jg. (1964), H. 8, S. 238-244 (Teil 1) und H. 9, S. 290-293 (Teil 2). Schüller, K.-H.: Das optimale "kalte Ende" von Kondensations-Blockeinheiten, in: Elektrizitätswirtschaft, 70. Jg. (1971), H. 3, S. 53-60.

2) Vgl. Reimann, K.: Gewässererwärmung durch Kühlwasser aus Energiekraftwerken - biologische und chemische Folgen, in: Bayerische Biologische Versuchsanstalt, München (Hrsg.): Wasser für die Erholungslandschaft; Münchener Beiträge zur Abwasser-, Fischerei- und Flußbiologie, Bd. 26, München-Wien 1975, S. 49.

Hieran wird deutlich welche Bedeutung der Wasserführung eines Vorfluters zukommt und welche Begrenzung die Wärmeabgabe mit der Größe des Vorfluters findet.
Das Anwachsen der Kernkraftwerksleistung auf 45 000 bis 50 000 MW_{el} in den kommenden zehn Jahren sowie die Errichtung von Kernkraftwerken mit Ausbauleistungen von ca. 2000 bis 2600 MW_{el} [1)] erfordern damit grundsätzlich die Umstellung auf andere Kühlverfahren [2)3)]. Die Bundesregierung

---

1) Kernkraftwerke mit drei und vier Blöcken werden zumindest in den kommenden zehn Jahren die Ausnahme bleiben (vgl. oben).

2) Die damals im Bau befindlichen ersten Blöcke der Kernkraftwerke Biblis und Philippsburg (Baubeginn 1970) erhielten erstmals - allerdings nachträglich - Auflagen zum Bau von Kühltürmen. Vgl. Guck, R.: Umweltschutzbestimmungen und Standortwahl für Kernkraftwerke, in: ETZ-A, 96. Jg. (1975), H. 1, S. 42. Mandel, H., Dietrich, L., Hippel, W., Tochtrop, F., Wolf, M., Berg, D., Koch, W., Heining, U., Rast, H.-E., Meyer, F., Börnke, F., Watzel, G.V.P. und Weber, D.: Das Kernkraftwerk Biblis des RWE; Musteranlagen der Energiewirtschaft, Bd. 10, Gräfeling [1975], S. 22f. und S. 81.
Gegenwärtig (1975/76) wird der Block A des Kernkraftwerks Biblis noch vorwiegend bei Frischwasserkühlung gefahren; die Einschaltung der Kühltürme erfolgt bei zu geringem Sauerstoffgehalt im Rhein, bei erhöhter Wassertemperatur des Rheins sowie bei geringer Wasserführung. Derzeitige jährliche Einschaltdauer der Kühltürme: 20 bis 30 Tage - nach Auskunft des Kernkraftwerks Biblis im November 1975 und Mai 1976.

3) Es zeigt sich auch an Hand einer Karte der westdeutschen Wasservorkommen, in die das Verbundnetz eingezeichnet wird, daß nicht mehr allzu viele Standorte für die Aufstellung von Großkernkraftwerken zur Verfügung stehen würden, wenn man Rückkühlverfahren vermeiden will. Siehe Schuller, A.H.: Flächenbedarf von Kraftwerken mit einer Stellungnahme zum deutschen Kühlwasserproblem, in: Zur Standortproblematik in der regionalen Energiewirtschaft; Veröffentlichungen der Akademie für Raumforschung und Landesplanung, Forschungs- und Sitzungsberichte, Bd. 82, Hannover 1972, S. 41f. Buch, A.: Planung und Standortwahl von Kraftwerken, Konzeption der Stromversorgung der BRD unter Berücksichtigung der Umweltbeeinflussung, Mainz 1973, Karte 4: Abfluß- und Temperaturpegel der Flüsse der BRD.

hat bereits vor mehreren Jahren hierzu Stellung genommen: "Die Einleitung von Kühlwasser muß...so begrenzt werden, daß...Schädigungen [des Gewässers] nicht eintreten. Solange die Gewässer durch kommunale und industrielle Abwässer noch stark belastet sind, darf Abwärme nur in begrenztem Maß an die Gewässer abgegeben werden. Deshalb kann die Frischwasserkühlung, die als das wirtschaftlichste Kühlverfahren gilt, nicht mehr ausschließlich angewendet werden. Großkraftwerke müssen mit Kühltürmen ausgerüstet werden, die es ermöglichen, wann immer dies nötig wird, die Abwärme statt auf dem Umweg über das Gewässer ganz oder teilweise an die Atmosphäre abzugeben, so daß eine schädigende Erwärmung des Gewässers nicht eintritt" [1].

Die Möglichkeit der Frischwasserkühlung zur Wärmeabfuhr, vor etwa zehn Jahren noch als entscheidendes energiewirtschaftliches Kriterium für die Auswahl von Kernkraftwerks-Standorten genannt, ist inzwischen zu einem der Hauptprobleme bei der Standortwahl geworden [2]. Zusammenfassend läßt sich diese Entwicklung auf drei - zum Teil schon genannte - Gründe zurückführen:

- Der Anstieg des Strombedarfs hat zu einem verstärkten Ausbau von Kraftwerken entlang der Flüsse geführt.

- Der steigende Anteil von Kernkraftwerken an der Energieerzeugung bedingt aufgrund des relativ niedrigeren Wirkungsgrads ein stärkeres Anwachsen der Abwärmemenge.

- Die Errichtung großer Kernkraftwerkseinheiten schränkt die Anzahl der Standorte für einen Kraftwerksbetrieb mit reiner Frischwasserkühlung ein oder ermöglicht - im günstigsten Fall - nur noch eine partielle Frischwasserkühlung (Mischkühlung).

---

1) Der Bundesminister des Innern: Thermische Belastung von Gewässern durch Kernkraftwerke; BT-Drucksache VI/3052, Bonn 20. Januar 1972, S. 1.

2) Vgl. auch die oben angeführte Literaturzusammenstellung zur Standortwahl für Kernkraftwerke sowie Krolewski, H.: [Diskussionsbeitrag], in: Technische Vereinigung der Großkraftwerksbetreiber (VGB) e.V. (Hrsg.): Kraftwerk und Umwelt 1973; VGB-Konferenz-Vorträge, Essen [1974], S. 92. Erdmann, W.: Wärmeabgabe aus Kraftwerken, in: ebenda, S. 96.

Die gegenwärtig vorhandenen Möglichkeiten zur Lösung des Kühl- und Abwärmeproblems lassen sich in drei Gruppen klassifizieren:

a) Ausnutzung des Kühlungspotentials des Meeres; dieses Konzept impliziert Standorte an der Meeresküste oder im Offshore-Bereich,

b) Einsatz von Naßkühl- oder Trockenkühlsystemen,

c) Nutzung der Abwärme.

Die unter a) und b) genannten Möglichkeiten sollen im folgenden eingehender erörtert werden.
Konzeptionen und Probleme der Abwärmenutzung, insbesondere im Rahmen des Ausbaus einer Fernwärmeversorgung stehen in einem weiteren als dem hier angesprochenen Zusammenhang, so daß eine gesonderte Betrachtung erforderlich ist (ad 3. Nukleare Fernwärmeversorgung).

zu a. Standorte an der Meeresküste und im Offshore-Bereich

Aufgrund amerikanischer Vorschläge [1] werden seit einigen Jahren auch in

---

1) Siehe z.B. (Zettler, H.): Großkernkraftwerke auf dem Meer, Ein amerikanisches Projekt: Reaktorstationen und Schwimmplattformen in Serienfertigung, in: FAZ, Nr. 141 vom 20. Juni 1973, S. I. Orr, R.S. and Dotson, C.: Offshore Nuclear Power Plants, in: Nucl. Eng. Design, Vol. 25 (1973), S. 334-349. Turner, J.E. and Nichols, R.C.: Manufacturing a Floating Nuclear Plant, in: El. Wld., Vol. 180 (1973), No. 9, S. 70-73. Maniago, D.P.: Kernkraftwerke im Meer - eine amerikanische Realität, in: atw, 19. Jg. (1974), H. 3, S. 125-129. Keller, C.: Kernkraftwerke auf See und Probleme der Abwärme, in: Naturw. Rdsch., 27. Jg. (1974), H. 8, S. 313-314. Franke, T. und Nichols, R.C.: Küstennahe schwimmende Kernkraftwerke, in: Verein Deutscher Ingenieure (VDI) (Hrsg.): Entwicklungslinien der Energietechnik, Energietechnische Tagung 1975; VDI-Berichte, Nr. 236, Düsseldorf 1975, S. 81-88.
In den USA sollen die beiden ersten Offshore-Kernkraftwerke mit je 1150 MW_{el} Leistung in den Jahren 1982 und 1984 vor der Ostküste in Be-

Fortsetzung siehe Seite 257

der Bundesrepublik Deutschland Standorte an der Meeresküste und insbesondere im Offshore-Bereich als potentielle Standorte für Kernkraftwerke genannt. Während in den USA realisierbare Einsparungen an Bauzeit und Kosten unter Anwendung einer weitgehend standardisierten Bauweise als Hauptgründe für die Errichtung von Offshore-Kernkraftwerksinseln [1]) gelten, steht in der Bundesrepublik das Kühl- und Abwärmeproblem im Vordergrund [2]). So bemerkt auch H. Billib: "Auf die Dauer kann die Stand-

---

Fortsetzung zu Fußnote

1) trieb genommen werden. Siehe dazu insbesondere Franke, T. und Nichols, R.C.: Küstennahe schwimmende Kernkraftwerke, in: Verein Deutscher Ingenieure (VDI) (Hrsg.): Entwicklungslinien der Energietechnik, Energietechnische Tagung 1975; VDI-Berichte, Nr. 236, Düsseldorf 1975, S. 81ff.

1) Bauprinzip ist ein vollständiges Kernkraftwerk, das auf einer schwimmenden Plattform installiert ist, wobei das Kraftwerk integraler Bestandteil des Pontons ist. Das Kernkraftwerk wird in der Werft vorgefertigt und dort getestet, jedoch nicht mit Brennstoff beladen. Anschließend wird es zum Standort des Betreibers geschleppt und innerhalb des Wellenbrechers verankert. Ausführlichere Beschreibungen des Anlagekonzepts siehe in Orr, R.S. and Dotson, C.: Offshore Nuclear Power Plants, in: Nucl. Eng. Design, Vol. 25 (1973), S. 334-349. Turner, J.E. and Nichols, R.C.: Manufacturing a Floating Nuclear Plant, in: El. Wld., Vol. 180 (1973), No. 9, S. 70-73. Managio, D.P.: Kernkraftwerke im Meer - eine amerikanische Realität, in: atw, 19. Jg. (1974), H. 8, S. 125ff. Franke, T. und Nichols, R.C.: Küstennahe schwimmende Kernkraftwerke, in: Verein Deutscher Ingenieure (VDI) (Hrsg.): Entwicklungslinien der Energietechnik, Energietechnische Tagung 1975; VDI-Berichte, Nr. 236, Düsseldorf 1975, S. 85ff.

2) Zur Lösung des Kühl- und Abwärmeproblems sind ebenfalls von der Electricité de France (EdF) mehrere Kernkraftwerke an der Atlantik- und Mittelmeerküste geplant. (Offenbar werden dort die längeren Transportwege für die elektrische Leistung eher in Kauf genommen als in der Bundesrepublik; siehe dazu unten). Vgl. Altner, H.: Kraftwerke ans Meer, EdF will weiteres Aufwärmen der Flüsse vermeiden, in: ZfK, Nr. 4

Fortsetzung siehe Seite 258

ortfrage und das Problem der Abfallwärme....nur gelöst werden, wenn Kernkraftwerke ins Meer hinausgebaut und dort als künstliche Inseln verankert werden" [1].

Neben dem Kühl- und Abwärmeproblem würden bei dieser Konzeption weitere Schwierigkeiten reduziert oder entfallen [2], wie z.B. großer Grundflächenbedarf [3], unvertretbar lange Bauzeit [4] und Umweltgefährdung. "Nicht nur beim Bau, sogar nach der Stillegung sind die schwimmenden Kraftwerke den normalen Reaktoren noch überlegen: Da sie an einen bestimmten Ort nicht gebunden sind, könnte man die außer Dienst gestellten Reaktoren in einem einzigen 'Kraftwerksfriedhof' zusammenfassen und

---

Fortsetzung zu Fußnote

2) vom 13. April 1973, S. 4.
Zum Projekt eines Kernkraftwerks vor Zeebrugge/Belgien zur Strom- und Trinkwasserversorgung (Meerwasserentsalzung) siehe o.V.: Kernkraftwerk in der Nordsee, in: VDI-Nachr., Nr. 5 und 6. Februar 1976, S. 28.

1) Billib, H.: Wasserwirtschaftliche Rahmenplanung aus der Sicht des Jahres 2000, in: Österreichische Wasserwirtschaft, 24. Jg. (1972), H. 11/12, S. 232.

2) Vgl. Maniago, D.P.: Kernkraftwerke im Meer - eine amerikanische Realität, in: atw, 19. Jg. (1974), H. 6, S. 129. Keller, C.: Kernkraftwerke auf See und Probleme der Abwärme, in: Naturw. Rdsch., 27. Jg. (1974), H. 8, S. 313. Franke, T. und Nichols, R.C.: Küstennahe schwimmende Kernkraftwerke, in: Verein Deutscher Ingenieure (VDI) (Hrsg.): Entwicklungslinien der Energietechnik, Energietechnische Tagung 1975; VDI-Berichte, Nr. 236, Düsseldorf 1975, S. 84.

3) Aus Zahlenangaben in den oben genannten Veröffentlichungen zu den amerikanischen Offshore-Kernkraftwerksprojekten läßt sich ein spezifischer Grundflächenbedarf des Kernkraftwerks in der Größenordnung von 0,1 $m^2 \cdot MW_{el}^{-1}$ ableiten. Vgl. dazu die Ausführungen in diesem Kapitel unter ad 4. Grundflächenbedarf des Kernkraftwerks.

4) Bei angestrebter Serienfertigung der Kraftwerke würde die Verkürzung der Bauzeit dadurch erreicht, daß bei Anlagen mit prinzipieller Baugenehmigung der Zeitaufwand für die Standortgenehmigung entfällt.

überwachen" [1]. Ob sich diese optimistische Vorstellungen realisieren lassen, wird wesentlich von den Ergebnissen derzeit laufender Untersuchungen über die Sicherheit und ökologischen Auswirkungen von Offshore-Kernkraftwerken sowie von den Betriebserfahrungen bei den ersten Anlagen abhängen.

Als Standortbedingungen für Offshore-Kernkraftwerke deutscher Elektrizitätsversorgungsunternehmen kommen im wesentlichen folgende Kriterien in Betracht [2]:

- Lage innerhalb des Hoheitsgebiets der Bundesrepublik Deutschland, um die juristische Zugehörigkeit und die Durchführung eines Genehmigungsverfahrens zu gewährleisten,

- Ausreichende Wassertiefe, um eine Bodenberührung der Plattform-Unterkante zu vermeiden, jedoch nicht so tief, daß die auf dem Meeresgrund aufliegende Wellenbrecherkonstruktion unwirtschaftliche Abmessungen annimmt,

- Ausreichende Wasserströmung zum Abtransport des eingeleiteten Kühlwassers,

- Kein Naturschutzgebiet,

---

1) (Zettler, H.): Großkernkraftwerke auf dem Meer, Ein amerikanisches Projekt: Reaktorstationen und Schwimmplattformen in Serienfertigung, in: FAZ, Nr. 141 vom 20. Juni 1973, S. I.

2) Vgl. dazu auch Managio, D.P.: Kernkraftwerke im Meer - eine amerikanische Realität, in: atw, 19. Jg. (1974), H. 8, S. 127ff. Franzen, R. und Taurit, R.: Kernkraftwerke in der Nordsee, in: atw, 19. Jg. (1974), H. 12, S. 586ff. Franke, T. und Nichols, R.C.: Küstennahe schwimmende Kernkraftwerke, in: Verein Deutscher Ingenieure (VDI) (Hrsg.): Entwicklungslinien der Energietechnik, Energietechnische Tagung 1975; VDI-Berichte, Nr. 236, Düsseldorf 1975, S. 82ff. Heck, H.: Von den deutschen Küsten sollen riesige Kernkraftwerke entstehen, in: Die Welt, Nr. 136 vom 14. Juni 1976, S. 11.

- Keine Schiffahrtsrouten in der Nähe (Möglichkeit von Kollisionen oder Explosionsdruckwellen von Tankschiffen),
- Sicherer Hafen im Aktionsbereich,
- Beherrschbarkeit von Tidenhub und Wellenhöhe auch bei Sturmfluten,
- Nähe zum Höchst-/Hochspannungsnetz auf dem Festland.

Die Möglichkeiten im Nordseeküstenbereich Offshore-Kernkraftwerke zu erstellen, sind bisher aufgrund mehrerer, nachfolgend genannter, ungünstiger Voraussetzungen skeptisch beurteilt worden [1]:

- Die Wärmeeinleitung ist wegen des ausgedehnten Wattenmeerbereichs mit geringer Wassertiefe begrenzt (Beeinflussung des Fischbestandes durch größere Temperaturänderungen). Eine ausreichende Strömung zum Abtransport des eingeleiteten Kühlwassers ist nur bei größeren Wassertiefen sichergestellt (vgl. oben).
- Relativ geringe Leistungsbedarfsdichte $(MW \cdot km^{-2})$ der Küstenregion [2],
- Transportprobleme und -kosten bei der Versorgung binnenländischer Verbrauchsschwerpunkte,
- Nähe zu Ferien- und Freizeitorten [3].

---

1) Vgl. dazu Der Bundesminister des Innern: Thermische Belastung von Gewässern durch Kernkraftwerke; BT-Drucksache VI/3052, Bonn 20. Januar 1972, S. 8. o.V.: Vor der Küste keine Kernkraftwerke, in: VDI-Nachr., Nr. 44 vom 31. Oktober 1973, S. 44. o.V.: Geringe Aussichten für Kernkraftwerke in deutschen Küstengewässern, in: ET, 23. Jg. (1973), H. 12, S. 666. Franzen, R. und Taurit, R.: Kernkraftwerke in der Nordsee, in: atw, 19. Jg. (1974), H. 12, S. 586ff.

2) Vgl. hierzu auch die Ausführungen in Kapitel B. I. 2. - ad 6. Standorte in Verbindung mit der Gewinnung von Frischwasser.

3) Siehe Franzen, R. und Taurit, R.: Kernkraftwerke in der Nordsee, in: atw, 19. Jg. (1974), H. 12, S. 587 (dort Abb. 3: Ausgewählte Standortpositionen in der Nordsee).

Offshore-Kernkraftwerke in der Ostsee kommen aus folgenden, verstärkt ungünstigen Verhältnissen kaum in Betracht [1]:

- Geringere Strömungsbewegungen zum Abtransport des eingeleiteten Kühlwassers als in der Nordsee,
- Vorwiegend Ferien- und Freizeitorte im Küstenbereich,
- Grenznähe zum Territorium der "DDR".

Die öffentlichen Auseinandersetzungen der jüngsten Zeit um geplante Kernkraftwerksstandorte haben allerdings zu einer Neuaufnahme der Untersuchungen geführt und lassen eine Neubewertung von Offshore-Standorten erkennen [2]. Schon Mitte 1973, also etwa eineinhalb Jahre nach der Stellungnahme des "Bundesministerium des Innern" (vgl. oben), teilte das "Bundesministerium für Forschung und Technologie" mit: "...Das Bundesministerium für Forschung und Technologie...[verfolgt] mit großer Aufmerksamkeit die Entwicklung in den Vereinigten Staaten, wo zur Zeit mit der Herstellung von zwei Kernkraftwerksinseln begonnen wird...Bereits vor einem halben Jahr sind in Abstimmung zwischen der Gesellschaft für Kernenergieverwertung in Schiffbau und Schiffahrt (GKSS) und der Kraftwerk-Union (KWU) Vorbereitungen für eine Untersuchung der Möglichkeiten angelaufen, vor der deutschen Küste künstliche Inseln mit Kernkraftwerken zu errichten" [3].

Derzeit stehen in der Bundesrepublik beiden Konzeptionen - Standorte im Küsten- und Offshore-Bereich - vor allem aus Gründen der Versorgungssicherheit (Kurzschlußleistung, Reservehaltung) und der Höhe der Übertragungskosten gravierende Argumente entgegen.

---

1) Vgl. auch Franzen, R. und Taurit, R.: Kernkraftwerke in der Nordsee, in: atw, 19. Jg. (1974), H. 12, S. 586f.

2) Siehe o.V.: Offshore-Kernkraftwerke, Ausweg für die Kühlprobleme - Wasserstofferzeugung in der Nordsee, in: VDI-Nachr., Nr. 14 vom 4. April 1975, S. 29. Heck, H.: Vor den deutschen Küsten sollen riesige Kernkraftwerke entstehen, in: Die Welt, Nr. 136 vom 14. Juni 1976, S. 11.

3) Bundesministerium für Forschung und Technologie (Hrsg.): Kernkraftwerke im Meer: Staatssekretär Hauff zu einer Anfrage, in: Mitteilungen aus dem BMFT, Nr. 6/73 vom 28. Juni 1973, S. 9.

Beide Standortkonzeptionen gewährleisten für binnenländische Elektrizitätsversorgungsunternehmen nur bei einer starken Konzentration und Zentralisation der Erzeugung [1]) eine spürbare Degression der Stromerzeugungskosten. Sollen diese Vorteile nicht durch die gegeläufige Tendenz der Übertragungskosten kompensiert werden, so sind neue Übertragungssysteme, wie Hochspannungs-Gleichstromübertragung, Kyrokabel, supraleitende Kabel, erforderlich [2]). Zur großtechnischen Energieübertragung werden Kyrokabel und supraleitende Kabel auch im nächsten Jahrzehnt noch nicht zur Verfügung stehen [3]). Mit der Entscheidung über die

---

1) Diskutiert wird der Bau sog. Nuklear-Parks mit 10 000 bis 20 000 MW_{el}, bei angestrebten Blockgrößen von ca. 2000 MW_{el} [+]). Aufgrund des gewaltigen Kapitalbedarfs werden sich solche Projekte wahrscheinlich auch nicht mehr als Gemeinschaftskernkraftwerke im nationalen Rahmen realisieren lassen. (Legt man die gegenwärtigen spezifischen Anlagekosten für Kernkraftwerke der Leistungsgröße 1200-/1300 MW_{el} mit 1000 $DM \cdot kW_{el}^{-1}$ zugrunde - bei etwa 1300 MW_{el} liegt nach derzeitigen Kostenschätzungen der Minimalpunkt der Degressionskurve -, so dürften auf dieser Basis die absoluten Anlagekosten eines "Nuklear Parks" mit 10000 bis 20000 MW_{el} in der Größenordnung 1 bis $2 \cdot 10^{10}$ DM liegen).

+) Nach Angaben von J. Müller sowie W. Häfele zielen amerikanische Vorschläge auf den Bau von "Nuklear-Parks" mit 40000 bis 50000 MW_{el} hin. Vgl. Müller, J.: Zur Standortwahl von Wärmekraftwerken, in: Technische Vereinigung der Großkraftwerksbetreiber (VGB) e.V. (Hrsg.): Kraftwerk und Umwelt 1973; VGB-Konferenz-Vorträge, Essen (1974), S. 18. Häfele, W.: Gesichtspunkte für die zukünfitge Entwicklung von Erzeugung, Transport und Handhabung von Energie, in: CIT, 47. Jg. (1975), H. 2, S. 47.

2) So ist auch zu verstehen, daß H. Mandel bemerkt: "Vorerst überwiegen einige Einflüsse erster Ordnung auf die Wirtschaftlichkeit so stark, daß ein geringer Anreiz besteht, mit Kernkraftwerken bevorzugt an die Küste zu gehen". Mandel, H.: Standortfragen bei Kernkraftwerken, in: atw, 16. Jg. (1971), H. 1, S. 26. Bezüglich des von H. Mandel geprägten Begriffs "Einflüsse 1. Ordnung" vgl. auch die Vorbemerkungen zu Kapitel B. III.

3) Zum technologischen Fortschritt bei Kyrokabeln und supraleitenden Kabeln

Fortsetzung siehe Seite 263

Einführung der Hochspannungs-Gleichstromübertragung (HGÜ) über Freileitungen statt der Einführung einer höheren Drehstromebene (750 kV oder 1100 kV) oder der Auftrennung des 380 kV-Netzes in autarke Netzgruppen ist aus unten genannten Gründen [1)] in der Bundesrepublik vorläufig, d.h. innerhalb der kommenden zehn bis zwanzig Jahre nicht zu rechnen [2)].
Andererseits ist eine punktförmige Einspeisung von 10000 bis 20000 MW hinsichtlich der Kurzschlußleistung (aufgrund der großen parallelfahrenden Maschinenleistung) mit der heutigen Energieübertragungstechnik nicht beherrschbar [3)]. Da beim Transport von Gleichstrom keine Kurzschlußleistung übertragen wird, bietet sich jedoch u.a. aus diesem Grund die Hochspannungs-Gleichstromübertragung über Freileitungen als Alternative an; bei Übertragungsleistungen ab etwa 10000 bis 15000 MVA ist

---

Fortsetzung zu Fußnote

3) siehe etwa Heinz, W.: Energieübertragung, Energiespeicherung und tiefe Temperaturen; Gesellschaft für Kernforschung mbH Karlsruhe, Bericht KFK-1616, Karlsruhe 1972. S. 6ff. Birnbreier, H., Düring, K., Fischer, W., Heller, I., Hofmann, A., Komarek, P., Kuhn, E., Lücking, H.W., Rasquin, W. und Zimmermann, E.: Energieübertragungen mit Kyrokabeln, Studie Stand: September 1972; Kernforschungsanlage Jülich GmbH in Zusammenarbeit mit den Firmen Brown, Boveri u. Cie AG, Mannheim, und Felten u. Guilleaume Kabelwerke AG, Köln, Bericht Jül-938, Jülich 1973, S. 42ff. Heinz, W. und Maurer, W.: Elektrische Energieübertragung durch Hochleistungskabel, in: Verein Deutscher Ingenieure (VDI) (Hrsg.): Entwicklungslinien der Energietechnik, Energietechnische Tagung 1975; VDI-Berichte, Nr. 236, Düsseldorf 1975, S. 159-166.

1) Siehe die Ausführungen in Kapitel C. II. 1.

2) Vgl. Deutsche Verbundgesellschaft (DVG) e.V. (Hrsg.): Bericht 1974, Heidelberg 1975, S. 19.

3) Zur Problematik siehe etwa Lülsdorf, P.: Die wachsende Kurzschlußleistung, ein Problem für Planung und Betrieb großer Netze, in: ET, 16. Jg. (1966), H. 152, S. 135-139.

aber nach heutigen Berechnungen [1] die Kostenpräferenzzone supraleitender Gleichstromkabel gegenüber HGÜ-Freileitungen anzusetzen.

Zusammenfassend läßt sich feststellen, daß die Ausnutzung des Kühlungspotentials des Meeres aus verschiedenen Gründen in der Bundesrepublik vorläufig keine Lösung der binnenländischen Kühlwasserprobleme ermöglicht [2]. Bei einem Übergang zur Hochspannungs-Gleichstromübertragung (HGÜ) sowie der großtechnischen Realisation supraleitender Kabel wird die Frage der Errichtung von "Nuklear Parks" an der Küste und im Offshore-Bereich neu zu stellen und zu bewerten sein.

zu b. Einsatz von Naßkühl- oder Trockenkühlsystemen

Aufgrund der oben dargelegten Kühl- und Abwärmeprobleme hat in den vergangenen Jahren der Anteil der nassen und trockenen Rückkühlung unter den angewandten Kühlverfahren stark zugenommen, so daß auf diese Betriebsweise heute etwa 50 % der Stromerzeugung entfallen [3].

---

1) Vgl. z.B. Heinz, W.: Energieübertragung, Energiespeicherung und tiefe Temperaturen; Gesellschaft für Kernforschung mbH Karlsruhe, Bericht KFK-1616, Karlsruhe 1972, S. 19 und Abbildung 21 ebenda.

2) Die derzeitige Ansicht der deutsche Elektrizitätswirtschaft zu Kernkraftwerken in Offshore-Bereich charakterisiert H. Baumann im Anschluß and die Jahrestagung 1976 der "Vereinigung Deutscher Elektrizitätswerke (VDEW) e.V.": "Mit größter Skepsis begegnet die deutsche Elektrizitätswirtschaft theoretischen Überlegungen[+], Kernkraftwerke auf künstlichen Inseln in der Nordsee zu errichten". Baumann, H.: Ohne Kernenergie gehen bei uns schon 1980 die Lampen aus, in: Die Welt, Nr. 138 vom 16. Juni 1976, S. 14.

+) Siehe dazu Heck, H.: Vor den deutschen Küsten sollen riesige Kernkraftwerke entstehen, in: Die Welt, Nr. 136 vom 14. Juni 1976, S. 11.

3) Vgl. Guck, R.: Umweltschutzbestimmungen und Standortwahl für Kernkraftwerke, in: ETZ-A, 96. Jg. (1975), H. 1, S. 42.

Naßkühlung ist eine Kurzbezeichnung für alle Kühlsysteme, in denen die erforderliche Kühlwassermenge im Kreislauf umgewälzt wird, wobei die Abkühlung des im Kondensator des Kraftwerks erwärmten Wassers im Kühlturm zum kleineren Teil durch die Abgabe von Wärme an die Luft und zum größeren Teil durch die Aufnahme von Verdunstungswärme für einen Anteil von 2 bis 3 % [1)] der umlaufenden Kühlwassermenge aus der gesamten Wassermenge erfolgt.

In Trockenkühltürmen kommt das Kühlwasser nicht direkt mit der Umgebungsluft in Berührung - die Kondensationswärme wird in Rippenrohrwärmeaustauschern an die Luft abgeführt. Es ist hierbei zwischen direkten und indirekten Trockenkühlsystemen zu unterscheiden. Bei dem direkten System (auch "GEA-System" [2)] genannt) wird Dampf in den Wärmeaustauschern kondensiert; beim indirekten System ("Heller-System") wird Kondensat abgekühlt und in einem Obenflächenkondensator oder Einspritzkondensator zum Niederschlagen des Turbinendampfs benutzt. Bei kleineren Leistungen wird das direkte System, bei größeren Leistungen dagegen das indirekte System angewendet. Die für Großkraftwerke beliebiger Leistung geeignete Variante der Trockenkühlung ist das indirekte System mit Naturzugkühltürmen [3)].

---

1) Vgl. Hirschfelder, G.: Kühltürme in Kraftwerken, in: TdZ, H. 8 (1974), S. 45. Börnke, F.: Kühltürme, in: ET, 25. Jg. (1975), H. 11, S. 514.

2) GEA Luftkühlergesellschaft Bochum, Happel GmbH + Co und GEA Gesellschaft für Luftkondensation mbH.

3) Die Techniken der trockenen und nassen Rückkühlverfahren sollen hier nicht detaillierter dargestellt werden. Siehe dazu Heeren, H. und Holly, L.: Trockenkühler entlasten Gewässer, Die Verwendung von Luft zur Kondensation in großen Dampfkraftwerken, in: Energie, 23. Jg. (1971), H. 10, S. 298-305 und H. 12, S. 385-393. Wolf, H.: Stand und Technik der Verfahren zur "Trockenen Rückkühlung" sowie deren wirtschaftliche Aussichten; Bericht des Batelle-Institutes e.V. für den Minister für Wirtschaft, Mittelstand und Verkehr des Landes Nordrhein-Westfalen, Düsseldorf 1971, S. 9ff. Oplatka, G.: Wärmeabfuhr bei großen Dampfkraftwerken, in: Brown Boveri Mitt., 60. Jg. (1973), H. 7/8, S. 315-320. Spangemacher, K.: Naßkühltürme, in: Verein Deutscher Ingenieure (VDI)

Fortsetzung siehe Seite 266

Der Einsatz von Kühltürmen erfordert grundsätzlich zusätzliche Investitionsausgaben und führt über eine Reduzierung des Wirkungsgrads (etwa 5 bis 8 %) des Kraftwerks und damit einem höheren Brennstoffeinsatz zu höheren Stromerzeugungskosten [1]. Die Stromerzeugungskosten steigen in der Reihe der

---

Fortsetzung zu Fußnote

3) (Hrsg.): Wärmebelastung der Gewässer und der Atmosphäre; VDI-Berichte, Nr. 204, Düsseldorf 1973, S. 47-54. Buxmann, J.: Trockenkühlung, in: ebenda, S. 55-60. Beck, P. und Goettling, D.: Energie und Abwärme, Ursachen-Auswirkungen-Empfehlungen; Beiträge zur Umweltgestaltung, H. B8, Berlin 1973, S. 204ff. Blanck, D.: Kühlverfahren für Kraftwerke - Stand und Entwicklungstendenzen in der Bundesrepublik Deutschland, in: Energie und Technik, 26. Jg. (1974), H. 12, S. 292-295. Kliemann, S.: Stand und Entwicklungsmöglichkeiten im Kühlturmbau unter den Gesichtspunkten der verschiedenen Umwelteinflüsse, in: VGB Kraftwerkstechnik, 55. Jg. (1975), H. 6, S. 375-381. Berliner, P.: Kühltürme, Berlin-Heidelberg-New York 1975. Hampe, E.: Kühltürme, Berlin 1975.

1) Siehe dazu Barchewitz, E.: Investitionsaufwand und Größendegression verschiedener Kühlsysteme von Dampfkraftwerken bei verschiedenen Kapazitäten; Studienarbeit am Lehrstuhl für Reaktortechnik der Rheinisch-Westfälischen Technischen Hochschule Aachen, Sommer-Semester 1970 (masch.-schr. Ms.). Werkmeister, H.: Kühlwasser für Kondensationskraftwerke, in: Elektrizitätswirtschaft, 70. Jg. (1971), H. 4, S. 78ff. Miller, C.: Allgemeine Übersicht über die Trockenkühltürme unter besonderer Berücksichtigung der Stromgestehungskosten, in: Elektrizitätswirtschaft, 72. Jg. (1973), H. 10, S. 300-304, insbesondere S. 304. Förster, S.: Kühlung und Wirtschaftlichkeit bei Kraftwerken, in: Braun, H., Heuck, F., Ladner, H.-A., Messerschmidt, O., Niklas, K. und Rausch, L. (Hrsgg.): Umweltschutz bei nuklearer und konventioneller Energiegewinnung, Ergebnisse der Strahlen- und Umweltforschung; Strahlenschutz in Forschung und Praxis, Bd. 12, Stuttgart 1973, S. 123f. Trautmann, H.: Umweltschonende Trockenkühlung, in: Energie und Technik, 25. Jg. (1973), H. 11, S. 286-288. Beck, P. und Goettling, D.: Energie und Abwärme, Ursachen-Auswirkungen-Empfehlungen; Beiträge zur Umweltgestaltung, H. B8, Berlin 1973, S. 336ff. Schulenberg, F.: Luft als Kühlmittel, in: Universitäten Stuttgart und Hohenheim (Hrsgg.): Umwelt Aktuell, Texte der Vortragsreihe zu "Umwelt 72"

Fortsetzung siehe Seite 267

nachfolgend genannten Kühlverfahren (die Schaltschemata der verschiedenen Kühlverfahren sind in Abbildung 12 zusammengestellt [1]):

- Frischwasserkühlung, d.h. direkte Einleitung des Kühlwassers in den Vorfluter,
- Ablaufkühlung, d.h. Rückkühlung des Wassers in (Naß-)Kühltürmen und nachfolgende Einleitung in den Vorfluter (Kombination zwischen Frischwasser- und "Nasser Rückkühlung"),
- "Nasse Rückkühlung",
- "Trockene Rückkühlung".

Geographische Schwerpunkte des Einsatzes von Naß- und Trockenkühltürmen waren bisher die Standorte konventioneller thermischer Kraftwerke, die aufgrund ihrer Transportnähe zu den Stein- und Braunkohlenvorkommen gewählt wurden [2]. Für zukünftige Kernkraftwerke wird nach Ausschöpfung der noch verbliebenen oder verplanten Frischwasserkühlkapazität die Standortwahl interdependent mit der Entscheidung über die Alternativen Naßkühlturm oder Trockenkühlturm vorgenommen werden müssen. Bei dieser Entscheidung sind insbesondere die Abhängigkeit der Stromerzeugungskosten von dem erforderlichen Kühlverfahren, die meteorologischen Verhältnisse des Standorts sowie die meteorologischen und klimatischen Auswirkungen auf den Standortbereich zu berücksichtigen.

Fortsetzung zu Fußnote

1) Stuttgart, 30. Juni bis 7. Juli 1972, H. 6: Abwärme, Karlsruhe 1973, S. 45-68 (passim). Hampe, E.: Kühltürme, Berlin 1975, S. 97ff.

1) Haury, G., Schikarski, W. und Thöne, E.: Zusammenstellung der in der Bundesrepublik Deutschland durch die Erzeugung und den Verbrauch von Energie bedingten Auswirkungen auf die Umwelt und der legislativen und technischen Maßnahmen zu ihrer Verminderung; Gesellschaft für Kernforschung mbH Karlsruhe, Bericht KFK-2103, Karlsruhe 1974, S. 131.

2) Vgl. Krolewski, H.: Technische und wirtschaftliche Probleme zur Frage der Abwärme von thermischen Kraftwerken, in: Die Wasserwirtschaft, 63. Jg. (1973), H. 11/12, S. 367f. Schulenberg, F.: Luft als Kühlmittel, in: Universitäten Stuttgart und Hohenheim (Hrsgg.): Umwelt Aktuell, Texte der Vortragsreihe zu "Umwelt 72" Stuttgart, 30. Juni bis 7. Juli 1972, H. 6: Abwärme, Karlsruhe 1973, S. 57ff. Börnke, F.: Kühltürme, in: ET, 25. Jg. (1975), H. 11, S. 514.

Abbildung 12: Schaltschemata der verschiedenen Kühlverfahren.

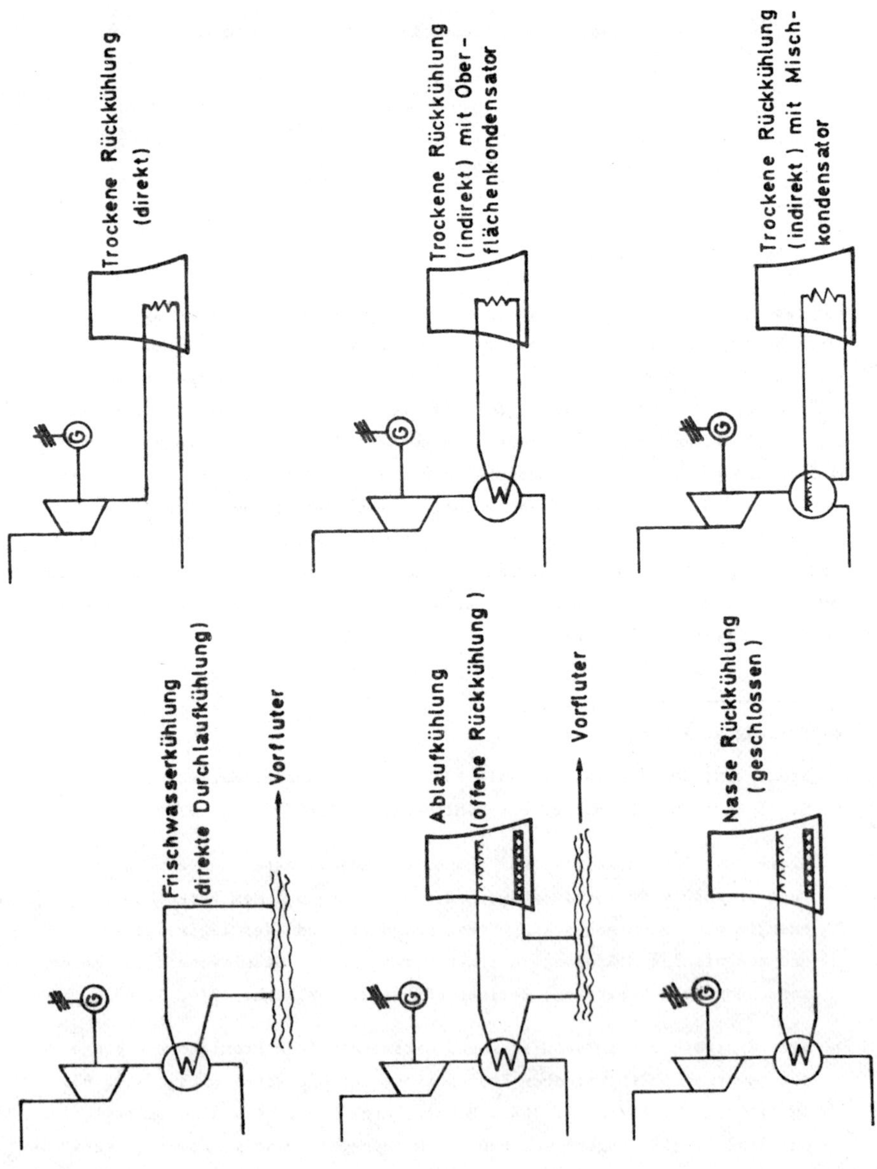

Tabelle 11 zeigt im Vergleich die spezifische Wärmebelastung ($kcal \cdot kWh^{-1}$) des Vorfluters bei Frischwasserkühlung, die spezifische Wärmebelastung der Luft bei Einsatz von Naß- oder Trockenkühltürmen sowie die Auswirkungen auf die Stromerzeugungskosten durch den Einsatz der Rückkühlverfahren.

Kühlverfahren	Frischwasserkühlung	"Nasse Rückkühlung"	"Trockene Rückkühlung"
Thermische Belastung des Vorfluters ($kcal \cdot kWh^{-1}$)	ca. 1500	-	-
Thermische Belastung der Luft ($kcal \cdot kWh^{-1}$)	ca. 100	ca. 1770	ca. 1830
Verdunstungsmenge ($kg \cdot kWh^{-1}$)	-	ca. 2,3	-
Mehrkosten der Stromerzeugung (%)	Referenzfall	ca. 7	ca. 20

Tabelle 11: Thermische Belastung von Vorflutern und Luft durch Kernkraftwerke und Einflüsse auf die Stromerzeugungskosten bei verschiedenen Kühlverfahren [1].

Durch die Wasserdampfemission aus Naßkühltürmen können sich die meteorologischen und klimatischen Verhältnisse in der Umgebung des Standorts teilweise erheblich verändern [2]. Als negative Auswirkungen sind in Betracht

1) Zahlenwerte nach Geiger, B., Layer, G., Peter, U., Rudolph, M. und Schäfer, H.: Energiewirtschaft und Umweltbeeinflussung in der Bundesrepublik Deutschland; Forschungsstelle für Energiewirtschaft München und Institut für Energiewirtschaft und Kraftwerkstechnik der Technischen Universität München, überarbeitete Fassung 1973 (masch.-schr. Ms.), S. 20.

2) Siehe dazu Henning, H. und Kliemann, S.: Niederschlags- und Nebelbildung

Fortsetzung siehe Seite 270

Fortsetzung zu Fußnote

2) durch Kühltürme, in: Energie und Technik, 23. Jg. (1971), H. 3, S. 87-89 und H. 4, S. 112-115. Bach, H.: Nebel- und Glatteisbildung bei Kühlturmbetrieb, in: Techn. Mitt., 65. Jg. (1972), H. 5, S. 230-236). Mikyska, L.: Naturzugkühltürme und ihr Einfluß auf die Umgebung, in: BWK, 25. Jg. (1973), H. 2, S. 48-51. Bøgh, P.: Vergleich zwischen den Umwelteigenschaften der trockenen und nassen Kühltürme für Kernkraftwerke, in: Deutsches Atomforum e.V. und Kerntechnische Gesellschaft im Deutschen Atomforum e.V. (Hrsgg.): Reaktortagung Karlsruhe 10./13. April 1973; Reaktortagung-Compacts, Bonn 1973, S. 668ff. Fuchs, H.: Schwächung von Sonnenstrahlung durch Schwaden großer Kühltürme für Kernkraftwerke, in: ebenda, S. 672ff. Hübschmann, W. und Nester, K.: Meteorologische Auswirkungen der Abwärme aus Kühltürmen; DAtF Sonderdrucke, S-11, Bonn 1973, S. 4ff. Caspar, J.W.: Meteorologische Auswirkungen von Kühlvorgängen, in: Verein Deutscher Ingenieure (VDI) (Hrsg.): Wärmebelastung der Gewässer und der Atmosphäre; VDI-Berichte, Nr. 204, Düsseldorf 1973, S. 63ff. Rögener, H.: Wärmeabgabe durch Naßkühltürme, in: Universitäten Stuttgart und Hohenheim (Hrsgg.): Umwelt Aktuell, Texte der Vortragsreihe zu "Umwelt 72" Stuttgart, 30. Juni bis 7. Juli 1972, H. 6: Abwärme, Karlsruhe 1973, S. 35-44. Schiffers, A.: Sind große Naßkühltürme umweltfreundlich?, in: Energie, 26. Jg. (1974), H. 7/8, S. 228-234. Rögener, H. und Klug, W.: Meteorologische Einflüsse von Naßkühltürmen auf die Umwelt, in: Verein Deutscher Ingenieure (VDI) (Hrsg.): Entwicklungslinien der Energietechnik, Energietechnische Tagung 1975; VDI-Berichte, Nr. 236, Düsseldorf 1975, S. 235ff. Berliner, P.: Kühltürme, Berlin-Heidelberg-New York 1975, S. 162ff. Bach, H.: Ziel und Methodik der Ermittlung von Klimadaten an neuen Kraftwerk-Standorten, in: Technische Vereinigung der Großkraftwerksbetreiber (VGB) e.V. (Hrsg.): Kraftwerk und Umwelt 1975; VGB-Konferenz-Vorträge, Essen [1976], S. 111-114. Caspar, J.W.: Kühlturmbetrieb und Umweltschutz, in: Aurand, K. (Hrsg.): Kernenergie und Umwelt, Berlin 1976, S. 102-116. Schirmer, H.: Meteorologische Aspekte bei Planung und Betrieb von Kernkraftwerken, in: atw, 21. Jg. (1976), H. 6, S. 298-302.

zu ziehen:

- Beeinflussung der Niederschlags-, Glatteis-, Nebel-, Wolken- und Inversionsbildung [1],

- Reduzierung der Sonnenscheindauer (Abschattung) und der Sonneneinstrahlungsintensität durch die Wasserdampffahne,

- Synergetische Effekte.

Zu berücksichtigen ist dabei ferner, daß die genannten nachteiligen Umwelteinflüsse durch die nachstehend aufgeführten Entwicklungstendenzen verstärkt werden:

- Die Standorte zukünftiger Kraftwerke werden im Mittel näher an den Ballungsgebieten liegen, da die Kühlkapazität für Frischwasserkühlung ausgeschöpft oder verplant ist und Naßkühltürme (Rückkühlbetrieb) an kleineren Flußläufen (Zusatzwasserbeschaffung [2]) betrieben werden können.

---

1) Die klimatischen Folgen für die Umgebung aufgrund der hohen Wasserdampfemission aus Naßkühltürmen läßt sich durch folgendes Rechenbeispiel andeuten (Zahlenwerte nach Bakay, A.: Der Kühlturm ohne Dampfschwaden, Umweltschutz durch luftgekühlte Kondensationsanlagen, in: BWK, 25. Jg. (1973), H. 2, S. 52): Bei einem Kernkraftwerk mit 2400 MW_{el} Leistung (2 Blöcke, Leichtwasserreaktoren) beträgt die an die Umgebung abzugebende Wärme ca. $4 \cdot 10^9$ $kcal \cdot h^{-1}$. Bei der Verdunstung von Kühlwasser werden ca. 760 $kcal \cdot kg^{-1}$ abgeführt. Für die Abführung von $4 \cdot 10^9$ $kcal \cdot h^{-1}$ ist somit eine Verdunstungsmenge von ca. $5 \cdot 10^6$ $kg \cdot h^{-1}$ erforderlich (der Wert entspricht dem in Tabelle 11 angegebenen Wert von 2,3 $kg \cdot kWh^{-1}$ für die Verdunstungsmenge). Würde sich dieser Wasserdampfmenge auf eine Fläche von 100 km^2 gleichmäßig verteilt niederschlagen, entspräche das einem jährlichen Niederschlag von ca. 300 mm. Im Vergleich dazu beträgt der natürliche Niederschlag in Deutschland im langjährigen - etwa 30 jährigen - Mittel 660 mm pro Jahr (Pürschel, W.: Grundlagen der Wasserwirtschaft, Braunschweig 1966, S. 15).

2) Bei einem heute üblichen fossil befeuerten Kraftwerksblock (Steinkohle, Braunkohle, Öl) von 600 MW_{el} Leistung beträgt die benötigte Zusatz-

Fortsetzung siehe Seite 272

- Mit zunehmender Anzahl der Wärmekraftwerke wird sich vorerst der Anteil der Naßkühltürme an den Kühlverfahren erhöhen [1].

- Der Anteil der Kernkraftwerke an der installierten elektrischen Gesamtleistung, und damit auch der Anteil der relativ höheren Abwärmeleistung wird steigen (vgl. oben).

- In den Ballungsgebieten wird die Kraftverkehrsdichte weiterhin zunehmen; dieser Aspekt verdient besondere Beachtung hinsichtlich der durch die Wasserdampfemission aus Naßkühltürmen induzierten Nebel- und Inversionsbildung [2].

Ob mit dem Wasserdampfschwaden aus Naßkühltürmen Bakterien (Herkunft: Zusatzwasser aus dem Vorfluter) ausgetragen werden und welche hygienischen Umweltveränderungen damit verbunden sind, ist gegenwärtig nicht sicher zu beurteilen. Ein von mehreren Kraftwerksbetreibern finanziertes Untersuchungsprogramm zur Klärung dieser Fragen wird gegenwärtig durchgeführt [3].

Wesentlich ungünstiger können sich die oben genannten nachteiligen meteorologischen und klimatischen Auswirkungen bei Standorten in Tälern oder in

---

Fortsetzung zu Fußnote

2) wassermenge etwa 1500 bis 2000 $m^3 \cdot h^{-1}$. Aufgrund des relativ niedrigeren Wirkungsgrads ist bei Leichtwasserreaktor-Kernkraftwerken die umzuwälzende Kühlwassermenge wesentlich größer, so daß für Verdunstung und Abschlämmung bei einem 1200 MW_{el} Kernkraftwerksblock etwa 4000 bis 5000 m^3 Zusatzwasser pro Stunde beschafft, aufbereitet und dem Kühlkreislauf zugeführt werden müssen. Vgl. Börnke, F.: Kühltürme, in: ET, 25. Jg. (1975), H. 11, S. 516.

1) Vgl. auch Börnke, F.: Kühltürme, in: ET, 25. Jg. (1975), H. 11, S. 516f.

2) Siehe dazu Halbritter, G.: Einführung in das Problem "Kraftverkehr und Umwelt"; Gesellschaft für Kernforschung mbH. Karlsruhe, Bericht KFK-1614, Karlsruhe 1972.

3) Vgl. o.V.: Bakterienauswurf durch Kühlturmschwaden, in: atom-informationen, 1975, H. 10, S. 10f.

orographisch [1] gegliedertem Gelände sowie in Anbaugebieten empfindlicher landwirtschaftlicher Produktionsgüter bemerkbar machen.
Auf die derzeit noch wenig bekannten Vorgänge der Beeinflussung der klimatischen Verhältnisse durch Kühlturmabluft aus Naßkühltürmen in orographisch gegliedertem Gelände mit Höhenunterschieden von mindestens 100 m in der Nähe des Standorts weisen H. Hübschmann und K. Nester sowie J.W. Caspar hin [2][3]. Im einzelnen führen H. Hübschmann und K. Nester aus: "Die Orographie spielt bei Naßkühltürmen dann eine Rolle, wenn die Höhe der Bodenerhebung nicht mehr klein ist gegenüber der Aufstiegshöhe der Kühlturmfahne und wenn der Kühlturm weniger als 10 km davon entfernt steht. Werden Hänge oder Bergkuppen von der Abluftfahne berührt, steigen sowohl die Feuchte als auch die Temperatur im Mittel an diesen Stellen an. Das Ausmaß hängt von der Häufigkeit der jeweiligen Windrichtung ab. Neben diesem direkten Einfluß sind indirekte Einflüsse durch Änderung lokaler Zirkulationen thermischen Ursprungs (Hangwinde, Berg- und Talwinde, usw.) denkbar. (Sowohl Änderungen in der Besonnung als auch das Vorhandensein feuchtwarmer Luft

---

1) Orographie: die nur beschreibende Darstellung der Formen der Erdoberfläche, insbesondere der Gebirge in bezug auf ihre Höhenverhältnisse. Vgl. Tietze, W. (Hrsg.): (Stichwort:) Orographie; Westermanns Lexikon der Geographie, Bd. 3, Braunschweig 1970, S. 679.

2) Vgl. Hübschmann H. und Nester, K.: Meteorologische Auswirkungen der Abwärme aus Kühltürmen; DAtF Sonderdrucke, S-11, Bonn 1973, S. 8ff. Caspar, J.W.: Meteorologische Auswirkungen von Kühlvorgängen, in: Verein Deutscher Ingenieure (VDI) (Hrsg.): Wärmebelastung der Gewässer und der Atmosphäre; VDI-Berichte, Nr. 204, Düsseldorf 1973, S. 66f.

3) Die derzeitigen unzureichenden Kenntnisse zur Abschätzung der meteorologischen Auswirkungen von Kühltürmen in orographisch gegliederten Gebieten waren u.a. der Grund für die differierenden meteorologischen Gutachten über den Kernkraftwerksstandort Wyhl. Siehe dazu auch Eberle, R. (Ministerium für Wirtschaft Mittelstand und Verkehr Baden-Württemberg): (Leserzuschrift:) Ein Kraftwerk am richtigen Platz, in: FAZ, Nr. 287 vom 11. Dezember 1974, S. 10. Grawe, J. (Ministerium für Wirtschaft, Mittelstand und Verkehr Baden-Württemberg): (Leserzuschrift:) Zur Verteidigung von Wyhl, in: FAZ, Nr. 96 vom 25. April 1975, S. 19.

in der Zirkulationsschicht könnten sich auf diese lokale Zirkulation auswirken). Ausreichende Untersuchungen darüber fehlen bisher, so daß quantitative Angaben noch nicht möglich sind" [1].

Neben den meteorologisch-klimatischen Aspekten stellt sich bei Naßkühltürmen das Problem der Lärmemission.
Die von Naßkühltürmen als Folge des Wassertropfenaufpralls abgestrahlten Geräusche [2] - es handelt sich hierbei um ein breites Frequenzgemisch ("Breitbandrauschen") ohne herausragende Einzeltöne [3] - zählen weder zu den lautesten noch zu den auffallendsten Schallquellen in einem Kraftwerk [4][5]. "Deshalb wird der, der bezüglich der Kühlturmgeräusche

---

1) Hübschmann, H. und Nester, K.: Meteorologische Auswirkungen der Abwärme aus Kühltürmen; DAtF Sonderdrucke, S-11, Bonn 1973, S. 8.

2) Ausführlicher dazu Hubert, M.: Sonderprobleme der Geräuschminderung bei Rückkühlanlagen, in: Technische Vereinigung der Großkraftwerksbetreiber (VGB) e.V. (Hrsg.): Kraftwerk und Umwelt 1973; VGB-Konferenz-Vorträge, Essen [1974], S. 201f. Lemmens, P. und Feltes, U.: Geräuschbildung und Geräuschminderung bei Naßkühltürmen, in: Technische Vereinigung der Großkraftwerksbetreiber (VGB) e.V. (Hrsg.): Kraftwerk und Umwelt 1975; VGB-Konferenz-Vorträge, Essen [1976], S. 173f.

3) Geräuschspektren siehe z.B. bei Kliemann, S.: Stand und Entwicklungsmöglichkeiten im Kühlturmbau unter den Gesichtspunkten der verschiedenen Umwelteinflüsse, in: VGB Kraftwerkstechnik, 55. Jg. (1975), H. 6, S. 378. Lemmens, P. und Feltes, U.: Geräuschbildung und Geräuschminderung bei Naßkühltürmen, in: Technische Vereinigung der Großkraftwerksbetreiber (VGB) e.V. (Hrsg.): Kraftwerk und Umwelt 1975; VGB-Konferenz-Vorträge, Essen [1976], S. 174.

4) Vgl. Böhm, A.: Schalltechnische Fragen bei großen Rückkühlanlagen, in: Techn. Mitt., 65. Jg. (1972), H. 5, S. 240 (dort Abbildung 1: Schallleitstungspegel eines Kraftwerks). Schikarski, W.: Möglichkeiten und Grenzen vergleichender Modelluntersuchungen am Beispiel der Umweltbelastung durch Kernkraftwerke, in: Haas, H.; Gesellschaft für Verantwortung in der Wissenschaft (Hrsg.): Technikfolgen-Abschätzung (Technology Assessment, TA: Bewertung technischer Entwicklungen), München-Wien 1975, S. 68.

5) Die Sonderstellung gegenüber anderen Schallquellen im Kraftwerk ergibt sich dadurch, daß Kühltürme nur in Freibauweise ausgeführt werden können.

noch keinen Ärger mit den Genehmigungsbehörden hatte, nur ein nachsichtiges Lächeln übrig haben, wenn...schalltechnische Berater auf die Bedeutung der Kühltürme als Geräuschquelle hinweisen" [1]. Die Bedeutung der Kühlturmgeräusche wird aber deutlich, wenn anstelle des Schalldruckpegels der Schallleistungspegel betrachtet wird.
Der Schalleistungspegel, L_p [dB(A)] [2], einer Schallquelle berechnet sich aus dem gemessenen Schalldruckpegel, L[dB(A)], nach der Beziehung

$$L_p = L + 10 \cdot \log F \; [dB(A)] \qquad (2.15),$$

wobei F [m^2] die Abstrahlungsfläche der Geräuschquelle ist. Bei Kühltürmen ist die Abstrahlungsfläche im Vergleich zu anderen Schallquellen sehr groß, wodurch sich ein hoher Schalleistungspegel ergibt [3]. - Maßgebend für die

---

1) Böhm, A.: Schalltechnische Fragen bei großen Rückkühlanlagen, in: Techn. Mitt., 65. Jg. (1972), H. 5, S. 240.

2) dB = Dezibel: logarithmisch definierte Größenart zur Kennzeichnung des Verhältnisses gleichdimensionaler akustischer Größen. Das Dezibel stellt somit keine Einheit im physikalischen Sinn dar, wird aber als solche üblicherweise verwendet. Zur Anpassung des zunächst rein physikalisch bezogenen Dezibel, dB, an die subjektiv empfundene Schallhöchstleistung wurde das "bewertete Dezibel", dB(A), eingeführt. Das Zeichen (A) bedeutet: Messung mit dem Bewertungsfilter A.
Zu Grundbegriffen der Schalltechnik und des Lärmschutzes siehe etwa Hoffmann, H. und Lüpke, A.v.: 0 Dezibel + 0 Dezibel = 3 Dezibel, Einführung in die Grundbegriffe und die quantitative Erfassung des Lärms, hrsg. vom Institut für Lärmbekämpfung der Süddeutschen Eisen- und Stahl-Berufsgenossenschaft, Mainz, Berlin 1975.

3) Zur Illustration sei als extremes Beispiel angeführt: Eine Handbohrmaschine und ein großer Naßkühlturm erzeugen beide in 1 m Abstand einen Schalldruckpegel von etwa 85 dB(A). Die Lautstärke ist also gleich. Bei einer Handbohrmaschine entspricht einem Abstand von 1 m eine Meßfläche von etwa 12 m^2, bei einem Kühlturm demgegenüber eine Meßfläche von etwa 1200 m^2. Nach Gleichung (2.15) bedeutet dies, daß die beim Kühlturm abgestrahlte Schalleistung um $10 \cdot \log \frac{1200}{12} = 20$ (dB(A)) größer ist. Beispiel in Anlehnung an Böhm, A.: Bautechnischer Schallschutz im Kraftwerksbau, in: Technische

Fortsetzung siehe Seite 276

Dimensionierung bautechnischer Schallschutzmaßnahmen ist somit nicht allein der Schalldruckpegel sondern auch der Schalleistungspegel.

Der Schalldruckpegel an großen Naßkühltürmen beträgt je nach Leistungsgröße etwa 80 bis 85 dB(A) [1]. Der Abbau des Schalldruckpegels mit der Entfernung erfolgt um etwa 5 dB(A) bei Abstandsverdopplung, so daß bei mittleren meteorologischen Verhältnissen bezüglich Luftfeuchtigkeit, Luftturbulenz und Lufttemperatur mit der Entfernung vom Kühlturm die in Tabelle 12 angeführten Werte erreicht werden.

Entfernung vom Kühlturm [m]	Schalldruckpegel [dB(A)]
10	75 bis 80
100	59 bis 65
500	42 bis 51
1000	30 bis 40

Tabelle 12: Abnahme des Schalldruckpegels von Naßkühltürmen mit der Entfernung [2].

Fortsetzung zu Fußnote

3) Vereinigung der Großkraftwerksbetreiber (VGB) e.V. (Hrsg.): VGB-Bautagung München 1970, Essen [1971], S. 46. Böhm, A.: Schalltechnische Fragen bei großen Rückkühlanlagen, in: Techn. Mitt., 65. Jg. (1972), H. 5, S. 240.

1) Vgl. Kliemann, S.: Stand und Entwicklungstendenzen im Kühlturmbau unter den Gesichtspunkten der verschiedenen Umwelteinflüsse, in: VGB Kraftwerkstechnik, 55. Jg. (1975), H. 6, S. 378.

2) Vgl. die Meßdiagramme bei Böhm, A.: Schalltechnische Fragen bei großen Rückkühlanlagen, in: Techn. Mitt., 65. Jg. (1972), H. 5, S. 242. Kliemann, S.: Stand und Entwicklungsmöglichkeiten im Kühlturmbau unter den Gesichtspunkten der verschiedenen Umwelteinflüsse, in: VGB Kraftwerkstechnik, 55. Jg. (1975), H. 6, S. 378.

Mit der "Technischen Anleitung zum Schutz gegen Lärm (TA-Lärm)" i.V.m. § 66 Abs. 2 BImSchG [1] bestehen für genehmigungsbedürftige Anlagen höchstzulässige Lärm-Immissionsrichtwerte. Die für die Praxis wichtigsten Werte der TA-Lärm sind in Tabelle 13 zusammengestellt.

Gebiete,...	Schalldruckpegel-Richtwerte (dB(A)) tagsüber	nachts
in denen vorwiegend gewerbliche Anlagen untergebracht sind	65	50
mit gewerblichen Anlagen und Wohnungen, in denen weder vorwiegend gewerbliche Anlagen noch vorwiegend Wohnungen untergebracht sind	60	45
in denen vorwiegend Wohnungen untergebracht sind	55	40
in denen ausschließlich Wohnungen untergebracht sind	50	35

Tabelle 13: Schalldruckpegel-Richtwerte der TA-Lärm (Auszug) [2].

1) Allgemeine Verwaltungsvorschrift über genehmigungsbedürftige Anlagen nach § 16 GeWO - Technische Anleitung zum Schutz gegen Lärm (TA-Lärm) vom 16. Juli 1968 (Beilage zum Bd.Anz.Nr. 137 vom 23. Juli 1968). Gesetz zum Schutz vor schädlichen Umwelteinwirkungen durch Luftverunreinigungen, Geräusche, Erschütterungen und ähnliche Vorgänge vom 15. März 1974, BGBl. I, S. 721 (Bundes-Immissionsschutzgesetz-BImSchG).

2) Wiethaup, H.: Schutz vor Luftverunreinigungen, Geräuschen und Erschütterungen - Kommentar zum Immissionsschutzgesetz Nordrhein-Westfalen - Bundesrechtliche Vorschriften - Immissionsschutzgesetze der Länder, 2. Aufl., Herne-Berlin 1970, S. 168.

Ein Vergleich der Tabellen 12 und 13 deutet an, daß in vielen Fällen Maßnahmen zur Reduzierung des Schalldruckpegels von Naßkühltürmen getroffen werden müssen. Dies gilt insbesondere bei konventionellen Dampfkraftwerken, die gegenüber Kernkraftwerken häufig näher an Wohngebieten liegen. Bei Kernkraftwerken, die aufgrund eines Sicherheitsabstands von zumindest 1 bis 2 km von Wohngebieten entfernt sind, können die nach der TA-Lärm zulässigen Schalldruckpegel-Richtwerte im allgemeinen ohne besondere Geräuschschutzmaßnahmen eingehalten werden. S. Kliemann weist aber darauf hin, daß aufgrund von Genehmigungsauflagen niedrige Schalldruckpegelwerte gefordert werden können und nennt u.a. als Beispiel ein zur Zeit gebautes Kernkraftwerk, bei dem die Einhaltung eines Schalldruckpegels von 29 dB(A) in 1 km Entfernung zur Auflage gemacht wurde [1].

Ist für einen Standort der Schalldruckpegel der Kühltürme zu hoch, so müssen entweder bauliche Abschirmungsmaßnahmen getroffen oder die Schalleistung der Kühltürme reduziert werden. Beide Alternativen beinhalten keine technisch unlösbaren Probleme [2].

---

1) Vgl. Kliemann, S.: Stand und Entwicklungsmöglichkeiten unter den Gesichtspunkten der verschiedenen Umwelteinflüsse, in: VGB Kraftwerkstechnik, 55. (1975), H. 6, S. 379f.

2) Siehe dazu Böhm, A.: Bautechnischer Schallschutz im Kraftwerksbau, in: Technische Vereinigung der Großkraftwerksbetreiber (VGB) e.V. (Hrsg.): VGB-Bautagung München 1970, Essen [1971], S. 48f. Böhm, A.: Schalltechnische Fragen bei großen Rückkühlanlagen, in: Techn. Mitt., 65. Jg. (1972), H. 5, S. 242ff. Böhm, [A.]: [Diskussionsbeitrag zur] Podiumdiskussion "Umweltprobleme der Energieumwandlung", in: Tagungsberichte des Energiewirtschaftlichen Instituts (Universität Köln), H. 16: Energiewirtschaft und Umwelt, München 1972, S. 93f. Hubert, M.: Sonderprobleme der Geräuschminderung bei Rückkühlanlagen, in: Technische Vereinigung der Großkraftwerkbetreiber (VGB) e.V. (Hrsg.): Energie und Umwelt 1973; VGB-Konferenz-Vorträge, Essen [1974], S. 202f. Gerking, E.: Wärmekraftwerke und Umweltschutz-Planung, Kosten und Zukunftsaussichten, Frankfurt/M. 1975, S. 18. Kliemann, S.: Stand und Entwicklungsmöglichkeiten im Kühlturmbau unter Gesichtspunkten der verschiedenen Umwelteinflüsse, in: VGB Kraftwerkstechnik, 55. Jg. (1975), H. 6, S. 378ff. Lemmens, P. und Feltes, U.: Geräuschbildung

Fortsetzung siehe Seite 279

Die Kosten baulicher Schallabschirmungsmaßnahmen können etwa 1 % der Gesamtinvestitionskosten eines neuen Kernkraftwerks (d.h. etwa 10- bis 15 Millionen DM) betragen.
Die Effektivität von Bepflanzungen als Schallschutzmaßnahme ist begrenzt und erfordert eine erhebliche kraftwerkseigene Grundstücksfläche.
Bei an großen Flußläufen gebauten Kernkraftwerken läßt sich ohne Mehrkosten eine Reduzierung der von Naßkühltürmen abgestrahlten Geräusche durch die gleichzeitig als Hochwassersicherung [1] um die Kühltürme angelegten Erdwälle erreichen (Beispiel: Kernkraftwerk Biblis).

Maßnahmen zur Reduzierung der Schalleistung erfordern einerseits zusätzliche Investitionskosten für Saug- und Frischluftschalldämpfer, erhöhen aber auch andererseits die Betriebskosten infolge eines durch diese Anlagen verursachten Druckverlusts, der durch einen erhöhten elektrischen Eigenbedarf kompensiert werden muß.

Die vorstehenden Erörterungen lassen nach Ansicht d. Verf. die Überbewertung der Genehmigungspraxis bezüglich der Geräuschabstrahlung von Kühltürmen erkennen [2]. Als Maßstab für die Genehmigung dienen Grenzwerte, die im wesentlichen zur Beschränkung störender Einzeltöne (auch in Frequenzgemischen) zweckgerecht entwickelt worden sind [3]. Eine Gleichbehandlung

---

Fortsetzung zu Fußnote

2) und Geräuschminderung bei Naßkühltürmen, in: Technische Vereinigung der Großkraftwerksbetreiber (VGB) e.V. (Hrsg.): Kraftwerk und Umwelt 1975; VGB-Konferenz-Vorträge, Essen [1976], S. 176ff.

1) Siehe dazu auch die Ausführungen in Kapitel B. III. 2. - ad 7. Verkehrslage und topographische Verhältnisse.

2) Teilweise kritisch, aber undifferenziert dazu Schlipköter, [H.-W.]: [Diskussionsbeitrag zur] Podiumdiskussion "Umweltprobleme der Energieumwandlung", in: Tagungsberichte des Energiewirtschaftlichen Instituts (Universität Köln), H. 16: Energiewirtschaft und Umwelt, München 1972, S. 107.

3) Vgl. Allgemeine Verwaltungsvorschrift über genehmigungsbedürftige Anlagen nach § 16 GeWO - Technische Anleitung zum Schutz gegen Lärm (TA-Lärm) vom 16. Juli 1968 (Beilage zum BdAnz.Nr. 137 vom 23. Juli 1968), Ziff. 2.422.

des konstanten "Breitbandrauschens" ohne herausragende Einzeltöne (vgl. oben) bei Naßkühltürmen, zumal wenn Schalldruckpegelwerte von 30 bis 40 dB(A) gefordert werden, erscheint d. Verf. verfehlt. Hingewiesen sei hier auch auf eine Diskussionsbemerkung von A. Böhm zu Problemen des Schallschutzes in Kraftwerken: "Wir müssen heute bei der schalltechnischen Beratung Maßnahmen ergreifen, die nur rechnerisch nachgewiesen werden können, nicht aber meßtechnisch, da die neuen Anlagen leiser sind als der Lärm, der in der Umgebung des Kraftwerks bereits vorliegt, vor allem Verkehrslärm" [1].

Die bisherigen Ausführungen über die nachteiligen meteorologischen und klimatischen Auswirkungen der Wasserdampfemission aus Naßkühltürmen ließen bereits Vorteile "trockener" Rückkühlverfahren erkennen.
Aus ökologischer und betriebstechnischer Sicht sind bei "Trockener Rückkühlung" folgende Faktoren [2] positiv zu bewerten:

- Es treten keine Wasserdampffahnen mit ihren negativen Auswirkungen auf Sonnenscheindauer und Sonneneinstrahlungsintensität auf.

- Nebel-, Sprühregen-, Inversions- und Glatteisbildung entfallen.

- Schalltechnische Probleme bestehen nicht.

- In Frostperioden ist nicht mit Eisbildung am Lufteintritt und auf den Bodenflächen des Kühlturms zu rechnen.

- Beschaffung und Aufbereitung von Zusatzwasser erübrigen sich.

- Verkrustungen in den Rohrleitungen durch Schmutz und Härtebildner im Kühlwasser können nicht auftreten.

---

1) Böhm, [A.]: [Diskussionsbeitrag zur] Podiumsdiskussion "Umweltprobleme der Energieumwandlung", in: Tagungsberichte des Energiewirtschaftlichen Instituts (Universität Köln), H. 16: Energiewirtschaft und Umwelt, München 1972, S. 93.

2) Siehe auch Berliner, P.: Trockene und nasse Rückkühlung: ein Vergleich, in: BWK, 25. Jg. (1973), H. 2, S. 43. ders.: Kühltürme, Berlin-Heidelberg-New York 1975, S. 102.

- Korrosionsquellen, z.B. insbesondere im Kühlwasser gelöste aggresive Gase, sind weitgehend ausgeschaltet.

- Die Pumpleistung braucht nur die Strömungswiderstände zu überwinden, nicht aber wie bei großen Naßkühltürmen beträchtliche Förderhöhen.

Trockenkühltürme bei Kernkraftwerken sind auch unter dem Aspekt der radiologischen Umweltbeeinträchtigung positiv zu bewerten. S. Förster referiert entsprechende Untersuchungsergebnisse von L. Forgó [1] wie folgt: Beim Einleiten von Abluft, Abgasen oder Leck-Gasen mit Spaltprodukten in den Trockenkühlturm kann der Abtransport mit der Warmluft aufgrund des Freistrahl- und Thermikeffekts in viel größere Höhen (500 bis 600 m) erfolgen als bei ihrer Emission über separat stehende Kamine. Für eine luftgekühlte Kondensationsanlage eines Kraftwerks mit 600 MW_{el} wurde experimentell nachgewiesen, daß bei ruhiger Wetterlage die aus dem Kühlturm aufsteigende Luft erst in etwa 550 m Höhe mit der Umgebungsluft vollständig vermischt ist. Die Höhe dürfte bei trockener Rückkühlung für Heliumturbinenprozesse (siehe dazu unten) noch größer sein.
Ob und in welchem Ausmaß bei trockener Rückkühlung und großen Kraftwerkseinheiten durch Wolkenbildung (Kumulus-Wolken in 4 bis 6 km Höhe) eine Wetterbeeinflussung zu erwarten ist, steht bislang offen [2]. Unsicher ist auch, ob sich die bisher positiven Umwelteinflüsse kleinerer Trockenkühltürme ohne weiteres auf große Leistungsgrößen, d.h. der Größenordnung 1000 MW, übertragen lassen. Zur Abschätzung der möglichen Auswirkungen der Abwärme

---

1) Forgó, L.: Luftgekühlte Kondensationsanlagen für Wärme- und Atomkraftwerke, Institut für Energiewirtschaft, Budapest 1970 (von S. Förster ohne nähere bibliographische Angaben zitiert). Vgl. Förster, S.: Kühlung und Wirtschaftlichkeit bei Kernkraftwerken, in: Braun, H., Heuck, F., Ladner, H.-A., Messerschmidt, O., Niklas, K. und Rausch, L. (Hrsgg.): Umweltschutz bei nuklearer und konventioneller Energiegewinnung, Ergebnisse der Strahlen- und Umweltforschung; Strahlenschutz in Forschung und Praxis, Bd. 12, Stuttgart 1973, S. 124. Siehe dazu auch Bakay, A.: Der Kühlturm ohne Dampfschwaden, Umweltschutz durch luftgekühlte Kondensationsanlagen, in: BWK, 25. Jg. (1973), H. 2, S. 54.

2) Vgl. Hübschmann, W. und Nester, K.: Meteorologische Auswirkungen der Abwärme aus Kühltürmen; DAtF Sonderdrucke, S-11, Bonn 1973, S. 7.

aus Trockenkühltürmen auf die Standortumgebung können gegenwärtig nur meteorologisch-theoretische Überlegungen und Modellrechnungen herangezogen werden [1].
Als weiterer positiver Umwelteffekt großer Trockenkühltürme ist zu berücksichtigen, daß die benötigten Luftmassen - es handelt sich hierbei um Luftströme der Größenordnung [2] von 10^7 bis 10^8 $m^3 \cdot h^{-1}$ - u.U. zur Belüftung (Smogvermeidung) der Kraftwerksumgebung, z.B. in Industriebezirken oder dicht besiedelten Gebieten, beitragen können.

Trotz der genannten positiven Eigenschaften gelangen Trockenkühltürme nur zögernd zum Einsatz. Außer "einem mehr oder weniger verständlichen Konservatismus" [3] lassen sich folgende objektive Faktoren für den zögernden Einsatz von Trockenkühltürmen nennen:

- Die Turmabmessungen (Basisdurchmesser, Austrittsöffnungsdurchmesser, Höhe) sind größer als bei entsprechenden Naßkühltürmen (siehe Abbildung 13). Infolge der grundsätzlichen Verschiedenheit der physikalischen Kühlprozesse sind zum Betrieb von Trockenkühltürmen größere Luftdurchsätze erforderlich als bei Naßkühltürmen. Da die Auftriebsleistung zumindest mit dem Quadrat des Basisdurchmessers und nur mit der Quadratwurzel der wirksamen Höhe zunimmt [4], geht mit dem Bau großer Einheiten - derzeit wird

---

1) Siehe o.V.: Are Wet/Dry Cooling Towers the Answer?, in: El. Wld., Vol. 178 (1972), No. 6, S. 81f. Bøgh, P.: Vergleich zwischen den Umwelteigenschaften der trockenen und nassen Kühltürme für Kernkraftwerke, in: Deutsches Atomforum e.V. und Kerntechnische Gesellschaft im Deutschen Atomforum e.V. (Hrsgg.): Reaktortagung Karlsruhe 10./13. April 1973; Reaktortagung-Compacts, Bonn 1973, S. 668ff.

2) Vgl. Berliner, P.: Kühltürme, Berlin-Heidelberg-New York 1975, S. 144.

3) Bakay, A.: Der Kühlturm ohne Dampfschwaden, Umweltschutz durch luftgekühlte Kondensationsanlagen, in: BWK, 25. Jg. (1973), H. 2, S. 53.

4) Vgl. Berliner, P.: Kühltürme, Berlin-Heidelberg-New York 1975, S. 139 und S. 146ff.

wird mit einem möglichen Übergang auf Einheiten mit 600 MW gerechnet [1] - ein großer Grundflächenbedarf einher.

- Aufgrund der größeren Kühlturmabmessungen entstehen erhebliche bauphysikalisch-konstruktive Probleme [2].
- Investitions- und Betriebskosten sind höher als bei Naßkühltürmen [3].
- Die bisher größte ausgeführte Trockenkühleinheit entspricht einer Kraftwerksleistung von 220 MW_{el} [4].

---

1) Vgl. Wolf, H.: Stand und Technik der Verfahren zur "Trockenen Rückkühlung" sowie deren wirtschaftliche Aussichten; Bericht des Batelle-Instituts für den Minister für Wirtschaft, Mittelstand und Verkehr des Landes Nordrhein-Westfalen, Düsseldorf 1971, S. 98ff. Schulenberg, F.: Luft als Kühlmittel, in: Universitäten Stuttgart und Hohenheim (Hrsgg.): Umwelt Aktuell, Texte der Vortragsreihe zu "Umwelt 72" Stuttgart, 30. Juni bis 7. Juli 1972, H. 6: Abwärme, Karlsruhe 1973, S. 63. Blanck, D.: Kühlverfahren für Kraftwerke - Stand und Entwicklungstendenzen in der Bundesrepublik Deutschland, in: Energie und Technik, 26. Jg. (1974), H. 12, S. 294.

2) Siehe dazu Berliner, P.: Kühltürme, Berlin-Heidelberg-New York 1975, S. 139ff. Hampe, E.: Kühltürme, Berlin 1975, S. 115ff.

3) Siehe dazu die oben angeführte Literatur.

4) Vgl. Schulenberg, F.: Luft als Kühlmittel, in: Universitäten Stuttgart und Hohenheim (Hrsgg.): Umwelt Aktuell, Texte der Vortragsreihe zu "Umwelt 72" Stuttgart, 30. Juni bis 7. Juli 1972, H. 6: Abwärme, Karlsruhe 1973, S. 57ff. Bakay, A.: Der Kühlturm ohne Dampfschwaden, Umweltschutz durch luftgekühlte Kondensationsanlagen, in: BWK, 25. Jg. (1973), H. 2, S. 53f.
Die größte derzeit im Bau befindliche Trockenkühlanlage entsteht für das 300 MW_{el}-THTR-Kernkraftwerk in Schmehausen. Siehe dazu etwa o.V.: Seilnetzkonstruktion für einen Kühlturm - Bau des Kernkraftwerkes Schmehausen am Ostrand des Ruhrgebietes - Der 180 m hohe Kühlturm ist nur 8000 t schwer, in: VDI-Nachr., Nr. 33 vom 15. August 1975, S. 6. o.V.: Seilnetzkühlturm für Kernkraftwerk Schmehausen, Naturzug-Trockenkühl-

Fortsetzung siehe Seite 284

- Für Kernkraftwerke mit 1000 bis 1300 MW_{el} werden vorläufig (vgl. dazu die Anmerkung zu nachfolgendem Aspekt) zwei Trockenkühlturmeinheiten benötigt (Investitionskosten, Flächenbedarf).

- Es ist derzeit unsicher, ob sich die bisher positiven Erfahrungen [1] mit Trockenkühltürmen insgesamt ohne weiteres auf die heute benötigten Leistungsgrößen übertragen lassen [2].

- Es liegen weniger Betriebserfahrungen im Vergleich zu den eingeführten Naßkühltürmen vor.

- Infolge der großen Abmessungen treten die Kühlturm-Baukörper das Landschaftsbild beeinträchtigend in Erscheinung.

Fortsetzung zu Fußnote

4) system verhindert Kühlturmfahnen aus Wasserdampf und Aufheizen des Flußwassers, in: ET, 25. Jg. (1975), H. 11, S. 517-518. o.V.: Mit der Endmontage begonnen, Seilnetzturm des Kernkraftwerks Schmehausen erhält Aluminium-Außenhaut, in: VDI-Nachr., Nr. 22 vom 4. Juni 1976.

1) Siehe z.B. Scherf, O.: Erfahrungen mit Trockenkühltürmen, in: Technische Vereinigung der Großkraftwerksbetreiber (VGB) e.V. (Hrsg.): Kraftwerk und Umwelt 1973; VGB-Konferenz-Vorträge, Essen [1974], S. 105-108.

2) Dazu bemerkt F. Schulenberg: Die "indirekten Kondensationssysteme mit trockener Luftkühlung sind schon heute für Turbinen beliebiger Größe verwendbar. Wenn dennoch empfohlen wird, zunächst Betriebserfahrungen mit Zwischengrößen (ca. 600 MW) zu sammeln, so geht es dabei um die sichere Beherrschung bestimmter Betriebszustände (Verhalten bei Teillast und tiefen Außentemperaturen), die Erforschung des Windeinflusses bei großen Türmen sowie um das Problem der Wartung, das vor allem die Reinigung der Rippenrohrflächen betrifft. Die Frage nach der Korrosionsbeständigkeit der Werkstoffe für die Rippenrohre der Kühlerbündel kann aufgrund 20 jähriger Erfahrung in unterschiedlicher Industrieatmosphäre hinreichend beantwortet werden". Schulenberg, F.: Luft als Kühlmittel, in: Universitäten Stuttgart und Hohenheim (Hrsgg.): Umwelt Aktuell, Texte der Vortragsreihe zu "Umwelt 72" Stuttgart, 30. Juni bis 7. Juli 1972, H. 6: Abwärme, Karlsruhe 1973, S. 63.

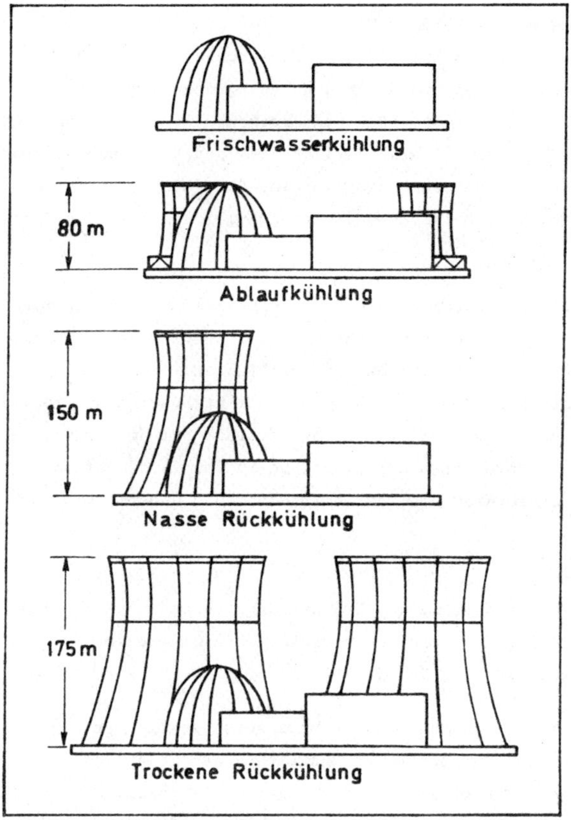

Abbildung 13: Vergleich der Kühlturmabmessungen bei verschiedenen Kühlkonzepten [1].

Mit steigender Leistung der Kühlturmeinheit sind hyperbolische Kühltürme als zunehmend höhere Bauwerke auszuführen (vgl. oben). Derzeit realisierte

1) Winnacker, K. und Wirtz, K.: Das unverstandene Wunder, Kernenergie in Deutschland, Düsseldorf-Wien 1975, S. 373. Siehe dazu auch den Bildteil mit Beispielen ausgeführter Kühltürme in Hampe, E.: Kühltürme, Berlin 1975.

Trockenkühltürme weisen bereits Höhen von 140 bis 180 m bei Basisdurchmessern von 120 bis 140 m auf. Für Blockleistungen mit $\geq$ 1200 MW_{el} werden je nach Kraftwerkstyp und Auslegungsbedingungen Naßkühltürme mit Stahlbetonmantel bis zu 180 m Höhe und Trockenkühltürme mit Seilnetzmantel bis zu 300 m Höhe [1] erforderlich. Bei der Berechnung dieser Abmessungsdaten ist davon ausgegangen worden, daß die Kühltürme jeweils ausschließlich nach technischen und wirtschaftlichen Kriterien projektiert werden.

Aufgrund dieser erkennbaren tendenzielen Entwicklung im Kühlturmbau, hat das Problem der Beeinträchtigung des Landschaftsbilds durch Kühltürme in Literatur und Praxis verstärkt Beachtung gefunden.
Wenngleich architektonische Gesichtspunkte im Kraftwerksbau Tradition haben [2], so sind ästhetische Bewertungsmaßstäbe bei Umweltveränderungen durch Großbauten sowie deren Eingliederung in das Landschaftsbild aufgrund mangelnder konkreter Kriterien derzeit noch wenig quantifizierbar [3].

---

1) Vgl. Kliemann, S.: Stand und Entwicklungstendenzen im Kühlturmbau unter den Gesichtspunkten der verschiedenen Umwelteinflüsse, in: VGB Kraftwerkstechnik, 55. Jg. (1975), H. 6, S. 376.

2) Ohne detaillierte Ausführungen hierzu seien einige Werke genannt, die sich mit der architektonischen Gestaltung des Gesamtkomplexes "Kraftwerk" und seiner Einfügung in die Umgebung befassen. Goerke, H.: Dampfkraftwerke, Entwurf und Gestaltung, München 1956, insbesondere S. 115ff. Schröder, K. (Hrsg.): Große Dampfkraftwerke, Planung, Ausführung und Bau, Bd. 2: Die Lehre vom Kraftwerksbau, Berlin-Göttingen-Heidelberg 1962, S. 232ff. Börnke, F.: Eingliederung des Kraftwerks in seine Umgebung, in: Technische Vereinigung der Großkraftwerksbetreiber (VGB) e.V. (Hrsg.): Kraftwerk und Umwelt 1973; VGB-Konferenz-Vorträge, Essen (1974), S. 20-28. Börnke, F.: Gestaltung energiewirtschaftlicher Anlagen im Hinblick auf das Landschaftsbild, in: BWK, 26. Jg. (1974), H. 9, S. 381-384.

3) Problematik und Ansätze beschreiben: Institut für Reaktorsicherheit (IRS) e.V. (Hrsg.): Kriterien für Kraftwerksstandortwahl: "Ästhetische" Gesichtspunkte; IRS-Kurzinformationen, 1972-Reihe C, Nr. 21, Köln 12. Januar 1973 (Original in: News Releases, Vol. 3, No. 40, S. 15-16). Krauss, K.O.:
Fortsetzung siehe Seite 287

Wesentliche Impulse und Beiträge zur architektonisch-ästhetischen Gestaltung von Kraftwerkskomplexen und ihrer Eingliederung in das Landschaftsbild haben F. Börnke [1] und G. Olschowy [2] geleistet.
In der Literatur weist F. Börnke u.a. ausführlich auf das unharmonische Verhältnis der Baukörper von Kraftwerk und Kühlturm hin [3]. Als Hyperboloid"sprengt seine Erscheinung jeden Rahmen baulicher Komposition. Nur unter Verwendung ungewohnter Maßstäbe, die jeglicher Tradition entbehren, sind diese eigenwilligen Bauwerke zu erfassen. Die Kühlturmform ist klar und ansprechend als Einzelgebilde, in einer Vielzahl jedoch und in einer Ausführung von großer Höhe ist das Zusammenfügen mit den übrigen Industriebaukörpern schwer; sie stören nicht nur das Gleichgewicht in der natürlichen Landschaft, auch in der gebauten Landschaft wirken sie disharmonisch... Die Planung eines Kraftwerks ist für den Archi-

---

Fortsetzung zu Fußnote

3) Ästhetische Bewertungsprobleme in der Landschaftsplanung, in: Landschaft und Stadt, 6. Jg. (1974), H. 1, S. 27-38. Burnham, J.B., Maynard, W.S. and Jones, G.R.: Quantified Social and Aesthetic Values in Environmental Decision Making, in: International Atomic Energy Agency (IAEA) (Ed.): Siting of Nuclear Facilities; Proceedings Series - STI/PUB/384, Wien 1975, S. 307-326 (Report IAEA-SM-188/43).

1) Insbesondere als Architekt mehrerer Großkraftwerke des RWE.
Börnke, F.: Eingliederung des Kraftwerks in seine Umgebung, in: Technische Vereinigung der Großkraftwerksbetreiber (VGB) e.V. (Hrsg.): Kraftwerk und Umwelt 1973; VGB-Konferenz-Vorträge, Essen [1974], S. 20-28. Börnke, F.: Gestaltung energiewirtschaftlicher Anlagen im Hinblick auf das Landschaftsbild, in: BWK, 26. Jg. (1974), H. 9, S. 381-384.

2) Siehe Olschowy, G.: Landschaft und Technik, Landespflege in der Industriegesellschaft, Hannover-Berlin-Sarstedt 1970, insbes. S. 140ff. Olschowy, G.: Industrie und Landschaft, in: Glubrecht, H. (Hrsg.): Kraftwerksbau als interdisziplinäre Aufgabe; Festschrift für Fritz Börnke zum 60. Geburtstag, Wiesbaden-Berlin 1973 (nicht paginiert).

3) Siehe hier Abbildung 13 sowie die Abbildungen bei Börnke, F.: Gestaltung energiewirtschaftlicher Anlagen im Hinblick auf das Landschaftsbild, in: BWK, 26. Jg. (1974), H. 9, S. 382ff.

tekten ein stetes Bemühen, denn auch die Maßstäblichkeit und die Silhouette im Landschaftsbild sind ein Bestandteil unserer Umweltschutzforderung. Aus diesem Grunde sollte auch die Dimensionierung der Kühltürme nicht allein wirtschaftlichen Überlegungen unterworfen sein" [1].

Als Folge der in einigen Jahren erschöpften Frischkühlwasserkapazität werden in Zukunft Kühltürme insbesondere Trockenkühltürme zwangsläufig zunehmend das Landschaftsbild bestimmen und "hervortreten wie in früheren Jahrhunderten die Kathedralen" [2]. Kühltürme der zuvor erwähnten Ausmaße (bis zu 300 m) werden sich jedoch an vielen Standorten nicht realisieren lassen, ohne das Landschaftsbild nachhaltig zu beeinflussen [3].
In der Literatur werden daher je nach Kühlturmtyp folgende Maßnahmen zur Reduzierung der Kühlturmhöhe - bei gleichbleibender Blockleistung und unverändertem Wärmeverbrauch - diskutiert [4]:

---

1) Börnke, F.: Gestaltung energiewirtschaftlicher Anlagen im Hinblick auf das Landschaftsbild, in: BWK, 26. Jg. (1974), H. 9, S. 384.

2) Berliner, P.: Kühltürme, Berlin-Heidelberg-New York 1975, S. 140. Ähnlich Grümm, H.: Wachstumsgrenzen des Energieverbrauchs, in: Schlemmer, J. (Hrsg.): Neue Ziele für das Wachstum, München 1973, S. 84.

3) So u.a. Brünecke, E.: Landnutzung, Lärmpegel, Ästhetik, in: BWK, 27. Jg. (1975), H. 3, S. 96. Kliemann, S.: Stand und Entwicklungstendenzen im Kühlturmbau unter den Gesichtspunkten der verschiedenen Umwelteinflüsse, in: VGB Kraftwerkstechnik, 55. Jg. (1975), H. 6, S. 376. Börnke, F.: Kühltürme, in: ET, 25. Jg. (1975), H. 11, S. 516.

4) Siehe Börnke, F.: Gestaltung energiewirtschaftlicher Anlagen im Hinblick auf das Landschaftsbild, in: BWK, 26. Jg. (1974), H. 9, S. 384. Kliemann, S.: Stand und Entwicklungstendenzen im Kühlturmbau unter den Gesichtspunkten der verschiedenen Umwelteinflüsse, in: VGB Kraftwerkstechnik, 55. Jg. (1975), H. 6, S. 376f. Berliner, P.: Kühltürme, Berlin-Heidelberg-New York 1975, S. 139ff. Hampe, E.: Kühltürme, Berlin 1975, S. 157ff. Henning, H.: Kühltürme niedriger Bauhöhe für große Kraftwerksleistungen, in: Technische Vereinigung der Großkraftwerksbetreiber (VGB) e.V. (Hrsg.): Kraftwerk und Umwelt 1975; VGB-Konferenz-Vorträge, Essen (1976), S. 118-126.

- Erhöhung der Anzahl der Kühltürme unter Beibehaltung der optimalen Realation H_C/D_T (Kaminhöhe/Basisdurchmesser) [1],

- Reduzierung der Relation H_C/D_T gegenüber dem Optimalwert,

- Erhöhung des Wasserdurchsatzes (nur geringer Effekt),

- Übergang zur Zwangsbelüftung mit saugenden Ventilatoren,

- Übergang zu einer neuen Konzeption im Kühlturmbau: Perimetrische Kühlwände.

Von den genannten Maßnahmen - die ersten vier sind heute großtechnisch realisierbar - gelten insbesondere die noch im Versuchsstadium befindlichen Kühltürme mit perimetrischer Kühlwand [2] bei relativ geringer Bauhöhe (siehe Abbildung 14) als mögliche Alternative zu hyperbolischen Kühltürmen. Als Betriebsweise ist sowohl "Nasse Rückkühlung" als auch "Trockene Rückkühlung" möglich. Die Realisierungschancen dieser Alternative lassen sich allerdings gegenwärtig nicht abschätzen.

Der Einsatz von Trockenkühlsystemen wird in Zukunft an Standorten, die keine natürlichen Wasservorkommen aufweisen und zu denen die künstliche Heranführung größerer Wassermengen zur nassen Rückkühlung zu aufwendig wäre, zu einer unumgänglichen Notwendigkeit. Für solche Standorte ist zukünftig insbesondere der Zubau von Hochtemperaturreaktoren mit Heliumturbine (HHT) [3] in Betracht zu ziehen [4].

---

1) Die Kaminhöhe, $H_C(m)$, ist nicht identisch mit der Bauhöhe, $H_T(m)$. Die Kaminhöhe ergibt sich als Differenz zwischen der Bauhöhe und der Einströmhöhe.

2) Siehe dazu ausführlicher Berliner, P.: Kühltürme, Berlin-Heidelberg-New York 1975, S. 149ff.

3) Als Hochtemperaturreaktor-Heliumturbine (HHT) wird eine aus Turbine und Verdichter bestehende Gasturbine bezeichnet, welche in einem direkten Heliumkreislauf mit einem Hochtemperaturreaktor eingeschaltet ist und einen elektrischen Generator antreibt, d.h. der Primärkreis ist als

Fortsetzung siehe Seite 289 und Fußnote 4)

Fortsetzung zu Fußnote

3) Arbeitskreis ausgebildet (siehe unten Abbildung 20). - Wesentliche Vorteile dieses Konzepts sind die Einfachheit und hohe nukleare Sicherheit der Anlage, die durch die volle Integration des Arbeitskreislaufs in einen Spannbetonbehälter erreicht wird.
Demgegenüber wird in den bisher erstellten drei Prototypen (Dragon, Großbritannien; AVR, Jülich; Peach Bottom, USA) sowie in den bisher in Betrieb genommenen (Fort St. Vrain, USA) oder im Bau befindlichen (Schmehausen-Uentrop) Kernkraftwerken mit Hochtemperaturreaktoren (HTR) ("1. Generation") Helium in einem Primärkreislauf umgewälzt und überträgt dabei die dem Reaktorkern entnommene Wärme auf Wärmeaustauscher, in welchem das Arbeitsmittel eines Sekundärkreislaufs erhitzt resp. verdampft wird.
Zum Hochtemperatur-Heliumturbine Konzept siehe Kliefoth, W.: Hochtemperaturreaktoren mit Heliumturbine als neues Konzept für Kernkraftwerke, in: Kerntechnik, 11. Jg. (1969), H. 2, S. 65-69. Bammert, K., Kray, G. und Küper, K.D.: Zusammenwirken von Hochtemperaturreaktor und Heliumturbine, in: Kerntechnik, 11. Jg. (1969), H. 2, S. 77-87. Förster, S.: Anlagenkonzepte für Kernkraftwerke mit Hochtemperaturreaktor und Heliumturbinenkreislauf (HTR-GT); Kernforschungsanlage Jülich GmbH , Bericht Jül-803, Jülich 1971. Bedenig, D.: Gasgekühlte Hochtemperaturreaktoren, München 1972, S. 182ff. und S. 236ff. Frutschi, H.U., Haselbacher, H., Moser, P. und Schmidt, D.: Die HHT-Heliumturbine, in: TR, 67. Jg. (1975), Nr. 40, S. 9-15. Bammert, K.: A General Review of Closed-Cycle Gas Turbines Using Fossil, Nuclear and Solar Energy, München 1975, S. 42ff. Debelius, G.: Entwicklung von Heliumturbinen für Hochtemperaturreaktoren, in: Energietechnik im Hinblick auf künftige Entwicklungen, Vorträge an der Technischen Hochschule Darmstadt im Winterhalbjahr 1974/75 als Gemeinschaftsveranstaltungen des VDI-Bezirksvereins Frankfurt/Darmstadt, des VDE-Bezirksvereins Frankfurt und des Elektrotechnischen Vereins an der TH Darmstadt, Frankfurt/M. 1975, S. 45-64.

4) Siehe Förster, S., Schröder, B. and Schlenker, H.V.: Economic and Siting Potential of Nuclear Power Plants with High-Temperature Reactor and Helium Turbine, in: International Atomic Energy Agency (IAEA) (Ed.): Economic Integration of Nuclear Power Stations in Electric Power Systems; Proceedings Series - STI/PUB/266, Wien 1971, S. 155-163 (Report IAEA-SM-139/12).

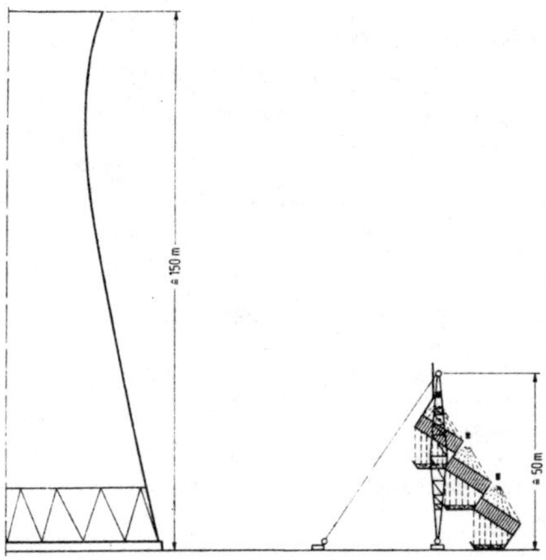

Abbildung 14: Gegenüberstellung eines hyperbolischen Kühlturms und eines Kühlturms mit perimetrischer Kühlwand (ausgebildet als Seilnetz-Tragwerk) [1].

Mit dem Einsatz von Trockenkühlsystemen ergibt sich gleichzeitig eine höhere Flexibilität [2] bei der Standortwahl, wodurch sich u.U. auch standortpolitische Probleme leichter lösen lassen.

---

1) Berliner, P.: Kühltürme, Berlin-Heidelberg-New York 1975, S. 149.

2) Darauf weisen auch u.a. hin: Wolf, H.: Stand und Technik der Verfahren zur "Trockenen Rückkühlung" sowie deren wirtschaftliche Aussichten; Bericht des Batelle-Institutes e.V. für den Minister für Wirtschaft, Mittelstand und Verkehr des Landes Nordrhein-Westfalen, Düsseldorf 1971, S. 4f. Kiese, O.: Die Veränderung der Umwelt durch thermische Belastung, in: Universitäten Stuttgart und Hohenheim (Hrsgg.): Umwelt Aktuell, Texte der Vortragsreihe zu "Umwelt 72" Stuttgart, 30. Juni bis 7. Juli 1972, H. 6: Abwärme, Karlsruhe 1973, S. 14f. Der Bundesminister des Innern: Friedliche Nutzung der Kernenergie in der Bundesrepublik Deutschland, Antwort der Bundesregierung auf eine große Anfrage im Deutschen Bundestag; BT-Drucksache VII/3871, Bonn 16. Juli 1975, S. 23. o.V.: Mit der Endmontage begonnen, Seilnetzturm des Kernkraftwerks Schmehausen erhält Aluminium-Außenhaut, in: VDI-Nachr., Nr. 22 vom 4. Juni 1976, S. 27.

Eine zusammenfassende Übersicht zu den wichtigsten Kriterien für die Entscheidung zwischen "Nasser-" und "Trockener Rückkühlung" im Rahmen der Standortwahl für Kernkraftwerke gibt Tabelle 14.

Kriterium	Tendenz zur "Nassen Rückkühlung"	Tendenz zur "Trockenen Rückkühlung"
Flexibilität bei der Standortwahl		x
Verfügbarkeit von Zusatzwasser		x
Umweltbeeinflussung (Niederschläge, Glatteis-, Nebel-, Wolken-, Inversionsbildung etc.)		x
Möglichkeit zur Reduzierung der Strahlenbelastung (Abtransport von Abluft und Abgasen mit der Warmluft)		x
Besiedlungsdichte in der Umgebung des Standorts (gering besiedeltes Gebiet-Ballungsgebiet)		x
zu erwartende Schallschutzauflagen		x
Höhe der Investitionskosten	x	
Höhe der Betriebskosten	x	
derzeitige Betriebserfahrungen	x	
derzeitig verfügbare Leistungsgrößen	x	
Betriebszuverlässigkeit (Eisbildung, Korrosion, Verkrustungen, etc.)		x
verfügbare Geländegröße des vorgesehenen Standorts	x	

Tabelle 14: Kriterien für die Entscheidung zwischen "Nasser-" und "Trockener Rückkühlung" bei der Standortwahl für Kernkraftwerke.

ad 3. Nukleare Fernwärmeversorgung

Der Stromerzeugungsprozeß in thermischen Anlagen ist aus thermodynamischen Gründen mit einem mehr oder weniger großen Anfall von Abwärme verbunden [1]. Diese Abwärme stellt ein heute noch fast ungenutztes, unter bestimmten Bedingungen jedoch nutzbares Energiepotential dar. Eine Verringerung des Abwärmeanfalls ist auch aus makroökonomischer Sicht gleichbedeutend mit einer Reduzierung des Primärenergiebedarfs einer Volkswirtschaft. "In diesem Sinne ist es anzustreben, auch die Kraftwerksabwärme sinnvoll zu verwerten, d.h. die Wärmeerzeugung mittels einer anderen Energieform durch sie zu ersetzen, anstatt die Abwärme an die Umwelt abzugeben, selbst wenn diese Abgabe relativ umweltunschädlich erfolgen sollte" [2].

Hinsichtlich der Nutzungsmöglichkeiten der Abwärme ist zu unterscheiden [3] zwischen der Deckung eines vorhandenen Wärmebedarfs (z.B. Raumheizung, Warmwasserbereitung) und einer einfachen Verwertung der bei der Stromerzeugung mit niedriger Temperatur anfallenden Abwärme (z.B. im Bereich von Landwirtschaft und Gartenbau, zur Beiheizung von Straßen und Autobahnen, Flugplätzen oder öffentlichen Schwimmbädern).

Maßgebend für die Nutzungsmöglichkeit ist der Energieinhalt der Abwärme.

---

1) Vgl. dazu die Abschnitt ad 2. Kühlwasserversorgung und Kühlverfahren vorangestellten Erläuterungen.

2) Beck, P. und Göttling, D.: Energie und Abwärme, Ursachen-Auswirkungen-Empfehlungen; Beiträge zur Umweltgestaltung, H. B8, Berlin 1973, S. 267. Zur makroökonomischen Bewertung der Abwärmenutzung siehe Wolgemuth, R.: Die volkswirtschaftliche Beurteilung des Recycling am Beispiel der Abwärmenutzung für die Fernwärmeversorgung; Schriftenreihe des Energiewirtschaftlichen Instituts an der Universität Köln, Bd. 19, München 1975.

3) Vgl. Beck, P. und Goettling, D.: Energie und Abwärme, Ursachen-Auswirkungen-Empfehlungen; Beiträge zur Umweltgestaltung, H. B8, Berlin 1973, S. 294. Piller, W., Rudolph, M., Schaefer, H. und Wolff, U.: Energetische Überlegungen zur Modifikation von Kraft-Wärme-Kupplungen; VDI-Fortschrittsberichte, Reihe 6, Nr. 44, Düsseldorf 1975, S. 5f.

Die in Kondensationskraftwerken mit dem Kühlwasser anfallenden großen Wärmemengen - das aus dem Kondensator der Dampfkühlanlage austretende Kühlwasser hat Temperaturen, die um 30°C liegen - sind aufgrund ihrer relativ niedrigen Temperatur im Kraftwerksprozeß nicht weiter umwandelbar. Diese Wärmemengen gelangen nach heute üblicher Praxis entweder in den Vorfluter oder über einen Kühlturm in die Atmosphäre - die abgeführten Wärmemengen treten damit in beiden Fällen als ökonomischer Verlust in Erscheinung.
Die Möglichkeiten einer einfachen Abwärmenutzung können sich also lediglich auf Fälle beschränken, in denen Wärme mit dieser relativ niedrigen Temperatur (ca. 30°C) verwendet werden kann, insbesondere zur Beheizung landwirtschaftlicher Großflächen [1)]. Zur detaillierteren Darstellung dieser gegenwärtig noch im Versuchsstadium befindlichen Nutzungsmöglichkeit siehe das genannte Schrifttum.

Ein für die öffentlichen Elektrizitätsversorgungsunternehmen weitaus größeres Einsatzpotential der Abwärmenutzung bietet die Fernwärmeversorgung mit den Anwendungsmöglichkeiten "Raumheizung" und "Warmwasserbereitung" [2)].

---

1) Aus deutschen und amerikanischen Untersuchungen ist bekannt, daß durch die Bodenbeheizung von Freiland während der Winter- und Frühjahrsmonate eine Steigerung von Ertrag und Qualität zu erreichen ist. - Die in Kondensationskraftwerken anfallende Abwärme soll dabei über ein im Boden verlegtes Rohrsystem abgebaut werden; gleichzeitig läßt sich dadurch die Verringerung des Wirkungsgrads der Kraftwerke durch Kühltürme - insbesondere Trockenkühlturmbetrieb (vgl. oben) - umgehen. Siehe dazu Luckow, H. und Reinken, G.: Projekt Agrotherm: Nützlicher Wärmemüll, in: BdW-Sonderheft: Kernkraftwerke - Müssen wir mit ihnen leben?, Stuttgart (Oktober 1975), S. 55-57. o.V.: Kraftwerkskühlwasser zur Beheizung von Ackerland, in: atom-informationen, 1975, H. 9, S. 6. o.V.: Abwärme wirtschaftlich nutzen, Wärmemüll aus Kraftwerken soll Felderträge steigern helfen - Projekt Agrotherm, in: VDI-Nachr., Nr. 47 vom 21. November 1975, S. 4.

2) Siehe dazu Ott, F.: Fernwärme, die ideale Raumwärme, in: Elektrizitätswirtschaft, 70. Jg. (1971), H. 5, S. 101-102. Wurr, K.: Zum Stand der

Fortsetzung siehe Seite 295

Zur Durchführung einer Fernwärmeversorgung ist ein höheres Temperaturniveau [1] erforderlich, als es die Abwärme aus Kondensationskraftwerken aufweist. Die Möglichkeit, das Temperaturniveau der Abwärme durch zusätzlichen Brennstoffaufwand auf der Kraftwerksseite zu erhöhen, ist aus thermodynamischen Gründen im Vergleich zur Kraft-Wärme-Kupplung wirtschaftlich nicht sinnvoll [2]. Der tendenziell erkennbare Übergang zur trockenen Rückkühlung begünstigt die Kraft-Wärme-Kupplung auch insofern, als bei trockener Rückkühlung aus wirtschaftlichen Gründen der Kondensationsdruck angehoben werden muß, wodurch die Temperatur der Abwärme ein höheres Niveau erreicht [3].

Fortsetzung zu Fußnote

2) Fernwärmeversorgung, in: Energie und Technik, 26. Jg. (1974), H. 3, S. 58-60. Mölter, F.J. und Neuffer, H.: Heizkraftwirtschaft (Fernwärmeversorgung) [Jahresübersicht], in: BWK, 26. Jg. (1974), H. 4, S. 156-160, insbesondere S. 156f. Gräff, P.: Die Verwendung der Abwärme von Kraftwerken, Die Neubewertung der Energie begünstigt den Wärmeverbund, in: ET, 24. Jg. (1974), H. 7, S. 341-342. Kränkel, H.: Strukturwandel in der Energiewirtschaft durch Entwicklungstendenzen auf dem Gebiet der Raumheiztechnik, in: ET, 24. Jg. (1974), H. 12, S. 607-614.

1) Je nach Netzlänge, wärmetechnischer Netzauslegung, Wärmebedarfsdichte [$Gcal \cdot h^{-1} \cdot km^{-2}$] etc. sind Vorlauftemperaturen von 110 bis 170°C notwendig - bei einer üblichen Rücklauftemperatur von ca. 70°C. Ausführlicher dazu siehe Arning, W.: Einfluß von Vorlauftemperatur und Temperaturspreizung bei Auslegung und Betrieb von Fernheizleitungen, in: Energie und Technik, 26. Jg. (1974), H. 3, S. 61-66.

2) Eine Darstellung der thermodynamisch-brennstoffwirtschaftlichen Zusammenhänge geben u.a. Beck, P. und Göttling, D.: Energie und Abwärme, Ursachen-Auswirkungen-Empfehlungen; Beiträge zur Umweltgestaltung, H. B8, Berlin 1973, S. 269ff.

3) Vgl. Bonnenberg, H.: Standort und Größe zukünftiger nuklearer Fernwärmeanlagen, in: atw, 20. Jg. (1975), H. 1, S. 37. Berliner, P.: Kühltürme, Berlin-Heidelberg-New York 1975, S. 183f.

Die Fernwärmeversorgung aus Kondensationskraftwerken stellt daher keine einfache Verwertung der Abwärme dar, sondern verlangt die kombinierte Strom-Wärme-Erzeugung unter Anwendung der Kraft-Wärme-Kupplung in einem Heizkraftwerk mit Dampf- oder Gasturbine [1)]. Unter diesem modifizierenden Aspekt ist der im folgenden verwendete Terminus "Abwärmenutzung" zu verstehen.

Die Kraft-Wärme-Kupplung gilt auch als geeignetes Verfahren, um durch die gemeinsame Erzeugung von Strom und Wärme den Gesamtwirkungsgrad des Energieerzeugungsprozesses zu erhöhen [2)]. Eine Steigerung des Wirkungsgrads ist gleichbedeutend mit einer Verminderung der spezifischen Erzeugungskosten. Für die Brennstoffkosten, als wesentliche Kostenkomponente der arbeitsabhängigen Kosten, resultiert daraus eine Reduzierung gegenüber einer äquivalenten getrennten Wärmeerzeugung im Heizwerk und einer Stromerzeugung im Kondensationskraftwerk. Andererseits sind bei Heizkraftwerken die leistungsabhängigen Kosten in der Regel höher als bei getrennten Anlagen [3)]. Eine

---

1) Gebräuchlich ist in der energiewirtschaftlichen Literatur ebenfalls der Begriff "Heizkraftkupplung". "Unter Heizkraftkupplung versteht man die Hintereinanderschaltung von Krafterzeugungsanlagen und Heiznetzen in der Weise, daß der Abdampf oder die Abgase der Kraftmaschinen noch für Wärmezwecke ausnutzbar gemacht werden". Musil, L.: Praktische Energiewirtschaftslehre, Wien 1949, S. 191. ders.: Allgemeine Energiewirtschaftslehre, Wien-New York 1972, S. 226.

2) Vgl. Bachl, H.: Energiebilanz und Rentabilität von Heizkraftwerken, Berlin-Göttingen-Heidelberg 1961, S. 22ff.

3) Vgl. Hromek, R.: Technisch-wirtschaftliche Voraussetzungen der Wärmelieferung von Kernkraftwerken mit Leichtwasserreaktoren (tschech.), in: jaderná energie, 17. Jg. (1971), H. 6, S. 182ff [+)]. Hromek, R.: Zur Fernwärmeversorgung mitteleuropäischer Großstädte, Zivilisatorische und technische Gesichtspunkte, in: Gesundh.-Ing., 92. Jg. (1971) H. 7, S. 209f. Hromek, R.: Aufteilung der Investitions- und Erzeugungskosten in der Heizkraftwirtschaft, in: BWK, 24. Jg. (1972), H. 9, S. 344f.

+) Herrn Dipl.-Kfm. Dr. rer. pol. J. Nevesely, Seminar für Allgemeine Betriebswirtschaftslehre und Betriebswirtschaftslehre der Industrie (Industrieseminar), Universität Mannheim, dankt d. Verf. für die Übersetzung der Veröffentlichung.

Kostenersparnis ergibt sich bei der Kraft-Wärme-Erzeugung dann, wenn die Summe der leistungs- und arbeitsabhängigen Kosten niedriger ist als die entsprechende Summe bei äquivalenter [1] getrennter Erzeugung [2]. Ob jedoch tatsächlich für die Kraft-Wärme-Kupplung eine Kostenersparnis eintritt und in welcher Höhe, hängt c.p. wesentlich von den jeweiligen Verhältnissen des Versorgungsgebiets ab, wie z.B. (dabei handelt es sich teilweise um interdependente Faktoren):

---

1) Nur unter der einschränkenden Betrachtung einer äquivalenten Strom- und Wärmeerzeugung in getrennten Anlagen ist diese Aussage grundsätzlich richtig.

2) Es wird vereinzelt aufgrund einer sehr engen Auslegung des Begriffs "Kuppelproduktion" die Ansicht vertreten, daß Heizkraftwerke (Kraft-Wärme-Kupplung) keine Kuppelbetriebe seien, da die Produkte Strom und Wärme nicht zwangsläufig, sondern gewollt anfallen. So z.B. M. Lang: "Die sich bei der Kupplung von Kraft und Wärme ergebende Aufgabe ist nicht identisch mit dem aus den Wirtschaftswissenschaften bekannten Problem der Kuppelprodukte. Kuppelprodukte sind Produkte, die bei der Durchführung eines Prozesses zwangsläufig gemeinsam anfallen...(Die) Kuppelproduktion von Kraft und Wärme gehört jedoch nicht in dieses Gebiet". Lang, M.: Industrielle Energiewirtschaft; Slg. Poeschel, Bd. P8, Stuttgart 1961, S. 41. Vgl. auch die oben (Kapitel B. III. 1.) zitierte Auffassung von H. Messmann sowie die dort angeführte Kritik. Hinsichtlich der "Kraft-Wärme-Kupplung" vertritt P. Riebel die verursachungsgerechte und aus physikalischer Sicht korrekte Auffassung, daß die Produkte "Strom" und "Wärme" nicht in demselben Prozeß anfallen, sondern in zeitlich und räumlich[+] verschiedenen Prozessen. Vgl. Riebel, P.: Die Kuppelproduktion, Köln-Opladen 1955, S. 78f. und ebenda Abbildung 1 auf S. 79. Diese exakte physikalische Betrachtung entspricht der ingenieurmäßigen thermodynamischen Betrachtungsweise und ist auf das "alte Bemühen zurückzuführen, eine verursachungsgemäße Kostenaufteilung bei der ...(Kraft-Wärme-Kupplung) zu finden". Welter, J.H.: Zur optimalen Betriebsgröße von Heizkraftwerken, Diss. Aachen 1971, S. 5. Der Terminus "Kostenaufteilung" in Verbindung mit Heizkraftwerken ist allerdings insofern irreführend, als der Eindruck entsteht, es handle sich um eine exakte Aufteilung einer bestimmten, fest vorgegebenen Kosten-

Fortsetzung siehe Seite 298

- Größe des Wärmeversorgungsgebiets (km^2),
- Bevölkerungsdichte $(Einwohner \cdot km^{-2})$,
- Wärmebedarf (Wärmeanschlußwert) $(Gcal \cdot h^{-1})$,
- Wärmebedarfsdichte $(Gcal \cdot h^{-1} \cdot km^{-2})$,
- "Liniendichte" $(Gcal \cdot h^{-1} \cdot km^{-1}$ (Trasse)$)$ (Anschlußwert pro Streckeneinheit),
- Gesamtlänge des Wärmetransportnetzes (km),
- Benutzungsdauer (h) (Quotient aus der nutzbaren Wärmeerzeugung in einer Zeitspanne und der Wärmehöchstleistung in der gleichen Zeitspanne) [1],

---

Fortsetzung zu Fußnote

2) summe. Gleichzeitig wird aber der "Kostenaufteilung" Bedeutung für die Wirtschaftlichkeit des Heizkraftwerks beigemessen. "Der die Kostenaufteilung bei der Kraft-Wärme-Kupplung erschwerende Umstand ist die gegenseitige Beeinflussung beider Vorgänge in Ausbeute und Wirtschaftlichkeit... Er verhindert, daß die Frage der Kostenaufteilung auf Kraft und Wärme eindeutig und allgemeingültig beantwortet werden kann". Beck, K.: Gesichtspunkte für die Kostenaufteilung zwischen Kraft und Wärme im Heizkraftbetrieb, in: Elektrizitätswirtschaft, 50. Jg. (1951), H. 11, S. 329. Zur Kritik des Begriffs "Kostenaufteilung" siehe auch Knopf, H.: Kosten und Wirtschaftlichkeitsrechnung in Heizkraftwerken, Diss. Graz 1962/63, S. 87ff. Zscherlich, W.: Die Bewertung von Strom und Dampf bei Kraft-Wärme-Kopplung, Diss. Frankfurt/M. 1971, S. 103ff.

+) Vgl. den Begriff "Spaltstelle" bei Weblus, B.: Produktionseigenarten der chemischen Industrie, ihr Einfluß auf Kalkulation und Programmgestaltung, Zugleich eine Studie für Vielprodukt-Betriebe; Betriebswirtschaftliche Forschungen, Bd. 8, Berlin 1958, S. 51 (Diss. Berlin 1957).

1) Vgl. Vereinigung Deutscher Elektrizitätswerke (VDEW) e.V. (Hrsg.): Begriffsbestimmungen in der Energiewirtschaft, Bd. 2: Verfügbarkeit von Wärmekraftwerken, 2. Ausg. 1973, Frankfurt/M. 1973, S. 28.

- Verbrauchsstruktur (Haushalte, öffentliche Einrichtungen, Handels- und Gewerbebetriebe, Industriebetriebe ohne eigenes Kraftwerk oder mit Wärmezukauf),
- Meteorologische und klimatische Einflüsse [1] in Abhängigkeit von der geographischen Lage,
- Erforderliche Temperaturspreizung [°C] (Vorlauf-/Rücklauftemperatur),
- Heiztechnische und bauphysikalisch-konstruktive Auslegung des Transportnetzes [2],
- Rechtliche, sicherheitstechnische, geologische und hydrologische Bedingungen bei der Trassenauswahl [3].

Grundsätzliche wirtschaftliche und technische Probleme für die Fernwärmeversorgung aus Heizkraftwerken (Kraft-Wärme-Kupplung) ergeben sich aufgrund

---

1) Ausführlich dazu Rietschel, [H.] und Raiß, W.: Heiz- und Klimatechnik, Bd. 1: Grundlagen-Systeme-Ausführung, 15. Aufl., Berlin-Heidelberg-New York 1968, S. 38ff.

2) Siehe dazu Rietschel, [H.] und Raiß, W.: Heiz- und Klimatechnik, Bd. 2: Verfahren und Unterlagen zur Berechnung, 15. Aufl., Berlin-Heidelberg-New-York 1970, S. 147ff. Vereinigung Deutscher Elektrizitätswerke (VDEW) e.V. (Hrsg.): Technische Richtlinien für den Bau von Fernwärmenetzen, 3. Ausg., Frankfurt/M. 1973. Brachetti, H.E.: Technisch-wirtschaftliche und bauphysikalisch-konstruktive Probleme bei der Planung von Fernwärmenetzen, Frankfurt/M. 1974, S. 95ff.

3) Siehe dazu Hakansson, K.: Handbuch der Fernwärmepraxis, Grundlagen für Planung, Bau und Betrieb von Fernheizwerken, Essen 1973, S. 119ff. Vereinigung Deutscher Elektrizitätswerke (VDEW) e.V. (Hrsg.): Technische Richtlinien für den Bau von Fernwärmenetzen, 3. Ausg., Frankfurt/M. 1973, S. 11ff. Andersen, B.: Einige Grundsätze zur Projektierung von Energie-Rohrfernleitungen, in: Börner, B. (Hrsg.): Die Beschaffung von Grundstücken für Energieanlagen; Veröffentlichungen des Instituts für Energierecht an der Universität Köln, H. 36/37, Düsseldorf 1974, S. 6-23 (Gegenstand dieser Veröffentlichung ist zwar die Planung von Ferngasleitungen, die Projektierungsgrundsätze sind jedoch mutatis mutandis auf Fernwärmeleitungen übertragbar).

klimabedingter saisonaler Schwankungen des Heizwärme- und Strombedarfs [1]. In den Wintermonaten ist sowohl ein erhöhter Strombedarf als auch ein hoher Heizwärmebedarf zu befriedigen (vgl. Abbildung 15).

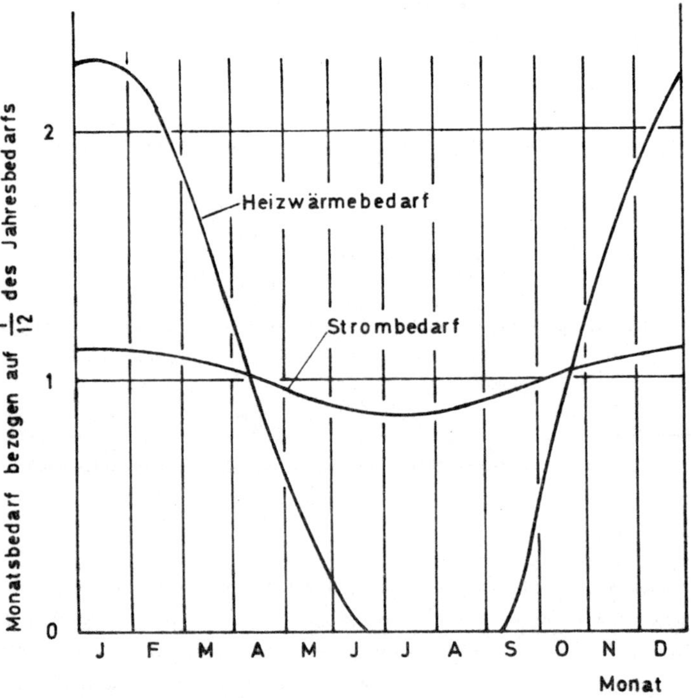

Abbildung 15: Saisonaler Verlauf des Heizwärme- und Strombedarfs (Schema) [2].

---

1) Siehe überdies Vogt, H.: Probleme der Versorgungswirtschaft, München 1950, S. 33ff. In Anlehnung an H. Vogt auch Riebel, P.: Die Kuppelproduktion, Betriebs- und Marktprobleme; Veröffentlichungen der Schmalenbach-Gesellschaft, Bd. 23, Köln-Opladen 1955, S. 119ff.

2) Bohn, Th., Dietrich, G., Kugeler, K., Kugeler M., Nießen, H.F. und Schlenker, H.V.: Nukleare Fernwärme und Nukleare Fernenergie; Kernforschungsanlage Jülich GmbH , Bericht Jül-1077, Jülich 1974, S. 12.

Anhand der in Abbildung 16 dargestellten geordneten Jahresbelastungsdauerlinie eines Fernwärmenetzes ist erkennbar, daß die Fernwärmespitzennachfrage während der Heizperiode nur einen relativ kurzen Zeitraum eines Jahres überdeckt.

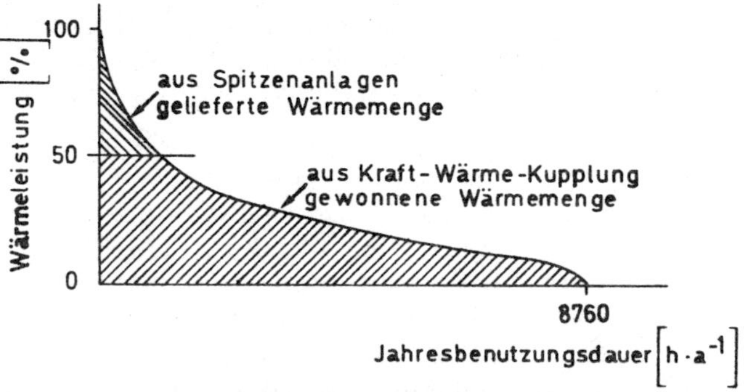

Abbildung 16: Geordnete Jahresbelastungsdauerlinie und Leistungsaufteilung in einem Fernwärmenetz [1].

Für die weiteren Ausführungen ergibt sich daraus zugleich eine wesentliche Konsequenz: Mit Rücksicht auf eine möglichst hohe (Jahres-) Benutzungsdauer (h) ist es erforderlich, die kapitalintensiven Kernheizkraftwerke im unteren Bereich - Fernwärmegrundlastbereich - einzusetzen. Durch die Maßnahme kann die Benutzungsdauer des Kernheizkraftwerks nach Ausscheiden konventioneller Heizkraftwerke auf etwa 5000 h angehoben werden. Die Deckung des Spitzenbedarfs kann nach bisher üblicher Weise durch fossil gefeuerte Heizwerke und Fernheizwerke erfolgen [2]. Obwohl die aus Spitzenanlagen gelieferte Wärme-

1) Vereinigung Deutscher Elektrizitätswerke (VDEW) e.V. (Hrsg.): Fernwärmeversorgung aus Heizwerken - Planung, Bau und Betrieb, Frankfurt/M. 1973, S. 64.

2) In Ergänzung zu Heizkraft- und Fernheizwerken (unter besonderen Umständen dann auch als Alternative zur Versorgung aus Fernheizwerken) bietet sich in zunehmendem Maße die Errichtung sog. Kleinheizkraftwerke an (z.B. für Stadtteile, Siedlungen), die wesentliche Vorteile in bezug auf Standortprobleme, Grundstücksbedarf, Wärmebedarfsdichte des zu versorgenden Gebiets, Bauzeit und Finanzierung besitzen. Siehe dazu Hein, K.: Kleinheizkraftwerke - eine echte Alternative zu neuen öl- oder gasbefeuerten Kraft-

Fortsetzung siehe Seite 302

menge relativ klein ist (die Jahresbelastungsdauerlinie verläuft im oberen Lastbereich sehr steil), müssen 50 % der gesamten installierten Heizwärmeerzeugungskapazität als Spitzenanlagen vorgehalten werden (vgl. Abbildung 16).
In den Sommermonaten müssen dagegen entsprechende Mengen an Fernwärme ausgekuppelt werden und als Abwärme - falls nicht anderweitig nutzbar - nach Ablaufkühlung in den Vorfluter oder über Rückkühlbetrieb (Naß- oder Trockenkühlturm) in die Atmosphäre abgegeben werden. Die Variation des Verhältnisses von ausgekuppelter Wärme zu elektrischer Energie ist jedoch nur bei Anlagen mit einer Entnahmekondensationsturbine möglich (siehe unten).

Zusätzlich zu den saisonalen Schwankungen des Strom- und Heizwärmebedarfs treten starke tageszeitliche Schwankungen auf (vgl. Abbildung 17) [1].
Für die Anwendung der Kraft-Wärme-Kupplung bedeutet dieses Problem, daß eine tageszeitliche Entkupplung der Wärme- und Strombedarfsspitze vorgenommen werden muß [2]. Hierzu verweist H. Bachl auf folgendes Verfahren:
"In einer von der BEWAG/Berlin [3] eingeführten Fahrweise kann ein Warmwasser-Fernheiznetz bereits in den späten Nachtstunden mit heißen Wasser von erhöhter Temperatur aufgeladen werden. Zur Zeit der Morgenspitze des Strombe-

---

Fortsetzung zu Fußnote

2) werken, in: ET, 25. Jg. (1975), H. 4, S. 135-138. ders. Kleinheizkraftwerke (KHKW), Vergleich mit Fernheizwerken und normalen Heizkraftwerken, in: BWK, 27. Jg. (1975), H. 5, S. 225-227.

1) Siehe überdies Vogt, H.: Probleme der Versorgungswirtschaft, München 1950, S. 33ff. In Anlehnung an H. Vogt auch Riebel, P.: Die Kuppelproduktion, Betriebs- und Marktprobleme; Veröffentlichungen der Schmalenbach-Gesellschaft, Bd. 23, Köln-Opladen 1955, S. 119ff.

2) Vgl. Bohn, Th., Dietrich, G., Kugeler, K., Kugeler, M., Nießen, H.F. und Schlenker, H.V.: Nukleare Fernwärme und Nukleare Fernenergie; Kernforschungsanlage Jülich GmbH., Bericht Jül-1077, Jülich 1974, S. 13.

3) BEWAG: Berliner Kraft- und Licht-Aktiengesellschaft.

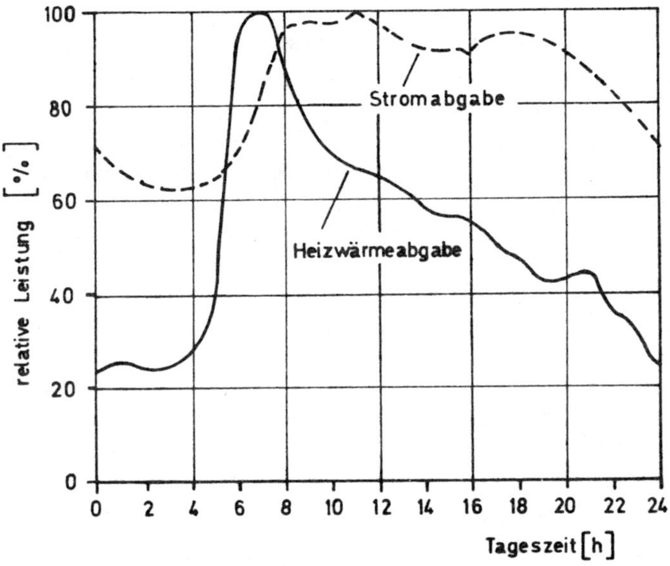

Abbildung 17: Tagesverlauf der Heizwärme- und Stromabgabe an einem Wintertag [1].

darfs wird jedoch die Heizwärmeabgabe vom Kraftwerk unterbrochen, die Turbine im Kondensationsbetrieb mit voller Leistung ausgefahren und der Bedarf an Fernwärme dem Speichervorrat des Netzes entnommen. Nach Rückgang der Strombelastung wird dann das Fernheiznetz wieder aus den Entnahmestufen der Turbine aufgeladen" [2].

---

1) Bohn, Th., Dietrich, G., Kugeler, K., Kugeler, M., Nießen, H.F. und Schlenker, H.V.: Nukleare Fernwärme und Nukleare Fernenergie; Kernforschungsanlage Jülich GmbH , Bericht Jül-1077, Jülich 1974, S. 13.

2) Bachl, H.: Energiewirtschaft, Bd. 1: Technik im Blickfeld der Wirtschaft, Gräfeling 1967, S. 110.
Ausführlicher zu diesem auch als "Ruthspeicher" bekannten Verfahren siehe Pauer, W.: Einführungen in die Kraft- und Wärmewirtschaft; Wärmelehre und Wärmewirtschaft in Einzeldarstellungen, Bd. 14, 2. Aufl., Dresden-Leipzig 1964, S. 257ff. Kalide, W.: Kraftanlagen und Energiewirtschaft, München-Wien 1974, S. 56f.

Der Analyse speziellerer Aspekte bei der Anlagen- und Standortwahl für eine nukleare Fernwärmeversorgung sollen zunächst einige grundsätzliche Bemerkungen hinsichtlich der Sekundärenergieträger [1] vorangestellt werden, über die der nichtelektrische Markt für die Kernenergie zu erschließen ist. Die Ausführungen beschränken sich dabei auf den Einsatzbereich der öffentlichen Fernwärmeversorgung. Auf die Bedeutung nuklear erzeugter Sekundärenergieträger für industrielle Prozesse wurde oben hingewiesen [2].

Eine Abwärmenutzung in Kernkraftwerken unter Anwendung der Kraft-Wärme-Kupplung kann über die Erzeugung und den Einsatz verschiedener Sekundärenergieträger erfolgen. Hinsichtlich der Technologie des transportierten Energieträgers wird es üblich, zwischen "Fernwärme" und "Fernenergie" zu unterscheiden [3].
Um Fernwärme handelt es sich, wenn fossil oder nuklear erzeugte Heizwärme über ein Transportleitungssystem als Wasserdampf ("Dampf") oder Heißwasser an räumlich vom Wärmeerzeuger getrennte Wärmekunden geliefert wird.
Die Anwendung der Wärmeträger Dampf und Heißwasser ist teilweise auf die historische Entwicklung der Heiztechnik zurückzuführen, ist aber auch von den unterschiedlichen Bedarfsanforderungen der Wärmekunden bestimmt [4].

---

1) Zur Terminologie vgl. Kapitel A. I. 1.

2) Vgl. die Ausführungen in Kapitel B. I. 2. - ad 5. Standorte in Verbindung mit öffentlicher oder industrieller Wärmeversorgung sowie die dort angeführten Literaturhinweise.

3) Vgl. etwa Bohn, Th., Dietrich, G., Kugeler, K., Kugeler, M., Nießen, H.F. und Schlenker, H.V.: Nukleare Fernwärme und Nukleare Fernenergie; Kernforschungsanlage Jülich GmbH , Bericht Jül-1077, Jülich 1974. Schulten, R., Kugeler, K. und Barnert, H.: Nukleare Energie und sekundäre Energieträger, in: ET, 24. Jg. (1974), H. 12, S. 603. Dietrich, G.: Vergleichende Untersuchung zur Endenergieversorgung mit Nuklearer Fernwärme und Nuklearer Fernenergie; Kernforschungsanlage Jülich GmbH , Bericht Jül-1191, Jülich 1975.

4) Vgl. Brachetti, H.E.: Technisch-wirtschaftliche und bauphysikalisch-konstruktive Probleme bei der Planung von Fernwärmenetzen, Frankfurt/M. 1974, S. 15ff.

Im Hinblick auf die Wärmeerzeugungs- und Transportkosten, die Wärmeverluste, bessere Regulierbarkeit sowie weiterer technischer Vorteile [1] hat sich Heißwasser als Wärmeträger durchgesetzt.

Bei "Fernenergie" handelt es sich um in Rohrleitungssystemen (vergleichbar mit den heutigen Ferngasleitungen) transportierte, komprimierte und kalte Gase, z.B. Methan (CH_4), Synthesegas ($CO + H_2$) oder Wasserstoff (H_2), deren latente chemische Energie in an Verbrauchsschwerpunkten errichteten Dampferzeugungsanlagen umgesetzt wird. Von dort aus erfolgt die Unterverteilung zu den Wärmekunden mit Dampf oder Heißwasser. Der Entfernung zwischen Kernkraftwerk und Verbrauchsgebiet kommt daher geringere Bedeutung zu als bei reiner Fernwärmeversorgung (vgl. unten).
Insbesondere das Kreislaufsystem Methan/Synthesegas [2] wird heute als aussichtsreiches und technisch realisierbares Sekundärenergieträgersystem angesehen. Ein kommerzieller Einsatz dieses Systems ist aufgrund der Ent-

---

1) Siehe dazu Rietschel, (H.) und Raiß, W.: Heiz- und Klimatechnik, Bd. 1: Grundlagen-Systeme-Ausführung, 15. Aufl., Berlin-Heidelberg-New York 1968, S. 305f.

2) Die der hydrierenden Kohlevergasung (unter Einsatz von Reaktorwärme) zugrunde liegende Methanspaltung

$$CH_4 + H_2O \rightarrow CO + 3H_2 - 50\ \text{kcal}\cdot\text{mol}^{-1}$$

ist reversibel, d.h. im Kontakt mit geeigneten Katalysatoren verläuft die Reaktion in entgegengesetzter Richtung:

$$CO + 3H_2 \rightarrow CH_4 + H_2O + 50\ \text{kcal}\cdot\text{mol}^{-1}\ .$$

Bei Kopplung beider Prozesse läßt sich ein Energietransportsystem mit folgenden Eigenschaften zusammenstellen: vernachlässigbarer Verbrauch an Kohle gegenüber fossil erzeugter Fernwärme und niedrigere Transportkosten gegenüber reiner Fernwärmeversorgung. Abbildung 18 zeigt das Fließschema des Kreislaufsystems Methan/Synthesegas.
Ausführlicher dazu Dietrich, G.: Vergleichende Untersuchung zur Endenergieversorgung mit Nuklearer Fernwärme und Nuklearer Fernenergie; Kernforschungsanlage Jülich GmbH , Bericht Jül-1191, Jülich 1975, S. 69ff.

Fortsetzung siehe Seite 306

wicklung der entsprechenden Hochtemperaturreaktoranlagen allerdings nicht vor Ende der achtziger Jahre zu erwarten [1].
Wasserstoff wird in weiten Kreisen als der kommende Energieträger neben dem elektrischen Strom angesehen; Schlagworte und Szenarien sprechen bereits von einer zukünftigen "Wasserstoffwirtschaft" [2], "Wasserstofftechnologie" und "Wasserstoffgesellschaft" [3]. Der Einsatz von nuklear er-

---

Fortsetzung zu Fußnote

2)

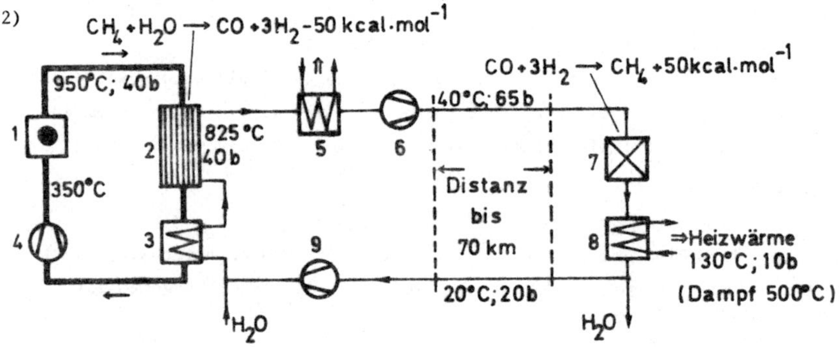

1	Kernreaktor	4	Gebläse	7	Methanisierung
2	Röhrenspaltofen	5	Abwärmenutzung	8	Wärmeaustauscher
3	Vorwärmer	6	H_2,CO-Kompressor	9	CH_4-Kompressor

Abbildung 18: Fließschema des Kreislaufsystems Methan/Synthesegas (Dietrich, G.: a.a.O., S. 70).

1) Vgl. Bonnenberg, H.: Standort und Größe zukünftiger nuklearer Fernwärmeanlagen, in: atw, 20. Jg. (1975), H. 5, S. 40. Siehe auch die dort zitierte Referenzliteratur. Schulten, R., Jüntgen, H. und Teggers, H.: Nukleare Prozeßwärme für die Kohlenvergasung, in: Glückauf, 112. Jg. (1976), H. 1, S. 14.

2) Seifritz, W.: Die Wasserstoffwirtschaft am Horizont, Überlegungen zu einer neuen Energiestrategie mit Wasserstoff als umweltfreundlichem Sekundärenergieträger, in: VDI-Nachr., Nr. 11 vom 19. März 1976, S. 16/18.

3) Vgl. Keller, C.: Wasserstoff als Energieträger, Gegenwärtiger Stand und zukünftige Aspekte, in: Naturw. Rdsch., 27. Jg. (1974), H. 9, S. 370.

zeugtem Wasserstoff als sekundärer Energieträger in der öffentlichen Fernenergieversorgung wird jedoch aus verfahrenstechnischen und wirtschaftlichen Gründen [1] erst in "weiter" Zukunft möglich sein, zumal sich schon allein in bezug auf die Thermodynamik der heute diskutierten chemischen Kreisprozesse die Situation als "viel Zukunft, wenig Gegenwart" (C. Keller) charakterisieren läßt.
Die nachfolgenden Ausführungen beschränken sich aus den genannten Gründen auf den Problem- und Einsatzbereich der nuklearen Fernwärmeversorgung mit Dampf- oder Heißwasser. Zudem stellen sich die öffentlich-wärmewirtschaftlichen Versorgungsprobleme (siehe unten) bei der Realisierung des Kreislaufsystems Methan/Synthesegas mutatis mutandis in gleicher Weise wie bei reiner Fernwärmeversorgung; aufgrund der geringen Transportkosten für Methan/Synthesegas gegenüber Dampf oder Heißwasser besteht bei der Standortwahl für Fernenergieanlagen jedoch ein größerer räumlicher Spielraum (vgl. Abbildung 18).

Bei Dampfkraftwerken bestehen zwei grundlegende Möglichkeiten eine Kraft-Wärme-Kupplung zu realisieren: als Anlage mit Gegendruck - oder Entnahmekondensationsturbine. Abbildung 19 zeigt die Prinzipschaltbilder [2] beider Verfahren.

Die Gegendruckturbine (Abbildung 19 A) unterscheidet sich von einem Dampfkraftwerk mit Kondensationsbetrieb nur durch den Wegfall der letzten Stufen

---

1) Siehe dazu etwa Dorner, S. und Schnurr, W.: Wasserstoffgewinnung aus Wasser mittels Reaktorwärme; Gesellschaft für Kernforschung mbH Karlsruhe, Bericht KFK-1915, Karlsruhe 1974. Keller, C.: Hydrogen Economy - viel Zukunft, wenig Gegenwart in: Nachr. Chem. Techn., 22. Jg. (1974), Nr. 9, S. 175-177. Keller, C.: Wasserstoff als Energieträger, Gegenwärtiger Stand und zukünftige Aspekte, in: Naturw. Rdsch., 27. Jg. (1974), H. 9, S. 370-372.

2) Beck, P. und Goettling, D.: Energie und Abwärme, Ursachen-Auswirkungen-Empfehlungen; Beiträge zur Umweltgestaltung, H. B8, Berlin 1973, S. 277.

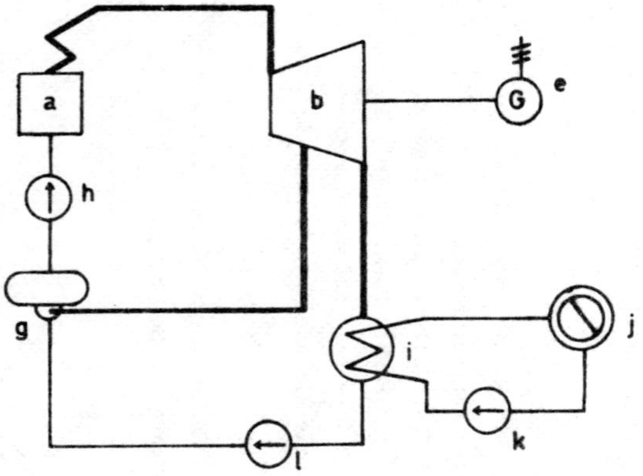

A Gegendruckanlage

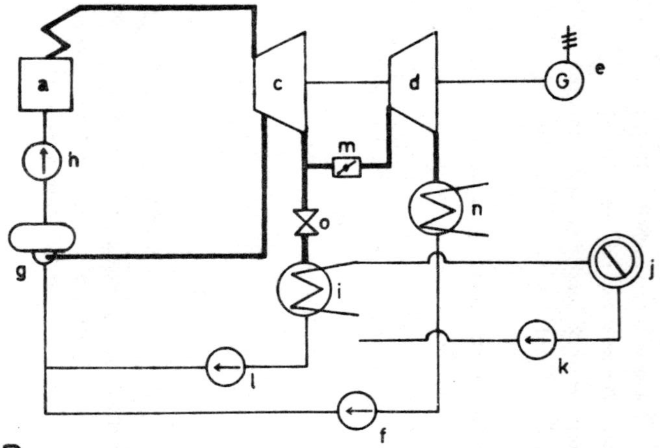

B Entnahme-Kondensations-Anlage

a) Kessel
b) Turbine
c) Hochdruckturbine
d) Niederdruckturbine
e) Generator
f) Kondensatpumpe
g) Speisewasserbehälter u. -entgaser
h) Kesselspeisepumpe
i) Heizkondensator
j) Wärmeverbraucher
k) Heizwasserpumpe
l) Heizkondensatpumpe
m) Anstauklappe
n) Kondensator
o) Entnahmeregelung

——— Dampf ——— Wasser

Abbildung 19: Prinzipschaltbilder von Dampfkraftwerken mit Kraft-Wärme-Kupplung.

im Niederdruckteil (ND-Teil) und durch Wegfall des Kondensators. Der Vorteil dieser Schaltung ist, daß keine Kondensationswärme an die Umgebung abgegeben werden muß. Der Nachteil der Gegendruckturbine beruht in der starren Kupplung [1)] von Elektrizitätserzeugung und Wärmeabgabe. Gegendruckturbinen eignen sich daher nur zur Deckung eines gleichmäßig, ganzjährig anfallenden Wärmebedarfs, z.B. in Industriebetrieben oder für den Grundlastbetrieb in der Fernwärmeversorgung.

Bei Entnahmekondensationsturbinen (Abbildung 19 B) wird ein bestimmter Anteil des im Hochdruckteil (HD-Teil) entspannten Dampfes abgezweigt und damit dem weiteren Kreisprozeß entnommen. Der für die Wärmeabgabe benötigte Dampf steht somit für eine weitere Nutzarbeitsabgabe in der Niederdruckturbine nicht mehr zur Verfügung, so daß die Stromerzeugung mit zunehmender Wärmeabgabe entsprechend sinkt. Durch Regelung der Dampfanzapfmenge kann das Verhältnis von ausgekuppelter Wärme zu elektrischer Energie in einem breiten Bereich variiert werden [2)] (wird aller Dampf entnommen, so bleibt der Niederdruckteil ungenutzt und es liegen die Verhältnisse einer Gegendruckturbine vor; einer angezapften Dampfmenge gleich Null entspricht reiner

---

1) Die Kuppelproduktionsverhältnisse bei Anlagen mit Gegendruckturbinen lassen sich mit den in der wirtschaftswissenschaftlichen Literatur üblichen Begriffen "feste (starre) Kuppelproduktion" oder "vollkommene Komplementärproduktion", die Verhältnisse bei Anlagen mit Entnahmekondensationsturbinen als "lose (elastische) Kuppelproduktion" oder "unvollkommene Komplementärproduktion" bezeichnen. Zur Terminologie der Kuppelproduktion siehe z.B. Messmann, H.: Anschauliche Theorie der Verbundenen Produktion, Meisenheim am Glan-Wien 1952, S. 6ff (Diss. Mannheim 1952). Riebel, P.: Die Kuppelproduktion, Betriebs- und Marktprobleme; Veröffentlichungen der Schmalenbach-Gesellschaft, Bd. 23, Köln-Opladen 1955, S. 91ff.

2) Eine schematische Darstellung der gegenseitigen Abhängigkeit von Brennstoffwärmeleistung, Nutzwärmeleistung und elektrischer Leistung geben z.B. Krüger, H. und Timm, M.: Untersuchungen zum Einsatz von Kernreaktoren für die Fernwärmeerzeugung, in: Atom und Strom, 17. Jg. (1971), H. 10, S. 160.

Kondensationsbetrieb) [1].
Aussagen über eine optimale Aufteilung der Kraftwerksleistung zur Strom- und Fernwärmeerzeugung sind in diesem Fall nicht zu generalisieren und nur mit Bezug auf das betreffende Versorgungsgebiet möglich (vgl. oben).

Grundsätzlich lassen sich beide Möglichkeiten der Kraft-Wärme-Kupplung - Gegendruck- und Entnahmekondensationsturbinen - bei Kernkraftwerken mit Dampfturbinen (Leichtwasserreaktoren, Hochtemperaturreaktoren-HTR) realisieren [2]. Aufgrund klimabedingter saisonaler Schwankungen des Heizwärmebedarfs (vgl. oben Abbildung 15) sowie der großen anfallenden Wärmemengen (siehe unten) kommen jedoch für die öffentliche Fernwärmeversorgung vorerst [3] nur Kernkraftwerke mit Entnahmekondensationsturbine in Betracht, bei denen die fehlende Auslastung für die Fernwärmeversorgung in den Sommermonaten durch erhöhte Stromerzeugung ausgeglichen werden kann.
Bei Hochtemperaturreaktoren mit Heliumturbine (HHT) [4] besteht die für

---

1) Vgl. Schröder, K. (Hrsg.): Große Dampfkraftwerke - Planung, Ausführung und Bau, Bd. 2: Die Lehre vom Kraftwerksbau, Berlin-Göttingen-Heidelberg 1962, S. 352ff. Beck, P. und Goettling, D.: Energie und Abwärme, Ursachen-Auswirkungen-Empfehlungen; Beiträge zur Umweltgestaltung, H. B8, Berlin 1973, S. 276ff. Thomas, H.-J.: Thermische Kraftanlagen, Berlin-Heidelberg-New York 1975, S. 49ff.

2) Vgl. z.B. Krüger, H. und Timm, M.: Untersuchungen zum Einsatz von Kernreaktoren für die Fernwärmeerzeugung, in: Atom und Strom, 17. Jg. (1971), H. 10, S. 158-163. Bohn, Th., Dietrich, G., Kugeler, K., Kugeler, M., Nießen, H.F. und Schlenker, H.V.: Nukleare Fernwärme und Nukleare Fernenergie; Kernforschungsanlage Jülich GmbH , Bericht Jül-1077, Jülich 1974, S. 14ff.

3) Nach Ausbau einer überregionalen Fernwärmeversorgung (Fernwärme-Verbundschiene; siehe dazu unten) kann die Frage nach der zu installierenden Anlage (Gegendruck- oder Entnahmekondensationsturbine) nicht mehr so generell wie hier beantwortet werden.

4) Zur Technologie des HHT-Konzepts siehe die Ausführungen in Kapitel B. III. 1. - ad 2. Kühlwasserversorgung und Kühlverfahren sowie die dort genannte Referenzliteratur.

Dampfturbinen typische enge Wechselwirkung zwischen Stromerzeugung und Wärmeabgabe nicht. Die Wärmeabgabe ist bei HHT-Anlagen aus dem Kreislauf innerhalb eines breiten Temperaturbereichs (bis zu etwa 260°C) möglich (siehe Abbildung 20). Da die elektrische Leistung einer HHT-An-

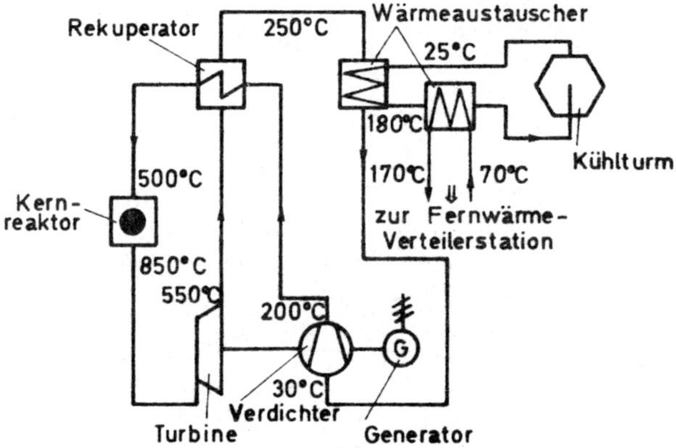

Abbildung 20: Schaltbild eines Hochtemperaturreaktors mit Heliumturbine (HHT) zur Erzeugung von Strom und Heizwärme [1].

lage durch die Wärmeabgabe nicht beeinflußt wird (vgl. Abbildung 20), bleiben die arbeitsabhängigen Brennstoffkosten beim Einsatz von Trockenkühltürmen und bei der Abwärmenutzung für Heizzwecke (Fernwärme, niederenergetische Prozeßwärme) nahezu [2] unverändert. Cum grano salis kann hier von einer "kostenlosen Abwärmenutzung" gesprochen werden.

Besondere Probleme für die Fernwärmeversorgung aus Kernkraftwerken (Leichtwasserreaktoren und Hochtemperaturreaktoren-HTR) ergeben sich insofern, als

---

1) Bohn, Th., Dietrich, G., Kugeler, K., Kugeler, M., Nießen, H.F. und Schlenker, H.V.: Nukleare Fernwärme und Nukleare Fernenergie; Kernforschungsanlage Jülich GmbH , Bericht Jül-1077, Jülich 1974, S. 17.

2) Mit zunehmender Abwärmenutzung geht lediglich eine geringfügige Erhöhung des Druckverlusts einher, wodurch sich eine geringe Erhöhung des Pumpstromverbrauchs (elektrischer Eigenbedarf) ergibt.

aufgrund der starken Degression der spezifischen Anlagekosten [1] große Leistungseinheiten [2] zu bevorzugen sind und die somit anfallenden Wärmemengen die Versorgung eines großen Abnahmegebiets bedingen. Wesentliches Kriterium zur Prüfung der Voraussetzungen für eine wirtschaftliche Fernwärmeversorgung ist die Fernwärmebedarfsdichte, $Q_{ges}(Gcal \cdot h^{-1} \cdot km^{-2})$, des in Betracht gezogenen Versorgungsgebietes:

$$Q_{ges} = \frac{Q_h}{F} \left(Gcal \cdot h^{-1} \cdot km^{-2}\right) \qquad (2.16),$$

wobei $Q_h(Gcal \cdot h^{-1})$ den gesamten Fernwärmebedarf [3] der Wärmekunden innerhalb der Versorgungsgebietsfläche, $F(km^2)$, darstellt.
Die Fläche F ist die tatsächliche Gebietsfläche oder das gesamte Planungsgebiet im Sinne der Baunutzungsverordnung [4].

---

1) Vgl. dazu die Ausführungen in Kapitel C. II. 1.

2) Bei Hochtemperaturreaktoren mit Heliumturbine (HHT) rechnet K. Bammert, daß in "nicht allzu ferner Zukunft" Einheiten mit elektrischen Leistungen von 100 bis 300 MW_{el} wirtschaftlich erstellt werden können. Vgl. Bammert, K.: A General Review of Closed-Cycle Gas Turbines Using Fossil, Nuclear and Solar Energy, München 1975, S. IX und S. 66.
Die nutzbare Abwärmemenge einer 300 MW_{el} HHT-Anlage liegt etwa in der Größenordnung der bei Kernkraftwerken mit Entnahmekondensatitionsturbine von 900 MW_{el} Leistung entnehmbaren Wärmemengen (siehe unten); die im folgenden betrachteten versorgungswirtschaftlichen Zusammenhänge bleiben damit im Prinzip unberührt.

3) Die Summe, $Q_h(Gcal \cdot h^{-1})$, erfaßt den Fernwärmebedarf für Raumheizung, Warmwasserbereitung, Lüftungs- und Klimaanlagen, Wirtschafts- und Industriezwecke. Vgl. Vereinigung Deutscher Elektrizitätswerke (VDEW) e.V. (Hrsg.): Fernwärmeversorgung aus Heizwerken - Planung, Bau und Betrieb, Frankfurt/M. 1973, S. 24.

4) Vgl. Brachetti, H.E.: Technisch-wirtschaftliche und bauphysikalisch-konstruktive Probleme bei der Planung von Fernwärmenetzen, Frankfurt/M. 1974, S. 11. ders.: Vorplanungsfragen bei Fernheizleitungen, in, gwf (Ausgabe: Gas-Erdgas), 113. Jg. (1972), H. 5, S. 229.

Erfahrungswerte der Fernwärmebedarfsdichte in Großstädten sind in Tabelle 15 zusammengestellt:

Art der Bebauung	Fernwärmebedarfsdichte $(Gcal \cdot h^{-1} \cdot km^{-2})$
Stadkerngebiete mit überwiegend 8-geschossiger und höherer Bebauung	100 bis 150 und mehr
Stadtgebiete mit überwiegend 6- bis 8-geschossiger Bebauung	80 bis 100
Altstadtgebiete mit schmalen Straßen und 3- bis 6-geschossiger Bebauung	50 bis 80
Stadtgebiete mit 4- bis 6-geschossiger Bebauung	40 bis 50
Stadtgebiete mit weitläufiger 3- bis 4-geschossiger Bebauung	20 bis 30

Tabelle 15: Erfahrungswerte der Fernwärmebedarfsdichte in Großstädten [1].

Aufgrund dieser Erfahrungswerte wird empfohlen, daß aus wirtschaftlichen Gründen für eine Fernwärmeversorgung eine Fernwärmebedarfsdichte von 40 $Gcal \cdot h^{-1} \cdot km^{-2}$ nicht unterschritten werden sollte. In neuen Siedlungsgebieten kann dieser Wert niedriger liegen, sollte aber mindestens 25 $Gcal \cdot h^{-1} \cdot km^{-2}$ betragen [2].

---

1) Vgl. Vereinigung Deutscher Elektrizitätswerke (VDEW) e.V. (Hrsg.): Fernwärmeversorgung aus Heizwerken - Planung, Bau und Betrieb, Frankfurt/M. 1973, S. 25.

2) Vgl. Vereinigung Deutscher Elektrizitätswerke (VDEW) e.V. (Hrsg.): Fernwärmeversorgung aus Heizwerken - Planung, Bau und Betrieb, Frankfurt/M. 1973, S. 24f. Wurr, K.: Zum Stand der Fernwärmeversorgung, in: Energie- und Technik, 26. Jg. (1974), H. 3, S. 60.

Soweit statistische Unterlagen bestehen, kann für Städte mit über 50 000 Einwohnern mit einem spezifischen Gesamtwärmebedarf (Gas, Öl, Kohle, Elektrizität, Fernwärme) - unabhängig von der Art der Wärmeversorgung - von etwa 2,5 bis 3,5 $Gcal \cdot h^{-1}$ pro 1000 Einwohner gerechnet werden [1)2)]. Die für eine Fernwärmeversorgung in Betracht kommenden Gebiete, d.h. solche mit einer Fernwärmebedarfsdichte von mindestens 40 $Gcal \cdot h^{-1} \cdot km^{-2}$, können mit einem Fernwärmebedarf von etwa 1,5 $Gcal \cdot h^{-1}$ pro 1000 Einwohner [3)] angesetzt werden.

Unter Verwendung dieses Fernwärmebedarfswertes (1,5 $Gcal \cdot h^{-1}$ pro 1000 Einwohner) wäre etwa eine im Entnahmekondensationsbetrieb eines Kraftwerks mit 1300 MW_{el} installierter Nennleistung entnommene Wärmeleistung [4)]

---

1) Vgl. Vereinigung Deutscher Elektrizitätswerke (VDEW) e.V. (Hrsg.): Fernwärmeversorgung aus Heizwerken - Planung, Bau und Betrieb, Frankfurt/M. 1973, S. 25.

2) Im Rahmen eines freien Wettbewerbs wird sich hiervon nur ein geringer Teil der Wärmeverbraucher (ausgenommen Heizöl) als Fernwärmekunden zugewinnen lassen. - Mit zunehmender Substitution des Mineralöls wird jedoch die prozentual größte Zuwachsrate auf die Fernwärme entfallen. Siehe dazu Wolgemuth, R.: Die volkswirtschaftliche Beurteilung des Recycling am Beispiel der Abwärmenutzung für die Fernwärmeversorgung; Schriftenreihe des Energiewirtschaftlichen Instituts an der Universität Köln, Bd. 19, München 1975, S. 218ff. sowie die dort angegebene Referenzliteratur. Bohn, Th.: Energiebedarf, Analyse und Möglichkeiten der Deckung, in: Kerntechnik, 17. Jg. (1975), H. 1, S. 18ff.

3) Vgl. Vereinigung Deutscher Elektrizitätswerke (VDEW) e.V. (Hrsg.): Fernwärmeversorgung aus Heizwerken - Planung, Bau und Betrieb, Frankfurt/M. 1973, S. 25.

4) Thermische Leistung (MW_{th}) und Wärmeleistung ($Gcal \cdot h^{-1}$) stehen aufgrund des 2. Hauptsatzes der Thermodynamik über folgende Konversionsfaktoren in Beziehung:

$$1 MW_{th} = 860\ Gcal \cdot h^{-1}$$

oder

$$1 Gcal \cdot h^{-1} = 1{,}163\ MW_{th} .$$

Einer elektrischen Leistung von 900 MW_{el} oder 1300 MW_{el} entsprechen bei den heutigen Wirkungsgraden der Leichtwasserreaktoren eine thermische Reaktorleistung von etwa 2600 MW_{th} resp. 3750 MW_{th}.

von 1000 $Gcal \cdot h^{-1}$ ausreichend für die Versorgung einer Stadt mit etwa 6,5 bis $7 \cdot 10^5$ Einwohnern [1]. Überträgt man dieses überschlägige Rechenexempel auf ein Kernkraftwerk mit 900 MW_{el} installierter Nennleistung, so wäre eine etwa entnommene Wärmeleistung von 600 $Gcal \cdot h^{-1}$ ausreichend für die Fernwärmeversorgung einer Stadt mit etwa $4 \cdot 10^5$ Einwohnern. Der "optische Eindruck" der vorstehenden Zahlen darf aber nicht darüber hinwegtäuschen, daß es sich dabei um das Fernwärmeversorgungspotential der Kernheizkraftwerke handelt. Zahlreiche Städte oder Stadtgebiete [2] der Bundesrepublik werden gegenwärtig (1974) von ca. 100 Heizkraftwerken und ca. 400 Heizwerken mit Fernwärme versorgt [3], so daß unter sonst gleichen Bedingungen wesentlich größere Versorgungsgebiete für eine nukleare Fernwärmeversorgung anzusetzen sind (siehe unten).

Da nach derzeitiger und vorläufig überschaubarer Genehmigungspraxis für Kernkraftwerke nicht generell mit einem Zubau in dicht besiedelten Gebieten - entsprechend mehrfach geäußerten Forderungen (siehe unten) - gerechnet werden kann, wird es notwendig, die erzeugten Fernwärmemengen über Transportleitungen von 25 bis 35 km [4] Länge vom Standort des Kern-

---

1) Die wärmewirtschaftlichen Zusammenhänge bei der Wärmeentnahme aus Kernkraftwerken mit Dampfturbine - spezifische Leistungsminderung ΔN_{el} (kW) pro $Gcal \cdot h^{-1}$ Wärmeentnahme und maximal mögliche Wärmeentnahme Q($Gcal \cdot h^{-1}$) pro MW installierter Nennleistung in Abhängigkeit von der Vorlauftemperatur T_V (°C) des Heißwassernetzes - können einem von R. Hohl angegebenen Diagramm entnommen werden. Siehe Hohl, R.: Fernbeheizte Schweiz?, Die totale Energieverwertung und ihre mögliche Rolle in einer umweltfreundlichen Gesamtenergieversorgung, in: Brown Boveri Mitt., 60. Jg. (1973), H. 6, S. 260.

2) Eine Zusammenstellung der Fernwärmeversorgungsunternehmen und Versorgungsgebiete findet sich z.B. in Müller, K.: Fernwärme-Preisvergleich 1974, in: FWI, 4. Jg. (1975), H. 3, S. 77-87.

3) Nach einer Untersuchung des Ifo-Instituts für Wirtschaftsforschung, zit. nach o.V.: Fernwärme nur für 7 Prozent aller Wohnungen, Bisher 5000 Kilometer Leitungsnetze in Deutschland, in: FAZ, Nr. 227 vom 1. Oktober 1975, S. 27.

4) Vgl. Bohn, Th., Dietrich, G., Kugeler, K., Kugeler, M., Nießen, H.F. und

Fortsetzung siehe Seite 316

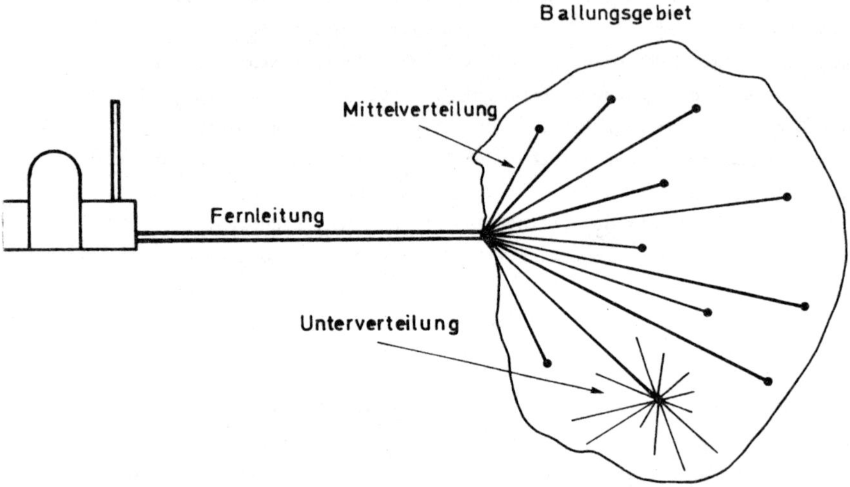

Abbildung 21: Netzaufbau zur nuklearen Fernwärmeversorgung dargestellt am Beispiel eines großen Versorgungsgebiets [1].

Fortsetzung zu Fußnote

4) Schlenker, H.V.: Nukleare Fernwärme und Nukleare Fernenergie; Kernforschungsanlage Jülich GmbH , Bericht Jül-1077, Jülich 1974, S. 29f. Beck, K.: Fernheizung für ein Drittel aller Wohnungen?, 25 000 km Fernheizleitung müßten zu den bestehenden 5000 km neu verlegt werden - Warnung vor Utopien, in: VDI-Nachr., Nr. 49 vom Dezember 1974, S. 9. o.V.: Kernkraft künftig doppelt nutzen, Atomheizung wirtschaftlich bis 35 km Transportentfernung - Netzausdehnung regional, in: ZfK, Nr. 4 vom 11. April 1975, S. 23. Korek, J.: Das Kernkraftwerk der Zukunft - ein Heizkraftwerk?, in: Technische Vereinigung der Großkraftwerksbetreiber (VGB) e.V. (Hrsg.): Kraftwerk und Umwelt 1975; VGB-Konferenz-Vorträge, Essen (1976), S. 17.

1) Bohn, Th., Dietrich, G., Kugeler, K., Kugeler, M., Nießen, H.F. und Schlenker, H.V.: Nukleare Fernwärme und Nukleare Fernenergie; Kernforschungsanlage Jülich GmbH , Bericht Jül-1077, Jülich 1974, S. 30.

kraftwerks an die Peripherie eines Ballungsgebiets oder eines Stadtgebiets heranzuführen, an die sich eine Mittelverteilung zu den Standorten jetziger konventioneller Heizkraftwerke oder Fernheizwerke anschließt (vgl. Abbildung 21). Die für die "Fernleitung" zu verlegende Transportleitung von 1000 mm Durchmesser würde bei einer Länge von 30 km einschließlich aller Nebeneinrichtungen Anlagekosten in der Größenordnung von 150 bis $200 \cdot 10^6$ DM erfordern [1)2)]. Aus diesem Grund ist bereits mehrfach vorgeschlagen worden, Kernkraftwerke zur Fernwärmeversorgung stadtnah zu errichten [3)]. Diese Vorschläge sind an den "klassi-

---

1) Vgl. Bohn, Th., Dietrich, G., Kugeler, K., Kugeler, M., Nießen, H.F. und Schlenker, H.V.: Nukleare Fernwärme und Nukleare Fernenergie; Kernforschungsanlage Jülich GmbH , Bericht Jül-1077, Jülich 1974, S. 37. Beck, K.: Fernheizung für ein Drittel aller Wohnungen?, 25 000 km Fernheizleitungen müßten zu den bestehenden 5000 km neu verlegt werden - Warnung vor Utopien, in: VDI-Nachr., Nr. 49 vom 6. Dezember 1974, S. 9.

2) Dieser Betrag muß in Relation gesehen werden mit dem jährlichen Aufwand der Wärmeversorgung durch Heizöl, wie folgende Überschlagsrechnung zeigt: Angenommen sei eine Großstadt mit $5 \cdot 10^5$ Einwohnern und einem jährlichen Heizölverbrauch von $5 \cdot 10^5$ t. Bei einem Heizölpreis von $300\ DM \cdot t^{-1}$ ergibt sich damit ein jährlicher Aufwand von $150 \cdot 10^6$ DM. Für einen Heizölpreis von $300\ DM \cdot t^{-1}$ beträgt der Wärmepreis $30\ DM \cdot Gcal^{-1}$ (als unterer Heizwert von Heizöl wird hier der übliche Mittelwert $H_u = 10\ 000\ kcal \cdot kg^{-1}$ angenommen). Für den Wärmepreis nuklear erzeugter Fernwärme werden je nach Transportentfernung, Rohrdurchmesser, Temperaturspreizung, Vorlauf-/Rücklauftemperatur, Wärmeleistung und Benutzungsdauer heute Werte zwischen 40 und $50\ DM \cdot Gcal^{-1}$ frei Haus genannt. Dieser Wärmepreis liegt unter Beachtung der Nebenkosten bei ölgefeuerten Hausanlagen sowie der weiterhin zu erwartenden Preissteigerungen durchaus in der Kostenpräferenzzone. Zudem sind als weitere Faktoren für eine nukleare Fernwärmeversorgung zu bewerten: Versorgungssicherheit (Importabhängigkeit von Rohöllieferungen), Umweltbeeinflussung (insbesondere SO_2) und Komfortabilität.

3) Vgl. z.B. Marnet, Chr., Determann, H.-G. und Stumpf, H.: Kraftwerksbau-

Fortsetzung siehe Seite 318

schen" Standort-Planungsgrundsätzen für konventionelle Fernwärmeversorgungsanlagen orientiert [1]. Für die Elektrizitätsversorgungsunternehmen sind diese Vorschläge insofern problematisch, als für stadtnahe Standorte auch in naher Zukunft nicht allgemein mit einer im Sinne des Antragsstellers positiven Entscheidung der Genehmigungsbehörden gerechnet werden kann. Darüberhinaus bringt die Ablehnung eines Standorts erhebliche wirtschaftliche Nachteile für den Antragsteller, da zum Zeitpunkt der Beantragung des Genehmigungsverfahrens bereits umfangreiche Vorleistungen erbracht sein müssen (Grundstückserwerb, geologische-, bodenmechanische-, hydrologische-, meteorologische Untersuchungen und Gutachten, Projektierung des Reaktors und Reaktorgebäudes, Untersuchungen über den "Größten anzunehmenden Unfall" und die "Unfallfolgen-Begrenzungs-

---

Fortsetzung zu Fußnote

3) programme und Förderung der Energiewirtschaft, Gedanken zu den Kraftwerkszubauten in der Bundesrepublik und zum behördlichen Untersagungsrecht nach § EnergG, in: Energie und Technik, 25. Jg. (1973), H. 7, S. 180. o.V.: Neu Gründerjahre für Heizkraftwirtschaft, Wärmetransport ist das Hauptproblem - Versuchsanlagen mit Bundeshilfe, in: ZfK, Nr. 9 vom 6. September 1974, S. 15.
Ebenso A. Buch hinsichtlich der Standortwahl für Hochtemperaturreaktoren: "Durch seine passiven und aktiven Sicherheitseigenschaften kann er ohne Bedenken, dem elektrizitätswirtschaftlichen Grundsatz folgend, Erzeugungsschwerpunkte in die Verbrauchsnähe zu rücken, innerhalb von Ballungszentren errichtet werden, ohne daß gesundheitsschädliche Folgen zu befürchten wären". Buch, A.: Planung und Standortwahl von Kernkraftwerken, Konzeption der Stromversorgung der BRD unter Berücksichtigung der Umweltbeeinflussung, Mainz 1973, S. 120f.

1) Siehe Rietschel, (H.) und Raiß, W.: Heiz- und Klimatechnik, Bd. 1: Grundlagen-Systeme-Ausführung, 15. Aufl., Berlin-Heidelberg-New York 1968, S. 302. Vereinigung Deutscher Elektrizitätswerke (VDEW) e.V. (Hrsg.): Fernwärmeversorgung aus Heizwerken - Planung, Bau und Betrieb, Frankfurt/M. 1973, S. 30. Hakansson, K.: Handbuch der Fernwärmepraxis, Grundlagen für Planung, Bau und Betrieb von Fernheizwerken, Essen 1973, S. 62ff.

maßnahmen" etc.) [1]. Unterstellt man eine prinzipielle Genehmigung seitens der Genehmigungsbehörden, so ist zumindest mit einem sehr langwierigen Genehmigungsverfahren aufgrund umfangreicher Sicherheitsmaßnahmen und hohen, unter gegenwärtigen Verhältnissen noch nicht zum Zeitpunkt der Planung vollständig evaluierbaren standortabhängigen "Sicherheitskosten" [2] sowie massierten Einsprüchen und Anfechtungsklagen aus der Umgebungsbevölkerung zu rechnen. So stellt z.B. die Energie-Versorgung Schwaben AG in ihrem Geschäftsbericht 1975 fest: "Die Problematik der Verzögerung bei den Kernkraftwerken liegt nicht allein in der Gefahr fehlender Kraftwerksleistung in der Zukunft, sondern auch im unerträglich ansteigenden finanziellen Risiko für die Versorgungsunternehmen. Sie besteht nicht zuletzt darin, daß die verzögerungsbedingten Mehrkosten [3] in beachtliche Dimensionen anwachsen und eine an sich unnötige Belastung der künftigen... (Energiepreise für die Energiekunden) darstellen" [4].
Ferner wäre aus Gründen der Reservebereitstellung für die Wärmelieferung während der Stillstandzeiten die Erstellung von zwei Kernheizkraftwerken erforderlich. Eine Reservehaltung über zwei Kernheizkraftwerke ist hier wirtschaftlich irreal. Zu der entsprechend geringeren Ausnutzungsdauer der Wärmeleistung der beiden Kernkraftwerke in den Wintermonaten kämen weiterhin die besonderen ökologischen Konsequenzen in den Sommermonaten. Die ausgekuppelten Wärmemengen müssen dann über Kühltürme an die Atmosphäre abgegeben werden und würden somit eine weitere thermische Belastung des Stadt-

---

1) Vgl. dazu die Ausführungen in Kapitel B. II. 3. - ad 1. Maßnahmen im Bereich gesetzlicher Regelungen und Genehmigungsverfahren sowie Kapitel B. III. 2.

2) Vgl. die Ausführungen in Kapitel B. II. 3. - ad 2. Technische Sicherheitsmaßnahmen sowie die Vorbemerkungen zu Kapitel B. III. 2.

3) (Anm. d. Verf.) Siehe dazu ausführlich Trenkler, H.: Kosten der Bauzeitverlängerungen bei Kernkraftwerken, in: atw, 21. Jg. (1976), H. 5, S. 246-250.

4) Energie-Versorgung Schwaben AG (Hrsg.): Bericht über das 37. Geschäftsjahr 1975, Stuttgart 1976, S. 8.

gebiets in den Sommermonaten bedingen. Schließlich ist zu bedenken, daß sich die oben beispielhaft herausgestellten Wärmeleistungen von 600 $Gcal \cdot h^{-1}$ (900 MW_{el} Reaktorleistung) oder 1000 $Gcal \cdot h^{-1}$ (1300 MW_{el} Reaktorleistung) nur in wenigen Städten allein [1] absetzen ließen (siehe Tabelle 16), d.h. in den meisten Fällen kann nur eine Fernwärmeversorgung mehrerer Städte oder eines Ballungsgebiets von interlokalen Standorten erfolgen.

Stadt	Fernwärmeanschlußwert ($Gcal \cdot h^{-1}$)
Walsum	30
Dinslaken	160
Duisburg	230
Oberhausen	230
Bottrop	50
Essen	440
Gelsenkirchen	170
Herne	40
Castrop-Rauxel	20
Dortmund	340
	Σ 1710
Aachen	105
Berlin	1230
Bielefeld	400
Hamburg	1435
Hannover	310
Heidelberg	175

1) Geplant ist z.B. die Errichtung eines Kernheizkraftwerks am nördlichen Münchener Stadtrand. "Die Planungen sind bereits so weit fortgeschritten, daß Standortsicherungsverfahren eingeleitet wurden". Neben der Einspeisung von Fernwärme in das Münchener Fernwärmenetz "soll das Kernkraftwerk auch zur Beheizung der Landebahnen des bei Erding geplanten Großflughafens herangezogen werden". Nach einer Notiz: Kernkraftwerk am Stadtrand Münchens?, in: Kerntechnik, 17. Jg. (1975), H. 11, S. 461.

(Fortsetzung)

Stadt	Fernwärmeanschlußwert $(Gcal \cdot h^{-1})$
Karlsruhe	215
Kiel	470
Köln	330
Mannheim	490
München	1200
Saarbrücken	135
Stuttgart	440
Würzburg	180
Wuppertal	390

Tabelle 16: Fernwärmeanschlußwerte einiger Städte in der Bundesrepublik Deutschland (Stand 1974) [1].

Tendenziell ähnliche Verhältnisse zeigen die in Tabelle 17 zusammengestellten Fernwärmeanschlußwerte $(Gcal \cdot h^{-1})$ deutscher Fernwärmeversorgungsunternehmen auf. Die erkennbare teilweise Diskrepanz dieser Werte zu denen in Tabelle 16 ist insbesondere dadurch bedingt, daß von einigen Unternehmen [2] eine überörtliche Fernwärmeversorgung durchgeführt wird, z.B. STEAG Fernwärme GmbH., Vereinigte Elektrizitätswerke Westfalen AG (VEW) etc.

Großräumiger orientiert sind demgegenüber angelaufene, vom "Bundesministerium für Forschung und Technologie" geförderte Planungsstudien, Städte und Ballungsgebiete in der Bundesrepublik über eine überregional vermaschte (Bundes-)

---

1) Zahlenwerte nach Brachetti, H.E.: Technisch-wirtschaftliche und bauphysikalisch-konstruktive Probleme bei der Planung von Fernwärmenetzen, Frankfurt/M. 1974, S. 12. Hannes, K., Janz, H. und Bruns, P.-H.: Überregionale Fernheizung - ein Modell, in: Techn. Mitt., 67. Jg. (1974), H. 5, S. 183. Müller, K.: Fernwärme-Preisvergleich 1974; in: FWI, 4. Jg. (1975), H. 3, S. 78ff.

2) Siehe dazu Müller, K.: Fernwärme-Preisvergleich 1974, in: FWI, 4. Jg. (1975), H. 3, S. 77-87.

Anzahl der Unternehmen	Fernwärmeanschlußwert ($Gcal \cdot h^{-1}$)
4	> 1000
3	500-1000
35	100- 500
27	25- 100
22	5- 25

Tabelle 17: Fernwärmeanschlußwerte der Fernwärmeversorgungsunternehmen in der Bundesrepublik Deutschland (Stand 1972) [1].

Fernwärme-Verbundschiene zu versorgen [2)3)]. Als erster Schritt zur Realisierung der Fernwärme-Verbundschiene ist der Ausbau regionaler Fernwärmenetze im Ruhr- [4] und Saargebiet mit Bundesmitteln unterstützt worden.

---

1) Zahlenwerte nach Bonnenberg, H.: Standort und Größe zukünftiger nuklearer Fernwärmeanlagen, in: atw, 20. Jg. (1975), H. 1, S. 33.

2) Siehe dazu Hannes, K., Janz, H. und Bruns, P.-H.: Überregionale Fernheizung - ein Modell, in: Techn. Mitt., 67. Jg. (1974), H. 5, 180-186. Gräff, P.: Die Verwendung der Abwärme von Kraftwerken, Die Neubewertung der Energie begünstigt den Wärmeverbund, in: ET, 24. Jg. (1974), H. 7, S. 341-342. Bruns, P.-H., Krischke, H. und Möllenkamp, F.-W.: Die Versorgung der Bundesrepublik mit Fernwärme über eine Bundeschiene, in: Energie, 27. Jg. (1975), H. 1, S. 4-9. Winkens, H.P.: Nukleare Fernwärme, in: atw, 20. Jg. (1975), H. 7/8, S. 375-380. Winkens, H.P.: Die Aussichten einer Verbreitung der Fernwärmeversorgung, in: ET, 25. Jg. (1975), H. 8, S. 374-381. o.V.: Positive Fernwärme-Studien, in: VDI-Nachr., Nr. 52 vom 26. Dezember 1975, S. 7.

3) Ein ähnliches Modell ist für die Fernwärmeversorgung der Schweiz konzipiert worden. Siehe Hohl, R.: Fernbeheizte Schweiz?, Die totale Energieverwertung und ihre mögliche Rolle in einer umweltfreundlichen Gesamtenergieversorgung, in: Brown Boveri Mitt., 60. Jg. (1973), H. 6, S. 253-264.

4) Vgl. Tabelle 16 auf Seite 320.

In der Endausbaustufe (in etwa 30 Jahren) sollen an das Fernwärmeverbundssystem alle Städte über 40 000 Einwohner in der Bundesrepublik angeschlossen sein [1]. In das Fernwärmeverbundsystem kann Wärme aus konventionellen Kraftwerken und Kernkraftwerken, Industrieanlagen und Müllverbrennungsanlagen [2] eingespeist werden. Durch die große Zahl der angeschlossenen Anlagen sowie der großen Speicherkapazität des Netzes, wäre im Endausbau die Versorgungssicherheit auch bei einem zeitgleichen Ausfall mehrerer Anlagen erhalten.

Aufgrund der außerordentlich hohen Investitionskosten, die von H. Matthöfer gegenwärtig auf etwa 200 Mrd. DM [3] beziffert werden, sind die Vorstellungen der Bundesregierung zum Ausbau eines bundesweiten Fernwärmeverbundsystems in Kreisen der Elektrizitätswirtschaft allerdings auf breite Skepsis gestoßen [4]. So wird von F. Gläser vor allem geltend gemacht, daß die forcierte Erstellung des Projekts zu einer Zeit durchgeführt wird, in der die Elektrizitätswirtschaft noch darauf angewiesen ist, die enormen Investitionen, die heute für die Zukunft durchzuführen sind, bei einigermaßen normalem Marktablauf wirtschaftlich zu erarbeiten [5]. -

---

1) Vgl. Matthöfer, H.: Energieforschung als Aufgabe nationaler und internationaler Kooperation, in: Tagungsberichte des Energiewirtschaftlichen Instituts (Universität Köln), H. 18: Neuorientierungen der Energiewirtschaft, München 1975, S. 119. Siehe dazu auch Bruns, P.-H., Krischke, H. und Möllenkamp, F.-W.: Die Versorgung der Bundesrepublik mit Fernwärme über eine Bundesschine, in: Energie, 27. Jg. (1975), H. 1, S. 5 (dort Abbildung 2: Fernwärmeverbund in der BRD).

2) Unter energieversorgungswirtschaftlichem Aspekt kommt den Müllverbrennungsanlagen allerdings keine bedeutende Rolle zu.

3) Vgl. Matthöfer, H.: Energieforschung als Aufgabe nationaler und internationaler Kooperation, in: Tagungsberichte des Energiewirtschaftlichen Instituts (Universität) Köln, H. 18: Neuorientierungen der Energiewirtschaft, München 1975, S. 119.

4) Siehe etwa Gläser, F.: (Diskussionsbeitrag zum Vortrag von H. Matthöfer: Energieforschung als Aufgabe nationaler und internationaler Kooperation), in: ebenda, S. 138ff.

5) Vgl. Gläser, F.: (Diskussionsbeitrag zum Vortrag von H. Matthöfer: Energieforschung als Aufgabe nationaler und internationaler Kooperation), in: ebenda, S. 140.

"Die energetische Verbindung von Heiz- und Kraftanlagen ans sich gehört zum Postulat unserer technischen Erkenntnis". Dieser Satz ist keine Einsicht unserer Zeit, sondern das Leitmotiv der 1933 erschienenen Arbeit von E. Schulz: "Öffentliche Heizkraftwerke und Elektrizitätswirtschaft in Städten" [1].

Nach dem Stillstand der Entwicklung der Heizkraftwirtschaft in den dreißiger und vierziger Jahren, für den sowohl betriebswirtschaftliche als auch weltwirtschaftliche Gründe bestimmend waren [2], hat sich in der Bundesrepublik Deutschland erst seit Mitte der fünfziger Jahre die Fernwärmeversorgung aus (konventionellen) Heizkraftwerken und Heizwerken zu einem bemerkenswerteren Energielieferer entwickelt. Ende 1974 waren in der Bundesrepublik nach einem Bericht des Ifo-Instituts ca. 100 Heizkraftwerke sowie ca. 400 Heizwerke in Betrieb, die etwa 7 % aller Wohnungen mit Fernwärme versorgten [3]. Daß die Fernwärme bislang in der Energiever-

---

1) Schulz, E.: Öffentliche Heizkraftwerke und Elektrizitätswirtschaft in Städten, Berlin 1933, S. III.

2) Dazu bemerkt H.-J. Scheltz u.a.: "Grund hierfür war wohl in der Hauptsache die eintretende Wirtschaftskrise, außerdem aber auch die abschreckende Wirkung einiger Werke, die infolge falscher Wahl des Druckes oder in bezug auf Größe und Entfernung ungeeigneter Abnehmer unwirtschaftlich arbeiteten. Teils mag auch ein falsches Selbstkostenverrechungsverfahren eine scheinbare Unwirtschaftlichkeit des Fernheizbetriebes ergeben haben. Hierdruch wird manches Projekt, das bei richtiger Wahl des Druckes und sinngemäßer Verteilung der Kosten auf Strom- und Wärmelieferung wirtschaftlich ist, nicht zur Ausführung gekommen sein". Scheltz, H.-J.: Die Kostenanteile von Strom- und Heizwärme bei Heizkraftwerken, Ableitung einer Kurve zur Kostenaufteilung, in: Archiv für Wärmewirtschaft und Dampfkesselwesen, 22. Jg. (1941), H. 12, S. 255.

3) Zahlenangaben nach o.V.: Fernwärme nur für 7 Prozent aller Wohnungen, Bisher 5 000 Kilometer Leitungsnetze in Deutschland, in: FAZ, Nr. 227 vom 1. Oktober 1975, S. 27.

sorgung der Bundesrepublik trotz der vielen Vorteile keinen größeren Bedarfsdeckungsanteil erreichen konnte, ist auf die dominierende Stellung des Heizöls bei der Raumheizung und auf die Höhe der Fernwärmetransportkosten zurückzuführen.

Die ersten Überlegungen (etwa um 1960) zur Wärmebedarfsdeckung mittels Kernenergie sind gekennzeichnet von Vorschlägen, nukleare Heizwerke spezieller Konstruktion einzusetzen [1]. In Verbindung mit erwarteten niedrigen Anlagekosten wurden wirtschaftliche Lösungen für die Wärmeversorgung prognostiziert. Dabei wurde angenommen, daß eine Steigerung der Wirtschaftlichkeit bei Kernkraftwerken nur über die von Erhöhung von Parametern, vor allem des Wirkungsgrads, möglich wäre. Entgegen diesen Vorstellungen erreichten Kernkraftwerke ihre Wirtschaftlichkeit aber im wesentlichen über die Steigerung der Blockleistung. Die projektierten nuklearen Heizwerke blieben daher unwirtschaftlich [2].
Das stetige Wachstum des Energiebedarfs, der steigende Anteil der Kernkraftwerke an der elektrischen Gesamtleistung sowie die heute erreichten Kernkraftwerks-Blockleistungen haben der zuvor genannten These von E. Schulz besondere Aktualität gegeben. "Möglicherweise stehen wir also am Beginn einer neuen 'Gründerzeit' der deutschen Heizkraftwirtschaft, in der die zweite, mit Kernkraft betriebene Generation von Heizkraftwerken heranreift" [3].
Zusammenfassend lassen sich nachstehende Schlußfolgerungen und Aussichten ableiten:

---

1) Siehe z.B. Schwarz, K.: Kernreaktoren zur Erzeugung von Industriewärme (Zusammenfassender Bericht), in: Kernenergie, 6. Jg. (1963), H. 9, S. 451-465. Wenzel, P.: Niedertemperatur-Heizreaktoren (Zusammenfassender Bericht), in: Kernenergie, 7. Jg. (1964), H. 1, S. 1-8. Schwarz, K.: Kernreaktoren, eine Möglichkeit zur Deckung des Wärmebedarfs, in: Energietechnik, 15. Jg. (1965), H. 8, S. 342-350.

2) Vgl. ausführlicher Fratzscher, W. und Felke, H.: Einführung in die Kernenergetik, 2. Aufl., Leipzig 1973, S. 420f.

3) o.V.: Neue Gründerjahre für Heizkraftwirtschaft, Wärmetransport ist das Hauptproblem - Versuchsanlagen mit Bundeshilfe, in: ZfK, Nr. 9 vom 6. September 1974, S. 15.

1. Mit dem Ausbau der nuklearen Fernwärmeversorgung aus Kernheizkraftwerken ergibt sich eine Minderung der thermischen Belastung der Flüsse. Die Abwärmenutzung kann allerdings das Abwärmeproblem nur graduell lösen, da die bei der Stromerzeugung insgesamt anfallenden Wärmemengen nicht restlos verwertet werden können und der Heizwärmebedarf starken jahreszeitlichen Schwankungen unterliegt. Je nach Belastungsfall muß die nicht absetzbare Abwärme über Ablaufkühlung oder Rückkühlung (naß oder trocken) an die Umwelt abgegeben werden.

2. Die Verwendung der Abwärme aus Kernkraftwerken ermöglicht eine beträchtliche Substitution des Mineralöls. Hierzu bemerken Th. Bohn et al.: "Ausgehend von der heutigen Situation auf dem Raumheizungssektor [1]...(kann erwartet werden), daß in Zukunft eine zunehmende Substitution des Mineralöls stattfinden muß. Zum einen sind in Zukunft die erwarteten Bedarfssteigerungen auf diesem Sektor nicht mehr mit Öl in diesen Mengen zu befriedigen, zum anderen erweisen sich mit den eingetretenen Ölpreiserhöhungen andere Systeme als konkurrenzfähig. Die Wärmeversorgung auf nuklearer Basis scheint eine vielversprechende Alternative zu werden..." [2].

3. Als positive Auswirkungen der Mineralölsubstitution im Heizsektor sind darüber hinaus die Reduzierung der Schadstoffemission (SO_2, NO_x, Fluor, CO, C_mH_n, Staub) [3] und der Klimabeeinflussung durch CO_2 [4] in Betracht zu ziehen.

---

1) (Anm. d. Verf.) Sehr ausführlich dazu Kränkel, H.: Strukturwandel in der Energiewirtschaft durch Entwicklungstendenzen auf dem Gebiet der Raumheiztechnik, in ET, 24. Jg. (1974), H. 12 (Dezember), S. 607-614.

2) Bohn, Th., Dietrich, G., Kugeler, K., Kugeler, M., Nießen, H.F. und Schlenker, H.V.: Nukleare Fernwärme und Nukleare Fernenergie; Kernforschungsanlage Jülich GmbH , Bericht Jül-1077, Jülich (August) 1974, S. 56.

3) Vgl. dazu die Erörterungen in Kapitel B. II. 2. sowie die dort angegebene Referenzliteratur.

4) Siehe ausführlicher Kasten, F.: Über den Energiehaushalt der Erd-

Fortsetzung siehe Seite 327

4. Wesentliche Kriterien zur Abschätzung der Voraussetzungen für eine nukleare Fernwärmeversorgung bilden:

   - Die Größe der Fernwärmebedarfsdichte $(Gcal \cdot h^{-1} \cdot km^2)$,
   - Die Höhe des Fernwärmebedarfs $(Gcal \cdot h^{-1})$.

5. Forderungen nach Errichtung von Kernheizkraftwerken in Stadtrandgebieten sind hinsichtlich mehrerer Kriterien kritisch zu beurteilen oder werden sich in der Regel wirtschaftlich nicht realisieren lassen:

   - Die Fernwärmeanschlußwerte der Mehrzahl deutscher Städte liegen im Bereich von 100 bis 500 $Gcal \cdot h^{-1}$ und nur in wenigen Fällen über 1000 $Gcal \cdot h^{-1}$ (vgl. Tabelle 16).
   - Im Entnahmekondensationsbetrieb können bei einer installierten Reaktorleistung z.B. von 900 MW_{el} oder 1300 MW_{el} Wärmemengen in der Größenordnung von 600 $Gcal \cdot h^{-1}$ resp. 1000 $Gcal \cdot h^{-1}$ und mehr entnommen werden.
   - Im Hinblick auf die derzeitige und überschaubare Genehmigungspraxis beinhaltet die Beantragung von Standorten in Stadtrandgebieten ein hohes wirtschaftliches Risiko.
   - Aufgrund hoher Besiedlungsdichten resultiert ein größeres nukleares Gefährdungspotential. Durch umfangreichere technische Sicherheitsmaßnahmen ist sicher zu stellen, daß das nukleare Risiko für die Bevölkerung nicht vergrößert wird.
   - Das Problem des "Public Acceptance" von Kernenergierisiken ist bisher kaum gelöst. Die gegenwärtige Emotionalisierung wird zu Masseneinsprüchen und Anfechtungsklagen bei den zuständigen Verwaltungsgerichten führen, in deren Konsequenz mit erheblichen zeitlichen Bauverzögerungen zu rechnen ist.

6. Die von der Bundesregierung forcierten Pläne zum Ausbau einer über-

---

Fortsetzung zu Fußnote

4) atmosphäre, in: Phys. Bl., 30. Jg. (1974), H. 2, S. 53-63. Flohn, H.: Energieproblem und Klima im 21. Jahrhundert, in: atom-informationen, 1975, H. 5, S. 3-7. Niehaus, F.: Langzeitaspekte der Umweltbelastung durch Energieerzeugung: CO_2 und H^3; Kernforschungsanlage Jülich GmbH, Bericht Jül-1165, Jülich 1975, S. 21ff.

regionalen Fernwärme-Verbundschiene weisen eine andere Konzeption als die einer isolierten Fernwärmeversorgung auf. Mit einem Aufbau regionaler Fernwärmenetze von zentral - in bezug auf mehrere Städte - gelegenen Kernheizkraftwerken können Schritte zur Realisierung der Fernwärme-Verbundschiene unternommen werden.

ad 4. Geländebedarf des Kernkraftwerks

Im Hinblick auf die wirtschaftlichen Vorteile, die sich aus dem Bau und Betrieb großer Kernkraftwerke ergeben, ist es bei der Standortwahl wichtig, den potentiellen Standort auf die Möglichkeit zur Errichtung entsprechend großer Ausbauleistungen zu untersuchen. Für die Planung des Kraftwerksprojekts bildet daher die Ermittlung des Geländebedarfs und der Entwurf des Lageplans eine wesentliche Arbeitsunterlage [1].
Allgemein gültige Aussagen über den Geländebedarf eines Kernkraftwerks sind nicht ohne weiteres möglich - zu verschiedenartig sind die jeweiligen Standortverhältnisse, die Versorgungsgebiete und die Zeitverhältnisse in denen das Kernkraftwerk geplant und gebaut wird. Maßgeblich für die Bemessung des Geländebedarfs sind auch nicht allein die Summe der Flächenbedarfswerte der einzelnen Anlagen des Kernkraftwerks und betriebswirtschaftliche Forderungen, sondern darüber hinaus die aus architektonischen, verkehrs- und sicherheitstechnischen Gründen günstige bauliche und funktionale Anordnung des Gesamtkomplexes "Kernkraftwerk". Auch die Initiative und Anschauungen des gestaltenden Kraftwerksingenieurs können sich wesentlich auf den Entwurf des Lageplans und den Geländebedarf auswirken [2].
Im Rahmen einer allgemeinen Darstellung zur Standortwahl für Kernkraftwerke kann somit nur angestrebt werden, eine Orientierungshilfe für die Geländeauswahl und Geländebemessung zu schaffen. Zu Vergleichszwecken empfiehlt sich dabei eine separate Betrachtung von Teilkomplexen des Kernkraftwerks.

---

1) Wie sehr der Geländebedarf resp. die Grundstücksgröße des potentiellen Standorts in die Gesamtplanung von Kraftwerken einbezogen werden muß, zeigt H. Koch am Beispiel der Planung eines 3600 MW_{el} Ölkraftwerks bei alternativen Ausbaukonzepten von 6x600 MW_{el}-, 4x900 MW_{el}- oder 3x1200 MW_{el}-Blöcken. Siehe Koch, H.: Planung größter Kraftwerksblöcke, in: VGB Kraftwerkstechnik, 54. Jg. (1974), H. 9, S. 587-595.

2) Darauf weisen u.a. hin Goerke, H.: Dampfkraftwerke, Entwurf und Gestaltung, München 1956, S. 19 und S. 115ff. Börnke, F.: Bautechnische Kennzahlen des Kohlekraftwerkes, Diss. Aachen 1963, S. 28. Börnke, F.: Gestaltung energiewirtschaftlicher Anlagen im Hinblick auf das Landschaftsbild, in: BWK, 26. Jg. (1974), H. 9, S. 381ff.

Zahlreiche Veröffentlichungen [1] haben gezeigt, daß zwischen der installierten Kraftwerksleistung und dem Flächenbedarf eine gewisse Abhängigkeit besteht.
Die umfassendste Untersuchung über den spezifischen Flächenbedarf [2] wurde von K. Schröder [3] an 90 konventionellen Dampfkraftwerken vorgenommen, die in den Jahren 1950 bis 1960 gebaut oder geplant wurden und in ihrem inneren und äußeren Aufbau vergleichbar sind. Die Auswertung erfolgte dabei nach gleichen Richtlinien. Im Hinblick auf die Vergleichbarkeit wurden nur folgende Gebäude betrachtet: Kessel-, Maschinen-, Bunker-, Nebenanlagen- und Schaltanlagengebäude. Die Untersuchung zeigt zwar eine starke Streuung der spezifischen Flächenwerte, die in das Streufeld eingezeichnete Kurve [4] läßt aber die Tendenz der Abnahme des spezifischen Flächenbedarfs mit steigender Kraftwerksleistung erkennen (vgl. Abbildung 22). Der damals von K. Schröder prognostizierte Grenzwert, 10 $m^2 \cdot MW_{el}^{-1}$, für den spezifischen Flächenbedarf

---

1) Siehe etwa Musil, L.: Die Gesamtplanung von Dampfkraftwerken, 2. Aufl., Berlin-Göttingen-Heidelberg 1948, S. 347ff. Goerke, H.: Dampfkraftwerke, Entwurf und Gestaltung, München 1956, passim. Schröder, K. (Hrsg.): Große Dampfkraftwerke-Planung, Ausführung und Bau, Bd. 1: Kraftwerksatlas, Berlin-Göttingen-Heidelberg 1959. Börnke, F.: Bautechnische Kennzahlen des Kohlekraftwerkes, Diss. Aachen 1963, S. 28ff. Schröder, K.: Probleme heutiger und zukünftiger Kraftwerksplanung, Berlin-München 1967, S. 8f. Bachmair, A.: Standortbeeinflussende technische Fakten für Bau und Betrieb von thermischen Kraftwerken, in: Zur Standortproblematik in der regionalen Energiewirtschaft; Veröffentlichungen der Akademie für Raumforschung und Landesplanung, Bd. 82, Hannover 1972, S. 31ff. Schuller, A.H.: Flächenbedarf von Kraftwerken mit einer Stellungnahme zum deutschen Kühlwasserproblem, in: ebenda, S. 38f.

2) Einheiten: $(m^2 \cdot kW_{el}^{-1})$ oder $(m^2 \cdot MW_{el}^{-1})$.

3) Vgl. Schröder, K. (Hrsg.): Große Dampfkraftwerke-Planung, Ausführung und Bau, Bd. 1: Kraftwerksatlas, Berlin-Göttingen-Heidelberg 1959, S. 15ff. Eine Zusammenstellung der in die Untersuchung einbezogenen Kraftwerke findet sich ebenda, S. 7 und S. 44ff.

4) In der Literatur und Praxis häufig als "Schröder'sche Grenzkurve" bezeichnet; gelegentlich auch als "Schröder'sche Wunschkurve" apostrophiert.

wird heute beim Bau konventioneller Dampfkraftwerke erreicht [1].

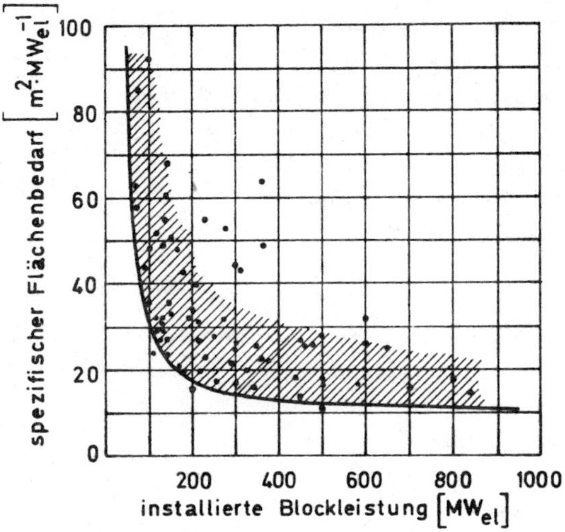

Abbildung 22: Entwicklung des spezifischen Flächenbedarfs konventioneller Dampfkraftwerke in Abhängigkeit von der installierten Blockleistung [2].

Der Geländebedarf eines Kernkraftwerks wird insbesondere durch folgende betriebsbezogenen Gebäude und Anlagen bestimmt [3]:

- Reaktorgebäude,
- Reaktorhilfsanlagengebäude,

---

1) Vgl. Vereinigung Deutscher Elektrizitätswerke (VDEW) e.V. (Hrsg.): Strom für die Bundesrepublik, Berichte und Zahlen zur Entwicklung der öffentlichen Elektrizitätsversorgung von 1950 bis 1975, Frankfurt/M. 1976, S. 23.

2) Schröder, K. (Hrsg.): Große Dampfkraftwerke-Planung, Ausführung und Bau, Bd. 1: Kraftwerksatlas, Berlin-Göttingen-Heidelberg 1959, S. 17.

3) Siehe dazu auch den unten als Beispiel abgebildeten Lageplan des Kernkraftwerks Biblis (Abbildung 25).

- Schaltanlagengebäude,
- Maschinengebäude,
- Nebenanlagengebäude,
- Kühltürme,
- Sonstige Kühleinrichtungen: Kühlwasserpumpgebäude, Kühlwasserentnahmekanal, Kühlwasserrückgabekanal,
- Verbundnetz-Schaltanlage,
- Gleisanlagen,
- Straßenanlagen.

Während Kernkraftwerke der ersten Generation für die Aufstellung der hinsichtlich konventioneller Dampfkraftwerke äquivalenten Gebäude (Reaktor-, Reaktorhilfsanlagen-, Maschinen-, Nebenanlagen- und Schaltanlagengebäude) noch einen spezifischen Flächenbedarf von 15 bis 20 $m^2 \cdot MW_{el}^{-1}$ aufwiesen [1], ist bei neueren Kernkraftwerken aufgrund der Leistungssteigerung und des technischen Fortschritts der Minimalwert der "Schröder'schen Grenzkurve" erreicht oder unterschritten [2][3].
Einen Überblick zur zeitlichen Entwicklung des spezifischen Flächenbedarfs konventioneller Dampfkraftwerke und Kernkraftwerke gibt Abbildung 23.
Bei der Projektierung künftiger Kernkraftwerke mit Blockleistungen von 900 bis 1300 MW_{el} kann für die Geländeauswahl und -bemessung als Richtwert ein spezifischer Flächenbedarf des Reaktorgebäudes einschließlich der zuvor spezifizierten Nebenanlagen von 10 $m^2 \cdot MW_{el}^{-1}$ angenommen werden, also z.B.

---

1) So z.B. die Kernkraftwerke Gundremmingen (1966), Lingen (1968), Obrigheim (1969) und Würgassen (1971). (In Klammern jeweils das Jahr der Inbetriebnahme).

2) So z.B. die Kernkraftwerke Brunsbüttel (Inbetriebnahme 1976), Philippsburg - Block I (vorgesehene Inbetriebnahme 1977), Biblis - Block A (Inbetriebnahme 1975).

3) Siehe dazu auch Schuller, A.H.: Flächenbedarf von Kraftwerken mit einer Stellungnahme zum deutschen Kühlwasserproblem, in: Zur Standortproblematik in der regionalen Energiewirtschaft; Veröffentlichungen der Akademie für Raumforschund und Landesplanung, Forschungs- und Sitzungsberichte, Bd. 82, Hannover 1972, S. 38.

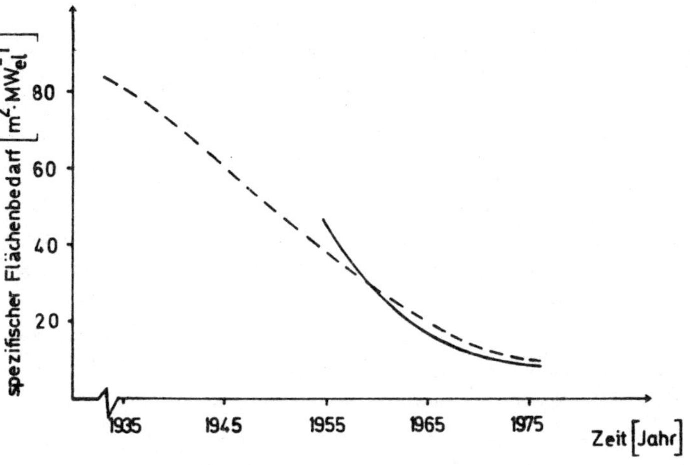

Abbildung 23: Zeitliche Entwicklung des spezifischen Flächenbedarfs konventioneller Dampfkraftwerke [1] und Kernkraftwerke.

----- konventionelle Dampfkraftwerke

——— Kernkraftwerke

200 000 m^2 für 2 Blöcke mit je 1000 MW_{el}. Detaillierte Angaben sind erst nach einer Analyse der im konkreten Fall gewünschten oder aufgrund der individuellen Standortverhältnisse erforderlichen Einrichtungen, wie z.B. Kühlwasserverhältnisse, Netzverhältnisse, sowie der Blockanzahl und genauen Blockgröße möglich.
Aufgrund der Leistungsgröße des Kernkraftwerks und/oder besonderer Verbundnetzverhältnisse im Standortbereich kann die Errichtung eines Umspannwerks oder einer Verbundnetz-Schaltanlage auf dem Gelände des Kernkraftwerks günstig oder erforderlich sein. So z.B. die 380 kV-Schaltanlage des Kernkraftwerks Philippsburg [2] (Endausbauleistung: 1x900 MW_{el} (SWR) und

1) Teilweise nach Börnke, F.: Bautechnische Kennzahlen des Kohlekraftwerkes, Diss. Aachen 1963, S. 11/12.

2) Die nächst gelegenen gesellschaftseigenen Umspannwerke befinden sich in

Fortsetzung siehe Seite 334

1x1300 MW_{el} (DWR)) mit ca. 86 000 m^2 Endausbaufläche [1]. Demgegenüber waren z.B. für das Kernkraftwerk Biblis (geplante Endausbauleistung ca. 5000 MW_{el}) aus netztechnischer Sicht durch die stark ausgebaute 380/220 kV-Umspann- und Schaltanlage Bürstadt geeignete Voraussetzungen für den Anschluß großer Blöcke vorhanden, um diese mit der nötigen Neztsicherheit einzubinden [2].

Der Flächenbedarf der Kühltürme kann für eine Übersichtsplanung ebenfalls aus Erfahrungswerten abgeleitet werden. Kühlturmleistung und Kühlsystem sind dabei zunächst von wesentlicher Bedeutung [3]. Genaue Abmessungsdaten sind erst bei der thermodynamischen, statischen und geometrischen Berechnung des Kühlturms erhältlich.
Einen Überblick über den spezifischen Flächenbedarf $(m^2 \cdot MW^{-1})$ unterschiedlich großer Naß- und Trockenkühltürme gibt Abbildung 24. Zu beachten ist dabei, daß die Werte den Flächenbedarf für Kühlwasserleitungen sowie Freihaltezonen mit ausweisen. Bei einer Linienaufstellung von zwei oder drei Kühltürmen läßt sich der spezifische Flächenbedarf erheblich reduzieren.
Bei der räumlichen Anordnung der Kühltürme sind einige wesentliche Gesichtspunkte zu berücksichtigen, die ihrerseits den Geländebedarf beeinflussen:

- Eine möglichst kurze Entfernung zwischen Kraftwerk und Kühlturm,
- Eine gerade Linienführung der Kühlwasserleitung zum Kühlturm,
- Einseitige Aufstellung (in bezug auf den Kraftwerksblock) der Kühltürme in einer Linie bei separaten Monoblöcken,

---

Fortsetzung zu Fußnote

2) Karlsruhe-Daxlanden (Badenwerk AG) und Pulverdingen (Energie-Versorgung Schwaben AG). Siehe dazu Deutsche Verbundgesellschaft (DVG) e.V. (Hrsg.): Planungskarte Deutsches Verbundnetz, Stand Januar 1975, Heidelberg 1975.

1) Vgl. o.V.: Die 380 kV-Schaltanlage des Kernkraftwerks Philippsburg, in: ET, 24. Jg. (1974), H. 10, S. 494. Kernkraftwerk Philippsburg GmbH. (Hrsg.): Strom aus Philippsburg, Philippsburg o.J. [etwa 1974] (nicht paginiert).

2) Siehe dazu Deutsche Verbundgesellschaft (DVG) e.V. (Hrsg.): Planungskarte Deutsches Verbundnetz, Stand Januar 1975, Heidelberg 1975.

3) Vgl. die Ausführungen unter ad 3. Kühlwasserversorgung und Kühlverfahren.

- Symmetrische Anordnung der Kühltürme bei Doppelblock- oder Twin-Anlagen.

Bei Naßkühltürmen ist darüber hinaus zu beachten:

- Die Lage der Kühltürme in bezug auf den Maschinenumspanner und die elektrische Schaltanlage, sofern diese in Freiluftausführung gebaut wird (Kurzschlußschäden durch Sprühregen) [2]. Entsprechend der Kühlturmanordnung muß u.U. eine größere Freizone vorgesehen werden.

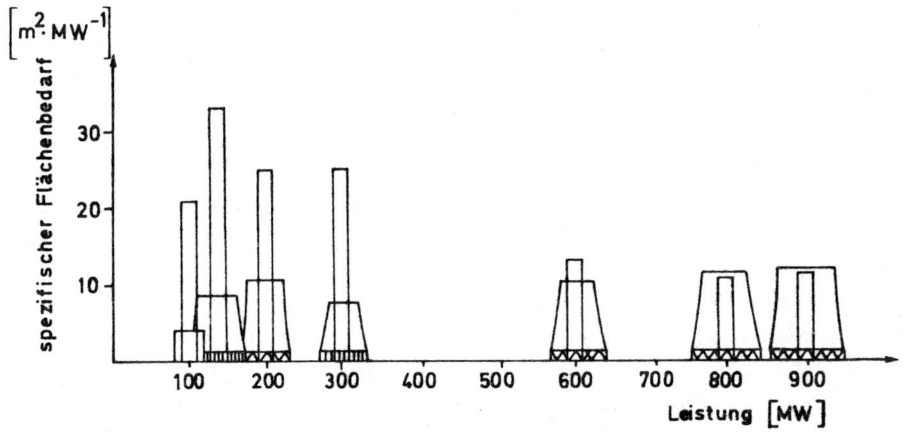

Abbildung 24: Spezifischer Flächenbedarf ausgewählter Kühltürme [1].

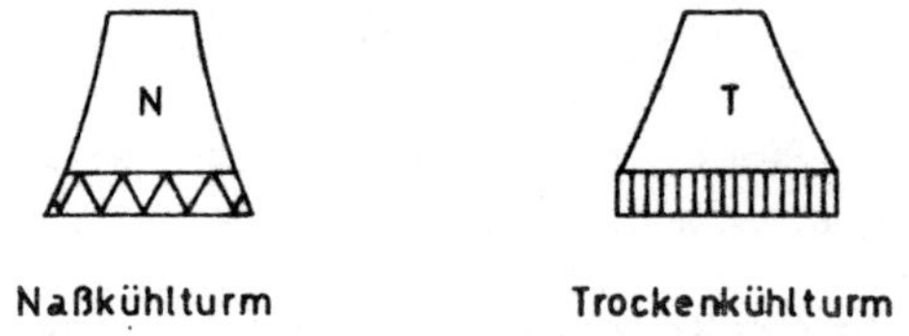

Ein weiterer wesentlicher Aspekt bei der Geländeauswahl und -bemessung ist

---

1) Hampe, E.: Kühltürme, Berlin 1975, S. 99.

2) Vgl. Mikyska, L.: Naturzugkühltürme und ihr Einfluß auf die Umgebung, in: BWK, 25. Jg. (1973), H. 2, S. 48.

die Berücksichtigung der möglichen Endausbauleistung [1], um zu vermeiden, daß bei einem später erforderlichen Zubau weiterer Kernkraftwerksblöcke die standortgünstigen Voraussetzungen [2] lediglich infolge Grundstücksmangel nicht ausgenutzt werden können. Bei der Festlegung des Grundstücks sollte daher nicht "kleinlich" vorangegangen werden, zumal die Grunstückskosten [3] bei einer Wirtschaftlichkeitsrechnung keine wesentliche Bedeutung besitzen, wie folgendes Rechenbeispiel zeigt: Für einen 1000 MW_{el}-Kernkraftwerksblock (separater Monoblock) [4] mit zwei Naßkühltürmen zu je 1000 MW und unter der Annahme des späteren Zubaus eines zweiten, gleich bemessenen Blocks ergibt sich ein Geländebedarf von 600 000 m^2 (zu Grunde gelegt wird hier ein spezifischer Geländebedarf von 30 $m^2 \cdot MW_{el}^{-1}$ für die "schlüsselfertige" Gesamtanlage). Bei einem angenommenen Grundstückspreis von 1 $DM \cdot m^2$ resultieren Grundstückskosten von $6 \cdot 10^5$ DM; bei 10 % Abschreibung ergeben sich $6 \cdot 10^4$ DM Jahreskosten. Mit einer Leistung von 1000 MW_{el} und 6500 Vollast-Betriebsstunden (entsprechend ca. 75 % Auslastung) ergibt sich eine Erzeugung von $6{,}5 \cdot 10^9$ kWh (= $6{,}5 \cdot 10^6$ MWh). Der Anteil der Grundstückskosten an den Stromerzeugungskosten beträgt damit ca. $9 \cdot 10^{-6}$ $DM \cdot kWh^{-1}$. Entsprechend läßt sich das Beispiel für eine Belegung des Standorts mit drei oder vier Blöcken konstruieren. Wird im vorstehenden Beispiel mit einem Grundstückspreis von 10 $DM \cdot m^2$ gerechnet, so beträgt der Anteil der Grundstückskosten an den Stromerzeugungskosten erst ca. $9 \cdot 10^{-5}$ $DM \cdot kWh^{-1}$. Einschränkendes Element einer "nicht kleinlichen" Geländebemessung sind, wie das Beispiel zeigt, nicht die Grundstückskosten, sondern die Schwierigkeit in für die Errichtung von Kernkraftwerken relevanten Gebieten der

---

1) Vgl. Kriese, S.: Leitfaden der Kraftwerkstechnik, Systemtechnik thermischer Energieanlagen, Essen 1973, S. 154.

2) Vgl. auch die Ausführungen in Kapitel B. I. 2. - ad 4. Erweiterung bestehender Kraftwerke.

3) Die Bodenpreise für Kraftwerksgelände liegen je nach Standortgebiet (ländlicher Raum - Ballungsgebiet) etwa zwischen 1 $DM \cdot m^{-2}$ und 25 $DM \cdot m^{-2}$.

4) Damit wird die flächenmäßig ungünstigste Bauweise unterstellt. Vgl. auch die nachstehenden Ausführungen zum Lageplan des Kernkraftwerks Biblis.

Bundesrepublik, unter Beachtung der anderen wesentlichen Standortbedingungen, geeignete Standorte mit entsprechender Geländegröße zu finden.

Einige der zuvor angesprochenen betrieblichen, wirtschaftlichen, verkehrs- und sicherheitstechnischen Projektierungsgrundsätze bei der baulichen Gestaltung eines Kernkraftwerks lassen sich am Beispiel des heute als "Musteranlage" geltenden Kernkraftwerks Biblis aufzeigen.
Block A und B des Kernkraftwerks sind nach der gleichen Grundkonzeption in Kompaktbauweise gestaltet. Die Baukörper, wie Reaktor-, Reaktorhilfsanlagen-, Schaltanlagen- und Maschinengebäude bilden einen Baukomplex. Der Vorteil dieser Bauweise liegt insbesondere in dem geringeren Flächenbedarf gegenüber einer aufgelockerten Bauweise. Zwischen den beiden Blöcken sind die blockungebundenen Bauwerke, wie Verwaltungs-, Nebenanlagen- und Pumpgebäude, angeordnet (siehe Abbildung 25).
Für den Entwurf des Lageplans (vgl. Abbildung 25) waren im wesentlichen folgende Grundsätze bestimmend [1]:

- Anlage des Kraftwerksgrundrisses im Raster-System,
- Eindeutige Trennung nuklearer und konventioneller Anlagen,
- Kurze Führung der Kühlwasserzu- und -ablaufleitungen [2],

---

1) Siehe dazu ausführlicher Marggraf, G.: Das Kernkraftwerk Biblis, in: Atom und Strom, 20. Jg. (1974), H. 7/8, S. 69ff. Frühauf, H. und Lepie, G.: Aufbau der Gesamtanlage des Kernkraftwerkes Biblis, in: atw, 19. Jg. (1974), H. 8/9, S. 409f. Mandel, H., Dieterich, L., Hippel, W., Tochtrop, F., Wolf, M., Berg, D., Koch, W., Heining, U., Rast, H.-E., Meyer, F., Börnke, F., Watzel, G.V.P. und Weber, D.: Das Kernkraftwerk Biblis des RWE; Musteranlagen der Energiewirtschaft, Bd. 10, Gräfeling 1975, S. 25, S. 46, S. 75 und S. 81f.

2) Die zu Block A gehörenden Kühltürme sind unzweckmäßig in die Gesamtanlage integriert. Die Anordnung der Kühltürme war aufgrund einer erst nach Baubeginn ausgesprochenen Forderung der Genehmigungsbehörde vorgenommen worden, die das Nachrüsten des mit Frischwasserkühlung konzipierten Kernkraftwerks zur Auflage machte (vgl. auch die Ausführungen in Abschnitt ad 2. Kühlwasserversorgung und Kühlverfahren).

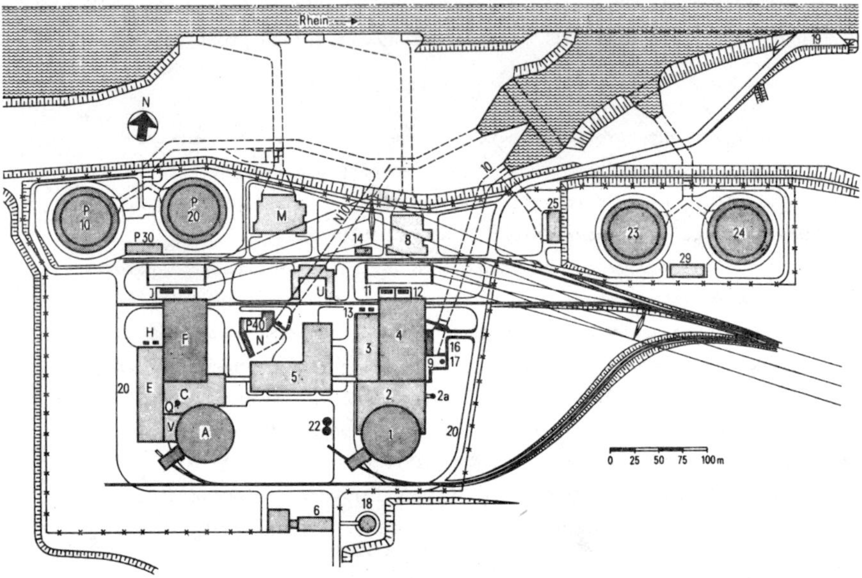

Block A

1 Reaktorgebäude
2 Reaktorhilfsanlagengebäude
2a Abluftkamin
3 Schaltanlagen- und Betriebsgebäude
4 Maschinenhaus
5 Nebenanlagengebäude
6 Verwaltungsgebäude
8 Kühlwasser-Pumpenhaus
9 Sammelbecken
10 Kühlwasser-Rücklaufkanal
11 380-kV-Schaltanlagen
12 Blocktransformatoren
13 Eigenbedarfstransformatoren
14 Fundament für Reserveblocktransformator
16 Regenwasserpumpwerk
17 Kläranlage
18 Informationszentrum
19 Schiffslände
22 Deionatbehälter
23+24 Kühltürme
25 Kühlturmpumpenbauwerk
29 Kühlturmschalthaus

Block B

A Reaktorgebäude
C Reaktorhilfsanlagengebäude
E Betriebs- und Schaltanlagengebäude + Notstromdieseltrakt
F Maschinenhaus
H Eigenbedarfstransformatoren
J 220-kV/380-kV-Freiluftschaltanlage + Blocktransformatoren
M Kühlwasserreinigungs- und Pumpenbauwerk
N Sammelbecken
N10 Kühlwasser-Rücklaufkanal
Q Abluftkamin
P10+P20 Kühltürme
P30 Kühlturmschalthaus
P40 Kühlturmpumpenbauwerk mit Abwasserhebewerk
U Garagengebäude
V Zwischentrakt

Abbildung 25: Beispiel für die bauliche und funktionelle Anordnung zweier Kernkraftwerksblöcke auf gemeinsamem Standort (Lageplan des Kernkraftwerks Biblis) [1].

---

1) Der Lageplan ist d. Verf. vom RWE - Rheinisch-Westfälisches Elektrizitätswerk Aktiengesellschaft, Essen, dankenswerterweise zur Verfügung gestellt worden.

- Zweckmäßige Anordnung der für beide Blöcke erstellten Nebenanlagen,
- Kurze und systemorientierte innerbetriebliche Verkehrswege (Straße, Schiene)
- Ausreichender Platz während der Bau- und Montagezeit.

Diese Grundsätze sind bei der Planung zukünftiger Kernkraftwerke anwendbar, wobei jedoch naturgemäß zahlreiche, gleichwertige Ausführungsmöglichkeiten je nach den örtlichen Verhältnissen bestehen.

2. Standortbedingungen aus der Sicht des Genehmigungsverfahrens für Kernkraftwerke

Nach den Bestimmungen des Atomgesetzes (AtG) darf die Genehmigung zur Errichtung eines Kernkraftwerks nur erteilt werden, wenn der gewählte Standort aus sicherheitstechnischen Gründen unbedenklich ist, der "erforderliche Schutz gegen Störmaßnahmen oder sonstige Einwirkung Dritter gewährleistet ist" und "öffentliche Interessen...der Wahl des Standorts der Anlage nicht entgegenstehen" (§ 7 Abs. 2 Ziff. 2, 4 und 5 AtG) [1].
Aus den materiellen Regelungen des Atomgesetzes, insbesondere der Atomanlagen-Verordnung (§ 1 Abs. 2 AtAnVO), sowie dem Genehmigungsverfahren resultiert demgemäß eine Vielzahl von Anforderungen an den Standort und die standortspezifische Auslegung des Kernkraftwerks, auch wenn in vielen Fällen dafür noch keine eindeutigen und endgültigen Kriterien festgelegt sind, so daß die Kategorien "Ermessen" und "Beurteilungsspielraum" für die Standortgenehmigung Bedeutung besitzen [2][3].

---

1) Vgl. Kapitel B. II. 3. - ad 1. Maßnahmen im Bereich gesetzlicher Regelungen und Genehmigungsverfahren.

2) Hierzu bemerkt E. Stauber: "Philosophie heißt 'Liebe zur Weisheit'. Ob die Sicherheitsphilosophie bei Kernkraftwerken diesem Anspruch gerecht wird, kann man oft bezweifeln. Zu große Ermessensspielräume und das Fehlen einheitlicher Bewertungsmaßstäbe sind daran zu einem erheblichen Teil Schuld". Stauber, E.: Sicherheitsphilosophie bei der Planung von Kernkraftwerken, in: Technische Vereinigung der Großkraftwerksbetreiber (VGB) e.V. (Hrsg.): Kraftwerk und Umwelt 1975; VGB-Konferenz-Vorträge, Essen [1976], S. 129. Zur Terminologie des Begriffs "Sicherheitsphilosophie" vgl. Kapitel B. II. 2.

3) Da bisher keine eindeutigen Regelungen für die Standortgenehmigung vorliegen, lassen sich die Entscheidungen der Genehmigungsbehörden, insbesondere bei fortgeschrittenen Reaktorkonzepten, nicht ohne weiteres abschätzen. Unter diesem Aspekt ist die Verlegung des Schnellen Natriumgekühlten Reaktors "SNR-300" (300 $MW_{el} \hat{=} 730\ MW_{th}$) nach Kalkar zu verstehen, da für den vorgesehenen Standort Weisweiler keine Genehmigung erteilt wurde. Siehe ergänzend dazu Projektgesellschaft Schneller Brüter GbR und Konsortium SNR (Hrsgg.): Kernkraftwerk Kalkar, Essen 1973.

Fortsetzung siehe Seite 341

Die wichtigsten durch die gesetzlichen Regelungen und Genehmigungsverfahren angesprochenen Faktoren lassen sich unter folgenden Aspekten zusammenfassen [1]:

1. Geologische Verhältnisse,
2. Seismologische Verhältnisse,
3. Meteorologische Verhältnisse,
4. Radiologische Vorbelastung des Standortbereichs,
5. Hydrologische Verhältnisse,
6. Orographische Verhältnisse,
7. Verkehrslage und topographische Verhältnisse,
8. Bevölkerungsdichte und -verteilung.

Die folgende Untersuchung wird dabei einerseits in Hinsicht auf diejenigen Standortverhältnisse durchgeführt, die einen direkten Einfluß auf die Sicherheit des Kernkraftwerks haben. Andererseits sind diejenigen Faktoren herauszustellen, die beim Normalbetrieb und bei Störfällen des Kernkraftwerks von Bedeutung sind sowie Einfluß auf die Schadensauswirkungen haben können. Gleichzeitig soll angedeutet werden, welchen Einfluß gesetzliche Regelungen auf die Standortwahl ausüben und wo Sicherheitsmaßnahmen angesetzt werden können, um den individuellen Eigenschaften eines Standorts gerecht zu werden.

Fortsetzung zu Fußnote

3) Ebenso wird seit August 1970 die Baugenehmigung für den Druckwasserreaktor der BASF in Ludwigshafen bis zur Erstellung weiterer Unterlagen zurückgestellt.
Siehe auch o.V.: atw-Interview: "Das ist der große Sprung in die Ballungsgebiete", Ein Gespräch mit dem Bundesminister für Bildung und Wissenschaft, Prof. H. Leussink, über Probleme des Genehmigungsverfahrens und über die BASF- und SNR-Beschlüsse, in: atw, 15. Jg. (1970), H. 12, S. 560-563.

1) Vgl. dazu Schnurer, H.: Das atomrechtliche Genehmigungsverfahren in der Bundesrepublik Deutschland; DAtF Sonderdrucke, S-1, Bonn 1972, S. 22f.
In Anlehnung an H. Schnurer auch Guck, R.: Standorte für Kernkraftwerke, in: atw, 18. Jg. (1973), H. 8/9, S. 388.

ad 1. Geologische Verhältnisse [1)]

Für Kernkraftwerke gelten im Prinzip die gleichen Anforderungen an die Baugrundverhältnisse wie bei der Errichtung konventioneller Großkraftwerke [2)]. Für den Bau von Kernkraftwerken können jedoch aus den Bodenverhältnissen erschwerende Bedingungen resultieren, die zwar im allgemeinen [3)] keinen ausschließenden Charakter haben, jedoch bei ungünstigen Verhältnissen die Bauzeit und die Anlagekosten des Kernkraftwerks durch spezielle Konstruktionen und statische Behandlung der Kühltürme und Turbinenfundamente (aufgrund ihrer Größe und ihres Gewichts) sowie insbesondere des Reaktorgebäudes wesentlich beeinflussen können [4)]. Da-

---

1) Unter diesem Aspekt werden hier Zusammenhänge erfaßt, die in das Arbeitsgebiet der "Ingenieurgeologie" fallen. "Die Aufgabe der Ingenieurgeologie besteht darin, die örtliche geologische Situation und das Festigkeitsverhalten der Gesteine und des betreffenden Gesteinsverbandes - unter besonderer Berücksichtigung der geologisch-physikalischen Prozesse und Erscheinungen sowie der hydrologischen Verhältnisse - zu untersuchen, soweit sie Einfluß auf den Gründungsbereich eines Bauwerks ausüben..." Klengel, J.: Ingenieurgeologie, in: Autorenkollektiv (Hrsgg.): Die Entwicklungsgeschichte der Erde, Bd. II, Hanau/M. 1971 (unveränderter Nachdruck 1974), S. 623. Nach dieser allgemein anerkannten Definition werden Seismologie und Hydrogeologie aus dem Aufgabenbereich der Ingenieurgeologie ausgeklammert. Einflüsse seismischer Aktivität auf Kernkraftwerke und mögliche Beeinflussungen des Grundwassers durch Kernkraftwerke werden demgemäß nachfolgend getrennt behandelt.

2) Siehe etwa Schröder, K. (Hrsg.): Große Dampfkraftwerke - Planung, Ausführung und Bau, Bd. 2: Die Lehre vom Kraftwerksbau, Berlin-Göttingen-Heidelberg 1962, S. 519ff.

3) Ausnahmen, die auch für konventionelle Kraftwerke Gültigkeit besitzen, bilden insbesondere Fließsandvorkommen, sehr unterschiedliche Schichtungen in den geologischen Formationen, tektonische Verwerfungen, Moore, und Karstgebiete.

4) Die übrigen Gebäude und Anlagen eines Kernkraftwerks bereiten in der Regel keine besonderen und schwierigen bautechnischen Probleme, die aus dem Rahmen der bei Kraftwerken und kerntechnischen Anlagen sonst üblichen Aufgabenstellung herausfallen.

neben werden zur Sicherheit der Umgebung gegen radioaktive Kontaminationen der Grund- und Oberflächengewässer sowie der Atmosphäre von den Genehmigungsbehörden besondere Vorkehrungen bei der Ausbildung der Fundamente verlangt.

Zur Kennzeichnung der Beschaffenheit des Baugrunds sind den Genehmigungsbehörden im wesentlichen die folgenden Angaben vorzulegen [1]:

- Bodenart und -eigenschaften,
- Statische und dynamische Bodenkennwerte,
- Höhe und Schwankungen des Grundwasserspiegels,
- Chemische Analyse des Grundwassers [2].

Aufgrund der besonderen Sicherheitsanforderungen bestehen beim Bau von Kernkraftwerken verschiedene bautechnische Probleme in einem Ausmaß, wie sie in der Baupraxis konventioneller Kraftwerke im allgemeinen nicht bekannt sind. Insbesondere für das Reaktorgebäude besteht die Forderung der Errichtung großer Lasten auf relativ kleiner Fläche, d.h. der Baugrund muß den Spezifikationen bezüglich Tragfähigkeit und Setzungsmaß entsprechen [3].

---

1) Vgl. auch Mandel, H.: Gesichtspunkte bei der Standortwahl für Kernkraftwerke, in: BWK, 18. Jg. (1966), H. 10, S. 493. Zu grundsätzlichen Problemen siehe Seidel, S.: Der Einfluß des Baugrundes auf die Gestaltung der Bauwerke, in: Technische Vereinigung der Großkraftwerksbetreiber (VGB) e.V. (Hrsg.): VGB-Sondertagung Bauwesen 1969, Essen (1970), S. 20-26.

2) Die Kenntnis des Standes und der chemischen Zusammensetzung des Grundwassers ermöglicht Aufschlüsse über Art und Umfang der notwendigen Außenisolierung der Abdichtungswanne. (Die Abdichtungswanne umfaßt das Reaktor- und Reaktorhilfsanlagengebäude, in der Regel auch das Schaltanlagengebäude und das Maschinenhaus).

3) Siehe dazu Schultze, E.: Erfahrungen bei Baugrunduntersuchungen für Dampf- und Atomkraftwerke, in: Glubrecht, H. (Hrsg.): Kraftwerksbau als interdisziplinäre Aufgabe; Festschrift für Fritz Börnke zum 60. Geburtstag, Wiesbaden-Berlin 1973 (nicht paginiert).

Werden Setzungen in größerem Ausmaß zugelassen, so muß jedoch der Untergrund eine gleichmäßige Setzung gewährleisten, was einen homogenen Baugrund voraussetzt. Die Möglichkeit eines Schrägstellens oder eine Verwindung des Reaktorgebäudes aufgrund ungleichmäßiger Setzung des Geländes, wodurch mechanische Spannungen und als Folgeerscheinung Risse im Containment auftreten können und damit die besonderen Anforderungen bezüglich der Leckage nicht mehr erfüllt sind, muß durch die konstruktive Ausbildung der Fundamentkörper in jedem Fall mit Sicherheit ausgeschlossen werden [1]. Für das Turbinenfundament - bei Kraftwerken großer Leistung erreichen die Fundamente für einen Einwellen-Turbosatz etwa 50 bis 60 m Länge [2] - ist neben der Tragfähigkeit und Setzungsmöglichkeit auch das Verhalten des Untergrunds unter Schwingungsbelastung zu beurteilen. Als wesentliche Forderungen gelten, daß eine Verwindung des Turbinenfundaments ausgeschlossen werden muß und die Weiterleitung von Schwingungen durch den Untergrund möglichst gering sein soll [3].

Besonders sorgfältige und umfangreiche Untersuchungen sind bei Standorten im Umgebungsbereich von Untertagebergbau oder Tagebergbau größeren Ausmaßes vorzunehmen, da Absenkungen des Grundwasserspiegels zu Setzungen führen können [4]. Durch aufwendige bauphysikalisch-konstruktive Maßnahmen

---

1) Vgl. Mandel, H.: Gesichtspunkte bei der Standortwahl für Kernkraftwerke, in: BWK, 18. Jg. (1966), H. 10, S. 493.

2) Vgl. Schröder, K.: Probleme heutiger und zukünftiger Kraftwerkspalnung, Berlin-München 1967, S. 195.

3) Vgl. Klotz, H.: Erfahrungen beim Bau und Betrieb federgelagerter Turbosätze von Kernkraftwerken, in: Technische Vereinigung der Großkraftwerksbetreiber (VGB) e.V. (Hrsg.): VGB-Bautagung Dortmund 1972, Essen [1973], S. 28f.

4) Ausführlicher zur Problematik: Schröder, K. (Hrsg.): Große Dampfkraftwerke - Planung, Ausführung und Bau, Bd. 2: Die Lehre von Kraftwerksbau, Berlin-Göttingen-Heidelberg 1962, S. 528f. Daberkow, H. und Nickel, F.D.: Vermessungen im Bergsenkungsgebiet - RWE-Kraftwerk Essen - Karnap, in: Technische Vereinigung der Großkraftwerksbetreiber (VGB) e.V. (Hrsg.): VGB-Bautagung München 1970, Essen [1971], S. 36-42. Schultze, E.: Er-

Fortsetzung siehe Seite 345

lassen sich zwar größere Schäden am Reaktorgebäude vermeiden, jedoch können die Anforderungen hinsichtlich der zulässigen Leckage des Containments für einen Standort im Einflußbereich des Bergbaus ausschließenden Charakter haben [1].

ad 2. Seismologische Verhältnisse

Die durch den möglichen Einfluß seismischer Aktivität auf Kernkraftwerke in der Bundesrepublik gegebenen Probleme sind bislang sporadisch beantwortet worden [2]. Aus der oben dargelegten Notwendigkeit, schwerere Störfälle als den "Größten anzunehmenden Unfall" in die Sicherheitsbetrachtungen einzubeziehen, also, von GAU-Konzept abzurücken und durch das Wahrscheinlichkeitskonzept zu ersetzen [3], hat das Problem der Standortwahl in erdbebengefährdeten Gebieten und der sicherheitstechnischen ("aseismischen") Auslegung von Kernkraftwerken gegen Einwirkungen von Erdbeben in jüngster Zeit auch in der Bundesrepublik Deutschland Berücksichtigung gefunden [4].

Fortsetzung zu Fußnote

4) fahrungen bei Baugrunduntersuchungen für Dampf- und Atomkraftwerke, in: Glubrecht, H. (Hrsg.): Kraftwerksbau als interdisziplinäre Aufgabe; Festschrift für Fritz Börnke zum 60. Geburtstag, Wiesbaden-Berlin 1973 (nicht paginiert).

1) Vgl. Luks, H.: Eine Analyse der Standortbedingungen für Reaktoren; Kernforschungsanlage Jülich GmbH., Bericht Jül-189, Jülich 1964, S. 22f. und S. 68.

2) Vgl. dazu die ältere Auffassung z.B. bei Stauber, E.: Grundzüge der Sicherheitsmaßnahmen bei Kernkraftwerken, Frankfurt/M. 1970, S. 58.

3) Vgl. die Ausführungen in Kapitel B. II. 2.

4) Vgl. Lindackers, K.-H.: Tendenzen in der Entwicklung spezieller Reaktorsicherheitskriterien, in: atw, 17. Jg. (1972), H. 8, S. 429. Zerna, W.: Neue bautechnische Entwicklungen bei Kernkraftwerken, in: Glubrecht, H. (Hrsg.): Kraftwerksbau als interdisziplinäre Aufgabe; Festschrift für Fritz Börnke zum 60. Geburtstag, Wiesbaden-Berlin 1973 (nicht paginiert).

Fortsetzung siehe Seite 346

Die Bundesrepublik Deutschland ist zwar kein ausgesprochen erdbebenintensives Gebiet [1] wie etwa Kalifornien, Japan oder Italien, es hat sich aber die Erkenntnis durchgesetzt, daß die Auslegung der Komponenten, Systeme und Gebäude von Kernkraftwerken entsprechend der konventionellen Norm DIN 4149 [2] unzureichend ist. Einerseits liefert die der Norm DIN 4149 zugrunde liegende seismotektonische und geophysikalische Karte nur eine grobe Klassifizierung und zum Teil überholte

---

Fortsetzung zu Fußnote

4) Bork, M. und Schwarzer, W.: Earthquake Safety of Nuclear Power Plants Based on a Balanced Risk Concept, in: International Atomic Energy Agency (IAEA) (Ed.): Principles and Standards of Reactor Safety; Proceedings Series - STI/PUB/342, Wien 1973, S. 181-194 (Report IAEA-SM-169/20). Kröger, W.: Schutzbehälter für Hochtemperaturreaktoren unter Berücksichtigung von Umwelt- und Sicherheitsaspekten; Kernforschungsanlage Jülich GmbH., Bericht Jül-1098, Jülich 1974, S. 48ff. Stüger, R.: Sicherheit gegen Großschäden in Kernkraftwerken, T. 2: Maßnahmen gegen Schäden durch äußere Einwirkungen, in: Allianz-Berichte für Betriebstechnik und Schadenverhütung, Nr. 20 (1974), S. 39ff. Schnurer, H.: Schutzmaßnahmen für äußere Einwirkungen bei Kernkraftwerken, in: VGB Kraftwerkstechnik, 54. Jg. (1974), H. 6, S. 401ff. Sütterlin, L.: Über die Gefährdung von Kernkraftwerken durch äußere Einwirkungen, in: TÜ, 16. Jg. (1975), H. 2, S. 38f. de Jong, K.H.: Schutz von Kernkraftwerken gegen äußere Einflüsse - Flugzeugabsturz, Druckwellen, Erdbeben, in: TÜ, 16. Jg. (1975), H. 2, S. 41f. Schwarzer, W. und Bork, M.: Schutz von Kernkraftwerkengegen äußere Einwirkungen; Bericht über das 10. IRS-Fachgespräch am 30./31. Oktober 1974 in Köln, in: atw, 20. Jg. (1975), H. 4, S. 211f.

1) Die Schwerpunkte der Erdbebentätigkeit in der Bundesrepublik Deutschland liegen im Köln-Aachener Raum, im Oberrhein-Graben zwischen Basel und Mainz sowie im Gebiet der Schwäbischen Alb. Vgl. dazu Ahorner, L., Murawski, H. und Schneider, G.: Die Verbreitung von schadenverursachenden Erdbeben auf dem Gebiet der BRD, in: Z. f. Geophysik, 36. Jg. (1970), S. 313-343. Ahorner, L., Murawski, H. und Schneider, G.: Eine neue Karte der Erdbebenzonen, in: Umschau, 71. Jg. (1971), H. 9, S. 313.

2) DIN 4149: Bauten in deutschen Erdbebengebieten, Richtlinien für Bemessung und Ausführung, Berlin-Köln 1957.

Beschreibung der seismisch aktiven Gebiete [1], andererseits verfolgt diese Norm eine andere Zielsetzung [2] und liefert daher keine Angaben zur dynamischen Erfassung der Erdbebensicherung. Dynamische Berechnungsverfahren zur aseismischen Auslegung von Komponenten, Systemen und Gebäuden gelten heute als Stand der Technik [3].

Die sicherheitstechnische Auslegung von Kernkraftwerken gegen Erdbeben basiert auf dem an sich trivalen Grundsatz, daß Kernkraftwerke in seismisch gefährdeten Gebieten keine größeren Gefahrenquellen für die Umwelt darstellen dürfen, als vergleichbare Kernkraftwerke in seismisch nichtaktiven Gebieten. Geht die oben angesprochene DIN Norm davon aus, Gebäudeschäden so zu vermeiden, daß Menschen durch Trümmer oder Einsturz nicht gefährdet werden, so müssen zur sicheren Auslegung von Kernkraftwerken in dieser Hinsicht an die sicherheitstechnisch relevanten Anlagenteile, d.h. Bauwerke, Systeme und Komponenten, und den Standort weitergehende - teilweise bereits genannte Forderungen [4] - gestellt werden:

---

1) Vgl. Zerna, W.: Neue bautechnische Entwicklungen bei Kernkraftwerken, in: Glubrecht, H. (Hrsg.): Kraftwerksbau als interdisziplinäre Aufgabe; Festschrift für Fritz Börnke zum 60. Geburtstag, Wiesbaden-Berlin 1973 (nicht paginiert). Schnurer, H.: Schutzmaßnahmen für äußere Einwirkungen bei Kernkraftwerken, in: VGB Kraftwerkstechnik, 54. Jg. (1974), H. 6, S. 401.
Vgl. dazu auch DIN 4149: Bauten in deutschen Erdbebengebieten, Richtlinien für Bemessung und Ausführung, Berlin-Köln 1957, S. 4. Ahorner, L., Murawski, H. und Schneider, G.: Eine neue Karte der Erdbebenzonen, in: Umschau, 71. Jg. (1971), H. 9, S. 312-313.

2) Vgl. DIN 4149: Bauten in deutschen Erdbebengebieten, Richtlinien für Bemessung und Ausführung, Berlin-Köln 1957, S. 2f.

3) Vgl. etwa Hentschel, G., Novak, W. and Orth, F.: Earthquake Protection for Nuclear Reactors, in: United Nations and International Atomic Energy Agency (IAEA) (Eds.): Peaceful Uses of Atomic Energy, Vol 3.: Safety Aspects of Nuclear Plants - Legal Aspects of Nuclear Energy; Proceedings Series - STI/PUB/300, New York-Wien 1972, S. 311ff. (Report-A/Conf. 49/P/672).

4) Vgl. Kapitel B. II. 3. - ad 2. Technische Sicherheitsmaßnahmen.

- Möglichst niedriger Schwerpunkt des Gesamtsystems,
- Steifigkeit und Stabilität des Fundaments und gesamten Containmentsystems,
- Ein Untergrund mit hohen Festigkeitseigenschaften (Steifeziffer $(kp \cdot cm^{-2})$, Scherfestigkeit $(kp \cdot cm^{-2})$, etc.),
- Ausreichender Abstand des Standorts zu Zonen tektonischer Verwerfungen,
- Integrität des Containments,
- Gewährleistung der sicheren Abschaltung des Reaktors und sicheres Halten im abgeschalteten Zustand,
- Funktionsfähigkeit der Not- und Nachkühleinrichtungen zur Nachwärmeabfuhr.

Zur Sicherheitsbeurteilung und sicherheitstechnischen Auslegung von Kernkraftwerken in seismisch aktiven Gebieten wurden vom "Institut für Reaktorsicherheit" (IRS), Köln, Kriterien entwickelt, die auf entsprechenden Erfahrungen in USA und Japan sowie einschlägigen internationalen Empfehlungen und Regeln [1] basieren.
Diese Beurteilungskriterien gehen davon aus, daß das (Erdbeben-)Herdgeschehen und der Ausbreitungsmechanismus der Erschütterungen von den seismotektonischen und geophysikalischen Verhältnissen des jeweiligen Standorts abhängig sind, mit der Bedeutung, daß die Bestimmung der seismischen Aufschlaggrößen in Einzeluntersuchungen, also standortspezifisch, durchgeführt werden muß.

---

1) Siehe International Atomic Energy Agency (IAEA) (Ed.): Aseismic Design and Testing of Nuclear Facilities, Recommendations of a Panel on Aseismic Design and Testing of Nuclear Facilities Held in Tokyo, 12-16 June 1967; Technical Reports Series, No. 88, Wien 1968. International Atomic Energy Agency (IAEA) (Ed.): Earthquake Guidelines for Reactor Siting, A Manual Prepared as the Result of a Panel on Earthquake Guidelines for Selection of Reactor Sites Held in Vienna, 22-26 June 1970; Technical Reports Series, No. 139, Wien 1972.

Da es wirtschaftlich nicht vertretbar ist, Kernkraftwerke grundsätzlich erdbebensicher auszulegen [1], werden zur Beurteilung der Erdbebengefährdung der einzelnen Standorte die zu erwartenden Erdbebenintensitäten mit ihrer Wahrscheinlichkeit des Auftretens ermittelt [2]. Zur Festlegung der Belastung werden nach zunehmender seismischer Aktivität abgestuft (auf der Basis der Mercalli-Sieberg-Skala) drei Intensitätsklassen [3] definiert:

- Basis-Erdbebenintensität (I_1): Für die nähere Umgebung des Standorts (Radius ca. 20 km) wird die größte seismische Intensität bestimmt, die mit einer Wahrscheinlichkeit $>10^{-2} \cdot a^{-1}$ erwartet werden kann.

- Auslegungs-Erdbebenintensität (I_2): Für die weitere Umgebung des Standorts (Radius ca. 50 km), soweit dieses Gebiet der gleichen seismotektonischen Einheit zuzurechnen ist wie der Standort selbst, wird die größte Intensität bestimmt, die mit einer Wahrscheinlichkeit zwischen $10^{-3} \cdot a^{-1}$ und $10^{-2} \cdot a^{-1}$ erwartet werden kann.

- Maximal-Erdbebenintensität (I_3) ("Sicherheitserdbeben"): Für den Planungsraum des Standorts (Radius ca. 200 km) wird unter Berücksichtigung der seismotektonischen Struktur die Intensität bestimmt, die nach geophysikalischem Wissensstand nicht überschritten wird und mit einer Wahrscheinlichkeit $<10^{-3} \cdot a^{-1}$ erwartet werden kann.

---

1) Dies wäre u.a. die Konsequenz der geforderten umfassenden Standardisierung der Kernkraftwerke. Vgl. dazu die Ausführungen in Kapitel B. II. 3. - ad 2. Technische Sicherheitsmaßnahmen.

2) Für eine Standortübersichtsplanung genügen im allgemeinen die Informationen der Erdbebenkarte.

3) Vgl. Schnurer, H.: Schutzmaßnahmen für äußere Einwirkungen bei Kernkraftwerken, in: VGB Kraftwerkstechnik, 54. Jg. (1974), H. 6, S. 401. Kohler, H. A.G.: Sites of Light-Water Reactor Power Plants in the Federal Republic of Germany, in: International Atomic Energy Agency (IAEA) (Ed.): Siting of Nuclear Facilities; Proceedings Series - STI/PUB/348, Wien 1975, S. 200f. (Report IAEA-SM-188/23).

Bezogen auf die Normierung der Mercalli-Sieberg-Skala [1] verhalten sich die Intensitäten:

$$l_3 > l_2 > l_1 .$$

Bei der Beurteilung der in den Bauwerken, Systemen und Komponenten eines Kernkraftwerks durch seismische Aktivität auftretenden dynamischen Beanspruchungen $(cm \cdot s^{-2})$ werden drei Klassen von Anlagen oder Anlagenteilen unterschieden [2]:

- Klasse I umfaßt alle Komponenten und Systeme, die erforderlich sind, um ein unkontrolliertes Entweichen von Radionukliden zu verhindern, den Reaktor sicher abzuschalten und im abgeschalteten Zustand sicher zu halten,

- Klasse II umfaßt Komponenten und Systeme, die zur kontinuierlichen Energieerzeugung erforderlich sind und nicht zur Klasse I gehören,

- Klasse III umfaßt alle sonstigen Einrichtungen und Gebäude des Kernkraftwerks, die nicht zu den Klassen I und II gehören.

Die Komponenten und Systeme der Klasse I müssen auch nach wiederholten Auftreten des Auslegungserdbebens ihre sicherheitstechnische Funktion beibehalten, während sie per definitionem dem Sicherheitserdbeben nur einmal ohne

---

1) Siehe dazu z.B. DIN 4149: Bauten in deutschen Erdbebengebieten, Richtlinien für Bemessung und Ausführung, Berlin-Köln 1957, S. 5 oder die einschlägige geophysikalische Literatur.

2) Vgl. Bork, M. und Schwarzer, W.: Earthquake Safety of Nuclear Power Plants Based on a Balanced Risk Concept, in: International Atomic Energy Agency (Ed.): Principles and Standards of Reactor Safety; Proceedings Series - STI/PUB/342, Wien 1973, S. 186 (Report IAEA-SM-169/20). Schnurer, H.: Schutzmaßnahmen für äußere Einwirkungen bei Kernkraftwerken, in: VGB Kraftwerkstechnik, 54. Jg. (1974), H. 6, S. 401. Stüger, R.: Sicherheit gegen Großschäden in Kernkraftwerken, T. 2: Maßnahmen gegen Schäden durch äußere Einwirkungen, in: Allianz - Berichte für Betriebstechnik und Schadenverhütung, Nr. 20 (1974), S. 40f. Zur detaillierteren Beschreibung der Auslegungsanforderungen siehe ebenda.

Funktionsverlust zu widerstehen brauchen [1].

Im Rahmen der atomrechtlichen Genehmigung ist von Seiten des Erbauers oder Betreibers der Nachweis der erdbebensicheren Auslegung Kernkraftwerks - abgestuft nach der sicherheitstechnischen Wichtigkeit der einzelnen Systeme und Komponenten - zu erbringen.
Beispiele für die sicherheitstechnische Auslegung gegen Erdbeben einiger neuer Kernkraftwerke in der Bundesrepublik Deutschland sind in Tabelle 18 zusammengestellt.

Standort	Intensitätsklasse	Intensität nach Mercalli-Sieberg	Maximale Horizontalbeschleunigung $(cm \cdot s^{-2})$	Auslegungswerte in $(cm \cdot s^{-2})$ sicherheitstechnisch wichtiger Bauwerke und Systeme [2]	
				Weiterbetrieb	Funktionsfähigkeit
Biblis (Block A. u. B)	I_2	7	<100	100	150
Krümmel	I_1	6	<50	---	50
Neckarwestheim	I_2	7	<100	90	170
Ohu	I_1	<6	<50	50	75
Philippsburg (Block I u. II)	I_1	7	<100	100	150
Wyhl	I_2	7-8	>100	125	250

Tabelle 18: Seismische Aktivität und sicherheitstechnische Auslegung der Kernkraftwerke an einigen Standorten in der Bundesrepublik Deutschland [3].

1) Vgl. Linderman, R.B.: Seismic Qualification of Category I Equipment, in: Deutsches Atomforum e.V. und Kerntechnische Gesellschaft im Deutsches Atomforum e.V. (Hrsgg.): Reaktortagung Karlsruhe 10./13. April 1973; Reaktortagung-Compacts, Bonn 1973, S. 666-667. Stüger, R.: Sicherheit gegen Großschäden in Kernkraftwerken, T. 2: Maßnahmen gegen Schäden durch äußere Einwirkungen, in: Allianz - Berichte für Betriebstechnik und Schadenverhütung, Nr. 20 (1974), S. 40.

Fußnote 2) und 3) auf Seite 352

ad 3. Meteorologische Verhältnisse

Die Kenntnisse der meteorologischen Verhältnisse und Daten ist eine wesentliche Grundlage für Entscheidungen bei der Planung und während des Betriebs von Kernkraftwerken. Zur Übersicht seien hier zusammenfassend die im Rahmen dieser Untersuchung angesprochenen Aspekte genannt:

- Standortwahl (bisher nicht belegter Standort),
- Zubau von Kernkraftwerksblöcken am gleichen Standort oder von Kernkraftwerken im näheren Standortbereich,
- Auslegung der Abgas- und Abluftsysteme,
- Betriebsweise der Abgasanlagen während des normalen Leistungsbetriebs,
- Planung des Kühlsystems,
- Betriebsweise des Kühlsystems (z.B. bei Inversionen, falls das Kühlsystem für eine Mischkühlung Naßkühlturm/Frischwasserkühlung ausgelegt ist),
- Planung präventiver Sicherheitsmaßnahmen (Alarm- und Katastrophenschutzpläne),
- Gezielte Einleitung und Durchführung von Notfallmaßnahmen nach einem schweren Störfall.

Fortsetzung von Seite 351

2) Zur Spezifikation siehe Kohler, H.A.G.: Sites of Light-Water Reactor Power Plants in the Federal Republic of Germany, in: International Atomic Energy Agency (IAEA) (Ed.): Siting of Nuclear Facilities; Proceedings Series - STI/PUB/384, Wien 1975, S. 202 (Report IAEA-SM-188/23).

3) Zahlenwerte nach Kohler, H.A.G.: Sites of Light-Water Reactor Power Plants in the Federal Republic of Germany, in: ebenda, S. 202. Stauber, E.: Sicherheitsphilosophie bei der Planung von Kernkraftwerken, in: Technische Vereinigung der Großkraftwerksbetreiber (VGB) e.V. (Hrsg.): Kraftwerk und Umwelt 1975; VGB-Konferenz-Vorträge, Essen [1976], S. 135. Institut für Geophysik der Universität Stuttgart i.A. des TÜV Stuttgart: Stellungsnahme über die seismologischen Verhältnisse am Standort des geplanten Kernkraftwerkes Wyhl, Stuttgart 1974 [masch.-schr. Ms.].

Die Untersuchung der für den Standort und näheren Standortbereich spezifischen meteorologischen Verhältnisse zählt zu den wichtigsten Untersuchungen im Rahmen der Standortauswahl [1] und ist im atomrechtlichen Genehmigungsverfahren durch ausführliche Gutachten zu belegen.
Als Grundlage für die Standortbeurteilung sind im einzelnen die meteorologischen Verhältnisse des Standorts und näheren Standortbereichs unter folgenden Aspekten mit ihren täglichen und jahreszeitlichen Änderungen sowie Zusammenhängen zu untersuchen [2]:

- Windverhältnisse nach Richtung und Geschwindigkeit,
- Änderung der Windverhältnisse nach der Höhe (Windprofil),
- Turbulenz,
- Temperatur und Temperaturprofil,
- Inversionswetterlagen [3],
- Niederschläge in ihrer Häufigkeit und Menge als Regen oder Schnee,
- Nebel.

Von einer ausführlicheren Darstellung meteorologischer Faktoren im Zusammenhang mit der Planung von Kernkraftwerken wird hier abgesehen, da eingehende Veröffentlichungen vorliegen [4].

---

1) Vgl. International Atomic Energy Agency (IAEA): Application of Meteorology to Safety at Nuclear Plants; IAEA-Safety Series, No. 29, Wien 1968, S. 2ff.

2) Vgl. Luks, H.: Eine Analyse der Standortbedingungen für Reaktoren; Kernforschungsanlage Jülich GmbH , Bericht Jül-189, Jülich 1964, S. 26f. Lindackers, K.-H.: Einflüsse des atomrechtlichen Genehmigungsverfahrens in der Bundesrepublik Deutschland auf die technische Auslegung und den Betrieb von Kernkraftwerken, Diss. Aachen 1970, S. 23ff.

3) d.h. die durch eine bestimmte Temperaturschichtung begrenzte Ausbreitungsmöglichkeit von Abgasen, Abdampf und Aerosolen.

4) Siehe etwa Blässer, G. und Wirtz, K.: Nukleare Grundlagen für die Standort- und Gebäudewahl von Kernreaktoren, in: Nukleonik, Bd. 3 (1961), H. 5, S. 210ff. (als unveränderter Sonderdruck: Gesellschaft für Kernforschung

Fortsetzung siehe Seite 354

Eine wichtige Zielkomponente im Rahmen der Untersuchung meteorologischer Verhältnisse ist die ex ante Ausbreitungsberechnung radioaktiver gasförmiger Emissionen [1] und die Berechnung der zu erwartenden Strahlenbelastung der Umgebungsbevölkerung für die Betriebszustände [2]:

a. Normalbetrieb

und b. Störfall.

zu a. Strahlenbelastung der Umgebungsbevölkerung bei Normalbetrieb

Die für die Standortwahl erforderliche Ausbreitungsberechnung und die Ermittlung der Strahlenbelastung durch radioaktive Emissionen wird in zwei Stufen vorgenommen.
Zunächst muß bestimmt werden, welche gasförmigen Aktivitäten in Abhängigkeit von der Leistungsgröße, dem Kernkraftwerkstyp, Abbrand etc. in der vorgesehenen Anlage erzeugt und welche Freisetzung mit dem Abgas und der Abluft erwartet werden können [3]. Zur eindeutigen Bestimmung der radiologi-

---

Fortsetzung zu Fußnote

4) mbH , Karlsruhe, Bericht KFK-79, Karlsruhe 1961). Luks, H.: Eine Analyse der Standortbedingungen für Reaktoren; Kernforschungsanlage Jülich GmbH , Bericht Jül-189, Jülich 1964, S. 26ff. Slade, D.H. (Ed.): Meteorology and Atomic Energy; US-AEC Technical Information Document (TID)-24190, Washington 1968.

1) Gegenstand des meteorologischen Gutachtens sind ferner die Untersuchungen über die möglichen meteorologischen Auswirkungen der Abwärme aus Kühltürmen auf die Umwelt. Aus methodischen Gründen erfolgte die Beschreibung im Zusammenhang mit der Darstellung der verschiedenen Kühlverfahren. Vgl. Kapitel B. III. 1. - ad 2. Kühlwasserversorgung und Kühlverfahren.

2) Zur Beschreibung der Ausbreitungsvorgänge bei Normalbetrieb oder Störfällen werden üblicherweise die Termini "Langzeitausbreitung" (Langzeitausbreitungsfunktion) resp. "Kurzzeitausbreitung" (Kurzzeitausbreitungsfunktion) bei "Kurzzeitemissionen" mit einer Dauer bis zu 24 Stunden verwendet.

3) Siehe dazu Vogt K.J.: Umweltkontamination und Strahlenbelastung durch

Fortsetzung siehe Seite 355

schen Auswirkungen des abgeleiteten Nuklidgemisches ist neben der Kenntnis der abgegebenen Aktivität auch die Kenntnis der prozentualen Radionuklidkonzentration (ß- und γ-Dosiskonstanten; vgl. oben) im Gemisch unbedingt erforderlich. Beide Werte - Aktivität und Zusammensetzung des Nuklidgemisches - können aufgrund ihrer Betriebsabhängigkeit starken

---

Fortsetzung zu Fußnote

3) radioaktive Abluft aus kerntechnischen Anlagen; Kernforschungsanlage Jülich GmbH , Bericht Jül-637, Jülich 1970, S. 57ff. Boehnert, R. und Bonka, H.: Zu erwartende Tritiumverunreinigung durch Kernreaktoren in der Luft und im Wasser bei homogener Verteilung bis zum Jahr 2000; Kernforschungsanlage Jülich GmbH , Bericht Jül-763, Jülich 1971, S. 17ff. Schmitz, G. und Sütterlin, L.: Erfahrungs- und Erwartungswerte für die Ableitung radioaktiver Stoffe aus kerntechnischen Anlagen, in: Institut für Reaktorsicherheit der Technischen Überwachungsvereine e.V. (Hrsg.): Betriebliche Ableitungen radioaktiver Stoffe aus kerntechnischen Anlagen; 7. IRS-Fachgespräch am 2./3. November 1971 in Köln, Tagungsbericht IRS-T-23, Köln 1972, S. 43-76. Schikarski, W.: Kernenergie und Umwelt, in: Atom und Strom, 18. Jg. (1972), H. 1/2, S. 37-44. Vogt, K.J.: Radiologische Umweltbelastung durch kerntechnische Anlagen, in: VDI-Z, Bd. 115 (1973), H. 6, S. 456ff. Porz, F.: Erzeugung und Freisetzung von radioaktiven Jodisotopen durch Kernreaktoren und Wiederaufarbeitungsanlagen und die voraussichtliche radiologische Belastung bis zum Jahr 2000; Gesellschaft für Kernforschung mbH , Karlsruhe, Bericht KFK-1912, Karlsruhe 1974, S. 15ff. Hilbert, F.: Erzeugung und Freisetzung von radioaktiven Krypton- und Xenonisotopen durch Kernreaktoren und Wiederaufarbeitungsanlagen und die voraussichtliche radiologische Belastung bis zum Jahr 2000; Gesellschaft für Kernforschung mbH Karlsruhe, Bericht KFK-2035, Karlsruhe 1974, S. 28ff. Bonka, H. und Vogt, K.J.: Die Strahlenbelastung durch aus Kernkraftwerken und Wiederaufarbeitungsanlagen freigesetzten Radionuklide, in: VDI-Z, 117. Jg. (1975), H. 12, S. 590-597. Schiesser, D.: Erzeugung und Freisetzung von Sr-89, Sr-90, Ru-103, Ru-106, Cs-134, Cs-135, Cs-137, Ce-141 und Ce-144 durch Kernreaktoren und Wiederaufarbeitungsanlagen und die voraussichtliche radiologische Belastung bis zum Jahr 2000; Gesellschaft für Kernforschung mbH Karlsruhe, Bericht KFK-2153, Karlsruhe 1975.

Schwankungen unterliegen [1].

Die sich anschließende Berechnung der Langzeit-Strahlenbelastung der Umgebungsbevölkerung infolge der Aktivitätsabgabe mit dem Abgas und der Abluft (Emission) basiert auf der Kenntnis der Diffusions- und Transportbedingungen [2] resp. der zuvor genannten meteorologischen [3] sowie der orographischen [4] Verhältnisse an dem betrachteten Standort und Standortbereich.
Gegenstand der Berechnung ist zunächst die Bestimmung des meteorologischen Ausbreitungsfaktors, χ, und der Aktivitätskonzentration (Immission), K, für die Ortskoordinaten x, y, z:

---

1) Vgl. Becker, D.E., Guglhoer, P. und Kotschi, H.: Zur Erfassung der radiologischen Belastung durch Kernkraftwerke, in: atw, 20. Jg. (1975), H. 9, S. 436.

2) Die Ausbreitung radioaktiver Emissionen in der Atmosphäre ist nach der Theorie von F. Pasquill (Pasquill, F.: Atmospheric Diffusion, London 1962) von den Prozessen "Transport" und "Diffusion" sowie der effektiven Kaminhöhe abhängig.
Durch Transport werden Emissionen zu anderen Orten befördert und durch turbulente Diffusion mit der Umgebungsluft vermischt. Wesentliche Variable, die den Transportvorgang bestimmt, ist der Vektor der momentanen mittleren Windgeschwindigkeit, während der Diffusionsvorgang in der Atmosphäre hauptsächlich von dem im betrachteten Zeitpunkt herrschenden Grad atmosphärischer Turbulenz abhängt. Vgl. Blässer, G. und Wirtz, K.: Nukleare Grundlagen für Standort- und Gebäudewahl von Kernreaktoren, in: Nukleonik, Bd. 3 (1961), H. 5, S. 210ff. (als unveränderter Sonderdruck: Gesellschaft für Kernforschung mbH Karlsruhe, Bericht KFK-79, Karlsruhe 1961). Vogt, K.J.: Umweltkontamination durch radioaktive Abluft aus kerntechnischen Anlagen; Kernforschungsanlage Jülich GmbH., Bericht Jül-637, Jülich 1970, S. 31ff.

3) Vgl. Lindackers, K.-H. et al.: Emissionsquellstärke von Kernkraftwerken; Schriftenreihe Kernforschung, H. 6, Bonn 1972, S. 8ff.

4) Vgl. Lindackers, K.-H. et al.: ebenda, S. 18f.

$$K(x,y,z) \sim \dot{A} \cdot \chi \; \left(Ci \cdot m^{-3}\right) \qquad (2.17)$$

mit:

$K\left(Ci \cdot m^{-3}\right)$: Aktivitätskonzentration,

$\dot{A}\left(Ci \cdot h^{-1}\right)$: Ausflußleistung ("Quellstärke", "Ausflußrate"),

$\chi\left(s \cdot m^{-3}\right)$: meteorologischer Ausbreitungsfaktor.

Die üblichen Ausbreitungsmodelle zur Berechnung des meteorologischen Ausbreitungsfaktors, χ, gehen davon aus, daß sich die Abgasfahne (Windrichtung x) sowohl seitlich (in y-Richtung) als auch vertikal (in z-Richtung) entsprechend einer Gauß-Verteilung der hier prinzipiell angegebenen Form

$$\chi \sim (c_y \cdot c_z \cdot u)^{-1} \cdot \exp\left[-\left(\frac{y^2}{c_y^2} + \frac{h^2}{c_z^2}\right)\right] \left(s \cdot m^{-3}\right) \qquad (2.18)$$

ausbreitet (siehe Abbildung 26) [1]

mit:

$c_y = c_y(x)$ (m): } Diffusionsparameter ,
$c_z = c_z(x)$ (m): }

$u\left(m \cdot s^{-1}\right)$: Windgeschwindigkeit ,

$h(m)$: effektive Kaminhöhe .

Wesentliche Faktoren der Beziehung (2.18) und damit für die Berechung des Ausbreitungsvorgangs sind die - in der Literatur voneinander abweichend beschriebenen - Diffusionsparameter, c_y und c_z, in Abhängigkeit von der Entfernung der Emissionsquelle, der Wetterlage und der Geländeform. Durch Multiplikation mit der Dosiskonstanten, d, ergibt sich aus der Beziehung (2.17) die als "Strahlenbelastung" bezeichnete Äquivalentdosisleistung, $\dot{D}_q$:

$$\dot{D}_q = f \cdot \dot{A} \cdot d \cdot \chi \; \left(mrem.a^{-1}\right) \qquad (2.19)$$

---

1) Aus den Beziehungen (2.17), (2.18) und Abbildung 26 ist ersichtlich, daß die Aktivitätskonzentration (Immissionskonzentration), K, in Bodennähe c.p. um so geringer ist, je größer die effektive Kaminhöhe ist. Dies ist auch der Grund für den Bau hoher Kamine bei Kraftwerken und anderen Emittenden.

mit: $\dot{D}_q$ $(rem \cdot a^{-1})$: "Strahlenbelastung" ,

$d(rem \cdot m^3 \cdot Ci^{-1} \cdot s^{-1})$: Dosiskonstante ,

$f\ (-)$: Proportionalitätsfaktor .

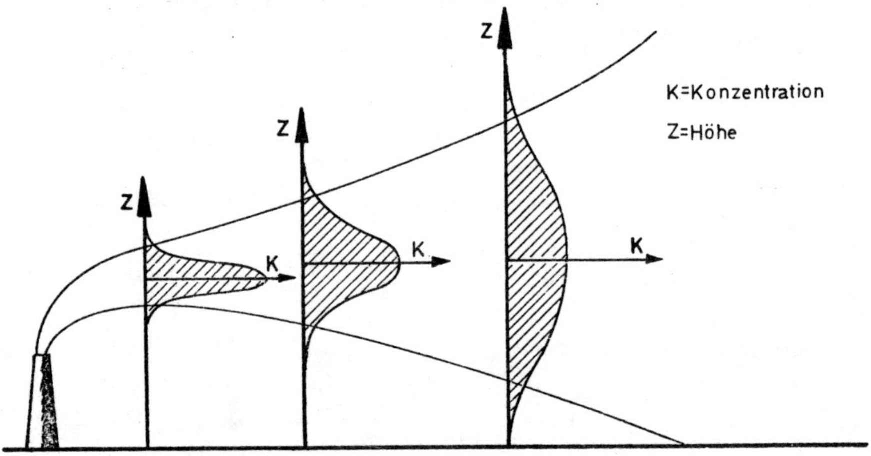

Abbildung 26: Konzentrationsverteilung in einer Abgasfahne (Schema) [1].

Exakte Grundlage zur Beurteilung eines konkreten Standorts unter meteorologischem Aspekt ist die Kenntnis der standortspezifischen Ausbreitungseigenschaften der Atmosphäre, d.h. des Ausbreitungsfaktors χ. Dies erfordert eine möglichst langfristige standortspezifische, dreiparametrige Statistik der Ausbreitungsbedingungen, welche die Häufigkeiten p_{ijk} (Windrichtung -Index i $\{i = 1,2,\ldots,\bar{i}\}$; Diffusionskategorie [2] - Index j $\{j = 1,2,\ldots,6\}$; Windgeschwindigkeitsstufe - Index k $\{k = 1,2,\ldots,\bar{k}\}$) angibt [3].

---

1) Nester, K.: Meteorologische Grundlagen des Ausbreitungsvorgangs in der Atmosphäre; Vorlesungsmanuskript der Schule für Kerntechnik der Gesellschaft für Kernforschung mbH Karlsruhe, Nr. 411, Karlsruhe 1974.

2) Zur Spezifizierung der sechs Diffusionskategorien siehe z.B. International Atomic Energy Agency (IAEA) (Ed.): Application of Meteorology to Safety at Nuclear Plants; IAEA - Safety Series, No. 29, Wien 1968, S. 15.

3) Näheres zur Datenerfassung und -verarbeitung siehe bei Nagel, D. und

Fortsetzung siehe Seite 359

Liegen für den betrachteten Standort unvollständige meteorologische Informationen vor - und das ist in der Regel der Fall -, so muß versucht werden, aus den vorhandenen Daten einen Satz von Wahrscheinlichkeiten zusammenzustellen [1]. Dieses Konzept ist allerdings mit einer Reihe von Unsicherheiten behaftet, die dann auch in die Ausbreitungsberechnungen für radioaktive Emissionen eingehen.
Liegen für einen betrachteten Standort keine Beobachtungen vor, aus denen eine dreiparametrige Häufigkeitsverteilung erstellt werden kann, so kann nach K.-H. Lindackers et al. [2] auf eine solche aus Beobachtungen einer für den Standort repräsentativen meteorologischen Station zurückgegriffen werden. Der zuvor genannte Einwand gilt analog für diese Verfahrensweise. H. Schirmer stellt dazu fest: "Das Netz meteorologischer Beobachtungsstationen, das für die Begutachtung von Fragen der Raumplanung herangezogen werden kann, läßt nur räumliche Aussagen in einem Maßstab von 1:1 bis 1:2 Mio., im Ausnahmefall von 1:200 000, zu. Die insbesonders für die Gutachten von Industriestandorten einschließlich Kernkraftwerke relevanten klimatischen Wirkungsfaktoren, vor allem der Einfluß der Orographie und der durch den Menschen bedingten Umweltveränderungen, erfordern daher temporäre Sondermessungen im Standortbereich. Große Bedeutung erlangen hierbei die Vertikalsondierungen für die Abschätzung der Stabilitätsverhältnisse, da diese die Grundlage für die Berechnung der Ausbreitung von Luftbemengungen darstellen. Ein anderes wichtiges Ziel ist die Abschätzung der Beeinflussung des Klimas in der Umgebung eines Standortes durch den Be-

---

Fortsetzung zu Fußnote

3) Thomas, P.: Aufbereitung der meteorologischen Daten und Beschreibung der Datenträger; Gesellschaft für Kernforschung mbH. Karlsruhe, Bericht KFK-1948, Karlsruhe 1974. Dilger, H., Hübschmann, W. und Thomas, P.: Meteorologisches Informationssystem für Kernkraftwerke, in: KFK-Nachr., 7. Jg. (1975), H. 3, S. 66-69.

1) Siehe dazu Bayer, A.: Untersuchung von Individual- und Populations-Ausbreitungsfaktoren für mögliche Reaktorstandorte am Rhein (Flußkilometer 360) bis Mannheim (Flußkilometer 430); Gesellschaft für Kernforschung mbH Karlsruhe, Bericht KFK-1501, Karlsruhe 1971, S. 9.

2) Vgl. Lindackers, K.-H. et al.: Emissionsquellstärke von Kernkraftwerken, Schriftenreihe Kernforschung, H. 6, Bonn 1972, S. 14.

trieb von Kühltürmen" [1].

Lassen sich zukünftig erforderliche Kernkraftwerks-Standorte vorerst nicht konkret festlegen, sondern nur bestimmten größeren Standortbereichen zuordnen, so können nach einem Verfahren von H.D. Brenk und K.J. Vogt [2] Langzeitausbreitungsfunktionen meteorologischer Standortklassen verwendet werden. Damit lassen sich, unter Verwendung von Dosiskonstanten [3], die örtlich zu erwartenden jählichen Dosen errechnen. Trotz systematischer Fehler des Verfahrens ermöglicht die Zuordnung zu Standortklassen wesentliche Vorhersageverbesserungen der radiologischen Belastung etwa gegenüber unspezifischen Mittelwertbetrachtungen. Insbesondere ermöglicht das Verfahren die Abschätzung der durch Kernenergieanlagen verursachten radiologischen Gesamtbelastung in einer sog. Bereichsstandortklasse, wie sie für die sich eventuell gegenseitig ausschließende Standortwahl von Kernkraftwerken und Wiederaufarbeitungsanlagen in Zukunft erforderlich werden [4].

zu b. Strahlenbelastung der Umgebungsbevölkerung nach einem Störfall

Der kausale Ablauf nach einem schweren oder "hypothetischen" Störfall kann kurz folgendermaßen beschrieben werden: Bei dem Störfall werden bestimmte Mengenanteile der Inventarmaterialien (Brennstoff, Transurane,

---

1) o.V.: Bericht über die Reaktortagung 1976 (Referat zum Vortrag von H. Schirmer: "Meteorologische Aspekte bei Planung und Betrieb von Kernkraftwerken"), in: atom-informationen, 1976, H. 5, S. 5.

2) Vgl. Brenk, H.D. und Vogt, K.J.: Meteorologische Standortklassen in der Bundesrepublik Deutschland als Grundlage von Umweltprognosen für kerntechnische Anlagen; Kernforschungsanlage Jülich GmbH , Bericht Jül-1142, Jülich 1974, S. 18ff.

3) Siehe dazu Comper, W.: Berechnung von Dosisfaktoren radiologisch wichtiger Nuklide; Gesellschaft für Kernforschung mbH Karlsruhe, Bericht KFK-1615, Karlsruhe 1972.

4) Siehe dazu die nachfolgenden Ausführungen - ad 4. Radiologische Vorbelastung des Standortbereichs.

Spaltprodukte, aktivierte Strukturmaterialien, aktiviertes Kühlmittel) aus dem geborstenen Primärsystem prompt oder zeitlich verzögert freigesetzt und im Containmentsystem verteilt. Je nach Beschaffenheit des Containmentsystems (z.B. Einfach- oder Mehrfachcontainment) gelangen die radioaktiven Stoffe nach einer bestimmten Verweilzeit in die Atmosphäre. Durch atmosphärische Diffusion und Transport wird sich eine "Fahne" in Windrichtung ausbilden, welche an jedem Ort, den sie überstreicht, eine örtliche Konzentration an Radionukliden erzeugt. Während des Transports in der Atmosphäre führen radioaktiver Zerfall und Ablagerung (fall-out, rain-out, wash-out) zu einer langsamen Verringerung der Konzentration. Eine Strahlenbelastung der Bevölkerung in der Umgebung des Kernkraftwerks kommt dabei auf verschiedene Weise zustande [1]:

- Durch Inhalation von radioaktiven Gasen und Aerosolen. Die Radionuklide werden über den Atemtrakt inkorporiert und sammeln sich zum Teil bevorzugt in einzelnen Organen, wo sie radioaktiv zerfallen und/oder mit einer bestimmten biologischen Halbwertzeit ausgeschieden werden können. Während ihres Aufenthalts im Körper tragen sie entsprechend zur Strahlenbelastung bei.

- Durch äußere γ-Bestrahlung [2] von Radionukliden, die in der Atmosphäre radioaktiv zerfallen (γ-Zerfall).

- Durch äußere Bestrahlung (ß- und γ-Strahlung) aus am Boden abgelagerten Radionukliden oder innere Bestrahlung (α-, ß-, γ-Strahlung) nach Verzehr kontaminierter Nahrungsmittel.

Für die sicherheitstechnische Beurteilung eines Kernkraftwerks-Standorts sowie für die im Zusammenhang mit der Standortwahl festzulegenden technischen und administrativen Sicherheitsmaßnahmen (präventive Maßnahmen resp. Notfallmaßnahmen) [3] ist es notwendig, die höchsten sowie die wahrscheinlichen Strahlendosen (Störfalldosen) in der Umgebung des Kernkraftwerks als

---

1) Vgl. Lindackers, K.-H. et al.: Emissionsquellstärke von Kernkraftwerken; Schriftenreihe Kernforschung, H. 6, Bonn 1972, S. 2ff.

2) Aufgrund ihrer gegenüber γ-Strahlung wesentlich kürzeren Reichweite liefert die ß-Strahlung aus der Atmosphäre einen geringen und damit vernachlässigbaren Anteil an der Strahlenbelastung.

3) Vgl. Kapitel B. II. 3.-ad 3. Administrative Sicherheitsmaßnahmen.

Folge angenommener schwerer oder "hypothetischer" Störfälle zu berechnen. Ausbreitungsberechnungen für eine "radioaktive Wolke" werden derzeit nur auf der Basis statischer Verteilungsmodelle (Konzentrationsfunktion: K(x,y,z), mit K = Aktivitätskonzentration und x,y,z = Ortskoordinaten) - wie sie auch den Ausbreitungsberechnungen für radioaktive Emissionen beim Normalbetrieb zugrunde liegen (vgl. oben) - durchgeführt [1]. Diese Berechnungsmethode ist zwar der determinstischen Betrachtungsweise einer noch weitgehend am GAU-Konzept orientierten Genehmigungspraxis angepaßt, entspricht jedoch nicht dem dynamischen Kurzzeitausbreitungsvorgang und führt zu einer Fehleinschätzung der zu erwartenden Strahlendosen nach einem Störfall.

Insbesondere für Standorte in der Nähe größerer Städte oder Industriezentren mit hoher Bevölkerungsdichte, wo eine Evakuierung der Bevölkerung nicht oder nur bedingt durchführbar ist, sollte ermittelt werden, welchen Beitrag die atmosphärische Diffusion der freigesetzten Aktivität bei der Bestimmung der maximal möglichen sowie der wahrscheinlichen Strahlendosen liefert. Damit wäre eine realistischere Bestimmung des nuklearen Risikos für die Umgebungsbevölkerung möglich.

Zur Klärung dieser Fragen sind Untersuchungen der dynamischen Ausbreitungsverhältnisse (Konzentrationsfunktion: K(x,y,z,t), mit: x,y,z = Ortskoordinaten, t = Zeit) erforderlich [2]. Aufgrund des gegenwärtigen Er-

---

1) Siehe z.B. Bayer, A.: Die Ausbreitung der radioaktiven Wolke und die zu erwartenden Inhalationsdosen; Gesellschaft für Kernforschung mbH Karlsruhe, Bericht KFK-646, Karlsruhe 1967. ders.: Die Ausbreitung einer radioaktiven Wolke und die für die Gesamtbevölkerung zu erwartenden Dosen; Gesellschaft für Kernforschung mbH Karlsruhe, Bericht KFK-868, Kalrsruhe 1968.

2) Ansätze dazu beschreiben Hübschmann, W. und Nester, K.: Bewertung der atmosphärischen Diffusion bei Reaktorstörfällen, in: Deutsches Atomforum e.V. und Kerntechnische Gesellschaft im Deutschen Atomforum e.V. (Hrsgg.): Reaktortagung Hamburg 11./14. April 1972; Reaktortagung-Compacts, Bonn 1972, S. 668-671. Hübschmann, W. und Nester, K.: Eine Neubewertung der atmosphärischen Diffusion bei Reaktorstörfällen in deterministischer und probabilistischer Sicht, in: ATKE, Bd. 20 (1972), H. 4, S. 315-319. Vogt, S.: Statistische Voraussagen für Lage und Betrag der maximalen Dosis bei störfallbedingter Emission; Gesellschaft für Kernforschung mbH Karlsruhe, Bericht KFK-2215, Karlsruhe 1975.

kenntnisstandes sind genaue Voraussagen über störfallbedingte Strahlenbelastungen noch nicht möglich.

Eine bisher nicht bestätigte Theorie ist aus dem Phänomen der thermischen Aufheizung einer "radioaktiven Wolke" abgeleitet worden. Die Aufheizung und damit der atmosphärische Auftrieb ist eine Folge des radioaktiven Zerfalls der Spaltprodukte [1].
Nach britischen theoretischen Untersuchungen ist bei großen Aktivitätsfreisetzungen mit einem Auftrieb der "radioaktiven Wolke" in eine Höhe von 200 bis 300 m zu rechnen [2] - mithin, so wird gefolgert, dürften letale Strahlendosen selbst bei großen Aktivitätsfreisetzungen kaum auftreten.
U. Janssen referiert entsprechende deutsche Untersuchungen von Besser und Schwarzer [3] und resumiert, "daß bei den üblichen Schornsteinhöhen [4] für die meisten Wetterlagen die Bevölkerungsdosen am geringsten sind, wenn das Kernkraftwerk im Stadtzentrum liegt, da die radioaktive Abluftwolke dann erst außerhalb der Stadtgrenzen den Erdboden erreicht" [5].

---

1) Siehe Gifford, Jr., F.A.: The Rise of Strongly Radioactive Plumes, in: J. Appl. Meteorology, Vol. 6 (1967), S. 644-649.

2) Vgl. Fürste, W., Hemmerling, H., König, W., Pfeiffer, A. und Roßberg, K.: Studie über die nukleare Sicherheit standortunabhängiger Kernkraftwerke und deren Einfluß auf die Wirtschaftlichkeit; Bundesministerium für Forschung und Technologie, Forschungsbericht K73-01, Leopoldshafen (Karlsruhe) 1973, S. 8. W. Fürste et al. referieren die Ergebnisse der Untersuchung von Cave, L. and Halliday, P.: Suitability of Gas-Cooled Reactors for Fully Urban Sites; British Nuclear Energy Society (BNES), Symposium on Safety and Siting, London 28. März 1969.

3) Von U. Janssen ohne bibliographische Angaben referiert.

4) (Anm. d. Verf.) Daß bei schweren oder "hypothetischen" Störfällen die aus dem Primärsystem freigesetzten Radionuklide allen über den Kamin in die Umgebung gelangen, ist eine optimistische Annahme, aber keineswegs wahrscheinlich.

5) Janssen, U.: Sprechen Sicherheitsgründe gegen den Bau vieler großer Kraftwerke?, in: atw, 13. Jg. (1968), H. 8/9, S. 404.

Plausibel ist die Theorie zumindest hinsichtlich der relativ geringen Reichweite der ß-Strahlung in Luft [1]. Demgegenüber besitzen γ-Strahlen sehr viel größere Reichweiten (charakteristische Reichweiten lassen sich für γ-Strahlung naturgemäß nicht angeben [2]). Ob die Ionisationswirkung von γ-Strahlen in Luft [3] bei einer Auftriebshöhe der "radioaktiven Wolke" von 200 bis 300 m jedoch ausreichend ist, um den γ-Strahlungsanteil zu vernachlässigen, erscheint fraglich. Keinesfalls sollten aber die referierten Untersuchungsergebnisse als gesicherte Erkenntnisse bei der Auswahl stadtnaher Kernkraftwerks-Standorte herangezogen werden.

Zusammenfassend ist festzustellen: Wesentlich für den Normalbetrieb eines Kernkraftwerks ist die Kenntnis der meteorologischen Verhältnisse. Dies erlaubt die Vorausberechnung der möglichen Aktivitätsverteilung nach Höhe, Entfernung und Richtung sowie die Berechnung der radiologischen Belastung beim normalen Betriebsablauf. Die meteorologischen und orographischen Standortverhältnisse sowie die technische Auslegung des jeweiligen Kernkraftwerks (Typ, Leistungsgröße, Abbrand etc.) haben besonderen Einfluß auf die Planung und technische Auslegung der Abgasanlagen, die Festlegung der erforderlichen Maßnahmen zur Reduzierung der Langzeit-Strahlenbealstung sowie unerwünschter Aktivitätsüberlagerungen [4]. Damit ist zugleich eine Anpassung an die unterschiedlichen Gegebenheiten der Standorte möglich.

Bei schweren oder "hypothetischen" Störfällen ist gegenwärtig eine Ermittlung der Aktivitätsverteilung - unter meteorologischen Gesichtspunkten ist diese abhängig von der momentanen Windrichtung, Windgeschwindigkeit

---

1) Siehe etwa Nachtigall, D.: Physikalische Grundlagen für Dosimetrie und Strahlenschutz, München 1971, S. 229 (dort Tabelle der Reichweiten für verschiedene ß-Energien in Luft).

2) Siehe dazu ausführlicher z.B. Keller, C.: Radiochemie, Frankfurt/M.-Berlin-München-Aarau 1975, S. 62.

3) Siehe dazu die in Kapitel B. II. 1. genannte radiochemische Literatur.

4) Vgl. die folgenden Ausführungen - ad 4. Radiologische Vorbelastung des Standortbereichs.

und Diffusionskategorie ("Wetterkategorie") - und der Strahlenbelastung weder schnell noch exakt möglich [1]. Eine schnelle und genaue Ermittlung ist aber erforderlich, bevor über Einsatz und Art gezielter Notfallmaßnahmen entschieden werden kann.

Hinsichtlich der meteorologischen Verhältnisse lassen sich keine "Idealstandorte" finden. Ergebnis meteorologischer Untersuchungen kann also nur sein, die nach statistischen Erfahrungen oder Analogieschlüssen ungünstigen Standorte, z.B. Standorte mit häufigen Inversionswetterlagen oder in der Hauptwindrichtung zu großen Siedlungsgebieten (vgl. Abbildung 26), auszuschließen oder ungünstigen Verhältnissen durch sicherheitstechnische Maßnahmen zu begegnen. Ein im Hinblick auf die meteorologischen Verhältnisse zweckmäßig ausgewählter Standort bietet der Bevölkerung bereits einen hohen Grad an Sicherheit [2][3].

ad 4. Radiologische Vorbelastung des Standortbereichs

Von besonderer Bedeutung für die Standortwahl ist der oben genannte Richtwert der maximalen Strahlenbelastung beim Normalbetrieb (30 $mrem \cdot a^{-1}$) für radioaktive Ableitungen mit dem Abgas und der Abluft, wenn:

- Mehrere Kernkraftwerksblöcke an einem Standort betrieben werden sollen, wie es in Zukunft häufiger zu erwarten ist [4],

---

1) Vgl. auch Dilger, H., Hübschmann, W. und Thomas, P.: Meteorologisches Informationssystem für Kernkraftwerke, in: KFK-Nachr., 7. Jg. (1975), H. 3, S. 66.

2) Vgl. auch Luks, H.: Eine Analyse der Standorbedingungen für Reaktoren; Kernforschungsanlage Jülich GmbH., Bericht Jül-189, Jülich 1964, S. 69.

3) Der Ansicht von H. Mandel: "Meteorologische Einflüsse spielen heute keine Rolle mehr dank der Verwendung von Verzögerungsstrecken, hochwirksamen Filtern, besonderen Anforderungen an die Dichtigkeit von Kriesläufen, und Abluftschornsteinen von mindestens 100 m Höhe", kann demgemäß nicht zugestimmt werden. Mandel, H.: Standortfragen bei Kernkraftwerken, in: atw, 16. Jg. (1971), H. 1, S. 26.

4) So z.B. vier Kernkraftwerksblöcke in Biblis mit einer Gesamtleistung

Fortsetzung siehe Seite 366

- Kernkraftwerke an räumlich getrennten Standorten zur Strahlenbelastung in einem engeren Standortbereich beitragen,

- Wiederaufarbeitungsanlagen [1] sich in einem betrachteten Standortbereich befinden.

Aus einer generellen Untersuchung von P. Handge und W. Schwarzer [2] über die atmosphärische Strahlenbelastung bei einer räumlichen Konzentration kerntechnischer Anlagen (Kernkraftwerke, Wiederaufarbeitungsanlagen, Kernforschungsanlagen) resultieren im wesentlichen folgende Ergebnisse, die für eine Standortplanung als Übersichtswerte angenommen werden können:

- Eine Superposition der Strahlenbelastung der Umgebung durch mehrere Emissionsquellen ist sowohl bei kontinuierlichen als auch bei Einzelemissionen nicht zu berücksichtigen, wenn bei sämtlichen Emissionsquellen die jeweils genehmigten Aktivitätsabgabewerte eingehalten werden und ihr Abstand voneinander mehr als 30 km beträgt.

- Bei einer räumlichen Konzentration von Kernkraftwerken müssen die Aktivitätsabgaberaten der einzelnen Emittenden gegenüber den maximal zulässigen Werten für ein einzelnes Kernkraftwerk - um einen Faktor ≥ 2 - reduziert werden, wenn die Abstände zwischen den einzelnen Standorten weniger als 20 km betragen.

Fortsetzung zu Fußnote

4) von ca. 5000 MW_{el} (brutto). Vgl. o.V.: Vier Kernkraftwerksblöcke in Biblis geplant, in FAZ, Nr. 88 vom 16. April 1975, S. 15. Es wurde jedoch bereits darauf hingewiesen (siehe Kapitel B. III. 1), daß Kernkraftwerke mit mehr als zwei Blöcken vorerst Ausnahmefälle darstellen.

1) Zur Spezifikation der radiologischen Belastung durch Wiederaufarbeitungsanlagen siehe Kapitel B. II. 1. und die dort angegebene Literatur.

2) Vgl. Handge, P. und Schwarzer, W.: Probleme der Konzentrierung von Kernkraftwerken auf engem Raum - Grundlagen für Belastungspläne, in: Institut für Reaktorsicherheit der Technischen Überwachungsvereine e.V. (Hrsg.): Betriebliche Ableitungen radioaktiver Stoffe aus kerntechnischen Anlagen; 7. IRS-Fachgespräch am 2./3. November 1971 in Köln, Tagungsbericht IRS-T-23, Köln 1972, S. 84.

- Mehrere Kernkraftwerke mit Abständen $\leq$ 1,5 km können in erster Näherung für größere Entfernungen als ein einziger Emittent in der Mitte der Standorte betrachtet werden. Innerhalb des Standorts oder in Standortnähe ist eine Superposition der Belastungsmaxima im voraus nicht auszuschließen.

- Beschränkungen bei der Wahl des Standorts für Kernkraftwerke bestehen in der Umgebung von Wiederaufarbeitungsanlagen solange deren Aktivitätsabgaberate an Krypton-85 nicht erheblich reduziert werden kann [1].

- Die Einhaltung von Mindestabständen zwischen den einzelnen Kernkraftwerken ist nach bisherigen Ergebnissen aufgrund der Ableitung von Jod-131 erforderlich, wenn die Jodabgaberate nicht entsprechend reduziert wird [2].

---

1) Eine Wiederaufarbeitungsanlage, die 1985 die Wiederaufarbeitung der gesamten in der Bundesrepublik Deutschland anfallenden, abgebrannten Brennstoffelemente - entsprechend den Prognosedaten über die installierte Kernkraftwerksleistung (vgl. oben) - übernähme, würde eine Strahlenbelastung von 400 $mrem \cdot a^{-1}$ hervorrufen. Um den Richtwert (30 $mrem \cdot a^{-1}$) der Strahlenbelastung einzuhalten, müßten im Jahre 1985 in der Bundesrepublik für die etwa vierzig Kernkraftwerke etwa zehn Wiederaufarbeitungsanlagen in Betrieb sein und mithin Wiederaufarbeitungsanlagen weder in Gebieten mit hoher Kernkraftwerksdichte, noch Kernkraftwerke im Standbereich von Wiederaufarbeitungsanlagen errichtet werden können, wenn die erwartete Krypton-85-Emission der Wiederaufarbeitungsanlagen in die Atmosphäre nicht entsprechend reduziert wird. Vgl. Handge, P. und Schwarzer, W.: Probleme der Konzentrierung von Kernkraftwerken auf engem Raum - Grundlagen für Belastungspläne, in: Institut für Reaktorsicherheit der Technische Überwachungsvereine e.V. (Hrsg.): Betriebliche Ableitungen radioaktiver Stoffe aus kerntechnischen Anlagen; 7. IRS-Fachgespräch am 2./3. November 1971 in Köln, Tagungsbericht IRS-T-23 Köln 1972, S. 85. Ammon, R. v., Weinländer, W., Hutter, E., Neffe, G. und Leichsenring, C.H.: Entwicklung der Krypton-85-Abtrennung aus dem Abgas der großen Wiederaufbereitungsanlage, in: KFK-Nachr., 7. Jg. (1975), H. 3, S. 63.

2) Vgl. Bayer, A.: Die ortsabhängige Spezifische Dosis d von J^{131}; Gesellschaft für Kernforschung mbH Karlsruhe, Bericht KFK-1661, Karlsruhe 1972, S. 15.

Weitergehende Beschränkungen bei der Standortwahl für Kernkraftwerke sind in dieser Hinsicht aufgrund der Erwartungswerte, - die mit Ausnahme von Jod-131 in der Regel um etwa den Faktor 20 niedriger liegen als die Antragswerte, - für die Aktivitätsabgabe mit dem Abgas und der Abluft vorläufig nicht zu erwarten.

ad 5. Hydrologische Verhältnisse

Von den genannten drei Berührungspunkten [1] der auf Kernenergie basierenden Elektrizitätswirtschaft mit der Wasserwirtschaft sollen im folgenden Gefahrenmöglichkeiten und Risiko der

a. Kontamination des Grundwassers und Trinkwassereinzugsgebiets

und

b. Abgabe radioaktiver Abwässer in den Vorfluter

diskutiert werden.

zu a. Probleme einer möglichen Kontamination des Grundwassers und Trinkwassereinzugsgebiets

Reaktorgebäude sind bautechnisch so ausgeführt, daß die bei Betriebsunregelmäßigkeiten, kleinen Leckagen oder leichten Störfällen freigesetzten festen oder flüssigen Aktivitäten nicht ins Freie und damit in den Boden gelangen können [2]. Die radiologischen Folgen sind in diesen Fällen für die Umgebung bedeutungslos und gehören nicht zu dem hier angesprochenen Problemkreis.

Bei schweren Störfällen können jedoch Radionuklide direkt oder indirekt (d.h. über das Entweichen in die Atmosphäre und nachfolgendem Ausfall als "fall-out" und/oder "rain-out") zu einer Kontamination des Bodens in der Umgebung des Kernkraftwerks führen. Damit besteht die Möglichkeit einer Kontamination des Grundwassers oder eines potentiellen Trinkwassereinzugsgebiets.

---

1) Vgl. Kapitel B. III. 1. - ad 2. Kühlwasserversorgung und Kühlverfahren.

2) Vgl. die Ausführungen unter ad 1. Geologische Verhältnisse.

"Vom Standpunkt des Gewässerschutzes aus gesehen ist also die Frage, ob es sich verantworten läßt, Kernkraftwerke im Bereich nutzbarer Grundwasservorkommen zu errichten, nicht unberechtigt. Die Frage nach der Möglichkeit, mit den Kernkraftwerken in wasserwirtschaftlich uninteressante Gebiete auszuweichen, liegt nahe. Sie ist einer Überlegung wert, denn die volkswirtschaftliche Entwicklung verlangt immer mehr und immer besseres Trink- und Brauchwasser" [1].
Unter Benutzung einer umfangreichen Grundwasserkartierung [2] stellt F. Schwille anhand einer Kartierung der ergiebigen Trinkwassergebiete fest: "Überall dort, wo ausreichende Räume für die Anlage von Kernkraftwerken vorhanden und zugleich für die direkte Frischwasserkühlung ausreichende Flußwassermengen verfügbar sind, erstrecken sich die für die Wasserversorgung der Bundesrepublik Deutschland wichtigsten Grundwasserspeicher in Lockergesteinen" [3].
F. Schwille kommt bei seinen Untersuchungen zu dem Ergebnis, daß in Anbetracht des technologischen Standes der Sicherheitstechnik "das Risiko einer Grundwasserkontamination durch radioaktive Nuklide außerordentlich niedrig gehalten werden kann, und daß die Wasserwirtschaft demzufolge Kernkraftwerke unter gewissen Voraussetzungen auch in ihren ergiebigen Revieren dulden kann" [4]. Nur bei größeren Entnahmegebieten solle der

---

1) Schwille, F.: Kernkraftwerke und Grundwassernutzung - eine Aufgabe der wasserwirtschaftlichen Planung, in: Dtsch. Gewkdl. Mitt., 12. Jg. (1968), H. 4, S. 96.

2) Siehe Grahmann, R.: Die Grundwässer in der Bundesrepublik Deutschland und ihre Nutzung; Forschungen zur deutschen Landeskunde, Bd. 105, T. II, Remagen 1958.

3) Schwille, F.: Kernkraftwerke und Grundwassernutzung - eine Aufgabe der wasserwirtschaftlichen Planung, in: Dtsch. Gewkdl. Mitt., 12. Jg. (1968), H. 4, S. 100.
Siehe dazu auch Schwille, F.: ebenda, S. 98 (dort Abb. 2: Karte der langjährigen Mittel der Niedrigwasserabflüsse) und S. 99 (dort Abb. 3: Karte der ergiebigsten Grundwasservorkommen).

4) Schwille, F.: Kernkraftwerke und Grundwassernutzung - eine Aufgabe der wasserwirtschaftlichen Planung, in: Dtsch. Gewkdl. Mitt., 12. Jg. (1968), H. 4, S. 101.

"Sicherheitsabstand von der Fassung mindestens etwa 2 km betragen" [1]. Diese Ansicht rückt zwar von der derzeitigen Auffassung des DVGW [2] ab, wonach der Betrieb von Kernkraftwerken auch in der weiteren Schutzzone von Trinkwassergebieten nicht geduldet werden kann, wird aber einer differenzierten Analyse nicht gerecht.
Es sollten bei der Standortwahl folgende Kriterien beachtet werden [3]:

- Die großräumige Grundwassermigration [4] ist zu berücksichtigen.

- Das Retentionsvermögen (für Radionuklide) der einzelnen Böden ist naturgemäß sehr unterschiedlich, da die Bodenkomponenten qualitativ und quantitativ variieren.

- Die Migrationsgeschwindigkeit von Radionukliden in den Untergrund hängt von einer Vielzahl zum Teil ständig wechselnder Parameter ab; Vorhersagen über Eindringtiefe bestimmter Radionuklide und Sorptionsverhalten (Absorption und Adsorption) bestimmter Böden und Sedimente sind erst bei genauer Kenntnis der geologisch-hydrologischen Eigenschaften des Untergrunds möglich [5].

---

1) Schwille, F.: Kernkraftwerke und Grundwassernutzung - eine Aufgabe der wasserwirtschaftlichen Planung, in: Dtsch. Gewkdl. Mitt., 12. Jg. (1968), H. 4, S. 101.

2) Vgl. Deutscher Verein von Gas- und Wasserfachmännern (DVGW) e.V. (Hrsg.): Richtlinien für Trinkwasserschutzgebiete, T. 1: Schutzgebiete für Grundwasser, DVGW-Arbeitsblatt W101, November 1961, Frankfurt/M. 1961, zit. nach Schwille, F.: Kernkraftwerke und Grundwassernutzung - eine Aufgabe der wasserwirtschaftlichen Planung, in: Dtsch. Gewkdl. Mitt., 12. Jg. (1968), H. 4, S. 102.

3) Diese Aspekte resp. deren Implikationen werden von F. Schwille übergangen.

4) Siehe dazu etwa Schneider, H.: Die Wassererschließung, Grundlagen der Erkundung, Bewirtschaftung und Erschließung von Grundwasservorkommen in Theorie und Praxis, 2. Aufl., Essen 1973, S. 1ff. (Kapitel: Hydrogeologie).

5) Vgl. Weisflog, D.: Das Sorptionsverhalten von Niederterassensedimenten des Rheins für Sr-85, Cs-137 und J-131, in: Dtsch. Gewkdl. Mitt., 12. Jg.
Fortsetzung siehe Seite 371

- Bei schweren Störfällen muß mit einem Austreten größerer Wassermengen aus dem Reaktorgebäude, z.B. Notkühlwasser, Löschwasser [1], gerechnet werden, die schnell (damit geht der Konzentrationsverdünnungseffekt als Folge des radioaktiven Zerfalls verloren) und "gründlich" die Aktivität in den Boden einspülen.

- Für die im Fall einer Grundwasserkontamination "zu ergreifenden Sanierungsmaßnahmen gibt es noch keine brauchbaren Anleitungen, denn hier fehlt - man möchte fast sagen: glücklicherweise - die Erfahrung" [2].

Fortsetzung zu Fußnote

5) (1968), H. 5, S. 132. Kühn, W.: Untersuchungen zur natürlichen Dekontamination von radioaktiven Spaltprodukten durch ungestörte Böden und ihre Bestimmung in Reaktorstandortgebieten; Gesellschaft für Strahlenforschung mbH. München, Bericht GSF-BT 37, München 1970.

1) Der Störfall im Reaktor NRX der Chalk River-Anlage (Kanada) im Mai 1958 hat gezeigt, daß dieser Umstand im Rahmen von Störfallfolgen berücksichtigt werden muß (dort: leichte Kontamination von ca. 40 ha der Umgebung; Dekontaminierungsarbeiten von 3 Monaten, Dekontaminationskosten: nicht bekanntgegeben - militärische Anlage).
Eine Vorstellung über die Dimension von Dekontaminationskosten gibt folgendes, sicher nicht proportional auf die Dekontamination größerer Flächen übertragbares Beispiel: "Die Beseitigung der Kontamination eines Gebäudes, die durch ein einziges zertretenes Radiumpräparat von 2 mg Radiumgehalt entstanden war, dessen Preis etwa DM 200,-- beträgt, hat einmal DM 800 000,-- Kosten verursacht! Es mußte nämlich der ganze Bodenbelag eines Krankenhauses, in dem dies geschah, ersetzt, das Treppenhaus eingerissen und neu aufgebaut werden, und es mußten 6 Kraftwagen, die auch hoffnungslos kontaminiert waren, aus dem Verkehr gezogen werden und - was schlimmer war - unschädlich beseitigt werden!" Wachsmann, F.: Strahlenschutz geht alle an, München 1969, S. 177.

2) Schwille, F.: Kernkraftwerke und Grundwassernutzung - eine Aufgabe der wasserwirtschaftlichen Planung, in: Dtsch. Gewkdl. Mitt., 12. Jg. (1968), H. 4, S. 103.

Aufgrund dieser Einwände erscheint d. Verf. eine pauschale Zulassung zum Bau von Kernkraftwerken in Trinkwassergewinnungsgebieten gegenwärtig nicht gerechtfertigt. Zumindest sollten solche Standorte gewählt werden, deren Untergrund ein hohes Sorptionsvermögen für Radionuklide aufweist [1].

Für Standorte in Trinkwassereinzugsgebieten könnte jedoch in Zukunft nach Entwicklung spezieller Sicherheitseinrichtungen, insbesondere Einrichtungen zur Abfuhr der Nachzerfallswärme eines geschmolzenen Kerns, Core-Catcher, Druckbehälterberstsicherung, neuartige Durckbehälter etc. [2], der Bau von Kernkraftwerken "unbedenklicher" werden. Aussagen über Effizienz und Kosten solcher standortabhängigen Sicherheitseinrichtungen als Grundlage einer Beurteilung alternativer Standorte in "wasserwirtschaftlich uninteressanten Gebieten" (F. Schwille) sind gegenwärtig jedoch nicht möglich (vgl. oben).

Dem Vorschlag von F. Schwille, die Wasserwirtschaft möge die für die Trinkwassergewinnung geeignetsten Gebiete bald ausweisen [3], ist zuzustimmen. Für die Elektrizitätswirtschaft ergäbe sich damit der Vorteil eindeutiger Planungsgrundlagen.

zu b. Abgabe radioaktiver Abwässer in den Vorfluter

Die Bedeutung, die der Reinhaltung der Gewässer beigemessen wird, wirkt sich auch in besonderem Maße auf die Abgabe kontaminierter Abwässer aus Kernkraftwerken aus. Neben der Strahlengefährdung durch direkte Inkorporation müssen synergetische Effekte einzelner Radionuklide mit ihren chemischen und biologischen Auswirkungen in Betracht gezogen werden. Auf diese, die Standortplanung für Kernkraftwerke weniger berührenden Probleme, soll hier jedoch nicht detailliert eingegangen werden.

---

1) Siehe dazu Kühn, W.: Untersuchungen zur natürlichen Dekontamination von radioaktiven Spaltprodukten durch ungestörte Böden und ihre Bestimmung in Reaktorstandortgebieten; Gesellschaft für Strahlenforschung mbH. München, Bericht GSF-BT37, München 1970.

2) Vgl. dazu Kapitel B. II. 3. - ad 2. Technische Sicherheitsmaßnahmen.

3) Vgl. Schwille, F.: Kernkraftwerke und Grundwassernutzung - eine Aufgabe der wasserwirtschaftlichen Planung, in: Dtsch. Gewkdl. Mitt., 12. Jg. (1968), H. 4, S. 102.

Die in einem Kernkraftwerk anfallenden radioaktiven Abwässer lassen sich entsprechend ihrer Herkunft und Zusammensetzung in drei Gruppen einteilen [1]:

1. Abwässer aus dem Primärkreis mit niedrigem Salz- und Feststoffgehalt, aber hoher Radioaktivität,

2. Sumpfwässer, Laborwässer und Dekontaminierungsabwässer mit hohem Salz- und Feststoffgehalt sowie teilweise hoher Radioaktivität,

3. Waschwässer (Wäscherei, Duschen, Waschbecken etc.) mit hohem Salz-, Feststoff- und Detergentiengehalt, aber niedriger Radioaktivität.

Eine direkte Abgabe dieser Abwässer an die Umwelt ist nicht möglich. Zur Reduzierung der Radioaktivität in den Abwässern, insbesondere bei Wässern der Gruppen 1. und 2., bedarf es entsprechender Dekontaminationsverfahren (Sedimentieren, Filtrieren, chemische Fällung, Ionenaustausch, Verdampfung) im Kernkraftwerk. Die bis auf eine Restaktivität dekontaminierten Abwässer können unter Beobachtung der nach der Genehmigungspraxis zulässigen Abgabemengen dem Vorfluter zugeführt werden.
Technische Einflußfaktoren [2] bezüglich Menge und Zusammensetzung der an-

---

1) Vgl. Queiser, H.: Verfahren zur Verringerung radioaktiver Abgaben aus Siedewasser-Kernreaktoren, in: Technische Vereinigung der Großkraftwerksbetreiber (VGB) e.V. (Hrsg.): Kraftwerk und Umwelt 1973; VGB-Konferenz-Vorträge, Essen (1974), S. 160f. Herzog, W.: Abwasserdekontamination an Kernkraftwerken - Stand und Aussichten; Bericht des Staatlichen Materialprüfamtes NW, Abteilung Kerntechnik, für den Minister für Wirtschaft, Mittelstand und Verkehr des Landes Nordrhein-Westfalen, Düsseldorf 1975, S. 10ff.

2) Siehe ausführlicher dazu Queiser, H.: Verfahren zur Verringerung radioaktiver Abgaben aus Siedewasser-Kernreaktoren, in: Technische Vereinigung der Großkraftwerksbetreiber (VGB) e.V. (Hrsg.): Kraftwerk und Umwelt 1973; VGB-Konferenz Vorträge, Essen (1974), S. 160ff. Kausz, I.A. und Spang, A.: Verfahren zur Verringerung radioaktiver Abgaben aus Druckwasser-Kernkraftwerken, in: ebenda, S. 163ff. Herzog, W.: Abwasserdekontamination an Kernkraftwerken - Stand und Aussichten; Bericht des Staatlichen Materialprüfamtes NW, Abteilung Kerntechnik, für den Minister für Wirtschaft, Mittelstand und Verkehr des Landes Nordrhein-Westfalen, Düsseldorf 1975, S. 5ff.

fallenden aktiven Abwässer resp. der an den Vorfluter abgegebenen kontaminierten Abwässer sind insbesondere Leistung und Typ des Kernkraftwerks, Undichtigkeiten der Brennstabhüllrohre sowie Leistungsfähigkeit und Verfahrenstechnik der Abwasserdekontaminationsanlagen.

Für die Bemessung der zulässigen Abgabenmengen kontaminierten Abwassers an den Vorfluter gilt zunächst die materielle Regelung nach § 34 Abs. 2 der 1. SSVO: "Aus Kontrollbereichen herauslangendes Abwasser darf in Abwasserkanäle oder oberirdische Gewässer nur eingeleitet werden, wenn die ...Konzentration der radioaktiven Stoffe in diesem Abwasser im Tagesdurchschnitt die in Anlage II genannten Werte nicht überschreitet". Durch diese Vorschrift sind Aktivitätskonzentrationswerte festgelegt, nicht jedoch Aktivitätsabgebemengen pro Zeiteinheit, etwa pro Monat oder Jahr [1]. G. Müller-Neuhaus wies bereits 1965 darauf hin, daß die Vorschrift des § 34 Abs. 2 der 1. SSVO allein nicht hinreichend ist, um die zulässigen Abgabemengen für Kernkraftwerke festzulegen [2]. Obwohl durch die Vermischung des Abwassers im Vorfluter eine Konzentrationsverdünnung eintritt, kann nicht generell angenommen werden, daß diese Verdünnung ausreichend ist und zu den in Anlage II der 1. SSVO vorgeschriebenen Konzentrationswerten führt.
In rechtskonformer Auslegung des unbestimmten Begriffs "die Strahlenbelastung...so gering wie möglich" zu halten (§ 21 Ziff. 3 der 1. SSVO), wird von den Genehmigungsbehörden § 34 Abs. 3 der 1. SSVO angewendet: "Die nach Landesrecht zuständige Behörde kann im Einzelfall abweichend von den Vorschriften der Absätze 1 und 2 niedrigere Konzentrationen vorschreiben, wenn dies zum Schutz einzelner oder der Allgemeinheit oder aus Gründen der Reinhaltung des Wassers geboten ist..." § 34 Abs. 3 der 1. SSVO).
Die Genehmigungspraxis ist dahin gegangen, als höchstzulässigen Konzen-

---

1) Vgl. auch Kapitel B. II. 3. - ad 1. Maßnahmen im Bereich gesetzlicher Regelungen und Genehmigungsverfahren (Atomrechtliche Genehmigung).

2) Vgl. Müller-Neuhaus, G.: Die Ableitung radioaktiver Abwässer in öffentliche Gewässer, in: gwf (Ausgabe: Wasser-Abwasser), 106. Jg. (1965), H. 38, S. 1036.

trationswert eines Nuklidgemisches [1] im Abwasser, $\frac{1}{30}$ [2] des im Anhang II zur 1. SSVO jeweilig festgelegten Konzentrationswerts zu genehmigen.

---

1) Die 1. Strahlenschutzverordnung nennt in Anhang II eine Reihe verschieden spezifizierter Nuklidgemische, die eine zulässige momentane Gesamtaktivitätsabgabe $(Ci \cdot m^{-3})$ für nicht analysierte Gemische charakterisieren. Da die Zusammensetzung des Nuklidgemisches in der Regel nicht bekannt ist, wird in der Genehmigungspraxis der Wert "Beliebige Gemische von radioaktiven Stoffen in Wasser, die frei von Radium-226 und Radium-228 sind" (Anlage II zur 1. SSVO) als Grundlage der Berechnung verwendet. Dieser Wert beträgt $1 \cdot 10^{-6}$ $Ci \cdot m^{-3}$. - Die Problematik dieser Praxis liegt darin, daß der voranstehende "Anlage II-Wert" im wesentlichen durch die Abgabe hochradiotoxischer Nuklide, wie z.B. Strontium-90 (zugelassene Konzentration: $1 \cdot 10^{-6}$ $Ci \cdot m^{-3}$) bestimmt ist, die Gesamtaktivität des kontaminierten Abwassers aber im wesentlichen durch das, insbesondere, in Druckwasserreaktoren, verstärkt anfallende Tritium (zugelassene Konzentration: $3 \cdot 10^{-2}$ $Ci \cdot m^{-3}$) - mit einer demgegenüber relativ geringen Radiotoxizität bestimmt wird. Aufgrund des Mengenverhältnisses Tritium/andere Radionuklide wäre in der Genehmigungspraxis eine getrennte Bewertung des Radionuklids Tritium erforderlich, zumal eine Abtrennung (Tritium liegt als H_2^3O vor) von Wasser (H_2O) mit wirtschaftlich vertretbaren Mitteln nicht möglich ist.
Vgl. auch Schwarzer, W.: Die Belastung der Flüsse durch kontaminierte Abwässer aus Kernkraftwerken, in: Energie und Technik, 23. Jg. (1971), H. 1, S. 4-5. Aurand, K., Ruf, M., Schikarski, W. und Schwibach, J.: Umweltbelastung durch Radionuklide in Abluft und Abwasser aus Kernkraftwerken in der Bundesrepublik Deutschland; Gesellschaft für Kernforschung mbH Karlsruhe, Bericht KFK-1515, Karlsruhe 1972, S. 6ff. Aurand, K.: Erfassung radioaktiver Abwässer aus Kernkraftwerken, in: atw, 19. Jg. (1974), H. 6, S. 297f.

2) Vgl. Müller-Neuhaus, G.: Die Ableitung radioaktiver Abwässer in öffentliche Gewässer, in: gwf (Ausgabe: Wasser-Abwasser), 106. Jg. (1965), H. 38, S. 1036. Schwarzer, W.: Die Belastung der Flüsse durch kontaminierte Abwässer aus Kernkraftwerken, in: Energie und Technik, 23. Jg. (1971), H. 1, S. 4.

Von Seiten der wasserwirtschaftlichen Genehmigungsbehörden wird der sog. "$\frac{1}{30}$ - Anlage II-Wert" zudem an eine bestimmte "maßgebende Wasserführung" des Vorfluters gebunden. In der Regel ist dies der NQ_{30}-Wert [1], d.h. diejenige Wassermenge, die im mehrjährigen Mittel an nicht mehr als 30 Tagen unterschritten wird [2]. Die Einhaltung dieser Bedingungen führt zu einer seitens der Kernkraftwerksbetreiber ausschöpfbaren jährlichen Gesamtabgabe an Aktivität, deren Höhe sich aus der zulässigen Konzentration des Nuklidgemisches im Vorfluter ("$\frac{1}{30}$ - Anlage II-Wert") und der "maßgebenden Wasserführung" im Vorfluter berechnet.

Die voranstehenden Ausführungen haben die Bedeutung der hydrologischen Verhältnisse des Standorts für Aktivitätsabgaben mit dem Abwasser erkennen lassen. Zusammenfassend können als wesentliche bei der Standortwahl für Kernkraftwerke zu beachtende Faktoren angeführt werden:

- Vorhandensein einer ausreichenden Vorflut [3],

- Benutzbarkeit des Vorfluters,

---

1) Vgl. Krolewski, H.: Genehmigungsverfahren bei Kernkraftwerken, in: Technische Vereinigung der Großkraftwerksbetreiber (VGB) e.V. (Hrsg.): VGB-Kernkraftwerks-Seminar 1970, Essen (1971), S. 309.
NQ_{30}-Werte sowie andere ∿Q-Werte $(m^3 \cdot s^{-1})$ können gewässerkundlichen Jahrbüchern entnommen werden.

2) Vgl. etwa Pürschel, W.: Grundlagen der Wasserwirtschaft, Braunschweig 1966, S. 27.

3) Problematisch ist diese Bedingung bei Standorten für Kernkraftwerke mit "Nasser Rückkühlung", wenn die Wasserführung des für die Zusatzwasserbeschaffung (vgl. oben) erforderlichen, jedoch nicht unbedingt großen Vorfluters die Aktivitätsabgabe mit dem Abwasser einschränkt, sowie bei nicht an einen Vorfluter gebundenen Kernkraftwerken mit "Trockener Rückkühlung". In diesen Fällen werden wesentlich umfangreichere Dekontaminationsmaßnahmen erforderlich. Siehe dazu Herzog, W.: Abwasserdekontamination an Kernkraftwerken - Stand und Aussichten; Bericht des Staatlichen Materialprüfamtes NW. Abteilung Kerntechnik, für den Minister für Wirtschaft, Mittelstand und Verkehr des Landes Nordrhein-Westfalen, Düsseldorf 1975, S. 14ff.

- Wasserführung des Vorfluters, insbesondere die "kritische Wasserführung" (NQ_{30}-Wert),
- Größe des Wassereinzugsgebiets (km^2),
- Meteorologische Verhältnisse, insbesondere die Niederschlagsmengen im Wassereinzugsgebiet des Vorfluters,
- Radiologische Vorbelastung des Vorfluters, d.h. es ist zu beachten, ob an dem Vorfluter entweder bereits mehrere Emittenden kontaminierter Abwässer bestehen oder in Zukunft hinzukommen. In diesen Fällen müssen die ausschöpfbaren Aktivitätsabgabemengen entsprechend reduziert werden.

ad 6. Orographische Verhältnisse

Die in diesem Zusammenhang zunächst phänomenologisch zu untersuchenden Faktoren sind, ob die Umgebung des Standorts eben oder hügelig ist oder ob der Standort in einem Tal liegt. Im letzten Fall ist die Breite der Talsohle und die Höhe der begrenzenden Höhenzüge zu ermitteln [1]. Diese Angaben können topographischen Karten der Maßstäbe 1:50 000 und 1:25 000 entnommen oder - falls vorhanden - aus geeigneten Luftaufnahmen durch stereoskopische Betrachtung ermittelt werden [2].

Die orographischen Verhältnisse eines Standortbereichs sind insbesondere aufgrund ihrer Auswirkungen auf die lokalen meteorologischen Verhältnisse zu beurteilen [3]. So können z.B. die üblichen Verteilungsannahmen [4] für

---

1) Vgl. Stauber, E.: Grundzüge der Sicherheitsmaßnahmen bei Kernkraftwerken, Frankfurt/M. 1970, S. 56.

2) Siehe darüber Gierloff-Emden, H.G. und Schroeder-Lanz, H.: Luftbildauswertung, 2 Bde., Mannheim-Wien-Zürich 1970.

3) Vgl. auch die Hinweise über die Beeinflussung meteorologischer und klimatischer Verhältnisse durch Kühlturmabluft in orographisch gegliedertem Gelände in Kapitel B. III. 1. - ad 2. Kühlwasserversorgung und Kühlverfahren.

4) Siehe z.B. Lindackers, K.-H. et al.: Emissionsquellstärke von Kernkraftwerken; Schriftenreihe Kernforschung, H. 6, Bonn 1972, S. 8ff.

Luftkonzentrationen sowie für Transport und Diffusion radioaktiver Emissionen in der Atmosphäre nicht mehr zutreffen. Die orographischen Verhältnisse sind ferner für das Ausmaß der Temperaturschwankungen und der dadurch bedingten Bildung von Inversionen von Bedeutung. In Tälern sind die Minimum-Temperaturen niedriger und infolgedessen die Temperaturschwankungen größer als in ebenem Gelände, da kalte Luft die Tendenz hat, aus der Umgebung in das Tal abzufließen [1]. Dagegen sind auf Hügeln kleinere Temperaturschwankungen und damit weniger Inversionen zu verzeichnen als in der Ebene [2].
Täler sind unter folgendem Aspekt kritisch zu beurteilen: Bei Talkesseln muß mit sehr ungünstigen Bedingungen für Transport und Diffusion radioaktiver Emissionen gerechnet werden [3], dagegen kann ein gut durchlüftetes Tal in dieser Hinsicht geeignete Bedingungen liefern [4].

Unter radiologischen Gesichtspunkten beinhalten die orographischen Verhältnisse eines Standortbereichs keinen unmittelbaren Einfluß auf die Standortwahl eines Kernkraftwerks, sondern wirken indirekt im wesentlichen auf die meteorologischen Verhältnisse ein. Werden diese Einflußmöglichkeiten im Rahmen der betreffenden Faktoren sowie bei der Auslegung der Abgasanlagen berücksichtigt, so kann den orographischen Verhältnissen in dieser Hinsicht eine untergeordnete Bedeutung bei der Standortauswahl zugemessen werden.
Demgegenüber ist, wie oben dargelegt wurde, der Orographie des Standortbereichs besondere Bedeutung in bezug auf die Wasserdampfemission aus Naßkühltürmen beizumessen.

---

1) Vgl. etwa Möller, F.: Einführung in die Meteorologie, Bd. 1: Physik der Atmosphäre, Mannheim-Wien-Zürich 1973, S. 111f.

2) Vgl. Blässer, G. und Wirtz, K.: Nukleare Grundlagen für die Standort- und Gebäudewahl von Kernreaktoren, in: Nukleonik, Bd. 3 (1961), H. 5, S. 211f. (als unveränderter Sonderdruck: Gesellschaft für Kernforschung mbH Karlsruhe, Bericht KFK-79, Karlsruhe 1961).

3) Vgl. Lindackers, K.-H. et al.: Emissionsquellstärke von Kernkraftwerken; Schriftenreihe Kernforschung, H. 6, Bonn 1972, S. 18f.

4) Vgl. Ellmer, M.: Standortwahl für Kernkraftwerke, in: Atom und Strom, 11. Jg. (1965), H. 1, S. 3.

ad 7. Verkehrslage und topographische Verhältnisse

Unter dem Aspekt "Verkehrslage" sind einerseits die Vorteile und Erfordernisse der verkehrsmäßigen Erschließung, andererseits die Gefährdung des Kernkraftwerks durch infrastrukturell bedingte äußere Einwirkungen zu betrachten.

Hinsichtlich der verkehrsmäßigen Erschließung des Standorts sind bestimmte Bedingungen zu beachten, die aus folgenden Notwendigkeiten resultieren [1]:

- Personenbeförderung zu den Wohngebieten,

- Transportmöglichkeit schwerer und voluminöser Bauteile,

- Benutzbarkeit der Verkehrswege für den Transport von Kernbrennstoffen,

- Zugangsmöglichkeit nach einem Störfall.

Die Sicherung des allgemeinen Personenverkehrs ist weniger ein Problem der Straßen- und Schienenanschlüsse als der Verkehrsmittelbereitstellung und damit ein betriebliches Problem. Auf eine eingehendere Erörterung kann daher hier verzichtet werden.
Bedeutungsvoller sind Wasser- und Landstraßen sowie Schienenanschlüsse hinsichtlich eines durchführbaren und sicheren Transports schwerer Bauteile und Anlagen beim Bau des Kernkraftwerks [2] (z.B. Reaktor- und

---

1) Vgl. auch Luks, H.: Eine Analyse der Standortbedingungen für Reaktoren; Kernforschungsanlage Jülich GmbH , Bericht Jül-189, Jülich 1964, S. 58f. Schnurer, H.: Das atomrechtliche Genehmigungsverfahren in der Bundesrepublik Deutschland; DAtF Sonderdrucke, S-1, Bonn 1972, S. 23.

2) Aufgrund der erheblichen Transportprobleme wird bei Kernkraftwerken, die an schwerer zugänglichen Standorten errichtet werden, zunehmend zur Baustellenfertigung bestimmter Teile übergegangen. Siehe darüber auch Bachmair, A.: Standortbeeinflussende technische Fakten für Bau und Betrieb von thermischen Kraftwerken, in: Zur Standortproblematik in der regionalen Energiewirtschaft; Veröffentlichungen der Akademie für Raumforschung und Landesplanung, Forschungs- und Sitzungsberichte, Bd. 82, Hannover 1972, S. 35.

Turbinenteile, Maschinentransformatoren) sowie für den gefahrlosen Abtransport [1] abgebrannter Brennelemente und anfallender hochradioaktiver Rückstände während des späteren Betriebs.
Vor- oder Nachteile dieser Art haben in der Regel keinen ausschließenden Charakter [2], können jedoch eventuell die Vorzugswürdigkeit eines Standorts beeinflussen.

Die letzte der oben genannten Forderungen unterscheidet sich von den beiden ersten Bedingungen dadurch, daß es sich hierbei nicht um leistungsfähige Verkehrsanschlüsse handelt, sondern vielmehr eine Vielseitigkeit der Zufahrtsstraßen angestrebt werden muß.
In der Folge eines schweren Störfalls ist mit einer größeren Aktivitätsfreisetzung zu rechnen und anzunehmen, daß mindestens eine Zufahrtsstraße nicht mehr benutzbar ist, da allein die momentanen Windverhältnisse zur Zeit des Störfalls die Benutzung ausschließen können. Die Sicherheit eines Kernkraftwerks wird dann berührt, wenn die topographische Lage des Standorts es nicht erlaubt, die Mindestforderung von zwei voneinander unabhängigen Zufahrtsstraßen im Winkel >90° zu realisieren [3].

Standorte für Kernkraftwerke an Flüssen oder Strömen sind auf auftretende Hochwasser und deren mögliche Einflüsse zu untersuchen.
An hochwassergefährdeten Standorten müssen die Gebäude, soweit dies erforderlich ist, bis zu einer bestimmten Höhe durch Wälle oder Aufschüttungen

---

1) Vgl. § 4 Abs. 2 AtG und § 4 Abs. 2 Ziff. 2, 3 und 4 der 1. Strahlenschutzverordnung (1. SSVO).

2) Einschränkungen können sich jedoch z.B. aufgrund der Bestimmungen über die Beförderung radioaktiver Stoffe ergeben: Die Genehmigung zur Beförderung radioaktiver Stoffe auf öffentlichen oder der Öffentlichkeit zugänglichen Verkehrswegen "ist nur zu erteilen, wenn...überwiegende öffentliche Interessen der Wahl des Beförderungsweges...nicht entgegenstehen". § 4 Abs. 2 Ziff. 5 der 1. SSVO.

3) Vgl. Luks, H.: Eine Analyse der Standortbedingungen für Reaktoren; Kernforschungsanlage Jülich GmbH., Bericht Jül-189, Jülich 1964, S. 59.

hochwassersicher ausgeführt werden [1]. Damit wird sichergestellt, daß kein Hochwasser in Räume eindringen kann, in denen Kernbrennstoffe resp. radioaktive Abfallstoffe gelagert werden oder sich Anlagen befinden, die für ein sicheres Abfahren des Kernkraftwerks zumindest erforderlich sind. Diese Maßnahmen werden im Einvernehmen mit den zuständigen Genehmigungsbehörden festgelegt, wobei solche Gelände bevorzugt werden sollten, die bei einem 100- bis 300-jährigen Hochwasser noch einen sicheren Betrieb des Kernkraftwerks erlauben [2].
Eine ähnlich kritische Beurteilung ist bei potentiellen Standorten im Einflußbereich von Talsperren und Speicherbecken (Pumpspeicherwerke) [3] vorzunehmen. Dabei ist im konkreten Fall zu prüfen, ob und welche Schutzmaßnahmen in Abhängigkeit von den maximal zu erwartenden Wassermassen nach einem Dammbruch (möglicherweise als Folge von Sabotageakten oder kriegsbedingten Einwirkungen) realisierbar sind.

Weitere wesentliche Standortuntersuchungen innerhalb dieses Problemkreis beziehen sich auf die Lage der Luftverkehrswege und Flugplätze, befahrener Wasser- und Landstraßen (Tanktransporte, insbesondere Flüssiggase) sowie auf den Abstand zu Raffinerien, Chemieanlagen, Tank- und Munitionslagern. - Bedeutung und Technik der Vorkehrungen gegen potentielle Gefährdungen des Kernkraftwerks durch infrastruktur- und zivilisationsbedingte äußere Ein-

---

1) Aufgrund der statistischen Hochwasserdaten werden die Höhenlage des Hauptflures des Kernkraftwerks sowie verschiedene andere Daten festgelegt. Vgl. Stauber, E.: Grundzüge der Sicherheitsmaßnahmen bei Kernkraftwerken, Frankfurt/M. 1970, S. 60.

2) Vgl. Ellmer, M.: Standortwahl für Kernkraftwerke, in: Atom und Strom, 11. Jg. (1965), H. 1, S. 3. Mandel, H., Dieterich, L., Hippel, W., Tochtrop, F., Wolf, M., Berg, D., Koch, W., Heinig, U., Rast, H.-E., Meyer, F., Börnke, F., Watzel, G.V.P. und Weber, D.: Das Kernkraftwerk Biblis des RWE; Musteranlagen der Energiewirtschaft, Bd. 10, Gräfeling (1975), S. 73.

3) Auf die Vorteile einer räumlich und leistungsmäßig engen Zusammenarbeit zwischen Kernkraftwerken und Pumpspeicherwerken ist näher in Kapitel C. II. 1. hingewiesen.

wirkungen sind an früheren Stellen ausführlicher erörtert worden [1]. Als Beispiel für verkehrstechnisch bedingte, potentielle äußere Einwirkungen sind in Tabelle 19 die Untersuchungsergebnisse über die Absturzwahrscheinlichkeit verschiedener Flugzeugtypen an einigen neueren Kernkraftwerksstandorten in der Bundesrepublik Deutschland zusammengestellt. Entsprechende Wahrscheinlichkeitsuntersuchungen wurden hinsichtlich möglicher Einwirkungen durch Gasexplosions-Druckwellen (Flüssiggastransporte) durchgeführt [2].

Die in Tabelle 19 erfaßten Werte bedeuten außerordentlich geringe Wahrscheinlichkeiten; die jeweilige Wahrscheinlichkeit, daß sicherheitstechnisch wichtige Anlagen getroffen werden, ist aufgrund der kleinen Objektfläche noch entsprechend geringer. Zu berücksichtigen ist hierbei jedoch, daß es sich um genehmigte Standorte handelt und die Genehmigung u.a. an diesen Häufigkeitswerten orientiert war. Demgegenüber waren z.B. die Vorplanungen für das jetzige Kernkraftwerk Philippsburg auf den ca. 3,5 km nördlich gelegenen Standort Eichau ausgerichtet, der von der Einflugschneise eines Landeplatzes bei Speyer tangiert wird, so daß aufgrund der berechneten höheren Absturzwahrscheinlichkeit eine Verlegung des Kernkraftwerks auf die "Rheinschanzinsel" bei Philippsburg von der "Reaktorsicherheitskommission" (RSK) befürwortet wurde [3][4].

---

1) Vgl. insbesondere die Ausführungen in Kapitel B. II. 3. - ad 2. Technische Sicherheitsmaßnahmen.

2) Siehe dazu Kohler, H.A.G.: Sites of Light-Water Reactor Power Plants in the Federal Republic of Germany, in: International Atomic Energy Agency (IAEA) (Ed.): Siting of Nuclear Facilities; Proceedings Series - STI/PUB/384, Wien 1975, 2. 204 (Report IAEA-SM-188/23).

3) Vgl. Eilinghoff, K.-J.: Auswirkungen nachträglicher Sicherheitsauflagen für den Bau des Kernkraftwerkes der Kernkraftwerk Philippsburg GmbH., in: VGB Kraftwerkstechnik, 54. Jg. (1974), H. 12, S. 828. Siehe auch den dort abgebildeten Ausschnitt aus der Tropographischen Karte-Blatt 6716 (Germersheim).

4) Vom Bundesluftwaffenamt sind auch nachträglich einige Kernkraftwerke, z.B. Biblis, in die höchste Schutzklasse - Anflugverbot - eingestuft worden.

Standort	Absturzhäufigkeit $(10^{-8} \cdot a^{-1})$ bezogen auf 10^4 m^2 Fläche				
	Militär-Flugzeuge (1)	große Zivilflugzeuge (2)	Summe 1+2	Militär-Hubschrauber	kleine Zivilflugzeuge
Bundesrepublik Deutschland	52	0,6	52,6	20	13
Biblis (Block A u. B)	10	1	11	--	--
Ludwigshafen	64	$(5,7 \cdot 10^{-12})$	64	--	200
Philippsburg (Block I u. II)	52	0,6	52,6	10	50
Esenshamm	29,4	$0,1_2$	29,5	3,9	3,8
Ohu	15,8	$0,3_2$	16,1	1	3,8
Krümmel	0,7	2	2,7	9,8	3
Grafenrheinfeld	3,3	2	5,3	15,3	2,4

Tabelle 19: Berechnete Absturzhäufigkeiten verschiedener Flugzeugtypen an einigen Kernkraftwerks-Standorten in der Bundesrepublik Deutschland [1].

Bei der Standortwahl für Kernkraftwerke kann nicht allein von den zur Zeit der Standortplanung herrschenden Standortverhältnissen ausgegangen werden. Zu berücksichtigen sind mögliche Umweltveränderungen, die bereits zur Bauzeit oder während des späteren Betriebs der Anlage eintreten und dadurch das Risiko einer Gefährdung des Kernkraftwerks und damit wiederum der Um-

1) Zahlenwerte nach Kohler, H.A.G.: Sites of Light-Water Reactor Power Plants in the Federal Republic of Germany, in: International Atomic Energy Agency (IAEA) (Ed.): Siting of Nuclear Facilities; Proceedings Series - STI/PUB/384, Wien 1975, S. 203 (Report IAEA-SM-188/23). (Bezüglich der jeweiligen Originalliteratur siehe ebenda).

gebungsbevölkerung erhöhen können [1].
Eine nachträgliche Risikoerhöhung wird dann eintreten, wenn in der Umgebung des Kernkraftwerks gefährdende Industrieanlagen, wie Raffinerien und Chemieanlagen, Munitions- und Treibstofflager, von Tanktransportern befahrbare Fernstraßen sowie Flugplätze angelegt werden. "Kommt es tatsächlich zu risikoerhöhenden Umweltveränderungen, so kann der weitere Betrieb des Kernkraftwerks in Frage gestellt sein. Es kann sich in einem solchen Fall die Notwendigkeit ergeben, daß durch nachträgliche Sicherheitsauflagen auf eine erhöhte sicherheitstechnische Auslegung [2] der Anlage hingewirkt werden muß. Soweit dies zur Abwendung der eingetretenen Risikoerhöhung nicht ausreichend oder aus technischen oder wirtschaftlichen Gründen nicht möglich ist, müßte die Genehmigung u.U. sogar ganz widerrufen werden. Angesichts der enormen Investitionskosten und wegen der wachsenden energiewirtschaftlichen Bedeutung kerntechnischer Anlagen wäre es ein auf die Dauer kaum hinnehmbarer Zustand, wenn durch risikoerhöhende Umweltveränderungen der Betrieb solcher Anlagen in Frage gestellt werden könnte" [3].
Diese Überlegungen werden hier akzeptiert.
Um zu verhindern, daß eine nachträgliche Risikoerhöhung für das Kernkraftwerk und die Bevölkerung aufgrund veränderter Umweltverhältnisse in der Umgebung der Anlage eintritt, bestehen von der Konzeption her zwei verschiedene Lösungsmöglichkeiten [4].

---

1) Vgl. auch Der Bundesminister des Innern: Friedliche Nutzung der Kernenergie in der Bundesrepublik Deutschland, Antwort der Bundesregierung auf eine Große Anfrage im Deutschen Bundestag; BT-Drucksache VII/3871, Bonn 16. Juli 1975, S. 25.

2) (Anm. d. Verf.) Dieses Verfahren wird üblicherweise mit dem Terminus "Backfitting" bezeichnet.

3) Vollmer, L.: Schutzbereich für Kernenergieanlagen - Problematik im Atomrecht und Immissionsschutzrecht (1. Referat), in: Lukes, R. (Hrsg.): Erstes Deutsches Atomrechts-Symposium, 7./8. Dezember 1972 in Münster/W.; Referate und Dikussionsberichte, Köln-Berlin-Bonn-München 1973, S. 40.

4) Vgl. auch Vollmer, L.: Schutzbereich für Kernenergieanlagen - Problematik im Atomrecht und Immissionsschutzrecht (1. Referat), in: ebenda, S. 40.

Einerseits könnte die sicherheitstechnische Auslegung des Kernkraftwerks so vorgenommen werden, daß generell alle späteren Anforderungen hinsichtlich Sicherheit und Umweltschutz von vornherein erfüllt sind, unabhängig davon, ob eine spätere Risikoerhöhung eintritt oder nicht. Diese Alternative erfordert die Schaffung eines völlig standortunabhängigen Kernkraftwerkstyp, wobei "der Standard die jeweils strengsten Standortanforderungen erfüllt" [1], so daß sich das hier zur Diskussion gestellte Problem "von allein" erledigt [2)3)].

Die bisherigen Ausführungen haben erkennen lassen, daß die Sicherheitsphilosophie bei der Planung von Kernkraftwerken zum Teil an "Unwahrscheinlichkeiten", am "Hypothetischen" orientiert ist. Diese Konzeption bleibt hier unbestritten. Durch eine Erhöhung der Standardisierungsbreite aber generell alle möglichen zukünftigen Sicherheitsanforderungen zu erfassen, die sich aus denkbar veränderten Umweltbedingungen und größeren Risiken ergeben können, erscheint d. Verf. in Anbetracht der Lösungsmöglichkeit des Problems über eine Schutzbereichsregelung kein akzeptabler Weg, auch wenn die Vorteile eines sich "von allein" erledigenden Problems (L.F. Franzen) nicht abzuweisen sind.
Überdies ist bei Hochtemperaturreaktoren und Schnellen Reaktoren zum gegenwärtigen Entwicklungsstand [4] eine umfassende sicherheitstechnische Standardisierung auch nicht sinnvoll bzw. möglich.

---

1) Diederichs, M.: Standardisierung von Kernkraftwerken mit Leichtwasserreaktoren, in: VGB Kraftwerkstechnik, 54. Jg. (1974), H. 9, S. 580.

2) Franzen, L.F.: Nachträgliche Berücksichtigung der Änderungen von Wissenschaft und Technik oder der Umgebung bei einer genehmigten Kernkraftanlage einschließlich Entschädigungsfragen - Technische Problematik (1. Referat), in: Lukes, R. (Hrsg.): Erstes Deutsches Atomrechts-Symposium, 7./8. Dezember 1972 in Münster/W.; Referate und Diskussionsberichte, Köln-Berlin-Bonn-München 1973, S. 128f.

3) Vgl. hierzu auch die Ausführungen in Kapitel B. II. 3. - ad 2. Technische Sicherheitsmaßnahmen.

4) Errichtet werden derzeit Prototyp-Anlagen in Schmehausen (THTR, 310 MW_{el}) und Kalkar (SNR, 300 MW_{el}).

Fortsetzung siehe Seite 386

Hinsichtlich der Festlegung eines Schutzbereichs für Kernkraftwerke ist vorab festzustellen: Das geltende Atomrecht enthält keine Ermächtigungsgrundlage für eine Schutzbereichsregelung durch Rechtsverordnung wie sie in verschiedenen Gesetzen zu finden ist, so z.B. im Luftverkehrsgesetz (LuftVG), Schutzbereichsgesetz (SchutzBerG), Wasserhaushaltsgesetz (WHG), Bundesfernstraßengesetz (FStrG), Naturschutzgesetz (NatSchG) [1]. Auch die naheliegende Bestimmung des § 12 Abs. 1 Ziff. 8 AtG scheidet als Ermächtigungsgrundlage aus [2].
Aufgrund einer detaillierten Untersuchung [3] der Rechtsproblematik zur Festlegung von Schutzbereichen für Kernkraftwerke kommt L. Vollmer zu dem Ergebnis: "Eine atomrechtliche Schutzbereichsregelung könnte als besonderes Baurecht nur durch Gesetz oder Rechtsverordnung aufgrund einer entsprechenden gesetzlichen Ermächtigung erlassen werden. Die Gesetzgebungskompetenz ergibt sich aus Art 74 Nr. 11a GG, da eine Schutzbereichsregelung der Entwicklung der friedlichen Nutzung der Kernenergie und zugleich dem Schutz der Bevölkerung vor den Gefahren kerntechnischer Anlagen dient...

Fortsetzung zu Fußnote

4) Beantragt wurde inzwischen das Genehmigungsverfahren zur Errichtung eines 1200 MW_{el}-THTR am Standort Schmehausen. Der Bau eines weiteren 1200 MW_{el}-THTR-Reaktors ist in Kirschgartshausen/Mannheim geplant. Nach 1980 soll mit dem Bau eines "SNR-2" mit 1500 bis 2000 MW_{el} begonnen werden. Vgl. o.V.: Zeitplan für SNR-2, in: atw, 20. Jg. (1975), H. 6, S. 266.

1) Vgl. Börner, B.: Planungsrecht für Energieanlagen - Vom Liberum Veto zur Planfeststellung; Veröffentlichungen der Akademie für Raumforschung und Landesplanung, Abhandlungen, Bd. 69, Hannover 1973, S. 4ff.

2) Vgl. Vollmer, L.: Schutzbereich für Kernenergieanlagen - Problematik im Atomrecht und Immissionsschutzrecht (1. Referat), in: Lukes, R. (Hrsg.): Erstes Deutsches Atomrechts-Symposium, 7./8. Dezember 1972 in Münster/W.; Referate und Diskussionsberichte, Köln-Berlin-Bonn-München 1973, S. 55.

3) Siehe Vollmer, L.: Schutzbereich für Kernenergieanlagen - Problematik im Atomrecht und Immissionsschutzrecht (1. Referat), in: ebenda, S. 41ff.

Die Festsetzung von Schutzbereichen durch das Atomgesetz selbst erscheint nur dann zweckmäßig und sinnvoll, wenn darin lediglich bestimmt wird, daß innerhalb bestimmter Schutzzonen für bestimmte Anlagen die Zustimmung der Atombehörden notwendig ist. Absolute Bauverbote innerhalb engerer Schutzbereiche könnten wohl nur durch Rechtsverordnung festgesetzt werden, da... eine solche Schutzbereichsregelung nach den verschiedenen Reaktortypen differenziert und dem jeweiligen Stand der Reaktortechnik angepaßt werden müßte...Durch eine Schutzbereichsregelung mit dem vorgeschlagenen Inhalt werden nicht nur unbefugte Einwirkungen Dritter abgewehrt; die Schutzbereichsregelung hat vielmehr baurechtliche Bedeutung, durch die die Nutzung des Grundeigentums in der Umgebung des genehmigten Kernkraftwerks konkretisiert und u.U. in ihrem bisherigen Umfang eingeschränkt wird" [1].

ad 8. Bevölkerungsdichte und -verteilung

Die Bevölkerungsdichte [2] und Bevölkerungsverteilung in der Umgebung von Kernkraftwerken sind im Zusammenhang mit den zum Schutz von "Leben, Gesundheit und Sachgüter(n) vor den Gefahren der Kernenergie und der schädlichen Wirkung ionisierender Strahlen" (§ 1 Ziff. 2 AtG) zu treffenden Maßnahmen von Bedeutung [3].

---

1) Vollmer, L.: Schutzbereich für Kernenergieanlagen - Problematik im Atomrecht und Immissionsschutzrecht (1. Referat), in: ebenda, S. 55f.

2) Einheit: $(\text{Einwohner} \cdot \text{km}^{-2})$.
Es ist zu beachten, daß es sich hierbei um eine statistische Verhältniszahl handelt, die entscheidend von dem Ausmaß des zu Grunde gelegten Gebiets (Bezugsgröße) abhängig ist. Für differenzierte Untersuchungen sind daher Angaben über Bevölkerungsagglomerationen in der Standortumgebung, zonale Besiedlungsdichten, d.h. die Besiedlungsdichte in Kreisen resp. Kreisringen, wie etwa bis 1 km, 1 bis 2 km, 2 bis 5 km und 5 bis 10 km, sowie sektorale Besiedlungsdichten, d.h. die Besiedlungsdichte in Sektoren, wie etwa 15° oder 30°, notwendig. Diese Kennziffern werden hier summarisch mit dem Terminus "Bevölkerungsverteilung" formuliert.

3) Vgl. auch Der Bundesminister des Innern: Friedliche Nutzung der Kernenergie in der Bundesrepublik Deutschland, Antwort der Bundesregierung auf eine Große Anfrage im Deutschen Bundestag; BT-Drucksache VII/3871, Bonn 16. Juli 1975, S. 23.

Einer Analyse und Diskussion der gegenwärtigen deutschen Genehmigungspraxis sei zunächst eine Übersicht zur Entwicklung der Beurteilungskonzepte vorangestellt.

Im Rahmen der oben diskutierten Sicherheitskonzepte [1] wird der Bevölkerungsdichte und -verteilung bei der Beurteilung eines Standorts eine wesentliche Rolle zuerkannt.
Wurden dort hinsichtlich der historischen und logischen Entwicklung der sicherheitstechnischen Beurteilungskonzepte vier Phasen unterschieden, so lassen sich analoge Entwicklungstendenzen bei der Bewertung der Bevölkerungsdichte und -verteilung in der Umgebung potentieller Kernkraftwerks-Standorte feststellen.

In der ersten Phase der Entwicklung von Kernkraftwerken dominierte das "Prinzip des sicheren Abstands" von Siedlungsgebieten [2]. Im Sicherheitsbewußtssein stand damals in weit höherem Maße als heute die Störfallhypothese einer "nuklearen Exkursion" [3], d.h. ein schneller Leistungsanstieg aufgrund einer Überkritikalität [4] des Reaktors [5].

---

1) Vgl. Kapitel B. II. 2.

2) Vgl. etwa Schnurer, H. und Breest, H.-Chr.: Die Sicherheit kerntechnischer Einrichtungen als Konfliktquelle im internationalen Bereich, in: Kaiser, K. und Lindemann, B. (Hrsgg.): Kernenergie und internationale Politik, Zur friedlichen Nutzung der Kernenergie; Schriften des Forschungsinstituts der Deutschen Gesellschaft für Auswärtige Politik e.V., Bonn, Reihe: Internationale Politik und Wirtschaft, Bd. 37, München-Wien 1975, S. 237.

3) Vgl. Hurwitz, H.: Safeguard Consideration for Nuclear Power Plants, in: Nucleonics, Vol. 12 (1954), No. 3, S. 57-61. Schwenk, H.C. and Shannon, R.H.: Nuclear Plant Location and Economics, in: Power, Vol. 99 (1955), No. 6, S. 110f.

4) Der Zustand eines Kernreaktors wird als "kritisch" bezeichnet, wenn ebensoviel Neutronen erzeugt werden, wie durch Absorption und Diffusion "verloren" gehen. Der kritische Zustand ist der normale Betriebszustand. Im überkritischen Zustand ist der Neutronenmultiplikationsfaktor >1, so daß die Neutronendichte im Reaktorcore sehr schnell ansteigt

5) Das Konzept des MCA (maximum credible accident) war zu jener Zeit noch nicht entwickelt (vgl. oben).

Ausgehend von diesr Störfallhypothese wurde 1948 als erster quantitativer Sicherheitsmaßstab vom "Reactor Safeguard Committee" der amerikanischen Atomenergiekommission (US-AEC) die als "Abstandsformel" bezeichnete Regel angegeben [1])

$$R_S = 0{,}016 \cdot \sqrt{N_{th}} \qquad (2.20),$$

mit:

R_S (km): Radius der Sicherheitszone [2]),

N_{th} (kW): thermische Reaktorleistung [3]),

---

1) Vgl. etwa Wiesenack, G.: Die Entwicklung der Sicherheitsphilosophie nach dem Modell des GAU, in: atw, 12. Jg. (1967), H. 8./9., S. 418. Auf eine Darstellung dieses heute als "historisch" zu bezeichnenden Konzepts wurde hier nicht verzichtet, einerseits um den technischen Fortschritt auf dem Gebiet der Reaktorsicherheit und bei der Standortwahl für Kernkraftwerke aufzuzeigen, andererseits ist die Entwicklung der "Reactor Site Criteria" (siehe dazu unten) im Rahmen des MCA-Konzepts nur auf dem Hintergrund der "Abstandsformel" erklärlich.

2) Der Faktor 0,016 resultiert aus der Umrechnung in metrische Längeneinheiten.

3) Die thermische Leistung, N_{th}, eines Reaktors ist die in einer Zeiteinheit an das Reaktorkühlmedium (Primärkühlmedium; je nach Typ des Reaktors: H_2O, D_2O, CO_2, Helium, Natrium) abgeführte Wärmemenge. Die elektrische Leistung eines Kernkraftwerks ergibt sich aus den Beziehungen:

$$N_{el,br} = N_{th} \cdot \eta_{br} \qquad (2.21)$$

resp.

$$N_{el,net} = N_{th} \cdot \eta_{net} \qquad (2.22)$$

mit:

$N_{el,br}$: gewinnbare elektrische Leistung (Brutto-Leistung),

$N_{el,net}$: nutzbar ins Netz abgegebene Leistung (Netto-Leistung; d.h. $N_{el,br}$ vermindert um den elektrischen Eigenbedarf des Kernkraftwerks),

η_{br} : Brutto-Wirkungsgrad (Angabe auch in (%)),

η_{net} : Netto-Wirkungsgrad (Angabe auch in (%)).

nach der eine Mindestentfernung für Kernkraftwerke von Siedlungsgebiet und landwirtschaftlich genutzten Flächen festgelegt wurde. Die der "Abstandsformel" zugrunde gelegten einfachen Störfallannahmen waren: Freisetzung von 50 % des radioaktiven Inventars und eine Störfalldosis von 300 rem [1].
Anhand der "Abstandsformel" wurde z.B. für ein zu jener Zeit in den USA typisches Kernkraftwerk mit 250 000 kW_{th} (250 MW_{th}) Leistung [2] eine Sicherheitszone von 8 km Radius erforderlich. - Die Anwendung der "Abstandsformel" als Sicherheitskriterium macht somit auch verständlich, daß die ersten Kernkraftwerke nur in "menschenleeren Gegenden" [3] errichtet wurden [4].

---

1) Vgl. Wiesenack, G.: Die Entwicklung der Sicherheitsphilosophie nach dem Modell des GAU, in: atw, 12. Jg. (1967), H. 8/9, S. 418.

2) Bei damals erreichbaren Wirkungsgraden $\eta \approx 0{,}28$ entsprechend ca. 70 MW_{el} (brutto). Vgl. dazu Kernkraftwerk Biblis - Block A und Block B: ca. 3520 $MW_{th} \hat{=}$ 1200 MW_{el} (brutto) resp. 3730 $MW_{th} \hat{=}$ 1300 MW_{el} (brutto).

3) Baade, F.: Weltenergiewirtschaft; Rowohlts Deutsche Enzyklopädie, Bd. 75, Hamburg 1958, S. 134.
Siehe hierzu auch Baade, F.: ebenda, S. 134ff. Grosse, N.: Ökonomik der Kernenergie; Veröffentlichungen der List Gesellschaft e.V., Bd. 29, Basel-Tübingen 1963, S. 57ff. Fischler, G.: Der britische Energiemarkt und die Atomkraftnutzung; Veröffentlichungen der List Gesellschaft e.V., Bd. 36, Basel-Tübingen 1964, S. 91.

4) Die gedankliche Fixierung jener Zeit auf das "Prinzip des sicheren Abstands" als Sicherheitsmaßnahme läßt auch die Stellungnahme von F. Baade zur Standortwahl für Schnelle Reaktoren erkennen: "Völlig ausgeschlossen erscheint es, daß auf dem Gebiet der Bundesrepublik Reaktoren vom Dounreay-Typ [+], also Schnellbrüter oder auch schnelle homogene Reaktoren, errichtet werden können... Es scheint nicht einmal vertretbar zu sein, auch nur in großem Umfange, d.h. in industriellen Ausmaß, Versuche mit solchen Reaktoren in dem dichtbevölkerten Gebiet der Bundesrepublik anzustellen. Nordschottland dürfte das einzige Gebiet in Westeuropa sein, in welchem man aufgrund seiner geringen Bevölkerungsdichte dieses Wagnis verantworten kann". Baade, F.: Weltenergiewirtschaft; Rowohlts Deutsche Enzyklopädie, Bd. 75, Hamburg 1958, S. 162.
+) Benannt nach dem Standort: Dounreay/Nordschottland.

Mit dem wirtschaftlichen Durchbruch der Kernenergie in den USA gegen Ende der fünfziger Jahre, begleitet von dem Bau großer Kernkraftwerksblöcke bis zu etwa 500 MW_{el} Leistung, konnte die Standortwahl nicht mehr auf der Grundlage der "Abstandsformel" erfolgen. Die von der amerikanischen Atomenergie-Kommission (US-AEC) im Jahre 1961 vorgelegten "Reactor Site Criteria" [1] blieben zwar an der Forderung einer möglichst großen räumlichen Distanz der Bevölkerung vom Standort der Kernkraftwerke orientiert, zeigten demgegenüber aber durch die Klassifizierung von "Entfernungszonen" eine schon realistischere Standortbeurteilung. Als grundlegende Ziele der Klassifizierung von Entfernungszonen zur Beurteilung von Kernkraftwerks-Standorten werden in den "Reactor Site Criteria" der US-AEC genannt [2]:

a. "Serious injury to individuals off-site should be avoided if an unlikely, but still credible, accident should occur".

b. "Even if a more serious accident (not normaly considered credible) should occur, the number of people killed should not be catastrophic".

c. "The exposure (to radiation) [3] of large numbers of people in terms of total population dose should be low..."

Als "generelle Vorkehrungen" (Reactor Site Criteria) werden drei Entfernungszonen nach folgenden Spezifikationen unterschieden [4]:

---

1) Siehe US-AEC (Ed.): Reactor Site Criteria, Notice of Proposed Guides; Report D-38, Washington February 10, 1961. US-AEC (Ed.): Reactor Site Criteria; Title 10, Code of Federal Regulations, Part 100 (10 CFR 100), Washington April 12, 1962.

2) US-AEC (Ed.): Reactor Site Criteria, Notice of Proposed Guides; Report D-38, Washington February 10, 1961, S. 2.

3) Ergänzung d. Verf.

4) Vgl. US-AEC (Ed.): Reactor Site Criteria, Notice of Proposed Guides; Report D-38, Washington February 10, 1961, S. 3ff. US-AEC (Ed.): Reactor Site Criteria; Title 10, Code of Federal Regulations, Part 100 (10 CFR 100), Washington April 12, 1962.

- "Exclusion Area": Sperrzone, unter ausschließlicher Kontrolle des Reaktorbetreibers. Das Gebiet darf nicht ständig bewohnt und muß kontinuierlich überwacht werden. Die Sperrzone ist so bemessen, daß eine an der Zonengrenze befindliche Person innerhalb von 2 Stunden nach dem Störfall eine Ganzkörperdosis von höchstens 25 rem und eine Schilddrüsendosis von höchstens 300 rem erhält.

- "Low Population Zone": Die Sperrzone umgebendes Gebiet mit dünner Besiedlung, die nach einem schwereren Reaktorstörfall rasch evakuiert werden kann. Diese Zone ist so zu bemessen, daß eine sich dort d a u e r n d aufhaltende Person keine höheren als die zuvor genannten Strahlendosen erhält (25 rem Ganzkörperdosis, 300 rem Schilddrüsendosis).

- "Population Center Distance": Mindestentfernung zu dicht besiedelten Gebieten mit mehr als 25 000 Einwohnern.

Abbildung 27 zeigt eine schematische Darstellung der Entfernungszonen um einen Kernkraftwerks-Standort nach den Richtlinien der US-AEC.

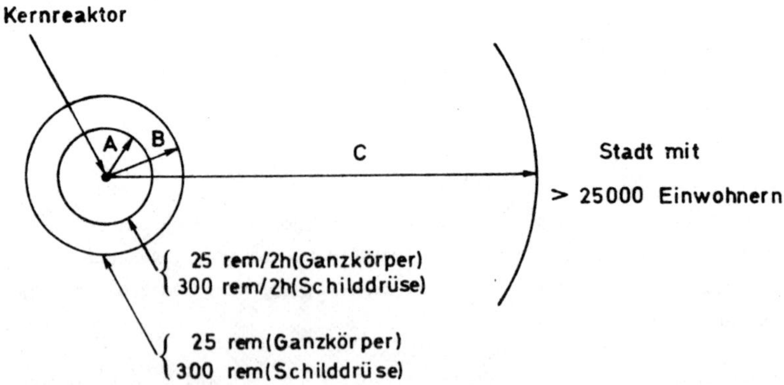

Abbildung 27: Entfernungszonen um einen Kernkraftwerks-Standort nach den Richtlinien der US-AEC ("Reactor Site Criteria") [1].

A: "Exclusion Area"

B: "Low Population Zone"

C: "Population Center Distance"

---

1) Fußnote 1) siehe Seite 393

Die Radien der Entfernungszonen sind an die Leistung des Kernkraftwerks gebunden. Für einzelne Reaktorleistungsgrößen wurden von der US-AEC die in Tabelle 20 aufgeführten Entfernungsrichtwerte angegeben (Auszug bis 1500 MW_{th}) [1].

Reaktor-leistung (MW_{th})	"Exclusion Area" (km)	"Low Population Zone" (km)	"Population Center Distance" (km)
50	$0,2_5$	2,2	3,1
100	0,3	3,5	4,7
300	0,4	7,3	9,7
500	$0,5_5$	10,2	13,5
1000	$0,8_5$	16,1	21,4
1200	$0,9_5$	18,5	24,6
1500	1,2	21,2	28,3
1900	1,4	25	33
2600	1,9	31	41
3200	2,3	35	46
3500	2,4	36	48
3800	2,7	38	51

Tabelle 20: **Entfernungsrichtwerte nach den Richtlinien der US-AEC ("Reactor Site Criteria") bei der Standortwahl für Kernkraftwerke.**

Fußnote 1) von Seite 392

1) Skizze nach Angaben in US-AEC (Ed.): Reactor Site Criteria, Notice of Proposed Guides; Report D-38, Washington, February 10, 1961, S. 3ff. US-AEC (Ed.): Reactor Site Criteria; Title 10, Code of Federal Regulations, Part 100 (10 CFR 100), Washington April 10, 1962.

1) Zahlenwerte nach Di Nunno, J.J., Anderson, F.D., Baker, R.E. and Waterfield, R.L.: Calculation of Distance Factors for Power and Test Reactor Sites; US-AEC Technical Information Document (TID)-14844, Washington 1962, S. 31. Die Entfernungsrichtwerte für die drei Zonen wurden für Reaktorleistungen >1500 MW_{th} von J.J. Di Nunno et al. nicht mehr angegeben und sind vom Verf. aus den entsprechenden Kurven durch Extrapolation ermittelt. Nach Gleichung (2.21) können thermischen Leistungseinheiten in elektrische

Fortsetzung siehe Seite 394

Die Standortrichtlinien der US-AEC waren seit ihrer Veröffentlichungen umstritten [1]. Wesentliches Argument gegen die Festlegung von weitgehend [2] starren Entfernungswerten war seinerzeit der Hinweis auf die Vielzahl der zum Teil damals noch unübersehbaren Faktoren, welche die Gefährdung der Bevölkerung beeinflussen und nicht mit festgeschriebenen Entfernungsrichtwerten abgedeckt werden können. Gleichzeitig wurde im Zusammenhang mit dieser Kritik erstmals die Forderung nach einer Quantifizierung von Standortkriterien erhoben [3], die eine Bewertung der konkreten Standortverhältnisse sowie der Anforderungen an die sicherheitstechnische Reaktorauslegung ermöglichen sollten.
Die Standortrichtlinien der US-AEC von 1962 ("Reactor Site Criteria") sind in Verbindung mit Entfernungsrichtwerten für die jeweiligen Entfernungszonen im wesentlichen Grundlage der Standortgenehmigung in den USA geblieben [4]. "The AEC will continue to rely on a conservative approach of combining low population density requirements and engineered safety features to assure adequate protection to public health and safety. This position will be modified appropiately, based on the results of safety R+D programs

---

Fortsetzung zu Fußnote

1) umgerechnet werden. Größenordnungsmäßig entsprechen etwa: 1900 MW_{th} ≙ 600 MW_{el}, 2600 MW_{th} ≙ 900 MW_{el}, 3500 MW_{th} ≙ 1200 MW_{th} und 3800 MW_{th} ≙ 1300 MW_{el}.

1) Vgl. etwa o.V.: Crisis over Reactor Siting: New AEC Guide May Help, in: Nucleonics, Vol. 19 (1961), No. 3, S. 24. o.V.: Kritische Stimmen zur Kernkraftwerksentwicklung in den USA, in: Atom und Strom, 7. Jg. (1961), H. 11, S. 96. Wiesenack, G.: Entwicklung der Sicherheitsphilosophie nach dem Modell des GAU, in: atw, 12. Jg. (1967), H. 8/9, S. 419.

2) Das amerikanische MCA-Konzept ermöglicht modifizierte Entfernungsrichtwerte bei umfangreicheren technischen Sicherheitsmaßnahmen, z.B. Doppelcontainment, Containment mit Eisvorlage zum Druckabbau etc.

3) Vgl. Luks, H.: Eine Analyse der Standortbedingungen für Reaktoren; Kernforschungsanlage Jülich GmbH., Bericht Jül-189, Jülich 1964, S. 44.

4) Vgl. auch Piper, H.B. and Heddleson, F.A.: Siting Practice and its Relation to Population, in: Nuclear Safety, Vol. 14 (1973), No. 6, S. 576ff.

and the accumulation of further operating experience" [1].

Hinsichtlich der Auswahl der ersten deutschen Reaktorstandorte, Jülich (5 MW_{th} und 10 MW_{th}), Karlsruhe (12 MW_{th}) und Kahl (60 MW_{th}), läßt sich eine Orientierung an den "Reactor Site Criteria" der US-AEC feststellen. Mit steigenden Leistungsgrößen der Kernkraftwerke waren die amerikanischen Standortrichtlinien in der Bundesrepublik, da unbesiedelte oder dünn besiedelte Standorte praktisch nicht zur Verfügung stehen, jedoch nicht mehr anwendbar [2] (vgl. Tabelle 20) und wurden von den deutschen Genehmigungsbehörden im Rahmen des GAU-Konzepts nicht übernommen [3].

---

1) Larson, C.E.: Role of Nuclear Power in the Northwest; AEC Press Release S. 33-69, October 16, 1969, zit. nach Piper, H.B. and Heddleson, F.A.: Siting Practice and its Relation to Population, in: Nuclear Safety, Vol. 14 (1973), No. 6, S. 584.

2) Im Rahmen der jüngsten öffentlichen Auseinandersetzungen über Standorte für Kernkraftwerke wird allerdings von Kritikern mit Nachdruck auf die "Reactor Site Criteria" als Vorbild für die Standortwahl in der Bundesrepublik Deutschland hingewiesen. Siehe z.B. Strohm, H.: Materialsammlung zur Gefährdung der Bevölkerung durch Atomkraftwerke, 6. Aufl., Hamburg 1975, S. 2f. ders.: Friedlich in die Katastrophe, Eine Dokumentation über Kernkraftwerke, 2. Aufl., Hamburg 1975, S. 75ff. - Eine konsequente Anwendung der in Tabelle 20 zusammengestellten Entfernungsrichtwerte würde - im Gegenteil - in der Bundesrepublik den Bau größerer Kernkraftwerke mit zumindest 600 MW_{el} unmöglich machen. Selbst bei kleinen Kernkraftwerken ergäben sich außerordentliche Standortprobleme.

3) "Wenn wir uns auch in der BRD in der ersten Phase der Kernenergieentwicklung im wesentlichen ausschließlich auf den Sicherheitsstand der USA abstützen konnten, so haben wir doch heute bereits Industrieansiedlungen und Besiedlungszonen zu berücksichtigen, die von denen anderer Länder abweichen. Ein Rückgriff auf amerikanische Forschungsergebnisse wird auch dort immer weniger möglich, wo die technische Entwicklung der Leichtwasser-Reaktoren in der Bundesrepublik Deutschland von den amerikanischen Vorbildern abweicht". Bundesministerium für Forschung und Technologie (Hrsg.): Forschungsprogramm Reaktorsicherheit, Bonn 1972, S. 3.

Ähnlich stellen O. Kellermann und L.F. Franzen, Institut für Reaktorsicherheit der TÜV, fest: "In der Bundesrepublik gibt es keine Standortkriterien, die den amerikanischen, britischen oder kanadischen Regelungen vergleichbar sind. Ihr Fehlen hat sich vorteilhaft für Reaktorhersteller und -betreiber ausgewirkt. Einige Reaktoren hätten nicht an ihrem jetzigen Standort genehmigt werden können, wenn man die erwähnten ausländischen Bestimmungen angewandt hätte" [1]. Entsprechend bemerkt W. Sahl: "Die individuellen Eigenschaften von Reaktorstandorten in der Bundesrepublik unterscheiden sich...relativ stark voneinander, insbesondere, wenn man nur die Besiedlungsdichte der Umgebung betrachtet, so daß auf dieser Grundlage allein bisher keine eindeutigen Kriterien abgeleitet und entwickelt wurden" [2]. Die bisherige Genehmigungspraxis zeigt jedoch, daß in der Bundesrepublik ausschließlich standortabhängige Genehmigungen erteilt wurden, wobei die Bevölkerungsdichte des Standortbereichs entscheidenden Einfluß auf die Genehmigungsentscheidung hatte (siehe Abbildung 28) [3].

Zur Standortbeurteilung hinsichtlich der Bevölkerungsdichte wird derzeit in der Bundesrepublik von folgenden Standortklassen ausgegangen [4]:

Klasse I: Standorte in ländlichen Gegenden mit einer geringen bis mittleren Bevölkerungsdichte,

---

1) Kellermann, O. und Franzen, L.F.: Auswahl und sicherheitstechnische Beurteilung des Reaktorstandortes, in: atw, 10. Jg. (1966), H. 7, S. 384.

2) Sahl, W.: Bevölkerungsdichte und Standortwahl, in: Handelsblatt GmbH. (Hrsg.): 25 Fragen zur nuklearen Sicherheit; atw-Broschüren "Kernenergie und Umwelt", Nr. 4, Düsseldorf o.J. (etwa 1974/75), S. 11.

3) Vgl. auch die Vorbemerkungen zu Kapitel B. III. 2.

4) Vgl. Wachsmann, F. and Schwibach, J.: Considerations for Siting Nuclear Power Plants in Areas with High Population Density in the Federal Republic of Germany, in: International Atomic Energy Agency (Ed.): Environmental Aspects of Nuclear Power Stations; Proceedings Series - STI/PUB/261, Wien 1971, S. 797 (Report IAEA-SM-146/52).

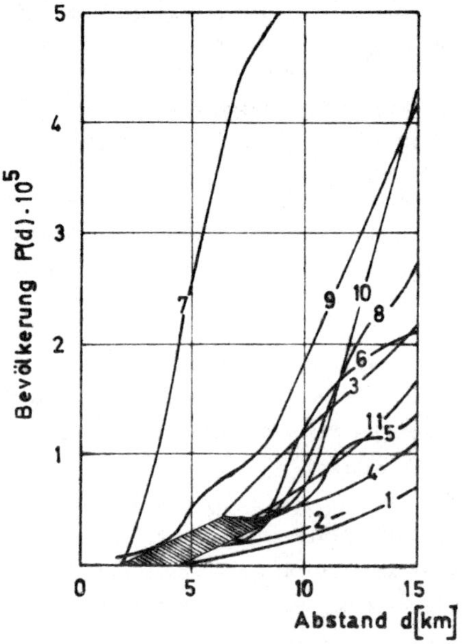

Abbildung 28: Bevölkerungszahlen in der Umgebung deutscher Kernkraftwerks-Standorte in Abhängigkeit von der Entfernung [1].

Nr.		Kernkraft-werkstyp	Brutto-Leistung (MW_{el})
1	Gundremmingen	SWR	250 (Block A)
2	Würgassen	SWR	670
3	Philippsburg	SWR	900 (Block I)
4	Obrigheim	DWR	345
5	Stade	DWR	660
6	Biblis	DWR	1200 (Block A)
7	Ludwigshafen	DWR	2 x 600
8	Schmehausen	THTR	310
9	Weisweiler	SNR	300
10	Kernforschungszentrum Karlsruhe		
11	Bundesrepublik Deutschland (Mittelwert)		

1) Wirtz, K.: Genehmigungsverfahren, Standortbeurteilung und Sicherheitskriterien, in: atw, 16. Jg. (1971), H. 2, S. 71.

Klasse II: Standorte in der Nähe größerer Städte mit hoher Bevölkerungsdichte,

Klasse III: Standorte in Großstadtgebieten mit sehr hoher Bevölkerungsdichte.

Die bisher in der Bundesrepublik genehmigten oder geplanten Kernkraftwerks-Standorte gehören im allgemeinen zur Klasse I, der Standort Biblis zur Klasse II und das geplante Kernkraftwerk der BASF in Ludwigshafen zur Klasse III.

Die im Rahmen des gegenwärtig praktizierten Genehmigungsverfahrens durchgeführte Abschätzung der für die Bevölkerung zumutbaren, störfallbedingten Strahlenbelastung in der Umgebung des Kernkraftwerk-Standorts ist an "Störfall-Toleranzgrenzen" orientiert.
Dabei wird unterschieden [1] zwischen der individuellen radiologischen Belastung, beschrieben durch die Individual-Dosis, D_I (rem), d.h. die maximale Dosis, die einer Einzelperson in einer Wohnsiedlung in der Umgebung des Kernkraftwerks appliziert wird, und der radiologischen Belastung der Gesamtbevölkerung in der Umgebung des Kernkraftwerks, beschrieben durch die Populations-Dosis, D_P (man·rem), d.h. die Summe aller Individual-Dosen. - Für beide Dosen sind im Atomgesetz (AtG) bisher keine Richtwerte festgelegt worden.
Als Bezugswerte dienen den Genehmigungsbehörden, die folgenden von der "International Atomic Energy Agency" (IAEA), Wien, empfohlenen Dosis-Grenzwerte [2]:

---

1) Vgl. Bayer, A.: Untersuchung von Individual- und Populations-Ausbreitungsfaktoren für mögliche Reaktorstandorte von Karlsruhe (Flußkilometer 360) bis Mannheim (Flußkilometer 430); Gesellschaft für Kernforschung mbH Karlsruhe, Bericht KFK-1501, Karlsruhe 1971, S. 3. ders.: Der Rhein von Karlsruhe bis Mannheim als Gebiet möglicher Reaktorstandorte unter dem Gesichtspunkt von Individual- und Populations-Ausbreitungsfaktoren, in: ATKE, Bd. 20 (1972), H. 1, S. 65.

2) Vgl. Bayer, A.: Die Ausbreitung einer radioaktiven Wolke und die für die Gesamtbevölkerung zu erwartenden Dosen; Gesellschaft für Kernforschung mbH Karlsruhe, Bericht KFK-868, Karlsruhe 1968, S. 3. Stauber, E.: Grundzüge der Sicherheitsmaßnahmen bei Kernkraftwerken, Frankfurt/M. 1970, S. 60.

- Standorte der Klasse II und III:

  Individual-Ganzkörperdosis ≤ 30 rem,
  Populations-Dosis $\leq 1 \cdot 10^6$ man·rem,

- Standorte der Klasse I:

  Individual-Ganzkörperdosis ≤ 25 rem,
  Ein Populations-Dosiswert ist bei dieser Standortklasse unrealistisch (siehe folgende Einwände) und auch von der IAEA nicht vorgeschlagen worden.

Gegen diese Genehmigungspraxis ergeben sich folgende wesentliche Einwände:

- Durch Berechnung von Populations-Dosen läßt sich zwar im Mittel ein optimaler Standort bezüglich der Störfallauswirkungen für die Gesamtbevölkerung finden, dieses Optimum kann aber auf Kosten einer unzumutbaren Dosis für kleinere Bevölkerungsgruppen zustande kommen.

- Es ist nicht möglich unterschiedliche Besiedlungsstrukturen risikomäßig zu erfassen.

Eine exaktere Berechnung störfallbedingter Strahlendosen ist möglich, wenn die Berechnung anhand eines Polarnetzes, in dessen Mittelpunkt der Kernkraftwerks-Standort liegt, durchgeführt wird. Entsprechend der zuvor erwähnten Erfassung zonaler und sektoraler Besiedlungsdichten, ist in Abbildung 29 die prinzipielle Vorgehensweise dargestellt.
Die Aufteilung ist hierbei in Sektoren von 30° und Kreisringen mit Entfernungen bis zu 5 km vorgenommen. Analog lassen sich für die weitere Umgebung des Standorts die Besiedlungsdichten sektoral in Kreisringen mit Entfernungen bis zu 20 oder 30 km erfassen. Zur Abschätzung der radiologischen Auswirkung einer - entsprechend den zum Störfallzeitpunkt herrschenden Windverhältnissen - abdriftenden "radioaktiven Wolke" sind diese Distanzen zu berücksichtigen.

Die in Abbildung 29 aufgezeigte Methodik kann gleichfalls zur Ermittlung der Strahlenbelastung der Umgebungsbevölkerung beim Normalbetrieb eines Kernkraftwerks angewendet werden. Ein Modellbeispiel hierzu ist in Abbildung 30 schematisch dargestellt. Dabei ist angenommen, daß die höchste jährliche Strahlenbelastung in dem Sektor mit der statistisch häufigsten Windrichtung und in diesem wiederum innerhalb eines Abstands von 0,5 km

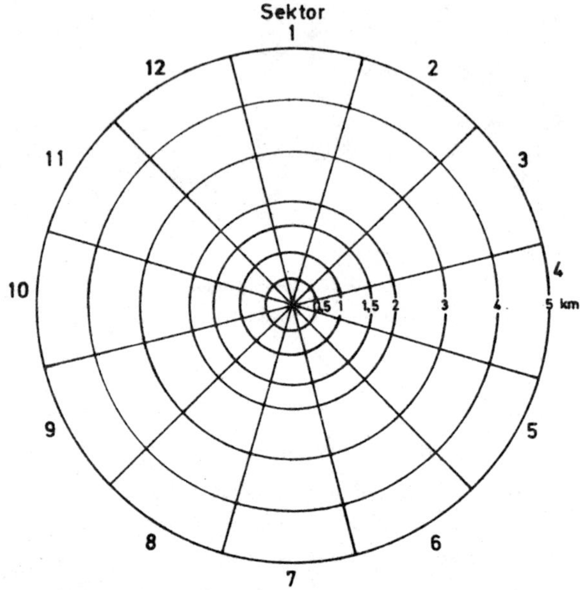

Abbildung 29: Polarnetz um einen Kernkraftwerks-Standort zur Berechnung der Strahlenbelastung in der Umgebung.

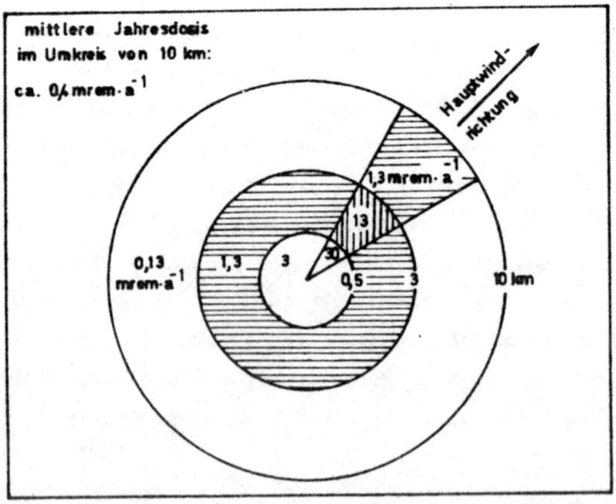

Abbildung 30: Modellbeispiel der Strahlenbelastung in der Umgebung eines Kernkraftwerks bei Einhaltung einer Jahresdosis von 30 mrem an der gefährdesten Stelle (nach Berechnungen von K.-H. Lindackers) [1].

---

1) Hug, O.: Strahlenschäden und Strahlenschutz, in: atw, 16. Jg. (1971), H. 6, S. 300.

auftritt. Zwangsläufig ist dann innerhalb dieses Sektors in größeren Entfernungen die jährliche Strahlenbelastung niedriger; wesentlich geringer ist die jährliche Strahlenbelastung in den übrigen Sektoren.

Um bei der Standortanalyse das Risiko der jeweiligen Umgebungsbevölkerung berücksichtigen zu können, wären für einen potentiellen Standort mit Hilfe von Ausbreitungsberechnungen [1], Isodosislinien [2] für störfallbedingte Aktivitätsfreisetzungen zu ermitteln. Aus den Isodosislinien können mit Hilfe der Beziehungen (2.12) und (2.13) Isorisikolinen [3] für somatische Inzidenzen sowie akuter Mortalität ermittel und mit zivilisatorisch oder natürlich bedingten Risiken als Bezugsgröße relativiert werden [4]. Dieses Konzept wäre eine realistische und brauchbare Planungsgrundlage für die Standortwahl.
Als Beispiel für ein Ergebnis derartiger Untersuchungen zeigt Abbildung 31 die von H.J. Otway et al. für einen Forschungsreaktor im Los Alamos Canyon ermittelten individuellen Mortalitäts-Risikolinien.

Eine Risikoanalyse, die nach der zuvor gekennzeichneten Verfahrensweise die Aufstellung von Isodosis- und Isorisikolinien ermöglicht, erfordert die Kenntnis aller potentiellen Störfälle mit ihren Störfallmechanismen und Verkettungen sowie ihren Wahrscheinlichkeiten. Die Ermittlung von Ausfall- und Störfallwahrscheinlichkeiten ist jedoch gegenwärtig nur in dem oben aufgezeigten, sehr begrenzten Umfang möglich [5] - und somit eine realistische Standortbeurteilung mit Hilfe von Isorisikolinien vorerst nicht durchführbar.

Die von H.J. Otway et al. [6] am Modellbeispiel eines Forschungsreaktors

---

1) Siehe oben ad 3. Meteorologische Verhältnisse.

2) d.h. Niveaulinien gleich-hoher (Äquivalent-)Dosis.

3) d.h. Niveaulinien gleich-hohen somatischen resp. Mortalitätsrisikos.

4) Vgl. die Ausführungen in Kapitel B. II. 2. - ad 4. "Risikovergleich" oder "Risikokonzept".

5) Vgl. die Ausführungen in Kapitel B. II. 2. - ad 3. "Wahrscheinlichkeitskonzept".

6) Siehe Otway, H.J., Battat, M.E., Lohrding, R.K., Turner, R.D. and Cubitt,

Fortsetzung siehe Seite 402

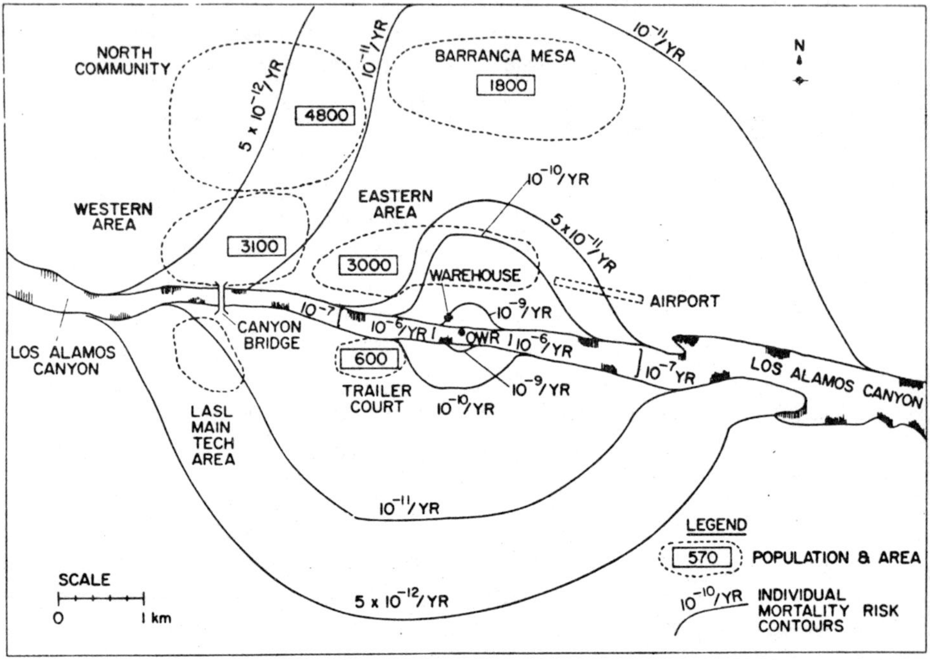

Abbildung 31: Ermittlung des individuellen Mortalitätsrisikos in der Umgebung eines Kernkraftwerks anhand von Isorisikolinien, dargestellt am Beispiel Los Alamos', New Mexico [1].

Fortsetzung zu Fußnote

6) R.L.: A Risk Analysis of the Omega West Reactor; Los Alamos Scientific Laboratory, Report LA-4449, Los Alamos 1970. Otway, H.J., Lohrding, R.K. and Battat, M.E.: A Risk Estimate for an Urban-Sited Reactor, in: Nuclear Technology, Vol. 12 (1971), No. 10, S. 173-184.

1) Otway, H.J.: Cost-Benefit-Risk-Assessment for a Number of Technological Systems, in: Einführung in Methoden und Probleme der Zuverlässigkeit, zgest. von G. Weber; Gesellschaft für Kernforschung mbH Karlsruhe, Bericht KFK-1811, Karlsruhe 1974, S. 179.
Bei dem betreffenden Reaktor handelt es sich um einen 8 MW_{th}-Forschungsreaktor ("Omega West Reactor").

("Omega West Reactor") durchgeführte Risikoanalyse und Isorisikolinienberechnung bedient sich des von H.J. Otway und R.C. Erdmann vorgeschlagenen Verfahrens zur Berechnung des individuellen Risikos in der Umgebung einer Kernkraftwerks [1]. Grundlegende Annahme dieses Verfahrens ist, daß die störfallbedingte Aktivitätsabgabe als stetige (schwach monoton fallende) Funktion der Störfallwahrscheinlichkeit darstellbar ist [2]. Damit ist das Problem der Analyse aller diskreten potentiellen Störfälle umgangen. Wie gezeigt werden kann, ist das Verfahren nicht ohne Beschränkung der Allgemeinheit anwendbar [3]. R. Rapp et al. verweisen dementsprechend auf den auch hier mehrfach genannten Umstand: "Um zu einer Aussage über das...(Risiko) eines Kernkraftwerks zu gelangen, ergibt sich...die Notwendigkeit, die Gesamtheit aller möglichen Störfälle und ihre Eintrittswahrscheinlichkeiten im Detail zu untersuchen. Eine Interpolation oder Extrapolation mit Hilfe einiger weniger exakt durchgerechneter Störfallabläufe ist sicher nicht hinreichend" [4].

---

1) Siehe Otway, H.J. and Erdmann, R.C.: Reactor Siting and Design from a Risk Viewpoint, in: Nucl. Eng. Design, Vol. 13 (1970), S. 369ff.

2) Vgl. Otway, H.J. and Erdmann, R.C.: Reactor Siting and Design from a Risk Viewpoint, in: Nucl. Eng. Design, Vol. 13 (1970), S. 371 (dort Abbildung 2).

3) Siehe Rapp, R., Caldarola, L., Helm, F., Jansen, P., McGrath, P. und Weber, G.: Statusbericht - Methoden zur quantitativen Analyse von Kernenergie-Risiken; Gesellschaft für Kernforschung mbH Karlsruhe, Bericht KFK-2100, Karlsruhe 1975, S. 108ff.

4) Rapp, R., Caldarola, L., Helm, F., Jansen, P., McGrath, P. und Weber, G.: Statusbericht - Methoden zur quantitativen Analyse von Kernenergie-Risiken; ebenda, S. 110.

3. Verfahren zur Auswahl und Beurteilung von Standorten für Kernkraftwerke

Die in der bisherigen Darstellung durchgeführte Analyse der Standortbedingungen für Kernkraftwerke war problemorientiert und hat die Vielzahl der zu beachtenden gesetzlichen, ökologischen, physikalisch-technischen und wirtschaftlichen Einflußfaktoren andeuten können. Eine problemorientierte Analyse kann jedoch im Rahmen eines Auswahlprozesses potentieller Standorte lediglich als Informations- und Entscheidungsgrundlage dienlich sein.
Für den Auswahlprozeß selbst ist zunächst eine systematische Sammlung der Faktoren zur Beurteilung von Standorten erforderlich, auf deren Grundlage die für die Standortwahl relevanten Informationen in einem mehrstufigen Verfahren verarbeitet werden können, wobei mit zunehmender Konkretisierung der Standortalternativen differenziertere Auswahlkriterien anzuwenden sind [1]. Zwischen den einzelnen Stufen des Auswahlprozesses muß der Entscheidungsträger eingreifen und "gewisse Wertvorstellung einbringen, die seiner Erfahrung entstammen" [2].
Diese Art des Vorgehens ist ein gemeinsames Merkmal aller heuristischen Verfahrensweisen, die nach H. Müller-Merbach dadurch gekennzeichnet sind, daß sie aus "bestimmten Vorgehensregeln zur Lösungsfindung [bestehen],

---

1) Vgl. Müller, W.: Der Entscheidungsprozeß bei der Standortwahl, in: Jacob, H. (Hrsg.): Zielprogramm und Entscheidungsprozeß in der Unternehmung; Schriften zur Unternehmensführung, Bd. 11, Wiesbaden 1970, S. 107-120. Timmermann, M.: Zur Standortplanung der Unternehmungen, in: WiSt, 1. Jg. (1972), H. 9, S. 391f. Alvensleben, R. v.: Zur Theorie und Ermittlung optimaler Betriebsstandorte; Schriften zur wirtschaftswissenschaftlichen Forschung, Bd. 49, Meisenheim am Glan 1973, S. 97. Fürst, D., Zimmermann, K., Hansmeyer, K.-H.: Standortwahl industrieller Unternehmen, Ergebnisse einer Unternehmensbefragung; Gesellschaft für regionale Strukturentwicklung e.V., Bonn, Schriftenreihe Bd. 1, Bonn 1973, S. 38ff.

2) Chmelik, G. und Kappler, E.: Konstitutive Entscheidungen, in: Heinen, E. (Hrsg.): Industriebetriebslehre, Entscheidungen im Industriebetrieb, 4. Aufl., Wiesbaden 1975, S. 152.

die hinsichtlich des angestrebten Ziels und unter Berücksichtigung der Problemstruktur als sinnvoll, zweckmäßig und erfolgsversprechend erscheinen, aber nicht immer die optimale Lösung hervorbringen" [1].
An eine systematische Erfassung der Faktoren zur Standortbeurteilung und die Techniken der verschiedenen Selektions-Verfahren sind folgende Hauptbedingungen zu stellen [2]:

- Umfassende Katalogisierung der Faktoren,
- Reduzierung der Bearbeitungszeit und -kosten für die Standortanalyse [3],
- Schnelle Vorauswahl untersuchungswürdiger Standorte,
- Vergleichbarkeit der für verschiedene Standorte durchgeführten Standortanalysen,
- Reproduzierbarkeit der Ergebnisse,
- Programmierfähigkeit,
- Ergänzungsfähigkeit,
- Leichte Anwendbarkeit,
- Spielraum für subjektive Beurteilungen des Entscheidungsträgers.

Eine in der Literatur häufig vorgeschlagene Vorgehensweise zur systematischen Erfassung von Faktoren zur Standortbeurteilung stellen Prüflisten

---

1) Müller-Merbach, H.: Operations Research, Methoden und Modelle der Optimalplanung, 3. Aufl., München 1973, S. 290.

2) Die Bedeutung einzelner Bedingungen kann aus der Tatsache ersehen werden, daß gegenwärtig die Bearbeitungszeit von Standortanalysen für Kernkraftwerke im Durchschnitt etwa drei Jahre beträgt.

3) Siehe Fürst, D., Zimmermann, K., Hansmeyer, K.-H.: Standortwahl industrieller Unternehmen, Ergebnisse einer Unternehmensbefragung; Gesellschaft für regionale Strukturentwicklung e.V., Bonn, Schriftenreihe Bd. 1, Bonn 1973, S. 35ff.

(check lists) dar [1].

Als "check list" kann allgemein eine Zusammenstellung aller Eigenschaften von Standorten verstanden werden, "die ein Standort im Hinblick auf die Gesamtheit der verschiedenen raumbeanspruchenden Aktivitäten des...(Unternehmens) aufweisen kann" [2]. "Dabei ist vor allem zu beachten, daß derartige 'check lists' der Standorte nur dann Bedeutung für die unternehmerische Standortentscheidung gewinnen können, wenn sie nicht bei recht allgemeinen Angaben stehenbleiben, sondern die wirklich bedeutsamen Faktoren

---

1) Siehe u.a. Nelson, R.L.: The Selection of Retail Locations, New York 1958, S. 328ff. Behrens, K.Chr.: Der Standort der Handelsbetriebe, Köln-Opladen 1965, S. 68ff. Lüder, K.: Die Standortwahl von Fertigstätten, in: Agthe, K., Blohm, H. und Schnaufer, E. (Hrsgg.): Industrielle Produktion, Baden-Baden - Bad-Homburg v. d. H. 1967, S. 419ff. Tietz, B.: Die Standort- und Geschäftsflächenplanung im Einzelhandel, Ein Beitrag zur regionalen Handelsforschung; Schriftenreihe des Gottlieb Duttweiler-Instituts, Nr. 42, Zürich-Rüschlikon 1969, S. 262ff. Nauer, E.: Standortwahl und Standortpolitik im Einzelhandel; Schriftenreihe des Forschungsinstituts für Absatz und Handel an der Hochschule St. Gallen, Bd. 14, Bern-Stuttgart 1970, S. 44ff. Engel, K.H. und Hülck, K.: Systematik zur Standortanalyse und Standortbestimmung, in: Engel, K.H. (Hrsg.): Handbuch der neuen Techniken des Industrial Engineering, München 1972, S. 925ff. Hansmann, K.-W.: Entscheidungsmodelle zur Standortplanung der Industrieunternehmen; Schriftenreihe des Instituts für Unternehmensforschung und des Industrieseminars der Universität Hamburg, Bd. 7, Wiesbaden 1974, S. 140ff. Weitere Literaturhinweise finden sich bei Lüder, K. und Budäus, D.: Standortwahl, Verfahren zur Planung betrieblicher und innerbetrieblicher Standorte, in: Jacob, H. (Hrsg.): Industriebetriebslehre in programmierter Form, Bd. 1: Grundlagen, Wiesbaden 1972, S. 51.

2) Töpfer, K.: Überlegungen zur Quantifizierung qualitativer Standortfaktoren, in: Zentralinstitut für Raumplanung an der Universität Münster (Hrsg.): Zur Theorie der allgemeinen und der regionalen Planung; Beiträge zur Raumplanung, Bd. 1, Bielefeld 1969, S. 179.

detailliert erfassen..." [1].
Die in der Literatur für die Standortwahl der Industrie- und Handelsunternehmen vorgeschlagenen "check lists", werden von den Autoren nicht als vollständig und umfassend in dem Sinne bezeichnet, daß alle für jedes beliebige Unternehmen relevanten Einflußgrößen darin enthalten sind [2]. Eine einfache Übertragbarkeit auf andere Entscheidungssituationen ist daher nicht ohne weiteres möglich.
Die im folgenden anhand der bisherigen Darstellung zusammengestellte "check list" enthält quantitative und qualitative Faktoren [3], die im Rahmen einer Analyse von Standorten für Kernkraftwerke von Bedeutung sind.

---

1) Töpfer, K.: Regionalpolitik und Standortentscheidung, Die Beeinflussung privater Pläne, dargestellt an der unternehmerischen Standortentscheidung; Beiträge zur Raumplanung, Bd. 6, Bielefeld 1969, S. 93.

2) Vgl. z.B. Lüder, K. und Budäus, D.: Standortwahl, Verfahren zur Planung betrieblicher und innerbetrieblicher Standorte, in: Jacob, H. (Hrsg.): Industriebetriebslehre in programmierter Form, Bd. 1: Grundlagen, Wiesbaden 1972, S. 52.

3) Zur Terminologie vgl. etwa Hansmann, K.-W.: Entscheidungsmodelle zur Standortplanung der Industrieunternehmen; Schriftenreihe des Instituts für Unternehmensforschung und des Industrieseminars der Universität Hamburg, Bd. 7, Wiesbaden 1974, S. 137ff. (K. Lüder und D. Budäus verwenden z.B. in diesem Zusammenhang das Begriffspaar "quantifizierbare-" und "nicht-quantifizierbare Faktoren"; siehe unten).

"Check list" quantitativer und qualitativer Faktoren zur Auswahl und Beurteilung von Standorten für Kernkraftwerke.

A. Demographische Faktoren

A.I. Bevölkerung und Siedlungsstruktur

1. Standortklasse [1)]
2. Bevölkerungsdichte
3. Bevölkerungsverteilung
4. Bevölkerungszuwachs
5. Siedlungsverhältnisse
6. Bebauungspläne
7. Abstand zur nächsten Großstadt
8. Abstand zum nächsten Ort
9. Abstand zum nächsten Wohngebiet

A.II. "Public Acceptance"

1. Standortpolitik des Unternehmens
2. Transparenz des Planungs- und Entscheidungsverfahrens für die Bevölkerung
3. Public Relations-Maßnahmen des Unternehmens
4. Öffentliche Meinung der Umgebungsbevölkerung
   a. zur Kernenergie generell
   b. zur Wahl des konkreten Standorts ("Hier nicht!"; "Hier jetzt nicht!")
   c. zur Wahl des an dem betreffenden Standort vorgesehenen Kernkraftwerkstyp (insbesondere bei Schnellen Reaktoren)
   d. zur geplanten nuklearen Endausbauleistung am Standort ("Kein weiterer Ausbau!";"Keine Genehmigung für Block...!")

---

1) Vgl. Kapitel B. III. 2. - ad 8. Bevölkerungsdichte und -verteilung.

5. Sozialstruktur der Bevölkerung
6. Erwerbstruktur der Bevölkerung
7. Bildungsstand der Bevölkerung
8. Bevölkerungsmentalität
9. Risikoakzeptierung
10. Landschaftliche Eingliederung des Kernkraftwerks in die Umgebung (Abbau des "Fremdkörperaspekts") [1]
11. Politischer Standort kommunaler und regionaler Entscheidungsträger
12. Widerstand durch Bürgerinitiativen
13. Agitationen durch Ideologen und Systemveränderer

A.III. Arbeitskräftebeschaffung [2]

1. Personalbedarf im Kernkraftwerk
   a. Arbeiter
   b. Angestellte
2. Personalpolitik des Unternehmens
3. Sozialstruktur der Bevölkerung

---

1) Siehe von der in Kapitel B. III. 1. - ad 2. Kühlwasserversorgung und Kühlverfahren genannten Literatur insbesondere: Institut für Reaktorsicherheit (IRS) e.V. (Hrsg.): Kriterien für die Keraftwerksstandortwahl: "Ästhetische" Gesichtspunkte; IRS-Kurzinformationen, 1972 - Reihe C, Nr. 21, Köln 12. Januar 1973, Burnham, J.B., Maynard, W.S. and Jones, G.R.: Quantified Social and Aesthetic Values in Environmental Decision Making, in: International Atomic Energy Agency (IAEA) (Ed.): Siting of Nuclear Facilities; Proceedings Series - STI/PUB/384, Wien 1975, S. 307-326 (Report IAEA-SM-188/43).

2) Der Personalbedarf in Kernkraftwerken mit Leistungsgrößen von 1000 bis 1300 MW_{el} beträgt etwa 120 bis 150 Personen. Davon können etwa 50 % aus der näheren Umgebung rekrutiert werden, der Rest - insbesondere qualifiziertere Mitarbeiter - zieht erfahrungsgemäß aus anderen Gebieten in die Umgebung des Standorts zu.

4. Erwerbsstruktur der Bevölkerung
5. Arbeitsmarktverhältnisse
6. Eignungspotential des Arbeitsangebots
7. Infrastruktur und allgemeine Attraktion des Standortbereichs in bezug auf die Arbeitskräftebeschaffung [1)]
    a. Möglichkeiten der Wohnraumbeschaffung nach Größe und Qualität
    b. Versorgung mit medizinischen Einrichtungen, Kindergärten und Sportmöglichkeiten
    c. Bildungs- und Fortbildungseinrichtungen: allgemeinbildende Schulen, Volkshochschulen, Fachschulen
    d. Kulturelle Einrichtungen und Möglichkeiten
    e. Landschaftliche Gestaltung der Umgebung
    f. Entfernung zu Mittel- und Oberzentren
    g. Industrielle Beeinträchtigungen
    h. Meteorologisch-klimatische Verhältnisse für die Bevölkerung

B. Natürlich-physikalische Verhältnisse des Standorts und Standortbereichs

B.I. Seismologische Verhältnisse

1. Tektonik
2. Häufigkeit seismischer Aktivitäten
3. Intensität seismischer Aktivitäten (→Intensitätsklasse)
4. Bodenart (Ausbreitungsgeschwindigkeit seismischer Wellen)
5. Festigkeitseigenschaften des Untergrunds

B.II. Geologische Verhältnisse

1. Geologische Formation

---

1) In Anlehnung an Hansmann, K.-W.: Entscheidungsmodelle zur Standortplanung der Industrieunternehmen; Schriftenreihe des Instituts für Unternehmensforschung und des Industrieseminars der Universität Hamburg, Bd. 7, Wiesbaden 1974, S. 142.

2. Stratigraphie

3. Tektonik

4. Bodenart

5. Festigkeitseigenschaften

6. Sorptionseigenschaften des Baugrunds für Radionuklide

7. Geologisch-physikalische Prozesse

   a. Setzungen (Tragfähigkeit des Untergrunds in bezug auf das Reaktorgebäude)
   b. Auslaugungen
   c. Bergsenkungen
   d. Grundwasserabsenkungen durch Untertagebergbau oder Tagebergbau

B.III. Geohydrologische Verhältnisse

1. Höhe des Grundwasserspiegels

2. Schwankungen des Grundwasserspiegels

3. Zusammensetzung des Grundwassers

4. Chemische Eigenschaften des Grundwassers (Aggressivität)

5. Möglichkeit der Grundwasserentnahme zur Verwendung als Brauch- und Trinkwasser im Kernkraftwerk

B.IV. Meteorologisch-klimatische Verhältnisse

1. Windverhältnisse in bezug auf

   a. Richtung
   b. Geschwindigkeit
   c. Windprofil

2. Auftreten besonderer Windverhältnisse (Wirbelstürme etc.)

3. Turbulenzen

4. Temperaturverhältnisse in bezug auf

   a. Maximum-/Minimum-Temperaturen
   b. Tag-/Nacht-Temperaturschwankungen
   c. Temperaturprofil

5. Feuchtigkeit

6. Niederschlagshäufigkeit (Regen, Schnee)
7. Niederschlagsmengen (Regen, Schnee)
8. Nebel
9. Inversionen
10. Verfügbare Daten einer meteorologischen Station am Standort oder in Standortnähe
11. Verfügbarkeit über Beobachtungsdaten von für den Standort repräsentativen meteorologischen Stationen

B.V. Orographische Verhältnisse des Standorts und Standortbereichs

1. Höhenlage des Standorts über NN
2. Ebenes Gebiet
3. Tallage des Standorts
   a. Breite der Talsohle
   b. Höhe der talbegrenzenden Höhenzüge
   c. Durchlüftung des Tals
4. Orographie der weiteren Umgebung des Standorts ($\leq$10 km)

C. Ökologische Faktoren der nuklearen Energieerzeugung

C.I. Strahlenschutz und Strahlenschutzmaßnahmen

1. Strahlenbelastung der Bevölkerung $(\text{mrem}\cdot a^{-1})$ beim Normalbetrieb des Kernkraftwerks
2. Radiologische Vorbelastung des vorgesehenen Standortbereichs durch
   a. Kernforschungsanlagen
   b. Kernkraftwerke
   c. Wiederaufarbeitungsanlagen
3. Für den Standort in Betracht gezogener Reaktortyp
   a. Druckwasserreaktor
   b. Siedewasserreaktor
   c. Hochtemperaturreaktor
   d. Schneller Reaktor

4. Mögliche Strahlendosis der Bevölkerung nach einem schweren oder "hypothetischen" Störfall

   a. Individual-Ganzkörperdosis (rem) (individuelles somatisches Risiko, individuelles Mortalitätsrisiko)
   b. Populations-Dosis (man·rem)

5. Durchführbarkeit und Effektivität von Notfallmaßnahmen

   a. Bevölkerungsschutzmaßnahmen
   b. Verkehrsregelnde Maßnahmen
   c. Dekontaminationsmaßnahmen

C.II. Möglichkeiten und Wahrscheinlichkeiten zivilisationsbedingter äußerer Einwirkungen

1. Druckwellen

   a. Gasfernleitungen
   b. Benzin- und Flüssiggastransporte

      α. Straßentransport
      ß. Schiffstransport

   c. Chemieanlagen, Raffinerien
   d. Treibstofflager
   e. Munitionslager

2. Lage des Standorts in bezug auf

   a. Luftverkehrswege
   b. Flugplätze-Einflugschneisen

3. Flächenbrand

C.III. Kühlwasserentnahme und gewässerökologische Beeinträchtigungen

1. Mittlere Wasserführung (MQ($m^3 \cdot s^{-1}$)) des Vorfluters innerhalb des Wasserwirtschaftsjahrs [1)]

2. "Kritische" Werte der Wasserführung

   a. MNQ ($m^3 \cdot s^{-1}$) (mittlere Niedrigstwasserführung innerhalb des Wasserwirtschaftsjahrs)

---

1) Als Wasserwirtschaftsjahr gilt die Zeitspanne zwischen dem 1. November und 31. Oktober aufeinanderfolgender Jahre.

b. NQ_{30} $(m^3 \cdot s^{-1})$ (Niedrigstwasserführung, die im mehrjährigen Mittel nicht mehr als an 30 Tagen unterschritten wird)

3. Mögliche Kühlwasserentnahme aus dem Vorfluter bei

   a. Frischwasserkühlung
   b. Ablaufkühlung (Mischkühlung)
   c. "Nasser" Rückkühlung (Zusatzwasser)

4. Thermische Belastbarkeit des Vorfluters

5. Thermische Vorbelastung des Vorfluters

6. Belastung des Vorfluters mit anorganischen und organischen Stoffen

7. Radioaktive Ableitungen mit dem Abwasser in den Vorfluter

8. Radiologische Vorbelastung des Vorfluters

9. Anderweitige Nutzungen des Vorfluters

   a. Trinkwasserversorgung
   b. Erholungsgebiet
   c. Fischerei
   d. Schiffahrt

C.IV. Umweltbeeinträchtigungen durch Kühltürme

1. Meteorologisch-klimatische Auswirkungen der Wasserdampfemission aus Naßkühltürmen

   a. Reduzierung der Sonnenscheindauer und Sonneneinstrahlungsintensität
   b. Beeinflussung der

      α. Niederschlagsbildung
      ß. Glatteisbildung
      γ. Nebelbildung
      δ. Wolkenbildung
      ε. Inversionsbildung

2. Geräuschentwicklung bei Naßkühltürmen (Schallschutzmaßnahmen)

3. Ästhetische Beeinträchtigung des Landschaftbilds durch Naß- oder Trockenkühltürme

4. Abhängigkeit der Emissionsauswirkungen von der Lage des Standorts
   a. Ballungsgebiet
   b. Ländliches Gebiet

C.V. Mögliche Beeinträchtigungen land- und forstwirtschaftlicher Nutzungen im Standortbereich

1. Äcker und Wiesen
2. Obstbau
3. Monokulturen
4. Sonderkulturen
5. Viehzucht (Weidewirtschaft)
6. Waldgebiete

C.VI. Mögliche Beeinträchtigung industrieller Produktionen oder Erwerbszweige im Standortbereich

1. Photographische Industrie
2. Lebensmittelindustrie
3. Urlaubsgebiete (insbesondere Küstenregionen)

D. Energieabsatzwirtschaftliche Faktoren

D.I. Öffentliche Elektrizitätsversorgung

1. Größe des Versorgungsgebiets (km^2)
2. Energiebedarf pro Jahr $(MWh \cdot a^{-1})$
3. Energiebedarfsdichte $(MWh \cdot km^{-2})$
4. Leistungsbedarf (MW)
5. Leistungsbedarfsdichte $(MW \cdot km^{-2})$
6. Gesamtleistung der im Versorggebiet bestehenden Erzeugungseinheiten (MW)
7. Leistungsstruktur der bestehenden Erzeugungseinheiten
   a. Spitzenlast

b. Mittellast
c. Grundlast

8. Verbrauchsstruktur

a. Haushalte
b. Öffentliche Einrichtungen
c. Industrie- und Handelsunternehmen (ausgenommen Sonderabnehmer)

9. Versorgungssicherheit

a. Reserveleistung
b. Reservebereitstellung
c. Ausfallsicherheit
d. Leitungsausbau

10. Netzverhältnisse in bezug auf den betreffenden Standort

a. Leitungsführung
b. Leitungsausbau: Spannungsebenen, Anzahl paralleler Leitungssysteme
c. Abstand zu Umspannwerken und/oder Schaltanlagen
d. Abstand zu Verbrauchsschwerpunkten

D.II. Öffentliche Fernwärmeversorgung

1. Größe des Fernwärmeversorgungsgebiets (km^2)
2. Fernwärmebedarf (Anschlußwert) $(Gcal \cdot h^{-1})$
3. Fernwärmebedarfsdichte $(Gcal \cdot h^{-1} \cdot km^{-2})$
4. Gesamtleistung der im Vorsorgungsbereich bestehenden Fernwärmeerzeugungsanlagen $(Gcal \cdot h^{-1})$
5. Leistungsstruktur der bestehenden Fernwärmeerzeugungsanlagen (Fernwärmegrundlast/-spitzenlast)
6. Fernwärmeverbrauchsstruktur

a. Haushalte
b. Öffentliche Einrichtungen
c. Industrie- und Handelsunternehmen (ausgenommen Prozeßwärme)

7. Konkurrenzsituation auf dem kommunalen oder regionalen Wärmemarkt (Gas, Öl, Kohle, Elektrizität)

8. Meteorologische und klimatische Einflüsse auf den Wärmebedarf in Abhängigkeit von der geographischen Lage

9. Ausbauverhältnisse der Mittel- und Unterverteilungsnetze

D.III. Industrielle Versorgung mit elektrischer Energie (Sonderabnehmer) und Prozeßwärme

1. Abstand des Kernkraftwerk-Standorts in bezug auf Industrieberzirke

2. Art des Energieangebots des Kernkraftwerks

   a. Elektrische Energie
   b. Prozeßwärme [1]

3. Elektrizitätsversorgung von Sonderabnehmern [2]

   a. Leistungsbedarf der Abnehmer (MW)
   b. Vorhandenes Anschlußnetz in Abhängigkeit von Leistungsbedarf

      α. Mittelspannungsnetz
      ß. Hochspannungsnetz
      γ. Höchstspannungsnetz

   c. Benutzungsdauer (h)

4. Industrieller Prozeßwärmebedarf $(\mathrm{Gcal \cdot h^{-1}})$

5. Temperatur der benötigten Prozeßwärme $(^{\circ}\mathrm{C})$

6. Industriezweige [3]

---

1) Siehe dazu die Ausführungen und Literaturhinweise in Kapitel B. I. 2. - ad 5. Standorte in Verbindung mit öffentlicher oder industrieller Wärmeversorgung.

2) Zur Terminologie siehe z.B. Vereinigung Deutscher Elektrizitätswerke (VDEW) e.V. (Hrsg.), bearbeitet von G. Zybell und G. Lang: Strompreise für Sonderabnehmer, Eine vergleichende Übersicht, Stand: 1. Oktober 1971, Frankfurt/M. 1971, S. 12ff. Solling, H.: Kosten und Preise in der Elektrizitätsversorgung der Bundesrepublik Deutschland, Gräfeling 1971.

3) Siehe dazu ausführlicher die in Kapitel B. I. 2. - ad 5. aufgeführte Literatur.

a. Chemische Industrie (Primärchemie) (Prozeßwärme, elektrische Energie)
b. NE-Metallindustrie (elektrische Energie)
c. Stahlindustrie (Prozeßwärme, elektrische Energie)
d. Sonstige Sonderabnehmer für elektrische Energie

E. Verkehrs- und Transportverhältnisse

1. Großräumige Lage des Standorts in bezug auf
   a. das Fernstraßennetz
   b. das Schienennetz
   c. Wasserstraßen
   d. überregionale Flugplätze
2. Straßenanschlüsse zum Kernkraftwerk
   a. Anzahl
   b. Ausbau - Ausbaumöglichkeit
   c. Winkel der Zufahrtswege untereinander [1)]
3. Gleisanschluß zum Kernkraftwerk
4. Anschluß an Wasserstraße (Schiffslände)
5. Verkehrsverbindungen für den Personenverkehr (Belegschaft)
6. Öffentliche Verkehrsplanung
7. Saisonale Verkehrseinschränkungen

F. Schutzbereiche, vorgegeben durch die jeweiligen Schutzbereichsgesetze

1. Flugplätze
2. Militärische Sicherheitsbereiche
3. Natur- und Landschaftsschutzbereiche
4. Trinkwasserschutzgebiete

---

1) Vgl. Kapitel B. III. 2. - ad 7. Verkehrslage und topographische Gegebenheiten.

G. Grundstücksverhältnisse

1. Grundflächenbedarf

   a. Anzahl der Kernkraftwerksblöcke

   b. Anzahl der Kühltürme in Abhängigkeit vom Kühlkonzept

   c. Verbundnetz-Schaltanlage

2. Größe des Grundstürcks (m^2)

3. Grundstücksform (Rechtwinkligkeit, Seitenverhältnisse)

4. Art der Erschließung

5. Erweiterungsmöglichkeit

6. Besitzverhältnisse

7. Nutzungsrechte Dritter (Gas-, Mineralöl- und Wasserleitungen, Fernmeldekabel oder -leitungen)

8. Baurechtliche Gebietseinstufung, wie z.B. Industriegelände, Gewerbegelände, Bauerwartungsland

Die vorstehende "check list" ist nicht in dem Sinn vollständig, als hier definitiv alle Faktoren erfaßt sind, die bei der Standortplanung für Kernkraftwerke eine Rolle spielen. Die Verwendung einer "check list" stellt andererseits auch nicht sicher, daß bei einer konkreten Standortanalyse tatsächlich alle relevanten Einflußgrößen der Liste beachtet werden oder beachtet werden können [1)2)]. Darüberhinaus ist die relative Bedeutung der

---

1) Darauf weisen u.a. Lüder, K. und Budäus, D.: Standortwahl, Verfahren zur Planung betrieblicher und innerbetrieblicher Standorte, in: Jacob, H. (Hrsg.): Industriebetriebslehre in programmierter Form, Bd. 1: Grundlagen, Wiesbaden 1972, S. 52 hin.

2) A. Lösch bemerkt dazu: "Es werden bei der Standortwahl meist nur wenige, in die Augen springende und leicht übersehbare Faktoren in Betracht gezogen, ja oft genug werden alle bis auf einen einzigen einfach deshalb bagatellisiert, weil ein wirklicher Vergleich viel zu schwierig wäre". Lösch, A.: Die räumliche Ordnung der Wirtschaft, (Jena 1940), 3. unveränderte Auflage, Stuttgart 1962, S. 22. - Sicher muß diese vor mehr als dreißig Jahren getroffene Feststellung heute relativiert werden, jedoch ist dem Gedankengang in seiner grundsätzlichen Aussage zuzustimmen.

einzelnen Einflußgrößen je nach untersuchtem Standort von unterschiedlichem Ausmaß. "Die Durchsicht einer solchen 'check list' kann jedoch den Unternehmer vor Überraschungen schützen, denn nicht selten führt die Mißachtung eines anscheinend unwichtigen Faktors zu einem Fehlentscheid" [1].

Die Durchsicht einer deskriptiven Sammlung von Einflußgrößen stellt zwar eine notwendige Vorstufe im Prozeß der Standortselektion dar, die Operationalität ist jedoch insofern begrenzt, als die gewonnenen Informationen auf diesem Niveau noch keine Aussagen über die Qualität potentieller Standorte zulassen. In einer weiteren Stufe des Entscheidungsprozesses ist es notwendig das Informationsmaterial zu verarbeiten. Die dazu erforderlichen Operationen sind Messen und Bewerten, Vergleichen und Zusammenfassen [2].
Unter theoretisch-methodischen Gesichtspunkten wird nach der Art der angewandten Skalen in nominale, ordinale, intervale und kardinale Messung (Meßmethoden) unterschieden [3].

---

1) Nauer, E.: Standortwahl und Standortpolitik im Einzelhandel; Schriftenreihe des Forschungsinstituts für Absatz und Handel an der Hochschule St. Gallen, Bd. 14, Bern-Stuttgart 1970, S. 43.

2) Vgl. Kloidt, H.: Grundsätzliches zum Messen und Bewerten in der Betriebswirtschaft, in: Grochla, E. (Hrsg.): Organisation und Rechnungswesen; Festschrift für Erich Kosiol zu seinem 65. Geburtstag, Berlin 1964, S. 283-303. Töpfer, K.: Überlegungen zur Quantifizierung qualitativer Standortfaktoren, in: Zentralinstitut für Raumplanung an der Universität Münster (Hrsg.): Zur Theorie der allgemeinen und der regionalen Planung; Beiträge zur Raumplanung, Bd. 1, Bielefeld 1969, S. 172ff. Heinen, E.: Einführung in die Betriebswirtschaftslehre, 5. Aufl., Wiesbaden 1974, S. 98ff. Gräfgen, G.: Theorie der wirtschaftlichen Entscheidung, Untersuchungen zur Logik und Bedeutung des rationalen Handelns, 3. Aufl., Tübingen 1974, S. 137ff.

3) Vgl. Kloidt, H.: Grundsätzliches zum Messen und Bewerten in der Betriebswirtschaft, in: ebenda, S. 295f. Scheuch, E.K.: Skalierungsverfahren in der Sozialforschung, in: König, R. (Hrsg.): Handbuch der Empirischen Sozialforschung, Bd. 1, 2. Aufl., Stuttgart 1967, S. 348ff. Beide Autoren verweisen hierzu auf Stevens, S.S.: On the Theory of Scales and Measurement, in: Science, Vol. 103 (1946), S. 667-680.

Die einfachste Möglichkeit für Aussagen über einen potentiellen Standort besteht darin, anhand einer Nominalskala festzustellen, ob bestimmte in die Untersuchung einbezogene Faktoren an einem Standort vorhanden sind oder nicht, d.h. im Sinne einer Ja-Nein-Entscheidung ist hierbei lediglich zu untersuchen, ob der betreffende Standort das durch die "check list" vorgegebene Merkmal erfüllt (+) oder nicht erfüllt (-).
Für die insgesamt in der Untersuchung erfaßten Standorte lassen sich die gewonnenen Informationen in einer Matrix übersichtlich zusammenfassen (siehe Tabelle 21) [1]:

Merkmal (Code)	Standort				
	S_1	S_2	...	S_{m-1}	S_m
1	+	-	...	+	-
2	+	+	...	-	+
.	.	.	...	.	.
.	.	.	...	.	.
.	.	.	...	.	.
n-1	+	-	...	-	+
n	-	+	...	-	+

Tabelle 21: Matrix nominal erfaßter Merkmale zur Beurteilung von Standorten.

Die Aussagekraft einer Untersuchung über Erfüllung oder Nichterfüllung vorgegebener Merkmale anhand einer Nominalskala ist gering [2]. So kann

---

1) Vgl. Töpfer, K.: Überlegungen zur Quantifizierung qualitativer Standortfaktoren, in: Zentralinstitut für Raumplanung an der Universität Münster (Hrsg.): Zur Theorie der allgemeinen und der regionalen Planung; Beiträge zur Raumplanung, Bd. 1, Bielefeld 1969, S. 179f. Engel, K.H. und Hülck, K.: Systematik zur Standortanalyse und Standortbestimmung, in: Engel, K.H. (Hrsg.): Handbuch der neuen Techniken des Industrial Engineering, München 1972, S. 940.

2) Vgl. Töpfer, K.: Überlegungen zur Quantifizierung qualitativer Standortfaktoren, in: ebenda, S. 179.

auf dieser Basis nicht die Aussage getroffen werden, daß etwa der Standort S_1 geeigneter ist als der Standort S_2, weil S_1 mehr vorgegebene Merkmale erfüllt als S_2, oder zwei Standorte gleichwertig sind, falls die Anzahl der erfüllten Merkmale für beide Standorte gleich ist.
Sehr geeignet ist die Anwendung einer Nominalskala zur schnellen Überprüfung der Erfüllung oder Nichterfüllung der an einen Kernkraftwerks-Standort gestellten strikten Bedingungen und wesentlichen Mindestanforderungen wie z.B.:

- Ausreichende Wasserführung des Vorfluters zur Kühlwasserbeschaffung,
- Erwerbbares Gelände ausreichender Größe [1],
- Keine tektonische Bruchzone [2],
- Kein Gebiet hoher seismischer Aktivität,
- Keine Einflugschneisen zu Landeplätzen,
- Möglichkeit von Verkehrsanschlüssen über Straßen und Bahn,
- Kein Naturschutzgebiet,
- Kein Trinkwasserschutzgebiet.

Weitere strikte Bedingungen und wesentliche Mindestanforderungen sind in den voranstehenden Ausführungen beschrieben worden und lassen sich systematisch auflisten.
Mit Hilfe einfacher Datenverarbeitungssysteme (etwa Randlochkarten) [3] lassen

---

1) Nichterfüllung dieser Forderung bedeutet allerdings nicht, den Standort grundsätzlich zu verwerfen, soweit er die Errichtung eines Kraftwerks mit wirtschaftlicher Leistungsgröße erlaubt.

2) Diese Informationen können ohne detaillierte Untersuchung der geologischen Verhältnisse des betreffenden Standorts mit ausreichender Genauigkeit geologischen Gebietskartierungen entnommen werden.

3) Vgl. Töpfer, K.: Überlegungen zur Quantifizierung qualitativer Standortfaktoren, in: Zentralinstitut für Raumplanung an der Universität Münster (Hrsg.): Zur Theorie der allgemeinen und der regionalen Planung; Beiträge zur Raumplanung, Bd. 1, Bielefeld 1969, S. 180.

sich schnell diejenigen Standorte identifizieren, die bestimmte bedeutsame Bedingungen nicht erfüllen und daher unmittelbar aus den weiteren Untersuchungen ausgeschlossen werden können. Damit läßt sich die Anzahl der in Erwägung gezogenen Standorte wirkungsvoll reduzieren [1)].

Aussagen mit höherem Informationsniveau sind anhand von Ordinal- und Kardinalskalen möglich, d.h. im Anschluß an eine Vorauswahl der beschriebenen Art ist eine Bewertung der Standorteigenschaften sowie eine Rangrelation der untersuchten Standorte vorzunehmen.
Ein vielfach angewendetes Muster zur Beurteilung eines Standorts auf seine Vorzugswürdigkeit findet sich beispielsweise in einem vom "Österreichischen Institut für Raumplanung" erstellten "Standortfaktoren-Katalog" [2)], der nach Branchen [3)] zusammengestellte, standardisierte Bewertungen der Standortbedingungen enthält. Die Differenzierung in der Bewertung wird dabei ordinal vorgenommen. Für jede zu untersuchende Standortbedingung sind Bewertungsgrade gebildet, mit denen die verschiedenen möglichen Ausprägungen

---

1) Daß durchaus eine größere Anzahl von Standorten für die Errichtung eines Kernkraftwerks in Betracht gezogen werden kann, läßt sich am Beispiel der Standortplanung des RWE für den Bau eines Kernkraftwerks im Großraum Mannheim-Frankfurt ersehen. Von den "nahezu zwei Dutzend Standorten" [+)], die in Betracht gezogen wurden, erschien Biblis der geeignetste für den das RWE das atomrechtliche Genehmigungsverfahren beantragte.

+) Vgl. Mandel, H. et al.: Das Kernkraftwerk Biblis des RWE; Musteranlagen der Energiewirtschaft, Bd. 10, Gräfeling (1975), S. 13.

2) Siehe Schilling, H.: Standortfaktoren für die Industrieansiedlung, Ein Katalog für die regionale und kommunale Entwicklungspolitik sowie die Standortwahl von Unternehmungen; Österreichisches Institut für Raumplanung, Veröffentlichung, Nr. 27, Stuttgart-Berlin-Köln-Mainz 1968. Literaturhinweise über weitere "Standortfaktoren-Kataloge" finden sich z.B. bei Töpfer, K.: Regionalpolitik und Standortentscheidung, Die Beeinflussung privater Pläne, dargestellt an der unternehmerischen Standortentscheidung; Beiträge zur Raumplanung, Bd. 6, Bielefeld 1969, S. 90ff.

3) Energieversorgungsunternehmen sind in diesem Katalog nicht berücksichtigt.

der Eigenschaften eines konkreten Standorts anhand einer vom Katalogbenutzer auszufüllenden Bewertungskarte verglichen werden können [1]. Damit lassen sich zwar die Zielerreichungsgrade der untersuchten Eigenschaften ordinal feststellen, eine direkte Einstufung der bestehenden Standortalternativen ist so jedoch noch nicht möglich. Der Entscheidungsträger ist damit gezwungen, Rangfolge-Verfahren (Scoring-Verfahren) zur Bewertung und Klassifizierung der potentiellen Standorte anzuwenden. Rangfolge-Verfahren "sind semi-quantitative Ansätze, die es gestatten, quantifizierbare und nichtquantifizierbare Ausprägungen der relevanten Standorteigenschaften zu erfassen, die potentiellen Standorte zusammenfassend zu bewerten und eine Rangordnung dieser Standorte zu bilden" [2].
Ein Rangfolge-Bewertungsverfahren kann methodisch nach folgenden Ordnungsgesichtspunkten angelegt werden [3]:

1. Zusammenstellung eine "check list" qualitativer und quantitativer Faktoren (Bildung von Faktorengruppen), die für die Auswahl und Beurteilung eines Standorts relevant sind.

2. Vorauswahl der in Erwägung gezogenen Standorte anhand strikter Bedingungen und bedeutsamer Mindestanforderungen (vgl. oben).

---

1) Vgl. Schilling, H.: Standortfaktoren für die Industrieansiedlung, Ein Katalog für die regionale und kommunale Entwicklungspolitik sowie die Standortwahl von Unternehmungen; Österreichisches Institut für Raumplanung, Veröffentlichung Nr. 27, Stuttgart-Berlin-Köln-Mainz 1968.

2) Lüder, K. und Budäus, D.: Standortwahl, Verfahren zur Planung betrieblicher und innerbetrieblicher Standorte, in: Jacob, H. (Hrsg.): Industriebetriebslehre in programmierter Form, Bd. 1: Grundlagen, Wiesbaden 1972, S. 52.

3) Vgl. Dean, B.V. and Nishry, M.J.: Scoring and Profitability Models for Evaluating and Selecting Engineering Projects, in: OR, Vol. 13 (1965), No. 4, S. 552ff. Strebel, H.: Scoring-Methoden als Entscheidungshilfen bei der Wahl von Forschungs- und Entwicklungsprojekten, in: Layer, M. und Strebel, H. (Hrsgg.): Rechnungswesen und Betriebswirtschaftspolitik; Festschrift für Gerhard Krüger zu seinem 65. Geburtstag, Berlin 1969, S. 251ff.

3. Entwurf von Skalen zur Bewertung

   a. Für die in der "check list" zusammengestellten Faktoren sind Intensitätsklassen zu bilden denen die verschiedenen möglichen Ausprägungen der Eigenschaften eines konkreten Standorts zugeordnet werden können.

   b. Die Intensitätsklassen sind mit Bewertungsziffern (Rangziffern; r) zu versehen, für die vorauszusetzen ist [1]:

      - Die Zuordnung der Rangziffern zu den einzelnen Intensitätsklassen ist eindeutig definiert [2].

      - Die numerischen Werte der Rangziffern steigen mit zunehmender "Wertigkeit" der Intensitätsklasse. Der Intensitätsklasse mit dem höchsten "Wert" wird die numerisch größte, der Intensitätsklasse mit dem niedrigsten "Wert" die kleinste Rangziffer zugeordnet.

      - Die Rangziffern nehmen nur Werte $r \geq 0$ an.

4. Durch ein Punktsystem werden zunächst die einzelnen Komponenten einer Faktorengruppe mit einem Gewichtungsfaktor versehen, der ihrer relativen Bedeutung untereinander innerhalb der Faktorengruppe entspricht.

5. Ein weiteres Punktsystem regelt die relative Bedeutung der einzelnen Faktorengruppen untereinander.
   Mit Hilfe der Gewichtungsfaktoren lassen sich sowohl objektive Tatbestände als auch unternehmensspezifische Präferenzen entsprechend ihrer Wichtigkeit erfassen.

6. Es ist eine Verfahrensvorschrift für die Verknüpfung anzugeben, wie die Punktzahlen innerhalb einer Faktorengruppe sowie der einzelnen Faktorengruppen zu jeweiligen Gesamtpunktzahlen aggregiert werden sollen.

---

1) Vgl. Lüder, K. und Budäus, D.: Standortwahl, Verfahren zur Planung betrieblicher und innerbetrieblicher Standorte, in: Jacob, H. (Hrsg.): Industriebetriebslehre in programmierter Form, Bd. 1: Grundlagen, Wiesbaden 1972, S. 54.

2) Vgl. etwa Reed, R. Jr.: Plant Layout, Factors, Principles, and Techniques, Homewood/Ill. 1961, S. 361ff.

Als Verfahrensvorschriften bieten sich zwei Prinzipien an [1]:

a. Additive Verknüpfung
Die für jede Komponente ermittelte Rangziffer wird mit dem Gewichtungsfaktor gewichtet und die innerhalb einer Faktorgruppe ermittelten Punktzahlen addiert. Analog wird bei der Bildung der Gesamtpunktzahl aus den einzelnen Faktorgruppen vorgegangen.
Dieses Verfahren ist nur dann zulässig, wenn es sich um weitgehend voneinander unabhängige, isoliert zu betrachtende Komponenten resp. Faktorgruppen handelt.

b. Multiplikative Verknüpfung
Sind die Beurteilungskomponenten resp. Faktorgruppen jedoch voneinander abhängig oder kommt ihre Wirkung nur kombiniert zur Geltung, so ist eine multiplikative Verknüpfung vorzunehmen [2].

7. Es ist ein Anspruchsniveau zu formulieren, das durch eine Mindestpunktzahl repräsentiert wird. Nur Standorte mit einer höheren als der vorgegebenen Mindestpunktzahl werden in ein quantitatives Standortmodell als potentielle Standorte aufgenommen.

---

1) Vgl. Strebel, H.: Scoring-Methoden als Entscheidungshilfen bei der Wahl von Forschungs- und Entwicklungsprojekten, in: Layer, M. und Strebel, H. (Hrsgg.): Rechnungswesen und Betriebswirtschaftspolitik; Festschrift für Gerhard Krüger zu seinem 65. Geburtstag, Berlin 1969, S. 269ff.

2) Zur multiplikativen Verknüpfung und entsprechenden Beispielen vgl. Strebel, H.: Scoring-Methoden als Entscheidungshilfen bei der Wahl von Forschungs- und Entwicklungsprojekten, in: Layer, M. und Strebel, H. (Hrsgg.): Rechnungswesen und Betriebswirtschaftspolitik; Festschrift für Gerhard Krüger zu seinem 65. Geburtstag, Berlin 1969, S. 270ff. Lüder, K. und Budäus, D.: Standortwahl, Verfahren zur Planung betrieblicher und innerbetrieblicher Standorte, in: Jacob, H. (Hrsg.): Industriebetriebslehre in programmierter Form, Bd. 1, Grundlagen, Wiesbaden 1972, S. 54ff. Hansmann, K.-W.: Entscheidungsmodelle zur Standortplanung der Industrieunternehmen; Schriftenreihe des Instituts für Unternehmensforschung und des Industrieseminars der Universität Hamburg, Bd. 7, Wiesbaden 1974, S. 145.

Bei der Anwendung von Rangfolge-Verfahren sind einige methodischen Schwachstellen in Kauf zu nehmen [1]. Vor allem ist nicht sichergestellt, daß

- alle relevanten Beurteilungsfaktoren berücksichtigt werden,
- die Intensitätsklassen eindeutig definiert sind,
- die Komponenten einer Faktorengruppe sowie die Faktorengruppen untereinander entsprechend ihrer tatsächlichen Bedeutung gewichtet werden.

Angesichts der zahlreichen Vereinfachungen lassen Rangfolge-Verfahren keine Aussagen über optimale Standorte zu. Optimale Bedingungen werden an einem Standort auch kaum jemals gegeben sein, so daß der Selektionsprozeß immer eine "Kompromißlösung" [2] zugunsten der Bedingungen sein wird, die im jeweiligen Fall als die wichtigsten betrachtet werden. Mit Hilfe von Rangfolge-Verfahren besteht jedoch immerhin die Möglichkeit, ungeeignete oder weniger geeignete Standorte aus der Menge der in Betracht gezogenen Standorte vor Anwendung quantitativer Standortmodelle auszuschließen. Damit ist bereits ein wesentlicher Schritt hinsichtlich einer Reduzierung des Rechenaufwands getan.

Im Folgenden soll anhand eines fiktiven Beispiels mit drei Standorten und einigen aus der oben zusammengestellten "check list" herausgegriffenen Beurteilungsfaktoren die Vorgehensweise eines Rangfolge-Verfahrens aufgezeigt werden (siehe Tabelle 22).
Zur Bewertung der jeweiligen Ausprägung der Eigenschaften eines Standorts wird folgende Wertungsskala aufgestellt:

---

1) In Anlehnung an Lüder, K. und Budäus, D.: Standortwahl zur Planung betrieblicher und innerbetrieblicher Standorte, in: Jacob, H. (Hrsg.): Industriebetriebslehre in programmierter Form, Bd. 1: Grundlagen, Wiesbaden 1972, S. 54. Siehe auch die dort zitierte Referenzliteratur.

2) Vgl. Schäfer, E.: Die Unternehmung, 8. Aufl., Opladen 1974, S. 75. So auch Bachmair, A.: Standortbeeinflussende technische Fakten für Bau und Betrieb von thermischen Kraftwerken, in: Zur Standortproblematik in der regionalen Energiewirtschaft; Forschungs- und Sitzungsberichte, Bd. 82, Hannover 1972, S. 19.

0 = nicht erfüllt, nicht vorhanden,

1 = Mindestanforderung,

2 = befriedigend,

3 = gut,

4 = sehr gut,

5 = ideal.

Die Gewichtung der einzelnen Komponenten einer Faktorengruppe (Einzelbeurteilung) sowie der einzelnen Faktorengruppen untereinander (Gesamtbeurteilung) wird mit Hilfe eines zehnziffrigen Punktsystems [1] durchgeführt, dem verbal umschriebene Bewertungsstufen, wie etwa unabdingbar,..., sehr große Bedeutung, große Bedeutung,..., geringe Bedeutung,..., ohne Bedeutung, zu Grunde liegen. Die Gesamtpunktzahl und damit die Rangfolge der untersuchten Standorte wird durch additive Verknüpfung der jeweils erreichten Punktzahlen ermittelt.
Es wird nicht verkannt, daß das konstruierte Beispiel die in der Realität zu beobachtenden Verhältnisse stark vereinfacht und die additive Verknüpfung teilweise eine unzulässige, rigerose Abstraktion darstellt. Bei dem hier auf Plausibilität abgestellten Beispiel sei diese methodische Verfahrensweise hingenommen.

Die hier demonstrierte Technik ist auf den komplexeren, realen Auswahlprozeß übertragbar.
Die numerische Durchführung eines Rangfolge-Bewertungsverfahrens bereitet keine Schwierigkeiten, wenn das Präferenzsystem zur Bewertung festgelegt ist. Aufgrund der sehr zahlreichen bei der Kernkraftwerks-Standortwahl zu untersuchenden Faktoren, empfiehlt es sich im Fall einer größeren Menge von in Erwägung gezogenen Standorten (Größenordnung etwa 10 bis 25) für die Errichtung eines Kernkraftwerks, die numerische Auswertung mittels einer EDV-Anlage vorzunehmen. Hierzu kann z.B. auf das von K.-W. Hansmann vorgeschlagene Ablaufschema zurückgegriffen werden [2].

---

1) Auch eine prozentuale Gewichtung ist hierzu möglich.

2) Vgl. Hansmann, K.-W.: Entscheidungsmodelle zur Standortplanung der Industrieunternehmen; Schriftenreihe des Instituts für Unternehmensforschung und des Industrieseminars der Universität Hamburg, Bd. 7, Wiesbaden 1974, S. 146.

Einzelbeurteilung Beurteilungs-komponente	Gewichtungs-faktor g	Standort 1		Standort 2		Standort 3	
		Rang-ziffer r_1	$g \cdot r_1$	Rang-ziffer r_2	$g \cdot r_2$	Rang-ziffer r_3	$g \cdot r_3$
I. Bevölkerung u. Siedlungs-struktur							
1. Bevölkerungs-dichte	7	4	28	3	21	4	28
2. Bevölkerungs-verteilung	7	4	28	2	14	5	35
3. Siedlungs-verhältnisse	5	3	15	2	10	4	20
4. Abstand zu größeren Wohn-gebieten	6	2	12	2	12	4	24
Σ g·r			83		57		107
II. Geologisch-seismolo-gische Ver-hältnisse							
1. Tektonik	8	4	32	3	24	4	32
2. Seismische Aktivität	10	4	40	2	20	5	50
3. Bodenart	6	3	18	3	18	4	24
4. Festigkeit	8	5	40	2	16	4	32
5. Sorptions-eigen-schaften	7	1	7	4	28	4	28
Σ g·r			137		106		166
III. Netzein-bindung							
1. Leitungs-führung	8	3	24	5	40	3	24
2. Umspannwerk/ Schaltanlage	8	3	24	5	40	2	16
3. Abstand zu Verbrauchs-schwerpunkten	4	2	8	2	8	3	12
4. Notstromver-sorgung	7	4	28	4	28	2	14
Σ g·r			84		116		66

(Fortsetzung)

Einzelbeurteilung / Beurteilungskomponente	Gewichtungsfaktor g	Standort 1 Rangziffer r_1	Standort 1 $g \cdot r_1$	Standort 2 Rangziffer r_2	Standort 2 $g \cdot r_2$	Standort 3 Rang ziffer r_3	Standort 3 $g \cdot r_3$
IV. Kühlwasserversorgung							
1. Verfügbarkeit	9	3	27	4	36	3	27
2. Wasserführung des Vorfluters	8	1	8	4	32	3	24
3. Thermische Belastbarkeit	6	1	6	4	24	2	12
4. Thermische Vorbelastung	5	1	5	4	20	4	20
5. Radiologische Vorbelastung	3	2	6	4	12	4	12
$\Sigma\ g \cdot r$			52		124		95
V. Grundstücksverhältnisse							
1. Grundstücksgröße	8	1	8	3	24	3	24
2. Erweiterungsmöglichkeit	8	0	0	5	40	5	40
3. Grundstücksform	3	3	9	2	6	5	15
4. Erschließung	2	3	6	1	2	4	8
$\Sigma\ g \cdot r$			23		72		87
VI. Verkehrs- u. Transportverhältnisse							
1. Fernstraßen	6	3	18	2	12	2	12
2. Wasserstraße	4	3	12	4	16	3	12
3. Schienennetz	6	4	24	3	18	4	24
4. Gleisanschluß	8	4	32	4	32	3	24
$\Sigma\ g \cdot r$			86		78		72

Gesamtbeurteilung	Gewichtungsfaktor G	Standort 1		Standort 2		Standort 3	
Beurteilungskomponente		$\Sigma g \cdot r_1$	$G \cdot \Sigma g \cdot r_1$	$\Sigma g \cdot r_2$	$G \cdot \Sigma g \cdot r_2$	$\Sigma g \cdot r_3$	$G \cdot \Sigma g \cdot r_3$
I. Bevökerung u. Siedlungsstruktur	7	83	581	57	399	107	749
II. Geologisch-seismologische Verhältnisse	8	137	1096	106	848	166	1328
III. Netzeinbindung	9	84	756	116	1044	66	594
IV. Kühlwasserversorgung	10	52	520	124	1240	95	950
V. Grundstücksverhältnisse	4	23	92	72	288	87	348
VI. Verkehrs- u. Transportverhältnisse	5	86	430	78	390	72	360
Punktzahl insgesamt			3475		4209		4329
Rangfolge		3. Rang		2. Rang		1. Rang	

Tabelle 22: Rangfolge-Bewertungsverfahren zur Standortauswahl, dargestellt am Beispiel von drei Kernkraftwerks-Standorten.

Systematische Erfassung der Einflußgrößen und heuristische Standortselektions-Verfahren stellen nur einen ersten Schritt dar, "um den Komplex der Standortprobleme in den Griff zu bekommen" [1]. Der Vorteil einer schnellen

---

1) Liebmann, H.-P.: Ziel und Aufbau des Forschungsprojektes "Die Optimierung der Standortwahl in Filialunternehmungen", die Analyse der relevanten Literatur und die Abbildung der Planungssituation in einem monoselektiven Standortmodell, in: Gümbel, R., Brauer, K.M., Liebmann, H.P. und Müller-Hagedorn, L.: Unternehmensforschung im Handel, Untersuchungen über die Anwendungsmöglichkeiten mathematischer Verfahren der Unternehmensforschung in Warenhandelsbetrieben; Schriftenreihe des Gottlieb Duttweiler-Instituts, Nr. 41, Zürich-Rüschlikon 1969, S. 141.

und einfach handhabbaren Technik ist allerdings gekoppelt mit dem Nachteil des "Erwägungscharakters" [1] der Ergebnisse [2]. Es muß zudem weitgehend unterstellt werden, daß die Einflußgrößen additiv oder multiplikativ aggregierbar sind. Die vielfältigen Interdependenzen, Investitionsalternativen, Forderungen und Begrenzungen, die beim Ausbau eines Energieversorgungssystems durch Kernkraftwerke bestehen, können dabei entweder nicht oder nur unzureichend berücksichtigt werden. Zur Bewältigung dieser bei der Standortwahl bestehenden entscheidungsrelevanten Komplexität ist die Anwendung eines Optimierungsmodells erforderlich. Ein Ansatz dazu soll im folgenden entwickelt werden.

"Eine Erweiterung der Faktorenliste unter Berücksichtigung der Unterscheidung zwischen kontrollierten und unkontrollierten Variablen der Unternehmensleitung jeweils für einen bestimmten Umweltzustand würde sicher die Aussagefähigkeit... [der Selektions-Verfahren] steigern. Eine Grenze des Entscheidenden, die relevanten Informationen zu verarbeiten, läßt sich aber absehen...Die 'check list' stellt insofern eine bei der Analyse praktischer Entscheidungsprobleme auf der Grundlage mathematischer Methoden der Unternehmensforschung wertvolle Ergänzung dar, als sie auch jene Faktoren enthalten kann, die nicht oder nur schwer zu quantifizieren sind, aber bei der Standortentscheidung eine Rolle spielen können. In konkreten Entscheidungssituationen mag es sein, daß durch die Bewertung der Standorteigenschaften mit Punkten Teile des Präferenzsystems des Entscheidenden transparent gemacht werden. Die 'check list' kann darüberhinaus zur Grundlage der empirischen Datenerhebung für die Modellrechnung ausgebaut werden, da im konkreten Untersuchungsfall mit ihrer Hilfe die planungsrelevanten Einflußgrößen herausgefunden werden können. So gesehen, kann sie im Prozeß

---

1) Lüder, K. und Budäus, D.: Standortwahl, Verfahren zur Planung betrieblicher und innerbetrieblicher Standorte, in: Jacob, H. (Hrsg.): Industriebetriebslehre in programmierter Form, Bd. 1: Grundlagen, Wiesbaden 1972, S. 50.

2) Vgl. hierzu auch Nauer, E.: Praxis der Industriestandortplanung, in: Die Unternehmung, 22. Jg. (1968), H. 3, S. 172ff.

der Analyse der Standortentscheidung auf der Grundlage mathematischer Programmierungsmodelle eine wichtige Ergänzung bilden" [1].

---

1) Liebmann, H.P.: Ziel und Aufbau des Forschungsprojekts "Die Optimierung der Standortwahl in Filialunternehmungen", die Analyse der relevanten Literatur und die Abbildung der Planungssituation in einem monoselektiven Standortmodell, in: ebenda, S. 144. Ebenso ders.: Die Standortwahl als Entscheidungsproblem, Ein Beitrag zur Standortbestimmung von Produktions- und Handelsbetrieben, Würzburg-Wien 1971, S. 36f.

C. Die Standortplanung für Kernkraftwerke als Investitionsproblem der Elektrizitätsversorgungsunternehmen

I. Anwendung der Investitionstheorie auf Standortwahlprobleme

1. Gegenstand und Ziel der Investitionsplanung

Der Begriff "Investition" ist in Intension und Extension in der betriebswirtschaftlichen [1] Literatur in vielfältiger Weise verwendet worden. Diese Tatsache ist vor allem darauf zurückzuführen, daß das Investitionsproblem meist im Zusammenhang mit anderen speziellen betriebswirtschaftlichen Fragen gesehen wurde und somit je nach Zielsetzung der Autoren immer neuen oder modifizierten Abgrenzungen unterlag [2].
Ohne hier systematisch die Problematik und wichtigsten Fassungen des Investitionsbegriffs in der betriebswirtschaftlichen Literatur [3] aufzuzeigen, soll ein Investitionsbegriff gewählt werden, der zur Charakterisierung der mit einer Standortwahl verbundenen kapital- und produktionswirtschaftlichen Handlungsaspekte hinreichend ist.

Generell kann als "Investition" im Sinne der betriebswirtschaftlichen Investitionstheorie jede objektbezogene Ein- und Auszahlungsserie finanzieller Mittel bezeichnet werden, die zur Realisierung der Zielvorstellung der Unternehmung bestimmt ist [4].

---

1) Zur Unterscheidung vom volkswirtschaftlichen Investitionsbegriff werden die zur privaten Unternehmenssphäre gehörenden Investitionen üblicherweise als "betriebliche Investionen" bezeichnet. Vgl. etwa Pack, L.: Betriebliche Investition, Begriff-Funktion-Bedeutung-Arten, Wiesbaden 1966.

2) Vgl. Pack, L.: Betriebliche Investition, Begriff-Funktion-Bedeutung-Arten, Wiesbaden 1966, S. 44.

3) Zum Investitionsbegriff in der betriebswirtschaftlichen Literatur siehe u.a. Heinen, E.: Zum Begriff und Wesen der betriebswirtschaftlichen Investition, in: BFuP, 9. Jg. (1975), T. 1, S. 16-31 und T. 2, S. 85-98. Pack, L.: Betriebliche Investition, Begriff-Funktion-Bedeutung-Arten, Wiesbaden 1966, S. 16ff.

4) Elemente dieser allgemeinen Definition finden sich u.a. bei Ruchti, H.: Erfolgsermittlung und Bewegungsbilanz, in: ZfhF, N.F., 7. Jg. (1955),

Fortsetzung siehe Seite

Für diese Untersuchung wird gemäß der Zielsetzung der Investitionsbegriff in Anlehnung an E. Schneider [1] enger gefaßt und dabei ausschließlich produktionswirtschaftliche Investitionsprojekte betrachtet; finanzwirtschaftliche und immaterielle Investitionen bleiben außer Betracht. Produktionswirtschaftliche Investitionen [2] beinhalten die Bindung von Kapital in Anlagen mit produktionswirtschaftlichen Nutzleistungen [3]. Die Produktionsanlagen sind am Fertigungsprozeß beteiligt oder aufgrund des Fertigungsprozesses erforderlich.
Finanzwirtschaftliche Investitionen [4] beinhalten Bindung von Kapitel in Finanzanlagen. Diese haben keine direkte Beziehung zu produktionswirtschaftlichen Sachanlagen, vielmehr werden mit ihnen rein finanzielle Ziele, wie Kapitalverzinsung, Liquiditätsreserve, Risikostreuung etc. verfolgt.

Fortsetzung zu Fußnote

4) S. 500f. Schneider, E.: Wirtschaftlichkeitsrechnung, Theorie der Investition, 7. Aufl., Tübingen-Zürich 1968, S. 4. Hax, H.: Investitionstheorie, 2. Aufl., Würzburg-Wien 1972, S. 5.

1) "Die Durchführung eines Produktionsprozesses ist...notwendigerweise von einem Strom von Auszahlungen begleitet, die durch Kauf in Produktionsmittel 'eingekleidet' (investiert) werden. Diesen Strom von Auszahlungen, der durch die in Verbindung mit einem Produktionsprozeß erfolgenden Käufe hervorgerufen wird, bezeichnen wir als den zu dem Produktionsprozeß gehörenden Investitionsprozeß oder kurz als die zu dem Produktionsprozeß gehörende Investition". Schneider, E.: Wirtschaftlichkeitsrechnung, Theorie der Investition, 7. Aufl., Tübingen-Zürich 1968, S. 1.

2) Vgl. Brandt, H.: Investitionspolitik des Industriebetriebs, 3. Aufl., Wiesbaden 1970, S. 12.

3) Ähnlich E. Heinen: "Aufbau der Produktionsapparatur zur Durchführung des Unternehmenszweckes". Heinen, E.: (Stichwort:) Industrielle Investitionsplanung, in: HWB, Bd. 2, Stuttgart 1958, Sp. 2876.

4) Vgl. Brandt, H.: Investitionspolitik des Industriebetriebs, 3. Aufl., Wiesbaden 1970, S. 13.

Immaterielle Investitionen sind Bindung von Kapital zur Bildung eines Unternehmensimage, für Forschungs- und Entwicklungsarbeiten, für den Aufbau einer Verkaufsorganisation etc.

Zur Unterscheidung produktionswirtschaftlicher Investitionen wird üblicherweise je nach ihren Auswirkungen auf den Produktionsprozeß folgende Typisierung [1)] vorgenommen [2)]:

- Neu- und Erweiterungsinvestition,
- Rationalisierungsinvestition,
- Ersatzinvestition.

Nach E. Gutenberg liegt eine Erweiterungsinvestition vor, "wenn mit einer Investition in erster Linie eine Ausweitung der betrieblichen Kapazität bezweckt wird" [3)]. "Sie unterscheidet sich von Rationalisierungs- und Ersatzinvestitionen dadurch, daß sie den Umfang der Leistungskapazität verändert und nicht mit dem Ausscheiden vorhandener Verfahren oder Anlagen verbunden ist" [4)].
Unter Rationalisierungsinvestitionen sind Investitionen mit dem Zweck der Kostenverbesserung [5)] zu verstehen; die Rationalisierungsinvestition "dient dem Ersatz vorhandener Verfahren oder Anlagen, die in technischer Hinsicht weiterhin nutzbar sind, jedoch aufgrund wirtschaftlicher Erwägungen ersetzt werden" [6)].

---

1) Häufig auch als "Investitionskategorien" bezeichnet.

2) Siehe darüber auch Pack, L.: Betriebliche Investition, Begriff-Funktion-Bedeutung-Arten, Wiesbaden 1966, S. 162ff.

3) Gutenberg, E.: Grundlagen der Betriebswirtschaftslehre, Bd. 1: Die Produktion, 20. Aufl., Berlin-Heidelberg-New York 1973, S. 174.

4) Brandt, H.: Investitionspolitik des Industriebetriebs, 3. Aufl., Wiesbaden 1970, S. 13.

5) Vgl. Pack, L.: Betriebliche Investition, Begriff-Funktion-Bedeutung-Arten, Wiesbaden 1966, S. 166.

6) Brandt, H.: Investitionspolitik des Industriebetriebs, 3. Aufl., Wiesbaden 1970, S. 12.

Als Ersatzinvestition bezeichnet E. Gutenberg diejenige Investition, welche "in erster Linie der Ersetzung einer alten Anlage durch eine neue dient, ohne Rücksicht darauf, ob es sich dabei um eine verbesserte handelt und ob damit zugleich eine gewisse Kapazitätsausweitung (gewissermaßen als Nebeneffekt) verbunden ist" [1].

In der Praxis wird es kaum möglich sein, eine eindeutige Trennung zwischen Erweiterungs- und Ersatzinvestitionen durchzuführen, da die Anschaffung einer neuen Anlage in der Regel gleichzeitig Ersatz und Kapazitätserweiterung der alten Anlage bedeutet.
Eine prinzipiell ähnliche Problematik liegt hinsichtlich einer Abgrenzung zwischen Ersatz- und Rationalisierungsinvestitionen vor [2].
"Die Bedeutung der Investitionskategorien liegt für die Investitionsplanung vor allem darin, daß in ihnen Investitionsprojekte zusammengefaßt sind, die bestimmte Eigenschaften gemein haben, die im Stadium der Investitionsentscheidung von Bedeutung sind" [3]. Besonders hervorzuheben sind hierbei das (wirtschaftliche) Risiko und der Dringlichkeitsgrad der einzelnen Investitionsprojekte.

Eine über die Begriffsabgrenzung hinausreichende Charakterisierung der Prozeßtypen (Kategorien) betrieblicher Investitionen soll hier nicht vorgenommen werden, da einerseits Neu- und Erweiterungsinvestitionen beim Ausbau des (elektrischen) Verbundnetzes und insbesondere bei Kernkraftwerken sowie Fernwärmeleitungen als Investitionstyp dominieren, andererseits die in der weiteren Darstellung zu behandelnden produktionstheoretischen Optimierungsmodelle den "Produktionsapparat als Ganzes" [4] zu

---

1) Gutenberg, E.: Grundlagen der Betriebswirtschaftslehre, Bd. 1: Die Produktion, 20. Aufl., Berlin-Heidelberg-New York 1973, S. 174.

2) Vgl. Gutenberg, E.: Grundlagen der Betriebswirtschaftslehre, Bd. 1: Die Produktion, 20. Aufl., Berlin-Heidelberg-New York 1973, S. 174f.

3) Wallmann, K.-G.: Wirtschaftliche Methoden der Investitionsplanung - einschließlich Standortplanung - in der Mineralöl verarbeitenden Industrie; Schriftenreihe des Energiewirtschaftlichen Instituts an der Universität Köln, Bd. 16, München-Wien 1969, S. 19.

4) Jacob, H.: Investitionsplanung mit Hilfe der Optimierungsrechnung, in: Jacob, H. (Hrsg.): Optimale Investitionspolitik; Schriften zur Unternehmensführung, Bd. 4, Wiesbaden 1968, S. 101.

erfassen suchen. Eine Unterscheidung zwischen Ersatz- und Erweiterungsinvestitionen im Rahmen eines solchen Modells ist nicht mehr notwendig, da jede Investition gleichzeitig unter beiden Gesichtspunkten betrachtet und beurteilt wird [1)].

Die Investitionsplanung nimmt in allen kapitalintensiven Industrien - und dazu gehört insbesondere die Elektrizitätswirtschaft mit ihren umfangreichen Investitionsprogrammen für den Ausbau der Erzeugungs-, Übertragungs- und Verteilungsanlagen [2)] - eine zentrale Stellung ein. Sie ist entscheidend für die gesamte zukünftige Entwicklung des Unternehmens. Mit Recht bezeichnet H. Jacob die unternehmerische Investitionspolitik daher auch als "Angelpunkt des betrieblichen Geschehens" [3)]. Grundsätzlich hat der eigentlichen Investition (als Bindung von Kapital) eine Investitionsplanung vorauszughen. In Anlehnung an den oben aufgezeigten Gegenstandsbereich jeglicher Planung [4)] ("Planen bedeutet systematsisches Durchdenken und Festlegen von Zielen, Verhaltensweisen und Maßnahmen für die Zukunft" [5)]), kann als Investitionsplanung die "gedankliche Vorwegnahme der dispositiven Maßnahmen (bezeichnet werden), die bei der Schaffung, Ergänzung und Erhaltung der Produktionsausrüstung ergriffen werden sollen. Die Konkretisierung dieser Überlegungen in einem Investi-

---

1) Vgl. Jacob, H.: Neuere Entwicklungen in der Investitionsrechung, in: ders.: Investitionsplanung und Investitionsentscheidung mit Hilfe der Linearprogrammierung, 2. Aufl., Wiesbaden 1971, S. 29 (Sonderdruck der Veröffentlichung: Neuere Entwicklungen in der Investitionsrechnung, in: ZfB, 34. Jg. (1964), H. 8, S. 487-507 und H. 9, S. 551-594).

2) Vgl. auch die Ausführungen in Kapitel A. III. 1.

3) Jacob, H.: Neuere Entwicklungen in der Investitionsrechnung, in: ders.: Investitionsplanung und Investitionsentscheidung mit Hilfe der Linearprogrammierung, 2. Aufl., Wiesbaden 1971, S. 9 (Sonderdruck...).

4) Vgl. Kapitel A. III. 1.

5) Hill, W.: Unternehmensplanung; Slg. Poeschel, Bd. P46, 2. Aufl., Stuttgart 1971, S. 7.

tionsplan soll ihre systematische und planmäßige Durchführung sicherstellen" [1].
Mit dieser Definition kann jedoch das Wesen der Investitionsplanung in Intension und Extension noch nicht vollständig erfaßt werden, da sie "nicht nur diesen zukunftsorientierten Entscheidungsprozeß kennzeichnet, sondern zugleich auch alle die vorbereitenden Tätigkeiten mit einschließt, die den Entscheidungsprozeß überhaupt erst ermöglichen. Im Rahmen der Unternehmensplanung steht die Investitionsplanung damit in engster Berührung mit anderen Planungsbereichen, wie der Produktionsplanung, der Absatzplanung und vor allem der Finanzplanung" [2]. Zwischen den einzelnen Planungsbereichen besteht je nach Wirtschaftszweig mehr oder weniger weitgehende Verflechtungen [3]. Neben den allgemeinen und speziellen betriebswirtschaftlichen Planungsaspekten, kommt auch - und das insbesondere in der Energiewirtschaft - den technischen Besonderheiten [4], ordnungspolitischen Rahmenbedingungen [5], sowie speziellen gesetzlichen Regelungen [6] eine entscheidende Bedeutung zu.

Soll im konkreten Fall ein Investitionsobjekt oder mehrere Investitionsalternativen beurteilt werden, so muß zur Investitionsplanung im Stadium der Entscheidungsvorbereitung eine Erfassung der Investitionsmöglichkeiten

---

1) Heinen, E.: (Stichwort:) Industrielle Investitionsplanung, in: HWB, Bd. 2, Stuttgart 1958, Sp. 2877.

2) Wallmann, K.-G.: Wirtschaftliche Methoden der Investitionsplanung - einschließlich Standortplanung - in der Mineralöl verarbeitenden Industrie; Schriftenreihe des Energiewirtschaftlichen Instituts an der Universität Köln, Bd. 16, München-Wien 1969, S. 22.

3) Vgl. etwa Ballmann, W.: Beitrag zur Klärung des betriebswirtschaftlichen Investitionsbegriffs und zur Entwicklung einer Investitionspolitik der Unternehmung, Diss. Mannheim 1954, S. 37ff.

4) Vgl. die Ausführungen in Kapitel A. I. 2.

5) Vgl. die Ausführungen in Kapitel A. II. 2.

6) Siehe z.B. Kapitel B. II. 3. - ad 1. Maßnahmen im Bereich gesetzlicher Regelungen und Genehmigungsverfahren.

im Rahmen des Aktionsspielraums der Unternehmung vorgenommen werden. Wichtigstes Hilfsmittel der Investitionsplanung sind die von der Investitionstheorie bereitgestellten Kriterien und Verfahren für eine rationale Investitionsentscheidung. "Die betriebswirtschaftliche Investitionstheorie sucht Entscheidungsmodelle zu entwickeln, die der Vorbereitung betrieblicher Investitionsentscheidungen dienen können. Diese Modelle sollen die Grundlage von Wirtschaftlichkeitsrechnungen bilden, auf die sich Entscheidungen stützen können" [1].

2. Optimierungsmodelle in der Investitionsplanung

Die bisherigen Ausführungen haben erkennen lassen, daß es Aufgabe der Investitionsrechnung ist, sich um eine im Hinblick auf die Zielsetzung der Unternehmung optimale Gestaltung der Investitionstätigkeit zu bemühen [2]. Denn "nicht aufgrund vager Hoffnungen und gefühlsbetonter Erwägungen sollen Investitionsentscheidungen getroffen werden, sondern, soweit das überhaupt möglich ist, auf der Grundlage rationaler Durchdringung der Zusammenhänge und Gegebenheiten" [3]. Die von der Betriebswirtschaftslehre bereitgestellten Verfahren, die diese rationale Beurteilung der Investitionstätigkeit ermöglichen sollen, werden üblicherweise unter dem Begriff "Investitionsrechung" zusammengefaßt [4].
H. Jacob hat die einzelnen Aufgaben der Investitionsrechnung wie folgt kurz zum Ausdruck gebracht: "E i n e Aufgabe der Investitionsrechnung besteht darin,...[die] für den Erfolg eines Investitionsvorhabens relevanten Komponenten aufzuzeigen; eine z w e i t e, ihre spezifischen Wir-

---

1) Hax, H.: Investitionstheorie, 2. Aufl., Würzburg-Wien 1972, S. 5.

2) Vgl. Jacob, H.: Neuere Entwicklungen in der Investitionsrechnung, in: ders.: Investitionsplanung und Investitionsentscheidung mit Hilfe der Linearprogrammierung, 2. Aufl., Wiesbaden 1971, S. 9, (Sonderdruck...).

3) Jacob, H.: ebenda, S. 9.

4) In enger Anlehnung an Jacob, H.: Marginalien des Herausgebers, in: Jacob, H. (Hrsg.): Optimale Investitionspolitik; Schriften zur Unternehmensführung, Bd. 4, Wiesbaden 1968, S. 2.

kungen auf den Erfolg zu erkennen und die Abhängigkeit zwischen dem Erfolg und diesen den Erfolg bestimmenden Größen formelmäßig zu erfassen" [1].

Allgemein werden in der Literatur drei Problemstrukturen von Entscheidungssituationen genannt, auf deren Beantwortung die Investitionsrechnung hinzielt [2]:

1. Die Beurteilung der Vorteilhaftigkeit einer einzelnen Investition,

2. Die Auswahl eines Investitionsobjekts aus mehreren Alternativen (Wahlproblem),

3. Die Wahl zwischen Ersatz oder Weiterbetrieb einer Anlage (Ersatzproblem).

In der Praxis wird es kaum möglich sein, eine eindeutige Trennung zwischen diesen Problemkomplexen durchzuführen. Eine befriedigende Lösung kann nur dann erreicht werden, "wenn für alle gemeinsam auftretenden, verschiedenartigen Fragen gleichzeitig die Antwort gefunden werden kann. Von einer wirklichkeitsnahen Investitionsrechnung ist mithin zu fordern, daß sie diesen Sachverhalt bei der Ausgestaltung ihrer Methoden gebührend berücksichtigt" [3].

In Theorie und Praxis sind eine Reihe von Investitionsrechnungsverfahren entwickelt worden, die sich in "Verfahren praktischer Prägung" und "Verfahren theoretisch-mathematischer Prägung" oder wie es allgemein üblich

---

1) Jacob, H.: Marginalien des Herausgebers, in: Jacob, H. (Hrsg.): Optimale Investitionspolitik; Schriften zur Unternehmensführung, Bd. 4, Wiesbaden 1968, S. 2f.

2) Vgl. u.a. Jacob, H.: Neuere Entwicklungen in der Investitionsrechnung, in: ders.: Investitionsplanung und Investitionsentscheidung mit Hilfe der Linearprogrammierung, 2. Aufl., Wiesbaden 1971, S. 9ff. (Sonderdruck...). Hax, H.: Investitionstheorie, 2. Aufl., Würzburg-Wien 1972, S. 6.

3) Jacob, H.: Neuere Entwicklungen in der Investitionsrechnung, in: ders.: Investitionsplanung und Investitionsentscheidung mit Hilfe der Linearprogrammierung, 2. Aufl., Wiesbaden 1971, S. 11 (Sonderdruck...).

geworden ist - bei Identität der zugeordneten Verfahren -, in statische und dynamische Verfahren einteilen lassen [1].

Charakteristisch für die statischen Verfahren (Kostenvergleichsrechnung, Gewinnvergleichsrechnung, Rentabilitätsrechnung, Amortisationsrechnung) [2] ist, daß die Auswirkungen einer Investitionsentscheidung nur für einen bestimmten Zeitpunkt betrachtet werden, d.h. die zeitlichen Änderungen der in die Rechnung eingehenden Ertrags-, Aufwands- und Kostengrößen werden nicht berücksichtigt. Aufgrund ihrer Mängel [3] kommen diese Verfahren für das hier vorliegende Investitionsproblem nicht in Betracht und sollen somit auch nicht detaillierter diskutiert werden.

Im Gegensatz dazu werden bei den dynamischen Verfahren die Auswirkungen einer Investitionsentscheidung über den gesamten Investitionszeitraum berücksichtigt.

Aus historischer Sicht lassen sich die dynamischen Verfahren in klassische (traditionelle, finanzmathematische) und neuere (moderne) Verfahren unterscheiden [4].

---

1) Vgl. etwa Langguth, R. und Rautenberg, H.G.: Betriebswirtschaftslehre für Ingenieure: Finanzierung und Investitionsrechnung, hrsgg. von H. Vormbaum; VDI-Taschenbücher, T 45, Düsseldorf 1973, S. 42f. Kappler, E. und Rehkugler, H.: Kapitalwirtschaft, in: Heinen, E. (Hrsg.): Industriebetriebslehre, Entscheidungen im Industriebetrieb, 4. Aufl., Wiesbaden 1975, S. 681f.

2) Siehe dazu etwa Brandt, H.: Investitionspolitik des Industriebetriebs, 3. Aufl., Wiesbaden 1970, S. 45ff. Blohm, H. und Lüder, K.: Investition, Schwachstellen im Investitionsbereich des Industriebetriebes und Wege zu ihrer Beseitigung, 3. Aufl., München 1974, S. 46ff.

3) Siehe etwa Brandt, H.: Investitionspolitik des Industriebetriebs, 3. Aufl., Wiesbaden 1970, S. 58ff. Schmidt, R.-B. und Berthel, J.: Unternehmensinvestitionen, Strukturen-Entscheidungen-Kalküle, Hamburg 1975, S. 80ff.

4) "Als traditionelle Theorie wird...der Theorietyp der Investitions- und Kapitaltheorie bezeichnet, der...die Forschungen Bouldings, Samuelsons bis Lutz und Schneider und mit gewissen Einschränkungen auch Dean kennzeichnet. Die traditionelle Theorie wendet vorwiegend analytische Methoden an. Unter dem Begriff der 'modernen Theorie' werden dagegen alle theore-

Fortsetzung siehe Seite

Bei den klassischen Verfahren handelt es sich im wesentlichen um Entscheidungen über Vorteile einzelner Investitionsvorhaben nach Maßgabe eines Erfolgskriteriums, wie Kapitalwert, interner Zinsfuß, durchschnittliche jährliche Einnahmen-Ausgaben-Differenz [1].
Die Kritik an den finanzmathematischen (klassischen, traditionellen) Verfahren der Investitionsrechnung - Kapitalwertmethode (Diskontierungsmethode), Interne-Zinsfuß-Methode und Annuitätenmethode - gründet auf den Voraussetzungen dieser Methoden, die in bestimmten Situationen entweder überhaupt nicht oder nur in unzureichendem Maß erfüllt sind. Als Ansatzpunkte der Kritik gelten insbesondere folgende Voraussetzungen und Mängel der finanzmathematischen Verfahren [2]:

Fortsetzung zu Fußnote

4) tischen Ansätze verstanden, die das Investitionsproblem als ein Kombinationsproblem auffassen und mit Hilfe der modernen kombinatorischen Rechenverfahren der mathematischen Programmierung simultan lösen". Albach, H.: Investition und Liqudität, Die Planung des optimalen Investitionsbudgets, Wiesbaden 1962, S. 25.

1) Siehe dazu etwa Schneider, E.: Wirtschaftlichkeitsrechnung, Theorie der Investition, 7. Aufl., Tübingen-Zürich 1968, S. 10ff. Brandt, H.: Investitionspolitik des Industriebetriebs, 3. Aufl., Wiesbaden 1970, S. 65ff. Blohm, H. und Lüder, K.: Investition, Schwachstellen im Investitionsbereich des Industriebetriebes und Wege zu ihrer Beseitigung, 3. Aufl., München 1974, S. 61ff.

2) Vgl. Swoboda, P.: Die Ermittlung optimaler Investitionsentscheidungen durch Methoden des Operations Research, in: ZfB, 31. Jg. (1961), H. 2, S. 96ff. Moxter, A.: Lineares Programmieren und betriebswirtschaftliche Kapitaltheorie, in: ZfhF, N.F., 15. Jg. (1963), S. 285ff. Hax, H.: Investitions- und Finanzplanung mit Hilfe der linearen Programmierung, in: ZfbF, 16. Jg. (1964), S. 430ff. Swoboda, P.: Die simultane Planung von Rationalisierungsinvestitionen und von Produktionsprogrammen, in: ZfB, 35. Jg. (1965), H. 3, S. 150ff. Jacob, H.: Investitionsplanung mit Hilfe der Optimierungsrechnung, in: Jacob, H. (Hrsg.): Optimale Investitionspolitik; Schriften zur Unternehmensführung, Bd. 4, Wiesbaden 1968, S. 94ff. Jacob, H.: Neuere Entwicklungen in der Investitionsrechnung, in: ders.: Investitionsplanung und Investitionsentscheidung mit Hilfe der Linearprogrammierung, 2. Aufl., Wiesbaden 1971, S. 11ff. (Sonderdruck...).

1. Es wird vollkommene Voraussicht über den Planungszeitraum unterstellt. In Wirklichkeit sind zukünftige Zahlungsströme in bezug auf Eintreffen, Betrag und Dauer nur auf der Basis von Schätzungen quantifizierbar.

2. Unabdingbare Voraussetzung für die finanzmathematischen Verfahren ist die Annahme, daß sich dem zu beurteilenden Investitionsobjekt isoliert eine Auszahlungs- und Einzahlungsreihe zuordnen läßt.

3. Der Nutzen eines bestimmten Investitionsobjekts wird nicht nur von der Vorteilhaftigkeit dieser Investition bestimmt, sondern hängt wesentlich davon ab,

   a. mit welchen anderen schon vorhandenen Anlagen des Produktionsapparats das Investitionsobjekt kombiniert wird sowie welche anderen Investitionen gleichzeitig vorgesehen sind, und

   b. wie sich die Beschaffenheit des Produktionsapparats, in den das Investitionsobjekt eingegliedert werden soll, durch in Zukunft vorgenommene Investitionen oder Desinvestitionen der Investitionsobjekte verhält.

   Dieses Interdependenzproblem, von H. Jacob als zeitlich-horizontale (a) und zeitlich-vertikale Interdependenz (b) bezeichnet [1], macht eine isolierte Beurteilung der einzelnen Investitionsobjekte unmöglich.

4. Die simultane Berücksichtigung und Lösung des Ersatzproblems wird ausgeschaltet.

Es wird weiterhin unterstellt:

5. Die aus den Investitionen zurückfließenden Beträge, die im Falle der Realisierung einer Investition zu erwarten sind, erbringen bis zum Ende der Nutzungsdauer der Investitionsobjekte Erträge in Höhe des angewendeten Kalkulationsverfahrens.

---

1) Vgl. Jacob, H.: Neuere Entwicklungen in der Investitionsrechnung, in: ders.: Investitionsplanung und Investitionsentscheidung mit Hilfe der Linearprogrammierung, 2. Aufl., Wiesbaden 1971, S. 24ff. (Sonderdruck...).

6. Die Liquidität des Unternehmens ist während der gesamten Planungsperiode gewährleistet, unabhängig davon, welches Investitionsprogramm gewählt wurde.

7. Es bestehen keine Produktions- und Absatzbeschränkungen.

Die Bemühungen, die aufgezeigten Mängel der finanzmathematischen Verfahren der Investitionsrechnung zu überwinden, haben in den vergangenen zwanzig Jahren zu neuen Lösungsansätzen auf der Grundlage der mathematischen, insbesondere der linearen Programmierung geführt [1].
Im Mittelpunkt der neueren (modernen) Investitionstheorie steht nicht mehr die Einzelanalyse von Investitionen, sondern die Kombination zeitlich nebeneinander und zeitlich nacheinander durchzuführender Investitionsprojekte, d.h. die Ermittlung des optimalen Investitionsprogramms.
Neben der simultanen Erfassung aller Aktionsparameter erlauben es die Investitionsmodelle, dem Prinzip der "Simultaneität der Planung" [2] zu genügen, d.h. die Berücksichtigung der Verflechtungen zwischen den einzelnen Planungsbereichen der Unternehmung, wie Produktionsplanung, Absatzplanung und Finanzplanung. Die Komplexität der Interdependenzen zwischen den einzelnen Planungs-

---

1) Den finanzmathematischen Verfahren der Investitionsrechnung wird allerdings auch in der neueren energiewirtschaftlichen Literatur noch breiter Raum eingeräumt. Siehe etwa Vereinigung Deutscher Elektrizitätswerke (VDEW) e.V. (Hrsg.): Wirtschaftliche Investitionsplanung in der Elektrizitätswirtschaft, 2. Aufl., Frankfurt/M. 1966, S. 16ff. Bolsenkötter, H.: Investitionsplanung kommunaler Versorgungsunternehmen; WIBERA-Fachschriften, N.F., Bd. 1, Stuttgart-Köln 1968, S. 13ff. und S. 43ff. Wallmann, K.-G.: Wirtschaftliche Methoden der Investitionsplanung - einschließlich Standortplanung - in der Mineralöl verarbeitenden Industrie; Schriftenreihe des Energiewirtschaftlichen Instituts an der Universität Köln, Bd. 16, München-Wien 1969, S. 26ff. Musil, L.: Allgemeine Energiewirtschaftslehre, Wien-New York 1972, S. 123ff. Frucht, G.: Investitionsrechnung, in: Vereinigung Deutscher Elektrizitätswerke (VDEW) e.V. und Verband der Deutschen Gas- und Wasserwerke (VGW) e.V. (Hrsgg.): Der Kaufmann in der Energie- und Wasserversorgung, 2. Aufl., Frankfurt/M. 1972, S. 320ff.

2) Vgl. Gutenberg, E.: Grundlagen der Betriebswirtschaftslehre, Bd. 1: Die Produktion, 20. Aufl., Berlin-Heidelberg-New York 1973, S. 163ff.

bereichen verlangteine Abstimmung zwischen den Teilbereichen und zwar eine Orientierung der Planung am schwächsten Teilbereich (Minimum- oder Engpaßsektor) des Gesamtsystems ("Ausgleichsgesetz der Planung" - E. Gutenberg). Eine Orientierung am Minimumsektor sollte jedoch nur kurzfristig erfolgen, langfristig sollte dagegen der Engpaßbereich auf das Niveau der anderen Teilbereiche einreguliert werden [1].

Die simultanen Lösungsansätze der neueren (modernen) Investitionstheorie lassen sich je nach dem Schwergewicht der Untersuchung im wesentlichen in zwei Kategorien einteilen: Kapitaltheoretische und produktionstheoretische Investitionsmodelle [2]. "Wenn...eine Einteilung der...Investitionsmodelle in kapitaltheoretische und produktionstheoretische getroffen wird, so geschieht das nicht im Hinblick auf Unterschiede zwischen Kapitalwertmaximierung und Maximierung des internen Zinsfußes einerseits und Gewinn- oder Rentabilitätsmaximierung andererseits. Vielmehr sollen Modelle, in denen - wie in der Kapitalwertrechnung - allein den Investitionsvariablen alle Erfolgswirkungen zugeordnet sind, von den Modellen abgesetzt werden, die als Erweiterung der Produktionstheorie Investitions- und Produktionsvariable beinhalten" [3].

Das Schwergewicht kapitaltheoretischer Modelle - hierzu sind insbesondere die Lösungsansätze von J.H. Lorie und L.J. Savage [4], P. Masse und R.

---

1) Vgl. Gutenberg, E.: Grundlagen der Betriebswirtschaftslehre, Bd. 1: Die Produktion, 20. Aufl., Berlin-Heidelberg-New York 1973, S. 164f.

2) Vgl. Seelbach, H.: Planungsmodelle in der Investitionsrechnung; Unternehmensforschung für die Wirtschaftspraxis, Einzelschrift Nr. 8, Würzburg-Wien 1967, S. 2. Gutenberg, E.: Grundlagen der Betriebswirtschaftslehre, Bd. 3: Die Finanzen, 6. Aufl., Berlin-Heidelberg-New York 1973, S. 347ff.

3) Seelbach, H.: Planungsmodelle in der Investitionsrechnung; Unternehmensforschung für die Wirtschaftspraxis, Einzelschrift Nr. 8, Würzburg-Wien 1967, S. 2.

4) Siehe Lorie, J.H. and Savage, L.J.: Three Problems in Rationing Capital, in: JB, Vol. 28 (1955), No. 4, S. 229-239.

Gibrat [1], A. Charnes et al. [2], H. Albach [3], H.M. Weingartner [4] sowie H. Hax [5] zu nennen [6] - liegt auf der Bestimmung der optimalen Kombination von Investition und Finanzierung, während von den Autoren produktionstheoretischer Modelle - hierzu sind u.a. die Arbeiten von K. Förstner und R. Henn [7], H. Albach [8], H. Langer [9], P. Swoboda [10] sowie H.

---

1) Siehe Massé, P. and Gibrat, R.: Application of Linear Programming to Investments in the Electric Power Industry, in: MS, Vol. 3 (1957), S. 149-166. Massé, P.: Investitionskriterien, Probleme der Investitionsplanung, München 1968, S. 179ff. Massé, P. und Gibrat, R.: Lineare Programmierung von Energieinvestitionen, in: Recktenwald, H.C. (Hrsg.): Nutzen-Kosten-Analyse und Programmbudget, Grundlage staatliche Entscheidung und Planung, Tübingen 1970, S. 303-322.

2) Siehe Charnes, A., Cooper, W.W. and Miller, H.M.: Application of Linear Programming to Financial Budgeting and the Costing of Funds, in: JB, Vol. 32 (1959), No. 1, S. 20-46.

3) Siehe Albach, H.: Investition und Liquidität, Die Planung des optimalen Investitionsbudgets, Wiesbaden 1962.

4) Siehe Weingartner, H.M.: Mathematical Programming and the Analysis of Capital Budgeting Problems, 2. Aufl., Englewood Cliffs 1964.

5) Siehe Hax, H.: Investitions- und Finanzplanung mit Hilfe der Linearen Programmierung, in: ZfbF, 16. Jg. (1964), S. 430-446.

6) Eine Übersicht und Diskussion der verschiedenen Modellansätze geben Seelbach, H.: Planungsmodelle in der Investitionsrechnung; Unternehmensforschung für die Wirtschaftspraxis, Einzelschrift Nr. 8, Würzburg-Wien 1967, S. 23ff. Schweim, J.: Integrierte Unternehmensplanung; Bochumer Beiträge zur Unternehmensführung und Unternehmensforschung, Bd. 5, Bielefeld 1969, S. 32ff.

7) Siehe Förstner, K. und Henn, R.: Dynamische Produktionstheorie und Lineare Programmierung; Schriften zur wirtschaftswissenschaftlichen Forschung, Bd. 5, Meisenheim am Glan (1957), 2. Aufl. 1970, S. 119ff.

8) Siehe Albach, H.: Lineare Programmierung als Hilfsmittel betrieblicher Investitionsplanung, in: ZfhF, N.F., 12. Jg. (1960), S. 526ff.

Fortsetzung der Fußnoten 9) und 10) siehe Seite 448

Jacob [1] zu rechnen [2] - die untrennbare Verknüpfung von Produktions- und Investitionsplanung betont wird. Der jeweils dritte Planungsbereich wird in Form vereinfachter Nebenbedingungen in den Modellen berücksichtigt.

Von den Autoren kapitaltheoretischer Modelle wird angenommen, daß sich der Produktionsplan aus dem Investitionsplan ergibt, weil entweder eine Einproduktunternehmung oder eine unabhängige Produktion mehrerer Produktarten unterstellt wird. Eine eindeutige Zuordnung der Zahlungsströme zu bestimmten Anlagen ist jedoch dann nicht mehr möglich, wenn eine mehrstufige Produktion und/oder Mehrzweckanlagen bei der Planung zu berücksichtigen sind und das Produktionsprogramm nicht bereits vor der Entscheidung über das Investitionsprogramm festgelegt ist [3].

Fortsetzung

9) Siehe Langer, H.: Die Bestimmung des optimalen Investitionsprogramms für Mehrproduktartbetriebe mit Hilfe des Linear Programming, Diss. Mainz 1962.

10) Siehe Schwoboda, P.: Die simultane Planung von Rationalisierungs- und Erweiterungsinvestitionen und von Produktionsprogrammen, in: ZfB, 35. Jg. (1965), H. 3, S. 148-163.

1) Siehe Jacob, H.: Neuere Entwicklungen in der Investitionsrechnung, in: ders.: Investitionsplanung und Investitionsentscheidung mit Hilfe der Linearprogrammierung, 2. Aufl., Wiesbaden 1971, S. 9-72 (Sonderdruck der Veröffentlichung: Neuere Entwicklungen in der Investitionsrechnung, in: ZfB, 34. Jg. (1964), H. 8, S. 487-507 und H. 9, S. 551-594). Jacob, H.: Investitionsplanung mit Hilfe der Optimierungsrechnung, in: Jacob, H. (Hrsg.): Optimale Investitionspolitik; Schriften zur Unternehmensführung, Bd. 4, Wiesbaden 1968, S. 93-115.

2) Eine Übersicht und Diskussion der verschiedenen Modellansätze geben Seelbach, H.: Planungsmodelle in der Investitionsrechung; Unternehmensforschung für die Wirtschaftspraxis, Einzelschrift Nr. 8, Würzburg-Wien 1967, S. 9ff. Schweim, J.: Integrierte Unternehmensplanung; Bochumer Beiträge zur Unternehmensführung und Unternehmensforschung, Bd. 5, Bielefeld 1969, S. 45ff.

3) Vgl. Schweim, J.: Integrierte Unternehmensplanung; Bochumer Beiträge zur Unternehmensführung und Unternehmensforschung, Bd. 5, Bielefeld 1969, S. 44f

Die Autoren produktionstheoretischer Modelle gehen demgegenüber von der Annahme mehrstufiger Produktion und/oder Mehrzweckanlagen aus, da einerseits im allgemeinen mehrere Anlagen an der Erstellung eines Produkts beteiligt sind und andererseits in einer Anlage mehrere Produkte hergestellt werden können. Der Nutzen eines Investitionsobjekts kann demnach nur im Zusammenhang mit bereits im Unternehmen vorhandenen oder zukünftig zu beschaffenden Anlagen festgestellt werden (zeitlich-horizontale und zeitliche-vertikale Interdependenz; vgl. oben).
Durch die Einbeziehung zeitlich-horizontaler und zeitlich-vertikaler Interdependenzen zwischen den Investitionsobjekten ergeben sich Konsequenzen für die Produktionsprogrammplanung. "Das Einfügen eines neuen Aggregats in eine bestehende Kombination hat...in der Regel nicht nur eine Umverteilung der gegebenen Produktionsaufgabe zur Folge, sondern diese an der Zielsetzung des Unternehmens ausgerichtete Produktionsaufgabe muß auch neu bestimmt werden: Die Vornahme einer bestimmten Investition wird in der Regel auch zu einer Veränderung des Produktionsprogrammes führen. Das wiederum hat zur Folge, daß der Nutzen einer Investition nur dann richtig abgeschätzt werden kann, wenn die dadurch ausgelöste Änderung des Produktionsprogramms mitberücksichtigt wird. Damit ergibt sich eine untrennbare Verbindung zwischen Investitions- und Produktionsprogramm. Die Frage, welche Investitionen vorgenommen werden sollen, läßt sich nur dann richtig beantworten, wenn gleichzeitig für jedes mögliche Investitionsprogramm das zugehörige, d.h. das der Zielsetzung des Unternehmens entsprechende Produktionsprogramm festgelegt wird. Nur dann kann zweifelsfrei gesagt werden, welcher Nutzen mit dem einen oder anderen Investitionsprogramm verbunden ist" [1]. Zur Lösung des nunmehr auftretenden Zurechnungsproblems wird eine Aufspaltung der Erfolgsgrößen auf Investitions- und Produktionsvariable erforderlich. Der Akzent produktionstheoretischer Investitionsmodelle liegt mithin auf der simultanen Optimierung von Investitions- und Produktionsprogrammen. Die optimale Finanzplanung spielt unter diesem Aspekt eine untergeordnete Rolle: Die Finanzplanung beschränkt sich darauf, eine

---

1) Jacob, H.: Neuere Entwicklungen in der Investitionsrechnung, in: ders.: Investitionsplanung und Investitionsentscheidung mit Hilfe der Linearprogrammierung, 2. Aufl., Wiesbaden 1971, S. 27f. (Sonderdruck...).

exogen vorgegebene Kapitalsumme auf die Investitionsprojekte zu verteilen [1].

3. Der Investitionscharakter der Standortplanung

Nach der vorausgehenden Darstellung einiger Wesenszüge des allgemeinen Standortproblems [2] und der betriebswirtschaftlichen Investitionstheorie, ist nun die Übertragbarkeit investitionstheoretischer Leitgedanken auf das Standortwahlproblem zu untersuchen.
Resumierend bemerkt K.-G. Wallmann dazu: "In der Literatur ist der Standorttheorie und mit ihr das Problem der optimalen Standortwahl immer als ein gesondertes wirtschaftswisssenchaftliches Problem betrachtet worden. Betriebswirtschaftlich ist die Standortplanung jedoch nichts anderes als ein Teilproblem der Investitionsplanung, das im Grundprinzip mit den gleichen kalkulatorischen Methoden untersucht und nach den gleichen Kriterien der Wirtschaftlichkeitsanalyse beurteilt werden muß wie die Investitionsprobleme im allgemeinen. Welche kalkulatorischen Methoden und welche Kriterien zur Bestimmung des optimalen Standortes anzuwenden sind, kann man nur nach den charakteristischen Merkmalen des jeweiligen Einzelproblems entscheiden" [3][4]. Lediglich in methodischer Hinsicht unterliegen Standortplanungen einigen Besonderheiten.

In der Standorttheorie wurde zwar schon früh versucht, Aspekte des Stand-

---

1) Vgl. Schweim, J.: Integrierte Unternehmensplanung; Bochumer Beiträge zur Unternehmensführung und Unternehmensforschung, Bd. 5, Bielefeld 1969, S. 46.

2) Vgl. dazu die Ausführungen in Kapitel B. I. 1.

3) Wallmann, K.G.: Wirtschaftliche Methoden der Investitionsplanung - einschließlich Standortplanung - in der Mineralöl verarbeitenden Industrie; Schriftenreihe des Energiewirtschaftlichen Instituts an der Universität Köln, Bd. 16, München-Wien 1969, S. 214.

4) Vgl. dazu auch Behrens, K.Chr.: Allgemeine Standortbestimmungslehre, 2. Aufl., Opaden 1971, S. 42ff.

ortproblems in mathematischen Modellen darzustellen [1], es wurden jedoch lediglich die einzelnen Teilbereiche der Unternehmung, wie Beschaffung, Produktion oder Absatz, isoliert unter Nichtbeachtung der anderen betrieblichen Teilgebiete erfaßt [2].

Ähnlich stellt auch H. Jacob fest: "Die Ansätze in der traditionellen Standortliteratur sind überweigend dadurch gekennzeichnet, daß sie das Standortproblem unter stark einschränkenden Prämissen zu lösen versuchen. Schuld daran trug die Tatsache, daß das verfügbare Lösungsinstrumentarium zu dieser Zeit noch recht unvollkommen war. Um überhaupt zu einer Lösung zu kommen, werden z.B. die Interdependenzen zwischen den betrieblichen Teilbereichen vernachlässigt, vor allem wird der Absatzsektor ausgeklammert und das Produktionsprogramm als nach Art und Umfang vorgegeben angesehen" [3].

Erst in jüngster Zeit sind - insbesondere von H. Jacob oder in Anlehnung an dessen Gedankengänge - Arbeiten zur Standorttheorie erschienen, in denen Planungsmodelle unter Berücksichtigung der Interdependenzen zwischen der

---

1) W. Kern bemerkt dazu: "Das Standortproblem ist in seiner allgemeinen Formulierung, d.h. hinsichtlich der Zuordnung ganzer Betriebe zu möglichen Plätzen, eines der ältesten ökonomischen Optimierungsprobleme". Kern, W.: Optimierungsverfahren in der Ablauforganisation, Gestaltungsmöglichkeiten mit Operations Research, Essen 1967, S. 49.
Erwähnt seien z.B. die Arbeiten von Launhardt, W.: Kommercielle Tracirung der Verkehrswege, in: Zeitschrift des Architekten- und Ingenieur Vereins zu Hannover, 1972, Sp. 515-534. Launhardt, W.: Die Bestimmung des zweckmäßigsten Standortes einer gewerblichen Anlage, in: VDI-Z, Bd. 26 (1882), H. 3, Sp. 105-116. Pick, G.: Mathematischer Anhang, in: Weber, A.: Über den Standort der Industrien, T. 1: Reine Theorie des Standorts, Tübingen 1909, S. 225ff.

2) Vgl. Liebmann, H.P.: Die Standortwahl als Entscheidungsproblem, Ein Beitrag zur Standortbestimmung von Produktions- und Handelsbetrieben, Würzburg-Wien 1971, S. 13.

3) Jacob, H.: Geleitwort, in: Hansmann, K.-W.: Entscheidungsmodelle zur Standortplanung der Industrieunternehmen; Schriftenreihe des Instituts für Unternehmensforschung und des Industrieseminars der Universität Hamburg; Bd. 7, Wiesbaden 1974, S. (5).

Standortwahl und den einzelnen betrieblichen Teilbereichen [1] auf der Grundlage der ganzzahligen oder gemischt-ganzzahligen linearen Optimierung entwickelt werden [2].

H. Jacob behandelt, ausgehend von einem von ihm entwickelten produktionstheoretischen Investitionsmodell [3], die Standortwahl als logisch gleich strukturiertes Entscheidungsproblem [4].
Als Charakteristikum produktionstheoretischer Investitionsmodelle wurde oben die Verknüpfung zwischen dem Investitionsprogramm einer Unternehmung und dem Produktionsprogramm hervorgehoben. Das optimale Produktionsprogramm wird dabei einerseits von den Absatzmöglichkeiten und der Kostensituation andererseits bestimmt; die Kostensituation ist jedoch von der

---

1) Erst die neuere Entwicklung in der Betriebswirtschaftslehre hat überhaupt zur Eingliederung der Standortwahl in das System der Unternehmensplanung geführt. Unter dem frühen Schrifttum ist insbesondere zu nennen: Rüschenpöhler, H.: Der Standort industrieller Unternehmungen als betriebswirtschaftliches Problem, Versuch einer betriebswirtschaftlichen Standortlehre; Abhandlungen aus dem Industrieseminar der Universität Köln, H. 6, Berlin 1958.

2) Vgl. auch Hansmann, K.-W.: Entscheidungsmodelle zur Standortplanung der Industrieunternehmen; Schriftenreihe des Instituts für Unternehmensforschung und des Industrieseminars der Universität Hamburg, Bd. 7, Wiesbaden 1974, S. 39.

3) Vgl. Jacob, H.: Neuere Entwicklungen in der Investitionsrechnung, in: ders.: Investitionsplanung und Investitionsentscheidung mit Hilfe der Linearprogrammierung, 2. Aufl., Wiesbaden 1971, S. 9-72 (Sonderdruck der Veröffentlichung: Neuere Entwicklungen in der Investitionsrechnung, in: ZfB, 34. Jg. (1964), H. 8, S. 487-507 und H. 9, S. 551-594). Jacob, H.: Investitionsplanung mit Hilfe der Optimierungsrechnung, in: Jacob, H. (Hrsg.): Optimale Investitionspolitik; Schriften zur Unternehmensführung, Bd. 4, Wiesbaden 1968, S. 93-115.

4) Vgl. Jacob, H.: Zur Standortwahl der Unternehmungen, in: Alewell, K. (Hrsg.): Betriebswirtschaftliche Strukturfragen, Beiträge zur Morphologie von erwerbswirtschaftlichen Unternehmungen und Genosenschaften; Festschrift zum 65. Geburtstag von Reinhold Henzler, Wiesbaden 1967, S. 255ff. (als unveränderter Sonderdruck, Wiesbaden 1973).

Produktionsaufteilung und diese wiederum vom Investitionsprogramm abhängig [1]. "Im Rahmen einer umfassenden Analyse erscheint es darum nicht zulässig, das Produktionsprogramm vor der Wahl des Standortes als bereits festgelegt vorauszusetzen" [2]. Nach H. Jacob muß der Standort simultan mit dem Investitions- und Produktionsprogramm unter Berücksichtigung der Beschaffungs-, Absatz- und Finanzierungsbedingungen sowie gegebenenfalls weiterer, teilweise nur subjektiv quantifizierbarer Standortbedingungen [3] bestimmt werden. Zur Lösung dieser Aufgabe sind von H. Jacob mehrere gemischt-ganzzahlige Planungsmodelle mit unterschiedlichem Komplexizitätsgrad entwickelt worden [4]. Weitere Standortmodelle ähnlicher Art beschreiben W. Grundmann et al. [5], J. Bloech [6], M. Meyer und H. Steinmann [7], K. Lüder und D. Budäus [8] sowie K.W. Hans-

---

1) Vgl. Jacob, H.: Zur Standortwahl der Unternehmungen, in: ebenda, S. 235f.

2) Jacob, H.: Zur Standortwahl der Unternehmungen, in: ebenda, S. 235.

3) Vgl. Hansmann, K.-W.: Entscheidungsmodelle zur Standortplanung der Industrieunternehmen; Schriftenreihe des Instituts für Unternehmensforschung und des Industrieseminars der Universität Hamburg, Bd. 7, Wiesbaden 1974, S. 39.

4) Siehe Jacob, H.: Zur Standortwahl der Unternehmungen, in: Alewell, K. (Hrsg.): Betriebswirtschaftliche Strukturfragen, Beiträge zur Morphologie von erwerbswirtschaftlichen Unternehmungen und Genossenschaften; Festschrift zum 65. Geburtstag von Reinhold Henzler, Wiesbaden 1967, S. 261ff. und S. 286ff. (als unveränderter Sonderdruck, Wiesbaden 1973).

5) Siehe Grundmann, W., Holdhaus, R., Kind, G., Krause, H., Ritzschke, G., Stempell, D. und Weise, G.: Mathematische Methoden zur Standortbestimmung, Berlin 1967, S. 109ff. und S. 176ff.

6) Siehe Bloech, J.: Optimale Industriestandorte, Würzburg-Wien 1970, S. 191ff.

7) Siehe Meyer, M. und Steinmann, H.: Planungsmodelle für die Grundstoffindustrie, Betriebswirtschaftliche Anwendung der linearen Programmierung in Gewinnungsbetrieben, Würzburg-Wien 1971, S. 311ff.

8) Siehe Lüder, K. und Budäus, D.: Standortwahl, Verfahren zur Planung be-

Fortsetzung siehe Seite 454

mann [1].
In Anlehnung an die Investitions- und Standortmodelle von H. Jacob entwickelten R. Ventker [2] sowie M. Schöberl [3] logisch gleich strukturierte Verkehrsnetzplanungsmodelle zur Bestimmung von Trassen (Schiene und Straße) und Standorten für Bahnhöfe.
Ausgehend von prinzipiell ähnlichen Überlegungen wie H. Jacob sind für die Standortwahl bei Handelsbetrieben (Errichtung von Filialsystemen) von R. Gümbel sowie H.-P. Liebmann [4] Planungsmodelle formuliert worden, die ebenfalls in der Struktur nicht wesentlich von den Standortmodellen H. Jacobs abweichen.

Fortsetzung zu Fußnote

8) trieblicher und innerbetrieblicher Standorte, in: Jacob, H. (Hrsg.): Industriebetriebslehre in programmierter Form, Bd. 1: Grundlagen, Wiesbaden 1972, S. 64ff.

1) Siehe Hansmann, K.-W.: Entscheidungsmodelle zur Standortplanung der Industrieunternehmen; Schriftenreihe des Instituts für Unternehmensforschung und des Industrieseminars der Universität Hamburg, Bd. 7, Wiesbaden 1974, S. 41ff.

2) Ventker, R.: Die ökonomischen Grundlagen der Verkehrsnetzplanung; Verkehrswissenschaftliche Studien aus dem Institut für Verkehrswissenschaft der Universität Hamburg, H. 11, Göttingen 1970, S. 51ff.

3) Siehe Schöberl, M.: Lineare Programmierung in der Verkehrsplanung; Verkehrswissenschaftliche Studien aus dem Institut für Verkehrswissenschaft der Universität Hamburg, H. 23, Göttingen 1973, S. 29ff.

4) Siehe Liebmann, H.-P.: Ziel und Aufbau des Forschungsprojektes "Die Optimierung der Standortwahl in Filialunternehmungen", die Analyse der relevanten Literatur und die Abbildung der Planungssituation in einem monoselektiven Standortmodell, in: Gümbel, R., Brauer, K.M., Liebmann, H.-P. und Müller-Hagedorn, L.: Unternehmensforschung im Handel, Untersuchungen über die Anwendungsmöglichkeiten mathematischer Verfahren der Unternehmensforschung in Warenhandelsbetrieben; Schriftenreihe des Gottlieb Duttweiler-Instituts, Nr. 41, Zürich-Rüschlikon 1969, S. 160ff. Gümbel, R.: Die Abbildung von Standortwahlproblemen einer Filialunter-

Fortsetzung siehe Seite 455

In genereller Hinsicht erlauben die voranstehend genannten, von investitionstheoretischen Gedankengängen abgeleiteten Standortmodelle eine wirklichkeitsnähere Erfassung der Interdependenzen zwischen den verschiedenen betrieblichen Teilbereichen und Planungsgrößen. Damit sind sie den traditionellen Standortmodellen an Aussagekraft überlegen.

Die Erstellung eines - auch wirklichkeitsnahen - Modells ist zwar eine notwendige, aber keine hinreichende Bedingung für das Gelingen eines optimalen Planungskonzepts, da jedes mathematisch formulierte Modell mit einer bestimmten Formalisierung der zu untersuchenden Erscheinung verbunden ist und somit zwangsläufig eine Idealisierung der Realität darstellt [1].
Die mathematische Modellbildung basiert auf der Eigenschaft von Gleichungen, ihrer Natur nach unterschiedliche Erscheinungen zu beschreiben und funktionale Zusammenhänge im Verhalten des Untersuchungsobjekts abzubilden [2]. Dabei muß notwendigerweise von einigen oder vielen Eigenschaften und Interdependenzen abstrahiert werden [3]. "Hier ergibt sich ein Problem, das bei der Formulierung praktisch anwendbarer Entscheidungsmodelle häufig auftaucht. Soll das Modell praktikabel sein, so kann es meist nur einen Teilbereich des gesamten Entscheidungsfeldes erfassen, der

---

Fortsetzung zu Fußnote

4) nehmung in einem polyselektiven Standortmodell, in: ebenda, S. 199ff. Liebmann, H.-P.: Die Standortwahl als Entscheidungsproblem, Ein Beitrag zur Standortbestimmung von Produktions- und Handelsbetrieben, Würzburg-Wien 1971 (Grundlagen betriebswirtschaftlicher Standortentscheidungen, Diss. Berlin 1969).

1) Vgl. Angermann, A.: Entscheidungsmodelle, Frankfurt/M. 1963, S. 13ff. Pack, L.: Unternehmensforschung und Unternehmensführung unter besonderer Berücksichtigung der Elektrizitätswirtschaft, in: Elektrizitätswirtschaft, 68. Jg. (1969), H. 18, S. 641f.

2) Vgl. Churchman, C.W., Ackoff, R.L. und Arnoff, E.L.: Operations Research Eine Einführung in die Unternehmensforschung, München-Wien 1971, S. 15

3) Vgl. Kosiol, E.: Modellanalyse als Grundlage unternehmerischer Entscheidungen, in: ZfhF, N.F., 13. Jg. (1961), S. 319.

in der Regel sachlich und zeitlich abzugrenzen ist. Wegen der Interdependenz zwischen allen Bereichen des Entscheidungsfeldes haben aber die Entscheidungen, die aufgrund des Modells getroffen werden, auch Auswirkungen, die außerhalb des durch das Modell erfaßten Teilbereichs liegen...Derartige Auswirkungen müssen durch Wertansätze erfaßt werden, die nicht exakt ermittelt werden können, ohne daß man den Modellbereich erweitert" [1].
Der Prozeß der mathematischen Modellbildung verläuft damit stets unter den Bedingungen konfliktärer Forderungen. Einerseits besteht die Forderung nach größtmöglicher Übereinstimmung zwischen dem Modell und der Realität. Andererseits ist mit der Formulierung eines realitätsnahen Modells nicht gleichzeitig dessen praktische Verwendbarkeit gegeben. Dem Vorteil der Realitätsnähe steht das Problem gegenüber, die erforderliche Menge der Eingabedaten rechtzeitig und genau bereitzustellen sowie effektive Algorithmen zur numerischen Auswertung zu finden oder ggf. wieder Vereinfachungen in der Modellkonzeption vornehmen zu müssen. "Eine optimale Lösung des Modells ist somit einzig im Hinblick auf jene Zielsetzungen und Einflüsse als optimal zu betrachten, die im Modell sowohl in quantitativer als auch qualitativer Hinsicht berücksichtigt werden konnten" [2].

Einen Schwerpunkt der folgenden Eröterungen bildet zunächst die Analyse der großräumigen Bestimmungsfaktoren bei der Standortwahl für Kernkraftwerke unter Einschluß der wichtigsten Interdependenzen der Kraftwerks- und Netzausbauplanung. Daran anschließend wird versucht, die hier dargelegten investitionstheoretischen Aspekte der Standortplanung auf die konkreten Planungszusammenhänge anzuwenden. Auf die zum Begriff der Operabilität [3] des Standortmodells gehörende Anwendbarkeit soll abschließend Bezug genommen werden.

---

1) Hax, H.: Investitionstheorie, 2. Aufl., Würzburg-Wien 1972, S. 72.

2) Hill, W.: Unternehmensplanung; Slg. Poeschel, Bd. P46, 2. Aufl., Stuttgart 1971, S. 57.

3) Vgl. Albach, H.: Das Verhältnis der Wirtschaftswissenschaften zur Praxis, in: Neue Betriebswirtschaft, 16. Jg. (1963), H. 8, S. 207.

II. Konzeption eines polyselektiven Standortmodells als Planungsinstrument für eine optimale Standortverteilung von Kernkraftwerken zur Strom- und Fernwärmeerzeugung

1. Die Analyse des Standortproblems unter Berücksichtigung der Interdependenzen beim Ausbau der Kraftwerke und Energietransportleitungen

Technologischer Fortschritt sowie ein expandierender Markt ermöglichen den Bau von Kernkraftwerken mit steigenden Ausbauleistungen [1]. Die vor wenigen Jahren noch als Grenze bezeichnete Blockgröße von 1000 MW_{el} ist überschritten, Kernkraftwerke mit 2000 bis 2600 MW_{el} Ausbauleistung werden bei Leichtwasserreaktoren (SWR und DWR) zunehmend die Regel und in einem bisher einzigen Fall ist eine Ausbauleistung von 5000 MW_{el} geplant [2].

Mit der zunehmenden energiewirtschaftlichen Bedeutung der Kernenergie stellt sich für die Eingliederung der Kernkraftwerke in die öffentliche Elektrizitäts- und Wärmeversorgung drängend die Frage der energiewirtschaftlich optimalen räumlichen Makroverteilung [3][4].

---

1) Markante Entwicklungsstufen dieses Fortschritts in der Bundesrepublik Deutschland waren: "Versuchsatomkraftwerk Kahl" (SWR)-1961-16 MW_{el}; Kernkraftwerk Obrigheim (DWR)-1968-345 MW_{el}; Kernkraftwerk Stade (DWR)-1972-660 MW_{el}; Kernkraftwerk Biblis (DWR)-Block A-1975-1200 MW_{el}; Kernkraftwerk Schmehausen (THTR, Prototyp) - im Bau - 310 MW_{el}; Kernkraftwerk Kalkar (SNR, Prototyp) - im Bau - 300 MM_{el}.

2) Siehe o.V.: Vier Kernkraftwerksblöcke in Biblis geplant, in: FAZ, Nr. 88 vom 16. April 1975, S. 16.

3) Vgl. auch Mandel, H.: Der Einsatz der Kernkraftwerke im Verbund; Internationaler Bericht zu Sektion III des 2. Foratom-Kongresses, Frankfurt/M., 29. September - 1. Oktober 1965, Bonn o.J. (masch.-schr. Ms), S. 15f.

4) Ähnlich stellt O. Hintner fest: "Die Frage der Standortwahl bedeutet für die Betriebswirtschaft das Problem der optimalen räumlichen Einordnung in die Gesamtwirtschaft". Hintner, O.: (Stichwort:) Standortwahl, in: HWB, Bd. 3, 3. Aufl., Stuttgart 1960, Sp. 5053.

Als Konzept wird hierzu vielfach auf das Prinzip der "absatz"- oder "verbrauchsnahen Erzeugung" verwiesen [1]. So konstatiert z.B. A. Buch: "Für den Ausbau einer sicheren und wirtschaftlichen Stromversorgung gilt der Grundsatz, daß die Stromerzeugungsquellen möglichst in der Nähe der Verbrauchsschwerpunkte geschaffen werden, um den Stromtransport auf ein Mindestmaß zu begrenzen" [2] und leitet daraus die Forderung ab: "Als Standorte für die künftig zu errichtenden Kraftwerke sind grundsätzlich Verdichtungsräume als Verbrauchsschwerpunkte zu wählen, für alle übrigen Gebiete die Einspeisepunkte in das Verbundnetz" [3]. Ähnlich bemerkt W. Mönig: "Kernenergiekraftwerke können...in allen Teilen der Bundesrepublik zu etwa gleichen Kosten errichtet und betrieben werden. Damit ist ein starker Anreiz gegeben, Kernkraftwerke verbrauchsnah zu errichten. Dem Verbundnetz fällt [dann] im wesentlichen nur noch eine Reservefunktion zu" [4].
Orientiert sind diese Ansichten an einem idealtypischen Bild für den Ausbau des Verbundnetzes. W.H.F. Hünlich charakterisiert dies folgendermaßen: "Der ideale Ausbau eines Verbundnetzes wäre...der, in der Nähe jedes Verbrauchsschwerpunktes eine Erzeugungsanlage entsprechender Leistung aufzustellen und das Verbundnetz nur für den Austausch von Reserveleistung und zeitungleichen Belastungsspitzen oder die Lieferung reiner Spitzen- und Schwachlastenergie auszulegen" [5].
Dieser Idealfall läßt sich annähernd erreichen, indem man versucht, das Netz

---

1) Vgl. darüber die Ausführungen in Kapitel B. I. 2.

2) Buch, A.: Planung und Standortwahl von Kraftwerken, Konzeption der Stromversorgung der BRD unter Berücksichtigung der Umweltbeeinflussung, Mainz 1973, S. 46.

3) Buch, A.: ebenda, S. 123.

4) Mönig, W.: Determinanten des Elektrizitätsangebots und volkswirtschaftliche Kriterien zu seiner Beurteilung; Schriftenreihe des Energiewirtschaftlichen Instituts an der Universität Köln, Bd. 18, München 1975, S. 63.

5) Hünlich, W.H.F.: Raumordnung und Standortprobleme für Kernkraftwerke großer Leistung, in: RuS, 1969, H. 5, S. 106. Ebenso ders.: Planungsprobleme im Zusammenhang mit der Einordnung von Kernkraftwerken in das Verbundnetz der Bundesrepublik Deutschland, in: Atom und Strom, 17. Jg. (1971), H. 5, S. 81.

so auszubauen, daß sich Verbrauch und Erzeugung auf möglichst kurzen Distanzen kompensieren. Dagegen sprechen vielfach technisch-wirtschaftlich bedingte Gründe. Welche technischen und wirtschaftlichen Gesichtspunkte sowie Entwicklungstendenzen die Gestaltung einer "verbrauchsnahen" Kernstromerzeugung fördern bzw. ihr zuwiderlaufen soll im folgenden eingehender geklärt werden.

Unabhängig davon, welcher Energieträger zur Stromerzeugung eingesetzt wird, gilt, daß mit steigender Blockgröße eine tendenzielle Degression der spezifischen Anlage- und Betriebskosten des Kraftwerks einhergeht. Diese Größendegression [1] bewirkt, daß große Einheiten eines bestimmten Typs kleineren Einheiten desselben Typs bezüglich der auf die Netto-Engpaßleistung bezogenen Jahreskosten wirtschaftlich überlegen sind [2]. So würden z.B. unter sonst gleichen Bedingungen zwei Kernkraftwerksblöcke (LWR) auf gemeinsamem Standort mit je 600 MW_{el} Leistung gegenüber einer 1200 MW_{el} Anlage Jahresmehrkosten von ca. 20 % verursachen [3].

Die generelle Aussage zur Größendegression mit steigender Blockgröße gilt nur unter ansonsten gleichen Bedingungen [4]:

---

1) H. Ludwig kennzeichnet als "Größendegression der technischen Produktionsmittel die Tatsache, daß mit fortschreitender Produktionsmittelgröße (Leistungszunahme) die gesamten Betriebskosten unterproportional anwachsen und demnach die Stückkosten fallen". Ludwig, H.: Die Größendegression der technischen Produktionsmittel; Beiträge zur betriebswirtschaftlichen Forschung, Bd. 12, Köln-Opladen 1962, S. 67.

2) Siehe dazu auch Krieb, K.H., Frenzel, P. und Vogel, J.: Folgerungen für die Kraftwerksprojektierung aus der Kostenentwicklung beim Kraftwerksbau und -betrieb unter Berücksichtigung der sich daraus für die Elektrizitätsversorgung ergebenden Auswirkungen; Untersuchung der Steag-AG im Auftrag des Ministers für Wirtschaft, Mittelstand und Verkehr des Landes Nordrhein-Westfalen, 2. Aufl., Düsseldorf 1974, S. 12ff.

3) Vgl. Mandel, H. et al.: Das Kernkraftwerk Biblis des RWE; Musteranlagen der Energiewirtschaft, Bd. 10, Gräfeling (1975), S. 14.

4) Vgl. Schenk, P.: Grenzen der Blockgrößen, Wirtschaftlicher Kraftwerksausbau, in: ZfK, Nr. 10 vom 5. Oktober 1973, S. 39.

Wenn die Großblöcke bezüglich Verfügbarkeit und technischer Reife den kleineren Einheiten nicht nachstehen,

Bei gleicher Brennstoffbasis,

Soweit keine kraftwerks- und netztechnischen Vorleistungen aus früheren Baustufen und/oder Standortvorteile für die kleinere Einheit vorhanden sind [1].

Kennzeichnend für Kernkraftwerke gegenüber konventionellen Dampfkraftwerken sind hohe spezifische Anlagekosten und verhältnismäßig niedrige spezifische Brennstoffkosten sowie ein kleinerer Degressionexponent [2].

---

1) Vgl. dazu auch die Ausführungen in Kapitel B. I. 2. - ad 4. Erweiterung bestehender Kraftwerke.

2) Der übliche Potenzfunktionsansatz gibt die Abhängigkeit des Absolutbetrags einer Kostengröße K von einem Einflußparameter N (einfachster Fall) in der Form an:

$$K = \text{const} \cdot N^{m} , \qquad (3.1)$$

resp. für spezifische Kosten:

$$\left(\frac{K}{N}\right) = \text{const} \cdot N^{(m-1)} . \qquad (3.2)$$

Die Degression kommt dabei über den negativen Exponenten (m-1) zum Ausdruck. Identifiziert man mit N die Kraftwerksleistung, so gilt für moderne konventionelle Dampfkraftwerke $m \approx 0{,}75$, d.h. $(m-1) \approx -0{,}25$, und für Kernkraftwerke $m \approx 0{,}6$ bis $0{,}7$, d.h. $(m-1) \approx -0{,}3$ bis $-0{,}4$.

Siehe dazu ausführlicher Gudehus, H.: Diskussion über die Kostendegression bei Kernkraftwerken, Bemerkung zum Euratombericht EUR 2993d, in: atw, 12. Jg. (1967), H. 12, S. 604-605. Schmidt, H.: Diskussion über die Kostendegression bei Kernkraftwerken, Erwiderung auf die Bemerkungen von Gudehus, in: atw, 12. Jg. (1967), H. 12, S. 605-606. Zmola, P.C.: Size Effects and Cost of Incremental Capacity for Light-Water Reactors, in: International Atomic Energy Agency (IAEA) (Ed.): Economic Integration of Nuclear Power Stations in Electric Power Systems; Proceedings Series - STI/PUB/266, Wien 1971, S. 43ff. (Report IAEA-SM-139/41).

Abbildung 32 zeigt an einigen Beispielen die Abhängigkeit der relativen Investitionskosten von der installierten Blockleistung bei konventionellen Dampfkraftwerken und Leichtwasserreaktor-Kernkraftwerken, jeweils ausgerüstet mit Naßkühltürmen. Den Kostenschätzungen sind Preise zu Grunde gelegt, die Preissteigerungen bis zum angenommenen Inbetriebnahmejahr 1980 enthalten.

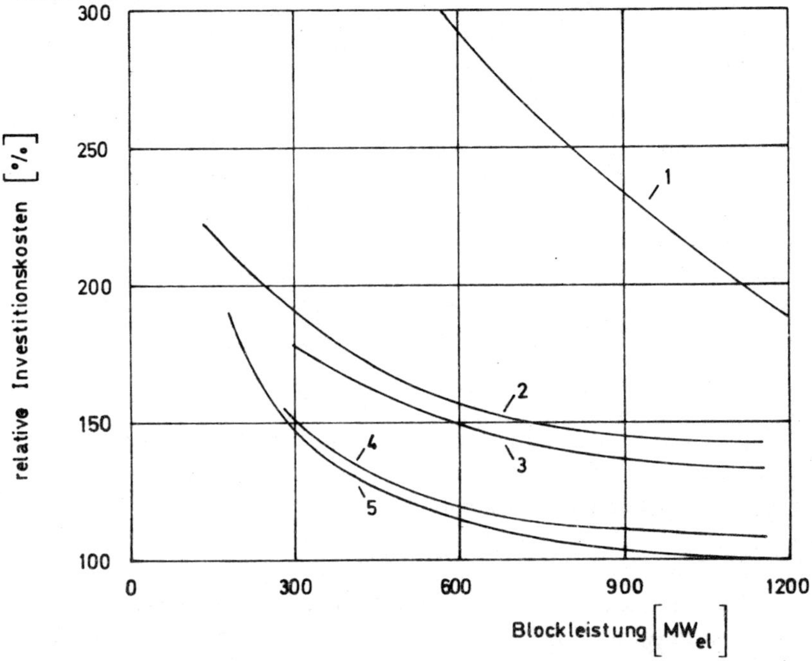

Abbildung 32: Relative Investitionskosten konventioneller Dampfkraftwerke und Leichtwasserreaktor-Kernkraftwerke in Abhängigkeit von der installierten Blockleistung, ausgerüstet mit Naßkühltürmen [1].

1 Kernenergie (LWR)

2 Braunkohle

3 Steinkohle, nicht subventioniert

4 Steinkohle, subventioniert

5 Erdöl, Erdgas

1) Nach Mandel, H.: Die Elektrotechnik aus nationaler und internationaler Sicht, Teil 1: Energietechnik, in ETZ-A, 95. Jg. (1974), H. 12, S. 637.

Für Umspannwerke und Übertragungsleitungen gelten entsprechende Größendegressionstendenzen [1] wie bei Kraftwerken.
Eine erhebliche Degression der spezifischen Anlage- und Betriebskosten wird hier insbesondere durch den Übergang auf eine höhere Spannungsebene erreicht. Diese Maßnahme wirkt sich produktivitätssteigernd aus, da aufgrund der überproportionalen Zunahme der Übertragungskapazität mit relativ geringen Investitionen wesentlich größere Leistungen übertragen werden können. Nimmt man z.B. die prozentualen spezifischen Anlagekosten je MVA [2] und km einer 110 kV-Doppelleitung gleich 100 % an, so belaufen sich die spezifischen Anlagekosten einer 220 kV-Doppelleitung auf 40 % und bei einer 380 kV-Doppelleitung nur noch auf ca. 20 % [3].

Die wirtschaftlichen Vorteile, die der Einsatz großer Kernkraftwerkseinheiten mit sich bringt sind in der bisherigen Darstellung verschiedentlich aufgezeigt worden.
Gegen die Errichtung großer Kraftwerkseinheiten werden vielfach die drei folgenden Argumente angeführt [4]:

1. Das Hineinwachsen in die Vollauslastung dauert länger.

2. Eine größere Kraftwerkseinheit bedingt einen höheren Reservefaktor, da wegen des möglichen Ausfalls eine entsprechend größere Reserveleistung vorgehalten werden muß.

---

1) Siehe dazu etwa Möllinger, U.: Lastentwicklung und Kostendegression in Leistungsnetzen, in: Elektrizitätswirtschaft, 68. Jg. (1969), H. 8. S. 269-273.

2) MVA = Megavoltampere: 10^6faches der Einheit der Scheinleistung bei Wechselstrom.
Nähere Erläuterungen über die Leistungsgrößen bei Wechselstrom finden sich in Kapitel C. III. 2.

3) Vgl. Vogelsang, Th.: Bemessung und Konstruktion von Hochsapnnungsfreileitungen, in: ET, 16. Jg. (1966), H. 150, S. 38. Mandel, H.: Die Elektrotechnik aus nationaler und internationaler Sicht, Teil 1: Energietechnik, in: ETZ-A, 95. Jg. (1974), H. 12, S. 639.

4) Vgl. Eitz, A.W. und Theilsiefje, K.: Große Kraftwerkseinheiten - Argumente für und gegen ihren Einsatz, in: atw, 13. Jg. (1968), H. 8/9, S. 410.

3. Größere Kraftwerkseinheiten erfordern spezifisch höhere Investitionen im Übertragungsnetz.

Diese Argumente sind prinzipiell richtig [1]. A.W. Eitz und K. Theilsiefje zeigen [2], daß jedoch die Schlußfolgerungen, die den Zubau großer Einheiten nicht wirtschaftlich erscheinen lassen, häufig falsch sind, da sie meist nicht die Auswirkungen auf das gesamte Versorgungssystem berücksichtigen. Die genannte Untersuchung beweist, daß der Zubau großer Kraftwerkseinheiten wirtschaftliche Vorteile bringt, was insbesondere für Kernkraftwerke aufgrund der stärkeren Degression der spezifischen Anlagekosten, der geringeren arbeitsabhängigen Kosten als bei konventionellen Anlagen (vgl. unten Abbildung 33) sowie der beschaffungswirtschaftlichen Standortfreiheit gilt. Damit ist auch der in der älteren Literatur [3] genannte Vorzug der Kernstromerzeugung gegenüber konventioneller Energieerzeugung, nämlich die Möglichkeit der versorgungsmäßig isolierten Errichtung kleiner Kernkraftwerkseinheiten (etwa bis zu 300 MW_{el}), insbesondere in industriell entwicklungsfähigen Gebieten, - E. Salin sprach in diesem Zusammenhang von Kernkraftwerken als Ubiquität [4] - unter den derzeitigen elektrizitäts-

---

1) Vgl. auch die Ausführungen in Kapitel B. III. 1. - ad 1. Energiewirtschaftliche Rückwirkungen der Netzeinbindung großer Kernkraftwerke.

2) Vgl. Eitz, A.W. und Theilsiefje, K.: Große Kraftwerkseinheiten - Argumente für und gegen ihren Einsatz, in: atw, 13. Jg. (1968), H. 8/9, S. 410-415.

3) Vgl. z.B. Kaussmann, E.: Standortprobleme der europäischen Atomkraftwirtschaft, in: Zimmermann, H.W. (Hrsg.): Zur Ökonomik und Technik der Atomzeit; Veröffentlichungen der List Gesellschaft e.V., Bd. 3, Tübingen 1957, S. 61ff. passim. Stahl, F.: Atomkraftwerke - ihre Standortprobleme und die Raumordnung, in: RfuRo, 17. Jg. (1959), H. 1, S. 22. Seidenfus, H.St.: Energie und Verkehr;. Veröffentlichungen der List Gesellschaft e.V., Bd. 18, Basel-Tübingen 1960, passim.
Allerdings wurde auch schon damals die These vertreten, daß Kernkraftwerke nur als Grundlasteinheiten mit 750 bis 1000 MW_{el} Leistung wirtschaftlich sein können. Vgl. Mueller, H.F.: Probleme der Energiewirtschaft; Sonderschrift des Ifo-Instituts für Wirtschaftsforschung, Nr. 20, Berlin-München 1956, S. 8.

4) Vgl. Salin, E.: Die neue Etappe der industriellen Revolution, in: Zimmer-

Fortsetzung siehe Seite 464

wirtschaftlichen Bedingungen nicht mehr gegeben.
In logischer Konsequenz jener damals vorherrschenden Ansicht wurde dann auch die Auffassung vertreten, daß mit fortschreitendem Ausbau der Kernkraftnutzung die durch das Verbundnetz erfüllten Aufgaben [1] abgelöst werden. Unter dem Gesichtspunkt einer "verbrauchsnahen Erzeugung" wurde vornehmlich von F. Marguerre darauf hingewiesen, daß der weitere Ausbau des Verbundnetzes, insbesondere der 380 kV-Spannungsebene, nicht zu rechtfertigen sei [2].
H. Roser [3] hat in Erwiderung bereits 1957 dieser Überlegungen dahingehend widerlegt, daß sich die Aufgaben des Verbundnetzes zwar verschieben, daß Verbundnetz selbst aber keinesfalls überflüssig werden kann. "Das Verbundnetz behält auch im Zeitalter der Kernenergie seine Bedeutung bei. Es wird vor allem der Bereitstellung von Reserveleistung

---

Fortsetzung zu Fußnote

4) mann, H.W. (Hrsg.): Zur Ökonomik und Technik der Atomzeit; Veröffentlichungen der List Gesellschaft e.V., Bd. 3, Tübingen 1957, S. 138f. Ähnlich auch ders.: Die neue Phase der industriellen Revolution, in: Offene Welt, 1956, Nr. 41, S. 57. Seidenfus, H.St.: Energie und Verkehr; Veröffentlichungen der List Gesellschaft e.V., Bd. 18, Basel-Tübingen 1960, S. 164. Grosse, N.: Überlegungen zum Thema "Standort- und raumpolitische Möglichkeiten der Kernenergieverwendung", in: Mitt. der List Gesellschaft, Fasc. 3 (1960), Nr. 1 vom 31. Oktober 1960, S. 28.

Die Ansicht, ein Kernkraftwerk sei "praktisch eine Ubiquität" (so die Formulierung von Seidenfus, H.St.: a.a.O., S. 164, in Anlehnung an E. Salin), wurde auch bereits zu jener Zeit skeptisch beurteilt. Vgl. etwa Schulz-Arenstorff, O.: Auswirkungen der Kernenergienutzung auf die Wirtschaftsstruktur, in: Wirtschaftsdienst, 38. Jg. (1958), H. 12, S. 690f. Central Electricity Generating Board (CEGB) (Ed.): Pattern of Power, London 1960, S. 11.

1) Vgl. die Ausführungen in Kapitel A. I. 2.

2) Vgl. Marguerre, F.: Zur zukünftigen Gestaltung der deutschen Stromversorgung, in: Elektrizitätswirtschaft, 54. Jg. (1955), H. 4, S. 93f.

3) Vgl. Roser, H.: Macht die Atomkraft das Verbundnetz überflüssig?, in: ETZ-A, 78. Jg. (1957), H. 1, S. 1-16.

und dem saisonalen großräumigen Stromaustausch dienen" [1)2)].

Im Hinblick auf die großen Leistungseinheiten der Kernkraftwerke stellt sich in dem hier diskutierten Zusammenhang die Alternativfrage: Übergang zur einer (Drehstrom-)Spannungsebene >380 kV (750- oder 1100 kV) oder Ausbau der Hochspannungs-Gleichstromübertragung (HGÜ) (mit ± 400-, ± 533- oder ± 750 kV) [3)].
Andere Übertragungssysteme wie Kyrokabel und supraleitende Kabel sollen hier nicht mehr diskutiert werden [4)].

Der Transport von Hochspannungsgleichstrom weist gegenüber der Drehstromübertragung einige betriebstechnische und wirtschaftliche Vorzüge auf [5)]:

---

1) Mandel, H.: Die Kernenergie an der Schwelle zur wirtschaftlichen Nutzung, in: Deutscher Industrie- und Handelstag (Hrsg.): Energie von morgen, Die wirtschaftliche Nutzung der Atomenergie; DIHT Schriftenreihe, H. 105, Bonn 1967, S. 40.

2) Siehe dazu auch die Planungskarten Deutsches Verbundnetz Ende 1948, - Ende 1960, - Ende 1972 und Deutsches Verbundnetz um 1985, in: Deutsche Verbundgesellschaft (DVG) e.V. (Hrsg.): Bericht 1972, Heidelberg 1973, S. 8f. und Boll, G.: Entstehung und Entwicklung des Verbundbetriebs in der deutschen Elektrizitätswirtschaft bis zum europäischen Verbund, Frankfurt/M. 1969, S. 144ff.

3) Entsprechend der in Kapitel A. I. 2. beschriebenen Terminologie für die Benennung der Spannungsebenen, sollte konsequenterweise von Höchstspannungs-Gleichstromübertragung gesprochen werden. Dies ist allerdings in der Literatur und Praxis noch nicht üblich.

4) Siehe dazu die Ausführungen im Zusammenhang mit der Diskussion über Standorte an der Meeresküste und im Offshore-Bereich sowie die entsprechende Referenzliteratur in Kapitel B. III. 1. - ad 2. Kühlwasserversorgung und Kühlverfahren.

5) Vgl. Baudisch, K.: Energieübertragung mit Gleichstrom hoher Spannung, Berlin-Göttingen-Heidelberg 1950, S. 167ff. Jötten, R.: Energieübertragung mit hochgesapnntem Gleichstrom, in: ETZ-A, 91. Jg. (1970), H. 1,

Fortsetzung siehe Seite 466

- Keine Übertragung von Kurzschlußleistung [1],
- Keine Stabilitätsprobleme bei langen Leitungen [2],
- Keine Ladeleistung,
- Möglichkeit der Kupplung asynchroner Netze,
- Relativ geringere Übertragungsverluste.

Diesen Vorzügen der Gleichstromübertragung steht als wesentlicher Vorteil des Drehstroms die einfache Transformierbarkeit auf verschiedene Spannungsebenen gegenüber.

Die gegenüber der Drehstromübertragung erheblichen zusätzlichen Anlagekosten für die notwendigen Gleich-resp. Wechselrichter in den Endstationen [3], stehen einer wirtschaftlichen Anwendung der Hochspannungs-

---

Fortsetzung zu Fußnote

5) S. 44-49. Brinkmann, K.: Einführung in die elektrische Energiewirtschaft, Braunschweig 1971, S. 55ff. Abilgaard, E.: Zukunftsaussichten für die Übertragung elektrischer Energie mit Freileitungen und Kabeln, in: Energie und Technik, 25. Jg. (1973), H. 4, S. 109. Wiesinger, J.: Verbesserung der Verfahren zum elektrischen Energietransport und seine Umweltbeeinflussung, in: BWK, 27. Jg. (1975), H. 3, S. 116ff.

1) Bezüglich der Problematik siehe etwa Lülsdorf, P.: Die wachsende Kurzschlußleistung, ein Problem für Planung und Betrieb großer Netze, in: ET, 16. Jg. (1966), H. 152, S. 135-139.

2) Zum Problem der Stabilität der Energieübertragung siehe in der elektrotechnischen Literatur etwa Lau, H. und Hardt, W.: Energieverteilung, Braunschweig 1968, S. 86ff. Flosdorff, R. und Hilgarth, G.: Elektrische Energieverteilung, Stuttgart 1973, S. 122ff.

3) Die großen zur Zeit in Betrieb befindlichen HGÜ-Anlagen arbeiten mit Quecksilberdampfventilen. Durch Fortschritte in der Halbleitertechnik können inzwischen Halbleiterventile (Thyristoren) mit geringeren Kosten, erheblich niedrigerem Flächenbedarf (etwa 2 % des Flächenbedarfs leistungs-

Fortsetzung siehe Seite 467

Gleichstromübertragung auf kurzen Übertragungsstrecken entgegen. Die untere Wirtschaftlichkeitsgrenze gegenüber der Drehstromübertragung liegt heute für Freileitungen bei etwa 650 km und für Kabel bei etwa 50 km [1]. Gründe die einer Verkabelung bei der Hochsapnnungs-Gleichstromübertragung jedoch entgegenstehen sind:

- Die Anlagekosten einer Höchstspannungs-Freileitung liegen etwa um eine Größenordnung niedriger als die eines (konventionellen) Höchstspannungskabels.

- Die Überlastbarkeit (bei gleicher natürlicher Leistung [2]) von Freileitungen ist wesentlich größer als bei Kabeln.

- Der überwiegende Anteil der HGÜ-Freileitungen würde über landwirtschaftlich genutztes Gebiet oder in Parallelführung zu anderen Trassen, wie Autobahnen, Bundesfernstraßen, Eisenbahnlinien verlaufen. Bei

---

Fortsetzung zu Fußnote

3) mäßig entsprechender Quecksilberdampfanlagen), hoher Durchlaßstromstärke und Sperrspannung hergestellt werden. Siehe ausführlicher hierzu Vogelsang, H.G.: Energiefortleitung (Jahresübersicht), in: VDI-Z, 117. Jg. (1975), H. 9, S. 443f.

1) Vgl. Wiesinger, J.: Verbesserung der Verfahren zum elektrischen Energietransport und seine Umweltbeeinflussung, in: BWK, 27. Jg. (1975), H. 3, S. 119.
Die Wirtschaftlichkeit der Hochspannungs-Gleichstromübertragung hat sich damit in den letzten Jahren deutlich erhöht. So geben noch E. Abilgaard sowie H. Mandel übereinstimmend als untere Grenzentfernungen für HGÜ-Freileitungen 800 bis 1200 km resp. für HGÜ-Kabel etwa 80 km an. Vgl. Abilgaard, E.: Zukunftsaussichten für die Übertragung elektrischer Energie mit Freileitungen und Kabeln, in: Energie und Technik, 25. Jg. (1973), H. 4, S. 109. Mandel, H.: Die Elektrotechnik aus nationaler und internationaler Sicht, Teil 1: Energietechnik, in: ETZ-A, 95. Jg. (1974), H. 12, S. 641.

2) Zum Begriff der "natürlichen Leistung" siehe in der elektrotechnischen Literatur etwa Leiste, H.: Elektrische Energietechnik-Erzeugung, Verteilung und Nutzung, Stuttgart 1963, S. 238.

Freileitungsgrundstückskosten von etwa 1 $DM \cdot m^{-2}$ liegt der Anteil der Grundstückskosten an den Gesamtanlagekosten einer Freileitung in der Größenordnung von 5 bis 10 %. Erst bei Grundstückskosten im Bereich von 100 $DM \cdot m^{-2}$ ist für Kabel die Präferenzzone gegenüber Freileitungen anzusetzen [1].

Aufgrund der Höhe der unteren Grenzentfernung einer HGÜ-Freileitung steht damit der Realisation dieser Übertragungskonzeption in der Bundesrepublik ein wesentliches Kriterium entgegen, zumal sich in Zukunft zur Übertragung großer Leistungen - evtl. aus Nuklearparks - Kyrokabel oder supraleitende Kabel anbieten werden [2].

Der Übergang zu einer (Drehstrom-)Spannungsebene >380 kV steht seit einigen Jahren im "Mittelpunkt des Interesses" der "Deutschen Verbundgesellschaft (DVG) e.V., Heidelberg" [3].
Nach Netzberechnungen der DVG ist ein Ausbau des 380 kV-Verbundnetzes zumindest bis in die Mitte der achtziger Jahre zu erwarten. Danach könnte evtl. aufgrund der hohen Kurzschlußleistungen die Einführung einer höheren Spannungsebene mit 750 oder 1100 kV in Betracht kommen. Kurzschlußleistung und Probleme der Übertragungsstabilität rechtfertigen für sich allein noch nicht den Übergang zu einer höheren Spannungsebene. Die Entscheidung über eine höhere Spannungsebene wird von weiteren Kriterien abhängen [4]:

- Entwicklung des Leistungsbedarfs; zeichnet sich eine Sättigung ab?,

---

1) Vgl. Sassin, W.: Aspekte der elektrischen Hochenergieübertragung und deren Einfluß auf die Umwelt; Kernforschungsanlage Jülich GmbH, Bericht Jül-886, Jülich 1972, S. 26.

2) Vgl. hierzu auch die entsprechenden Ausführungen in Kapitel B. III. 1. - ad 2. Kühlwasserversorgung und Kühlverfahren.

3) Vgl. etwa Deutsche Verbundgesellschaft (DVG) e.V. (Hrsg.): Bericht 1972, Heidelberg 1973, S. 18f. Deutsche Verbundgesellschaft (DVG) e.V. (Hrsg.): Bericht 1974, Heidelberg 1975, S. 17ff.

4) Vgl. auch Deutsche Verbundgesellschaft (DVG) e.V. (Hrsg.): Bericht 1974, Heidelberg 1975, S. 19.

- Lage der Kraftwerks-Standorte im Verbundnetz,
- Leistungsgröße der Kraftwerke und Kraftwerksblöcke,
- Technische Entwicklungen in der Übertragungstechnik: HGÜ und supraleitende Kabel,
- Kostenentwicklung der Hochspannungs-Gleichstromübertragung und bei supraleitenden Kabeln,
- Einschränkungen bei der Auswahl von Freileitungstrassen und Kraftwerks-Standorten,
- Entscheidungen der europäischen Nachbarstaaten hinsichtlich höherer Spannungsebenen (europäisches Verbundnetz).

Darüber hinaus sind bei höheren Spannungsebenen die verschiedenartigen Umwelteinflüsse [1] in Betracht zu ziehen. Insbesondere bei Freileitungsspannungen von 1100 kV machen sich nachteilige elektrobiologische Umwelteinwirkungen bemerkbar.
Alternativ zu der Einführung einer höheren Spannungsebene ist die Auftrennung des 380 kV-Netzes in autarke Netzgruppen mit wenigen die Kurzschlußleistung begrenzenden Kuppelstellen möglich [2]. Für diese Alternative spricht auch die mit dem steigenden Anteil der Kernkraftwerke an der elektrischen Gesamtleistung erkennbare räumliche Netzentwicklung. Aufgrund der Möglichkeit zu einer relativ gleichmäßigeren räumlichen Verteilung der Kernkraftwerke gegenüber standortgebundenen Braunkohlenkraftwerken [3] und bis zu einem gewissen Grade der Steinkohlenkraftwerke [4]

---

1) Siehe dazu Olmstedt, L.M.: Transmission Goals: Maximum Rating with Minimum Environmental Impact, in: El. Wld., Vol 177 (1972), No. 11, S. 35-44. Sassin, W.: Aspekte der elektrischen Hochenergieübertragung und deren Einfluß auf die Umwelt; Kernforschungsanlage Jülich GmbH , Bericht Jül-886, Jülich 1972.

2) Vgl. Sassin, W.: Aspekte der elektrischen Hochenergieübertragung und deren Einfluß auf die Umwelt; ebenda, S. 26.

3) Vgl. hierzu die Ausführungen in Kapitel B. I. 1.

4) Vgl. ebenfalls Kapitel B. I. 1. Siehe darüber auch die gegenwärtig neueste

Fortsetzung siehe Seite 470

wird es kaum Transporte großer Leistung über große Entfernungen geben, d.h. die Transportentfernungen werden im Regelfall in der Größenordnung von 50 bis 80 km liegen [1]. Der absehbare Einsatz von Trockenkühltürmen wird die Entwicklung in dieser Richtung weiter begünstigen und damit zur räumlichen Dezentralisierung der Kernkraftwerksleistung beitragen [2].

Als weiter Voraussetzung für eine wettbewerbsfähige Stromerzeugung in Kernkraftwerken gilt neben großen Leistungseinheiten eine kontinuierlich hohe Auslastung der Anlagen. Dies kann in der Regel nur durch Übernahme der Grundlast in einem überregionalen Verbundnetz erfolgen, wenngleich Kernkraftwerke heute bereits in der Lage sind, Strom zu konkurrenzfähigen Kosten im oberen Mittellastbereich [3][4] zu produzieren (siehe Abbildung 33). Abbildung 33 zeigt einen Vergleich der relativen Stromerzeugungskosten

---

Fortsetzung zu Fußnote

4) Literatur: Hegemann, K.H.: Aspekte und Kosten des Energietransports beim Einsatz von Steinkohle zur Strombedarfsdeckung revierferner Regionen, in: Elektrizitätswirtschaft, 75. Jg. (1976), H. 9, S. 238-241.

1) Hierin besteht der wichtigste Unterschied zu den Verhältnissen in außereuropäischen Ländern, in denen (Drehstrom-)Übertragungsspannungen von 750 resp. 1100 kV eingeführt wurden. Zu Einzelheiten siehe Olmstedt, L.M.: Transmission Goals: Maximum Rating with Miniumum Environmental Impact, in: El. Wld., Vol. 177 (1972), No. 11, S. 35ff.

2) Vgl. hierzu auch Throm, W.: Wir müssen mit der Kernenergie leben, in: FAZ, Nr. 37 vom 13. Februar 1971, S. 15.

3) Zur Terminologie vgl. Kapitel A. I. 2.

4) Daß Kernkraftwerke gegenwärtig noch für den Einsatz im Grundlastbereich konzipiert werden, ist einerseits durch die wirtschaftliche Überlegenheit in diesem Lastbereich gegenüber konventionellen Dampfkraftwerken, andererseits durch Probleme bedingt, die sich durch die wechselnden Beanspruchungen und häufigeren An- und Abfahrvorgänge bei einem Einsatz im Mittellastbereich ergeben und teilweise noch nicht technisch befriedigend gelöst sind.

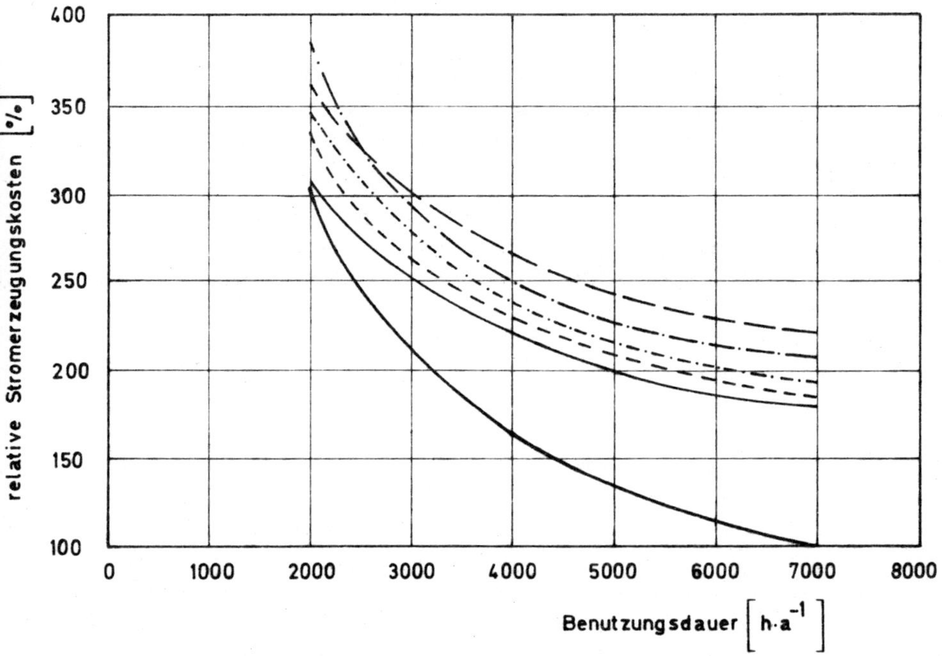

Abbildung 33: Relative Stromerzeugungskosten konventioneller Dampfkraftwerke und Leichtwasserreaktor-Kernkraftwerke in Abhängigkeit von der Benutzungsdauer [1].

-··-·· Steinkohlenkraftwerk, Wärmepreis k_W = 27,15 DM·Gcal^{-1}, ohne Rauchgasentschwefelung, nicht subventioniert;

—·— Steinkohlenkraftwerk, Wärmepreis k_W = 27,15 DM·Gcal^{-1}, mit Rauchgasentschwefelung, subventioniert;

– – – Steinkohlenkraftwerk, Wärmepreis k_W = 27,15 DM.Gcal^{-1}, ohne Rauchgasentschwefelung, subventioniert;

— — Ölkraftwerk, Wärmepreis k_W = 35,70 DM·Gcal^{-1}, Bruttoleistung 700 MW_{el};

——— Ölkraftwerk, Wärmepreis k_W = 27,15 DM·Gcal^{-1}, Bruttoleistung 700 MW_{el};

▬▬▬ Kernkraftwerk (LWR), Bruttoleistung 1300 MW_{el}.

---

1) Nach Mandel, H.: Die Elektrotechnik aus nationaler und internationaler Sicht, Teil 1: Energietechnik, in ETZ-A, 95. Jg. (1974), H. 12, S. 636.

konventioneller Dampfkraftwerke und Kernkraftwerke (LWR) in Abhängigkeit von der Benutzungsdauer. Berücksichtigt sind dabei Preissteigerungen für Anlage- und Betriebskosten bis zum angenommenen Inbetriebnahmejahr 1980.

Andererseits stellt das Verbundnetz auch erst die Voraussetzung für den Einsatz großer Kernkraftwerkseinheiten dar, da nur in einem leistungsstarken Verbundnetz die Möglichkeit zur Bereitstellung einer entsprechend hohen Reserveleistung möglich ist. Der Betrieb eines Verbundnetzes stellt wiederum je nach Netzstruktur gewisse Bedingungen, denen auch Kernkraftwerke unterliegen [1)].

Mit der Einbindung einer großen Grundlasteinheit ergeben sich auch Konsequenzen für die Lastverteilung. Zur Befriedigung der Spitzenlast müssen Kraftwerke herangezogen werden, die bis dahin im Mittellast- oder Grundlastbereich eingesetzt waren.
Wirtschaftliche Vorteile ergeben sich in dieser Hinsicht durch eine Zusammenarbeit von Kernkraftwerken mit Pumpspeicherwerken [2)]. Pumpspeicherwerke sind neben ihrer Momentanreservefunktion dazu konzipiert, durch Abnahme von Pumpstrom ("Auffüllen" des Schwachlasttales) [3)] die Benutzungsdauer der Dampfkraftwerke zu erhöhen und somit die Nachfrage nach Spitzenlast zu befriedigen [4)]. Diese Zusammenarbeit ist um so günstiger, je kürzer die Entfernung zwischen Kernkraft- und Pumpspeicherwerk ist. Eine wesent-

---

1) Siehe dazu Kapitel B. III. 1. - ad 1. Energiewirtschaftliche Rückwirkungen der Netzeinbindung von Kernkraftwerken sowie die dort angegebene Referenzliteratur.

2) Vgl. Frewer, H.: Einsatz von Kernkraftwerken in der Elektrizitätswirtschaft, in: Energie und Technik, 19. Jg. (1967), H. 1, S. 5. ders.: Energieverbund zwischen nuklearen und konventionellen Kraftwerken, in: atw, 16. Jg. (1971), H. 7, S. 348.

3) Vgl. Abbildung 1 in Kapitel A. I. 2.

4) Vgl. hierzu auch Press, H.: Einleitung, in: Deutsches Nationales Komitee der Internationalen Kommission für Große Talsperren i.V.m. dem Deutschen Verband für Wasserwirtschaft (Hrsgg.): Talsperren, Wasserkraft- und Pumpspeicherwerke in der Bundesrepublik Deutschland, Berlin-München 1967, nicht paginiert.

liche Voraussetzung für den Bau vom Pumpspeicherwerken sind jedoch geeignete geologische und topographische Verhältnisse [1], die in der Bundesrepublik für die hier angesprochenen Zwecke nur in begrenztem Maße vorliegen. Aus diesem Zusammenhang ist es auch zu verstehen, daß seit einigen Jahren als Alternative zu Pumpspeicherwerken für die Erzeugung von Spitzenlast sowie als Ausfall- und Dauerreserve ein verstärkter Ausbau von Gasturbinenkraftwerken angestrebt wird [2].

Aus den vorstehenden Eröterungen leitet sich die Optimierungsaufgabe zur räumlichen Eingliederung der Kernkraftwerke in das System der Energieversorgung ab.
Wesentliche Bestimmungsgrößen für den weiteren Ausbau eines elektrischen Energieversorgungssystems sind die aus natürlich-technischen und versorgungswirtschaftlichen Gründen bedingte räumliche Verteilung der bestehenden Kraftwerke, die großräumige Struktur des Leistungs- $(MW \cdot km^{-2})$ und Energiebedarfs $(MWh \cdot km^{-2})$, die Transportentfernungen, Größe und Art der Erzeugungseinheiten sowie die zu übertragende Leistung.
Aufgrund der beschaffungswirtschaftlichen Standortfreiheit kann die Standortverteilung der Kernkraftwerke relativ freizügig entsprechend den Erfordernissen des Verbundnetzes und der Lage der versorgenden Verbrauchsgebiete gewählt werden. Nicht der technisch größtmögliche Kernkraftwerksblock stellt für jedes Verbrauchsgebiet das wirtschaftliche Optimum dar [3]. Der

---

1) Vgl. dazu die Ausführungen in Kapitel B. I. 2. - ad 1. Kraftwerksstandorte in Relation zum Gewinnungsort des Energieträgers.

2) Siehe Klaes, K. und Reuter, E.: Spitzenlastdeckung durch Pumpspeicherwerke oder Gasturbinen, in: Elektrizitätswirtschaft, 68. Jg. (1969), H. 6, S. 177-180 (insbes. S. 180). Reisner, J.-H.: Spitzenstromerzeugung mit Gasturbinenkraftwerken, in: ETZ-B, 25. Jg. (1973), S. 100-102. Vgl. auch die Ausführungen in Kapitel B. I. 2. - ad 2. Standorte in Ballungsgebieten sowie die dort genannte Literatur.

3) Vgl. auch Leininger, H.: Mindestgröße für Blockeinheiten in der Bundesrepublik 300 MW?, in: Elektrizitätswirtschaft, 64. Jg. (1965), H. 8, S. 189-191 (Aktueller Anlaß für diese grundsätzliche Untersuchung bildete seinerzeit die vom "Bundesministerium für Wirtschaft" mit Schreiben vom 21. Juli 1964 programmatisch genannte Mindestblockgröße von 300 MW_{el}).

Degression der Anlage- und Erzeugungskosten mit steigender Kernkraftwerksgröße, steht im Übertragungsnetzbereich bei gegebener Energiebedarfsdichte eine Steigerung der Anlagekosten und der Kosten der Übertragungsverluste (Netzverlustkosten) [1] infolge zunehmender Transportentfernung gegenüber.
Idealisiert man das Absatzgebiet als Kreisfläche, so läßt sich folgender grundsätzlicher Zusammenhang formulieren [2]:

$$E = N \cdot t = \sigma \cdot \pi \cdot r^2 \; \left(MWh \cdot a^{-1}\right) \qquad (3.3)$$

mit:

$E\left(MWh \cdot a^{-1}\right)$:	Energiebedarf pro Jahr,
$N\left(MW\right)$:	Kraftwerksleistung,
$t\left(h \cdot a^{-1}\right)$:	Jahresbenutzungsdauer,
$\sigma\left(MWh \cdot km^{-2}\right)$:	Energiebedarfsdichte,
$r\left(km\right)$:	Radius des (idealisierten) Absatzgebiets; Versorgungsradius.

Aus Gleichung (3.3) ergibt sich durch Umformung:

$$r = \sqrt{\frac{N \cdot t}{\sigma \cdot \pi}} \; \left(km\right) \qquad (3.4)$$

Gleichung (3.4) zeigt, daß sich bei gegebener Jahresbenutzungsdauer t und gegebener Energiebedarfsdichte σ die Transportentfernung (Versorgungsradius r) mit der Quadratwurzel der Kraftwerksleistung vergrößert. Aus Gleichung (3.4) läßt sich weiterhin entnehmen, daß c.p. der Versorgungsradius r mit zunehmender Jahresbenutzungsdauer t größer wird.

---

1) Unter "Netzverlustkosten" werden in der Elektrizitätswirtschaft die bewerteten arbeits- und leistungsabhängigen Verluste verstanden, die beim Betrieb der Übertragungs- und Verteilungsnetze entstehen. Vgl. Vereinigung Deutscher Elektrizitätswerke (VDEW) e.V. (Hrsg.): Netzverluste, Eine Richtlinie für ihre Bewertung und Verminderung, 2. Ausg., Frankfurt/M. 1968, S. 23.

2) Vgl. Musil, L.: Die Gesamtplanung von Dampfkraftwerken, 2. Aufl., Berlin-Göttingen-Heidelberg 1948, S. 50. ders.: Allgemeine Energiewirtschaftslehre, Wien-New York 1972, S. 121f.

Die Umformung von Gleichung (3.3) zu

$$\sigma = \frac{N \cdot t}{\pi \cdot r^2} \left(\mathrm{MWh \cdot km^{-2}}\right) \qquad (3.5)$$

zeigt, daß c.p. mit zunehmender Energiebedarfsdichte σ der Versorgungsradius r geringer wird.
Entsprechende Aussagen lassen sich aus dem idealisierten Zusammenhang zwischen Kraftwerksleistung und Leistungsbedarfsdichte

$$N = \tau \cdot \pi \cdot r^2 \ \left(\mathrm{MW}\right) \qquad (3.6)$$

ableiten.
In (3.6) bedeuten:

$N\left(\mathrm{MW}\right)$	:	Kraftwerksleistung,
$\tau\left(\mathrm{MW \cdot km^{-2}}\right)$	:	Leistungsbedarfsdichte,
$r\left(\mathrm{km}\right)$	:	Versorgungsradius.

Umformungen von (3.6) ergeben:

$$r = \sqrt{\frac{N}{\tau \cdot \pi}} \ \left(\mathrm{km}\right) \qquad (3.7)$$

und

$$\tau = \frac{N}{\pi \cdot r^2} \left(\mathrm{MW \cdot km^{-2}}\right) \qquad (3.8)$$

d.h., bei gegebener Leistungsbedarfsdichte τ wird der Versorgungsradius r mit der Quadratwurzel der Kraftwerkleistung größer (3.7) - und - bei gegebener Kraftwerksleistung N wird mit zunehmender Leistungsbedarfsdichte τ der Versorgungsradius r geringer (3.8).
Von grundsätzlicher Bedeutung für die Elektrizitätsversorgung ist allerdings nicht der in Gleichung (3.3) sondern in (3.6) erfaßte Zusammenhang [1].
Es besteht mithin die Möglichkeit, Verbrauchsschwerpunkte durch große Kernkraftwerke zu versorgen, während in Gebieten mit geringer Leistungs- resp. Energiebedarfsdichte der Einsatz kleinerer Einheiten wirtschaftlich sein kann.

---

1) Siehe dazu die in Kapitel C. III. 2. - ad 2. (Die Restriktionen im Modell) formulierten "Versorgungsbedingungen".

Damit besteht ein direkter Zusammenhang zwischen einerseits der Kernkraftwerksgröße und den Erzeugungskosten sowie der Standortverteilung und den Übertragungskosten (einschließlich Netzverlusten) andererseits, wobei die Interdependenzen zwischen Kernkraftwerkstyp, Blockleistung und Standort unter Berücksichtigung der individuellen Standortverhältnisse Auswirkungen auf das Ausbaukonzept und die Kosten des Übertragungssystems haben [1].
Die Analyse des Optimierungsproblems macht damit auch deutlich, daß die Forderung nicht generell lauten kann: "Großkraftwerke möglichst stadtnah!" [2]. Für die öffentliche Elektrizitätswirtschaft wird sich aus den genannten Gründen auch in Zukunft nicht unbedingt die Notwendigkeit ergeben, Kernkraftwerke zur reinen Stromerzeugung in Ballungsgebieten oder

---

1) Hinweise auf diese Problemstruktur und die Anregung zu einer umfassenderen Untersuchung finden sich schon relativ früh bei Grosse, N.: Ökonomik der Kernenergie; Veröffentlichungen der List Gesellschaft e.V., Bd. 29, Basel-Tübingen 1963, S. 151f. Denzel, P.: Die Eingliederung von Kernkraftwerken in die Elektrizitätsversorgung der Bundesrepublik Deutschland, in: Kerntechnik, 8. Jg. (1966), H. 8/9, S. 375f. Gerlach, E.F.: Wandlungen der Standortstruktur in der Energiewirtschaft der Bundesrepublik und ihre Auswirkungen auf die regionale wirtschaftliche Entwicklung, in: Probleme der energiewirtschaftlichen Regionalplanung (Raum und Energie 1); Veröffentlichungen der Akademie für Raumforschung und Landesplanung, Forschungs- und Sitzungsberichte, Bd. 44, Hannover 1968, S. 57f. Krämer, H. und Seetzen, J.: Mögliche Entwicklungen einer künftigen Kernenergiewirtschaft in der Bundesrepublik Deutschland; Kernforschungsanlage Jülich GmbH , Gesellschaft für Kernforschung mbH. Karlsruhe, Bericht Jül-600/KFK-933, Jülich-Karlsruhe 1969, S. 48. Wagemann, K.: Beitrag zu Systemuntersuchungen über die langfristigen wirtschaftlichen Einsatzmöglichkeiten verschiedener Kraftwerkstypen unter besonderer Berücksichtigung des Hochtemperaturreaktors; Kernforschungsanlage Jülich GmbH , Bericht Jül-590, Jülich 1969, S. 83f.

2) Schmidt-Boelke, R.: Großkraftwerke möglichst stadtnah, in: ZfK, Nr. 8 vom 10. August 1973, S. 1. Vgl. auch Kapitel B. I. 2. - ad 2. Standorte in Ballungsgebieten.

in ihrer unmittelbaren Nähe zu errichten [1]. Darüber hinaus ist zu beachten, daß aufgrund der besonderen Standortverhältnisse in Ballungsräumen umfangreiche sicherheitstechnische Verkehrungen gegen die verschiedenartigen Gefahren äußerer Einwirkung sowie zur Reduzierung des nuklearen Gefährdungspotentials für die Bevölkerung getroffen werden müssen. Diese Probleme sind oben ausführlicher erörtert worden und sollen an dieser Stelle nicht zur weiteren Diskussion aufgenommen werden [2]. Wenn auch hier nicht grundsätzlich gegen eine stadtnahe Errichtung öffentlicher (Kondensations-)Kernkraftwerke Stellung bezogen wird, so betrachtet d. Verf. aufgrund der hier insgesamt vortetragenen Fakten die Argumente für eine stadtnahe Errichtung als weniger gewichtige Faktoren im Gesamtprozeß der Standortwahl für Kernkraftwerke.

Für Kernheizkraftwerke (Kraft-Wärme-Kupplung) bestehen, von Ballungszentren mit hohen Fernwärmeanschlußwerten $(Gcal \cdot h^{-1})$ abgesehen, keine absatzwirtschaftlichen Voraussetzungen für ihre stadtnahe Errichtung. Aufgrund des wirtschaftlichen Zwangs zum Bau großer Leistungseinheiten (d.h. $\geq 900\ MW_{el}$), können die ausgekuppelten Wärmemengen nicht in einem Verbrauchsgebiet allein abgesetzt werden [3]. In der Regel wird daher nur eine

---

1) Darauf weisen ebenfalls hin: Kellermann, O.: Sind Kernkraftwerke in Verbrauchszentren notwendig?, in: Institut für Reaktorsicherheiten der Technischen Überwachungsvereine e.V. (Hrsg.): Die Sicherheit standortunabhängiger Kernkraftwerke, 4. IRS-Fachgespräch am 4./5. November 1968 in Düsseldorf; Tagungsbericht IRS-T-16, Köln 1969, S. 17. o.V.: Die Sicherheit standortunabhängiger Kernkraftwerke, in: Atom und Strom, 15. Jg. (1969), H. 2/3, S. 45. Wachsmann, F. and Schibach, J.: Considerations for Siting Nuclear Power Plants in Areas with High Population Density in the Federal Republic of Germany, in: International Atomic Energy Agency (Ed.): Environmental Aspects of Nuclear Power Stations; Proceedings Series - STI/PUB/261, Wien 1971, S. 791 (Report IAEA-SM-146/52).

2) Hingewiesen sei hier jedoch nochmals auf die besonderen finanziellen Risiken der Bauzeitverlängerungen infolge längerwieriger Genehmigungsverfahren und Anfechtungsklagen Dritter.

3) Vgl. die Ausführungen in Kapitel B. III. 1. - ad 3. Nukleare Fernwärme-
Fortsetzung siehe Seite 478

Versorgung mehrerer räumlich getrennter Wärmeversorgungsgebiete von interlokalen Standorten in Betracht kommen.

Die vorstehenden Erörterungen zeigen für die Elektrizitätswirtschaft eine Tendenz auf, die auch in anderen industriellen Bereichen anzutreffen ist: Einer Verringerung der Erzeugungskosten steht gleichzeitig eine Erhöhung der Absatzkosten gegenüber. Im Bereich der Energieversorgung lassen sich allerdings die Energietransportkosten nur mit Einschränkungen als Absatzkosten im betriebswirtschaftlichen Sinn verstehen [1], denn sie beinhalten einerseits nicht die Kosten der "Marktsuche" und Werbung, andererseits verläuft der Elektrizitätstransport nicht ständig in einer Richtung. Vielmehr ändert sich die Richtung des Leistungsflusses in Abhängigkeit von den jeweiligen Nachfrageverhältnissen und den Erzeugungsmöglichkeiten der räumlich verteilten Kraftwerke [2].

Fortsetzung zu Fußnote

3) versorgung sowie die dort zitierten Forderungen verschiedener Autoren hinsichtlich der Errichtung von Kernheizkraftwerken in Stadt- oder Stadtrandgebieten.

1) Vgl. dazu Schönauer, G.: Marktprozesse in der öffentlichen Energiewirtschaft und deren volkswirtschaftliche Beurteilung; Forschungsberichte des Landes Nordrhein-Westfalen, Nr. 1155, Köln-Opladen 1963, S. 25ff. Resch, I.: Preisbildung in der Elektrizitätswirtschaft, Gräfeling 1966, S. 81 (Das volkswirtschaftliche Ordnungsproblem vom Standpunkt der Marktpreisbildung, dargestellt am Beispiel der Elektrizitätswirtschaft, Diss. Wien 1966). Leitherer, E.: Betriebliche Marktlehre, T. 1: Grundlagen und Methoden, Stuttgart 1974, S. 48ff.

2) Vgl. Arbeitsgemeinschaft deutscher wirtschaftswissenschaftlicher Forschungsinstitute e.V. (Hrsg.): Gegenwärtige Struktur und künftige Entwicklung der öffentlichen Elektrizitätswirtschaft in der Bundesrepublik Deutschland, Ein Gutachten des Energiewirtschaftlichen Instituts an der Universität Köln, Berlin 1964, S. 49. Ähnlich auch Resch, I.: Preisbildung in der Elektrizitätswirtschaft, Gräfeling 1966, S. 81 (Das volkswirtschaftliche Ordnungsproblem vom Standpunkt der Marktpreisbildung, dargestellt am Beispiel der Elektrizitätswirtschaft, Diss. Wien 1966).

Eine größere Anzahl ausländischer Arbeiten [1] hat das hier skizzierte Problem aufgegriffen, wobei einerseits spezifisch nationale Versorgungsfragen zur Diskussion standen, andererseits sich das Gewicht der Untersuchungen vorwiegend auf die elektrotechnischen Probleme der Netzeinbindung großer Kernkraftwerke in das jeweilige Verbundnetz konzentrierte. Möglichkeiten und Probleme der Heizwärmeerzeugung und Fernwärmeversorgung sind in den genannten Untersuchungen nicht einbezogen.

Einen gegenüber der vorliegenden Untersuchung sowie den zuvor zitierten Arbeiten grundsätzlich anderen Lösungsweg beschreibt die "Eidgenössische

---

1) Vgl. z.B. Wolfensberger, H., Do Dai, D. and Sahin, S.: Integration of a Power Reactor in the Turkish Interconnected System, in: International Atomic Energy Agency (IAEA) (Ed.): Economic Integration of Nuclear Power Stations in Electric Power Systems; Proceedings Series - STI/PUB/266, Wien 1971, S. 467-491 (Report IAEA-SM-139/8). Deledicq, A. et Thiriet, L.: Nature et Localisation Optimales des Centrales Hydrauliques et Thermiques Compte Tenu des Problemes des Transport de l'Energie, in: ebenda, S. 575-581 (Report IAEA-SM-139/25). Fiszer, W., Kizewski, P. and Skopec, Z.: Integration of Nuclear Power Plants in Polish Electric Power Systems, in: ebenda, S. 613-618 (Report IAEA-SM-139/31). Bathe, J. and Gerisch, G.: Mathematical-Economical Simulation of Optimum Incorporation of Nuclear Power Plants into Mains System, in: Kernenergie, 14. Jg. (1971), H. 7/8, S. 216-221. Clason, R.J., Rienstra, F. and Wiechers, W.K.: Integration of Nuclear Power in an Electricity Production System with an Interconnecting Transmission Network, in: United Nations and International Atomic Energy Agency (IAEA) (Eds.): Peaceful Uses of Atomic Energy, Vol. 4: Integration of Nuclear Plants in Electrical Networks, Integrated Planning of Nuclear Industry, Fuel Materials Technology, Wien 1972, S. 89-102 (Report A/Conf. 49/P/021). Parikh, K.S., Shiralkar, S.S., Mehndiratta, S.L., Seshagiri, N. and Narasinga Rao, S.N.: Planning for Optimum Phasing and Absorption of Power Plants in Grids, in: ebenda, S. 143-156 (Report A/Conf. 49/P/528). Knight, U.G.: Power Systems Engineering and Mathematics; International Series of Monographs in Electrical Engineering, Vol. 3, Oxford-Ney York-Toronto-Sydney-Braunschweig 1972, S. 114ff. König, H.-H.: Wirtschaftliche Eingliederung von Kernkraftwerken in elektrische Netze, Ein Bericht über die 4. Internationale Genfer Atomkonferenz, in: Atom und Strom, 18. Jg. (1972), H. 1/2, S. 19-20.

Kommission für elektrische Anlagen" [1], die das Problem der optimalen Verteilung zukünftiger Kernkraftwerks-Standorte lediglich in Bezug auf minimale Transportdistanzen für die elektrische Leistung angeht. Dabei bleiben die Investitionsalternativen hinsichtlich verschiedener Leistungsgrößen und Kernkraftwerkstypen sowie die Ausbaufolge der Kernkraftwerke und Netzanlagen unberücksichtigt. Der Ansatz beinhaltet nach den hier dargelegten Erörterungen eine weitgehende Abstraktion der komplexen Planungsprobleme bei der Standortwahl für Kernkraftwerke und soll hier nicht weiter verfolgt werden. - Eine solche Planungsrechnung [2] kann aber trotzdem in der Praxis für die Bewältigung spezieller Aufgabenstellungen sinnvoll sein, wie z.B. für Leistungsflußrechnungen oder Leistungsflußbilanzen (Bilanzierung zwischen der Belastung der Netzknotenpunkte und der Einspeisung aller Kraftwerke in das Netz) [3].

---

1) Vgl. o.V.: Le choix des sites des futures centrales nucléaires en vue de réduire autant que possible la distance des transport d'énergie électrique, Extrait du rapport de la Commission fédérale des installations électriques du 29 septembre 1972, in: Bull. SEV/VSE, 65. Jg. (1974), H. 14, S. 1018-1022.

2) Im Zusammenhang mit Standortproblemen hat sich für diese Art heuristischer Verfahren zur Standortbestimmung der Begriff "Etappenverfahren" eingebürgert. Hauptcharakteristikum des "Etappenverfahrens" ist die Aufteilung eines Standort-Gesamtproblems in eine Reihe isolierter Teilprobleme, deren schrittweise Lösung eine Annäherung an eine günstige Gesamtlösung liefert. Vgl. dazu ausführlicher Chmelik, G. und Kappler, E.: Konstitutive Entscheidungen, in: Heinen, E. (Hrsg.): Industriebetriebslehre, Entscheidungen im Industriebetrieb, 4. Aufl., Wiesbaden 1975, S. 153.

3) Der elektrizitätswirtschaftliche Bilanzbegriff ist nicht identisch mit dem Bilanzbegriff der Betriebswirtschaftslehre. Gemeinsam mit dem Bilanzbegriff der Betriebswirtschaftslehre - und daher die Terminologie - ist die Tatsache, daß zwei in einem kausalen Zusammenhang stehende Größen in einer ausgeglichenen Rechnung gegenübergestellt werden: In der betriebswirtschaftlichen Bilanz Aufkommen und Verwendung von Kapital, in der Leistungsflußbilanz Aufkommen und "Verwendung" elektrischer Leistung.

2. Elektrizitätswirtschaftliche und planungstechnische Prämissen im Modellansatz

Die Behandlung des Problems der wirtschaftlich optimalen Standortverteilung für Kernkraftwerke verlangt neben der Bearbeitung der direkten Problemstellung die Erörterung grundlegender Annahmen. Die Notwendigkeit zur Vorgabe von Prämissen besteht einerseits darin, die Anzahl der Planungsalternativen und den Umfang der Planungsrechnung einzuschränken sowie andererseits damit die praktische Anwendbarkeit des Modells zu erhöhen [1].

Allgemein können die zur Durchführung von Planungsrechnungen grundlegenden Annahmen außerbetriebliche Fakten, unternehmenspolitische Vorentscheidungen und planungstechnische Tatbestände betreffen [2].

Für die Unternehmen der Elektrizitätswirtschaft lassen sich den drei genannten Bereichen folgende (ausgewählte) Gesichtspunkte zuordnen:

a. Außerbetriebliche Fakten:
Gesetzliche Regelungen, Genehmigungsverfahren, Energiebedarf, Sicherheit der Primärenergieversorgung (fossile Brennstoffe, Thorium, Uran), Güterpreise etc.

b. Unternehmenspolitische Vorentscheidungen:
Tarifpolitik, Festlegung eines bestimmten Verhältnisses zwischen eigener Erzeugung und Fremdbezug (Strom, Wärme), Einsatz neuer Energieträger, Vorauswahl potentieller Standorte, Finanzierung des Investitionsprogramms etc.

c. Planungstechnische Tatbestände:
Länge des Planungszeitraums, Planungsgenauigkeit, Planungsmodelle etc.

Etliche der zuvor genannten Gesichtspunkte müssen bei der Konzeption des vorliegenden Standortmodells außer Betracht gelassen werden, so z.B. poli-

---

1) Vgl. dazu auch die Ausführungen in Kapitel C. I. 3.

2) Vgl. Vereinigung Deutscher Elektrizitätswerke (VDEW) e.V. (Hrsg.): Planungsrechnung in der Elektrizitätswirtschaft, Frankfurt/M. 1967, S. 17ff.

tische Sicherheit der Primärenergieversorgung [1], Tarifpolitik [2].

Die für das Standortmodell relevanten Faktoren, können danach unterschieden werden, ob sie aus dem Bezugsrahmen über die Eingabedaten unabhängig berechneter Teilmodelle des gesamten Entscheidungsfeldes "Energieplanung" oder über die mathematische Modellformulierung auf die Ergebnisse einwirken.
Speziell sollen nachfolgend genannte Faktoren und Problembereiche eingehender erörtert werden:

1. Auswahl der Standort-Modellart,
2. Mathematische Grundlagen der Modellformulierung,
3. Die Länge des Planungszeitraums,
4. Partialmodelle der Kraftwerks- und Netzplanung.

Die nachstehenden Ausführungen werden sich sukzessiv mit den Punkten 1 bis 4 befassen.

---

1) Siehe hierzu etwa Förster, K.: Allgemeine Energiewirtschaft, 2. Aufl., Berlin 1973, S. 195f. Schneider, H.K.: Die Entwicklung und Sicherung unserer Energiebasis bis zur Mitte des kommenden Jahrzehnts, in: Tagungsberichte des Energiewirtschaftlichen Instituts (Universität Köln), H. 17: Die Energiewirtschaft in ihrer ökonomischen und sozialen Umwelt 1975-1985, München 1974, S. 69-83. Statements von Vertretern der Energiewirtschaft zur Frage der Sicherung und Entwicklung der Energieversorgung mit anschließender Diskussion, in: ebenda, S. 85-136.

2) Zur Begründung siehe die Ausführungen in Kapitel C. II. 3.

ad 1. Auswahl der Standort-Modellart

Eine erste bei der Konzeption eines Standortmodells zu treffende Entscheidung bezieht sich auf die Auswahl der Standort-Modellart mit den Alternativen: Kontinuierliches oder diskretes Modell [1][2].

Kontinuierliche Standortmodelle sind so struktuiert, daß aus einer homogenen Fläche ("allseitig gleich wegsamer Raum" [3]) mit unendlich vielen Raumpunkten der optimale Standort durch geometrische oder analytische Methoden [4] ermittelt werden kann. Durch infinitesimale Verschie-

---

1) Vgl. Grundmann, W., Holdhaus, R., Kind, G., Krause, H., Ritzschke, G., Stempell, D. und Weise, G.: Mathematische Methoden zur Standortbestimmung, Berlin 1967, S. 50. Liebmann, H.-P.: Die Standortwahl als Entscheidungsproblem, Ein Beitrag zur Standortbestimmung von Produktions- und Handelsbetrieben, Würzburg-Wien 1971, S. 38f. Alvensleben, R. v.: Zur Theorie und Ermittlung optimaler Betriebsstandorte; Schriften zur wirtschaftswissenschaftlichen Vorschung, Bd. 49, Meisenheim am Glan 1973, S. 149f. Hansmann, K.-W.: Entscheidungsmodelle zur Standortplanung der Industrieunternehmen; Schriftenreihe des Instituts für Unternehmensforschung und des Industrieseminars der Universität Hamburg 1974, Bd. 7, S. 41f.

2) Die Termini "kontinuierlich" und "diskret" beziehen sich hier allein auf die räumliche Standortvariation. Hinsichtlich anderer Variablen kann bei beiden Standort-Modellarten je nach untersuchtem Zusammenhang von stetigen oder diskreten Größen ausgegangen werden.

3) Hoffmann, R.: Die Gestaltung der Verkehrswegenetze; Veröffentlichungen der Akademie für Raumforschung und Landesplanung, Abhandlungen, Bd. 39, Hannover 1961, S. 18.

4) Siehe darüber etwa Pick, G.: Mathematischer Anhang, in: Weber, A.: Über den Standort der Industrien, T. 1: Reine Theorie des Standorts, Tübingen 1909, S. 225ff. Grundmann, W., Holdhaus, R., Kind, G., Krause, H., Ritzschke, G., Stempell, D. und Weise, G.: Mathematische Methoden zur Standortbestimmung, Berlin 1967, S. 55ff. Bloech, J.: Optimale Industriestandorte, Würzburg-Wien 1970, S. 21ff. Liebmann, H.-P.: Die Standortwahl als Entscheidungsproblem, Ein Beitrag zur Standortbestimmung von Produktions- und Handelsbetrieben, Würzburg-Wien 1971, S. 39ff.

bungen wird der Standort in der homogenen Fläche variiert, bis sich der Wert der Zielgröße bei einer weiteren Variation des Standorts nicht mehr verändert. Die infinitesimalen Standortverschiebungen haben jeweils Einfluß auf den vorgelagerten Beschafffungsbereich und den nachgelagerten Absatzbereich. Die quantitative Erfassung dieser Interdependenzen erfordert die Aufstellung eines umfangreichen mathematischen Modells; die damit verbundenen prinzipiellen Nachteile sind ersichtlich [1].

Für die überwiegende Zahl praktischer Planungsprobleme kommen kontinuierliche Standortmodelle nicht zur Anwendung, da aus vielfältigen Gründen nicht jeder beliebige Ort [2] einer Fläche verwendet werden kann [3]. Dies bedeutet, daß zu räumlich diskontinuierlichen oder diskreten Standortmodellen übergegangen werden muß [4]. Hierbei wird die als Ergebnis einer heuristischen Vorauswahl verbleibende endliche Menge potentieller Standorte dem Modell vorgegeben und im Hinblick auf das Optimierungskriterium miteinander verglichen.

---

1) Vgl. Alvensleben, R. v.: Zur Theorie und Ermittlung optimaler Betriebsstandorte; Schriften zur wirtschaftswissenschaftlichen Forschung, Bd. 49, Meisenheim am Glan 1973, S. 149f.

2) G.-B. Ihde spricht von der "logistischen Wertigkeit" eines Standorts, die durch spezielle Standortbedingungen, Tätigkeitsanforderungen, Verkehrsinfrastruktureinrichtungen, natürliche Gegebenheiten etc. jedem Standort unterschiedlich zukommt. Vgl. Ihde, G.-B.: Logistik, Physische Aspekte der Güterdistribution; Slg. Poeschel, Bd. 71, Stuttgart 1972, S. 49.

3) Bereits A. Lösch ist bei seinen Untersuchungen zu diesem Ergebnis gelangt. Vgl. Lösch, A.: Die räumliche Ordnung der Wirtschaft, (Jena 1940), 3. unveränderte Aufl., Stuttgart 1962, S. 19. Vgl. hierzu auch die Ausführungen in Kapitel B. I. 2.

4) Diskrete Standortmodelle wurden erstmals von M. Beckmann und T.C. Koopmans diskutiert. Siehe Beckmann, M.: A Formal Approach to Localization Theory; Cowles Commission Discussion Paper, No. 293, Chicago 1950 (zit. nach Liebmann, H.-P.: Die Standortwahl als Entscheidungsproblem, Würzburg-Wien 1971, S. 38). Koopmans, T.C. and Beckmann, M.: Assignment Problems and the Location of Economic Activities, in: Econometrica, Vol. 25 (1957), No. 1, S. 53-76.

Mit der Vorgabe diskreter Standorte ist bereits eine prinzipielle Fehlermöglichkeit dieser Modellart verbunden: Befindet sich der - unbekannte - optimale Standort nicht unter den vorgegebenen, potentiellen Standorten, so wird das Optimum verfehlt, ohne daß der Fehler bemerkt wird [1]. Durch eine sorgfältige Vorauswahl und einer genügend großen Anzahl vergleichbarer Standorte läßt sich diese prinzipielle Fehlermöglichkeit zwar nicht eliminieren, aber zumindest reduzieren.
Die Gründe, die dennoch für die Anwendung diskreter Standortmodelle sprechen, lassen sich in Anlehnung an K.-W. Hansmann wie folgt zusammenfassen [2]:

- Kontinuierliche Beziehungen zwischen dem Standort und den einzelnen Standortbedingungen liegen in der Realität kaum vor (ggf. Transportkosten).

- Nur unter Anwendung der ganzzahligen oder gemischt-ganzzahligen Optimierung kann die Standortanalyse auf alle planungsrelevanten quantifizierbaren Standortbedingungen ausgedehnt werden. Die Lösungsalgorithmen können nur aus einem endlichen Lösungsraum die optimale Lösung bestimmen; die Optimierungsrechnung erfordert daher ein Standortmodell diskreter Art.

Nach W. Grundmann et al. lassen sich die Charakteristika diskreter und kontinuierlicher Standortmodelle wie folgt zusammenfassen [3]:

Diskrete Standortmodelle	Kontinuierliche Standortmodelle
Inhomogene Fläche	Homogene Fläche
Endliche Anzahl möglicher Standorte	Unendliche Anzahl möglicher Standorte
Relativ hohe Anforderungen an die Modellkonstruktion	Relativ geringe Anforderungen an die Modellkonstruktion

1) Hansmann, K.-W.: Entscheidungsmodelle zur Standortplanung der Industrieunternehmen; Schriftenreihe des Instituts für Unternehmensforschung und des Industrieseminars der Universität Hamburg, Bd. 7, Wiesbaden 1974, S. 41.

2) Vgl. Hansmann, K.-W.: ebenda, S. 42.

3) Vgl. Grundmann, W., Holdhaus, R., Kind, G., Krause, H., Ritzschke, G., Stempell, D. und Weise, G.: Mathematische Methoden zur Standortbestimmung, Berlin 1967, S. 50.

Beide Standort-Modellarten sind als extreme Konzeptionen aufzufassen.

Durch Vorgabe sehr vieler potentieller Standorte lassen sich diskrete Modelle den kontinuierlichen Modellen annähern. Umgekehrt tritt eine Angleichung kontinuierlicher Standortmodelle an diskrete Modelle ein, "indem zunächst für eine homogene Fläche in abnehmender Reihenfolge die günstigsten Standorte ausgewählt werden und danach aus diesen Standorten durch Einführung von Einschränkungen die Bestimmung des optimalen Standortes erfolgt" [1]. Mit Hilfe kontinuierlicher Modelle kann somit eine Vorauswahl potentieller Standorte getroffen werden. Aus der Menge dieser potentiellen Standorte kann anschließend unter Anwendung diskreter Standortmodelle die Bestimmung optimaler Standorte erfolgen [2].

Ausgehend von der Aufgabenstellung lassen sich weiterhin monoselektive und polyselektive Standortmodelle unterscheiden [3].

---

1) Grundmann, W. et al.: Mathematische Methoden zur Standortbestimmung, Berlin 1967, S. 50.

2) Zur weiteren Diskussion beider Modellkonzeptionen siehe Grundmann, W. et al.: Mathematische Methoden zur Standortbestimmung, Berlin 1967, S. 55ff. und S. 85ff. Liebmann, H.-P.: Die Standortwahl als Entscheidungsproblem, Ein Beitrag zur Standortbestimmung von Produktions- und Handelsbetrieben, Würzburg-Wien 1971, S. 39ff. und S. 66ff.

3) Vgl. Liebmann, H.-P.: Ziel und Aufbau des Forschungsprojektes "Die Optimierung der Standortwahl in Filialunternehmungen", die Analyse der relevanten Literatur und die Abbildung der Planungssituation in einem monoselektiven Standortmodell, in: Gümbel, R., Brauer, K.M., Liebmann, H.-P. und Müller-Hagedorn, L.: Unternehmensforschung im Handel, Untersuchungen über die Anwendungsmöglichkeiten mathematischer Verfahren der Unternehmensforschung in Warenhandelsbetrieben; Schriftenreihe des Gottlieb Duttweiler-Instituts, Nr. 41, Zürich-Rüschlikon 1969, S. 160f. Gümbel, R.: Die Abbildung von Standortwahlproblemen einer Filialunternehmung in einem polyselektiven Standortmodell, in: ebenda, S. 199. Liebmann, H.-P.: Die Standortwahl als Entscheidungsproblem, Ein Beitrag zur Standortbestimmung von Produktions- und Handelsbetrieben, Würzburg-Wien 1971, S. 110.

Bei monoselektiven Standortmodellen geht es um die Auswahl eines und nur eines Standorts aus einer Menge potentieller Standorte. Gegenstand polyselektiver Modelle ist die Auswahl eines Bündels von Standorten. Dabei müssen die vielfältigen Verflechtungen, die zwischen den einzelnen Standortprojekten bestehen können, im Modellansatz über aussagenlogische Verknüpfungen berücksichtigt werden [1].

ad 2. Mathematische Grundlagen der Modellformulierung

Bei der mathematischen Formulierung des Modells ist zunächst davon auszugehen, daß die Anlagenprojekte repräsentierenden Variablen nur ganzzahlige Werte annehmen dürfen. Die Berücksichtigung dieses Sachverhalts führt im mathematischen Ansatz zu einem ganzzahligen Programmierungsmodell [2].

---

1) Vgl. Liebmann, H.-P.: Die Standortwahl als Entscheidungsproblem, Ein Beitrag zur Standortbestimmung von Produktions- und Handelsbetrieben, Würzburg-Wien 1971, S. 112ff.

2) Vgl. etwa Krelle, W.: Ganzzahlige Programmierungen, Theorie und Anwendungen in der Praxis, in: Ufo, Bd. 2 (1958), S. 161-175. Dinkelbach, W. und Hax, H.: Die Anwendung der gemischt ganzzahligen linearen Programmierung auf betriebswirtschaftliche Entscheidungsprobleme, in: ZfhF, N.F., 14. Jg. (1962), S. 179-196. Marcus, P.: Der ökonomische Inhalt der Linearen Planungsrechnung - dargestellt an Beispielen aus der Energiewirtschaft; Schriftenreihe des Energiewirtschaftlichen Instituts an der Universität Köln, Bd. 12, München 1966, S. 168ff. Ihde, G.-B.: Zur Behandlung zweiwertiger Entscheidungen, in: ZfB, 38. Jg. (1968), H. 2, S. 94. Brauer, K.M.: Binäre Optimierung, Untersuchung und Weiterentwicklung eines Verfahrens zur Analyse betriebswirtschaftlicher Entscheidungsprobleme bei zweiwertigen Alternativen und ökonomisch unteilbaren Objekten; Schriftenreihe Annales Universitatis Saraviensis, Rechts- und Wirtschaftswissenschaftliche Abteilung, H. 43, Köln-Berlin-Bonn-München 1969, S. 16ff. Korbut, A.A. und Finkelstein, J.J.: Diskrete Optimierung, Berlin 1971, S. 4ff. Hellwig, K.: Die Lösung ganzzahliger investitionstheoretischer Totalmodelle durch Partialmodelle; Mathematical

Fortsetzung siehe Seite 488

Ganzzahlige lineare Programmierungsansätze bestehen aus einem System von linearen Gleichungen und können wie folgt allgemein formuliert werden:

$$Z = \sum_{j=1}^{\bar{j}} c_j x_j \xrightarrow{!} \text{min oder max} \qquad (3.9)$$

$$\sum_{j=1}^{\bar{j}} a_{ij} x_j \begin{matrix} < \\ = \\ > \end{matrix} b_i \qquad \forall\, i \; (i = 1,\ldots,\bar{i}) \qquad (3.10)$$

$$x_j \geq 0, \text{ ganzzahlig}^{1)} \qquad \forall\, j \; (j = 1,\ldots,\bar{j}) \qquad (3.11)$$

mit:

a_{ij}, b_i, c_j: konstante rationale Zahlen.

Darin ist (3.9) die Zielfunktion. (3.10) und (3.11) stellen die Restriktionen oder Nebenbedingungen dar. Die Variablen x_j werden nach bestimmten Algorithmen solange iterativ verändert, bis jede von ihnen einen Wert erreicht hat, der, in die Zielfunktion eingesetzt, dieser einen optimalen (minimalen oder maximalen) Wert verschafft.

Es ist üblich, von den ganzzahligen Programmierungsproblemen die soge-

---

Fortsetzung zu Fußnote

2) Systems in Economics, H. 4, Meisenheim am Glan 1973, S. 12. Müller-Merbach, H.: Operations Research, Methoden und Modelle der Optimalplanung, 3. Aufl., München 1973, S. 366ff. Hax, H.: Entscheidungsmodelle in der Unternehmung, Einführung in Operations Research, Hamburg 1974, S. 145ff.

1) Sofern nur einige x_j Ganzzahligkeit gefordert wird, heißt der Programmierungsansatz gemischt-ganzzahlig. Die Nebenbedingung lautet dann:

$$x_j \geq 0, \text{ ganzzahlig} \qquad \forall\, j \; (j = 1,\ldots,j_g;\; j_g \leq \bar{j}) \,.$$

nannten diskreten Optimierungsprobleme zu unterscheiden [1]. Diese spezielle Problemklasse der ganzzahligen Optimierung ergibt sich, wenn eine bestimmte Variable, etwa $x_{j(1)}$, einer zusätzlichen Diskretheitsforderung unterworfen wird, d.h. als Bereich für die zulässige Änderung der Variablen fungiert nicht die Menge der ganzen, nicht-negativen Zahlen, sondern nur eine gewisse gegebene endliche Menge [2]:

$$x_{j(1)} \in \left\{ k^1_{j(1)}, k^2_{j(1)}, \ldots, k^p_{j(1)} \right\} \qquad (3.12)$$

Optimierungsprobleme mit der Diskretheitsbedingung (3.12) können durch Einführung einer Hilfsvariablen z_h $(h = 1,2,\ldots,p)$ auf ganzzahlige Optimierungsmodelle zurückgeführt werden. Dabei wird die Bedingung (3.12) durch die Bedingungen (3.13) und (3.14) äquivalent ersetzt:

$$x_{j(1)} = z_1 k^1_{j(1)} + z_2 k^2_{j(1)} + \ldots + z_p k^p_{j(1)} \qquad (3.13)$$

und

$$\left.\begin{aligned} & z_h = 0 \text{ oder } 1 \qquad \forall\, h \\ & \sum_{h=1}^{p} z_h = 1 \;. \end{aligned}\right\} \qquad (3.14)$$

Da wegen Bedingung (3.14) nur ein $z_h = 1$ werden kann, ergibt sich aus Bedingung (3.13) daß $x_{j(1)}$ nur einen der gegebenen $k^i_{j(1)}$-Werte annehmen kann, d.h. die Diskretheitsbedingung (3.13) stellt eine p-fache Alternative mit der Eigenschaft $x_{j(1)} = k^1_{j(1)}$ oder $x_{j(1)} = k^2_{j(1)}$ oder ... $x_{j(1)} = k^p_{j(1)}$ dar.

---

1) Vgl. Korbut, A.A. und Finkelstein, J.J.: Diskrete Optimierung, Berlin 1971, S. 1.

2) Vgl. Dantzig, G.B.: Lineare Programmierung und Erweiterungen, Berlin-Heidelberg-New York 1966, S. 613. Korbut, A.A. und Finkelstein, J.J.: Diskrete Optimierung, Berlin 1971, S. 23f. Meyer, M. und Steinmann, H.: Planungsmodelle für die Grundstoffindustrie, Betriebswirtschaftliche Anwendungen der Linearen Programmierung in Gewinnungsbetrieben, Würzburg-Wien 1971, S. 6.

Wird eine Diskretheitsforderung der Form (3.12) an einige oder alle Variable des Optimierungsansatzes gestellt, so ist die angegebene Konstruktion für jede solche Bedingung durchzuführen.

ad 3. Die Länge des Planungszeitraums

Energieerzeugungs- und -transportanlagen weisen als gemeinsames Merkmal eine lange Nutzungsdauer, lange Projektierungs- und Bauzeiten sowie hohe Investitions- und Betriebskosten auf. Um bei der Standortplanung, als eine der langfristigsten Planungen in der Elektrizitätswirtschaft, die zeitlich-vertikalen Interdependenzen berücksichtigen zu können, muß das Planungsmodell mehrere Perioden umfassen [1]. Somit stellt sich die Frage nach dem zeitlichen Umfang des Planungszeitraums und der Teilperiodenlänge. Da man "nicht mit unendlichen Planungszeiträumen arbeiten... (kann), ... (ist) also irgendwo im Zeitablauf eine Grenze setzen, über die die Planung nicht hinausreicht" [2]. Mithin ergibt sich die Notwendig-

---

1) H. Jacob bemerkt dazu: "Nur die Betrachtung mehrerer Perioden kann infolge der zeitlich-vertikalen Verflechtungen der Anlagen zu einer den wirklichen Gegebenheiten gerecht werdenden Beurteilung heute gegebener Investitionsmöglichkeiten führen...Ein Verfahren, daß die zeitlich-vertikalen Interdependenzen der Investitionsobjekte (Maschinen, Anlagen usw.) außer acht läßt, d.h. nur Investitionen in der ersten Teilperiode unterstellt und keine geeigneten Annahmen hinsichtlich der weiteren Entwicklung des Produktionsapparates macht, kann zu keiner befriedigenden Lösung des Problems führen. Die Annahme, daß die Kapitalwerte zukünftiger Investitionen Null seien und diese Investitionen daher nicht beachtet zu werden brauchen, verkennt das Interdependenzproblem und ist abzulehnen". Jacob, H.: Neuere Entwicklungen in der Investitionsrechnung, in: ders.: Investitionsplanung und Investitionsentscheidung mit Hilfe der Linearprogrammierung, 2. Aufl., Wiesbaden 1971, S. 31 (Sonderdruck der Veröffentlichung: Neuere Entwicklungen in der Investitionsrechnung, in: ZfB, 34. Jg. (1964), H. 8, S. 487-507 und H. 9, S. 551-594).

2) Hax, H.: Investitions- und Finanzplanung mit Hilfe der linearen Programmierung, in: ZfbF, 16. Jg. (1964), S. 438.

keit zur begründeten zeitlichen Festlegung des Planungszeitraums. Die zeitlichen Veränderungen im wirtschaftlichen Ablauf zwingen auch zu einer Periodisierung der Planung, um nach jeder Planungsperiode die Einflüsse inzwischen veränderter Aktionsparameter, Variablen und Restriktionen erfassen zu können. "Der Entscheidende ist nämlich nicht nur im Zeitpunkt der Planaufstellung unvollkommen informiert; er muß außerdem auch damit rechnen, daß sich sein Informationsstand im Zeitablauf ändert" [1].

Bestehen bei der Wahl der Teilperiodenlänge oder deren zeitlichen Intervalle keine besonderen Schwierigkeiten, wobei die Bemessung von den Anforderungen an die Genauigkeit der Planung bestimmt wird, so fehlen allgemeingültige Kriterien zur Bestimmung des optimalen Planungszeitraums [2].
Wenn auch allgemeingültige Kriterien für die Bemessung des Planungszeitraums nicht entwickelt werden konnten oder sich nicht finden lassen, so sind im Schrifttum doch zahlreiche Postulate zur Begrenzung des Planungszeitraums angegeben [3]. So weisen z.B. H. Jacob sowie H. Rüschenpöhler darauf hin, daß der Planungszeitraum nicht viel kürzer als die voraussichtliche Lebensdauer [4] oder zumindest gleich der Dauer der Abschreibungsperiode [5] derjenigen Anlage sein sollte, über deren Investition in der ersten Teilperiode zu entscheiden ist.

---

1) Hax, H.: Investitionstheorie, 2. Aufl., Würzburg-Wien 1972, S. 132.

2) In Anlehnung an Haegert, L.: Der Einfluß der Steuern auf das optimale Investitions- und Finanzierungsprogramm, Wiesbaden 1971, S. 15. L. Haegert bezieht sich hierbei auf Charnes, A., Drèze, J. and Miller, M.: Decision and Horizon Rules for Stochastic Planning Problems: A Linear Example, in: Econometrica, Vol. 34 (1966), No. 2, S. 308.

3) Vgl. dazu Teichmann, H.: Der optimale Planungshorizont, in: ZfB, 45. Jg. (1975), H. 5, S. 299. ders.: Theorie und Praxis der Bestimmung des Planungshorizonts, in: KRP, 1975, H. 6, S. 257ff.

4) Vgl. Jacob, H.: Neuere Entwicklungen in der Investitionsrechnung, in: ders.: Investitionsplanung und Investitionsentscheidung mit Hilfe der Linearprogrammierung, 2. Aufl., Wiesbaden 1971, S. 31.

5) Vgl. Rüschenpöhler, H.: Der Standort industrieller Unternehmen als be-

Fortsetzung siehe Seite 492

Die langfristige Planung von Energieversorgungssystemen wird unter Mitverwendung dieser Kriterien heute üblicherweise über einen Zeitraum von etwa zwanzig bis maximal dreißig Jahren durchgeführt. Angesichts des rasanten Anstiegs des Strombedarfs und der bei Kernkraftwerken üblichen Projektierungs-, Genehmigungs- und Bauzeit bis zu acht und zehn Jahren gelten solche Planungszeiträume in der Elektrizitätswirtschaft heute nicht mehr als "unseriös" [1]. Im Rahmen einer langfristigen Standortsicherung sollte auch in dieser zeitlichen Dimension gedacht werden. Das bedeutet aber nicht, daß die Lösung des Planungsprogramms zwingend die Investitionspolitik für die optimale Standortkombination über den gesamten Planungszeitraum ergibt [2]; schon deswegen nicht, weil die Standort- und Trassenplanung über einen solchen Zeitraum eine Reihe von Unsicherheiten enthält:

- Der Leistungs- resp. Energiebedarf kann nur für die nächsten Planungsabschnitte hinreichend exakt prognostiziert werden. Grundlagen für die Prognosen sind u.a. die regionalen Entwicklungspläne, wie sie bei den Landesplanungsbehörden, Planungsgemeinschaften oder Planungsverbänden erarbeitet werden. Diese Pläne sind fast einheitlich in der Bundesrepublik für einen Zeitraum von zehn Jahren angelegt [3].

Fortsetzung zu Fußnote

5) triebswirtschaftliches Problem, Versuch einer betriebswirtschaftlichen Standortlehre; Abhandlungen aus dem Industrieseminar der Universität Köln, H. 6, Berlin 1958, S. 78.

1) Buch, A.: Planung und Standortwahl von Kraftwerken, Konzeption der Stromversorgung der BRD unter Berücksichtigung der Umweltbeeinflussung, Mainz 1973, S. 122.

2) Vgl. Jacob, H.: Investitionsplanung mit Hilfe der Optimierungsrechnung, in: Jacob, H. (Hrsg.): Optimale Investitionspolitik; Schriften zur Unternehmensführung, Bd. 4, Wiesbaden 1968, S. 101ff. Jacob, H.: Neuere Entwicklungen in der Investitionsrechnung, in: ders.: Investitionsplanung und Investitionsentscheidung mit Hilfe der Linearprogrammierung, 2. Aufl., Wiesbaden 1971, S. 32 (Sonderdruck...). Hax, H.: Investitionstheorie, 2. Aufl., Würzburg-Wien 1972, S. 132.

3) Vgl. Jansen, J.: Einige Grundsätze zur Projektierung von Hochspannungs-

Fortsetzung siehe Seite 493

- Vorgesehene Standorte für Kernkraftwerke, konventionelle Kraftwerke, Umspannwerke oder Trassen für Übertragungsleitungen können sich insbesondere für spätere Planungsperioden ändern.

- Standortbedingungen [1] sowie materielle und verfahrensrechtliche Grundlagen der Genehmigungsverfahren können sich im Zeitablauf ändern.

- Innovationen technischer Verfahren werden wirksam, die starken Einfluß auf die Standortwahl und/oder die Größe der Kraftwerke haben können, z.B. Übertragungstechnik (HGÜ, Kyrokabel, supraleitende Kabel), Trockenkühlsysteme [2].

Prinzipiell läßt sich damit für den gesamten Planungszeitraum feststellen: Eine Feinplanung ist nur für die ersten Planungsabschnitte - etwa bis zu zehn Jahren - möglich. Über diesen Zeitraum hinaus kann nur eine Umrißplanung durchgeführt werden. Voraussetzung für die Feinplanung ist jedoch stets eine Übersichtsplanung auf lange Sicht. Um einem Optimum der Standortplanung möglichst nahe zu kommen, sind die Rechnungen periodisch zu wiederholen und die Daten, Variablen und Restriktionen den eingetretenen Umweltveränderungen anzupassen.

Fortsetzung zu Fußnote

3) freileitungen, in: Börner, B. (Hrsg.): Die Beschaffung von Grundstücken für Energieanlagen; Veröffentlichungen des Instituts für Energierecht an der Universität Köln, H. 36/37, Düsseldorf 1974, S. 25.

1) Die Gefahr, daß sich bestehende Standortbedingungen im Zeitablauf ändern können, bezeichnet R. Henzler als das "Standortrisiko". Vgl. Henzler, R.: Die Marktunion, Eine betriebswirtschaftliche Wende, Köln-Opladen 1958, S. 59.
Die von R. Henzler gegebene Definition ist nicht ganz problemadäquat, da gleichfalls angenommen werden muß, daß auch die Standortbedingungen zur Zeit der Planung nicht vollständig bekannt oder voraussehbar sind, so z.B. Auflagen der Genehmigungsbehörden, Public Acceptance von Kernkraftwerks-Standorten, Entscheidungen der Verwaltungsgerichte etc.

2) Vgl. entsprechende Ausführungen in Kapitel B. III. 1. und Kapitel C. II. 1.

ad 4. Partialmodelle der Kraftwerks- und Netzplanung

Von den vielfältigen Planungsaufgaben der mittel- und langfristigen Kraftwerks- und Netzplanung können zunächst verschiedene Teilprobleme ausgeklammert werden, deren Berücksichtigung sich im Rahmen eines Standortmodells erübrigt oder gesondert durchgeführt werden kann. So werden in dem dargestellten Modell Wartungs- oder Revisionspläne, Brennstoffbewirtschaftung, Spaltstoffoptimierung [1] etc. nicht explizit berücksichtigt.

Eliminiert aus der Betrachtung wird weiterhin der Bereich der Strom- und Fernwärmeverteilung. Für diese Vorgehensweise sind folgende Gründe maßgebend [2]:

- Erweiterung resp. Vermaschung der Hoch-, Mittel- und Niederspannungsnetze sowie der Mittel- und Unterverteilungsnetze für Fernwärme erfolgen unabhängig von der geographischen Lage oder der Standortentscheidung für die zu errichtenden Kernkraftwerke.
- Bedingt durch die relativ geringe räumliche Ausdehnung [3] der Verteilungsnetze, lassen sich die mit dem Ausbau zusammenhängenden Entscheidungsprobleme auf den jeweiligen lokalen Raum begrenzen [4].
- Die Einbeziehung der jeweiligen Verteilungsnetze würde den Modellumfang wesentlich erweitern [5].

---

1) Zum Problemgegenstand siehe etwa Einhaus, R. und Völcker, H.: Über die Bewertung erbrüteter Spaltstoffe und ihren Einfluß auf optimale Reaktorstrategien, in: ATKE, 13. Jg. (1968), H. 4, S. 252-256.

2) Siehe überdies Steinbauer, E.: Das wirtschaftliche Optimum in der Elektrizitätswirtschaft, Diss. Wien 1969, S. 55f.

3) Nicht: Leitungslänge (km)!

4) Vgl. Mönig, W.: Determinanten des Elektrizitätsangebots und volkswirtschaftliche Kriterien zu seiner Beurteilung; Schriftenreihe des Energiewirtschaftlichen Instituts an der Universität Köln, Bd. 18, München 1975, S. 249.

5) Vgl. hierzu die Abbildung 3 bzw. 21.

- Die Umspannwerke (Höchstspannungsnetz → Hochspannungsnetz) resp. Feinwärmeübergabestellen (Fernwärme-"Fernleitung" → Fernwärme-Mittelverteilungsnetz) können als "Schwerpunkte" der Energienachfrage angesehen werden. - Von dieser Abstraktion wird unten bei der Modellformulierung ausgegangen.

Zur Optimierung der Standortverteilung für Kernkraftwerke müssen zum andern eine Reihe von Ergebnissen aus Teilmodellen der Kraftwerks- und Netzplanung übernommen werden. Durch entsprechende mathematische Ansätze sind diese Ergebnisse im vorliegenden Modell zu berücksichtigen und damit in ihrem Einfluß auf den Lösungsraum des Standortmodells und auf das Optimierungsergebnis zu erfassen [1].

Als Daten werden folgende Größen in der Modellformulierung berücksichtigt:

- Die Entwicklung der optimalen Kraftwerksstruktur [2] während des Planungszeitraums,

- Die optimale Reaktorstrategie [2] während des Planungszeitraums,

- Die Standorte und Leistung der während des Planungszeitraums zugebauten konventionellen Kraftwerke,

- Die Entwicklung des elektrischen Leistungs- und Fernwärmebedarfs in zeitlicher und räumlicher Hinsicht über den gesamten Planungszeitraum [3].

---

1) Zur Problematik vgl. Meyer, M. und Steinmann, H.: Planungsmodelle für die Grundstoffindustrie, Betriebswirtschaftliche Anwendungen der Linearen Programmierung in Gewinnungsbetrieben, Würzburg-Wien 1971, S. 39f.

2) Siehe dazu Kapitel C. III. 2. - ad 2. Die Restriktionen im Modell.

3) Siehe dazu Ebel, C.W.: Die Einsatzmöglichkeiten von Kernkraftwerken in der Elektrizitätswirtschaft der Bundesrepublik Deutschland; Deutsches Institut für Wirtschaftsforschung, DIW-Sonderhefte, Nr. 82, Berlin 1968, S. 10ff. und Buch, A.: Planung und Standortwahl von Kraftwerken, Konzeption der Stromversorgung der BRD unter Berücksichtigung der Umweltbeeinflussung, Mainz 1973, S. 46ff.

- Die notwendige Reserveleistung: Unter der Annahme eines "idealen Verbundbetriebs" 1) kann bei einem hinreichend großen Kraftwerkpark nach wahrscheinlichkeitstheoretischen Analysen die erforderliche Sicherheit des Leistungsangebots vorgegeben werden. Aus der vorgegebenen Sicherheit läßt sich die notwendige Reserveleistung berechnen 2) und durch einen Aufschlag auf die höchste prognostizierte Spitzenlast eines Planungsabschnitts erfassen.

Weitere in das Standortmodell eingehende Annahmen und Bedingungen werden den bisherigen Ausführungen unter Verweis auf den entsprechenden Diskussionszusammenhang entnommen.

---

1) Ein "idealer Verbundbetrieb" liegt dann vor, wenn die durch die Sicherheits s gekennzeichnete "gesicherte Leistung" N_g des Gesamtsystems keine Funktion des Ortes ist, an dem ein Leistungsausfall eintritt. Vgl. Alt, H.: Entwicklungstendenzen der Sicherheit und der notwendigen Reserveleistung beim Verbundbetrieb der Kraftwerke, in: Elektrizitätswirtschaft, 69. Jg. (1970), H. 25, S. 672.

2) Siehe Alt, H.: Entwicklungstendenzen der Sicherheit und der notwendigen Reserveleistung beim Verbundbetrieb der Kraftwerke, in: Elektrizitätswirtschaft, 69. Jg. (1970), H. 25, S. 672-678. Bieselt, R.: Wirtschaftlich optimaler Zubau und Einsatz von Kraftwerken in Nordrhein-Westfalen innerhalb eines mittelfristigen Planungszeitraums von etwa 10 Jahren; Untersuchung des Instituts für elektrische Anlagen und Energiewirtschaft der Rheinisch-Westfälischen Technischen Hochschule Aachen im Auftrag des Ministers für Wirtschaft, Mittelstand und Verkehr des Landes Nordrhein-Westfalen, Düsseldorf 1972, S. 49ff.

3. Zielfunktion und Optimierungskriterium für eine optimale Standortverteilung

Ziel jeder Optimierung ist das Auffinden des Extremwertes einer Zielfunktion nach Maßgabe einer Zielgröße (Optimierungskriterium) unter Berücksichtigung einer Reihe von Restriktionen.

Der Umfang der in einem Energieversorgungssystem zusammengeschlossenen Erzeugungs- und Energietransportanlagen (elektrische Übertragung und Fernwärmetransport) bedingt, daß eine große Anzahl von Investitionsalternativen, Einflußfaktoren, Interdependenzen, Forderungen und Begrenzungen zu berücksichtigen sind. Die Konzeption eines mathematisch formulierbaren Standortmodells, das die Erfassung eines möglichst großen Teils der denkbaren Investitionsalternativen mit ihren Interdependenzen erlaubt und gleichzeitig als lineares Modell darstellbar ist, kann wie u.a. H. Jacob [1] und K.-W. Hansmann [2] gezeigt haben, aufgrund der Parallelität des Problems im wesentlichen in Anlehnung an reine Investitionsüberlegungen [3] erfolgen.

Die Entwicklung eines linearen Modells erfordert folgende hier zu berücksichtigende Tatbestände:

---

1) Vgl. Jacob, H.: Zur Standortwahl der Unternehmungen, in: Alewell, K. (Hrsg.): Betriebswirtschaftliche Strukturfragen, Beiträge zur Morphologie von erwerbswirtschaftlichen Unternehmungen und Genossenschaften; Festschrift zum 65. Geburtstag von Reinhold Henzler, Wiesbaden 1967, S. 225ff. (als unveränderter Sonderdruck, Wiesbaden 1973).

2) Vgl. Hansmann, K.-W.: Entscheidungsmodelle zur Standortplanung der Industrieunternehmen; Schriftenreihe des Instituts für Unternehmensforschung und des Industrieseminars der Universität Hamburg, Bd. 7, Hamburg 1974, S. 41ff.

3) Vgl. Jacob, H.: Neuere Entwicklungen in der Investitionsrechnung, in: ders.: Investitionsplanung und Investitionsentscheidung mit Hilfe der Linearprogrammierung, 2. Aufl., Wiesbaden 1971, S. 9-72 (Sonderdruck der Veröffentlichung: Neuere Entwicklungen in der Investitionsrechnung, in: ZfB, 34. Jg. (1964), H. 8, S. 487-507 und H. 9, S. 551-594). Jacob, H.: Investitionsplanung mit Hilfe der Optimierungsrechnung, in: Jacob, H. (Hrsg.): Optimale Investitionspolitik; Schriften zur Unternehmensführung, Bd. 4, Wiesbaden 1968, S. 93-115.

- Quantifizierbarkeit der Einflußfaktoren,
- Eine endliche Anzahl der Investitionsalternativen,
- Nicht-Negativität der Variablen,
- Konsistenz der Restriktionen,
- Linearität der Zielfunktion und Restriktionen, d.h. die Zielfunktion und die Restriktionen enthalten keine Produkte oder Quotienten verschiedener Variablen und keine Potenzen der einzelnen Variablen mit einem Exponenten ungleich 1.

Zielgröße nahezu aller oben (Kapitel C. I. 3.) erwähnter Investitions [1] - und Standortmodelle [2] ist der Gewinn mit der Handlungsmaxime "Gewinnmaximierung". Aufgrund der besonderen Rechts- und Marktverhältnisse in der Elektrizitätswirtschaft [3], liegt das Schwergewicht unternehmerischen Handelns in den Versorgungsunternehmen jedoch nicht wie in Unternehmen ohne öffentliche Leistungsansprüche vornehmlich in der Gewinnmaximierung, sondern in der Kostenminimierung [4]. "Zwischen Kosten und Gewinn steht die Tarifpolitik, - die neben anderen Funktionen - in gewisser Weise auch auch der Gewinnmaximierung dient" [5].

---

1) Ausnahmen bilden die von P. Massé und R. Gibrat für die Electricité de France (EdF) entwickelten Investitionsmodelle (siehe oben).

2) Ausnahmen bilden die von R. Ventker sowie M. Schöberl zur Trassen - und Standortbestimmung entwickelten Verkehrsnetzplanungsmodelle (siehe oben).

3) Vgl. hierzu die Ausführungen in Kapitel A. II. 2. und A. III. 1.

4) Vgl. etwa Hauschildt, J.: Die Absatzpolitik der Energieversorgungsunternehmen im Spannungsfeld von Gewinnstreben und öffentlichen Leistungsansprüchen, Tübingen 1964 (Diss. Mannheim 1964).

5) Bellmann, K.: Die wirtschaftlich optimale Deckung des Elektrizitätsbedarfs, Ein simulatives Planungssystem als Entscheidungshilfe für die Investitionspolitik zur Elektroenergieversorgung, Frankfurt/M. - Zürich 1975, S. 12 (Diss. Mannheim 1974).

Die einem Kernkraftwerk zuzuordnenden Erlöse resultieren im wesentlichen aus

- dem Absatz elektrischer Energie,
- dem Absatz von Fernwärme (bei Anlagen mit Kraft-Wärme-Kupplung),
- dem Verkauf von wiederaufarbeitetem Kernbrennstoff (Plutonium).

In dem hier dargestellten Zusammenhang können lediglich die Erlöse aus dem Verkauf von wiederaufarbeitetem Kernbrennstoff berücksichtigt und bei Berechnung der Brennstoffkosten erfaßt werden.
Die Erlöse aus dem Absatz elektrischer Energie und Fernwärme sind nicht allein abhängig von der abgegebenen Energiemenge (MWh) resp. (Gcal), sondern auch von der Tarifgestaltung und der Bezugscharakteristik der Abnehmer [1]. Die letztgenannten Einflüsse der Absatzpolitik und des Marktes haben u.a. auf die Standortentscheidungen der Elektrizitätswirtschaft entweder einen untergeordneten oder keinen Einfluß [2]. Unter diesem Aspekt wird das Problem der Standortplanung zu einem Kostenminimierungsproblem.

---

1) Siehe dazu u.a. Feneberg, K.: Tarifierungsprinzipien in der Elektrizitätswirtschaft, Diss. Berlin 1960. Schönauer, G.: Marktprozesse in der öffentlichen Energiewirtschaft und deren volkswirtschaftliche Beurteilung; Forschungsberichte des Landes Nordrhein-Westfalen, Nr. 1155, Köln-Opladen 1963. Buderath, J.: Preisdifferenzierung und Preisdiskriminierung in der Elektrizitätswirtschaft, Gräfeling 1965. Solling, H.: Kosten und Preise in der Elektrizitätsversorgung der Bundesrepublik Deutschland, Gräfeling 1971. Vereinigung Deutscher Elektrizitätswerke (VDEW) e.V. (Hrsg.), bearbeitet von G. Zybell und G. Lang: Strompreise für Sonderabnehmer, Eine vergleichende Übersicht, Stand: 1. Oktober 1971, Frankfurt/M. 1971, S. 12ff.

2) Vgl. auch Marcus, P.: Der ökonomische Inhalt der Linearen Planungsrechnung - dargestellt an Beispielen aus der Energiewirtschaft; Schriftenreihe des Energiewirtschaftlichen Instituts an der Universität Köln, Bd. 12. München 1966, S. 108f. Wallmann, K.-G.: Wirtschaftliche Methoden der Investitionsplanung - einschließlich Standortplanung - in der Mineralöl verarbeitenden Industrie; Schriftenreihe des Energiewirtschaftlichen Instituts an der Universität Köln, Bd. 16, München-Wien 1969, S. 214f.

Das wirtschaftliche Optimum in der Elektrizitätswirtschaft wurde oben [1] in Anlehnung an E. Steinbauer durch folgende Zielsetzung charakterisiert: "Bereitstellung möglichst billiger Energie in einer Menge, die mindestens gleich dem echten Bedarf ist, mit wirtschaftlich vertretbarer Zuverlässigkeit und ohne, daß die Liquidität der... (Elektrizitätsversorgungsunternehmen) gefährdet oder der Fremdkapitalanteil über ein betriebswirtschaftlich zulässiges Ausmaß vergrößert wird" [2].
Symbolisch lassen sich diese Forderungen wie folgt formulieren:

$$\text{Kosten (Ausgaben)} \xrightarrow{!} \text{min},$$

unter den Bedingungen:

$$\text{bereitzustellende Menge} \geq \text{Bedarf},$$

$$\text{Versorgungssicherheit} \geq \text{geforderte Mindestsicherheit},$$

$$\text{Kapitalbedarf} \leq \text{verfügbares (zulässiges) Kapital}.$$

Diese Forderungen sind auch Maximen für die Konzeption des hier entwickelten Standortmodells.
Die Kosten (exakt: Ausgaben; siehe unten), deren minimaler Wert im Rahmen des Standortmodells gesucht sind, resultieren aus

- Kosten im Bereich der Energieerzeugung

und

- Kosten im Bereich des Energietransports.

Die Energieerzeugungs- und Energietransportkosten setzen sich zusammen aus den Kostenanteilen für die Errichtung, den Betrieb und Bestand der entsprechenden Anlagen:

---

1) Vgl. Kapitel A. III. 2.

2) Steinbauer, E.: Das wirtschaftliche Optimum in der Elektrizitätswirtschaft, Diss. Wien 1969, S. 10. Ebenso ders.: Das wirtschaftliche Optimum in der Elektrizitätswirtschaft, in: E. u. M., 89. Jg. (1972), H. 1, S. 13.

- Investitionskosten,
  a. Neuinvestitionen - im Planungszeitraum vollständig neu zugebaute Kernkraftwerke und Transportanlagen auf noch nicht belegten Standorten oder Trassen,
  b. Erweiterungsinvestitionen [1] bei zu Beginn des Planungszeitraums bestehenden oder bereits im Planungszeitraum entstandenen Kernkraftwerken und elektrischen Übertragungsanlagen,
- Betriebs-, Unterhaltungs- und Versicherungskosten der im Planungszeitraum realisierten Investitionsobjekte,
- Brennstoffkosten der im Planungszeitraum realisierten Kernkraftwerke,
- Kosten der Transportverluste für Strom und Fernwärme ("Verlustkosten") [2].

Die genannten Kostenarten sind Bestandteil der Zielfunktion und stellen Daten dar. Diese Daten unterliegen zeitlichen Veränderungen, so daß für jede Periode des Planungszeitraums ein neuer Datensatz erforderlich wird.

In Anlehnung an die Investitionstheorie wird in dem nachfolgenden Standortmodell grundsätzlich von Ausgaben und nicht von Aufwand oder Kosten ausgegangen. Diese scharfe begriffliche Trennung ist in der energiewirtschaftlichen Literatur und Praxis im allgemeinen nicht üblich. Zahlungsvorgänge werden dort gemeinhin unter dem Begriffspaar "Kosten" - "Erlöse" subsumiert.

In der hier vorwiegend energiewirtschaftlich orientierten Darstellung sollen Termini mit der Verbindung "-kosten" nicht vermieden werden; es wird aber vorausgesetzt, daß die als Kosten bezeichneten Geldströme den Charakter von

---

1) Der Begriffsinhalt der Erweiterungsinvestition wird hier entsprechend der bereits erwähnten Definition E. Gutenbergs verstanden: "Eine Erweiterungsinvestition liegt...vor, wenn mit einer Investition in erster Linie eine Ausweitung der betrieblichen Kapazität bezweckt wird". Gutenberg, E.: Grundlagen der Betriebswirtschaftslehre, Bd. 1: Die Produktion, 20. Aufl, Berlin-Heidelberg-New York 1973, S. 174.

2) Zur betriebswirtschaftlichen Problematik der Einbeziehung der sog. "Verlustkosten" siehe unten.

Ausgaben haben. Darüber hinaus werden im folgenden der Betriebswirtschaftslehre ungewöhnliche Kostenbegriffe, wie z.B. "Sicherheitskosten", "Verlustkosten", verwendet, die der Fachsprache des Praktikers entstammen, jedoch Eingang in die wissenschaftliche Literatur der Energiewirtschaft gefunden haben.

III. Beschreibung des Standortmodells

1. Struktur und Kosteneinflußgrößen der nuklearen Energieerzeugung und des Energietransports

Für energiewirtschaftliche Kostenbetrachtungen hat sich eine Unterteilung nach Kostengruppen in leistungs- und arbeitsabhängige Kosten eingebürgert und auch als zweckmäßig erwiesen [1)2)].
Als "leistungsabhängige" Kosten werden nach der energiewirtschaftlichen Terminologie diejenigen Kosten bezeichnet, die unabhängig von der Ausnutzung sind und allein von der Auslegung der Anlage bestimmt werden. Als "arbeitsabhängig" werden dagegen die Kosten beschrieben, die in Abhängigkeit von der erzeugten oder transportierten Energiemenge anfallen.

Nach dieser Differenzierung soll im folgenden in Anlehnung an die oben erwähnte Einteilung des betrachteten Energieversorgungssystem eine sektorenweise Darstellung der

1. Kosten im Bereich der nuklearen Energieerzeugung,

---

1) Vgl. dazu Veigel, G.: Anwendung der ökonomischen Kosten- und Preistheorie auf die Elektrizitätswirtschaft, Diss. Mannheim 1957, S. 18ff. Janssen, W.: Das Grenzkostenproblem in der Elektrizitätswirtschaft, Diss. Bonn 1959, S. 77ff. Veigel, G.: Kostenrechnung und Preispolitik in der Elektrizitätswirtschaft, Wiesbaden 1962, S. 26ff. Solling, H.: Kosten und Preise in der Elektrizitätsversorgung der Bundesrepublik Deutschland, Gräfeling 1971, S. 10ff. Brinkmann, K.: Einführung in die elektrische Energiewirtschaft, Braunschweig 1971, S. 83ff. Musil, L.: Allgemeine Energiewirtschaftslehre, Wien-New York 1972, S. 62ff.

2) "Abnehmerabhängige Kosten" (H. Vogt), hierzu gehören die Kosten für Übergabeeinrichtungen, Messung, Zählerverluste, Abrechnung etc. im Elektrizitäts- ($\leq$0,4 kV) oder Fernwärme-Abnahmebereich, werden aufgrund der Modellkonzeption nicht betrachtet. Siehe Vogt, H.: Probleme der Versorgungswirtschaft, München 1950, S. 106. Solling, H.E.: Kosten und Preise in der Elektrizitätsversorgung der Bundesrepublik Deutschland 1971, S. 21f.

2. Kosten im Bereich der elektrischen Energieübertragung über Höchstspannungsnetze,

3. Kosten im Bereich des Fernwärmetransports

erfolgen.

ad 1. Kosten im Bereich der nuklearen Energieerzeugung

Prinzipiell ist die Kostencharakteristik von Kernkraftwerken nicht verschieden von derjenigen, die für konventionelle Wärmekraftwerke gilt. Eine analoge Aufteilung der Energieerzeugungskosten für Kernkraftwerke bereitet jedoch einige Schwierigkeiten, die durch den wesentlich komplizierteren Energieerzeugungsprozeß bedingt sind [1].
Trotz dieser Schwierigkeiten hat es sich als vorteilhaft, ja notwendig erwiesen, die Kostenkategorien "leistungsabhängig" und "arbeitsabhängig" für die Berechnung der Energieerzeugungskosten bei Kernkraftwerken zu verwenden [2].

Die gegen Ende der fünfziger- und zu Beginn der sechziger Jahre im In- und Ausland ausgetragenen Diskussionen haben eine Fülle von Publikationen entstehen lassen, die Höhe und Struktur der Stromerzeugungskosten in Kernkraftwerken zum Gegenstand hatten. Da zu jener Zeit hinsichtlich der Methodik der Kostenberechnung, der grundlegenden wirtschaftlichen Rechengrößen und der zu erfassenden Kostenkomponenten keine allgemeingültigen Grundlagen akzeptiert waren, war - wie K.-D. Fischer bemerkt - "die Zahl der Veröffentlichungen auch nahezu gleichbedeutend mit der Zahl der vertretenen Auffassungen" [3].

Im Rahmen der ihr zugewiesenen Aufgaben hat sich die EURATOM-Kommission mit dieser Frage befaßt und zur besseren Analyse und Vergleichbarkeit der nuklea-

1) Vgl. Fischer, K.-D.: Struktur und Beeinflussungsfaktoren der Stromerzeugungskosten in Kernkraftwerken; Schriftenreihe des Energiewirtschaftlichen Instituts an der Universität Köln, Bd. 9, München 1964, S. 32f.

2) Vgl. Fischer, K.-D.: ebenda, S. 33.

3) Fischer, K.-D.: ebenda, S. 32.

ren Energieerzeugungskosten ein "EURATOM-Handbuch der Kernenergiekostenrechnung" [1] erarbeiten lassen. Wesentliche - an dieser Stelle interessierende - Bestandteile dieses Handbuchs sind eine sehr differenzierte Katalogisierung der Anlagekostenkomponenten und der Elemente des Brennstoffkreislaufs sowie ein grundlegendes Bezugs- und Berechnungsschema.

Methodik und Terminologie dieses Handbuchs werden den folgenden Ausführungen zu Grunde gelegt.

Bevor die Faktoren, die einen unmittelbaren Einfluß auf die Höhe der nuklearen Energieerzeugungskosten haben, ausführlicher dargestellt werden, ist zu klären, um welche Kosten es sich dabei handelt [2].
Für ein noch in der Projektierung oder im Bau befindliches Kernkraftwerk lassen sich nur die zu erwartenden Energieerzeugungskosten - "A-priori-Kosten" [3] - vorausberechnen. Selbst bei Verwendung bestmöglicher Schätzwerte und unter Berücksichtigung angemessener Sicherheitsmargen in der Kalkulation ist nicht zu vermeiden, daß die so ermittelten Energieerzeugungskosten zwangsläufig Näherungswerte darstellen und mit Ungewißheiten behaftet sind [4].
Ist dagegen ein Kernkraftwerk bereits in Betrieb, so können die Energieerzeugungskosten auf der Grundlage konkreter Rechnungsunterlagen bestimmt

---

1) Vgl. Europäische Atomgemeinschaft (EURATOM) (Hrsg.): EURATOM-Handbuch der Kernenergiekostenrechnung; Bericht EUR-3079d, Brüssel 1967. Frewer, H. und Röhl, F.H.: Das Euratom-Handbuch für die Kostenrechnung bei Kernkraftwerken, in: Atom und Strom, 13. Jg. (1967), H. 3, S. 45-46.

2) Vgl. Europäische Atomgemeinschaft (EURATOM) (Hrsg.): EURATOM-Handbuch der Kernenergiekostenrechnung; Bericht EUR-3079d, Brüssel 1967, S. 9f.

3) Vgl. Europäische Atomgemeinschaft (EURATOM) (Hrsg.): EURATOM-Handbuch der Kernenergiekostenrechnung; Bericht EUR-3079d, Brüssel 1967, S. 9.

4) Vgl. Michaelis, H.: Die Kernenergie an der Schwelle der Konkurrenzfähigkeit - Organisatorische und planerische Probleme bei der Projektierung von Kernkraftwerken, in: Burgbacher, F. (Hrsg.): Ordnungsprobleme und Entwicklungstendenzen in der deutschen Energiewirtschaft; Festschrift für Theodor Wessels zur Vollendung seines 65. Lebensjahres, Essen 1967, S. 270.

werden. Diese effektiven Energieerzeugungskosten - "A-posteriori-Kosten" [1] - sind präzise und entsprechen den tatsächlichen Gegebenheiten; mit den im voraus kalkulierten Energieerzeugungskosten sind sie nur noch bedingt vergleichbar, "da zudem - das ist jedenfalls die Regel - die technischen und damit auch die wirtschaftlichen Parameter der Kernkraftwerke, vor allem des Brennstoffkreislaufs aufgrund neuer Erkenntnisse und Erfahrungen verbessert werden können" [2].

Prinzipiell lassen sich nach den EURATOM-Kostenrechnungsregeln die Energieerzeugungskosten bei Kernkraftwerken in drei Kostenarten gliedern [3]:

1a. Anlagekosten,

1b. Brennstoffkosten,

1c. Betriebs-, Unterhaltungs- und Versicherungskosten.

In den folgenden Ausführungen sollen in einem Überblick die wichtigsten Faktoren dieser drei Kostenarten und ihre Differenzierung in die beiden Kostengruppen "leistungs-" und "arbeitsabhängige Kosten" eingehender behandelt werden.

zu 1a. Anlagekosten

Die Elektrizitätsversorgungsunternehmen in der Bundesrepublik haben sich

---

1) Vgl. Europäische Atomgemeinschaft (EURATOM) (Hrsg.): EURATOM-Handbuch der Kernenergiekostenrechnung; Bericht EUR-3079d, Brüssel 1967, S. 9.

2) Michaelis, H.: Die Kernenergie an der Schwelle der Konkurrenzfähigkeit - Organisatorische und planerische Probleme bei der Projektierung von Kernkraftwerken, in: Burgbacher, F. (Hrsg.): Ordnungsprobleme und Entwicklungstendenzen in der deutschen Energiewirtschaft; Festschrift für Theodor Wessels zur Vollendung seines 65. Lebensjahres, Essen 1967, S. 271.

3) Vgl. Europäische Atomgemeinschaft (EURATOM) (Hrsg.): EURATOM-Handbuch der Kernenergiekostenrechnung; Bericht EUR-3079d, Brüssel 1967, S. 10.

für das bei der Auftragsvergabe von Kernkraftwerken vorherrschende Verfahren der "schlüsselfertigen" Lieferung entschieden [1]. Hierbei übernimmt ein Unternehmen der Reaktorbauindustrie (Generalunternehmen) in Zusammenarbeit mit Unternehmen anderer Industriezweige (Bauindustrie, Brennelementhersteller, meßtechnische Industrie etc.) die Kraftwerksprojektierung und Ausführung. Die Rolle des Betreibers oder der Betreibergesellschaft (Gemeinschaftskraftwerk) beschränkt sich im wesentlichen auf den Erwerb und die Erschließung des Baugrundstücks einschließlich Gutachten, Genehmigungen und "Public Relations" sowie auf die Durchführung laufender Abnahmekontrollen.

Als nominelle Anlagekosten werden definitionsgemäß alle Investitionsausgaben für die Erstellung des Kernkraftwerks [2] bis zum Zeitpunkt der Inbetriebnahme [3] sowie die Eigenleistungen des Bauherrn (Geländeerwerb und -erschließung, Gutachten, Genehmigungsverfahren etc.) verstanden. Aufgrund unterschiedlicher Vertrags- und Lieferbedingungen, Abgrenzungen des Lieferumfangs, Standortbedingungen etc. sowie zu Vergleichszwecken hat sich eine Aufteilung nach (Anlage-)Kostenkomponenten als zweckmäßig erwiesen, wobei zwischen direkten und indirekten Kosten unterschieden wird [4]. Die direkten Anlagekosten [5] umfassen Kauf und Erschließung des Geländes,

---

1) Vgl. Europäische Atomgemeinschaft (EURATOM) (Hrsg.): EURATOM-Handbuch der Kernenergiekostenrechnung; Bericht EUR-3079d, Brüssel 1967, S. 21f.

2) Als Kernkraftwerk gilt die Gesamtheit der Einrichtungen, die zur Erzeugung und Lieferung elektrischer Energie und ggf. Fernwärme notwendig sind. Die Abgrenzung zwischen dem Kernkraftwerk und dem jeweiligem Transportnetz liegt dabei hinter dem Maschinentransformator resp. der Fernwärme-Pumpstation am Kraftwerk.

3) Ein Kernkraftwerk gilt als betriebsfertig, wenn es nach den Anfahrversuchen und dem Probebetrieb zur Aufnahme der normalen Leistungsbetriebs an den Betreiber oder die Betreibergesellschaft übergeben wird.

4) Vgl. Europäische Atomgemeinschaft (EURATOM) (Hrsg.): EURATOM-Handbuch der Kernenergiekostenrechung; Bericht EUR-3079d, Brüssel 1967, S. 22.

5) Vgl. Europäische Atomgemeinschaft (EURATOM) (Hrsg.): ebenda, S. 22ff.

Bauarbeiten, die gesamte Reaktoranlage einschließlich Primärkreislauf, die gesamte Turbogeneratoranlage, die gesamten (Sekundär-)Kühlanlagen, elektrotechnische Einrichtungen, Kraftwerkshilfs- und Nebenanlagen, sämtliche Sicherheitseinrichtungen, Moderator- und (Primär-)Kühlmittelfüllung, nicht aber die erste Brennstoffladung und die Brennstoffreserve.
Bei Kernheizkraftwerken sind die Anlagen des Fernwärmeteils, dazu gehören Wärmetauscher, Druckerhöhungsanlagen, Rohrleitungssysteme etc., innerhalb der Gruppe der direkten Anlagekosten zu berücksichtigen.
Zu den indirekten Anlagekosten [1)] zählen Forschung und Entwicklung, Projektierung, Gemeinkosten während der Bauzeit, Genehmigungsverfahren, Kosten für den Kraftwerksbetrieb während des Probebetriebs (ggf. abzüglich der Erlöse für Strom und Fernwärme), Versicherungskosten (bis zur Aufnahme des Leistungsbetriebs), Unvorhergesehenes.
Da Kernkraftwerke in mehrjähriger Bauzeit errichtet werden und die Kosten nicht erst zum Zeitpunkt der Fertigstellung anfallen, sondern nach einem vertraglich vereinbarten Zahlungstermin auf die Bauzeit verteilt werden, sind die bis zur Fertigstellung des Kernkraftwerks anfallenden Zinsen und Steuern hinzuzurechnen [2)]. Die damit errechneten effektiven [3)] Anlagekosten zum Zeitpunkt der Fertigstellung (= Inbetriebnahme) dar [4)].

---

1) Vgl. Europäische Atomgemeinschaf (EURATOM) (Hrsg.): ebenda, S. 33ff.

2) Welche Bedeutung den Steuern und Zinsen auf das investierte Kapitel als Kostenfaktor zukommt, mag die Tatsache belegen, daß sie bei den heutigen Bauzeiten und Zinssätzen fast ein Drittel des gesamten Investitionsbetrages großer Kernkraftwerke ausmachen. Vgl. Schmitt, D. und Arntzen, R.: Die Auswirkungen der Kernenergie auf die Kosten der Elektrizitätsversorgung, in: Kerntechnik, 16. Jg. (1974), H. 1, S. 15. Dresdner Bank AG (Hrsg.): Energiewirtschaftliche Entwicklung in der Bundesrepublik Deutschland bis 1980/85 - Fortschreibung der Untersuchung vom Februar 1974 über die Deckung des künftigen Kapitalbedarfs, Düsseldorf 1974 (masch.-schr. Ms.), S. 14.

3) Vgl. Gersten, W., Herrhausen, A., Laurick, H., Stadie, A. und Stief, H.: Grundlagen für die Berechnung der Stromerzeugungskosten von Kernkraftwerken, in: Atom und Strom, 6. Jg. (1960), H. 6/7, S. 56.

4) Eine Aufschlüsselung und graphische Darstellung des zeitlichen Verlaufs der anfallenden Kosten beim Bau eines Kernkraftwerks gibt Trenkler, H.: Kosten der Bauzeitverlängerungen bei Kernkraftwerken, in: atw, 21. Jg. (1976), H. 5, S. 247.

zu 1b. Brennstoffkosten

Die Brennstoffkosten eines Kernkraftwerks unterscheiden sich von denen eines konventionellen Dampfkraftwerks besonders in zweierlei Hinsicht [1]. Einmal dadurch, daß in den Inventaren des Kernbrennstoffkreislaufs [2] erhebliche Kapitalbeträge festgelegt sind. Ferner handelt es sich nicht nur um der Energieproduktion proportionale Kosten, wie es bei konventionellen Dampfkraftwerken der Fall ist. Die hier anstehenden Kostenfaktoren sind komplexerer Natur, da sie nicht nur eine Reihe verschiedener Ausgaben für die Beschaffung von Kernbrennstoff umfassen, sondern auch Einnahmen einschließen, die die abgebrannten Brennstoffladungen betreffen. Die Brennstoffkosten können nicht als algebraische Summe aus Brennstoffausgaben und -einnahmen definiert werden, da eine Reihe einzelner Ausgaben und Einnahmen sich vielfach über einen erheblichen Zeitraum erstrecken.
Zweitens liegen bei einem konventionellen Dampfkraftwerk, sobald es in Betrieb genommen ist, die Betriebscharakteristiken sowie der spezifische und gesamte Brennstoffverbrauch von geringfügigen, vernachlässigbaren Schwankungen abgesehen, fest. Ein besonderes Merkmal des Kernkraftwerks besteht demgegenüber darin, daß die Corecharakteristiken und damit der Brennstoffeinsatzplan dem jeweiligen technologischen Stand angepaßt werden können und auf diese Weise eine relative Senkung der Stromerzeugungskosten während der Nutzungsdauer des Kernkraftwerks möglich ist. Die Berechnung und Voraus-

---

1) Vgl. Europäische Atomgemeinschaft (EURATOM) (Hrsg.): EURATOM-Handbuch der Kernenergiekostenrechnung; Bericht EUR-3079d, Brüssel 1967, S. 37.

2) Als Brennstoffkreislauf wird die Gesamtheit der Verfahrenschritte bezeichnet, die der Kernbrennstoff von seinem Ankauf in Form von Urankonzentrat über die verschiedenen Umwandlungs- und Fabrikationsprozesse, den Einsatz im Reaktor und die Wiederaufarbeitung bis zum Verkauf (Plutonium) und zur Wiederverwendung durchläuft. Siehe dazu etwa Klusmann, A. und Völcker, H.: Brennelemente von Kernreaktoren, München 1969. Eder, D. und Kaspar, D.: Technischer und wirtschaftlicher Stand sowie Aussichten der Kernenergie in der Kraftwirtschaft der BRD, Studie im Auftrag des Bundesministeriums für Forschung und Technologie, T. 3: Der nukleare Brennstoffkreislauf, Hanau/M. 1974.

schätzung der Brennstoffkosten wird dadurch jedoch erheblich kompliziert [1].

Aus diesen Eigenarten des Brennstoffkreislaufs ergibt sich die Differenzierung der Brennstoffkosten hinsichtlich ihres Kostencharakters.
Die durch den ständigen Brennstoffeinsatz im Reaktor verursachten Kosten sind unabhängig von der Höhe der jeweiligen Stromerzeugung und damit leistungsabhängige Kosten. Als arbeitsabhängige Kosten erscheint derjenige Teil der Brennstoffkosten, der durch die jeweilige Stromerzeugung bestimmt wird [2].
Die leistungsabhängigen Brennstoffkosten werden verursacht durch die Brennelement-Erstausstattung [3] sowie die Haltung einer strategischen Brennstoffreserve und der damit verbundenen hohen Kapitalbindung. Es ist daher eine eigene Kostenerfassung für die leistungsabhängigen Brennstoffkosten aufzustellen, bei der die Ausgaben für den Einsatz von Brennstoff und die Einnahmen berücksichtigt werden, die für die nach der Bestrahlung dem Reaktor entnommenen Brennstoffladung rückvergütet werden. Diese Ausgaben und Einnahmen unterliegen einer beträchtlichen Zeitverschiebung [4].
Die Höhe der leistungsabhängigen Brennstoffkosten ist abhängig von dem Brennstoffpreis [5], der Anreicherung, Brennstoffmenge, Brennstoffart, der

---

1) Vgl. Europäische Atomgemeinschaft EURATOM) (Hrsg.): EURATOM-Handbuch der Kernenergiekostenrechnung; Bericht EUR-3079d, Brüssel 1967, S. 38ff. und dort Abbildung 1 auf S. 94. Roth, E.: Berechnung der Brennstoffkosten eines Kernkraftwerks, in: atw, 16. Jg. (1971), H. 2, S. 91-96.

2) Vgl. Smidt, D.: Reaktortechnik, Bd. 2: Anwendungen, 2. Aufl., Karlsruhe 1976, S. 188.

3) Diese sog. "Erstbeschickung" stellt eine beträchtliche Investitionsausgabe dar, die verzinst und entsprechend ihrer Wertminderung im Energieerzeugungsprozeß abgeschrieben werden muß. Die Abschreibung hierauf sind als arbeitsabhängige Kosten anzusehen, während die Zinsbeträge den leistungsabhängigen Kosten zuzurechen sind.

4) Vgl. Ebel, C.W.: Einsatzmöglichkeiten von Kernkraftwerken in der Elektrizitätswirtschaft der Bundesrepublik Deutschland; Deutsches Institut für Wirtschaftsforschung, DIW-Sonderhefte, Nr. 82, Berlin 1968, S. 54ff.

5) Es ist eine Eigenart der nuklearen Energieerzeugung, daß der Brennstoff-

Fortsetzung siehe Seite 511

metallurgischen Zusammensetzung und Form und Art der Brennstoffelemente. Außerdem ist der Wert des zu Betriebsbeginn eingesetzten Brennstoffs für die einzelnen Reaktortypen nicht einheitlich, so daß für Verzinsung und Versteuerung des Brennstoffinventars sehr unterschiedliche Brennstoff-Festkostenanteile resultieren [1]. Maßgebend für die leistungsabhängigen Brennstoffkosten ist die Kernkraftwerksleistung und damit die eingesetzte Brennstoffmenge. Die spezifischen leistungsabhängigen Brennstoffkosten fallen mit zunehmender Kernkraftwerksleistung allerdings weniger stark als die Anlagekosten.

Die arbeitsabhängigen Brennstoffkosten werden verursacht durch den für die laufende Energieerzeugung verbrauchten Brennstoff. Die Nachladungen sind dann - ähnlich wie die Brennstoffkosten bei konventionellen Wärmekraftwerken - als laufende Betriebsausgaben zu betrachten. Die Höhe der arbeitsabhängigen Brennstoffkosten ist im wesentlichen proportional der erzeugten Energiemenge [MWh] resp. [Gcal], aber auch von dem Kühlverfahren (Frischwasser-, Misch-, Trockene- oder Nasse Rückkühlung) sowie von der Fahrweise des Kernkraftwerks abhängig, da sich die spezifischen arbeitsabhängigen Brennstoffkosten mit dem Kondensationsdruck (⟶ Wirkungsgrad) und der zeitlichen Leistungsinanspruchnahme ändern.

zu 1c. Betriebs-, Unterhaltungs- und Versicherungskosten

Unter dieser Kostenkategorie werden alle Kosten zusammengefaßt, die während der Betriebsdauer eines Kernkraftwerks einschließlich des Fernwärmeteils -

---

Fortsetzung zu Fußnote

5) preis für das betriebsbedingte Brennstoffinventar auch die Fixkosten beeinflußt. Dies findet eine Parallele lediglich in einer Vorratshaltung, soweit betriebsnotwendig, der konventionellen Kraftwerke.

1) Die niedrigsten Werte ergeben sich für Natururanreaktoren (d.i. Uran mit 0,7 % U-235), höhere für Reaktoren mit angereichertem Brennstoff, die höchsten für Schnelle Reaktoren. Vgl. Klusmann, A. und Völker, H.: Brennelemente von Kernreaktoren, München 1969, S. 186f. Smidt, D.: Reaktortechnik, Bd. 2: Anwendungen, 2. Aufl., Karlsruhe 1976, S. 189.

mit Ausnahme der Brennstoffkosten - anfallen. Die Kosten setzen sich im einzelnen aus folgenden Komponenten zusammen:

1. Personalkosten

   Dieser Posten umfaßt alle Ausgaben für das Kraftwerkspersonal, das für einen im Hinblick auf eine möglichst hohe Verfügbarkeit der Anlage verlaufenden Betrieb und zur Durchführung der Wartungsarbeiten am Kraftwerksstandort benötigt wird. Diese Ausgaben umfassen sowohl die direkten Ausgaben für Löhne und Gehälter, als auch alle indirekten Lohnausgaben, wie Sozialversicherungsbeiträge, Lohnsummensteuer, Vergütungen etc. Diese Ausgaben sind unabhängig von der erzeugten Energiemenge und in begrenztem Umfang von der Kernkraftwerksgröße abhängig.

2. Versicherungskosten

   Diese Position umfaßt die Ausgaben für die Sach- und Haftpflichtversicherung [1].

   a. Sachversicherung

      Hierzu rechnen alle Ausgaben im Zusammenhang mit der Versicherung gegen an den Anlagen entstehenden Sachschäden [2].
      Die Prämie hängt von zahlreichen Faktoren ab, wie z.B. Kernkraftwerkstyp, Blockleistung, Anzahl der Kraftwerksblöcke auf einem gemeinsamen Standort; sie ist aber von der erzeugten Energiemenge unabhängig.

---

1) Übersichten zu Problemen und Techniken der Versicherung von Kernkraftwerken geben Braun, H.: Versicherung von Kernkraftwerken?, in: atw, 16. Jg. (1971), H. 3, S. 122-124. Braun, H.: Kernkraftwerks-Versicherungen 1974, in: Allianz-Berichte für Betriebstechnik und Schadenverhütung, Nr. 20 (1974), S. 7-9. Feldmann, J., Bremkamp, D. und Kuhn, O.: Versicherung von zwei Kernkraftwerken auf gemeinsamen Standort, in: ebenda, S. 25-30.

2) Siehe dazu Münchener Rückversicherungs-Gesellschaft (Hrsg.): Kernkraftwerke und ihre Versicherung, München o.J. (etwa 1971), S. 25ff.

b. Haftpflichtversicherung

Hierunter fallen die Prämien, die der Betreiber eines Kernkraftwerks aufgrund gesetzlicher Haftpflichtbestimmungen zur Deckung konventioneller und nuklearer Risiken aufbringen muß.

Die konventionelle Betriebshaftpflichtversicherung braucht hier nicht detaillierter erläutert werden.
Die Prämien der nuklearen Haftpflichtversicherung bemessen sich nach der Deckungssumme, deren Umfang (z.B. einheitliche oder getrennte Deckungssumme bei mehreren Blöcken) und Höhe im Genehmigungsverfahren festgesetzt wird (§ 13 Abs. 1 AtG) [1].
Die Deckungssumme ist abhängig von der thermischen Höchstleistung (Dauerleistung) des Reaktors (Grundbetrag), der Besiedlungsdichte im Umkreis des Standorts (sog. Besiedlungsfaktor) [2], dem Kernkraftwerkstyp, der Sicherheitscharakteristik sowie der Blockanzahl und deren Anordnung [3] (separate Monoblöcke, Doppelblockanlage oder Twin-Anordnung).

3. Verbrauchsmaterial

Der Betrieb eines Kernkraftwerks verursacht laufend Verbrauch oder Verluste an Betriebsstoffen; diese Vorgänge sind im wesentlichen von der Ausnutzung der Anlage abhängig. Hierzu rechnen insbesondere die Ausgaben für den Ersatz der Filter, des Primärkühlmittels, des Moderators (Ausnahme: Schnelle Reaktoren) etc.

4. Reparatur- und Überholungskosten

---

1) "Die Verwaltungsbehörde hat im Genehmigungsverfahren Art, Umfang und Höhe der Vorsorge für die Erfüllung gesetzlicher Schadensersatzverpflichtungen (Deckungsvorsorge) festzusetzen, die der Antragsteller zu treffen hat..." § 13 Abs. 1 Gesetz über die friedliche Verwendung der Kernenergie und den Schutz gegen ihre Gefahren vom 23. Dezember 1959, BGBl. I, S. 814 (Atomgesetz-AtG).

2) Vgl. Münchener Rückversicherungs-Gesellschaft (Hrsg.): Kernkraftwerke und ihre Versicherung, München o.J. [etwa 1971], S. 37.

3) Siehe dazu Feldmann, J., Bremkamp, D. und Kuhn, O.: Versicherung von zwei Kernkraftwerken auf gemeinsamen Standort, in: Allianz-Berichte für Betriebstechnik und Schadenverhütung, Nr. 20 (1974), S. 27ff.

5. Ersatzteile

Hierzu zählen nur die Ausgaben für solche Ersatzteile, die im Rahmen des für die gesamte Lebensdauer des Kernkraftwerks aufgestellten routinemäßigen Wartungsplans benötigt werden.

6. Verwaltungs- und sonstige allgemeine Kosten

Obgleich bei den Betriebs-, Unterhaltungs- und Versicherungskosten eine klare Aufteilung in leistungs- und arbeitsabhängige Anteile nicht immer möglich ist, kann folgende Einteilung angenommen werden [1]:

leistungsabhängige Komponenten	arbeitsabhängige Komponenten
(1) Personalkosten	(3) Verbrauchsmaterial
(2) Versicherungskosten	(4) Reparatur- und Überholungskosten
(6) Verwaltungs- und sonstige allgemeine Kosten	(5) Ersatzteile

ad 2. Kosten im Bereich der elektrischen Energieübertragung über Höchstspannungsnetze

Eine Aufteilung der Energieübertragungskosten nach Kostenarten ergibt sowohl für Umspannwerke als auch für Übertragungsleitungen folgende Gliederung [2]:

2a. Anlagekosten,

2b. Betriebs-, Unterhaltungs- und Versicherungskosten,

2c. Kosten der Übertragungsverluste ("Netzverlustkosten","Verlustkosten").

---

1) Vgl. auch Europäische Atomgemeinschaft (EURATOM) (Hrsg.): EURATOM-Handbuch der Kernenergiekostenrechnung; Bericht EUR-3079d, Brüssel 1967, S. 55. Frewer, H. und Röhl, F.H.: Das Euratom-Handbuch für die Kostenrechnung bei Kernkraftwerken, in: Atom und Strom, 13. Jg. (1967), H. 4, S. 53.

2) Vgl. Musil, L.: Praktische Energiewirtschaftlehre, Wien 1949, S. 208ff. ders.: Allgemeine Energiewirtschaftslehre, Wien-New York 1972, S. 102ff.

zu 2a. Anlagekosten

Als Umspannwerk wird nach den VDEW-Begriffsbestimmungen [1] die Gesamtheit der Anlagen zur Übertragung elektrischer Energie zwischen der verschiedenen Spannungsebenen der Höchst- und Hochspannung [2] verstanden. Komponenten der Anlagekosten sind im wesentlichen die Ausgaben für Transformatoren, Schaltfelder, Gebäude, Nachrichten- und Informationseinrichtungen, Schutztechnik, Nebeneinrichtungen (Werkstätten, Lager etc.), Grundstückserwerb und bautechnische Ausführung.
Die Höhe der Anlagekosten eines Umspannwerks wird im wesentlichen durch die Auslegung bestimmt, die sich nach der zu übertragenden Leistung und den Entwicklungsmöglichkeiten des Versorgungsgebietes richtet. Sie ist daher abhängig von der Netzstruktur, d.h. dem Charakter des Versorgungsgebietes, je nachdem, ob es sich um die Versorgung von dichtbesiedelten Gebieten oder um die Belieferung von Gebieten mit geringer Versorgungsdichte handelt [3].
Die Abstände der Umspannwerke von den Kraftwerken sowie die Abstände von Umspannwerk zu Umspannwerk und damit ihre Anzahl in einem Übertragungsnetz sind einerseits durch die Stabilität der Elektrizitätsübertragung selbst, andererseits durch die Dichte der Verbrauchsschwerpunkte bedingt [4].

Die Anlagekosten einer elektrischen Übertragungsleitung sind vor allem abhängig von der installierten Nennleistung (Spannungsebene, Anzahl der Drehstromsysteme), die sich je nach der zu übertragenden elektrischen Leistung und der Lastentwicklung in den Verbrauchsschwerpunkten richtet [5]

---

1) Vgl. Vereinigung Deutscher Elektrizitätswerke (VDEW) e.V. (Hrsg.: Begriffsbestimmungen in der Energiewirtschaft, Bd. 1, T. 4: Begriffsbestimmungen der Elektrizitätsübertragung und -verteilung, 4. Ausg. 1973, Frankfurt/M. 1974, S. 9.

2) Zur Abgrenzung der verschiedenen Spannungsebenen siehe Kapitel A. I. 2.

3) Vgl. Musil, L.: Praktische Energiewirtschaftslehre, Wien 1949, S. 217ff.

4) Vgl. Musil, L.: Wirtschaftliche Gesichtspunkte für die Großraum-Verbundwirtschaft in der Elektrizitätsversorgung; Schriftenreihe des Österreichischen Wasserwirtschaftsverbandes, H. 9, Wien 1947, S. 11ff. ders.: Praktische Energiewirtschaftslehre, Wien 1949, S. 218f.

5) Vgl. Lappe, F.: Überlegungen bei der Planung von Hochspannungsnetzen, in: ET, 16. Jg. (1966), H. 150, S. 3-5.

sowie ferner von den topographischen und meteorologisch-klimatischen [1] Gegebenheiten der jeweiligen Trassenführung.
Komponenten der Anlagekosten sind die Ausgaben für Gründung (Entschädigungen, Enteignungsverfahren, juristische Dienstleistungen etc.) und Trassierung [2], Fundamente, Maste, Seile, Isolatoren, Armaturen und Montage. Mit ca. 30 % stellen die Ausgaben für Gründung und Trassierung den prozentual höchsten Anteil an den gesamten Anlagekosten einer Freileitung dar.
Wesentlichen Einfluß auf die Anlagekostenkomponenten haben die topographischen Verhältnisse [3]. Die Trasse zwischen zwei Knotenpunkten sollte möglichst die kürzeste Verbindung zwischen den beiden Knotenpunkten sein. Das Ideal, die Luftlinie, ist bei einer hohen Besiedlungsdichte nicht zu erreichen [4]. Jeder Umweg erfordert aber zusätzliche Investitionsausgaben und erhöht während des Betriebs die Übertragungsverluste. Es muß daher bei der Projektion von Höchstspannungsfreileitungen angestrebt werden, das Verhältnis der tatsächlichen zur idealen Trassenlänge im Bereich von 1,1 bis 1,2 zu halten.

---

1) Ausführlich dazu Vogelsang, Th.: Bemessung und Konstruktion von Hochspannungsfreileitungen, in: ET, 16. Jg. (1966), H. 150, S. 31-42.

2) Ausführlicher dazu Jansen, J.: Einige Grundsätze zur Projektierung von Hochspannungsleitungen, in: Börner, B. (Hrsg.): Die Beschaffung von Grundstücken für Energieanlagen; Veröffentlichungen des Instituts für Energierecht an der Universität Köln, H. 36/37, Düsseldorf 1974, S. 24-33 und dort Abbildung 1a und 1b auf S. 90-91. Joachim, H.: Die Höhe der Enteignungsentschädigung beim Bau von Energieleitungen, in: Börner, B. (Hrsg.): ebenda, S. 72-84.

3) Siehe darüber Gester, J. und Lorenz, H.: Starkstromleitungen, Leistungsnetze und deren Berechnung, 6. Aufl., Berlin 1972, S. 286ff.

4) Siehe dazu Jansen, J.: Einige Grundsätze zur Projektierung von Hochspannungsfreileitungen, in: Börner, B. (Hrsg.): Die Beschaffung von Grundstücken für Energieanlagen; Veröffentlichungen des Instituts für Energierecht an der Universität Köln, H. 36/37, Düsseldorf 1974, S. 24-33.

zu 2b. Betriebs-, Unterhaltungs- und Versicherungskosten

Unter dieser Kostenkategorie lassen sich analog wie im Fall der Kernkraftwerke die entsprechenden Kostenkomponenten zusammenfassen: Personalkosten, Versicherungskosten, Verbrauchsmaterialbedarf, Reparatur- und Überholungskosten, Ersatzteilbedarf, Verwaltungs- und sonstige allgemeine Kosten [1].

Während im Erzeugungsbereich diese Kostenkategorie in einen leistungs- und arbeitsabhängigen Kostenteil aufzuteilen ist, können die Betriebs-, Unterhaltungs- und Versicherungskosten bei Umspannwerken und Übertragungsleitungen als unabhängig von der übertragenen Energiemenge, d.h. als leistungsabhängige Kosten betrachtet werden [2].

zu 2c. Kosten der Übertragungsverluste ("Netzverlustkosten", "Verlustkosten")

Die Übertragung elektrischer Energie vom Kraftwerk zum Verbraucher [3] ist aus physikalischen Gründen mit Verlusten verbunden.
Technisch und wirtschaftlich gesehen ergeben sich hieraus folgenden nachteilige Auswirkungen [4]:

- Die Deckung der Verluste erfordert zusätzliche Kraftwerksarbeit,

- Ein Teil der installierten Kraftwerksleistung muß zur Deckung der Verlustarbeit zur Verfügung gestellt werden und fällt somit für die Erzeugung nutzbarer Arbeit aus,

---

1) Siehe dazu ausführlicher Freiberger, H.: Betrieb von Elektrizitätswerken, Berlin-Göttingen-Heidelberg 1961, S. 248ff.

2) Vgl. Musil, L.: Allgemeine Energiewirtschaftslehre, Wien-New York 1972, S. 103f.

3) Hier werden allerdings - entsprechend dem Modellansatz - nur die Übertragungsverluste vom Kraftwerk bis zum Verbrauchsschwerpunkt betrachtet.

4) Ausführlicher dazu Vereinigung Deutscher Elektrizitätswerke (VDEW) e.V. (Hrsg.): Netzverluste, Eine Richtlinie für ihre Bewertung und Verminderung, 2. Ausg., Frankfurt/M. 1968.

- Im Übertragungs- und Verteilungsbereich müssen den Übertragungsverlusten entsprechend höhere "Leerkapazitäten" vorgehalten werden,

- Die Verlustströme belasten zusätzlich das Netz und bewirken hierdurch eine Verschlechterung der Spannungsverhältnisse und damit eine Verringerung der Übertragungsfähigkeit der Leitungen und Umspannwerke.

Die Verluste, die in einem Netz (Netzteil) auftreten, müssen nach zwei Kriterien klassifiziert werden:

a. Nach dem Ort des Auftretens:

   - Umspannwerke,

   - Leitungen.

b. Nach ihrer Art:

   - Leistungsabhängige (lastunabhängige) Verluste; diese treten immer auf, wenn das Netz (Netzteil) unter Spannung steht, unabhängig davon ob das Netz (Netzteil) belastet ist oder nicht. Als leistungsunabhängige Verluste gelten die "Leerlaufverluste" bei Transformatoren und die Ableit- und Koronaverluste bei Freileitungen.

   - Arbeitsabhängige (lastabhängige, "veränderliche" [1]) Verluste; diese treten nur dann auf, wenn das Netz (Netzteil) belastet ist. Bei Leitungen sind es reine Stromwärmeverluste und bei Transformatoren die Kurzschlußverluste, die sich aus den Stromwärmeverlusten und den stromabhängigen Zusatzverlusten zusammensetzen.

Die Höhe der Übertragungsverluste im Netz wird einerseits durch die Netzausbauleistung und durch die technische Ausführung der Anlagen des Übertragungssystems bestimmt [2]. Andererseits sind die übertragene Energie und

---

1) Wolf, M. und Junge, H.: Enzyklopädie der Energiewirtschaft, Bd. 2: Belastungskurven und Dauerlinien in der elektrischen Energiewirtschaft, Berlin-Göttingen-Heidelberg 1959, S. 408.

2) Vgl. etwa Buchhold, Th. und Happoldt, H.: Elektrische Kraftwerke und

Fortsetzung siehe Seite 519

die Entfernung [1] zwischen Einspeiseort und Verbrauchsort verlustbestimmend. Dabei müssen die Netzverluste für jedes Netzelement getrennt erfaßt und berechnet werden, was zwar für ein einzelnes Netzelement relativ einfach ist, bei einem Verbundsystem jedoch zu einem außerordentlich hohen Rechenaufwand führt.

Bewertete Netzverluste ("Netzverlustkosten", "Verlustkosten") werden von den Elektrizitätsversorgungsunternehmen nicht als Kostenart geführt [2]. Denn Netzverluste sind "so selbstverständlich, daß man sich... (in vielen Fällen) damit begnügt festzustellen, daß sie in allgemeinen Grenzen liegen" [3].

Eine Erfassung der Netzverluste als Kosten ist bei dem vorliegenden Modell insofern problematisch, da die elektrischen Leistungsverluste als nicht gelieferte Energie entgangenen Gewinn darstellen. Für die Investitions- und Standortplanung in der Elektrizitätswirtschaft kann aber aus oben genannten Gründen keine Gewinnfunktion angesetzt werden, in der die Netzverluste als negativer Term erscheinen.

Fortsetzung zu Fußnote

2) Netze, 4. Aufl., Berlin-Göttingen-Heidelberg 1963, S. 514ff. Lau, H. und Hardt, W.: Energieverteilung, Braunschweig 1968, S. 20ff. Vereinigung Deutscher Elektrizitätswerke (VDEW) e.V. (Hrsg.): Netzverluste, Eine Richtlinie für ihre Bewertung und Verminderung, 2. Ausg., Frankfurt/M. 1968, S. 38ff.

1) Einflüsse auf die Höhe der Verluste haben somit die oben erwähnten "Umwege" der Freileitungsführung sowie meteorologisch-klimatische Einflüsse in Abhängigkeit von der geographischen Lage. Vgl. Gester, J. und Lorenz, H.: Starkstromleitungen, Leitungsnetze und deren Berechnung, 6. Aufl., Berlin 1972, S. 289. Rieger, H. und Fischer, R.: Der Freileitungsbau, Berechnung und Ausführung von Starkstromleitungen, 2. Aufl., Berlin-Heidelberg-New York 1975, S. 2.

2) Vgl. Vereinigung Deutscher Elektrizitätswerke (VDEW) e.V. (Hrsg.): Netzverluste, Eine Richtlinie für ihre Bewertung und Verminderung, 2. Ausg., Frankfurt/M. 1968, S. 23. Scherl, R.: Bewertung von Netzverlusten, in: Elektrizitätswirtschaft, 67. Jg. (1968), H. 9, S. 216.

3) Delwig, H.: Beitrag zur Bewertung der Verlustleistung, in: PEK, 13. Jg. (1965), H. 2/3, S. 74.

Andererseits stellen Netzverluste aufgrund ihrer engen Wechselwirkung mit der elektrotechnischen Bemessung der Netzanlagen sowie der Standortwahl einen relevanten Faktor bei Investitions- und Standortentscheidungen dar [1]. Entsprechend dieser hier mehrfach angeschnittenen Überlegung werden die mit den Stromgestehungskosten (siehe unten) bewerteten Netzverluste in die Zielfunktion aufgenommen.
Diese Überlegungen gelten mutatis mutandis für die Kosten der Wärmeverluste beim Fernwärmetransport.

Wesentlich sind die arbeitsabhängigen Verluste, insbesondere die Stromwärmeverluste, da sie bei der ständigen Zunahme der Übertragungsleistungen zunehmend an Bedeutung gewinnen. Abgesehen davon sind die arbeitsabhängigen Verluste erheblich höher als die leistungsabhängigen Verluste; dies gilt sowohl für Leitungen als auch für Umspannwerke. In der zu beschreibenden Zielfunktion werden daher die leistungsabhängigen Verluste zusammen mit den Betriebs-, Unterhaltungs- und Versicherungskosten als leistungsabhängige Kosten der Inbetriebhaltung erfaßt. Auf ein Verfahren der teilweisen Reduzierung des Rechenaufwands zur Erfassung der arbeitsabhängigen Verluste wird unten bezug genommen.

ad 3. Kosten in Bereich des Fernwärmetransports

Die im Bereich des Fernwärmetransports anfallenden Kosten lassen sich gleichfalls in drei Kostenarten gliedern:

3a. Anlagekosten,

3b. Betriebs-, Unterhaltungs- und Versicherungskosten,

3c. Kosten der Wärmeverluste beim Transport ("Verlustkosten").

---

1) Vgl. hierzu auch Vereinigung Deutscher Elektrizitätswerke (VDEW) e.V. (Hrsg.): Netzverluste, Eine Richtlinie für ihre Bewertung und Verminderung, 2. Aufl., Frankfurt/M. 1968, S. 23ff. Jones, B.: New Approaches to the Design and Economics of EHV Transmission Plant; International Series of Monographs in Electrical Engineering, Vol. 4, Oxford-New York-Toronto-Sydney-Braunschweig 1972, S. 33f.

zu 3a. Anlagekosten

Die Anlagekosten einer Fernwärmeleitung lassen sich pauschal nach den Teilbeträgen für Tiefbau, Rohrbau und Isolierung unterteilen. Diese Gliederung erlaubt lediglich einen Überblick über die Kostenrelationen. Auftrund des hohen Anteils der Anlagekosten an den Gesamtkosten eines Fernwärmesystems sollte eine summarische Betrachtung der Anlagekosten möglichst nicht angewendet werden [1].
Detaillierte Aufgliederungen der Anlagekosten bei Fernwärmeleitungen geben H.E. Brachetti [2] sowie J.H. Welter [3].
Die Höhe der Anlagekosten einer Fernwärmeleitung wird hauptsächlich bestimmt durch die Verlegungsart, die heiztechnische und konstruktive Auslegung, der Rohrnennweite und die Länge der Fernleitung. Im Einzelfall können die Anlagekosten aufgrund der Geländeverhältnisse (nicht tragfähige oder wasserführende Böden etc.), Hindernisse verschiedener Art, insbesondere durch Fremdleitungen (Gas, Strom, Wasser) sowie sonstiger Bauerschwernisse stark differieren [4]. Genaue Kostenwerte lassen sich erst angeben, wenn die entscheidenden Daten und Anforderungen [5] festgestellt sind, d.h.:

---

1) Vgl. Brachetti, H.E.: Technisch-wirtschaftliche und hauphysikalisch-konstruktive Probleme bei der Planung von Fernwärmenetzen, Frankfurt/M. 1974, S. 36.

2) Siehe Brachetti, H.E.: Rationalisierung in der Fernwärmeversorgung - Fernwärmenetze, in: Elektrizitätswirtschaft, 69. Jg. (1970), H. 4, S. 110ff. ders.: Technisch-wirtschaftliche und bauphysikalisch-konstruktive Probleme bei der Planung von Fernwärmenetzen, Frankfurt/M. 1974, S. 36ff.

3) Siehe Welter, J.H.: Zur Problematik der optimalen Betriebsgröße von Heizkraftwerken, Diss. Aachen 1971, S. 106.

4) Siehe dazu Vereinigung Deutscher Elektrizitätswerke (VDEW) e.V. (Hrsg.): Technische Richtlinien für den Bau von Fernwärmenetzen, 3. Ausg. Frankfurt/M. 1973, S. 11ff.

5) Siehe auch Kapitel B. III. 1. - ad 3. Nukleare Fernwärmeversorgung.

1. Absatzwirtschaftliche Faktoren

   - Fernwärmebedarf $(Gcal \cdot h^{-1})$
   - Fernwärmebedarfsdichte $(Gcal \cdot h^{-1} \cdot km^{-1})$,
   - Benutzungsdauer (h),
   - Verbrauchsstruktur.

2. Technisch-wirtschaftliche Faktoren

   - Leitungslänge (km),
   - Rohrnennwerte (mm),
   - Verlegungsart (Betonkanal, kanalfreie Verlegung) [1],
   - Veländeverhältnisse,
   - Heiztechnische und konstruktive Auslegung der Fernwärmeleitung.

Die Fernwärme-Fernleitung ist entweder nach der höchsten Fernwärmeabgabe $(Gcal \cdot h^{-1})$ des Kernkraftwerks (ein Versorgungsgebiet) oder nach den zu erwartenden Fernwärmeanschlußwerten $(Gcal \cdot h^{-1})$ der verschiedenen Versorgungsgebiete zu bemessen. Die tatsächliche Transportkapazität der Leitung kann während des Betriebs, entsprechend dem Zuwachs des Fernwärmebedarfs, aufgebaut werden.

zu 3b. Betriebs-, Unterhaltungs- und Versicherungskosten

Unter dieser Kostenkategorie lassen sich die folgenden Kostenkomponenten zusammenfassen: Personalkosten, Versicherungskosten, Verbrauchsmaterialbedarf, Reparatur- und Überholungskosten, Ersatzteilbedarf, Verwaltungs- und sonstige allgemeine Kosten [2]. Die Betriebs-, Unterhaltungs- und Verwaltungskosten

---

1) Zur Klassifizierung und Beschreibung der verschiedenen Verlegungsarten siehe Brachetti, H.E.: Zur Problematik der Erdverlegung wärmeführender Leitungen, in: Elektrizitätswirtschaft, 70. Jg. (1971), H. 5, S. 94-100. Vereinigung Deutscher Elektrizitätswerke (VDEW) e.V. (Hrsg.): Technische Richtlinien für den Bau von Fernwärmenetzen, 3. Ausg., Frankfurt/M. 1973, S. 30ff. Brachetti, H.E.: Technisch-wirtschaftliche und bauphysikalisch-konstruktive Probleme bei der Planung von Vernwärmenetzen, Frankfurt/M. 1974, S. 152ff.

2) Siehe dazu ausführlicher Welter, J.H.: Zur Problematik der optimalen Be-

Fortsetzung siehe Seite 532

sind dem Kostencharakter nach als leistungsabhängige Kosten zu behandeln.

zu 3c. Kosten der Wärmeverluste beim Transport ("Verlustkosten")

Als Wärmeverlust gilt allgemein die Differenz zwischen ins Fernheiznetz eingeschickter und abgerechneter Wärmemenge [1)2)].
Zur Bildung und Höhe der Wärmeverluste tragen bei [3)]:

1. Die Dimensionierung, heiztechnische und konstruktive Auslegung der Fernwärmeleitung:
   - Leitungslänge (km),
   - Rohrnennweite (mm),
   - Verlegungsart (Betonkonal, kanlafreie Verlegung),
   - Verlegungsverfahren (Rohrlagerung etc.),
   - Wärmedämmerung und Isolierstärke.

2. Die physikalischen Gesetzmäßigkeiten der Wärmeübertragung und des Wärmedurchgangs:
   - Wärmeverlust durch die Isolierung,
   - Wärmeverlust vom Betonkanal an das Erdreich (bei Kanalverlegung).

Fortsetzung zu Fußnote

2) triebsgröße von Heizkraftwerken, Diss. Aachen 1971, S. 111. Brachetti, H.E.: Technisch-wirtschaftliche und bauphysikalisch-konstruktive Probleme bei der Planung von Fernwärmenetzen, Frankfurt/M. 1974, S. 67ff.

1) Vgl. Schulz, E.: Öffentliche Heizkraftwerke und Elektrizitätswirtschaft in Städten, Berlin 1933, S. 157.

2) Entsprechend dem Modellansatz ist hier nur die Wärmemengendifferenz zwischen der Übergabestation am Kernkraftwerk und der Übergabestation in das Mittelverteilungsnetz (vgl. Abbildung 21) zu betrachten.

3) Gliederung teilweise in Anlehnung an Schulz, E.: Öffentliche Heizkraftwerke und Elektrizitätswirtschaft in Städten, Berlin 1933, S. 157.

3. Die Boden- und Witterungseinflüsse in Abhängigkeit von der geographischen Lage der Fernwärmeleitung.

4. Die Betriebsführung:

   - Temperaturspreizung (Vorlauf-/Rücklauftemperatur (°C)),
   - Wärmemengenregelung (Temperatur- oder Wassermengenregelung),
   - Meßverfahren und Meßfehler.

Die unter 1. bis 3. genannten Einflußfaktoren hängen im wesentlichen von der Projektierung und Ausführung der Fernwärmeleitung ab.

Bei der Wärmemengenregelung (Punkt 4.) über eine Variation der Vorlauftemperatur ergeben sich in den Wintermonaten etwas höhere Wärmeverluste als in den Sommermonaten [1], da im Winter die Differenz zwischen der Temperatur des Wärmeträgers und der Umgebungstemperatur größer ist.

Wird die Wärmemengenregelung über eine Erhöhung der Fließgeschwindigkeit bei konstanter Vorlauftemperatur unter Steigerung des Systemdrucks durchgeführt (Wassermengenregelung), so sind die Wärmeverluste praktisch unabhängig von der transportierten Wärmemenge. H. Vogt spricht daher auch in Analogie zur elektrischen Übertragung von "Leerlaufverlusten" [2].

Bei den derzeitigen großen Fernheiznetzen ist eine Kombination beider Verfahren üblich: in den Wintermonaten die Wassermengenregelung in den Sommermonaten die Temperaturregelung [3].

Die Wärmeverlustkosten ergeben sich aus den Wärmeverlusten und den Wärmeerzeugungskosten. Entsprechend den zuvor erörterten Einflußfaktoren, können die Kosten der Wärmeverluste im Transportnetz dem Charakter nach den leistungsabhängigen Kosten zugerechnet werden [4].

---

1) Vgl. auch Welter, J.H.: Zur Problematik der optimalen Betriebsgröße von Heizkraftwerken, Diss. Aachen 1971, S. 112.

2) Vgl. Vogt, H.: Probleme der Versorgungswirtschaft, München 1950, S. 54f.

3) Vgl. Brachetti, H.E.: Probleme der Fernwärmeverteilung, in: Techn. Mitt., 67. Jg. (1974), H. 5, S. 192.

4) In der Praxis werden die Wärmeverlustkosten noch vielfach als arbeitsabhängige Kosten behandelt. Kritisch dazu auch Vereinigung Deutscher Elektrizitätswerke (VDEW) e.V. (Hrs.): Fernwärmeversorgung aus Heizwerken - Planung, Bau und Betrieb, Frankfurt/M. 1973, S. 140.

2. Mathematische Formulierung des Standortmodells

Die formale Darstellung des Standortmodells geht von den in Kapitel C. II. und C. III. 1. beschriebenen Zusammenhängen und Voraussetzungen aus. Zum Problembereich "Nukleare Fernwärmeversorgung" sei darüber hinaus auf die Ausführungen in Kapitel B. III. 1. - ad 3. verwiesen.

Der konkreten Modellformulierung sind zunächst grundsätzliche Beziehungen für die Erfassung der leistungs- und arbeitsabhängigen Kostenarten voranzustellen.
Eine Energieanlage ist allgemein charakterisiert durch eine bestimmte, auf einen Zeitpunkt beziehbare Kapazität (Leistung) und die Fähigkeit mit dieser Kapazität (Leistung) in einem bestimmten zeitlichen Betriebsabschnitt durch Auslastung der Kapazität eine bestimmte Energiemenge (Arbeit) zu erzeugen oder transportieren [1]. Es erweist sich als zweckmäßig, allgemein folgende Größen zu definieren [2]:

- Kapazitätsgrößen X,

die das Leistungsvermögen und

- Auslastungsgrößen Y,

welche die Auslastung der Kapazitäten in einem zeitlichen Betriebsabschnitt repräsentieren.
Die Kapazitätsgrößen X können durch die Anschaffungsperiode q' und durch die Art a der Anlage als $X_{q'a}$ näher bezeichnet werden. Mit dem Index a läßt sich die Anlage nach Typ, diskret wählbarer Leistungsgröße, Standort oder Trasse etc. charakterisieren; je nach Bedarf und untersuchtem Zusammenhang kann der Index a in eine Reihe von Indizes aufgespalten werden.

Die Auslastungsgrößen werden durch die Art a der Anlage und das Zeitintervall q der Inanspruchnahme als Y_{qa} näher bezeichnet ($q' \leq q$).

---

1) Zum physikalischen resp. energiewirtschaftlichen Leistungs- und Arbeitsbegriff vgl. die Ausführungen in Kapitel A. I. 2.

2) Die hier zunächst verwendeten Symbole tragen der Allgemeingültigkeit der Zusammenhänge Rechnung und werden zur Modellformulierung spezifiziert.

Damit können die leistungs- und arbeitsabhängigen Kostenarten allgemein wie folgt formuliert werden [1]:

- Leistungsabhängige Kostenarten

$$K^{lei}_{q'a} = k^{lei}_{q'a} (X_{q'a}) \cdot X_{q'a} \qquad (3.15)$$

- Arbeitsabhängige Kostenarten

$$K^{arb}_{qa} = k^{arb}_{qa} (Y_{qa}) \cdot Y_{qa} \qquad (3.16)$$

mit:

K^{lei}: Absolutbetrag der leistungsabhängigen Kosten (in Geldeinheiten),

k^{lei}: spezifische leistungsabhängige Kosten (in Geldeinheiten bezogen auf die Einheit der Kapazitätsgröße),

K^{arb}: Absolutbetrag der arbeitsabhängigen Kosten (in Geldeinheiten),

k^{arb}: spezifische arbeitsabhängige Kosten (in Geldeinheiten bezogen auf die Einheit der Auslastungsgröße).

Von diesen Vorbemerkungen soll auf die konkrete Formulierung der Zielfunktion des Standortmodells übergegangen werden (Abschnitt 1). Die Beschreibung der Restriktionen erfolgt in Abschnitt 2. Auf Fragen der numerischen Lösung und Anwendbarkeit des Modells wird abschließend zusammengefaßt Bezug genommen [2].

---

1) Vgl. hierzu Požar, H.: Leistung und Energie in Verbundsystemen, Wien 1963, S. 99f. Buchhold, Th. und Happoldt, H.: Elektrische Kraftwerke und Netze, 4. Aufl., Berlin-Göttingen-Heidelberg 1963, S. 41ff. Brinkmann, K.: Einführung in die elektrische Energiewirtschaft, Braunschweig 1971, S. 83ff. Musil, L.: Allgemeine Energiewirtschaftslehre, Wien 1972, S. 62ff.

2) Den Herren Dipl.-Ing. Dr. rer. pol. K. Bellmann, Seminar für Allgemeine Betriebswirtschaftslehre und Betriebswirtschaftslehre der Industrie (Industrieseminar), und Dipl.-Math. Dr. rer. pol. H.-J. Vaterrodt, Lehrstuhl und Seminar für Allgemeine Betriebswirtschaftslehre und Unternehmensforschung, Universität Mannheim, dankt d. Verf. für viele Diskussionen, die im folgenden ihren Niederschlag gefunden haben.

ad 1. Die Zielfunktion des Standortmodells

Ansatzpunkt der Modellkonzeption ist ein bestehendes Verbundnetz, in das neue Kernkraftwerke eingegliedert und durch neue Höchstspannungsleitungen und Umspannwerke vermascht und erweitert werden soll. Zur nuklearen Fernwärmeversorgung ist die in Kernheizkraftwerken (Kraft-Wärme-Kupplung) erzeugte Heizwärme über neu zu errichtende Fernwärme-"Fernleitungen" an die Fernwärme-Mittelverteilungsnetze der Versorgungsgebiete heranzuführen.

Ausgegangen wird von einer endlichen Menge ausgewählter, potentieller Standorte $s(s = 1,2,\ldots,\bar{s})$, an denen Kernkraftwerke vom Typ $t(t = 1,2,\ldots,\bar{t})$ mit bestimmten, zum Zubau zugelassenen, diskreten Leistungsgrößen $l(l = 1,2,\ldots,\bar{l})$ (MW_{el}) in den Perioden $q(q = 1,2,\ldots,\bar{q})$ errichtet werden können [1]. Die beim Betrieb der entsprechenden Anlagen erzeugten Energiemengen an Strom und Heizwärme (Produktindex: p) sollen zur Befriedigung des in den Verbrauchsschwerpunkten $e(e = 1,2,\ldots,\bar{e})$ anfallenden Strombedarfs und des in den Verbrauchsschwerpunkten $f(f = 1,2,\ldots,\bar{f})$ anfallenden Fernwärmebedarfs dorthin geliefert werden. Die durch e resp. f charakterisierten Verbrauchsschwerpunkte können hinsichtlich ihres untergeordneten geographischen Gebiets übereinstimmen, brauchen es aber nicht.

Es wird vorausgesetzt, daß durch eine sorgfältige Trassenplanung [2] die je-

---

1) Eine alphabetisch geordnete Zusammenstellung der verwendeten Modellsymbole findet sich im Anhang.

2) Siehe hierzu Kries, O.v.: Das Hochvolt-Verbundnetz aus der Sicht der Landesplanung, in: RfuRo, 17. Jg. 1959, H. 3, S. 138-147. Scheuten, G.H.: Planung und Sicherung von Leitungswegen, in: ET, 14. Jg. (1964), H. 126/127, S. 269-281. Kries, O.v.: Gesichtspunkte der Raumordnung und Landesplanung zur Führung und Gestaltung von Freileitungen, in: ET, 16. Jg. (1966), H. 150, S. 13-30. Trüb, E. und Maurhofer, F.: Freihaltekorridore für Versorgungsleitungen, in: Plan (Schweizerische Zeitschrift für Landes-, Regional- und Ortsplanung), 26. Jg. (1969), H. 1, S. 8-12. Andersen, B.: Einige Grundsätze zur Projektierung von Energie-Rohrfernleitungen, in: Börner, B. (Hrsg.): Die Beschaffung von Grundstücken für Energieanlagen; Veröffentlichungen des Instituts für Energierecht an der Universität Köln, H. 36/37, Düsseldorf 1974, S. 6-23. Jansen, J.: Einige Grundsätze zur Projektierung von Hochspannungsfreileitungen, in: Börner,

Fortsetzung siehe Seite 528

weils "realisierbaren Optimaltrassen" ("bestmögliche Trassen") [1] für den Bau von Höchstspannungsfreileitungen mit der zugelassenen, diskreten Nennleistungsgröße $m(m = 1,2,\ldots,\overline{m})$ (MVA) [2] zwischen $s \leftrightarrow e(s = 1,2,\ldots,\overline{s}; e = 1,2,\ldots,\overline{e})$ sowie für Fernwärmeleitungen mit der zugelassenen, diskreten Kapazitätsgröße $n(n = 1,2,\ldots,\overline{n})$ $(Gcal \cdot h^{-1})$ zwischen $s \leftrightarrow f(s = 1,2,\ldots,\overline{s}; f = 1,2,\ldots,\overline{f})$ bekannt ist. Die "Endpunkte" der Leitungen $s \rightarrow e$ sowie $s \rightarrow f$ sollen ebenfalls bekannt sein; e gilt als Standort eines Umspannwerks mit

---

Fortsetzung zu Fußnote

2) B. (Hrsg.): ebenda, S. 24-33. Moser, U.: Zur Ermittlung des günstigsten Leitungstrassees, Diss. Zürich 1975.

1) Andersen, B.: Einige Grundsätze zur Projektierung von Energie-Rohrfernleitungen, in: Börner, B. (Hrsg.): Die Beschaffung von Grundstücken für Energieanlagen; Veröffentlichungen des Instituts für Energierecht an der Universität Köln, H. 36/37, Düsseldorf 1974, S. 10.

2) Voltampere (VA) ist die Einheit der Scheinleistung bei Wechselstrom (MVA = Megavoltampere).
Vom Konsumenten wird Scheinleistung, P_S(VA), nachgefragt, da beim Betrieb von Wechselstrommaschinen zusätzlich zu der nutzbaren Wirkleistung, P_W(W) (Watt), die nicht nutzbare Blindleistung, P_B(VAr) (r = réactif), aufgebracht werden muß. Schein-, Wirk- und Blindleistung sind untereinander z.B. durch folgende formelmäßige Beziehungen verknüpft:

$$P_S \cdot \cos \phi = P_W \qquad (\cos \phi = \text{Blindleistungsfaktor})$$

oder

$$P_S \cdot \sin \phi = P_B$$

oder

$$P_S = \sqrt{P_W^2 + P_B^2} .$$

Vgl. Königshofer, E.: Kurzgefaßte Elektrizitätswirtschaftslehre, Wien 1952, S. 25ff. Wolf, M. und Junge, H.: Enzyklopädie der Energiewirtschaft, Bd. 2: Belastungskurven und Dauerlinien in der elektrischen Energiewirtschaft, Berlin-Göttingen-Heidelberg 1959, S. 138.
Elektrische Energieversorgungsnetze müssen somit entsprechend dem Bedarf an Scheinleistung ausgelegt werden. Als Nennleistung gilt die Leistungsfähigkeit (höchste Dauerleistung) einer elektrischen Übertragungsanlage und ist gleich der Scheinleistung, für welche die Analyse bemessen ist. - Aus Gründen der Übersichtlichkeit wird der Index S im folgenden nicht mitgeführt.

Einspeisung in untergeordnete Hochspannungsnetze [1]; f gilt als Standort einer Fernwärmeübergabestelle in untergeordnete Mittelverteilungsnetze [2]. Die jeweils untergeordneten Netze werden aus oben genannten Gründen nicht in das Modell einbezogen.

Für die Errichtung neuer Kernkraftwerke sollen im Modell folgende Ausbaustufen berücksichtigt werden:

1. Der potentielle Standort $s(s = 1,2,...,\bar{s})$ ist bisher nicht belegt. Es kann die Errichtung eines einzigen Blocks vom Typ t mit der zugelassenen Leistungsgröße l in der Periode q erfolgen (Erstinvestition).

2. Der potentielle Standort s ist bisher einfach oder mehrfach belegt. Die bestehende Anlage kann um einen Block vom Typ t mit der zugelassenen Leistungsgröße l in der Periode q erweitert werden (Erweiterungsinvestition) [3].

Die Alternative "Zubau von zwei Blöcken" (an einem Standort) kann in Annäherung als Erweiterungsinvestition (entsprechend Punkt 2.) betrachtet werden, da aus verschiedenen Gründen, wie Kapitalbedarf, Finanzierungsmöglichkeit, Baukapazität etc., mit der bautechnischen Erstellung des zweiten Blocks zumindest erst nach Aufnahme des Probebetriebs des ersten Blocks zu rechnen ist [4]. Für diese Zeitspanne können etwa vier bis fünf Jahre angesetzt werden.

---

1) Vgl. Abbildung 3 in Kapitel A. I. 2.

2) Vgl. Abbildung 21 in Kapitel B. III. 1. - ad 3. Nukleare Fernwärmeversorgung.

3) Eine idealtypische Blockbauweise, d.h. zeichnungsgleiche Blöcke gleichen Typs und gleicher Leistung (vgl. Kapitel B. I. 2. - ad 4. Erweiterung bestehender Kraftwerke), wird nicht vorausgesetzt.
Hinsichtlich der möglichen Anordnung des zugebauten Blocks - separater Monoblock, Doppelblock oder Twin-Anordnung - wird hier nicht differenziert. Die Berücksichtigung dieser Alternativen wäre u.a. Gegenstand eines Modells zur innerbetrieblichen Standortplanung.

4) Von bestimmten Vorleistungen für den zweiten Kernkraftwerksblock, wie

Fortsetzung siehe Seite 530

Der Ausbau der elektrischen Übertragungsanlagen wird in der Praxis häufig in Etappen - entsprechend dem Lastzuwachs in den Verbrauchsschwerpunkten und dem Zubau der Kraftwerksleistung - vorgenommen [1]. Es soll hier davon ausgegangen werden, daß für elektrische Höchstspannungsleitungen zwei Ausbaustufen bestehen können, wobei die erste Ausbaustufe der Leitung zwischen s ↔ e durch die Belegung mit einem oder zwei Drehstromsystem(en) [2] gekennzeichnet ist und in der zweiten Ausbaustufe die Restbelegung vorgenommen wird [3].

Im Modell muß daher die Entscheidungsmöglichkeit zwischen einem vollständigen Ausbau einer Höchstspannungsleitung in einer Etappe und einem stufenweisen Ausbau berücksichtigt werden. Diese Unterscheidung erlaubt auch die Erfassung der Kosten für die Restbelegung von zu Beginn des Planungszeitraums bestehenden aber nur teilweise ausgebauten Übertragungsleitungen. Der

---

Fortsetzung zu Fußnote

4) Geländekauf, Geländeerschließung, Bau von Verkehrswegen und Kühlwasserentnahmebauwerken etc. [+], die aus technischen und wirtschaftlichen Gründen gleichzeitig mit dem Bau des ersten Blocks vorgenommen werden sollten, kann hier abstrahiert werden.

[+] Siehe auch dazu Europäische Atomgemeinschaft (EURATOM) (Hrsg.): EURATOM-Handbuch der Kernenergiekostenrechnung; Bericht EUR-3079d, Brüssel 1967, S. 22f.

1) Siehe dazu Deutsche Verbundgesellschaft (DVG) e.V. (Hrsg.): Planungskarte Deutsches Verbundnetz, Stand Januar 1975, Heidelberg 1975. Vereinigung Deutscher Elektrizitätswerke (VDEW) e.V. (Hrsg.): Verzeichnis der Hochspannungsleitungen von 60 kV und darüber und der Kraftwerke von 1 MW und darüber in Westdeutschland und West-Berlin, Ausg. 1975, Frankfurt/M. 1975.

2) Die Anzahl ist dabei abhängig von der üblichen oder maximal möglichen Belegung in der Endausbaustufe. Für die die übliche oder maximal mögliche Belegung mit Drehstromsystemen gilt je nach Spannungsebene: 220 kV: 2- oder 4-, 380 kV: 2- oder 4- und 750 kV: 2 Drehstromsysteme.

3) Vgl. Arbeitsgemeinschaft deutscher wirtschaftswissenschaftlicher Forschungsinstitute e.V. (Hrsg.): Gegenwärtige Struktur und künftige Entwicklung der öffentlichen Elektrizitätswirtschaft in der Bundesrepublik Deutschland. Ein Gutachten des Energiewirtschaftlichen Instituts an der Universität Köln, Berlin 1964, S. 118ff.

Ausbau einer Übertragungsleitung parallel zu einer bereits bestehenden Trasse wird dagegen nicht als eine Form der Erweiterung betrachtet, da für eine parallele Trassenführung nur eine geringe Degression der spezifischen Investitionskosten eintritt. Es lassen sich mithin unterscheiden:

1. Vollständiger Ausbau einer Höchstspannungsleitung zwischen s ↔ e mit der zugelassenen Nennleistungsgröße m in der Periode q.

2. Ausbau einer Höchstspannungsleitung zwischen s ↔ e bis zur ersten Ausbaustufe mit der zugelassenen Nennleistungsgröße m in der Priode q.

3. Erweiterung (= Restbelegung) einer teilweise ausgebauten Übertragungsleitung zwischen s ↔ e zur zweiten Ausbaustufe (= Endausbaustufe) mit der zugelassenen Nennleistungsgröße m in der Periode q.

Ein analoger etappenweiser Ausbau der Fernwärmetransportkapazität [1] zwischen s ↔ f kommt nicht in Betracht, da die Leitungssysteme entweder für die höchste Fernwärmeabgabe $(Gcal \cdot h^{-1})$ des Kernkraftwerks (bei Lieferung in ein einziges - sehr großes - Versorgungsgebiet) oder nach den zu erwartenden Fernwärmeanschlußwerten $(Gcal \cdot h^{-1})$ der verschiedenen Versorgungsgebiete zu dimensionieren sind.

Die Erstellung von Kernkraftwerken und Energietransportanlagen verursacht zunächst Anlagekosten (A) (Investitionsausgaben).
Als Anlagekosten der Erzeugungs- und Transportanlagen gelten die oben beschriebenen gesamten Ausgaben vom Stadium der Projektierung bis zur Aufnahme des normalen Leistungsbetriebs [2].

---

1) Dies bedeutete zeitlich sukzessiver Bau paralleler Leistungssysteme, z.B. 2 oder 3 Leitungssysteme mit Durchmessern etwa von 400, 500 oder 600 mm anstatt eines Systems mit 1000 oder 1200 mm bei Lieferung in ein einziges (sehr großes) Versorgungsgebiet. Entsprechendes würde für die Versorgung mehrerer großer Versorgungsgebiete gelten, also sukzessive Verlegung mehrerer Leitungssysteme etwa der Größe 200 bis 300 mm statt dem Bau eines Leitungssystems mit 500 oder 600 mm Durchmesser.

2) Vgl. Kapitel C. III. 1.

Zur Abgrenzung des Kernkraftwerks von den jeweiligen Energietransportleitungen wird davon ausgegangen, daß die Einrichtungen zum Transport elektrischer Energie und Fernwärme einschließlich Maschinentransformator resp. Fernwärmeübergabestation (am Kraftwerk) zur Einheit "Kernkraftwerk" gehören (vgl. oben). Die Investitionsausgaben und alle Ausgaben während des laufenden Betriebs für diese Anlagen werden den "Kosten im Bereich der nuklearen Energieerzeugung" subsumiert.
Da Errichtung oder Ausbau der Umspannwerke (Höchstspannungsnetz → Hochspannungsnetz) und die Errichtung der Fernwärmeübergabestationen (Fernleitung → Mittelverteilungsnetz) in Verbindung mit dem Bau der hier betrachteten Transportleitungen erforderlich sind, werden die Investitionsausgaben und alle Ausgaben während des laufenden Betriebs dieser Anlagen vereinfacht den entsprechenden Ausgaben für die jeweiligen Transportleitungen zugerechnet. Dies gilt zu beachten, wenn im folgenden kurz die Termini "Höchstspannungsleitung" und "Fernwärmeleitung" Verwendung finden.

In der Zielfunktion sind nicht die effektiven Anlagekosten anzusetzen, sondern der auf den betrachteten Planungszeitraum entfallende Anteil $(\bar{A})$ an den Investitionsausgaben der in der Periode $q(q = 1,2,\dots,\bar{q})$ angeschafften Anlagen. $\bar{A}^{+}$ ist der auf den Beginn des betrachteten Planungszeitraums diskontierte Wert [1] von A. Dieses Vorgehen ist Ausdruck des "Prinzips der perioden- oder verursachungsgerechten Erfolgserfassung" [2].

In den noch zu beschreibenden Finanzierungsbedingungen sind dagegen die effektiven Anlagekosten (A) zur Zeit der Anschaffung anzusetzen.

Zur Beschreibung der Anlagekosten für Kernkraftwerke, elektrische Höchstspannungsleitungen und Fernwärmetransportleitungen werden folgende Daten und Variable definiert:

---

1) Mit + werden im folgenden diskontierte Größen bezeichnet.

2) Adam, D.: Die Bedeutung der Restwerte von Investitionsobjekten für die Investitionsplanung in Teilperioden, in: ZfB, 38. Jg. (1968), H. 6, S. 394.

$\overline{A}^{+K(1)}_{stlq}$ (DM) : resp. $\overline{A}^{+K(2)}_{stlq}$ (DM) : diskontierter Wert der anteiligen Anlagekosten der Erst- (1) resp. Erweiterungsinvestition (2) eines durch s, t, l, q gekennzeichneten Kernkraftwerks,

$\overline{A}^{+E(g)}_{semq}$ (DM) : resp. $\overline{A}^{+E(1)}_{semq}$ (DM) : resp. $\overline{A}^{+E(2)}_{semq}$ (DM) : diskontierter Wert der anteiligen Anlagekosten für den durch se, m, q charakterisierten vollständigen Ausbau in einer Etappe (g), bis zur 1. Ausbaustufe (1) oder der Erweiterung einer teilweise ausgebauten Übertragungsleitung bis zur 2. Ausbaustufe (2) (= Endausbaustufe),

$\overline{A}^{+F}_{sfnq}$ (DM) : diskontierter Wert der anteiligen Anlagekosten für eine durch sf, n, q gekennzeichnete Fernwärmetransportleitung,

N_{stlq} (MW_{el}) : l-ter Wert der Leistungsgröße eines Kernkraftwerks vom Typ t am Standort s zur Bauperiode q,

P_{semq} (MVA) : m-ter Wert der Nennleistungsgröße einer Höchstsapnnungsleitung zwischen s $\leftrightarrow$ e zur Bauperiode q,

Q_{sfnq} $(Gcal \cdot h^{-1})$: n-ter Wert der Kapazität einer Fernwärmeleitung zwischen s $\leftrightarrow$ f zur Bauperiode q.

Die Realisierung der Ausbaukonzepte wird über folgende Auswahlvariable geregelt:

$$x^{(1)}_{stlq} = \begin{cases} 1, & \text{wenn die Erstinvestitionsalternative t, l in s und q realisiert wird,} \\ 0, & \text{sonst,} \end{cases}$$

$$x^{(2)}_{stlq} = \begin{cases} 1, & \text{wenn die Erweiterungsinvestitionsalternative t, l in s und q realisiert wird,} \\ 0, & \text{sonst,} \end{cases}$$

$$y^{(g)}_{semq} = \begin{cases} 1, & \text{wenn in der Periode q ein vollständiger Ausbau der Höchstspannungsleitung mit der Nennleistung m zwischen } s \leftrightarrow e \text{ realisiert wird,} \\ 0, & \text{sonst,} \end{cases}$$

$$y^{(1)}_{semq} = \begin{cases} 1, & \text{wenn in der Periode q ein Ausbau bis zur 1. Ausbaustufe zwischen } s \leftrightarrow e \text{ realisiert wird,} \\ 0, & \text{sonst,} \end{cases}$$

$$y^{(2)}_{semq} = \begin{cases} 1, & \text{wenn in der Periode q eine Erweiterung zur 2. Ausbaustufe (= Endausbaustufe) zwischen } s \leftrightarrow e \text{ realisiert wird,} \\ 0, & \text{sonst,} \end{cases}$$

$$z_{sfnq} = \begin{cases} 1, & \text{wenn die Investitionsalternative n, zwischen } s \leftrightarrow f \text{ in q realisiert wird,} \\ 0, & \text{sonst.} \end{cases}$$

Als Indizierung wird definiert:

$s(s = 1,2,\ldots,\overline{s})$: Kernkraftwerks-Standorte,

$e(e = 1,2,\ldots,\overline{e})$: Standorte von Umspannwerken (Einspeisung in Hochspannungsnetze),

$se\begin{cases}(s = 1,2,\ldots,\overline{s})\\(e = 1,2,\ldots,\overline{e})\end{cases}$: Trasse der Höchstspannungsleitung zwischen $s \leftrightarrow e$,

$f(f = 1,2,\ldots,\overline{f})$: Standorte von Fernwärmeübergabestellen (Einspeisung in Mittelverteilungsnetze),

$sf\begin{cases}(s = 1,2,\ldots,\bar{s}) \\ (f = 1,2,\ldots,\bar{f})\end{cases}$: Trasse der Fernwärmeleitung zwischen $s \leftrightarrow f$,

$q(q = 1,2,\ldots,\bar{q})$: Perioden des Planungszeitraums.

Zur Kennzeichnung der einzelnen Investitionsbereiche wird folgende Symbolik (hochgestellt) verwendet:

E : Kennzeichen für "elektrische Energieübertragung" (Höchstspannungsleitung),

F : Kennzeichen für "Fernwärmeleitung",

K : Kennzeichen für "Kernkraftwerk".

Die Summen der Anlagekosten aller im Planungszeitraum erstellten Kernkraftwerke, Höchstspannungsleitungen und Fernwärmeleitungen lassen sich nun mit folgenden Termen darstellen [1]:

Kernkraftwerke:

$$\sum_{stlq} (\bar{A}^{+K(1)}_{stlq} \cdot x^{(1)}_{stlq} + \bar{A}^{+K(2)}_{stlq} \cdot x^{(2)}_{stlq}) \qquad (3.17)$$

Höchstspannungsleitungen:

$$\sum_{semq} (\bar{A}^{+E(g)}_{semq} \cdot y^{(g)}_{semq} + \bar{A}^{+E(1)}_{semq} \cdot y^{(1)}_{semq} + \bar{A}^{+E(2)}_{semq} \cdot y^{(2)}_{semq}) \qquad (3.18)$$

---

1) Zur Vereinfachung der formalen Darstellung wird eine verkürzte Schreibweise verwendet und definiert:

$$\sum_{i} x_i \stackrel{!}{=} \sum_{i=1}^{i=\bar{i}} x_i ,$$

entsprechend

$$\sum_{ij} x_{ij} \stackrel{!}{=} \sum_{i=1}^{i=\bar{i}} \sum_{j=1}^{j=\bar{j}} x_{ij} ,$$

wobei $i = 1,2,\ldots,\bar{i}$ und $j = 1,2,\ldots,\bar{j}$ die möglichen Indizes von x_i und entsprechend x_{ij} darstellen.

Fernwärmeleitungen:

$$\sum_{sfnq} \bar{A}^{+F}_{sfnq} \cdot z_{sfnq} \quad . \qquad (3.19)$$

Die durch den Bestand und Betrieb bedingten leistungsabhängigen Kosten (LK) der Erzeugungs- und Transportanlagen sind abhängig vom Standort resp. der Trassenführung, dem Typ, der Leistungs- oder Kapazitätsgröße und der Anschaffungsperiode der Anlagen. Abschreibungen sind darin nicht erhalten, da die Investitionsausgaben getrennt erfaßt werden.
Als laufende leistungsabhängige Kosten der elektrischen Höchstspannungsanlagen werden hier die oben spezifizierten Betriebs-, Unterhaltungs- und Versicherungskosten sowie die Kosten der lastunabhängigen Verluste zusammen erfaßt.
Da die Wärmeverluste beim Fernwärmetransport nahezu unabhängig von der transportierten Wärmemenge sind, werden die Kosten der Wärmeverluste ebenso mit den oben spezifizierten Betriebs-, Unterhaltungs- und Versicherungskosten der Fernwärmeleitungen erfaßt.
In beiden Fällen wird hierzu im folgenden der Terminus "Bestandskosten" verwendet.

Bei Kernkraftwerken sind die leistungsabhängigen Kosten in zwei Komponenten aufzuspalten. Als betriebsgebundene leistungsabhängige Kosten (BLK) sollen jene Kosten verstanden werden, die entstehen, wenn ein Kernkraftwerk vom Typ t und der Leistungsgröße l am Standort s errichtet wurde, unabhängig davon, ob Strom oder Strom und Heizwärme erzeugt werden. Hierzu zählen leistungsabhängige Brennstoffkosten, nukleare Haftpflichtversicherung etc. Diese Kostenkomponente ist zu trennen von den produktgebundenen leistungsabhängigen Kosten (PLK), da nicht in jedem Kernkraftwerk von Typ t Heizwärme produziert wird. Produktgebundene Auszahlungen entstehen für Bedienungspersonal, Wartungs- und Instandsetzungsarbeiten, Sachversicherungen etc.
Zur Formulierung der entsprechenden Kostenterme werden weiterhin folgende Daten und Variable definiert:

BLK^{+K}_{stlq} (DM) : diskontierter Wert der betriebsgebundenen leistungsabhängigen Kosten eines durch s, t, l gekennzeichneten Kernkraftwerks in der Periode q,

$PLK^{+K}_{stlqp(t)}$ (DM) : diskontierter Wert der produktgebundenen leistungsabhängigen Kosten eines durch s, t, l, p(t) gekennzeichneten Kernkraftwerks in der Periode q,

$p(t) \in \{1,2\}$: Produktindex (1 = Strom, 2 = Heizwärme),

LK^{+E}_{semq} (DM) : diskontierter Wert der leistungsabhängigen Bestandskosten einer durch se, m gekennzeichneten Höchstspannungsleitung in der Periode q,

LK^{+F}_{sfnq} (DM) : diskontierter Wert der leistungsabhängigen Bestandskosten einer durch sf, n gekennzeichneten Fernwärmeleitung in der Periode q,

$\bar{x}_{stlq}$: (0,1)-Variable; gibt an, ob das durch s, t, l gekennzeichnete Kernkraftwerk in der Periode q im Versorgungssystem enthalten ist oder nicht,

$\bar{y}_{semq}$: (0,1)-Variable; gibt an, ob die durch se, m gekennzeichnete Übertragungsleitung in der Periode q im Versorgungssystem enthalten ist oder nicht,

$\bar{z}_{sfnq}$: (0,1)-Variable; gibt an, ob die durch sf, n gekennzeichnete Fernwärmeleitung in der Periode q im Versorgungssystem enthalten ist oder nicht.

In die Zielfunktion sind als Terme die folgenden Summen der leistungsabhängigen Kosten der Inbetriebhaltung aufzunehmen.
Kernkraftwerke - betriebsgebundene leistungsabhängige Kosten:

$$\sum_{stlq} BLK^{+K}_{stlq} \cdot \bar{x}_{stlq} \tag{3.20}$$

Kernkraftwerke - produktgebundene leistungsabhängige Kosten:

$$\sum_{stlqp(t)} PLK^{+K}_{stlqp(t)} \cdot \bar{x}_{stlq} \qquad (3.21)$$

Höchstspannungsleitungen:

$$\sum_{semq} LK^{+E}_{semq} \cdot \bar{y}_{semq} \qquad (3.22)$$

Fernwärmeleitungen:

$$\sum_{sfnq} LK^{+F}_{sfnq} \cdot \bar{z}_{sfnq} \; . \qquad (3.23)$$

Zur Formulierung der arbeitsabhängigen Kosten der nuklearen Energieerzeugung, als solche wurden oben die arbeitsabhängigen Brennstoffkosten und die arbeitsabhängigen Komponenten der Betriebs-, Unterhaltungs- und Versicherungskosten spezifiziert, werden die Symbole definiert:

$ak^{+K}_{stlqp(t)}$ $(DM \cdot MWh^{-1} \; ; \; DM \cdot Gcal^{-1})$: diskontierter Wert der spezifischen arbeitsabhängigen Kosten der Energieerzeugung eines durch s, t, 1 gekennzeichneten Kernkraftwerks für die Produkte $p(t) \in \{1,2\}$ in der Periode q,

$E_{stlqp(t)}$ $(MWh \; ; \; Gcal)$: variable Menge der in Periode q im Kernkraftwerk s, t, 1 erzeugten elektrischen Energie (MWh) resp. Heizwärme (Gcal).

In die Zielfunktion ist der Term aufzunehmen:

$$\sum_{stlqp(t)} ak^{+K}_{stlqp(t)} \cdot E_{stlqp(t)} \; . \qquad (3.24)$$

Bei der Erfassung der arbeitsabhängigen (lastabhängigen, "veränderlichen") elektrischen Netzverluste ist zu beachten, daß über das Netz keine gleichbleibende Leistung übertragen wird, sondern die Leistungsinanspruchnahme zeitlichen veränderungen unterliegt.
Zur Berechnung der arbeitsabhängigen Verluste bestehen im Prinzip zwei Möglichkeiten:

- Berechnung mit Hilfe von Tagesbelastungskurven ("Belastungsgebirge") [1] oder repräsentativer Tagesbelastungskurven [2],

- Berechnung aus den Verlusten bei Höchstlast.

Bei langfristigen Investitionsplanungen ist die erste Verfahrensmöglichkeit kaum oder schwierig durchführbar, da

- sehr viele Leistungsflußuntersuchungen ausgeführt werden müssen,

- für langfristige Planungszeiträume die erforderlichen Tagesbelastungskurven in der Regel nicht vorliegen.

Der zweite Weg ist im Rahmen des hier entwickelten Modells der modell- und rechentechnisch günstigere. Bei dieser Vorgehensweise ergibt sich aus der geordneten Laststromkurve $I^2(t) = f(t)$ (mit: t = Zeit) allgemein als Endgleichung [3] für die arbeitsabhängige Verlustarbeit:

$$A^{V_a} = C \cdot P^{V_a} \cdot T^{max} \ [MWh] \qquad (3.25)$$

mit:

A^{V_a} [MWh] : arbeitsabhängige Verlustarbeit,

$C (= \frac{\theta}{m})$: Proportionalitätsfaktor (sog. Eimerfaktor),

P^{V_a} [MW] : arbeitsabhängige Verlustleistung bei Höchstlast (höchste Scheinlast),

T^{max} [h] : Benutzungsdauer der Höchstlast in einem definierten Zeitbereich.

---

1) Siehe Wolf, M. und Junge, H.: Enzyklopädie der Energiewirtschaft, Bd. 2: Belastungskurven und Dauerlinien in der elektrischen Energiewirtschaft, Berlin-Göttingen-Heidelberg 1959, S. 291ff.

2) Siehe Brinkmann, K.: Einführung in die elektrische Energiewirtschaft, Braunschweig 1971, S. 64f.

3) Vgl. zur Herleitung etwa Buchhold, Th. und Happoldt, H.: Elektrische Kraftwerke und Netze, 4. Aufl., Berlin-Göttingen-Heidelberg 1963, S. 509 und S. 515. Vereinigung Deutscher Elektrizitätswerke (VDEW) e.V. (Hrsg.): Netzverluste, Eine Richtlinie für ihre Bewertung und Verminderung, 2. Ausg., Frankfurt/M. 1968, S. 11ff.

Der durch Gleichung (3.25) im Prinzip erfaßte Zusammenhang wird im folgenden auf die Modellformulierung übertragen.

Die Höhe der arbeitsabhängigen Verlustleistung ist abhängig von Länge der Leitung, der installierten Nennleistung und technischen Parametern; der monetäre Wert der arbeitsabhängigen Verlustarbeit ergibt sich durch Multiplikation der arbeitsabhängigen Verlustleistung mit den Stromgestehungskosten [1] (sk) und der Benutzungsdauer der Höchstlast. Es wird definiert:

sk^{+K}_{stlq} $(DM \cdot MWh^{-1})$: diskontierte Größe der spezifischen Stromgestehungskosten eines durch s, t, l gekennzeichneten Kernkraftwerks in der Periode q,

$P^{V_a}_{semq}$ (MW) : arbeitsabhängige Verlustleistung bei Höchstlast einer durch se, m gekennzeichneten Höchstspannungsleitung in der Periode q,

T^{max}_{eq} (h) : Benutzungsdauer der Höchstlast im Verbrauchsschwerpunkt e in der Periode q.

In die Zielfunktion ist für die Kosten der arbeitsabhängigen Verlustarbeit folgender Term aufzunehmen:

$$\sum_{semq} sk^{+K}_{stlq} \cdot P^{V_a}_{semq} \cdot T^{max}_{eq} \cdot y_{semq} \quad . \qquad (3.26)$$

Mit den vorstehenden Termen ist das Standortmodell beschrieben und die Voraussetzung für die Formulierung der Zielfunktion geschaffen.
Die Gesamtkosten des hier betrachteten Energieversorgungssystems setzen sich entsprechend den bisherigen Ausführungen zusammen aus den

---

1) In der elektrizitätswirtschaftlichen Literatur und Praxis wird zwischen Stromgestehungs- und Stromerzeugungskosten unterschieden, auch wenn beide Termini häufig synonym verwendet werden. Der Unterschied resultiert aus einer unterschiedlichen Zuordnung, indem die Stromgestehungskosten auf die Nettostromerzeugung, die Stromerzeugungskosten aber auf die Bruttostromerzeugung bezogen werden.

- Kosten im Bereich der nuklearen Energieerzeugung, K^K,
- Kosten im Bereich der elektrischen Energieübertragung, K^E,
- Kosten im Bereich des Fernwärmetransports, K^F.

Als Zielfunktion, deren minimaler Wert gesucht wird, gilt hier die Gesamtkostenfunktion

$$Z = K^{ges} = K^K + K^E + K^F \xrightarrow{!} \min . \qquad (3.27)$$

Zur Übersicht sind die Terme der Zielfunktion nochmals im Zusammenhang dargestellt:

$$Z = \sum_{stlq} (\overline{A}^{+K(1)}_{stlq} \cdot x^{(1)}_{stlq} + \overline{A}^{+K(2)}_{stlq} \cdot x^{(2)}_{stlq})$$

(Anlagekosten - Kernkraftwerke)

$$+ \sum_{stlq} \left\{ BLK^{+K}_{stlq} + \sum_{p(t)} PLK^{+K}_{stlqp(t)} \cdot \overline{x}_{stlq} \right\}$$

(betriebsgebundene leistungsabhängige Kosten der nuklearen Energieerzeugung) (produktgebundene leistungsabhängige Kosten der nuklearen Energieerzeugung)

$$+ \sum_{stlqp(t)} ak^{+K}_{stlqp(t)} \cdot E_{stlqp(t)}$$

(arbeitsabhängige Kosten der nuklearen Energieerzeugung)

$$+ \sum_{semq} (\overline{A}^{+E(g)}_{semq} \cdot y^{(g)}_{semq} + \overline{A}^{+E(1)}_{semq} \cdot y^{(1)}_{semq} + \overline{A}^{+E(2)}_{semq} \cdot y^{(2)}_{semq})$$

(Anlagekosten - Höchstspannungsleitungen)

$$+ \sum_{semq} LK^{+K}_{semq} \cdot \overline{y}_{semq}$$

(leistungsabhängige Bestandskosten - Höchstspannungsleitungen)

$$+ \sum_{semq} sk^{+K}_{stlq} \cdot P^{V_a}_{semq} \cdot T^{max}_{eq} \cdot \overline{y}_{semq}$$

(Kosten der arbeitsabhängigen Verlustarbeit - Höchstspannungsleitungen)

$$+ \sum_{sfnq} \bar{A}^{+F}_{sfnq} \cdot z_{sfnq}$$

(Anlagekosten - Fernwärmeleitungen)

$$+ \sum_{sfnq} LK^{+F}_{sfnq} \cdot \bar{z}_{sfnq}$$

(leistungsabhängige Bestandskosten - Fernwärmeleitungen)

Die Zielfunktion ist unter einer Reihe von Restriktionen zu minimieren. Diese Restriktionen sollen im folgenden erörtert werden.

ad 2. Die Restriktionen im Modell

Der Algorithmus des Optimierungsmodells erfordert neben der Zielfunktion ein System von Restriktionen. Erst damit erfolgt eine im Rahmen des Modells vollständige Erfassung der bei der Optimierung zusammenwirkenden technischen und wirtschaftlichen Einflußgrößen. Durch die an das Energieversorgungssystem gestellten Forderungen und Beschränkungen wird der realisierbare Bereich der Zielfunktion festgelegt. Ohne Berücksichtigung von Nebenbedingungen würde die Minimierung der Zielfunktion immer die Trivallösung $x^{(1)}_{stlq} = 0$, $x^{(2)}_{stlq} = 0$, $y^{(g)}_{semq} = 0$, $y^{(1)}_{semq} = 0$, $y^{(2)}_{semq} = 0$, $z_{sfnq} = 0$ liefern. Dies bedeutete, daß kein weiterer Zu- und Ausbau von Kernkraftwerken und Energietransportanlagen erforderlich sind. So darf weiterhin z.B. nicht zur Lösung des Optimierungsmodells gehören, daß im Sinne einer Kostenminimierung alle Kernkraftwerke abgeschaltet oder die Zahl der Anlagen des Systems reduziert wird.
Die erforderlichen Restriktionen lassen sich summarisch wie folgt kennzeichnen:

a. Bedingungen zur Gewährleistung der Versorgungssicherheit,

b. Finanzierungsbedingungen,

c. Bedingungen zur Gewährleistung ökonomischer und technischer Interdependenzen.

Innerhalb des formalen Rechenablaufs des Algorithmus sind alle Restriktionen gleichberechtigt, d.h. bei Verletzung irgendeiner der Restriktionen durch eine Variantenkombination wird diese vom Algorithmus als unzulässig ausgesondert. Von der inhaltlichen Bedeutung her sind jedoch diejenigen Restriktionen, welche die den Elektrizitätsversorgungsunternehmen obliegende Versorgungspflicht gewährleisten sollen, von gravierender Bedeutung.

zu a. Bedingungen zur Gewährleistung der Versorgungssicherheit

Die Versorgungssicherheit [1] wird im Rahmen des Standortmodells durch folgende Bedingungen zum Ausdruck gebracht:

---

1) Siehe zum Begriff die Ausführungen in Teil A, insbesondere in Kapitel A. II. 2.

a.1. Bedingungen für den Ausbau der Energieanlagen (Kernkraftwerke, Höchstspannungsleitungen, Fernwärmeleitungen),

a.2. Bedingungen zur Befriedigung des elektrischen Leistungs- und des Fernwärmebedarfs.

Die unter Punkt a.1. und a.2. subsumierten Bedingungen werden nachfolgend ausgeführt.

a.1. Bedingungen für den Ausbau der Energieanlagen

Die Befriedigung der Energienachfrage setzt voraus, daß die von den Abnehmern geforderte (energetische) Leistung anteilmäßig durch Kernkraftwerke bereitgestellt wird und die Energietransportanlagen so ausgebaut werden, daß die erzeugte Energie (Strom, Fernwärme) auch den Abnehmern geliefert werden kann.
Die hier betrachteten Investitionsobjekte sind zu realisieren, wenn sie in der Periode q erforderlich sind und in der Vorperiode r $(1 \leq r \leq q-1)$ am Standort s resp. den Trassen se und sf entweder keine Anlage existierte oder die in s resp. die zwischen $s \leftrightarrow e$ bestehenden Anlagen erweiterungsfähig [1] sind. Damit gilt für

- Kernkraftwerke:

$$x^{(1)}_{stlq} \leq 1 - \sum_{r=1}^{q-1} x^{(1)}_{stlr} \qquad \forall\ s,\ t,\ l,\ q \tag{3.28}$$

und

$$x^{(2)}_{stlq} \leq \sum_{\tau\lambda} \sum_{r=1}^{q-1} x^{(1)}_{s\tau\lambda r} \qquad \forall\ s,\ t,\ l,\ q \tag{3.29}$$.

Im (3.29) werden zur Kennzeichnung der am Standort $s(s = 1,2,...,\bar{s})$ in der Periode $r(1 \leq r \leq q-1)$ bestehenden Kernkraftwerkstypen der Index τ

1) Ein etappenweiser Ausbau der Fernwärmetransportkapazität zwischen $s \leftrightarrow f$ ist oben als Ausbaukonzept ausgeschlossen worden.

(τ = t(1), t(2),...,t($\overline{t}$)) und deren Leistungsgrößen der Index λ (λ = l(1), l(2),...,l($\overline{l}$)) eingeführt. Damit wird formal zum Ausdruck gebracht, daß bei einer Erweiterungsinvestition am Standort s nicht notwendigerweise ein Block gleichen Typs und gleicher Leistung wie der/die bestehende(n) errichtet werden muß (vgl. oben). Ein Konzeptwechsel bei der Erweiterungsinvestition kann sich insbesondere aufgrund der zwischenzeitlichen Leistungsbedarfszunahme, des technischen Fortschritts oder der Finanzierungsverhältnisse ergeben. Primär wird sich dies in einer Zunahme der installierten Blockleistung niederschlagen. Sekundär kann sich daraus der Typenwechsel, z.B. insbesondere der Wechsel vom Siedewasser- zum Druckwasserreaktor, ergeben.

Entsprechend gilt für

- Höchstspannungsleitungen:

$$y^{(g)}_{semq} \leq 1 - \sum_{r=1}^{q-1} y^{(g)}_{semr} \qquad \forall\, se, m, q \qquad (3.30)$$

und

$$y^{(1)}_{semq} \leq 1 - \sum_{r=1}^{q-1} y^{(1)}_{semr} \qquad \forall\, se, m, q \qquad (3.31)$$

und

$$y^{(2)}_{semq} \leq \sum_{\mu} \sum_{r=1}^{q-1} y^{(1)}_{se\mu r} \qquad \forall\, se, m, q \qquad (3.32)$$

mit:

μ: Leistung der 1. Ausbaustufe zur Periode r ($1 \leq r \leq q-1$); μ = m(1), m(2),...,m($\overline{m}$)

sowie für

- Fernwärmeleitungen:

$$z_{sfnq} \leq 1 - \sum_{r=1}^{q-1} z_{sfnr} \qquad \forall\, sf, n, q \qquad (3.33).$$

Für jede Periode q des Planungszeitraums ist die wirtschaftlich optimale nukleare Zubauleistung aufgrund der optimalen Kraftwerksstruktur [1] als Datum vorgegeben. Diese Werte dürfen nicht unterschritten werden. Damit gilt:

$$\sum_{stl} (x^{(1)}_{stlq} + x^{(2)}_{stlq}) \cdot N_{stlq} \geq N^{opt}_q \qquad \forall q \qquad (3.34)$$

mit:

N^{opt}_q $[MW_{el}]$: durch die optimale Kraftwerksstruktur vorgegebener Wert für den wirtschaftlich optimalen Zubau an nuklearer Leistung in der Periode q.

Wird die nukleare Zubauleistung gemäß (3.34) einer strengeren Restriktion der Art unterworfen, daß für jede Periode q des Planungszeitraums die durch Reaktorstrategierechnung [2] ermittelten Werte der optimalen nuklearen Zu-

---

1) Siehe dazu etwa Recker, M.: Beitrag zur Bestimmung eines wirtschaftlich optimalen Zubaues und Einsatzes von Kraftwerken, Diss. Aachen 1968. Wagemann, K.: Beitrag zur Systemuntersuchungen über die lanffristigen wirtschaftlichen Einsatzmöglichkeiten verschiedener Kraftwerkstypen unter besonderer Berücksichtigung des Thoriumhochtemperaturreaktors; Kernforschungsanlage Jülich GmbH , Bericht Jül-590, Jülich 1969. Meurin, G.: Beitrag zur langfristigen Planung des wirtschaftlichen Ausbaues und Betriebes eines Kraftwerksverbundes durch integrale Kostenminimierung, Diss. Aachen 1972. Bieselt, R.: Wirtschaftlich optimaler Zubau und Einsatz von Kraftwerken in Nordrhein-Westfalen innerhalb eines mittelfristigen Planungszeitraumes von etwa 10 Jahren; Untersuchung des Instituts für elektrische Anlagen und Energiewirtschaft der Rheinisch-Westfälischen Technischen Hochschule Aachen im Auftrag des Ministers für Wirtschaft, Mittelstand und Verkehr des Landes Nordrhein-Westfalen, Düsseldorf 1972.

2) Siehe hierzu etwa Krämer, H. und Seetzen, J.: Mögliche Entwicklungen einer künftigen Kernenergiewirtschaft in der Bundesrepublik Deutschland; Kernforschungsanlage Jülich GmbH /Gesellschaft für Kernforschung mbH Karlsruhe, Bericht Jül-600/KFK-933, Jülich-Karlsruhe 1969. Finnemann, H. und Märkl, H.: Zur Problematik der Optimierung langfristiger Reaktor-

Fortsetzung siehe Seite 547

bauleistung des Typs t eingehalten werden, so ist (3.34) zu ersetzen durch:

$$\sum_{sl} (x^{(1)}_{stlq} + x^{(2)}_{stlq}) \cdot N_{stlq} \geq N^{opt}_{tq} \qquad \forall\, t,\, q \qquad (3.35)$$

mit:

N^{opt}_{tq} (MW_{el}) : durch Reaktorstrategierechnungen ermittelter Wert für die optimale nukleare Zubauleistung des Typs t in der Periode q.

Bedingung (3.35) ist dann von Bedeutung, wenn die Nachfrage nach Plutonium als Brennstoff für Schnelle Reaktoren durch das in Thermischen Reaktoren [1] (LWR; Uran-Plutonium-Zyklus) erbrütete ("konvertierte") Plutonium gedeckt werden soll, so daß kein Plutonium hinzugekauft werden muß. Dies ist sowohl kostenmäßig als auch energiepolitisch die günstigste Strategie. Es muß dann für jede Periode des Planungszeitraums gelten:

Plutoniumerzeugung - Plutoniumbedarf $\geq$ 0.

Ein so definiertes System erhält von außen kein Plutonium als Ausgangsmaterial. Der Ansatz von Bedingung (3.35) statt (3.34) im System der Restriktionen ist somit nur dann sinnvoll, wenn ein Elektrizitätsversorgungsunternehmen mit einer entsprechend großen Kernkraftwerksleistung zu Grunde liegt [2].

Fortsetzung zu Fußnote

2) strategien, in: atw, 14. Jg. (1969), H. 7, S. 368-372 und H. 8, S. 416-418. Wagemann, K.: Beitrag zu Systemuntersuchungen über die langfristigen wirtschaftlichen Einsatzmöglichkeiten verschiedener Kraftwerkstypen unter besonderer Berücksichtigung des Thoriumhochtemperaturreaktors; Kernforschungsanlage Jülich GmbH , Bericht Jül-590, Jülich 1969.

1) Der Begriff "Thermischer Reaktor" geht zurück auf eines der möglichen Unterscheidungsmerkmale für Kernreaktoren. Hinsichtlich des Kriteriums "Neutronenenergie" kann im wesentlichen zwischen thermischen Neutronen (Thermischen Reaktoren) und schnellen Neutronen (Schnellen Reaktoren) unterschieden werden.

2) Siehe hierzu Marcus, P.: Der ökonomische Inhalt der Linearen Planungs-

Fortsetzung siehe Seite 548

a.2. Bedingungen zur Befriedigung des elektrischen Leistungs- und des Fernwärmebedarfs

Zur Ableitung der nachfolgenden Bedingungen ist zunächst festzustellen: Der Elektrizitätsbedarf muß hier auf die elektrische Leistung bezogen werden, nicht aber auf die elektrische Arbeit als Produkt der physikalischen Größen Leistung und Zeit [1]. So kann z.B. mit einer gegebenen Leistung von 1 MW in 24 Stunden entsprechend dem Produkt aus Leistung und Zeit die elektrische Arbeit von 24 MWh erzeugt werden. Wird aber die elektrische Arbeit von 24 MWh in 1 Stunde von den Verbrauchern nachgefragt, so ist hierzu der Einsatz einer Kraftwerksleistung von 24 MW erforderlich.
Entsprechend muß der Fernwärmebedarf auf die Wärmeleistung $(Gcal \cdot h^{-1})$ bezogen werden und nicht auf die Wärmemenge (Gcal) [2][3].

Eine "sichere" [4] Elektrizitätsversorgung erfordert, daß das gesamte Leistungsangebot (einschließlich Reserve) größer/gleich dem Gesamtleistungsbedarf ist. Zur Feststellung, ob ein Verbrauchsschwerpunkt

---

Fortsetzung zu Fußnote

2) rechnung - dargestellt an Beispielen aus der Energiewirtschaft; Schriftenreihe des Energiewirtschaftlichen Instituts an der Universität Köln, Bd. 12, München 1966, S. 119f. Einhaus, R. und Völcker, H.: Über die Bewertung erbrüteter Spaltstoffe und ihren Einfluß auf optimale Reaktorstrategien, in: ATKE, 13. Jg. (1968), H. 4, S. 252ff.

1) Vgl. hierzu auch Buderath, J.: Die Ordnungspolitik in der deutschen Elektrizitätswirtschaft, Bad Homburg v.d.H. 1962, S. 42f. ders.: Preisdifferenzierung und Preisdiskriminierung, Eine energiewirtschaftliche Untersuchung, Gräfeling 1965, S. 13f.

2) Aufgrund des 2. Hauptsatzes der Thermodynamik gilt:

$$1 \text{ Gcal} \cdot h^{-1} = 1{,}163 \text{ MW}_{th}$$

und

$$1 \text{ Gcal} = 1{,}163 \text{ MWh} .$$

3) Vgl. hierzu auch Kapitel B. III. 1. - ad 3. Nukleare Fernwärmeversorgung.

4) Vgl. Kapitel A. II. 2.

$e(e = 1,\ldots,\bar{e})$ sicher mit elektrischer Energie versorgt werden kann, ist diese Bedingung nicht hinreichend. Leistungsangebot und Leistungsbedarf sind nur dann ausgeglichen, wenn entsprechende elektrische Übertragungsanlagen zum Transport der in e bnötigten Leistung in der jeweils betrachteten Periode vorhanden sind. Für jeden Verbrauchsschwerpunkt $e(e = 1,\ldots,\bar{e})$ muß daher gelten, daß das Netto-Leistungsangebot der an den Standorten $s(s = 1,2,..,\bar{s})$ errichteten Kernkraftwerke abzüglich der Verlustleistung bei der Übertragung sowie der Lieferung aus anderen Kraftwerken größer oder gleich dem Leistungsbedarf in e ist.
Es wird hier vorausgesetzt, daß aus Bedarfsprognosen der Leistungsbedarf der Verbrauchsschwerpunkte e für jede Periode des Planungszeitraums bekannt ist [1]. Als Größe wird eingeführt:

N_{eq}^{Bed} (MW) : Leistungsbedarf des Verbrauchsschwerpunkts e in der Periode q.

Die Einspeisungen in $e(e = 1,2,\ldots,\bar{e})$ aus zu Beginn des Planungszeitraums an den Standorten $i(i = 1,2,\ldots,\bar{i})$ bestehnden konventionellen Kraftwerken und Kernkraftwerken sowie aus den während des Planungszeitraums zugebauten konventionellen Kraftwerken gelten als bekannt:

N_{ieq} (MW) : Einspeisung aus sonstigen Kraftwerken an den Standorten i in den Verbrauchsschwerpunkt e in der Periode q.

Als elektrische Nettoleistung eines Kernkraftwerks gilt die das elektrische Übertragungsnetz abgegebene Leistung. Als Größe wird eingeführt:

N_{stlq}^{E} (MW): elektrische Nettoleistung eines durch s, t, l gekennzeichneten Kernkraftwerks in der Periode q.

Die leistungs- und arbeitsabhängigen (gesamten) Leistungsverluste beim Transport zwischen $s \leftrightarrow e$ werden bezeichnet mit:

$P_{semq}^{V_{ges}}$ (MW): leistungs- und arbeitsabhängige (gesamte) Verlustleistung einer durch se, m gekennzeichnete Höchstspannungsleitung in der Periode q.

---

1) Vgl. Kapitel C. II. 2. - ad 4. Partialmodelle der Kraftwerks- und Netzplanung.

Als Forderung zur Befriedigung des elektrischen Leistungsbedarfs soll damit gelten:

$$\sum_{stl} \overline{x}_{stlq} \cdot N^{E}_{stlq} - \sum_{sem} \overline{y}_{semq} \cdot P^{V\,ges}_{semq} + \sum_{ie} N_{ieq} \geq N_{eq} \qquad \forall e, q \qquad (3.36).$$

Der nachfolgenden Bedingung zur Befriedigung des Fernwärmebedarfs wird das bisher angenommene Modell zugrunde gelegt: Versorgung eines oder mehrerer Verbrauchsgebiete mit Fernwärme durch ein Kernheizkraftwerk (vgl. oben Abbildung 21). Ein überregional vermaschtes Fernwärme-Verbundystem ("Fernwärme-Verbundschiene") mit einer Mehrzahl von Einspeiseorten resp. Wärmelieferern kann hier zunächst außer Betracht gelassen werden; wesentlich ist vorerst der Aufbau regionaler Fernwärmenetze bzw. die Anbindung solcher an ein neu zu errichtendes Kernheizkraftwerk [1]. Für die Modellformulierung ergibt sich daraus der Vorteil einer Vereinfachung.

Zur Sicherstellung der ausreichenden Belieferung eines Verbrauchsschwerpunkts f mit nuklearer Fernwärme wird gefordert, daß die Heizwärmeleistung eines Kernheizkraftwerks abzüglich der Wärmetransportverluste größer/gleich der geforderten nuklearen Fernwärmeleistung an der Fernwärmeübergabestelle $f (f = 1,2,\ldots,\overline{f})$ sein soll. Symbolisch gilt:

$$\sum_{t=t_H,1} \overline{x}_{stlq} \cdot N^{F}_{stlq} - \sum_{n} \overline{z}_{sfnq} \cdot Q^{V}_{sfnq} \geq Q^{NF}_{fq} \qquad \forall s, sf, f, q \qquad (3.37)$$

mit:

N^{F}_{stlq} $(\mathrm{Gcal} \cdot h^{-1})$: Heizwärmeleistung eines durch s, t, l gekennzeichneten Kernheizkraftwerks in der Periode q,

Q^{V}_{sfnq} $(\mathrm{Gcal} \cdot h^{-1})$: Wärmeverluste beim Transport zwischen s ↔ f über eine Leitung der Kapzazitätsgröße n in der Periode q,

Q^{NF}_{fq} $(\mathrm{Gcal} \cdot h^{-1})$: Geforderte nukleare Fernwärmeleistung an der Fernwärmeübergabestelle f in der Periode q,

---

1) Vgl. hierzu Kapitel B. III. 1. - ad 3. Nukleare Fernwärmeversorgung.

$t_H \{t_H \in t\}$: Index der Kernkraftwerkstypen mit Heizwärmeerzeugung [1].

zu b. Finanzierungsbedingungen

Die Aufrechterhaltung des finanziellen Gleichgewichts [2] während des gesamten Planungszeitraums bildet für die Energieversorgungsunternehmen eine strikte Bedingung. Die Finanzierungsbedingungen "stellen sicher, daß das Unternehmen in den einzelnen Planperioden nicht mehr an finanziellen Mitteln einsetzt, als ihm zur Verfügung stehen. Die Finanzierungsbedingungen lassen nur solche Investitionsprogramme zu, bei denen die Liquidität des Unternehmens gesichert ist" [3].
Die Berücksichtigung des Liquiditätsaspekts erfordert die zeitlichen Gewichtung von Einnahmen und Ausgaben [4]. Im Rahmen des vorliegenden Modells sind jedoch nur Ausgaben betrachtet. Es muß aber realistischerweise berücksichtigt werden, daß die Erlöse aus gelieferter Energie das für Investitionen verfügbare Kapitel beeinflussen und Teile des Gewinns in einer Periode zur Finanzierung in der gleichen oder in folgenden Perioden verwendet werden.

Ihre einfachste Form nehmen die Finanzierungsbedingungen an, wenn gefordert wird, daß das für die Anschaffungsausgaben der Investitionsobjekte verfüg-

---

1) Siehe dazu Kapitel B. III. 1. - ad 3. Nukleare Fernwärmeversorgung.

2) Gutenberg, E.: Grundlagen der Betriebswirtschaftslehre, Bd. 1: Die Produktion, 20. Aufl., Berlin-Heidelberg-New York 1973, S. 458ff.

3) Jacob, H.: Investitionsplanung mit Hilfe der Optimierungsrechnung in: Jacob, H. (Hrsg.): Optimale Investitionspolitik; Schriften zur Unternehmensführung, Bd. 4, Wiesbaden 1968, S. 100.

4) Vgl. etwa Albach, H.: Investition und Liquidität, Die Planung des optimalen Investitionsbudgets, Wiesbaden 1962, S. 67ff. Jacob, H.: Neuere Entwicklungen in der Investitionsrechnung, in: ders.: Investitionsplanung mit Hilfe der Linearprogrammierung, 2. Aufl., Wiesbaden 1971, S. 59ff. (Sonderdruck...).

bare Investitionsbudget nicht überschritten werden darf [1]. Dabei soll über sog. Finanzierungsfaktoren [2], $u (0 \leq u \leq 1)$, der Umstand berücksichtigt werden, daß aufgrund des sukzessiven Erlöseingangs nur ein Teil des Kapitalbetrags vorfinanziert werden muß.
In die Finanzierungsbedingungen gehen - nicht wie in der Zielfunktion - die anteiligen, sondern die gesamten effektiven Anschaffungsausgaben ein, da Kapital in dieser Höhe erforderlich ist (vgl. oben).
Die Finanzierung der betrachteten Sachinvestitionen sei zunächst durch folgende Erklärungsgleichung beschrieben:

$$B_q^K + B_q^E + B_q^F = B_q^{KEF} \qquad \forall q \qquad (3.38)$$

mit:

B_q^K (DM) : verfügbares Kapital in der Periode q für Erst- und Erweiterungsinvestitionen von Kernkraftwerken,

B_q^E (DM) : verfügbares Kapital in der Periode q für den Neu- und Ausbau elektrischer Höchstspannungsleitungen,

B_q^F (DM) : verfügbares Kapital in der Periode q für den Bau von Fernwärmeleitungen,

B_q^{KEF} (DM) : gesamtes für Sachinvestitionen in den Investitionsbereichen "Kernkraftwerke" (K), "Höchstspannungsleitungen" (E) und "Fernwärmeleitungen" (F) in der Periode q verfügbares Kapital,

---

1) Vgl. hierzu Jacob, H.: Neuere Entwicklungen in der Investitionsrechnung, ebenda, S. 39ff.

2) Vgl. Jacob, H.: Zur Standortwahl der Unternehmungen, in: Alewell, K. (Hrsg.): Betriebswirtschaftliche Strukturfragen, Beiträge zur Morphologie von erwerbswirtschaftlichen Unternehmungen und Genossenschaften; Festschrift zum 65. Geburtstag von Reinhold Henzler, Wiesbaden 1967, S. 288 (als unveränderter Sonderdruck, Wiesbaden 1973). Hansmann, K.-W.: Entscheidungsmodelle zur Standortplanung der Industrieunternehmen; Schriftenreihe des Instituts für Unternehmensforschung und des Industrieseminars der Universität Hamburg, Bd. 7, Wiesbaden 1974, S. 68.

unter den Bedingungen:

$$\sum_{stl} u_q^K \cdot (A_{stlq}^{K(1)} \cdot x_{stlq}^{(1)} + A_{stlq}^{K(2)} \cdot x_{stlq}^{(2)}) \leq B_q^K \qquad \forall q \qquad (3.39)$$

$$\sum_{sem} u_q^E \cdot (A_{semq}^{E(g)} \cdot y_{semq}^{(g)} + A_{semq}^{E(1)} \cdot y_{semq}^{(1)} + A_{semq}^{E(2)} \cdot y_{semq}^{(2)}) \leq B_q^E \qquad \forall q \qquad (3.40)$$

$$\sum_{sfn} u_q^F \cdot A_{sfnq}^F \cdot z_{sfnq} \leq B_q^F \qquad \forall q \qquad (3.41)$$

mit:

$A_{stlq}^{K(1)}$ (DM) : resp. $A_{stlq}^{K(2)}$ (DM) : Betrag der Anlagekosten zur Anschaffungsperiode q bei der Erst- (1) resp. Erweiterungsinvestition (2) eines durch s, t, l gekennzeichneten Kernkraftwerks,

$A_{semq}^{E(g)}$ (DM) : resp. $A_{semp}^{E(1)}$ (DM) : resp. $A_{semq}^{E(2)}$ (DM) : Betrag der Anlagekosten zur Anschaffungsperiode q für den durch se, m gekennzeichneten vollständigen Ausbau in einer Etappe (g), bis zur 1. Ausbaustufe (1) oder der Erweiterung einer teilweise ausgebauten Übertragungsleitung bis zur 2. Ausbaustufe (2) (= Endausbaustufe),

A_{sfnq}^F (DM) : Betrag der Anlagekosten zur Anschaffungsperiode q einer durch sf, n gekennzeichneten Fernwärmeleitung,

$u_q^K (0 \leq u_q^K \leq 1)$: resp. $u_q^E (0 \leq u_q^E \leq 1)$: resp. $u_q^F (0 \leq u_q^F \leq 1)$: Finanzierungsfaktor für den Investitionsbereich "Kernkraftwerke" (K), "Höchstspannungsleitungen" (E) resp. "Fernwärmeleitungen" (F) zur Berücksichtigung des sukzessiven Erlöseingangs in der Periode q.

Aufgrund der Förderungsmaßnahmen der Bundesregierung zum Ausbau einer Fernwärmeverbund-Schiene [1] stehen gegebenenfalls, d.h. je nach Versorgungsgebiet, Investitionszulagen (neben Kredithilfen und der Einräumung von Sonderabschreibungsmöglichkeiten) zur Verfügung. Dieser Förderbetrag ist wegen seiner liquiditätserhöhenden Wirkung in der Finanzierungsbedingung zu berücksichtigen.
Wird mit a^F_{sfnq} der prozentuale Fördersatz von A^F_{sfnq} in der Periode q zum Ausbau der Fernwärmeleitung mit der Kapazität n zwischen s ↔ bezeichnet, dann ist (3.41) durch die Finanzierungsbedingung (3.42)

$$\sum_{sfn} u^F_q \cdot (1-a^F_{sfnq}) \cdot A^F_{sfnq} \cdot z_{sfnq} \leq B^F_q \qquad \forall\, q \qquad (3.42)$$

zu ersetzen.

Die mit (3.39), (3.40) und (3.41) resp. (3.42) beschriebenen Finanzierungsbedingungen gewährleisten, daß der Kapitalbedarf die verfügbaren Mittel nicht übersteigt. Dabei ist es gleichgültig, aus welchen Quellen Kapital beschafft wird [2].

Problematisch ist die Konzeption der Finanzierungsbedingungen (3.39), (3.40) und (3.41) resp. (3.42) insofern, als den hier abgegrenzten einzelnen Investitionsbereichen (Kernkraftwerke, Höchstspannungsleitungen, Fernwärmeleitungen) fixierte Kapitalbeträge zugewiesen werden. Dadurch können Investitionen verhindert werden, die den vorgegebenen Kapitalbetrag B^K_q, B^E_q resp. B^F_q überschreiten. Diese Schwachstelle der Modellformulierung kann beseitigt werden, indem das für die jeweiligen hier betrachteten Investitionsbereiche verwendbare Kapital nicht fest vorgeben wird. Anstelle der Bedingungen (3.39), (3.40) und (3.41) tritt dann (3.43):

---

1) Vgl. hierzu die Ausführungen in Kapitel B. III. 1. - ad 3. Nukleare Fernwärmeversorgung sowie die dort in diesem Zusammenhang genannte Literatur.

2) Die Feststellung des Kapitalbedarfs ist grundsätzlich zu trennen von der Frage, in welcher Form und aus welchen Quellen die finanziellen Mittel bereitzustellen sind, die zur Deckung des finanziellen Bedarfs benötigt werden. Es handelt sich zwar um zwei einander ergänzende, im wesentlichen aber unabhängige und verschiedenartige Teilaspekte des Investitionsvorgangs. Vgl. Dean, J.: Kapitalbudgetierung und Investitionsprogramm, in: Jacob, H. (Hrsg.): Optimale Investitionspolitik, Schriften zur Unternehmensführung, Bd. 4, Wiesbaden 1968, S. 75.

$$u_q^{KEF} \left\{ \sum_{stl} (A_{stlq}^{K(1)} \cdot x_{stlq}^{(1)} + A_{stlq}^{K(2)} \cdot x_{stlq}^{(2)}) + \right.$$

$$+ \sum_{sem} (A_{semq}^{E(g)} \cdot y_{semq}^{(g)} + A_{semq}^{E(1)} \cdot y_{semq}^{(1)} + A_{semq}^{E(2)} \cdot y_{semq}^{(2)}) +$$

$$\left. + \sum_{sfn} A_{sfnq}^{F} \cdot z_{sfnq} \right\} \leq B_q^{KEF} \qquad \forall q \qquad (3.43)$$

mit:

u_q^{KEF} $(0 \leq u_q^{KEF} \leq 1)$: Finanzierungsfaktor für die Investitionsbereiche "Kernkraftwerke", "Höchstspannungsleitungen" und "Fernwärmeleitungen" zur Berücksichtigung des sukzessiven Erlöseingangs in der Periode q.

Dem Symbol B_q^{KEF} kommt in (3.43) die zuvor beschriebene Bedeutung zu. Staatliche Fördermaßnahmen für den Ausbau der Fernwärmeverbund-Schiene sind gegebenenfalls in (3.43) alternativ durch Einsetzen der linken Seite von (3.42) zu berücksichtigen.
Daß infolge der Finanzierungsbedingung (3.43) ein versorgungsmäßig nicht optimales Investitionsprogramm ausgewiesen wird, also z.B. die Errichtung von Kernkraftwerken zu Lasten des gleichzeitig erforderlichen Neu- oder Ausbaus elektrischer Höchstspannungsleitungen, wird durch die Bedingungen (3.36) und (3.37) verhindert.

Aus modelltheoretischer Sicht bildet die Finanzierungsbedingung (3.43) zusammen mit den Bedingungen (3.36) und (3.37) die exaktere Formulierung. Demgegenüber entspricht die Konzeption der Bedingungen (3.39), (3.40), (3.41) und (3.42) insofern mehr der Praxis in der Elektrizitätswirtschaft, als eine Abstimmung des Kapitalbedarfs zwischen den Bereichen "Energieerzeugung" und "Energietransport" entsprechend dem Bedarfszuwachs und den erforderlichen Investitionsmaßnahmen erfolgt.

zu c. Bedingungen zur Gewährleistung ökonomischer und technischer Interdependenzen

1. Es muß gewährleistet werden, daß im Planungszeitraum an jedem Kernkraftwerks-Standort s unabhängig vom Typ t und der Leistungsgröße l höchstens eine Erstinvestition vorgenommen wird; damit gilt für

- Kernkraftwerke:

$$\sum_{tlq} x^{(1)}_{stlq} \leq 1 \qquad \forall s \qquad (3.44)$$

Auf jeder Trasse zwischen s ↔ e kann im Planungszeitraum unabhängig von der Nennleistungsgröße m höchstens einmal eines der verschiedenen Ausbaukonzepte realisiert werden; damit gilt für

- Höchstspannungsleitungen:

$$\sum_{mq} y^{(g)}_{semq} \leq 1 \qquad \forall se \qquad (3.45)$$

und

$$\sum_{mq} y^{(1)}_{semq} \leq 1 \qquad \forall se \qquad (3.46)$$

und

$$\sum_{mq} y^{(2)}_{semq} \leq 1 \qquad \forall se \qquad (3.47)$$

Im Planungszeitraum kann auf jeder Trasse zwischen s ↔ f unabhängig von der Leitungskapazität n höchstens eine Fernwärmeleitung errichtet werden; damit gilt für

- Fernwärmeleitungen:

$$\sum_{nq} z_{sfnq} \leq 1 \qquad \forall sf \qquad (3.48)$$

2. Da im Modellansatz Erst- und Erweiterungsinvestitionen für den Bau von

Kernkraftwerken sowie Teilausbaustufen für die Errichtung von Höchstspannungsleitungen zugelassen sind, ist sicherzustellen, daß Erweiterungsinvestitionen in der Periode q nur bei bereits in der Vorperiode $r(1 \leq r \leq q-1)$ bestehenden Anlagen vorgenommen werden können. Diese Bedingung wird bei Kernkraftwerken durch die bereits formulierten Forderungen (3.29)

$$x^{(2)}_{stlq} \leq \sum_{\tau\lambda} \sum_{r=1}^{q-1} x^{(1)}_{s\tau\lambda r} \qquad \forall\ s,\ t,\ l,\ q \qquad (3.29)$$

und für die zweite Ausbaustufe bei Höchstspannungsleitungen durch (3.32)

$$y^{(2)}_{semq} \leq \sum_{\mu} \sum_{r=1}^{q-1} y^{(1)}_{se\mu r} \qquad \forall\ se,\ m,\ q \qquad (3.32)$$

erfüllt.

Nach vollständigem Ausbau der Höchstspannungsleitung zwischen s $\leftrightarrow$ e in einer Etappe ist ein stufenweiser Teilausbau mehr möglich, d.h. zugleich, ein Ausbau der Höchstspannungsleitung zwischen s $\leftrightarrow$ e bis zur 1. Ausbaustufe (und spätere Restbelegung) ist dann nicht mehr vollziehbar, wenn

$$\sum_{mq} y^{(1)}_{semq} \leq 1 - \sum_{mq} y^{(g)}_{semq} \qquad \forall\ se \qquad (3.49)$$

gilt.

3. Für die potentiellen Kernkraftwerks-Standorte sind aufgrund individueller Standortbedingungen [1] Beschränkungen für die über Erweiterungsinvestitionen zubaubare Kernkraftwerkskapazität zu formulieren. Damit wird

---

1) Wie z.B. nukleare Sicherheitskriterien, radiologische Belastung des Standorts oder Standortbereichs, Transportentfernung (bei gegebener Leistungsbedarfsdichte $[MW \cdot km^{-2}]$ steigt die Transportentfernung mit zunehmender Ausbauleistung; vgl. Gleichungen (3.3) und (3.4) in Kapitel C. II. 1.), Kühlwasserverhältnisse, verfügbare Grundstücksfläche etc.

sichergestellt, daß nach Errichtung des ersten Kernkraftwerksblock an einem Standort, nicht stets kostengünstigere Erweiterungsinvestitionen an diesem Standort vorgenommen werden.
Wie oben gezeigt wurde, besteht ein Zusammenhang zwischen der Kraftwerksleistung und dem erforderlichen Grundstücksbedarf [1]. Dieser Zusammenhang kann verwendet werden, um eine ausschöpfbare Restaufnahmekapazität des Standorts $s(s = 1,2,\dots,\bar{s})$ für den Zubau weiterer Kernkraftwerksblöcke (unabhängig vom Typ t und der Leistungsgröße l) vorzugeben. Als Bedingung soll gelten:

$$N_s^R \geq \sum_{tlq} x_{stlq}^{(2)} \cdot N_{stlq} \qquad \forall\ s \qquad (3.50)$$

mit:

N_s^R (MW_{el}) : Restaufnahmekapazität des Standorts s für den Zubau weiterer Kernkraftwerksblöcke, unabhängig vom Typ und der Leistungsgröße.

Die Vorgabe einer entsprechenden Beschränkung für den Erstausbau ist nicht realistisch; es kann angenommen werden, daß ein nach energiewirtschaftlichen und genehmigungsrechtlichen Bedingungen vorab ausgewählter Standort zumindest den größten als Investitionsalternative zugelassenen Kernkraftwerksblock aufnehmen kann.

Im Hinblick auf den zukünftig verstärkenden Zubau Schneller Reaktoren, wird es u.U. sinnvoll sein, die Restaufnahmekapazität eines Standorts typenabhängig zu beschreiben [2]. Anstelle von (3.50) tritt dann die Bedingung:

---

1) Vgl. Kapitel B. III. 1. - ad 4. Geländebedarf des Kernkraftwerks.

2) Ausgehend von der gegenwärtigen Genehmigungspraxis, würden Pläne zur Errichtung von z.B. vier Natriumgekühlten Schnellen Reaktoren mit Blockgrößen von 1000 bis 1300 MW_{el} aufgrund des nuklearen Risikos keine Genehmigung finden. Größenordnungsmäßig entsprechende Anlagen mit Leichtwasserreaktoren werden zwar in den kommenden zehn Jahren Ausnahmen bleiben (Biblis; vgl. oben), sind aber nicht prinzipiell aufgrund von Sicherheitsüberlegungen auszuschließen.

$$N^R_{st} \geq \sum_{lq} x^{(2)}_{stlq} \cdot N_{stlq} \qquad \forall\, s,\, t \qquad (3.51)$$

mit:

N^R_{st} (MW_{el}) : Typenabhängige Restaufnahmekapazität des Standorts s für den Zubau weiterer Kernkraftwerksblöcke des Typs t.

Für den Ansatz der Bedingung (3.51) statt (3.50) im System der Restriktionen gelten mutatis mutandis die oben zu Bedingung (3.35) beschriebenen Voraussetzungen (großes Elektrizitätsversorgungsunternehmen).

4. Die während des Planungszeitraums erstellten Anlagen sollen nicht wieder innerhalb des betrachteten Planungszeitraums außer Betrieb genommen werden. Eine Kapazitätsreduzierung in der Periode $q'(\overline{q} \geq q' \geq q)$ wird ausgeschlossen, wenn für

- Kernkraftwerke:

$$\overline{x}_{stlq'} \geq \overline{x}_{stlq} \qquad \forall\, s,\, t,\, l,\, q' \geq q \qquad (3.52)$$

- Höchstspannungsleitungen:

$$\overline{y}_{semq'} \geq \overline{y}_{semq} \qquad \forall\, se,\, m,\, q' \geq q \qquad (3.53)$$

- Fernwärmeleitungen:

$$\overline{z}_{sfnq'} \geq \overline{z}_{sfnq} \qquad \forall\, sf,\, n,\, q' \geq q \qquad (3.54)$$

gilt.

Die Wirkung der Restriktionen (3.52) bis (3.54) sei am Beispiel von (3.52) erläutert: Besteht das durch s, t, l gekennzeichnete Kernkraftwerk in der Periode q, so ist $\overline{x}_{stlq} = 1$. Für $q' \geq q$ folgt wegen (3.52) $\overline{x}_{stlq'} = 1$, d.h.,das durch s, t, l gekennzeichnete Kernkraftwerk ist auch in der Periode $q'(\overline{q} \geq q' \geq q)$ im Energieversorgungssystem enthalten.

5. Durch die Kapazitätsbeschränkungen (3.55) wird bei Kernkraftwerken eine Verbindung zwischen Investitions- und Produktionsgrößen hergestellt. Es wird berücksichtigt, daß jedes Kernkraftwerk nicht mehr als T^{max}_{stlq} Zeit-

einheiten in einer Periode q zur Energieerzeugung in Anspruch genommen werden kann; es gilt:

$$\sum_{p(t)} E_{stlqp(t)} \leq \overline{x}_{stlq} \cdot N_{stlq} \cdot T^{max}_{stlq} \qquad \forall\ s,\ t,\ l,\ q \qquad (3.55)$$

mit:

T^{max}_{stlq} (h) : maximal mögliche Produktionszeit in der Periode q des durch s, t, l gekennzeichneten Kernkraftwerks.

Die Leistungsaufteilung im Kernkraftwerk zur Elektrizitäts- und Heizwärmeerzeugung unterliegt thermodynamisch der Bedingung:

$$\overline{x}_{stlq} \cdot N_{stlq} \geq (N^{E}_{stlq} + N^{F}_{stlq}) \cdot \overline{x}_{stlq} \qquad \forall\ s,\ t,\ l,\ q \qquad (3.56)$$

6. Die mit den Termen (3.20), (3.21), (3.22), (3.23) und (3.26) beschriebenen Kosten fallen nur dann an, wenn die entsprechenden Anlagen bestehen, andernfalls sind sie gleich Null. Diese Interdependenzen sind durch entsprechende aussagenlogische Verknüpfungen zu formalisieren. Es gilt für

- Kernkraftwerke:

$$x^{(1)}_{stlq} \leq \overline{x}_{stl,q+\delta(s,t,l,q)} \qquad \forall\ s,\ t,\ l,\ q \qquad (3.57)$$

und

$$x^{(2)}_{stlq} \leq \overline{x}_{stl,q+\varepsilon(s,t,l,q)} \qquad \forall\ s,\ t,\ l,\ q \qquad (3.58)$$

- Höchstspannungsleitungen:

$$y^{(g)}_{semq} \leq \overline{y}_{sem,q+\zeta(se,m,q)} \qquad \forall\ se,\ m,\ q \qquad (3.59)$$

und

$$y^{(1)}_{semq} \leq \overline{y}_{sem,q+\eta(se,m,q)} \qquad \forall\ se,\ m,\ q \qquad (3.60)$$

und

$$y^{(2)}_{semq} \leq \overline{y}_{sem,q+\theta(se,m,q)} \qquad \forall\ se,\ m,\ q \qquad (3.61)$$

- Fernwärmeleitungen:

$$z_{sfnq} \leq \bar{z}_{sfn,q+\kappa(sf,n,q)} \qquad \forall\ sf,\ n,\ q \qquad (3.62)$$

In (3.57) bis (3.62) sind mit δ, ε, ζ, η, θ und κ jeweils fest definierte Zeitspannen beschrieben, die zwischen dem Baubeginn der jeweiligen Anlagen und der Einbindung in das Energieversorgungssystem vergehen. Diese Zeiträume sind einerseits bei Kernkraftwerken vom Investitionstyp (Erst- oder Erweiterungsinvestition) und bei Höchstspannungsleitungen von der Art des Ausbaus (in einer Etappe, Ausbau bis zur 1. Ausbaustufe oder Restbelegung), abhängig, andererseits besteht bei allen Investitionsalternativen die Abhängigkeit vom Standort resp. der Trassenführung, der technischen Ausführung sowie der Bauperiode.
Die Wirkung der Restriktionen (3.57) bis (3.62) sei am Beispiel von (3.57) erläutert: Da für $\bar{x}_{stl,q+\delta(s,t,l,q)} \in \{0,1\}$ gilt, folgt bei Kostenminimierung $\bar{x}_{stl,q+\delta(s,t,l,q)} = 0$, falls $x^{(1)}_{stlq} = 0$ ist.

7. Für die oben beschriebene Klasse ganzzahliger Optimierungsmodelle mit zusätzlicher Diskretheitsanforderung gilt, daß die Leistungs- oder Kapazitätsgrößen nur nicht-negative und die zugelassenen, diskreten Werte annehmen können; damit gilt für

- Kernkraftwerke:

$$N_{stlq} > 0,\ \text{zugelassene Werte} \qquad \forall\ s,\ t,\ l,\ q \qquad (3.63)$$

- Höchstspannungsleitungen:

$$P_{semq} > 0,\ \text{zugelassene Werte} \qquad \forall\ se,\ m,\ q \qquad (3.64)$$

- Fernwärmeleitungen:

$$Q_{sfnq} > 0,\ \text{zugelassene Werte} \qquad \forall\ sf,\ n,\ q \qquad (3.65)$$

8. Für die Variablen $E_{stlqp(t)}$ fungiert der durch Unter- und Obergrenzen $E^{min}_{stlqp(t)}$ resp. $E^{max}_{stlqp(t)}$ zugelassene Bereich der positiv reellen Zahlen:

$$\bar{x}_{stlq} \cdot E^{min}_{stlqp(t)} \leq E_{stlqp(t)} \leq \bar{x}_{stlq} \cdot E^{max}_{stlqp(t)} \quad \forall\ s,\ t,\ l,\ q,\ p(t) \quad (3.66)$$

9. Die Auswahlvariablen der Zielfunktion und der Restriktionen unterliegen der Binärbedingung. Es gilt

$$x^{(1)}_{stlq} \in \{0,1\} \qquad \forall s,\ t,\ l,\ q \tag{3.67}$$

$$x^{(2)}_{stlq} \in \{0,1\} \qquad \forall s,\ t,\ l,\ q \tag{3.68}$$

$$\bar{x}_{stlq} \in \{0,1\} \qquad \forall s,\ t,\ l,\ q \tag{3.69}$$

$$\bar{x}_{stl,q+\delta(s,t,l,q)} \in \{0,1\} \qquad \forall s,t,l,q+\delta(s,t,l,q) \tag{3.70}$$

$$\bar{x}_{stl,q+\varepsilon(s,t,l,q)} \in \{0,1\} \qquad \forall s,t,l,q+\varepsilon(s,t,l,q) \tag{3.71}$$

$$y^{(g)}_{semq} \in \{0,1\} \qquad \forall se,\ m,\ q \tag{3.72}$$

$$y^{(1)}_{semq} \in \{0,1\} \qquad \forall se,\ m,\ q \tag{3.73}$$

$$y^{(2)}_{semq} \in \{0,1\} \qquad \forall se,\ m,\ q \tag{3.74}$$

$$y_{semq} \in \{0,1\} \qquad \forall se,\ m,\ q \tag{3.75}$$

$$\bar{y}^{(g)}_{sem,q+\zeta(se,m,q)} \in \{0,1\} \qquad \forall se,m,q+\zeta(se,m,q) \tag{3.76}$$

$$\bar{y}^{(1)}_{sem,q+\eta(se,m,q)} \in \{0,1\} \qquad \forall se,m,q+\eta(se,m,q) \tag{3.77}$$

$$\bar{y}^{(2)}_{sem,q+\theta(se,m,q)} \in \{0,1\} \qquad \forall se,m,q+\theta(se,m,q) \tag{3.78}$$

$$z_{sfnq} \in \{0,1\} \qquad \forall sf,\ n,\ q \tag{3.79}$$

$$\bar{z}_{sfnq} \in \{0,1\} \qquad \forall sf,\ n,\ q \tag{3.80}$$

$$\bar{z}_{sfn,q+\kappa(sf,n,q)} \in \{0,1\} \qquad \forall sf,n,q+\kappa(sf,n,q) \tag{3.81}$$

3. Zur Anwendbarkeit des Standortmodells

Die Frage nach der praktischen Verwendbarkeit eines formalen Planungsmodells läßt sich nicht allgemeingültig beantworten. Wesentliche Postulate für die Operabilität [1] eines Modells sind jedoch zumindest u.a. Realitätsnähe, Beschaffbarkeit der erforderlichen Daten und die Anwendbarkeit in der Praxis [2]. Der Erfüllungsgrad dieser Forderungen ("Operabilitätsgrad" [3]) stellt damit zugleich einen Maßstab für den praktischen Wert des Planungsmodells dar [4].

Ziel der Modellkonzeption war die Analyse und quantitative Erfassung der Zusammenhänge, die sich bei der optimalen großräumigen Eingliederung von Kernkraftwerken in die öffentliche Elektrizitäts- und Wärmeversorgung ergeben. Das Modell enthält die wesentlichen Einflußgrößen und Interdependenzen der Investitions- und Produktionsplanung für die Bereiche "Kernkraftwerke", "elektrische Übertragung" und "Fernwärmetransport. In dieser Hinsicht ist das Kriterium "Realitätsnähe" im vorliegenden Standortmodell erfüllt.

Verwendbar ist das vorliegende Modell als Instrument der Standortplanung großer Elektrizitätsversorgungsunternehmen, zur Planung von Gemeinschaftskraftwerken mehrerer Partnerunternehmen oder zur Entwicklung großräumiger "Standortvorsorgepläne" im Rahmen einer sektoralen Investitionspolitik der Elektrizitätswirtschaft (siehe unten).

Aufgrund seiner Konzeption ist das Modell zur praktischen Anwendung in kleineren Elektrizitätsversorgungsunternehmen nicht geeignet. Bei einer Erweiterung ihres Kraftwerkparks durch ein Kernkraftwerk, sofern diese Unternehmen überhaupt in der Lage sind ein Kernkraftwerk heute üblicher Größe

---

1) Vgl. zum Begriff Albach, H.: Das Verhältnis der Wirtschaftswissenschaften zur Praxis, in: Neue Betriebswirtschaft, 16. Jg. (1963), H. 8, S. 207.

2) Siehe hierzu etwa Little, J.D.C.: Modells and Managers: The Concept of a Decision Calculus, in: MS, Vol. 16 (1970), No. 8, B466ff.

3) Albach, H.: ebenda, S. 207.

4) Vgl. Albach, H.: ebenda, S. 207.

allein, d.h. ohne Partnerunternehmen, zu errichten und zu betreiben [1], werden sich die Wahlmöglichkeiten auf wenige Alternativen beschränken. Für die Planungsrechnung kommen in solchen Fällen Enumerationsverfahren in Betracht.
Die "Enumeration besteht in der Berechnung aller möglichen Lösungen und der Auswahl der besten" [2]. Das Verfahren führt im Rahmen der berücksichtigten Varianten mit Sicherheit zum Optimum. "Je mehr verschiedene Lösungen für ein Problem existieren, desto aufwendiger wird das Enumerieren und desto intensiver wird man nach einer eleganteren und schnelleren Lösungsmethode suchen. Ist dagegen die Zahl der Lösungen gering, wird man sich mit der Vollenumeration begnügen. Das ist insbesondere dann zu empfehlen, wenn man ein einmaliges und nicht laufend auftretendes Problem zu lösen hat..." [3].

Das entwickelte Standortmodell entspricht vom Aufbau her linearen Programmierungsmodellen. Gegenüber gewöhnlichen linearen Optimierungsmodellen besteht hier als Besonderheit, daß die Variablen x, $\bar{x}$, y, $\bar{y}$, z, $\bar{z}$ nur die Werte 0 oder 1 annehmen können. Bei Vorhandensein binärer Variabler ist die Lösung mit gewöhnlichen Verfahren der linearen Programmierung nicht mehr möglich [4]. Zur Lösung des vorliegenden Optimierungsmodells ist daher ein Verfahren der gemischt-ganzzahligen Programmierung erforderlich.

Die exakte Lösung (Rundungsfehler) gemischt-ganzzahliger Programmierungs-

---

1) Vgl. dazu Kapitel B. III. 1. - ad 1. Energiewirtschaftliche Rückwirkungen der Netzeinbindung großer Kernkraftwerke sowie diesbezügliche Ausführungen in Kapitel C. IV.

2) Müller-Merbach, H.: Methoden und Modelle der Optimalplanung, 3. Aufl., München 1973, S. 327.

3) Müller-Merbach, H.: ebenda, S. 327.

4) Vgl. Brauer, K.M.: Binäre Optimierung, Untersuchung und Weiterentwicklung eines Verfahrens zur Analyse betriebswirtschaftlicher Entscheidungsprobleme bei zweiwertigen Alternativen und ökonomisch unteilbaren Objekten; Schriftenreihe Annales Universitatis Saraviensis, Rechts- und Wirtschaftswissenschaftliche Abteilung, H. 43, Köln-Berlin-Bonn-München 1969.

aufgaben scheiterte lange am Mangel leistungsfähiger Algorithmen. - Die von R.E. Gomory entwickelten Lösungsverfahren der ganzzahligen und gemischt-ganzzahligen Programmierung [1] führen insbesondere bei größeren Problemen nicht in einer vertretbaren Zahl von Schritten zu einer brauchbaren Lösung [2].
Die intensive Beschäftigung mit diesem Gebiet der Unternehmensforschung hat seitdem eine Reihe effizienter Verfahren zur Lösung gemischt-ganzzahliger Optimierungsmodelle hervorgebracht [3]. Für die numerische Lösung

---

1) Gomory, R.E.: Outline of an Algorithm for Integer Solution to Linear Programs, in: Bull. Amer. Math. Soc., Vol. 64 (1958), S. 275-278. ders.: An Algorithm for the Mixed Integer Problem; The RAND Corporation, Paper P-1885, Santa Monica 1960 (zit. nach Künzi, H.P., Tzschach, H.G. und Zehnder, C.A.: Numerische Methoden der mathematischen Optimierung, Stuttgart 1966, S. 140). Zur grundlegenden Erörterung der "Gomory-Algorithmen" siehe Dantzig, G.B.: Lineare Programmierung und Erweiterungen, Berlin-Heidelberg-New York 1966, S. 590ff. Korbut, A.A. und Finkelstein, J.J.: Diskrete Optimierung, Berlin 1971, S. 83ff.

2) Vgl. Wagner, H.M., Giglio, R.J. and Glaser, G.R.: Preventive Maintenance Scheduling by Mathematical Programming, in: MS, Vol. 10 (1964), No. 2, S. 320ff. Müller-Merbach, H.: Methoden und Modelle der Optimalplanung, 3. Aufl., München 1973, S. 378.

3) Übersichten geben Beale, E.M.L.: Survey of Integer Programming, in: OR Quarterly, Vol. 16 (1965), No. 2, S. 219-228. Lüder, K.: Zur Anwendung neuer Algorithmen der ganzzahligen linearen Programmierung, in: ZfB, 39. Jg. (1969), H. 7, S. 405-434. Geoffrion, A.M. and Marsten, R.E.: Integer Programming Algorithms: A Framework and State-of-the-Art Survey, in: MS, Vol. 18 (1972), No. 9, S. 465-491. Runggaldier, W.: Ganzzahlige, Null-Eins- und Gemischt-Ganzzahlige Programmierung im Zusammenhang mit der Branch and Bound-Technik, in: Weinberg, F. (Hrsg.): Branch and Bound: Eine Einführung; Lecture Notes in Economics and Mathematical Systems, Vol. 4, 2. Aufl., Berlin-Heidelberg-New York 1973, S. 107-126.

des vorliegenden Standortmodells kann hiervon insbesondere der Algorithmus "MPSX-MIP" (Verfahren von Land-Doig und Dakin [1]) herangezogen werden. Hierzu wird von IBM das Programm 5734-XM4 angeboten [2].

---

1) Land, A.H. and Doig, A.G.: An Automatic Method for Solving Discrete Programming Problems, in: Econometrica, Vol. 28 (1960), S. 497-520. Dakin, R.J.: A Tree Search Algorithm for Mixed Integer Programming Problems, in: Computer Journal, Vol. 8 (1965), No. 3, S. 250-255.

2) IBM (Hrsg.): MPSX-Erweitertes System für Mathematische Optimierung, Gemischt-ganzzahlige Optimierung (MIP), Programm-Beschreibung 5734-XM4, IBM-Form-Number SH12-3042 und IBM (Hrsg.): MPSX-Erweitertes System für Mathematische Optimierung, Gemischt-ganzzahlige Optimierung (Mathematical Programming System Extended), Programm-Beschreibung 5734-XM4, IBM-Form-Number 012-0516.

IV. Ausblick: Die Investitions- und Standortplanung der Elektrizitätsversorgungsunternehmen in einer engeren Verbundwirtschaft

Ein Lehrbuch der Energietechnik beginnt mit dem Satz [1]:

> "Energie ist die Grundlage jeder entwickelten Gesellschaft. Die Sicherheit und Regelmäßigkeit der Energieversorgung zu möglichst billigen und stabilen Preisen ist eine wesentliche Voraussetzung für die volkswirtschaftliche Entwicklung".

Eine Binsenweisheit? Gewiß - doch gerade daran zeigt sich, wie sehr die Standortwahl für Kernkraftwerke zu einem Schlüsselproblem geworden ist, von dessen Lösung die zukünftige "sichere und billige" [2] Bereitstellung elektrischer Energie abhängt.
In Bezug auf eine langfristig gesicherte Stromversorgung unserer Volkswirtschaft kommt demgemäß der Investitions- und Standortplanung für Kernkraftwerke entscheidende Bedeutung zu. Aus dieser Feststellung ergeben sich jedoch zugleich auch Konsequenzen für die Planung und Organisation der Elektrizitätswirtschaft.

Aufgrund der komplexen Wechselwirkungen zwischen Entscheidungen über einzelne Standorte, Kernkraftwerksprojekte und dem Ausbau der entsprechenden Energietransportnetze ist eine Betrachtung singulärer Investitionen nicht möglich. Optimale Entscheidungen können nur mit Hilfe von Modellen vorbereitet werden, die diese Interdependenzen berücksichtigen. "Die Modelle sind jedoch, wenn man von den nationalisierten Elektrizitätswirtschaften im Ausland absieht, an den speziellen unternehmenspolitischen Zielen der jeweiligen EVU orientiert... Aus volkswirtschaftlicher Sicht hat dies drei Nachteile. Zum einen werden Investitionsalternativen, die, sei es aus finanziellen oder geographischen Gründen,

---

1) Zit. nach Bugl. J.: Die Rolle der Kernenergie in der zukünftigen Energieversorgung unter besonderer Berücksichtigung ihrer Wettbewerbsfähigkeit zu anderen Energieträgern; Vortrag am 12. November 1974 vor dem Arbeitskreis Energietechnik des VDI, Nordbadisch-Pfälzischer Bezirksverein Mannheim, Mannheim 1974, S. 1 (masch.-schr. Ms.).

2) Präambel zum Energiewirtschaftsgesetz (EnWG).

außerhalb der Möglichkeiten einzelner Unternehmen liegen, nicht berücksichtigt. Des weiteren wird den Interdependenzen zwischen den Investitionsentscheidungen verschiedener EVU nicht genügend Rechnung getragen bzw. die Alternativen 'Strombezug' und 'Stromverkauf' werden nicht mit ihren langfristigen Ganzkosten bewertet. Und schließlich können die Ziele der EVU von den Zielen einer wachstumsorientierten Sektorpolitik abweichen" [1].

Es hat demgemäß bisher nicht an technokratischen Vorstellungen und Sozialisierungsgedanken gefehlt, im Bereich der Elektrizitätswirtschaft durch Schaffung einer öffentlich-rechtlichen Einheitsgesellschaft, etwa nach dem Muster der EdF [2] oder ENEL [3], eine zentralisierte, sektorale Investitionspolitik zu realisieren [4]. Diese im Ergebnis gleichsame Konzeption wird je nach Standpunkt von einer pragmatisch motivierten "Faszination der Unter-

---

1) Mönig, W.: Determinanten des Elektrizitätsangebots und volkswirtschaftliche Kriterien zu seiner Beurteilung; Schriftenreihe des Energiewirtschaftlichen Instituts an der Universität Köln, Bd. 18, München 1975, S. 270.

2) EdF = Electricité de France.
Siehe hierzu ausführlicher Schmitz, W.: Das Recht der Energiewirtschaft im Ausland (Westeuropa); Schriftenreihe des Energiewirtschaftlichen Instituts an der Universität Köln, Bd. 2, München 1953, S. 33ff. Gilsbach, A.: Die Konzeption der französischen Energiepolitik; Schriftenreihe des Energiewirtschaftlichen Instituts an der Universität Köln, Bd. 10, München 1965. Vereinigung Industrielle Kraftwirtschaft (VIK) e.V. und Vereinigung Deutscher Elektrizitätswerke (VDEW) e.V. (Hrsgg.): Die Energiewirtschaft der Electricité de France (EdF), Frankfurt/M. 1967, insbesondere S. 8ff.

3) ENEL = Ente Nazionale per l'Energia Elettrica.
Siehe dazu Schmitz, W.: Das Recht der Energiewirtschaft im Ausland (Westeuropa); Schriftenreihe des Energiewirtschaftlichen Instituts an der Universität Köln, Bd. 2, München 1953, S. 113ff.

4) Vgl. Fischerhof, H.: Energiepolitik am Scheidewege, Destruktion oder Effektivität, in: ET, 20. Jg. (1970), H. 1, S. 1f.

nehmensgröße" [1] oder politisch-ideologischen Interessen getragen [2].

Mit der Bildung der Ruhrkohle-Einheitsgesellschaft (Ruhrkohle AG) [3] wurde ein erstes leidiges Beispiel für die "verordnete Gigantonomie" [4] geschaffen. Die späteren Erfahrungen mit diesem Unternehmen [5] von angeblich optimaler Unternehmensgröße haben dann auch erheblich zum Abbau der "Vorstellungen von den Vorteilen der 'Unternehmensgröße an sich' beigetragen" [6].

---

1) Kartte, W.: Energiewirtschaft und Marktwirtschaft, in: Evangelische Akademie Loccum (Hrsg.): Die Entwicklung der Energieversorgung - Herausforderung und Besinnung; Loccumer Protokoll 18/74, Loccum (1975), S. 72.

2) Vgl. hierzu Küster, E.: Ordnungsprobleme in der Elektrizitätswirtschaft, Diss. Braunschweig 1974, S. 75ff.

3) Siehe dazu Spiegelberg, F.: Energiemarkt im Wandel, Zehn Jahre Kohlenkrise an der Ruhr, Baden-Baden 1970.

4) Throm, W.: Von Bonn verordnete Gigantonomie, in: FAZ, Nr. 140 vom 19. Juni 1973, S. 12. Siehe dazu auch Hort, P.: Unbequeme Wahrheiten, Zum Gutachten der Monopolkommission, in: FAZ, Nr. 163 vom 27. Juli 1976, S. 13.

5) Vgl. Throm, W.: Die Ruhrkohle AG - ein gebrechlicher Koloß, in: FAZ, Nr. 57 vom 9. März 1971, S. 13. ders.: Das Ruhrkohle-Debakel, in: FAZ, Nr. 90 vom 19. April 1971, S. 13. ders.: Laokoon an der Ruhr, Die Ruhrkohle AG, in: FAZ, Nr. 209 vom 10. September 1971, S. 17/18. ders.: Der schwerkranke Koloß, Röntgenbild der Ruhrkohle AG ist deprimierend, in: FAZ, Nr. 257 vom 5. November 1971, S. 17. ders.: Notsignal für die Ruhrkohle, in: FAZ, Nr. 58 vom 9. März 1972, S. 13. ders.: Die Ruhrkohle endlich lebensfähig machen, in: FAZ, Nr. 205 vom 5. September 1972, S. 15.

6) Kartte, W.: Energiewirtschaft und Marktwirtschaft, in: Evangelische Akademie Loccum (Hrsg.): Die Entwicklung der Energieversorgung - Herausforderung und Besinnung; Loccumer Protokoll 18/74, Loccum (1975), S. 72.

Die deutsche Energiewirtschaft ist schon heute ein Wirtschaftszweig, in dem der Staat als Unternehmer, Anteilseigner, Gesetzgeber und Aufsichtsorgan starken Einfluß hat [1]. So verkennen politisch-ideologisch motivierte Befürworter einer Einheitsgesellschaft bei ihrer Forderung auch, daß das Energiewirtschaftsgesetz nach geltendem Recht mit seiner Generalklausel (Präambel) längst breiten Raum für staatliche Wirtschaftslenkung bietet [2], um "im Interesse des Gemeinwohls die Energiearten wirtschaftlich einzusetzen, den notwendigen öffentlichen Einfluß in allen Angelegenheiten der Energieversorgung zu sichern, volkswirtschaftlich schädliche Auswirkungen des Wettbewerbs zu verhindern, einen zweckmäßigen Ausgleich durch Verbundwirtschaft zu fördern und durch all dies die Energieversorgung so sicher und billig wie möglich zu gestalten" [3]. Hierzu bedarf es nicht notwendigerweise einer Einheitsgesellschaft. Kritisch äußert sich H. Fischerhof dazu wie folgt: "Die S o z i a l i s i e r u n g der Energieversorgung, etwa in der Form der Zusammenfassung aller Betriebe und Anlagen in der Hand einer öffentlich-rechtlichen Anstalt, mag für Technokraten eine verführerische Vorstellung sein. Die Wirklichkeit zeigt, daß die Bewirtschaftung eines großräumigen Strom- oder Gasversorgungsnetzes sich mit dem Betrieb etwa eines Eisenbahnnetzes nicht vergleichen läßt. Nicht ohne Grund ist die British Electricity Authority wieder aufgelöst und in das Central Electricity Generating Board und 12 regionale Area Electricity Boards zurückverwandelt worden. Bei realistischer Betrachtung muß man auch erkennen, daß in der Bundesrepublik eine Zentralisierung in Bundeshand in Anbetracht des föderalistischen Staatsaufbaus und des finanziellen Engagements mehrerer Länder in der Energiewirtschaft schwer zu verwirklichen wäre. Sie scheiterte trotz des Sozialisierungsgesetzes schon 1920. Eine Sozialisierung aber durch die Bundesländer würde die von den Ländergrenzen vielfach unabhängigen Versorgungsräume und verbundwirtschaftlichen Zusammenhänge zerreißen; sie würde sich, wie der Versuch in Hessen gezeigt hat, schon aus

---

1) Vgl. Kartte, W.: Energiewirtschaft und Marktwirtschaft, in: ebenda, S. 71ff.

2) Siehe auch Fischerhof, H.: Energiewirtschaftsrecht und Wirtschaftslenkung, in: ET, 23. Jg. (1973), H. 4, S. 137-141.

3) Präambel zum Gesetz zur Förderung der Energiewirtschaft vom 13. Dezember 1935, RGBl. I, S. 1451 (Energiewirtschaftsgesetz-EnWG).

diesem Grunde als undurchführbar erweisen. Zudem würde sich die kommunale Wirtschaft einer Sozialisierung und Zentralisierung stets auch mit dem Argument zu entziehen suchen, daß sie bereits "sozialisiert" oder sogar verfassungsrechtlich garantiert sei. Ob aber überhaupt mit der staatswirtschaftlichen Struktur und Monopolisierung gesamtwirtschaftlich ein besserer Effekt der Energieversorgung und eine günstigere Bedienung der Abnehmer erzielt werden könnte, dafür gibt es eher Beweise des Gegenteils. Auch muß man der üblichen Subventionierung der Staatsbetriebe die sich finanziell selbst tragende und Steuern abführende Unternehmerwirtschaft gegenüberstellen. Schließlich - und daran wird leider zuletzt oder gar nicht gedacht - müssen bei einer wie auch immer gearteten Überführung in öffentliche Hand die bisherigen Eigentümer entschädigt werden oder früher oder später mit Vermögensverlusten die Zeche bezahlen; sowohl das eine wie das andere bleibt gesamtwirtschaftlich nie ohne negative Folgen" [1].

Demgegenüber ist es Anliegen der Vertreter marktwirtschaftlicher Ordnungsplitik, ein "neues Ordnungsgefüge" der deutschen Elektrizitätswirtschaft zu schaffen, dabei u.a. die Elektrizitätsversorgungsunternehmen einem Wettbewerb auf dem Elektrizitätsmarkt auszusetzen, den Gebietschutz zu beseitigen und eine "Trennung von Erzeugung und Transport" [2] vorzunehmen [3]. H. Gröner hat die Motivation wie folgt kurz zum Ausdruck gebracht: "Eine solche Ordnung [wäre] nicht nur wegen des 'Beiwerks' besserer Marktergeb-

---

1) Fischerhof, H.: Energiepolitik am Scheidewege, Destruktion oder Effektivität, in: ET, 20. Jg. (1970), H. 1, S. 2. Ausführlicher zur Problematik auch Resch, I.: Preisbildung in der Elektrizitätswirtschaft, Gräfeling 1966, S. 135ff. (Das volkswirtschaftliche Ordnungsproblem vom Standpunkt der Marktpreisbildung, dargestellt am Beispiel der Elektrizitätswirtschaft, Diss. Wien 1966).

2) Gröner, H.: Die Ordnung der deutschen Elektrizitätswirtschaft; Wirtschaftsrecht und Wirtschaftspolitik, Bd. 41, Baden-Baden 1975, passim.

3) Siehe hierzu Röper, H. (Hrsg.): Wettbewerbsprobleme der Elektrizitätsversorgung, Der Begriff Monopolgrad; Schriften des Vereins für Socialpolitik, N.F. Bd. 65, Berlin 1972. Gröner, H.: Die Ordnung der deutschen Elektrizitätswirtschaft; Wirtschaftsrecht und Wirtschaftspolitik, Bd. 41, Baden-Baden 1975, insbesondere S. 409ff.

nisse, sondern vor allem wegen... [des] fundamentalen Ordnungsprinzips zu realisieren" [1]. Dabei wird vielfach übersehen [2], daß dem Wettbewerb als einer zentralen Steuerungsfunktion marktwirtschaftlicher Ordnung in der Elektrizitätswirtschaft aus physikalisch-technischen Gründen Grenzen gesetzt sind [3]. "Es mag sein, daß eine gewisse Auflockerung des unvollständigen Wettbewerbs möglich erscheint; eine grundsätzliche Änderung der Angebotsstruktur und der Wettbewerbsformen in der Stromversorgungswirtschaft wird nicht erreichbar sein" [4]. Entsprechend kommentiert auch H. Gröner seine Vorstellungen: "Eine umfassende wettbewerbspolitische Reform für die Elektrizitätsversorgung nach... [diesem] Konzept [5], wirft nicht geringe Übergangsprobleme auf, weil die gewachsene Ordnung meilenweit von diesem Leitbild entfernt ist" [6].

---

1) Gröner, H.: Die Ordnung der deutschen Elektrizitätswirtschaft; Wirtschaftsrecht und Wirtschaftspolitik, Bd. 41, Baden-Baden 1975, S. 420.

2) Vgl. etwa Gröner, H.: Grundzüge einer Wettbewerbsordnung für die Elektrizitätswirtschaft, in: Röper, H. (Hrsg.): Wettbewerbsprobleme der Elektrizitätsversorgung, Der Begriff Monopolgrad; Schriften des Vereins für Socialpolitik, N.F. Bd. 65, Berlin 1972, S. 47-69. ders.: Die Ordnungspolitik der deutschen Elektrizitätswirtschaft; Wirtschaftsrecht und Wirtschaftspolitik, Bd. 41, Baden-Baden 1975, S. 409ff.

3) Vgl. hierzu etwa den Überblick in Kapitel A. I. 2. und Kapitel B. III. 1. - ad 1. Energiewirtschaftliche Rückwirkungen der Netzeinbindung großer Kernkraftwerke sowie die angeführte Referenzliteratur.

4) Brachmann, E.: Die Elektrizitätswirtschaft muß langfristig planen, in: HB, Nr. 105 vom 5./6. Juni 1970, S. 19. Siehe auch Haager, K.: Grundsatzfragen der öffentlichen Elektrizitätsversorgung, in: DÖW, 20. Jg. (1971), H. 1, S. 11-13. Hamm, W.: Mehr Kontrolle für die Elektrizitätswerke?, in: FAZ, Nr. 251 vom 29. Oktober 1971, S. 17.

5) (Anm. d. Verf.) Siehe Gröner, H.: Die Ordnungspolitik der deutschen Elektrizitätswirtschaft; Wirtschaftsrecht und Wirtschaftspolitik, Bd-41, Baden-Baden 1975, S. 409.

6) Gröner, H.: Die Ordnungspolitik der deutschen Elektrizitätswirtschaft; ebenda, S. 441.

Darüber hinaus ist der zügige Ausbau der Kernkraftwerkskapazität gemäß dem von der Bundesregierung gesetzten Orientierungsrahmen [1] von Kosten-, Finanzierungs-, Standort- und Raumordnungs- sowie Umweltschutzproblemen begleitet, die eine weitergehende Kooperation der Elektrizitätsversorgungsunternehmen erfordern. Es genügt dazu nicht, den gegenwärtigen - technischen - Verbundbetrieb weiter auszubauen, sondern die Zusammenarbeit der Elektrizitätsversorgungsunternehmen wird in einer engeren Verbundwirtschaft aufgehen müssen [2]. G. Boll hat dies wie folgt zum Ausdruck gebracht: Auf der Stufe der Verbundwirtschaft "bleiben die beteiligten Partner

---

1) Vgl. Bundesministerium für Forschung und Technologie (Hrsg.): Viertes Atomprogramm der Bundesrepublik Deutschland für die Jahre 1973 bis 1976, Bonn o.J., S. 27ff. Bundesministerium für Wirtschaft (Hrsg.): Erste Fortschreibung des Energieprogramms der Bundesregierung, Bonn 1974, Textziffer 62ff., S. 42ff.

2) Unter "Verbundwirtschaft" wird im ökonomischen Bereich eine Verbindung im Produktionsbereich verstanden, bei der "zwangsläufig aus einer gemeinsamen im Produktionsprozeß liegenden Quelle ein wirtschaftlicher Nutzeffekt erzielt wird". Krähe, W.: (Stichwort:) Verbundwirtschaft, in: HdSW, Bd. 11, Stuttgart-Tübingen-Göttingen 1961, Sp. 1.
In der Elektrizitätswirtschaft wird üblicherweise zwischen "Verbundbetrieb" und "Verbundwirtschaft" unterschieden, wenn auch beide Termini häufig begrifflich synonym verwendet werden. Vgl. hierzu auch Lehmann, H.: Wesen und Formen des Verbundbetriebes, Ein Beitrag zur betriebswirtschaftlichen Morphologie; Betriebswirtschaftliche Forschungsergebnisse, Bd. 24, Berlin 1965, S. 27ff. (Diss. Mannheim 1964).
Während unter "Verbundbetrieb" mehr das technische Zusammenwirken von Kraftwerken mit Einspeisung in ein gemeinsames "Verbundnetz" verstanden wird, zielt die Bezeichnung "Verbundwirtschaft" insbesondere auf die wirtschaftliche und technische Kooperation der Elektrizitätsversorgungsunternehmen ab. Ähnlich schon Schneider, R. und Schnaus, G.: Elektrische Energiewirtschaft, Die Betriebswirtschaft der Elektrizitätsversorgungsunternehmungen, Berlin 1936, S. 227, die diese begriffliche Differenzierung vornehmlich begründet haben. Ausführlicher zu den Begriffen "Verbundbetrieb" und "Verbundwirtschaft" im Bereich der Elektrizitätswirtschaft siehe Boll, G.: Entstehung und Entwicklung des Verbundbetriebs in der deutschen Elektrizitätswirtschaft bis zum europäischen Verbund, Frankfurt/M. 1969, S. 13ff.

weitgehend unabhängig, genießen jedoch in Bezug auf Planung und Investitionen die Vorteile einer Vereinigung von Gesellschaften, ohne die Nachteile zu großer Konzentration in Kauf nehmen zu müssen. Vereinbarungen über den gemeinschaftlichen Betrieb von Kraftwerken und Leitungen gehören dazu. Diese Art der Zusammenarbeit ermöglicht es auch, ein gemeinsames Kraftwerk zu bauen,...gemeinsam...wirtschaftliche Einheiten zu erstellen und hierfür die günstigste Lage auszuwählen" [1]. "Dies würde bedeuten, daß die Kosten der Stromerzeugung nicht mehr nur aus der Sicht eines Erzeugers oder Verteilers optimiert werden, sondern großräumig...Hieraus dürfte sich manche Ersparnis ergeben, die letztlich den Verbrauchern zugute kommen könnte" [2].
Als Konsequenz dieser Auffassung stellt sich die Frage nach einem zu schaffenden, übergeordneten Verband der Elektrizitätsversorgungsunternehmen, der die entsprechende Interessen- und Planungskoordination durchführen könnte [3].

Beispiele für eine intensive Verbundwirtschaft der Elektrizitätsversorgungsunternehmen bieten die Vereinigten Staaten. Dort haben sich Elektrizitätsversorgungsunternehmen zu "Power Pools" zusammengeschlossen, die gemeinsam Investitions- und Finanzierungsprogramme aufstellen und einen gemeinsamen Kraftwerksbau- und -betrieb durchführen [4].

---

1) Boll, G.: Entstehung und Entwicklung des Verbundbetriebs in der deutschen Elektrizitätswirtschaft bis zum europäischen Verbund, Frankfurt/M. 1969, S. 15.

2) Obernolte, W.: Entwicklungstendenzen in der Elektrizitäts- und Gaswirtschaft und ihre Konsequenzen für Wirtschaft und Staat, in: Energie-Leistungen, Prognosen, Alternativen, Stuttgart 1972, S. 137.

3) Vgl. hierzu auch Grochla, E.: Betriebsverbindungen; Slg. Göschen, Bd. 1235/1235a, Berlin 1969, S. 24f.

4) Vgl. Michaelis, H.: Die Kernenergie an der Schwelle der Konkurrenzfähigkeit-Organisatorische und planerische Probleme bei der Projektierung von Kernkraftwerken, in: Burgbacher, F. (Hrsg.): Ordnungsprobleme und Entwicklungstendenzen in der deutschen Energiewirtschaft; Festschrift für Theodor Wessels zur Vollendung seines 65. Lebensjahres, Essen 1967, S. 269.

Fortsetzung siehe Seite 575

In der Bundesrepublik trägt die Zusammenarbeit der Elektrizitätsversorgungsunternehmen bislang "eher einen extensiven als intensiven Charakter. Sie entspricht eher einem Verbundbetrieb als einer Verbundwirtschaft" [1]. Es besteht kein allgemeiner Rahmenvertrag, der die Elektrizitätsversorgungsunternehmen zu allgemeinen Leistungen verpflichtet. Verträge zwischen den Elektrizitätsversorgungsunternehmen in der Bundesrepublik sind im allgemeinen bilateraler Natur [2].

Die bisherige Interessenkoordination der zehn Verbund-Großunternehmen in der Bundesrepublik (siehe Abbildung 34) wird von der "Deutschen Verbundgesellschaft (DVG) e.V.", Heidelberg, wahrgenommen. Nach Ansicht von Th. Schmeller "dokumentieren [die Verbundunternehmen] damit, daß sie die verbundwirtschaftliche Zusammenarbeit in einem engeren Sinne als einen integrierenden Bestandteil ihrer Unternehmensaufgabe ansehen" [3].

Die "Deutsche Verbundgesellschaft (DVG) e.V." ist nach ihrer Satzung bestrebt [4],

- "den Ausbau der deutschen Verbundwirtschaft fördern",

Fortsetzung zu Fußnote

4) Gersdorff, B. v.: Wirtschaftliche Zusammenarbeit von Elektrizitätswerken in den USA und Verbundbetrieb in der Bundesrepublik, in: ET, 17. Jg. (1967), H. 7, S. 226ff. ders.: Verbund in der Stromerzeugung, Vergleich des Verbundbetriebs zwischen Elektrizitätswerken in den USA und in Westdeutschland, Gräfeling 1968, S. 17ff.

1) Gersdorff, B. v.: Verbund in der Stromerzeugung, Vergleich des Verbundbetriebs zwischen Elektrizitätswerken in den USA und in Westdeutschland, Gräfeling 1968, S. 78.

2) So Gersdorff, B. v.: ebenda, S. 78.

3) Schmeller, Th.: Die Bedeutung der nationalen Verbundwirtschaft, in: Energie - Leistungen, Prognosen, Alternativen, Stuttgart 1972, S. 162.

4) Deutsche Verbundgesellschaft (DVG) e.V. (Hrsg.): Bericht 1972, Heidelberg 1973, S. 49.

- "die Zusammenarbeit der Verbundunternehmen untereinander verstärken",

- "die Zusammenarbeit der Verbundunternehmen mit den übrigen Zweigen der Energiewirtschaft sowie mit der einschlägigen Industrie und

- die Zusammenarbeit mit ausländischen Verbundunternehmen pflegen".

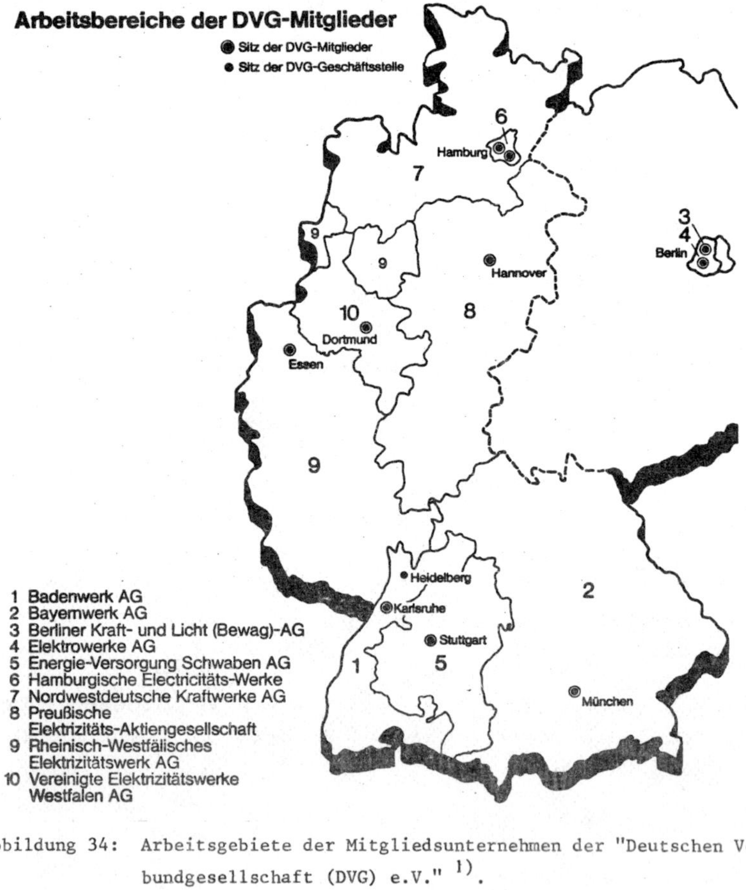

Abbildung 34: Arbeitsgebiete der Mitgliedsunternehmen der "Deutschen Verbundgesellschaft (DVG) e.V." [1].

---

1) Die Vorlage ist d. Verf. von der Deutschen Verbundgesellschaft (DVG) e.V., Heidelberg, dankenswerterweise zur Verfügung gestellt worden.

Anspruch der Satzung der "Deutschen Verbundgesellschaft" und ihre Ausgestaltung in der Realität haben herbe Kritik - insbesondere von B. v. Gersdorff - erfahren [1]. Auch als Grundlage für eine organisatorisch und wirtschaftlich enge Zusammenarbeit aller Elektrizitätsversorgungsunternehmen wird die Zielvorstellung der "Deutschen Verbundgesellschaft" kaum geeignet sein. Selbst "die Koordination der Kraftwerksplanung unter den Mitgliedern ist eher statischer und vermittelnder Art als disponierend" [2]. Darüber hinaus ist die Zahl der kraftwerksbetreibenden Elektrizitätsversorgungsunternehmen wesentlich größer als die der Verbundunternehmen [3]. "Leider ist der Club der Verbundunternehmen aber noch geschlossen, gegenüber der (regionalen und) [4] kommunalen Kraftwirtschaft ebenso wie gegenüber der industriellen Kraftwirtschaft" [5][6].

---

1) Vgl. hierzu Gersdorff, B. v.: Verbund in der Stromerzeugung, Vergleich des Verbundbetriebs zwischen Elektrizitätswerken in den USA und in Westdeutschland, Gräfeling 1968.

2) Gersdorff, B. v.: ebenda, S. 78.

3) Siehe hierzu Kapitel A. II. 1.

4) Einfügung des Verf.

5) Mundorf, H.: Der kommunale Strom ist heute nicht zu teuer, Preisidentität mit den Zulieferern fast überall erreicht, in: Industriekurier, Nr. 158 vom 16. Oktober 1969, S. 24.

6) Diesbezüglich erklärt G. Klätte, Mitglied des Vorstand beim Rheinisch-Westfälischen Elektrizitätswerk AG, dem größten Verbundunternehmen: "Könnte man die Stromversorgung in der Bundesrepublik neu gestalten und zwar ohne Rücksicht auf historische Entwicklungen, so wäre ich der Auffassung, (daß in der Zukunft) zwischen fünf und maximal zehn Gesellschaften im Verbund zusammenarbeiten und für die Strombeschaffung ihrer gegeneinander abgegrenzten Gebiete verantwortlich sein (sollten), so wie selbst oder über Regionalunternehmen, an denen sie möglichst neben den Gemeinden und Gebietskörperschaften beteiligt sein sollten, die Verteilung durchführen bzw. durchführen lassen". Klätte, G.: Zukunftsperspektiven der deutschen Energiewirtschaft, in: energiereport, 1971, Nr. 2, S. 7.

Damit ergeben sich auch besondere Probleme für das Bemühen kommunaler und regionaler Elektrizitätsversorgungsunternehmen in Zukunft eigene oder gemeinschaftliche große Kernkraftwerke mit Leistungen $\geq$ 900 MW_{el} zu errichten und betreiben sowie Standorte dafür zu finden [1]. Zudem bedingen die Ausschöpfung der Größendegression und der wirtschaftliche Einsatz von Kernkraftwerken eine Einbindung in das gesamte Verbundnetz.

Bereits 1965 vertrat P. Denzel die Ansicht, daß es "Aufgabe einer erweiterten Deutschen Verbundgesellschaft oder von regionalen Planungsgemeinschaften sein [müßte], die zweckmäßigsten Standorte solcher Gemeinschaftskraftwerke festzustellen, in denen die geforderten großen Einheiten im Miteigentum mehrerer EVU aufgestellt werden könnten" [2]. Kritisch dazu äußert sich E. Küster: "Da in einem neu zu schaffenden, übergeordneten Elektroenergie-Verband die Interessen aller an der Elektroenergieversorgung Beteiligten vertreten sein müßten, wäre die Deutsche Verbundgesellschaft als Interessenvertretung einiger weniger Großunternehmen nicht geeignet, Keimzelle für einen solchen Verband zu werden. Für die deutsche Elektrizitätswirtschaft wäre die Weiterentwicklung der 'Vereinigung Deutscher Elektrizitätswerke (VDEW) e.V.' zu einem neu zu schaffenden, übergeordneten Elektroenergie-Verband denkbar. Dieser würde die Aufgaben der jetzigen VDEW übernehmen und zusätzlich Aufgaben, die heute noch von der Deutschen Verbundgesellschaft und von der Energieaufsicht des Staates wahrgenommen werden" [3].

---

1) H. Mandel äußert demgegenüber in diesem Zusammenhang: Kleinere Elektrizitätsversorgungsunternehmen "sollten...ihre Finanzkraft auf den Ausbau leistungsstarker Verteilungsnetze konzentrieren, um für den künftigen verstärkten Einsatz der Elektrizität gewappnet zu sein". Mandel, H.: Die Kernenergie an der Schwelle zur wirtschaftlichen Nutzung, in: Deutscher Industrie- und Handelstag (Hrsg.): Energie von morgen, Die wirtschaftliche Nutzung der Atomenergie; DIHT Schriftenreihe, H. 105, Bonn 1967, S. 40.

2) Denzel, P.: Ordnungsfragen der Elektrizitätswirtschaft, in: ET, 15. Jg. (1965), H. 133/134, S. 41.

3) Küster, E.: Ordnungsprobleme der Elektrizitätswirtschaft, Diss. Braunschweig 1974, S. 80. Ähnlich Mönig, W.: Determinanten des Elektrizitätsangebots und volkswirtschaftliche Kriterien zu seiner Beurteilung; Schriftenreihe des Energiewirtschaftlichen Instituts an der Universität Köln, Bd. 18, München 1975, S. 271.

Die Zielkonzeption der VDEW ist in ihrer Satzung wie folgt umrissen: "Zweck des Vereins ist die allgemeine Förderung der Elektrizitätswirtschaft mit dem Ziel einer möglichst sicheren, preiswerten und wirtschaftlichen Versorgung mit elektrischer Energie [1] sowie die Förderung und der Schutz der Interessen seiner Mitglieder" [2]. - "Dementsprechend können alle inländischen Unternehmen und Betriebe - ohne Rücksicht auf Rechtsform und Eigentumsverhältnisse - ordentliche Mitglieder der VDEW werden, die eine öffentliche Versorgung, also eine Versorgung Dritter betreiben" [3]. Es wäre daher entsprechend der voranstehenden Diskussion zu überlegen, ob die "Vereinigung Deutscher Elektrizitätswerke (VDEW)" als neuorganisierter, übergeordneter Interessenverband u.a. für die Koordination branchenweiter Planungsmodelle, wie etwa der Investitions-, Standort- und Trassenplanung, in Betracht kommt. Diese Planungsmodelle, an deren Erstellung alle Elektrizitätsversorgungsunternehmen beteiligt wären, könnten den einzelnen Unternehmen als Orientierungsrahmen für ihre Planungen dienen. In dieser weitergehenden Kooperation [4] kann aufgrund

---

1) (Anm. d. Verf.) Die Interessen im Bereich der Fernwärmeversorgung werden vertreten durch die "Arbeitsgemeinschaft Fernwärme e.V. bei der Vereinigung Deutscher Elektrizitätswerke (VDEW) e.V.".

2) Zit. nach Haager, K. (Hauptgeschäftsführer der VDEW): Die Aufgaben der VDEW, in: Energie-Leistungen, Prognosen, Alternativen, Stuttgart 1972, S. 109. Zur detaillierteren Interpretation dieser Zielvorstellung siehe Haager, K.: ebenda, S. 109ff.

3) Haager, K.: Die Aufgaben der VDEW, in: ebenda, S. 109.

4) Vgl. hierzu auch die Standpunkte von Vertretern der kommunalen und regionalen Elektrizitätswirtschaft: Ahrens, K.: Weitere Konzentration - Zukunftsperspektive für die Energiewirtschaft?, in: DÖW, 21. Jg. (1972), H. 2, S. 50-52. Schmidt, G.: Konzentration und Kooperation in der öffentlichen Energieversorgung, in: DÖW, 21. Jg. (1972), H. 2, S. 63-65. Tegethoff, W.: Aufgaben und Ziele der ARE, in: Energie - Leistungen, Prognosen, Alternativen, Stuttgart 1972, S. 119-122. Stech, J. und Magerl, H.: Kooperation - wirksame Alternative zur Konzentration, in: ebenda, S. 178-183. Schuler, A.: Die regional gegliederte Energiewirt-

Fortsetzung siehe Seite 580

des ohnehin beschränkten Wettbewerbs "grundsätzlich keine Gefahr für die Marktwirtschaft gesehen werden, solange diese Kooperation auf freiwilliger Basis erfolgt" [1]. Abgesehen davon ist der Grad der Kooperation bzw. Konzentration eines Wirtschaftszweiges für sich allein genommen wettbewerbspolitisch wenig aussagefähig. Wesentlich ist vielmehr, ob der Markt durch Zugangsschranken "geschlossen" oder ob "Newcomern" der Zutritt möglich ist [2]. "Problematisch ist aber eine sektorale Investitionsplanung auch im Bereich der Elektrizitätswirtschaft, wenn diese Planung nicht nur als Orientierungsrahmen für die Entscheidungen der EVU dient, sondern Vollzugsverbindlichkeit erhält" [3].

Ordnungspolitische Implikationen der Übertragung von staatlichen Aufsichtsfunktionen an einen "Elektroenergie-Verband" als Selbstverwaltungsorgan der Elektrizitätswirtschaft (vgl. oben) können im Rahmen dieser Untersuchung nicht analysiert werden. Eingehender mit dieser Problematik hat sich E. Küster [4] in Anlehnung an eine Studie von E. Potthoff [5] so-

---

Fortsetzung zu Fußnote

4) schaft, in: ebenda, S. 184-188. Brachmann, E.: Über die Notwendigkeit einer weiteren Konzentration in der Elektrizitätswirtschaft, in: ET, 26. Jg. (1976), H. 4, S. 141-143.

1) Mönig, W.: Determinanten des Elektrizitätsangebots und volkswirtschaftliche Kriterien zu seiner Beurteilung; Schriftenreihe des Energiewirtschaftlichen Instituts an der Universität Köln, Bd. 18, München 1975, S. 271.

2) Vgl. hierzu Giesel, H.B.: Unternehmungswachstum und Wettbewerb; Wirtschaftsrecht und Wirtschaftspolitik, Bd. 39, Baden-Baden 1975.

3) Mönig, W.: ebenda, S. 271.

4) Siehe Küster, E.: Ordnungsprobleme der Elektrizitätswirtschaft, Diss. Braunschweig 1974.

5) Siehe Potthoff, E.: Studien zur Neuordnung des industriellen Bundesvermögens, Düsseldorf 1971.

wie die Reflexionen H. Schelskys [1] auseinandergesetzt. - Auf diese Veröffentlichungen sei zur weiteren Diskussion verwiesen.

1) Siehe Schelsky, H.: Mehr Demokratie oder mehr Freiheit?, Der Grundsatzkonflikt der "Polarisierung" in der Bundesrepublik Deutschland, in: FAZ, Nr. 17 vom 20. Januar 1973, S. 7-8.

D. "Public Acceptance" von Kernkraftwerks-Standorten - Eine neue Dimension in der Standortplanung der Elektrizitätsversorgungsunternehmen

Die Entwicklung der Kernenergienutzung in der Bundesrepublik Deutschland läßt bereits heute eine abgeschlossene, "historische" Periode und eine in ihren zukünftigen Umrissen erkennbare Fortsetzung erkennen [1].
Der ersten Phase, die sich in der Bundesrepublik von der Wiederaufnahme der Kernforschung bis zum Ende der sechziger Jahre datieren läßt, können der Bau erster Versuchsreaktoren (Karlsruhe, Jülich, Kahl), die Inbetriebnahme erster Kernkraftwerke der 300 MW_{el}-Klasse (Gundremmingen, Lingen, Obrigheim) sowie der Aufbau eines kerntechnischen "Know how", das die Bundesrepublik heute zu einem führenden Kernkraftwerksexporteur macht, zugeordnet werden [2].

Dieser technische und wirtschaftliche Fortschritt zur großindustriellen Kernenergienutzung vollzog sich weitgehend unerkannt durch die breite Öffentlichkeit. Im Bewußtsein der Bevölkerung hatten Kernforschung und Kernkraft als Energiequelle, abgesehen von den hitzigen und ernsten Debatten der Jahre 1955 bis 1957 über die Pläne einer nuklearen Bewaffnung der Bundeswehr, einen mehr exotischen Stellenwert. Man war höchstens Zuschauer, doch nicht "Betroffener" dieser Entwicklungen.
Erst mit der Errichtung großer Kernkraftwerkseinheiten, der Wahl oder Diskussion stadtnaher Standorte, Plänen zum Bau von Mehrblockanlagen, der regionalen Konzentration nuklearer Leistung sowie der absehbaren Notwendig-

---

1) Siehe hierzu Jochem, E.: Technikfolgen-Abschätzung und -Bewertung am Beispiel des Energiesystems, in: Energietechnik im Hinblick auf künftige Entwicklungen; Vorträge an der Technischen Hochschule Darmstadt im Winterhalbjahr 1974/75 als Gemeinschaftsveranstaltungen des VDI-Bezirksvereins Frankfurt/Darmstadt, des VDE-Bezirksvereins Frankfurt und des Elektrotechnischen Vereins an der TH Darmstadt, Frankfurt/M. 1975, S. 99 (dort: Abbildung 2: Diffusion der Kerntechnik in das gesellschaftliche System Deutschlands).

2) Siehe ausführlich hierzu Winnacker, K. und Wirtz, K.: Das unverstandene Wunder, Kernenergie in Deutschland, Düsseldorf-Wien 1975.

keit zum Bau von Wiederaufarbeitungsanlagen bei teilweise noch ungelösten Problemen des Brennstoffkreislaufs (Wiederaufarbeitungsprozeß, Endlagerung radioaktiver Abfälle, Verhinderung der mißbräuchlichen Verwendung von Plutonium) ist die Kernenergie in das Bewußtsein der Öffentlichkeit getreten. Zudem haben Kostensteigerungen in bestimmten Bereichen, insbesondere bei der Entwicklung und dem Bau des Prototyps Schneller Natriumgekühlter Reaktoren (SNR-300), wobei auch die anfangs optimistischen Vorstellungen über die erreichbare Brutrate sukzessiv korrigiert werden mußten, Zweifel an dem "Wunderkind Kernenergie" aufkommen lassen. Zugleich geriet der rapide Marktzuwachs der Kernenergie gegen Anfang der siebziger Jahre in den Sog eines gesteigerten Umweltbewußtseins [1], das die Kernenergie seitdem in eine eigenständige Vorreiterrolle gedrängt hat.

Die skizzierte Entwicklung ist zuvor in den Vereinigten Staaten ähnlich verlaufen. Den Auftakt der "nuklearen Kontroverse" in den USA hat A.P. Hull wie folgt kurz zum Ausdruck gebracht: "Late in the 1960's, the era of general public acceptance of or indifference to the siting of nuclear facilities came to an end" [2][3].
In ihrem "Bericht 1971" deutete die "Deutsche Verbundgesellschaft (DVG)" bereits die kommende, ähnliche Entwicklung an: "Die deutschen Stromversorgungsunternehmen müssen sich darauf einstellen, daß die Schwierigkeiten in der BRD ein ähnliches Maß erreichen können wie in den USA, wenn die Be-

---

1) Vgl. hierzu auch Meissner, H.G.: Die Unternehmung im weltwirtschaftlichen Strukturwandel, in: ZfbF, 27. Jg. (1975), H. 4, S. 190.

2) Hull, A.P.: Radioactivity Effluent Releases and the Public Acceptance of Nuclear Facility Sites, in: International Atomic Energy Agency (IAEA) (Ed.): Siting of Nuclear Facilities; Proceeding Series - STI/PUB/384, Wien 1975, S. 247 (Report IAEA-SM-188/45).

3) Als "public acceptance programs" werden in den USA die methodisch angelegten Öffentlichkeitsarbeiten der Elektrizitätsversorgungsunternehmen und Kernkraftwerkshersteller bezeichnet.
Akzeptanz, Mittragen, Mitverantworten energiepolitischer Entscheidungen durch die Bevölkerung ist der Inhalt, welcher dem übernommenen Begriff "public acceptance" heute in der Bundesrepublik zukommt.

völkerung nicht rechtzeitig und intensiv über die Folgen eines Mangels an Strom aufgeklärt wird. In einer solchen Informationstätigkeit wird die Hauptaufgabe der Öffentlichkeitsarbeit der Elektrizitätswirtschaft auch in den nächsten Jahren zu sehen sein" [1]. Es hat in Einklang mit dieser Ansicht auch nicht an ernsten Stimmen [2] und provokantem Ansinnen [3] gefehlt, daß erst eine empfindliche Mangelsituation in der Elektrizitätsversorgung eintreten muß, um den erforderlichen Kernkraftwerksausbau zu ermöglichen. Gewiß treffen diese Aussagen einen Akzent der gegenwärtigen Situation: "Gar mancher von denen, die jetzt gegen Kernkraftwerke [4] argumentieren und demonstrieren, macht sich nicht klar, daß ein Verzicht auf diese Energiequelle in der Tat den Verzicht auf beliebig hohen Energieverbrauch bedeuten könnte und damit auch den Verzicht auf Annehmlichkeiten der gegenwärtigen elektrischen Zivilisation. Aber als die Elektrizitätswerke unter der Devise "Strom kommt sowieso ins Haus" die Frohbotschaft von der grenzenlosen Verfügbarkeit billiger Energie verkündeten, da haben sie von den Kernkraftwerken nicht gesprochen; also darf es sie jetzt nicht verwundern, daß das Publikum zwar den Strom, aber nicht die Reaktoren

---

1) Deutsche Verbundgesellschaft (DVG) e.V. (Hrsg.): Bericht 1971, Heidelberg 1972, S. 15.

2) Vgl. etwa Schneider, H.K.: Die Entwicklung und Sicherung unserer Energiebasis bis zur Mitte des kommenden Jahrzehnts, in: Tagungsberichte des Energiewirtschaftlichen Instituts (Universität Köln), H. 17: Die Energiewirtschaft in ihrer ökonomischen und sozialen Umwelt 1975-1985, München 1974, S. 83.

3) So etwa der zwar nicht ernst gemeinte, aber mit dankbarem Gelächter aufgenommene "Vorschlag" aus dem Auditorium während der Podiumsdiskussion "Kernenergie und Raumordnung" im Rahmen der Reaktortagung Karlsruhe 1973: "Wenn es sich machen ließe, ein 'Black-out', einen Zusammenbruch der Stromversorgung, herbeizuführen, dann sei dies das sicherste Mittel, um einem atomunwilligen Publikum einmal ganz genau zu zeigen, wohin es führt, wenn man der Kernenergieerzeugung Steine in den Weg legt".

4) Im Original "Atomkraftwerke". Vgl. hierzu Anmerkung 1) auf Seite 8.

haben möchte und nur langsam lernt, daß Strom nicht "sowieso" entsteht"[1].

Wie die im Auftrag des "Bundesministeriums für Forschung und Technologie" erstellte Studie des Batelle-Instituts über Kernkraftwerks-Bürgerinitiativen[2] u.a. ergeben hat, ist der heute offene Konflikt zwischen "Betreffern" und "Betroffenen"[3] um konkrete Kernkraftwerks-Standorte sowie über den Bau von Kernkraftwerken generell, kein einfaches Kommunikationsproblem zu dessen Lösung es nur der oben angesprochenen und inzwischen vielfach beschworenen verstärkten Informationstätigkeit und verständlicher naturwissenschaftlich-technischer Sachinformation bedarf. Diese Vorstellung wird nicht mehr ausreichend sein, um die wachsende Bersorgnis von Teilen der Öffentlichkeit über die Sicherheit sowie die radiologischen und thermischen Umweltauswirkungen von Kernkraftwerken abzubauen. Die Widerstandsbewegung gegen den Bau des Kernkraftwerks Wyhl hat paradigmatisch deutlich gemacht, daß mit Wissenschaftlichkeit und bemühter Sachinformation diesem Problem kaum geeignet begegnet werden kann. Zumal teilweise deshalb nicht, weil einzelne und gesellschaftliche Gruppen nicht mehr zu vorurteilsloser Sachdiskussion mit den Elektrizitätsversorgungsunternehmen bereit sind. Auch die nukleare Kontroverse in den Vereinigten Staaten, die mit einem Volksentscheid im Bundesstaat Kalifornien über den Bau und Betrieb von Kernkraftwerken ihren vorläufigen Höhepunkt erreicht hat[4], zeigt, daß "die Nutzung der Kernenergie kein

---

1) Dahl, J.: "Life is risky", Probabilismus - ein neues Konzept für die Sicherheit von Atomkraftwerken, in: Die Zeit, Nr. 20 vom 11. Mai 1973, S. 66.

2) Buiren, S.v., Devivere, B.v., Dierkes, M., Galland, H., Hildebrand, H., Schmidt-Jörg, I., Schubert, I., Troeller, G.: Bürgerinitiativen im Bereich von Kernkraftwerken; Bericht für das Bundesministerium für Forschung und Technologie durchgeführt vom Battelle-Institut e.V. Frankfurt/M., 2. Aufl., Bonn 1975.

3) So die Terminologie in Wissenschaftlicher Beirat für den Ratsbeauftragten der EKD für Umweltfragen (Hrsg.): Argumentationshilfe zu den Auseinandersetzungen um neue Energiegewinnungsanlagen im Oberrheingebiet, [Karlsruhe 1975], S. 5 [masch.-schr. Ms.].

4) Siehe dazu Patermann, C.: Das antinukleare Volksbegehren in Kalifornien,

Fortsetzung siehe Seite 586

isoliertes technisches Problem [ist, sondern] eine Verzahnung von technischen mit wirtschaftlichen, politischen, psychologischen Fragen" [1].

Zu den "Perspektiven nach Wyhl" (G. Altner) gehört, daß eine effiziente Kernenergiepolitik in der Bundesrepublik ohne eine verstärkte Einbeziehung der Öffentlichkeit nicht mehr möglich ist. Hierauf werden sich die Elektrizitätsversorgungsunternehmen einstellen müssen.
"Neue Kommunikationsformen", mehr Mitsprache und Mitentscheidung der Öffentlichkeit bei den für die Standortwahl und Errichtung von Kernkraftwerken erforderlichen Planungsprozessen werden von verschiedener Seite in unterschiedlichem Maße zugesagt oder gefordert [2]. "Eine Beteiligung der Öffentlichkeit darf [jedoch] nicht dazu führen", wie es auch die Bundesregierung in ihrer Antwort auf die Große Anfrage im Deutschen Bundes-

---

Fortsetzung zu Fußnote

4) in: atw, 21. Jg. (1976), H. 5, S. 237-238. Rudzinski, K.: Kernenergie: Verlegenheit des Entscheidens, in: FAZ, Nr. 129 vom 16. Juni 1976, S. I. Beckurts, K.H.: Kalifornien: Ja zur Kernenergie, in: VDI-Nachr., Nr. 24 vom 18. Juni 1976, S. 1.

1) Gottstein, K.: Die nukleare Kontroverse in den USA - Welche Lehren ergeben sich für die Bundesrepublik Deutschland?; Vortrag vor der Mitgliederversammlung des Deutschen Atomforums am 18. November 1975 in Bonn, referiert in: atom-informationen, 1975, H. 11, S. 7f.

2) Siehe hierzu etwa Evangelische Akademie Baden (Hrsg.): "Wiedenfelser Entwurf" zur Neugestaltung des Genehmigungsverfahrens im Umweltschutz, [Karlsruhe 1973], [masch.-schr. Ms.]. Bundesministerium für Wirtschaft (Hrsg.): Erste Fortschreibung des Energieprogramms der Bundesregierung, Bonn 1974, Textziffer 63, S. 44. Buiren, S.v. et al.: Bürgerinitiativen im Bereich von Kernkraftwerken, 2. Aufl., Bonn 1975. Wissenschaftlicher Beirat für den Ratsbeauftragten der EKD für Umweltfragen (Hrsg.): Argumentationshilfe zu den Auseinandersetzungen um neue Energiegewinnungsanlagen im Oberrheingebiet, [Karlsruhe 1975], [masch.-schr. Ms.]. Altner, G.: Kirche und Kernenergie - neue Perspektiven nach Wyhl, in: Naumann, K. (Hrsg.): Kraftwerk 2000, Ein energiepolitisches Forum, Stuttgart 1975, S. 55-66. Der Bundesminister des Innern: Friedliche Nutzung der Kernenergie in der Bundesrepublik Deutschland, Antwort der Bundesregierung auf eine Große Anfrage im Deutschen Bundestag; BT-Drucksache VII/3871, Bonn 16. Juli 1975, S. 31.

tag zur friedlichen Nutzung der Kernenergie in der Bundesrepublik Deutschland zum Ausdruck bringt, "daß einzelnen oder Zusammenschlüssen gesellschaftlicher Gruppen echte Mitentscheidungs- oder Kontrollrechte bei einzelnen Verwaltungsentscheidungen mit der Folge eingeräumt werden, daß die den Behörden als Teil der exekutiven Gewalt zugewiesene Funktion praktisch von einzelnen oder einzelnen Gruppen übernommen wird" [1].

Der Widerstand gegen die Errichtung des Kernkraftwerks Wyhl hat des weiteren exemplarisch gezeigt, daß allein mit technisch-wirtschaftlicher Information dem "Bedrohtheitsgefühl" [2] der Umgebungsbevölkerung nicht begegnet werden kann. Für die Elektrizitätsversorgungsunternehmen ergibt sich die Notwendigkeit und Aufgabe, bei Standortüberlegungen im Gespräch mit der Bevölkerung das nukleare Risiko mit anderen natürlichen und zivilisatorischen Gefahren zu relativieren (vgl. oben) und in "bereits vorhandene Angstbudgets so einzufügen, daß sie bei einem für die positive Entscheidung ausreichend großen Teil der Bevölkerung annehmbar sein werden" [3]. Hierzu werden Umgebungsbevölkerung und Bürgerinitiativen - wollen sie glaubhaft bleiben - sich bereit finden müssen.

Sicherheit im naturgesetzlich deterministischen Sinn ist bei der Nutzung der Kernenergie grundsätzlich nicht erreichbar. Es kann nur darum gehen, definierbare Risiken zu reduzieren. Und in der Wahl des Standorts liegt bereits eine entscheidende Möglichkeit, die Risiken, die dem Betrieb eines Kernkraftwerks innewohnen, zu vermindern.

---

1) Der Bundesminister des Innern: Friedliche Nutzung der Kernenergie in der Bundesrepublik Deutschland, Antwort der Bundesregierung auf eine Große Anfrage im Deutschen Bundestag; BT-Drucksache VII/3871, Bonn 16. Juli 1975, S. 31.

2) Riemann, F.: Die schizoide Gesellschaft, München 1975. Vgl. hierzu schon Salin, E.: Ökonomik der Atomkraft, Vor einer neuen Etappe der industriellen Revolution, Köln-Marienburg 1955, S. 40f. (erweiterter Sonderdruck der gleichnamigen Veröffentlichung in: Kyklos, Vol. 8 (1955), Fasc. 1, S. 1-39).

3) Schoeck, H.: Ökospasmus oder Die Angst vor Kernkraftwerken, in: Umwelt, 6. Jg. (1975), H. 2, S. 128.

Literaturverzeichnis [1)]

Abilgaard, E.: Zukunftsaussichten für die Übertragung elektrischer Energie mit Freileitungen und Kabeln, in: Energie und Technik, 25. Jg. (1973), H. 4, S. 101-110

Adam, D.: Die Bedeutung der Restwerte von Investitionsobjekten für die Investitionsplanung in Teilperioden, in: ZfB, 38. Jg. (1968), H. 6, S. 391-408

Aeschimann, Ch.: Der Einfluß des Faktors Zeit in der Elektrizitätswirtschaft, in: Elektrizitätsverwertung, 42. Jg. (1967), H. 7, S. 201-207

Ahorner, L., Murawski, H. und Schneider, G.: Die Verbreitung von schadenverursachenden Erdbeben auf dem Gebiet der BRD, in: Z. f. Geophysik, 36. Jg. (1970), S. 313-343

Ahorner, L., Murawski, H. und Schneider, G.: Eine neue Karte der Erdbebenzonen, in: Umschau, 71. Jg. (1971), H. 9, S. 312-313

Ahrens, K.: Weitere Konzentrationen - Zukunftsperspektive für die Energiewirtschaft?, in: DÖW, 21. Jg. (1972), H. 2, S. 50-52

Ailleret, P.: Standortprobleme für Kernkraftwerke, in: Atom und Strom, 16. Jg. (1970), H. 10, S. 149-152

Albach, H.: Lineare Programmierung als Hilfsmittel betrieblicher Investitionsplanung, in: ZfhF, N.F., 12. Jg. (1960), S. 526-549

Albach, H.: Investition und Liquidität, Die Planung des optimalen Investitionsbudgets, Wiesbaden 1962

Albach, H.: Das Verhältnis der Wirtschaftswissenschaften zur Praxis, in: Neue Betriebswirtschaft, 16. Jg. (1963), H. 8, S. 205-209

Alder, F.: Sicherheit und Risiko von Kernkraftwerken, in: NT, 12. Jg. (1970), H. B6, S. 201-206

---

1) Bibliographische Daten, die sich aus der Veröffentlichung selbst oder aus anderen Quellen eindeutig ergänzen lassen, sind in eckige Klammern, [...], gesetzt.

Alewell, K.: Die räumliche Struktur der Unternehmung, in: Alewell, K. (Hrsg.): Betriebswirtschaftliche Strukturfragen, Beiträge zur Morphologie von erwerbswirtschaftlichen Unternehmungen und Genossenschaften; Festschrift zum 65. Geburtstag von Reinhold Henzler, Wiesbaden 1967, S. 179-197

Alt, H.: Entwicklungstendenzen der Sicherheit und der notwendigen Reserveleistung beim Verbundbetrieb der Kraftwerke, in: Elektrizitätswirtschaft, 69. Jg. (1970), H. 25, S. 672-678

Altner, G.: Kirche und Kernenergie - neue Perspektiven nach Wyhl, in: Naumann, K. (Hrsg.): Kraftwerk 2000, Ein energiepolitisches Forum, Stuttgart 1975, S. 54-66

Altner, H.: Kraftwerke ans Meer, EdF will weiteres Aufwärmen der Flüsse vermeiden, in: ZfK, Nr. 4 vom 13. April 1974, S. 4

Altvater, W.: Derzeitiger Stand und Entwicklung der Kernkraftwerkstechnik, in: Energietechnik im Hinblick auf künftige Entwicklungen; Vorträge an der Technischen Hochschule Darmstadt im Winterhalbjahr 1974/75 als Gemeinschaftsveranstaltungen des VDI-Bezirksvereins Frankfurt/Darmstadt, des VDE-Bezirksvereins Frankfurt und des Elektrotechnischen Vereins an der TH Darmstadt, Frankfurt/M. 1975, S. 3-27

Alvensleben, R.v.: Zur Theorie und Ermittlung optimaler Betriebsstandorte; Schriften zur wirtschaftswissenschaftlichen Forschung, Bd. 49, Meisenheim am Glan 1973

Amflur-Thuf, W.: Standortprobleme für atomare Energieerzeugung, in: Wirtschaftsdienst, 36. Jg. (1956), H. 6, S. 318-321

Ammon, R.v., Weinländer, W., Hutter, E., Neffe, G. und Leichsenring, C.H.: Entwicklung der Krypton-85-Abtrennung aus dem Abgas der großen Wiederaufbereitungsanlage, in: KFK-Nachr., 7. Jg. (1975), H. 3, S. 63-65

Andersen, B.: Einige Grundsätze zur Projektierung von Energie-Rohrfernleitungen, in: Börner, B. (Hrsg.): Die Beschaffung von Grundstücken für Energieanlagen; Veröffentlichungen des Instituts für Energierecht an der Universität Köln, H. 36/37, Düsseldorf 1974, S. 6-23

Ando, Y., Mishima, Y., Togo, Y., Kawasaki, M., Suguri, S. and Takekoshi, T.: Review of Safety Aspects of Nuclear Power Plants in Japan, in: United Nations and International Atomic Energy Agency (IAEA) (Eds.): Peaceful Uses of Atomic Energy, Vol. 3: Safety Aspects of Nuclear Plants - Legal Aspects of Nuclear Energy; Proceedings Series - STI/PUB/300, New York-Wien 1972, S. 279-295 (Report-A/Conf. 49/P/225)

Angermann, A.: Entscheidungsmodelle, Frankfurt/M. 1963

Ant, H.: Verschmutzung der Fließgewässer und ihre Folgen - am Beispiel der Lippe und des Rheins, in: Olschowy, G. (Hrsg.): Belastete Landschaft - Gefährdete Umwelt, München 1971, S. 35-50

Arbeitsgemeinschaft der Länder zur Reinhaltung des Rheins, Landesstelle für Gewässerkunde und wasserwirtschaftliche Planung, Baden-Württemberg (Hrsg.): Wärmelastplan Rhein, Aaremündung bis holländische Grenze, Wiesbaden 1971

Arbeitsgemeinschaft deutscher wirtschaftswissenschaftlicher Forschungsinstitute e.V. (Hrsg.): Untersuchung über die Entwicklung der gegenwärtigen und zukünftigen Struktur von Angebot und Nachfrage in der Energiewirtschaft der Bundesrepublik unter besonderer Berücksichtigung des Steinkohlenbergbaus, Berlin 1962 (Energie-Enquête)

Arbeitsgemeinschaft deutscher wirtschaftswissenschaftlicher Forschungsinstitute e.V. (Hrsg.): Gegenwärtige Struktur und künftige Entwicklung der öffentlichen Elektrizitätswirtschaft in der Bundesrepublik Deutschland; Ein Gutachten des Energiewirtschaftlichen Instituts an der Universität Köln, Berlin 1964

Arning, W.: Einfluß von Vorlauftemperatur und Temperaturspreizung bei Auslegung und Betrieb von Fernheizleitungen, in: Energie und Technik, 26. Jg. (1974), H. 3, S. 61-66

Aurand, K.: Erfassung radioaktiver Abwässer aus Kernkraftwerken, in: atw, 19. Jg. (1974), H. 6, S. 296-299

Aurand, K., Ruf, M., Schikarski, W. und Schwibach, J.: Umweltbelastung durch Radionuklide in Abluft und Abwasser aus Kernkraftwerken in der Bundesrepublik Deutschland; Gesellschaft für Kernforschung mbH Karlsruhe, Bericht KFK-1515, Karlsruhe 1972

Baade, F.: Weltenergiewirtschaft; Rowohlts Deutsche Enzyklopädie, Bd. 75, Hamburg 1958

Bach, H.: Nebel- und Glatteisbildung bei Kühlturmbetrieb, in: Techn. Mitt., 65. Jg. (1972), H. 5, S. 230-236

Bach, H.: Ziel und Methodik der Ermittlung von Klimadaten an neuen Kraftwerk-Standorten, in: Technische Vereinigung der Großkraftwerksbetreiber (VGB) e.V. (Hrsg.): Kraftwerk und Umwelt 1975; VGB-Konferenz-Vorträge, Essen [1976], S. 111-114

Bachl, H.: Energiebilanz und Rentabilität von Heizkraftwerken, Berlin-Göttingen-Heidelberg 1961

Bachl, H.: Energiewirtschaft, Bd. 1: Technik im Blickfeld der Wirtschaft, Gräfeling 1967

Bachmair, A.: Standortbeeinflussende technische Fakten für Bau und Betrieb von thermischen Kraftwerken, in: Zur Standortproblematik in der regionalen Energiewirtschaft; Veröffentlichungen der Akademie für Raumforschung und Landesplanung, Forschungs- und Sitzungsberichte, Bd. 82, Hannover 1972, S. 19-36

Badura, P.: Verwaltungsrecht im liberalen und sozialen Rechtsstaat; Recht und Staat, H. 328, Tübingen 1966

Bakay, A.: Der Kühlturm ohne Dampfschwaden, Umweltschutz durch luftgekühlte Kondensationsanlagen, in: BWK, 25. Jg. (1973), H. 2, S. 52-54

Ballerstedt, K.: Energierecht als wissenschaftliche Aufgabe, in: Ballerstedt, K. (Hrsg.): Aktuelle Fragen des Energierechts 1960; Veröffentlichungen des Instituts für Energierecht an der Universität Bonn, H. 1/2, Düsseldorf [1961], S. 5-22

Ballmann, W.: Beitrag zur Klärung des betriebswirtschaftlichen Investitionsbegriffs und zur Entwicklung einer Investitionspolitik der Unternehmung, Diss. Mannheim 1954

Bammert, K.: A General Review of Closed-Cycle Gas Turbines Using Fossil, Nuclear and Solar Energy, München 1975

Bammert, K., Kray, G. und Küper, K.D.: Zusammenwirken von Hochtemperaturreaktor und Heliumturbine, in: Kerntechnik, 11. Jg. (1969), H. 2, S. 77-87

Bantzer, A.: Planung und Bau von Steinkohlenkraftwerken, Ein Beitrag zum Ballastkohlenproblem und zur Frage der rohstoff- oder verbrauchsnahen Lage neuer Kraftwerke, in: Elektrizitätswirtschaft, 52. Jg. (1953), H. 21, S. 629-636

Barchewitz, E.: Investitionsaufwand und Größendegression verschiedener Kühlsysteme von Dampfkraftwerken bei verschiedenen Kapazitäten; Studienarbeit am Lehrstuhl für Reaktortechnik der Rheinisch-Westfälischen Technischen Hochschule Aachen, Sommer-Semester 1970 (masch.-schr. Ms.)

Bathe, J. and Gerisch, G.: Mathematical-Economical Simulation of Optimum Incorporation of Nuclear Power Plants into Mains Systems, in: Kernenergie, 14. Jg. (1971), H. 7/8, S. 216-221

Baudisch, K.: Energieübertragung mit Gleichstrom hoher Spannung, Berlin-Göttingen-Heidelberg 1950

Bauer, H.: Methoden zur Optimierung von Energie-Versorgungsnetzen, in: "Der Mensch und die Technik", Sonderbeilage der Südd. Ztg., Nr. 265 vom 5. November 1965 (nicht paginiert)

Bauer, H. und Theilsiefje, K.: Planung optimaler Baufolgen von konventionellen Kraftwerken und Kernkraftwerken, in: Atom und Strom, 15. Jg. (1969), H. 2/3, S. 32-38

Bauer, L.: Die Risiken in der Elektrizitätswirtschaft, Habilitationsschrift Wien 1965

Baumann, H.: Ohne Kernenergie geben bei uns schon 1980 die Lampen aus, in: Die Welt, Nr. 138 vom 16. Juni 1976, S. 14

Baust, E.: Grundsätzliche Sicherheitsaspekte des Kugelhaufen-HTR, in: atw, 14. Jg. (1969), H. 1, S. 32-33

Baust, E.: Nukleare Sicherheit des THTR-Prototyp-Kernkraftwerks, in: atw, 14. Jg. (1969), H. 3, S. 122-124

Baust, E., Bugl, J. und Stürmer, W.: Sicherheit und Risiko von Kernkraftwerken, in: ETZ-A, 96. Jg. (1975), H. 1, S. 35-38

Bayer, A.: Die Ausbreitung der radioaktiven Wolke und die zu erwartenden Inhalationsdosen; Gesellschaft für Kernforschung mbH Karlsruhe, Bericht KFK-646, Karlsruhe 1967

Bayer, A.: Die Ausbreitung einer radioaktiven Wolke und die für die Gesamtbevölkerung zu erwartenden Dosen; Gesellschaft für Kernforschung mbH Karlsruhe, Bericht KFK-868, Karlsruhe 1968

Bayer, A.: Untersuchung von Individual- und Populations-Ausbreitungsfaktoren für mögliche Reaktorstandorte von Karlsruhe (Flußkilometer 360) bis Mannheim (Flußkilometer 430); Gesellschaft für Kernforschung mbH Karlsruhe, Bericht KFK-1501, Karlsruhe 1971

Bayer, A.: Der Rhein von Karlsruhe bis Mannheim als Gebiet möglicher Reaktorstandorte unter dem Gesichtspunkt von Individual- und Populations-Ausbreitungsfaktoren, in: ATKE, Bd. 20 (1972), H. 1, S. 65-70

Bayer, A.: Die ortsabhängige Spezifische Dosis d von J^{131}; Gesellschaft für Kernforschung mbH Karlsruhe, Bericht KFK-1661, Karlsruhe 1972

Bayer, A.: Radiologische Belastung im Oberrheingebiet durch kerntechnische Anlagen, in: KFK-Nachr., 6. Jg. (1974), H. 3, S. 17-25

Beale, E.M.L.: Survey of Integer Programming, in: OR Quarterly, Vol. 16 (1965), No. 2, S. 219-228

Beatie, J.R.: Risks to the Population and the Individual from Iodine Releases, S. 318-324, als Anhang zu: Farmer, F.R.: Siting Criteria - A New Approach, in: International Atomic Energy Agency (IAEA) (Ed.): Containment and Siting of Nuclear Power Plants; Proceedings Series - STI/PUB/154, Wien 1967, S. 303-329 (Report IAEA-SM-89/34)

Beck, K.: Gesichtspunkte für die Kostenaufteilung zwischen Kraft und Wärme im Heizkraftbetrieb, in: Elektrizitätswirtschaft, 50. Jg. (1951), H. 11, S. 329-331

Beck, K.: Fernheizung für ein Drittel aller Wohnungen?, 25000 km Fernheizleitungen müßten zu den bestehenden 5000 km neu verlegt werden - Warnung vor Utopien, in: VDI-Nachr., Nr. 49 vom 6. Dezember 1974, S. 9

Beck, P. und Goettling, D.: Energie und Abwärme, Ursachen-Auswirkungen-Empfehlungen; Beiträge zur Umweltgestaltung, H. B8, Berlin 1973

Becker, D.E., Guglhoer, P. und Kotschi, H.: Zur Erfassung der radiologischen Belastung durch Kernkraftwerke, in: atw, 20. Jg. (1975), H. 9, S. 435-439

Beckmann, G. und Fritz, K.: Bemessung von Bauteilen nach Wahrscheinlichkeitskriterien, in: atw, 20. Jg. (1975), H. 3, S. 116-120

Beckmann, M.: A Formal Approach to Localization Theory; Cowles Commission Discussion Paper, No. 293, Chicago 1950

Beckurts, K.H.: Kalifornien: Ja zur Kernenergie, in: VDI-Nachr., Nr. 24 vom 18. Juni 1976, S. 1

Bedenig, D.: Gasgekühlte Hochtemperaturreaktoren, München 1972

Behrens, K.Chr.: Allgemeine Standortbestimmungslehre, 2. Aufl., Opladen 1971

Belhazy, Th.-Z.: Großdimensionale Erdgas-Fernleitungen; Schriftenreihe Gas-Erdgas, H. 4, München-Wien 1972

Bellmann, K.: Die wirtschaftlich optimale Deckung des Elektrizitätsbedarfs, Ein simulatives Planungssystem als Entscheidungshilfe für die Investitionspolitik zur Elektroenergieversorgung, Frankfurt/M.-Zürich 1975 (Diss. Mannheim 1974)

Bergmann, K.: Unternehmensformen in der kommunalen Energieversorgung; Schriftenreihe des Energiewirtschaftlichen Instituts an der Universität Köln, Bd. 4, München 1957

Berliner, P.: Trockene und nasse Rückkühlung: ein Vergleich, in: BWK, 25. Jg. (1973), H. 2, S. 43-48

Berliner, P.: Kühltürme, Berlin-Heidelberg-New York 1975

Berthold, T.: Zur Standortwahl für Kernkraftwerke, in: PEK, 14. Jg. (1966), H. 2/3, S. 58-59

Beste, Th.: (Artikel:) Fertigungswirtschaft und Beschaffungswesen, in: HdW, Bd. 1: Betriebswirtschaft, 2. Aufl., Köln-Opladen 1966, S. 111-275

Biedenkopf, K.H.: Thesen zur Energiepolitik, Heidelberg 1967

Bieselt, R.: Wirtschaftlich optimaler Zubau und Einsatz von Kraftwerken in Nordrhein-Westfalen innerhalb eines mittelfristigen Planungszeitraumes von etwa 10 Jahren; Untersuchung des Instituts für Elektrische Anlagen und Energiewirtschaft der Rheinisch-Westfälischen Technischen Hochschule Aachen im Auftrag des Ministers für Wirtschaft, Mittelstand und Verkehr des Landes Nordrhein-Westfalen, Düsselforf 1972

Billib, H.: Wasserwirtschaftliche Rahmenplanung aus der Sicht des Jahres 2000, in: Österreichische Wasserwirtschaft, 24. Jg. (1972), H. 11/12, S. 225-233

Birkhofer, A., Braun, W., Koch, E.H., Kellermann, O., Lindackers, K.-H. und Smidt, D.: Reaktorsicherheit in der Bundesrepublik Deutschland, in: atw, 15. Jg. (1970), H. 9/10, S. 441-448

Birkhofer, A., Hawickhorst, W. und Köberlein, K.: Betriebserfahrungen mit Kernkraftwerken in der Bundesrepublik Deutschland, in: atw, 21. Jg. (1976), H. 5, S. 250-253

Birkhofer, A., Kellermann, O., Tscherner, M., Smidt, D. und Wengler, J.: Reactor Safety in the Federal Republic of Germany, in: United Nations and International Atomic Energy Agency (IAEA) (Eds.): Peaceful Uses of Atomic Energy, Vol 3: Safety Aspects of Nuclear Plants - Legal Aspects of Nuclear Energy; Proceedings Series - STI/PUB/300, New York-Wien 1972, S. 111-127 (Report-A/Conf. 49/P/364)

Birnbreier, H., Düring, K., Fischer, W., Heller, I., Hofmann, A., Komarek, P., Kuhn, E., Lücking, H.W., Rasquin, W. und Zimmermann, E.: Energieübertragung mit Kyrokabeln, Studie Stand: September 1972; Kernforschungsanlage Jülich GmbH in Zusammenarbeit mit den Firmen Brown, Boveri u. Cie AG, Mannheim und Felten u. Guilleaume Kabelwerke AG, Köln, Bericht Jül-938, Jülich 1973

Björk, G., Martensson, K. und Daag, B.: Gasturbinen zur Notstromerzeugung in Kernkraftwerken, in: Energie, 26. Jg. (1974), H. 4, S. 134-140

Blässer, G. und Wirtz, K.: Nukleare Grundlagen für Standort- und Gebäudewahl von Kernreaktoren, in: Nukleonik, Bd. 3 (1961), H. 4, S. 164-178 und H. 5, S. 210-231 (als unveränderter Sonderdruck: Gesellschaft für Kernforschung mbH Karlsruhe, Bericht KFK-79, Karlsruhe 1961)

Blanck, D.: Kühlverfahren für Kraftwerke - Stand und Entwicklungstendenzen in der Bundesrepublik Deutschland, in: Energie und Technik, 26. Jg. (1974), H. 12, S. 292-295

Bloech, J.: Optimale Industriestandorte, Würzburg-Wien 1970

Bloech, J. und Ihde, G.B.: Betriebliche Distributionsplanung, Zur Optimierung der logistischen Prozesse, Würzburg-Wien 1972

Blohm, H. und Lüder, K.: Investition, Schwachstellen im Investitionsbereich des Industriebetriebes und Wege zu ihrer Beseitigung, 3. Aufl., München 1974

Blombach, J., Rosenhauer, W. und Zeibig, H.: Beitrag der Zuverlässigkeitstechnik zur Sicherheit von Kernkraftwerken, in: VDI-Z, 117. Jg. (1975), H. 23, S. 1141-1142

Bode, K.-H. und Schlösser, J.: Prozeßwärme aus Hochtemperaturreaktoren, in: BBC-Nachr., 53. Jg. (1971), H. 9/10, S. 259-266

Böck, H.: Standortkriterien für Kernkraftwerke, in: E. u. M., 91. Jg. (1974), H. 6, S. 312-315

Bödege, R., David, H. und Kluge, E. Radioaktivitätsabgaben aus Kernkraftwerken der Bundesrepublik, in: Technische Vereinigung der Großkraftwerksbetreiber (VGB) e.V. (Hrsg.): Kraftwerk und Umwelt 1975; VGB-Konferenz-Vorträge, Essen [1976], S. 142-147

Böhm, A.: Bautechnischer Schallschutz im Kraftwerksbau, in: Technische Vereinigung der Großkraftwerksbetreiber (VGB) e.V. (Hrsg.): VGB-Bautagung München 1970, Essen [1971], S. 42-49

Böhm, [A.]: [Diskussionsbeitrag zur] Podiumsdiskussion "Umweltprobleme der Energieumwandlung", in: Tagungsberichte des Energiewirtschaftlichen Instituts (Universität Köln), H. 16: Energiewirtschaft und Umwelt, München 1972, S. 92-94

Böhm, A.: Schalltechnische Fragen bei großen Rückkühlanlagen, in: Techn. Mitt., 65. Jg. (1972), H. 5, S. 240-244

Boehnert, R. und Bonka, H.: Zu erwartende Tritiumverunreinigung durch Kernreaktoren in der Luft und im Wasser bei homogener Verteilung bis zum Jahr 2000; Kernforschungsanlage Jülich GmbH, Bericht Jül-763, Jülich 1971

Börner, B.: Rechtsfragen des Wärmelieferungsvertrags; Veröffentlichungen des Instituts für Energierecht an der Universität Köln, H. 29, Düsseldorf 1971

Börner, B.: Planungsrecht für Energieanlagen - Vom Liberum Veto zur Planfeststellung; Veröffentlichungen der Akademie für Raumforschung und Landesplanung, Abhandlungen, Bd. 69, Hannover 1973

Börnke, F.: Bautechnische Kennzahlen des Kohlekraftwerkes, Diss. Aachen 1963

Börnke, F.: Eingliederung des Kraftwerks in seine Umgebung, in: Technische Vereinigung der Großkraftwerksbetreiber (VGB) e.V. (Hrsg.): Kraftwerk und Umwelt 1973; VGB-Konferenz-Vorträge, Essen (1974), S. 20-28

Börnke, F.: Gestaltung energiewirtschaftlicher Anlagen im Hinblick auf das Landschaftsbild, in: BWK, 26. Jg. (1974), H. 9, S. 381-384

Börnke, F.: Kühltürme, in: ET, 25. Jg. (1975), H. 11, S. 513-517

Böventer, E.v.: Die Struktur der Landschaft, Versuch einer Synthese und Weiterentwicklung der Modelle J.H. von Thünens, W. Christallers und A. Löschs, in: Schneider, E. (Hrsg.): Optimales Wachstum und Optimale Standortverteilung; Schriften des Vereins für Socialpolitik, N.F., Bd. 27, Berlin 1962, S. 77-113

Bøgh, P.: Vergleich zwischen den Umwelteigenschaften der trockenen und nassen Kühltürme für Kernkraftwerke, in: Deutsches Atomforum e.V. und Kerntechnische Gesellschaft im Deutschen Atomforum e.V. (Hrsg.): Reaktortagung Karlsruhe 10./13. April 1973; Reaktortagung-Compacts, Bonn 1973, S. 668-671

Bohn, Th.: Energiebedarf, Analyse und Möglichkeiten der Deckung, in: Kerntechnik, 17. Jg. (1975), H. 1, S. 18-22

Bohn, Th., Dietrich, G., Kugeler, K., Kugeler, M., Nießen, H.F. und Schlenker, H.V.: Nukleare Fernwärme und Nukleare Fernenergie; Kernforschungsanlage Jülich GmbH, Bericht Jül-1077, Jülich 1974

Boll, G.: Entstehung und Entwicklung des Verbundbetriebs in der deutschen Elektrizitätswirtschaft bis zum europäischen Verbund, Frankfurt/M. 1969

Bolsenkötter, H.: Investitionsplanung kommunaler Versorgungsunternehmen; WIBERA-Fachschriften, N.F., Bd. 1, Stuttgart-Köln 1968

Bonka, H.: Die ortsabhängige mittlere natürliche Strahlenbelastung der Bevölkerung in der Bundesrepublik Deutschland, in: ATKE, Bd. 23 (1974), H. 2, S. 137-150

Bonka, H. und Brüssermann, K.: Die Jodfreisetzung aus Kernkraftwerken und Wiederaufarbeitungsanlagen sowie Abschätzung der zukünftigen Umgebungsbelastung; Kernforschungsanlage Jülich GmbH, Bericht Jül-997, Jülich 1973

Bonka, H. und Vogt, K.J.: Die Strahlenbelastung durch aus Kernkraftwerken und Wiederaufarbeitungsanlagen freigesetzte Radionuklide, in: VDI-Z, 117. Jg. (1975), H. 12, S. 590-597

Bonnenberg, H.: Standort und Größe zukünftiger nuklearer Fernwärmeanlagen, in: atw, 20. Jg. (1975), H. 1, S. 33-42

Bork, M. und Schwarzer, W.: Earthquake Safety of Nuclear Power Plants Based on a Balanced Risk Concept, in: Internatiional Atomic Energy Agency (IAEA) (Ed.): Principles and Standards of Reactor Safety; Proceedings Series - STI/PUB/342, Wien 1973, S. 181-194 (Report IAEA-SM-169/20)

Born, M.: Von der Verantwortung des Naturwissenschaftlers, 2. Aufl., München 1965

Borsch, P. und Münch, E.: Die Sicherheit von Kernkraftwerken, in: Barnert, H., Borsch, P., Feldmann, A., Merz, E., Münch, E. und Voß, A.: Nutzen und Risiko der Kernenergie, Vorträge eines Seminars veranstaltet von der Arbeitsgruppe Kernenergie-Information der Kernforschungsanlage Jülich GmbH; Kernforschungsanlage Jülich GmbH, Bericht Jül-Conf-17, Jülich 1975, S. 51-57

Brachetti, H.E.: Rationalisierung in der Fernwärmeversorgung - Fernwärmenetze, in: Elektrizitätswirtschaft, 69. Jg. (1970), H. 4, S. 110-115

Brachetti, H.E.: Zur Problematik der Erdverlegung wärmeführender Leitungen, in: Elektrizitätswirtschaft, 70. Jg. (1971), H. 5, S. 94-100

Brachetti, H.E.: Vorplanungsfragen bei Fernheizleitungen, in: gwf (Ausgabe: Gas-Erdgas), 113. Jg. (1972), H. 5, S. 229-233

Brachetti, H.E.: Technisch-wirtschaftliche und bauphysikalisch-konstruktive Probleme bei der Planung von Fernwärmenetzen, Frankfurt/M. 1974 (Habilitationsschrift Hannover 1973)

Brachetti, H.E.: Probleme der Fernwärmeverteilung, in: Techn. Mitt., 67. Jg. (1974), H. 5, S. 192-197

Brachmann, E.: Die Elektrizitätswirtschaft muß langfristig planen, in: HB, Nr. 105 vom 5./6. Juni 1970, S. 19

Brachmann, E.: Regionale Energieversorgung und Raumordnung, in: Energie - Leistungen, Prognosen, Alternativen, Stuttgart 1972, S. 94-96

Brachmann, E.: Über die Notwendigkeit einer weiteren Konzentration in der Elektrizitätswirtschaft, in: ET, 26. Jg. (1976), H. 4, S. 141-143

Brachmann, H.: Der Energieverbrauch und seine Bedeutung für die kurzfristige Produktionsplanung im Kraftwerk, Diss. Göttingen 1972

Brachmann, H.: Das Elektrizitätsversorgungsunternehmen - ein Angebotsmonopolist?, in Elektrizitätswirtschaft, 74. Jg. (1975), H. 3, S. 53-55

Brandt, H.: Investitionspolitik des Industriebetriebs, 3. Aufl., Wiesbaden 1970

Brauer, K.M.: Binäre Optimierung, Untersuchung und Weiterentwicklung eines Verfahrens zur Analyse betriebswirtschaftlicher Entscheidungsprobleme bei zweiwertigen Alternativen und ökonomisch unteilbaren Objekten; Schriftenreihe Annales Universitatis Saraviensis, Rechts- und Wirtschaftswissenschaftliche Abteilung, H. 43, Köln-Berlin-Bonn-München 1969

Brauer, K.M.: Optimale Produktionsplanung in Kraftwerken, Die simultane Lösung komplexer Lastverteilungsprobleme mit Hilfe der Binären Optimierung, in: ZfB, 43. Jg. (1973), H. 6, S. 421-434

Braun, H.: Versicherung von Kernkraftwerken?, in: atw, 16. Jg. (1971), H. 3, S. 122-124

Braun, H.: Kernkraftwerks-Versicherungen 1974, in: Allianz-Berichte für Betriebstechnik und Schadenverhütung, Nr. 20 (1974), S. 7-9

Braun, W.: [Mündliche Stellungnahme zum Thema: Technische Sicherheitsaspekte bei der Nutzung der Kernenergie], in: Presse und Informationszentrum des Deutschen Bundestages (Hrsg.): "Zur Sache" (Themen parlamentarischer Beratung), Nr. 2/75: Umweltschutz (IV) - Das Risiko Kernenergie, Bonn [1975], S. 100-102

Braun, W., Hundt, D. und Steinert, Chr.: Leichtwasserreaktoren in Deutschland, in: ETZ-A, 96. Jg. (1975), H. 1, S. 24-29

Braun, W. und Martin, A.: Industriekernkraftwerk mit Druckwasserreaktor, in: atw, 14. Jg. (1969), H. 8, S. 400-406

Brede, H.: Bestimmungsfaktoren industrieller Standorte, Eine empirische Untersuchung; Schriftenreihe des Ifo-Institut für Wirtschaftsforschung, Nr. 75, Berlin-München 1971

Brenk, H.D. und Vogt, K.J.: Meteorologische Standortklassen in der Bundesrepublik Deutschland als Grundlage von Umweltprognosen für kerntechnische Anlagen; Kernforschungsanlage Jülich GmbH, Bericht Jül-1142, Jülich 1974

Brinkmann, K.: Einführung in die elektrische Energiewirtschaft, Braunschweig 1971

Brocke, W.: Die Luftbelastung durch Emissionen konventioneller Kraftwerke, in: Braun, H., Heuck, F., Ladner, H.-A., Messerschmidt, O., Niklas, K. und Rausch, L. (Hrsgg.): Umweltschutz bei nuklearer und konventioneller Energiegewinnung, Ergebnisse der Strahlen- und Umweltforschung; Strahlenschutz in Forschung und Praxis, Bd. 12, Stuttgart 1973, S. 67-76

Brünecke, E.: Landnutzung, Lärmpegel, Ästhetik, in: BWK, 27. Jg. (1975), H. 3, S. 93-97

Bruns, P.-H., Krischke, H. und Möllenkamp, F.-W.: Die Versorgung der Bundesrepublik mit Fernwärme über eine Bundesschiene, in: Energie, 27. Jg. (1975), H. 1, S. 4-9

Buch, A.: Die Wirtschaftlichkeit der Süßwassererzeugung in Verbindung mit Kernstrom, in: Energie, 22. Jg. (1970), H. 5, S. 149-152

Buch, A.: Planung und Standortwahl von Kernkraftwerken, Konzeption der Stromversorgung der BRD unter Berücksichtigung der Umweltbeeinflussung, Mainz 1973

Buchhold, Th. und Happoldt, H.: Elektrische Kraftwerke und Netze, 4. Aufl., Berlin-Göttingen-Heidelberg 1963

Budde, H.-J.: Elektrische Energie - Ware oder Dienstleistung?, in: ET, 21. Jg. (1971), H. 5, S. 243-248

Buderath, J.: Die Ordnungspolitik in der deutschen Elektrizitätswirtschaft, Bad Homburg v.d.H. 1962

Buderath, J.: Preisdifferenzierung und Preisdiskriminierung in der Elektrizitätswirtschaft, Eine energiewirtschaftliche Untersuchung, Gräfeling 1965

Büker, H., Jansen, P., Sassin, W. und Schikarski, W.: Technischer und wirtschaftlicher Stand sowie Aussichten der Kernenergie in der Kraftwirtschaft der BRD, T. 4: Kernenergie und Umwelt; Kernforschungsanlage Jülich GmbH/Gesellschaft für Kernforschung mbH Karlsruhe, Bericht Jül-929/KFK-1366, Jülich-Karlsruhe 1973

Büker, K.: Katastrophenschutzpläne, in: Handelsblatt GmbH (Hrsg.): 25 Fragen zur nuklearen Sicherheit; atw-Broschüren "Kernenergie und Umwelt", Nr. 4, Düsseldorf o.J. (etwa 1974/75), S. 12-13

Bugl, J.: Die Rolle der Kernenergie in der zukünftigen Energieversorgung unter besonderer Berücksichtigung ihrer Wettbewerbsfähigkeit zu anderen Energieträgern; Vortrag am 12. November 1974 vor dem Arbeitskreis Energietechnik des VDI, Nordbadisch-Pfälzischer Bezirksverein Mannheim, Mannheim 1974 (masch.-schr. Ms.)

Buiren, S.v., Devivere, B.v., Dierkes, M., Galland, H., Hildeband, H., Schmid-Jörg, I., Schubert, I., Troeller, G.: Bürgerinitiativen im Bereich von Kernkraftwerken; Bericht für das Bundesministerium für Forschung und Technologie durchgeführt vom Battelle-Institut e.V. Frankfurt/M., 2. Aufl., Bonn 1975

Bundesanstaltfür Landeskunde und Raumordnung (Hrsg.): (Planungskarte) Mineralölfernleitungen und Raffineriestandorte, Stand 1972, Bonn 1972

Der Bundesminister des Innern: Thermische Belastung von Gewässern durch Kernkraftwerke; BT-Drucksache VI/3052, Bonn 20. Januar 1972

Der Bundesminister des Innern: Friedliche Nutzung der Kernenergie in der Bundesrepublik Deutschland, Antwort der Bundesregierung auf eine Große Anfrage im Deutschen Bundestag; BT-Drucksache VII/3871, Bonn 16. Juli 1975

Bundesministerium für Forschung und Technologie (Hrsg.): Forschungsprogramm Reaktorsicherheit, Bonn 1972

Bundesministerium für Forschung und Technologie (Hrsg.): Viertes Atomprogramm der Bundesrepublik Deutschland für die Jahre 1973 bis 1976, Bonn o.J.

Bundesministerium für Forschung und Technologie (Hrsg.): Kernkraftwerke im Meer: Staatssekretär Hauff zu einer Anfrage, in: Mitteilungen aus dem BMFT, Nr. 6/73 vom 28. Juni 1973, S. 9

Bundesministerium des Innern (Hrsg.): Sicherheit kerntechnischer Einrichtungen und Strahlenschutz, Rechenschaftsbericht und Programm, 2. Aufl., Bonn 1974

Bundesministerium für Wirtschaft (Hrsg.): [Planungskarte] Die Gaswirtschaft der Bundesrepublik Deutschland mit Berlin West, Stand Ende 1972, Bonn 1972

Bundesministerium für Wirtschaft (Hrsg.): Erste Fortschreibung des Energieprogramms der Bundesregierung, Bonn 1974

Burchard, H.J.: Sichere Energie - preiswerte Energie - ein energiepolitischer Zielkonflikt?, Kieler Vorträge, N.F., H. 53, Kiel 1968

Burchard, H.J.: Technologische Voraussage - Prognosen als Grundlage unternehmerischer Planung in der Elektrizitätswirtschaft; Aufbauseminar Systemtechnik an der Technischen Universität Berlin, Bd. 2/1970, Berlin 1970 [masch.-schr. Ms.]

Burgbacher, [F.]: Die Bedeutung sozialer, politischer und psychologischer Faktoren für die Entwicklung der Energiewirtschaft, in: Tagungsberichte des Energiewirtschaftlichen Instituts (Universität Köln), H. 5: Entwicklungsprobleme in der Energiewirtschaft, München 1952, S. 184-207

Burnham, J.B., Maynard, W.S. and Jones, G.R.: Quantified Social and Aesthetic Values in Environmental Decision Making, in: International Atomic Energy Agency (IAEA) (Ed.): Siting of Nuclear Facilities; Proceedings Series - STI/PUB/384, Wien 1975, S. 307-326 (Report IAEA-SM-188/43)

Bussmann, K.F.: Das betriebswirtschaftliche Risiko; Schriften zur wirtschaftswissenschaftlichen Forschung, Bd. 4, Meisenheim am Glan 1955

Butenschön, H.-T.: Berechnung der Strom- und Kohlentransportkosten, in: ETZ-A, 84. Jg. (1963), H. 19, S. 634-638

Buxmann, J.: Trockenkühlung, in: Verein Deutscher Ingenieure (VDI) (Hrsg.): Wärmebelastung der Gewässer und der Atmosphäre; VDI-Berichte, Nr. 204, Düsseldorf 1973, S. 55-60

Bychowski, D.: Die Wirkungen energiewirtschaftlicher Investitionen auf die Verteilung der Wirtschaftstätigkeit im Raum, Diss. München 1968

Caspar, J.W.: Meteorologische Auswirkungen von Kühlvorgängen, in: Verein Deutscher Ingenieure (VDI) (Hrsg.): Wärmebelastung der Gewässer und der Atmosphäre; VDI-Berichte, Nr. 204, Düsseldorf 1973, S. 61-68

Caspar, J.W.: Kühlturmbetrieb und Umweltschutz, in: Aurand, K. (Hrsg.): Kernenergie und Umwelt, Berlin 1976, S. 102-116

Cave, L. and Halliday, P.: Suitability of Gas-Cooled Reactors for Fully Urban Sites; British Nuclear Energy Society (BNES), Symposium on Safety and Siting, London 28. März 1969

Central Electricity Generating Board (CEGB) (Ed.): Pattern of Power, London 1960

Charlesworth, F.R. and Gronow, W.S.: A Summary of Experience in the Practical Application of Siting Policy in the United Kingdom, in: International Atomic Energy Agency (Ed.): Containment and Siting of Nuclear Power Plants; Proceedings Series - STI/PUB/154, Wien 1967, S. 143-170 (Report-SM-89/41)

Charnes, A., Cooper, W.W. and Miller, H.M.: Application of Linear Programming to Financial Budgeting and the Costing of Funds, in: JB, Vol 32 (1959), No. 1, S. 20-46

Charnes, A., Drèze, J. and Miller, M.: Decision and Horizon Rules for Stochastic Planning Problems: A Linear Example, in: Econometrica, Vol. 34 (1966), No. 2, S. 307-330

Chmelik, G. und Kappler, E.: Konstitutive Entscheidungen, in: Heinen, E. (Hrsg.): Industriebetriebslehre, Entscheidungen im Industriebetrieb, 4. Aufl., Wiesbaden 1975, S. 79-218

Churchman, C.W., Ackoff, R.L. und Arnoff, E.L.: Operations Research, Eine Einführung in die Unternehmensforschung, München-Wien 1971

Clason, R.J., Rienstra, F. and Wiechers, W.K.: Integration of Nuclear Power in an Electricity Production System with an Interconnecting Transmission Network, in: United Nations and International Atomic Energy Agency (IAEA) (Eds.): Peaceful Uses of Atomic Energy, Vol 4: Integration of Nuclear Plants in Electrical Networks, Integrated Planning of Nuclear Industry, Fuel Materials Technoloty, Wien 1972, S. 89-102 (Report A/Conf. 49/P/021)

Comper, W.: Berechnung von Dosisfaktoren radiologisch wichtiger Nuklide; Gesellschaft für Kernforschung mbH Karlsruhe, Bericht KFK-1615, Karlsruhe 1972

Cooper, L.: Location-Allocation Problems, in: OR, Vol. 11 (1963), No. 3, S. 331-343

Cottrell, Wm.B.: Introduction, in: Cottrell, Wm.B. and Savolainen, A.W. (Eds.): Reactor Containment Technology, A Compilation of Current Practice in Analysis, Design, Construction, Test, and Operation, Vol. 1, ORNL-NSIC-5, Oak Ridge 1965, S. 1.1-1.57

Courvoisier, P.: Standortfaktoren, in: NT, 12. Jg. (1970), H. B6, S. 196-200

Cuénod, M.: Der Netzzusammenbruch in den USA, in: Bull. SEV/VSE, 57. Jg. (1966), H. 5, S. 212-216

Daberkow, H. und Nickel, F.D.: Vermessungen im Bergsenkungsgebiet - RWE-Kraftwerk Essen-Karnap, in: Technische Vereinigung der Großkraftwerksbetreiber (VGB) e.V. (Hrsg.): VGB-Bautagung München 1970, Essen (1971), S. 36-42

Dahl, J.: "Life is risky", Probabilismus - ein neues Konzept für die Sicherheit von Atomkraftwerken, in: Die Zeit, Nr. 20 vom 11. Mai 1973, S. 66

Dakin, R.J.: A Tree Search Algorithm for Mixed Integer Programming Problems, in: Computer Journal, Vol. 8 (1965), No. 3, S. 250-255

Dalle Donne, M. und Dorner, S.: Problematik eines Core-Catchers für einen gasgekühlten Schnellen Brüter; Gesellschaft für Kernforschung mbH Karlsruhe, Bericht KFK-2246, Karlsruhe 1975

Dantzig, G.B.: Lineare Programmierung und Erweiterungen, Berlin-Heidelberg-New York 1966

Dean, B.V. and Nishry, M.J.: Scoring and Profitability Models for Evaluating and Selecting Engineering Projects, in: OR, Vol. 13 (1965), No. 4, S. 550-569

Dean, J.: Kapitalbudgetierung und Investitionsprogramm, in: Jacob, H. (Hrsg.): Optimale Investitionspolitik; Schriften zur Unternehmensführung, Bd. 4, Wiesbaden 1968, S. 63-76 de Jong, K.H.: Schutz von Kernkraftwerken gegen äußere Einwirkungen - Flugzeugabsturz, Druckwellen, Erdbeben, in: TÜ, 16. Jg. (1975), H. 2, S. 41-44

Deledicq, A. et Thiriet, L.: Nature et Localisation Optimales des Centrales Hydrauliques et Thermiques Compte Tenu des Problemes des Transport de l'Energie, in: International Atomic Energy Agency (IAEA) (Ed.): Economic Integration of Nuclear Power Stations in Electric Power Systems; Proceedings Series - STI/PUB/266, Wien 1971, S. 467-491 (Report IAEA-SM-139/8)

Delwig, H.: Beitrag zur Bewertung der Verlustleistung, in: PEK, 13. Jg. (1965), H. 2/3, S. 74-76

Denzel, P.: Ordnungsfragen der Elektrizitätswirtschaft, in: ET, 15. Jg. (1965), H. 133/134, S. 40-43

Denzel, P.: Die Eingliederung von Kernkraftwerken in die Elektrizitätsversorgung der Bundesrepublik Deutschland, in: Kerntechnik, 8. Jg. (1966), H. 8/9, S. 374-376

Denzel, P.: Grundlagen der Übertragung elektrischer Energie, Berlin-Heidelberg-New York 1966

Denzel, P.: Dampf- und Wasserkraftwerke, Mannheim 1968

Deutsche Verbundgesellschaft (DVG) e.V. (Hrsg.): Bericht 1971, Heidelberg 1972

Deutsche Verbundgesellschaft (DVG) e.V. (Hrsg.): Bericht 1972, Heidelberg 1973

Deutsche Verbundgesellschaft (DVG) e.V. (Hrsg.): Planungskarte Deutsches Verbundnetz, Stand Januar 1975, Heidelberg 1975

Deutsche Verbundgesellschaft (DVG) e.V. (Hrsg.): Die Stromversorgung in der Bundesrepublik Deutschland 1975, Heidelberg 1976 (masch.-schr. Ms.)

Deutscher Verein von Gas- und Wasserfachmännern (DVGW) e.V. (Hrsg.): Richtlinien für Trinwasserschutzgebiete, T. 1: Schutzgebiete für Grundwasser, DVGW-Arbeitsblatt W 101, November 1961, Frankfurt/M. 1961

Deutsches Atomforum (DAtF) e.V. (Hrsg.): Kernkraftwerke in der Bundesrepublik Deutschland, Stand August 1972, Bonn 1972

Deutsches Atomforum (DAtF) e.V. (Hrsg.): Kernkraftwerke in der Bundesrepublik Deutschland, Stand August 1973, Bonn 1973

Deutsches Atomforum (DAtF) e.V. (Hrsg.): Kernkraftwerke in der Bundesrepublik Deutschland, Stand August 1974, Bonn 1974

Deutsches Nationales Komitee der Internationalen Kommission für große Talsperren i.V.m. dem Deutschen Verband für Wasserwirtschaft (Hrsgg.): Talsperren, Wasserkraft- und Pumpspeicherwerke in der Bundesrepublik Deutschland, Berlin-München 1967

Dibelius, G.: Entwicklung von Heliumturbinen für Hochtemperaturreaktoren, in: Energietechnik im Hinblick auf künftige Entwicklungen; Vorträge an der Technischen Hochschule Darmstadt im Winterhalbjahr 1974/75 als Gemeinschaftsveranstaltung des VDI-Bezirksvereins Frankfurt/Darmstadt, des VDE-Bezirksvereins Frankfurt und des Elektrotechnischen Vereins an der TH Darmstadt, Frankfurt/M. 1975, S. 45-64

Dibelius, G. und Schwarz, O.: Schwerpunkte in der Entwicklung thermischer Kraftwerke, in: VGB Kraftwerkstechnik, 54. Jg. (1974), H. 3, S. 194-202

Dick, R.: Zur allgemeinen Standorttheorie und Standortplanung, in: ZfB, 41. Jg. (1971), H. 8, S. 553-557

Diederichs, M.: Standardisierung von Kernkraftwerken mit Leichtwasserreaktoren, in: VGB Kraftwerkstechnik, 54. Jg. (1974), H. 9, S. 578-582

Dietrich, G.: Vergleichende Untersuchung zur Endenergieversorgung mit Nuklearer Fernwärme und Nuklearer Fernenergie; Kernforschungsanlage Jülich GmbH, Bericht Jül-1191, Jülich 1975

Dietzel, F.: Kraft- und Wärmewirtschaft, München 1959

Dilger, H., Hübschmann, W. und Thomas, P.: Meteorologisches Informationssystem für Kernkraftwerke, in: KFK-Nachr., 7. Jg. (1975), H. 3, S. 66-69

DIN 4149: Bauten in deutschen Erdbebengebieten, Richtlinien für Bemessung und Ausführung, Berlin-Köln 1957

DIN 40041: Zuverlässigkeit elektrischer Bauelemente - Begriffe, Berlin-Köln 1967

Dinkelbach, W. und Hax, H.: Die Anwendung der gemischt ganzzahligen linearen Programmierung auf betriebswirtschaftliche Entscheidungsprobleme, in: ZfhF, N.F., 14. Jg. (1962), S. 179-196

DiNunno, J.J.: Anderson, F.D., Baker, R.E. and Waterfield, R.L.: Calculations of Distance Factors for Power and Test Reactor Sites; US-AEC Technical Information Document (TID)-14844, Washington 1962

Domschke, W.: Modelle und Verfahren zur Bestimmung betrieblicher und innerbetrieblicher Standorte - Ein Überblick, in: ZfOR, Bd. 19 (1975), H. 2, S. B13-B41

d'Orival, M.: Water Desalting and Nuclear Energy, München 1967

Dorner, S. und Schnurr, W.: Wasserstoffgewinnung aus Wasser mittels Reaktorwärme; Gesellschaft für Kernforschung mbH Karlsruhe, Bericht KFK-1915, Karlsruhe 1974

Dowerg, H.: Das industrielle Standortproblem, Eine betriebswirtschaftliche Untersuchung, Diss. Frankfurt/M. 1935

Drenkhahn, J.: Die regionalpolitische Bedeutung des Baues und Betriebes von Mineralölpiplines; Verkehrswissenschaftliche Studien aus dem Institut für Verkehrswissenschaft der Universität Hamburg, H. 14, Göttingen 1970

Dresdner Bank AG (Hrsg.): Energiewirtschaftliche Entwicklung in der Bundesrepublik Deutschland bis 1980/85 - Fortschreibung der Untersuchung vom Februar 1974 über die Deckung des künftigen Kapitalbedarfs, Düsseldorf 1974 (masch.-schr. Ms.)

Drever, J. und Fröhlich, W.D.: (Stichwort:) Risiko, dtv-Wörterbuch zur Psychologie; dtv-Bd. 3031, 9. Aufl., München 1975, S. 256

Ebel, C.W.: Die Einsatzmöglichkeiten von Kernkraftwerken in der Elektrizitätswirtschaft der Bundesrepublik Deutschland; Deutsches Institut für Wirtschaftsforschung, DIW-Sonderhefte, Nr. 82, Berlin 1968

Eberle, R.: (Leserzuschrift:) Ein Kraftwerk am richtigen Platz, in: FAZ, Nr. 287 vom 11. Dezember 1974, S. 10

Eckoldt, M.: Wärmebelastung der Flüsse durch Kernkraftwerke, in: Aurand, K. (Hrsg.): Kernenergie und Umwelt, Berlin 1976, S. 91-101

Edelmann, E.: VDEW-Untersuchung über die Anzahl der EVU in der Bundesrepublik - Stand Anfang 1971, in: Elektrizitätswirtschaft, 70. Jg. (1971), H. 16, S. 487-489

Edelmann, H.: Berechnung elektrischer Verbundnetze, Mathematische Grundlagen und technische Anwendungen, Berlin-Göttingen-Heidelberg 1963

Edelmann, H. und Theilsiefje, K.: OptimalerVerbundbetrieb in der elektrischen Energieversorgung, Berlin-Heidelberg-New York 1974

Edelmann, J.: "Speichersysteme für Sekundärenergie", Bericht über die VDI-Fachtagung vom 2./3. Oktober 1974 in Stuttgart, in: BWK, 26. Jg. (1974), H. 12, S. 509-512

Eder, D. und Kaspar, D.: Technischer und wirtschaftlicher Stand sowie Aussichten der Kernenergie in der Kraftwirtschaft der BRD, Studie im Auftrag des Bundesministeriums für Forschung und Technologie, T. 3: Der nukleare Brennstoffkreislauf, Hanau/M. 1974

Egner, E.: Wirtschaftliche Raumordnung in der industriellen Welt; Veröffentlichungen der Akademie für Raumforschung und Landesplanung, Abhandlungen, Bd. 16, Bremen-Horn 1950

Eilinghoff, K.-J.: Auswirkungen nachträglicher Sicherheitsauflagen für den Bau des Kernkraftwerkes der Kernkraftwerk Phillipppsburg GmbH, in: VGB Kraftwerkstechnik, 54. Jg. (1974), H. 12, S. 827-835

Einbrodt, H.J. und Kinny, H.: Immissionsschäden beim Menschen durch konventionelle Kraftwerke, in: Braun, H., Heuck, F., Ladner, H.-A., Messerschmidt, O., Niklas, K. und Rausch, L. (Hrsgg.): Umweltschutz bei nuklearer und konventioneller Energiegewinnung, Ergebnisse der Strahlen- und Umweltforschung; Strahlenschutz in Forschund und Praxis, Bd. 12, Stuttgart 1973, S. 98-105

Einhaus, R. und Völcker, H.: Über die Bewertung erbrüteter Spaltstoffe und ihren Einfluß auf optimale Reaktorstrategien, in: ATKE, 13. Jg. (1968), H. 4, S. 252-256

Eisenbud, M.: Radiation in Perspective, in: Nuclear Safety, Vol. 6 (1965), No. 4, S. 380-384

Eisenbud, M. and Petrow, H.: Radioactivity in the Atmospheric Effluents of Power Plants That Use Fossil Fuels, in: Science, Vol. 144 (1964), S. 288-289

Eisenmenger, H.E. und Arnold, A.G.: Die Stromtarife der Elektrizitätswerke, Theorie und Praxis, München-Berlin 1929

Eiser, E., Riederer, J. und Obernolte, W.: Energiewirtschaftsrecht (Kommentar), Stand 1973, München

Eitz, A.W. und Theilsiefje, K.: Große Kraftwerkseinheiten - Argumente für und gegen ihren Einsatz, in: atw, 13. Jg. (1968), H. 8/9, S. 410-415

Ellmer, M.: Standortwahl für Kernkraftwerke, in: Atom und Strom, 11. Jg. (1965), H. 1, S. 1-5

Energie-Versorgung Schwaben AG (Hrsg.): Bericht über das 37. Geschäftsjahr 1975, Stuttgart 1976

Engel, K.H. und Hülck, K.: Systematik zur Standortanalyse und Standortbestimmung, in: Engel, K.H. (Hrsg.): Handbuch der neuen Techniken des Industrial Engineering, München 1972, S. 921-942

Engelhardt, H.R.: Einsatzmöglichkeiten und Einsatzpotential von Hochtemperaturreaktoren in der Industriegruppe Chemie unter Berücksichtigung von technischen, ökonomischen und ökologischen Aspekten; Kernforschungsanlage Jülich GmbH, Bericht Jül-966, Jülich 1973

Engelmann, P.: Schnelle Brutreaktoren - Entwicklungsstand, Betriebsverhalten von Prototypen und wirtschaftliche Aussichten, in: Kerntechnik, 14. Jg. (1972), H. 10, S. 455-461

Engelmann, P., Hüper, R., Karsten, G., Kessler, G., Schröder, R. und Stamm, H.: Abschlußberichte über die Arbeiten der GfK in der Phase IIa des Projektes Schneller Brüter; Gesellschaft für Kernforschung mbH Karlsruhe, Bericht KFK-Ext. 25/72-1, Karlsruhe 1973

Enzmann, M.: Der industrielle Standort, Seine Bestimmung mit Hilfe mathematischer Methoden, in: Industrielle Organisation, 32. Jg. (1965), H. 5, S. 151-162

Erbacher, W.: Die Leistungs-Frequenz Regelung großer Netzverbände, in: ÖZE, 23. Jg. (1970), H. 6, S. 266-274

Erbacher, W.: Die Auswirkungen der Einbindung eines Kernkraftwerkes bzw. eines Großkraftwerkes auf den Ausbau des Verbundnetzes und der großen Verteilungsnetze, in: ÖZE, 23. Jg. (1970), H. 10, S. 627-631

Erbacher, W.: Die Regelung großer Netzverbände unter Berücksichtigung moderner Kernkraftwerke, in: Bull. SEV, 64. Jg. (1973), H. 12, S. 753-759

Erdmann, B.: Methoden und Grenzen technologischer Prognosen in der Energiewirtschaft, Mannheim 1974 (masch.-schr. Ms.; Veröff. in Vorb.)

Erdmann, W.: Wärmeabgabe aus Kraftwerken, in: Technische Vereinigung der Großkraftwerksbetreiber (VGB) e.V. (Hrsg.): Kraftwerk und Umwelt 1973; VGB-Konferenz-Vorträge, Essen (1974), S. 93-96

Ergen, W.K.: German Practices with Respect to Reactor Siting, in: Nuclear Safety, Vol. 10 (1969), No. 5, S. 377-379

Esso AG (Hrsg.): Energiewirtschaft und Energiepolitik, Hamburg 1973 (masch.-schr. Ms.)

Europäische Atomgemeinschaft (EURATOM) (Hrsg.): EURATOM-Handbuch der Kernenergiekostenrechnung; Bericht EUR-3079 d, Brüssel 1967

Evangelische Akademie Baden (Hrsg.): "Wiedenfelser Entwurf" zur Neugestaltung des Genehmigungsverfahrens im Umweltschutz, (Karlsruhe 1973), (masch.-schr. Ms.)

Evers, H.-U.: Das Recht der Energieversorgung, München 1974

Farmer, F.R.: Reactor Safety and Siting: A Proposed Risk Criterion, in: Nuclear Safety, Vol. 8 (1967), No. 5, S. 539-548

Farmer, F.R.: Siting Criteria - A New Approach, in: International Atomic Energy Agency (IAEA) (Ed.): Containment and Siting of Nuclear Power Plants; Proceedings Series - STI/PUB/154, Wien 1967, S. 303-329 (Report IAEA-SM-89/34)

Fehndrich, W. und Kutsch, W.: Verfügbarkeitsbegriffe für Kernkraftwerke, in: atw, 20. Jg. (1975), H. 6, S. 288-292

Fehndrich, W. und Kutsch, W.: Verfügbarkeit deutscher Kernkraftwerke im internationalen Vergleich, in: atw, 21. Jg. (1976), H. 5, S. 260-266

Feldmann, J., Bremkamp, D. und Kuhn, O.: Versicherung von zwei Kernkraftwerken auf gemeinsamem Standort, in: Allianz-Berichte für Betriebstechnik und Schadenverhütung, Nr. 20 (1974), S. 25-30

Feneberg, K.: Tarifierungsprinzipien in der Elektrizitätswirtschaft, Diss. Berlin 1960

Feßl, K., Kalliauer, A. und Schiller, G.: Die Anwendung von Optimierungsverfahren zur Kraftwerksausbauplanung, in ÖZE, 27. Jg. (1974), H. 10, S. 382-393

Finnemann, H. und Märkl, H.: Zur Problematik der Optimierung langfristiger Reaktorstrategien, in: atw, 14. Jg. (1969), H. 7, S. 368-372 und H. 8, S. 416-418

Fischer, K.-D.: Struktur und Beeinflussungsfaktoren der Stromerzeugungskosten in Kernkraftwerken; Schriftenreihe des Energiewirtschaftlichen Instituts an der Universität Köln, Bd. 9, München 1964

Fischer, K.-D.: Struktur und Entwicklungstendenzen der Energiewirtschaft in der Bundesrepublik Deutschland, in: Burgbacher, F. (Hrsg.): Ordnungsprobleme und Entwicklungstendenzen in der deutschen Energiewirtschaft; Festschrift für Theodor Wessels zur Vollendung seines 65. Lebensjahres, Essen 1967, S. 61-107

Fischer, K.-D.: Die Sicherheit der Energieversorgung, Grundsätzliche und aktuelle Probleme, in: Oel, 5. Jg. (1967), H. 11, S. 367-375

Fischer, K.-D. und Lessing, E.: Wohin mit den Steinkohlenkraftwerken?, Stromtransport ist wirtschaftlicher als Kohlentransport, in: Der Volkswirt, 16. Jg. (1962), H. 25, S. 1203-1205

Fischerhof, H.: Öffentliche Versorgung mit Wasser, Gas. Elektrizität und öffentliche Verwaltung, in: DÖV, 10. Jg. (1957), H. 10, S. 305-316 (als unveränderter Sonderdruck in: ders.: Rechtsfragen der Energiewirtschaft, Bd. 2, Gräfeling 1966, S. 34-65)

Fischerhof, H.: Wettbewerb in der Energiewirtschaft und das Gesetz gegen Wettbewerbsbeschränkungen, in: WuW, 9. Jg. (1959), H. 5, S. 328-338 (als unveränderter Sonderdruck in: ders.: Rechtsfragen in der Energiewirtschaft, Bd. 2, Gräfeling 1966, S. 102-116)

Fischerhof, H.: Rechtsfragen in der Energiewirtschaft, Bd. 2, Gräfeling 1966

Fischerhof, H.: Energiepolitik am Scheidewege, Destruktion oder Effektivität, in: ET, 20. Jg. (1970), H. 1, S. 1-4

Fischerhof, H.: "Daseinsvorsorge" und technische Gemeinleistungen als Probleme der Gesellschafts- und Rechtspolitik, in: Universitas, 27. Jg. (1972), H. 12, S. 1323-1330

Fischerhof, H.: Energiewirtschaftsrecht und Wirtschaftslenkung, in: ET, 23. Jg. (1973), H. 4, S. 137-141

Fischerhof, H.: Atomgesetz mit Verordnungen einschließlich Röntgenverordnung-Textausgabe, 5. Aufl., Baden-Baden 1973

Fischerhof, H.: Die Energieversorgungsunternehmen und das öffentliche Interesse - seine Geltendmachung und Würdigung im Verfahren über den vorläufigen Rechtsschutz, in: ET, 26. Jg. (1976), H. 3, S. 81-84

Fischler, G.: Der britische Atommarkt und die Atomkraftnutzung; Veröffentlichungen der List Gesellschaft e.V., Bd. 36, Basel-Tübingen 1964

Fish, B.R.: Radiation in Perspective - Teh Role of Nuclear Energy in the Control of Air Pollution, in: Nuclear Safety, Vol. 10 (1969), No. 2, S. 119-130

Fiszer, W., Kizewski, P. and Skopec, Z.: Integration of Nuclear Power Plants in Polish Electric Power Systems, in: International Atomic Energy Agency (IAEA) (Ed.): Economic Integration of Nuclear Power Stations in Electric Power Systems; Proceedings Series - STI/PUB/266, Wien 1971, S. 613-618 (Report IAEA-SM-139/31)

Flinspach, D. und Fleig, H.: Die Aufstellung von Wärmelastplänen durch rechnerische Simulation der Wärmeaustauschvorgänge - dargelegt am Beispiel des "Wärmelastplanes Rhein", in: Wasserwirtschaft, 62. Jg. (1972), H. 5, S. 127-133

Flohn, H.: Energieproblem und Klima im 21. Jahrhundert, in: atom-informationen, 1975, H. 5, S. 3-7

Flosdorff, R. und Hilgarth, G.: Elektrische Energieverteilung, Stuttgart 1973

Förster, K.: Allgemeine Energiewirtschaft, 2. Aufl, Berlin 1973

Förster, S.: Anlagenkonzepte für Kernkraftwerke mit Hochtemperaturreaktor und Heliumturbinenkreislauf (HTR-GT); Kernforschungsanlage Jülich GmbH, Bericht Jül-803, Jülich 1971

Förster, S.: Kühlung und Wirtschftlichkeit bei Kraftwerken, in: Braun, H., Heuck, F., Ladner, H.-A., Messerschmidt, O., Niklas, K. und Rausch, L. (Hrsgg.): Umweltschutz bei nuklearer und konventioneller Energiegewinnung, Ergebnisse der Strahlen- und Umweltforschung; Strahlenschutz in Forschung und Praxis, Bd. 12, Stuttgart 1973, S. 116-125

Förster, S., Schröder, B. and Schlenker, H.V.: Economic and Siting Potential of Nuclear Power Plants with High-Temperature Reactor and Helium Turbine, in: International Atomic Energy Agency (IAEA) (Ed.): Economic Integration of Nuclear Power Stations in Electric Power Systems; Proceedings Series - STI/PUB/266, Wien 1971, S. 155-163 (Report IAEA-SM-139/12)

Förstner, K. und Henn, R.: Dynamische Produktionstheorie und Lineare Programmierung; Schriften zur wirtschaftswissenschaftlichen Forschung, Bd. 5, Meisenheim am Glan (1957), 2. Aufl. 1970

Frank, B.: Die Verwendung der Kernenergie für die Erzeugung von Dampf und Strom in einem großen chemischen Komplex, in: Die BASF, 21. Jg. (1971), Ausg. Oktober, S. E1-E8

Franke, L.: Standardisierte Kernkraftwerke, Genehmigung in Schritten hat sich bewährt - Einheitliche Standortwahl wichtig, in: VDI-Nachr., Nr. 48 vom 29. November 1974, S. 7

Franke, L.: Kernkraftwerke sicher verschrotten, Abbau kerntechnischer Anlagen - nicht erst ein Zukunftsproblem, in: VDI-Nachr., Nr. 3 vom 26. Januar 1976, S. 1

Franke, T. und Nichols, R.C.: Küstennahe schwimmende Kernkraftwerke, in: Verein Deutscher Ingenieure (VDI) (Hrsg.): Entwicklungslinien der Energietechnik, Energietechnische Tagung 1975; VDI-Berichte, Nr. 236, Düsseldorf 1975, S. 81-88

Franzen, L.F.: Der größte anzunehmende Unfall als Kriterium für die Sicherheitsbeurteilung von Atomanlagen, in: TÜ, 8. Jg. (1967), H. 2, S. 72-73

Franzen, L.F.: Auf dem Wege zu standortunabhängigen Kernkraftwerken, in: 14. Jg. (1969), H. 8, S. 408-409

Franzen, L.F.: Einflüsse der aus den Genehmigungsverfahren sich ergebenden Auflagen auf die Ausführbarkeit und Wirtschaftlichkeit von Kraftwerken mit Kernbrennstoffen; VDI-BW 2129, Düsseldorf (1972)

Franzen, L.F.: Nachträgliche Berücksichtigung der Änderungen von Wissenschaft und Technik oder der Umgebung bei einer genehmigten Kernkraftanlage einschließlich Entschädigungsfragen - Technische Problematik (1. Referat), in: Lukes, R. (Hrsg.): Erstes Deutsches Atomrechts-Symposium, 7./8. Dezember 1972 in Münster/W.; Referate und Diskussionsberichte, Köln-Berlin-Bonn-München 1973, S. 125-130

Franzen, L.F.: Unfallrisiken bei Kernkraftwerken (Reaktorsicherheit), in: Braun, H., Heuck, F., Ladner, H.-A., Messerschmidt, O., Niklas, K. und Rausch, L. (Hrsgg.): Umweltschutz bei nuklearer und konventioneller Energiegewinnung, Ergebnisse der Strahlen- und Umweltforschung; Strahlenschutz in Forschung und Praxis, Bd. 12, Stuttgart 1973, S. 141-158

Franzen, L.F.: Zur Bedeutung hypothetischer Störfälle in Kernkraftwerken; DAtF Sonderdrucke, S-22, Bonn 1975

Franzen, R. und Taurit, R.: Kernkraftwerke in der Nordsee, in: atw, 19. Jg. (1974), H. 12, S. 586-589

Fratzscher, W. und Felke, H.: Einführung in die Kernenergetik, 2. Aufl., Leipzig 1973

Freiberger, H.: Betrieb von Elektrizitätswerken, Berlin-Göttingen-Heidelberg 1961

Frewer, H.: Einsatz von Kernkraftwerken in der Elektrizitätswirtschaft, in: Energie und Technik, 19. Jg. (1967), H. 1, S. 1-6

Frewer, H.: Energieverbund zwischen nuklearen und konventionellen Kraftwerken, in: atw, 16. Jg. (1971), H. 7, S. 345-353

Frewer, H. und Röhl, F.H.: Das Euratom-Handbuch der Kernenergiekostenrechnung, in: Atom und Strom, 13. Jg. (1967), H. 3, S. 45-56

Friesenhahn, E.: Grundgesetz und Energiewirtschaft, in: Probleme des Energierechts; 1. Vortragsveranstaltung des Instituts für Energierecht an der Universität Bonn am 29./30. Oktober 1956, Frankfurt/M. o.J., S. 12-23

Frucht, G.: Investitionsrechnung, in: Vereinigung Deutscher Elektrizitätswerke (VDEW) e.V. und Verband der Deutschen Gas- und Wasserwerke (VGW) e.V. (Hrsgg.): Der Kaufmann in der Energie- und Wasserversorgung, 2. Aufl., Frankfurt/M. 1972, S. 317-324

Frühauf, H. und Lepie, G.: Aufbau der Gesamtanlage des Kernkraftwerkes Biblis, in: atw, 19. Jg. (1974), H. 8/9, S. 408-419

Frutschi, H.U., Haselbacher, H., Moser, P. und Schmidt, D.: Die HHT-Heliumturbine, in: TR, 67. Jg. (1975), Nr. 40, S. 9-15

Fuchs, H.: Schwächung von Sonnenstrahlung durch Schwaden großer Kühltürme für Kernkraftwerke, in: Deutsches Atomforum e.V. und Kerntechnische Gesellschaft im Deutschen Atomforum e.V. (Hrsgg.): Reaktortagung Karlsruhe 10./13. April 1973; Reaktortagung-Compacts, Bonn 1973, S. 672-675

Fürst, D., Zimmermann, K., Hansmeyer, K.-H.: Standortwahl industrieller Unternehmen, Ergebnisse einer Unternehmensbefragung; Gesellschaft für regionale Strukturentwicklung e.V., Bonn, Schriftenreihe Bd. 1, Bonn 1973

Fürste, W., Hemmerling, H., König, W., Pfeiffer, A. und Roßberg, K.: Studie über die nukleare Sicherheit standortunabhängiger Kernkraftwerke und deren Einfluß auf die Wirtschaftlichkeit; Bundesministerium für Forschung und Technologie, Forschungsbericht K 73 - 01, Essen 1973

Fürste, W. und Schafstall, H.G.: Tendenzen im Druckbehälterbau für Kernkraftwerke - Sicherheitskonzeption für einen Siedewasserreaktor mit Spannbetondruckbehälter, in: Techn. Mitt. Krupp-Werksberichte, Bd. 27 (1969), H. 3, S. 117-122

Gäfgen, G.: Theorie der wirtschaftlichen Entscheidung, Untersuchungen zur Logik und Bedeutung des rationalen Handelns, 3. Aufl., Tübingen 1974

Gast, K.: Zur Sicherheitsproblematik Schneller Natriumgekühlter Reaktoren, in: Deutsches Atomforum e.V. und Kerntechnische Gesellschaft im Deutschen Atomforum e.V. (Hrsgg.): Reaktortagung Berlin 20./22. April 1970; Reaktortagung-Compacts, Bonn 1970, S. 42-45

Gausden, R.: Genehmigung und Überwachung von Kernenergieanlagen in Großbritannien, in: Verein Deutscher Ingenieure (VDI) (Hrsg.): Entwicklungslinien der Energietechnik, Energietechnische Tagung 1975; VDI-Berichte, Nr. 236, Düsseldorf 1975, S. 223-232

Geiger, B., Layer, G., Peter, U., Rudolph, M. und Schäfer, H.: Energiewirtschaft und Umweltbeeinflussung in der Bundesrepublik Deutschland; Forschungsstelle für Energiewirtschaft München und Institut für Energiewirtschaft und Kraftwerkstechnik der Technischen Universität München, überarbeitete Fassung 1973 (masch.-schr. Ms.)

Geoffrion, A.M. and Marsten, R.E.: Integer Programming Algorithms: A Framework and State-of-the-Art Survey, in: MS, Vol. 18 (1972), No. 9, S. 465-491

Gerking, E.: Wärmekraftwerke und Umweltschutz - Planung, Kosten und Zukunftsaussichten, Frankfurt/M. 1975

Gerlach, E.F.: Wandlungen der Standortstruktur in der Energiewirtschaft der Bundesrepublik und ihre Auswirkungen auf die regionale wirtschaftliche Entwicklung, in: Probleme der energiewirtschaftlichen Regionalplanung (Raum und Energie 1); Veröffentlichungen der Akademie für Raumforschung und Landesplanung, Forschungs- und Sitzungsberichte, Bd. 44, Hannover 1968, S. 15-61

Gersdorff, B.v.: Die Kohle oder den Strom transportieren?, in: Der Volkswirt, 16. Jg. (1962), H. 9, S. 356-358

Gersdorff, B.v.: Grundsätze der Planung von Pumpspeicherwerken, in: BWK, 18. Jg. (1966), H. 10, S. 487-492

Gersdorff, B.v.: Wirtschaftliche Zusammenarbeit von Elektrizitätswerken in den USA und Verbundbetrieb in der Bundesrepublik, in: ET, 17. Jg. (1967), H. 7, S. 225-231 und H. 8, S. 279-283

Gersdorff, B.v.: Verbund in der Stromerzeugung, Vergleich des Verbundbetriebs zwischen Elektrizitätswerken in den USA und Westdeutschland, Gräfeling 1968

Gersten, W., Herrhausen, A., Laurick, H., Stadie, A. und Stief, H.: Grundlagen für die Berechnung der Stromerzeugungskosten von Kernkraftwerken, in: Atom und Strom, 6. Jg. (1960), H. 6/7, S. 55-68

Gester, J. und Lorenz, H.: Starkstromleitungen, Leitungsnetze und deren Berechnung, 6. Aufl., Berlin 1972

Giebel, J.: Auswirkungen des Kühlwassers über das Flußwasser auf das Klima, in: Braun, H., Heuck, F., Ladner, H.-A., Messerschmidt, O., Niklas, K. und Rausch, L. (Hrsgg.): Umweltschutz bei nuklearer und konventioneller Energiegewinnung, Ergebnisse der Strahlen- und Umweltforschung; Strahlenschutz in Forschung und Praxis, Bd. 12, Stuttgart 1973, S. 126-130

Gierloff-Emden, H.G. und Schroeder-Lanz, H.: Luftbildauswertung, 2 Bde., Mannheim-Wien-Zürich 1970

Giesel, H.B.: Unternehmungswachstum und Wettbewerb; Wirtschaftsrecht und Wirtschaftspolitik, Bd. 39, Baden-Baden 1975

Gifford Jr., F.A.: The Rise of Strongly Radioactive Plumes, in: J. Appl. Meteorology, Vol. 6 (1967), S. 644-649

Gilsbach, A.: Die Konzeption der französischen Energiepolitik; Schriftenreihe des Energiewirtschaftlichen Instituts an der Universität Köln, Bd. 10, München 1965

Gläser, F.: (Diskussionsbeitrag zum Vortrag von H. Matthöfer: Energieforschung als Aufgabe nationaler und internationaler Kooperation), in: Tagungsberichte des Energiewirtschaftlichen Instituts (Universität Köln), H. 18: Neuorientierungen der Energiewirtschaft, München 1975, S. 138-142

Goerke, H.: Dampfkraftwerke, Entwurf und Gestaltung, München 1956

Gomory, R.E.: Outline of an Algorithm for Integer Solution to Linear Programs, in: Bull. Amer. Math. Soc., Vol. 64 (1958), S. 275-278

Gomory, R.E.: An Algorithm for the Mixed Integer Problem; The RAND Corporation, Paper P-1885, Santa Monica 1960

Gottstein, K.: Die nukleare Kontroverse in den USA - Welche Lehren ergeben sich für die Bundesrepublik Deutschland?; Vortrag vor der Mitgliederversammlung des Deutschen Atomforums am 18. November 1975 in Bonn, referiert in: atom-informationen, 1975, H. 11, S. 7f

Gräff, P.: Die Verwendung der Abwärme von Kraftwerken, Die Neubewertung der Energie begünstigt den Wärmeverbund, in: ET, 24. Jg. (1974), H. 7, S. 341-342

Grahmann, R.: Die Grundwässer in der Bundesrepublik Deutschland und ihre Nutzung; Forschungen zur deutschen Landeskunde, Bd. 105, T. II, Remagen 1958

Grawe, J.: Auswahl und Sicherung von Kraftwerksstandorten in Baden-Württemberg, in: ET, 25. Jg. (1975), H. 1/2, S. 31-35

Grawe, J.: (Leserzuschrift:) Zur Verteidigung von Wyhl, in: FAZ, Nr. 96 vom 25. April 1975, S. 19

Griepentrog, H. und Mathur, B.: Stationäre Gasturbinen (Jahresübersicht), in: VDI-Z, 117. Jg. (1975), H. 10, S. 498-501

Grochla, E.: Betriebsverbindungen; Slg. Göschen, Bd. 1235/1235a, Berlin 1969

Gröner, H.: Grundzüge einer Wettbewerbsordnung für die Elektrizitätswirtschaft, in: Röper, H. (Hrsg.): Wettbewerbsprobleme der Elektrizitätsversorgung, Der Begriff Monopolgrad; Schriften des Vereins für Socialplitik, N.F. Bd. 65, Berlin 1972, S. 47-49

Gröner, H.: Die Ordnung der deutschen Elektrizitätswirtschaft; Wirtschaftsrecht und Wirtschaftspolitik, Bd. 41, Baden-Baden 1975

Groos, O.H.: Aufgaben der Behörden bei der Genehmigung von Reaktorstandorten, in: TÜ, 7. Jg. (1966), H. 2, S. 53-55

Grosse, N.: Überlegungen zum Thema "Standort- und raumpolitische Möglichkeiten der Kernenergieverwendung", in: Mitt. der List Gesellschaft, Fasc. 3 (1960), Nr. 1 vom 31. Oktober 1960, S. 7-29

Grosse, N.: Ökonomik der Kernenergie; Veröffentlichungen der List Gesellschaft e.V., Bd. 29, Basel-Tübingen 1963

Grosselin, P.: Das Ardennenkraftwerk der SENA, in: atw, 7. Jg. (1962), H. 6, S. 301-304

Grümm, H.: Energieerzeugung und Umwelt, Eine Analyse unter besonderer Berücksichtigung der Kernenergie, in: atw, 16. Jg. (1971), H. 6, S. 278-288

Grümm, H.: Wachstumsgrenzen des Energieverbrauchs, in: Schlemmer, J. (Hrsg.): Neue Ziele für das Wachstum, München 1973, S. 74-85

Grundmann, W., Holdhaus, R., Kind, G., Krause, H., Ritzschke, G., Stempell, D. und Weise, G.: Mathematische Methoden zur Standortbestimmung, Berlin 1967

Grunewald, A.: Für Kraftwerke kein Kühlwasser mehr, Die entscheidende Frage: Wohin mit der immer größer werdenden Abwärme?, in: HB, Nr. 15 vom 22. Januar 1973, S. I

Grupe, H.: Kernenergie in Baden-Württemberg - Bedeutung, Probleme, Aufgaben; hrsg. vom Ministerium für Wirtschaft, Mittelstand und Verkehr Baden-Württemberg, Stuttgart 1975

Gubelt, M.: Das Gesetz zur Sicherung des Stewnkohleneinsatzes in der Elektrizitätswirtschaft vom 5. September 1966, BGBl. I, S. 545; Veröffentlichungen des Instituts für Energierecht an der Universität zu Köln, H. 20/21, Düsseldorf 1968

Guck, R.: Standorte für Kernkraftwerke, in: atw, 18. Jg. (1973), H. 8/9, S. 386-391

Guck, R.: Umweltschutzbestimmungen und Standortwahl für Kernkraftwerke, in: ETZ-A, 96. Jg. (1975), H. 1, S. 38-44

Gudehus, H.: Diskussion über die Kostendegression bei Kernkraftwerken, Bemerkungen zum Euratombericht EUR 2993d, in: atw, 12. Jg. (1967), H. 12, S. 604-605

Gümbel, R.: Die Abbildung von Standortwahlproblemen einer Filialunternehmung in einem polyselektiven Standortmodell, in: Gümbel, R., Brauer, K.M., Liebmann, H.-P. und Müller-Hagedorn, L.: Unternehmensforschung im Handel, Untersuchungen über die Anwendungsmöglichkeiten mathematischer Verfahren der Unternehmensforschung in Warenhandelsbetrieben; Schriftenreihe des Gottlieb Duttweiler-Instituts, Nr. 41, Zürich-Rüschlikon 1969, S. 195-223

Gutenberg, E.: Grundlagen der Betriebswirtschaftslehre, Bd. 1: Die Produktion, 20. Aufl., Berlin-Heidelberg-New York 1973

Gutenberg, E.: Grundlagen der Betriebswirtschaftslehre, Bd. 3: Die Finanzen, 6. Aufl., Berlin-Heidelberg-New York 1973

Guthmann, E. und Traube, K.: Schnelle Brüter, in: ETZ-A, 96. Jg. (1975), H. 1, S. 19-23

Guthsmuths, W.: Energiewirtschaftliche Zielsetzungen in der Raumordnungspolitik, in: Probleme der energiewirtschaftlichen Regionalplanung (Raum und Energie 1); Veröffentlichungen der Akademie für Raumforschung und Landesplanung, Forschungs- und Sitzungsberichte, Bd. 44, Hannover 1968, S. 1-14

Guthsmuths, W.: Raumwirtschaftliche Probleme im Bereich der regionalen Energiewirtschaftspolitik, in: Zur Standortproblematik in der regionalen Energiewirtschaft; Veröffentlichungen der Akademie für Raumforschung und Landesplanung, Forschungs- und Sitzungsberichte, Bd. 82, Hannover 1972, S. 1-17

Gutschmidt, W.-D.: Sicherheitsfaktor Abstand, Standortwahl von Kernkraftwerken unter dem Aspekt der Bevölkerungsverteilung, in: VDI-Nachr., Nr. 24 vom 18. Juni 1976, S. 2

Haager, K.: Grundsatzfragen der öffentlichen Elektrizitätsversorgung, in: DÖW, 20. Jg. (1971), H. 1, S. 11-13

Haager, K.: Die Aufgaben der VDEW, in: Energie - Leistungen, Prognosen, Alternativen, Stuttgart 1972, S. 109-113

Haberer, K.: Wasser und Kernenergie, in: RuS, 1971, H. 5, S. 106-110

HB-Gespräch mit Hans Koschnik: St. Florian ist ein schlechter Ratgeber wenn es um die Beurteilung von Kraftwerksstandorten geht, in: HB, Nr. 67 vom 4. April 1973, S. 2

Häfele, W.: Fortschritt, Funktion und Einordnung der Kernenergie; Vortrag bei der 150-Jahrfeier - 107. Versammlung - der Gesellschaft Deutscher Naturforscher und Ärzte am 10. Oktober 1972 in München (masch.-schr. Ms.)

Häfele, W.: Ergebnis und Sinn des SEFOR-Experiments, in: Scheibe, E. und Süßmann, G. (Hrsgg.): Einheit und Vielheit; Festschrift für Carl Friedrich von Weizsäcker zum 60. Geburtstag, Göttingen 1973, S. 248-269

Häfele, W.: Einführung zum Seminar über Zuverlässigkeitskontrolle, in: Einführung in Methoden und Probleme der Zuverlässigkeit, zgst. von G. Weber; Gesellschaft für Kernforschung mbH Karlsruhe, Bericht KFK-1811, Karlsruhe 1974, S. 13-19

Häfele, W.: Gesichtspunkte für die zukünftige Entwicklung von Erzeugung, Transport und Handhabung von Energie, in: CIT, 47. Jg. (1975), H. 2, S. 41-47

Häfele, W., Faude, D., Fischer, E.A. und Laue, H.J.: Fast Breeder Reactors, in: Ann. Rev. Nucl. Sci., Vol. 20 (1970), S. 393-434 (als unveränderter Sonderdruck: Gesellschaft für Kernforschung mbH Karlsruhe, Bericht KFK-1167, Karlsruhe 1970)

Haegert, L.: Der Einfluß der Steuern auf das optimale Investitions- und Finanzierungsprogramm, Wiesbaden 1971

Härry, A.: Die Ökonomik der Wasserkraftnutzung; Verbandschrift des Schweizerischen Wasserwirtschaftsverbandes, Nr. 36, Winterthur 1957

Häusler, J.: Planung als Zukunftsgestaltung - Voraussetzungen, Methodik und Formen der Planung in soziotechnischen Systemen; Fortschrittliche Unternehmensführung, Bd. 1, Wiesbaden 1970

Hahn, O.: Cobalt 60, Göttingen-Berlin-Frankfurt/M. 1955

Hakansson, K.: Handbuch der Fernwärmepraxis, Grundlagen für Planung, Bau und Betrieb von Fernheizwerken, Essen 1973

Halbritter, G.: Einführung in das Problem "Kraftverkehr und Umwelt"; Gesellschaft für Kernforschung mbH Karlsruhe, Bericht KFK-1614, Karlsruhe 1972

Hamm, W.: Mehr Kontrolle für die Elektrizitätswerke?, in: FAZ, Nr. 251 vom 29. Oktober 1971, S. 17

Hampe, E.: Kühltürme, Berlin 1975

Handge, P. und Schwarzer, W.: Probleme der Konzentrierung von Kernkraftwerken auf engem Raum - Grundlagen für Belastungspläne, in: Institut für Reaktorsicherheit der Technischen Überwachungsvereine e.V. (Hrsg.): Betriebliche Ableitungen radioaktiver Stoffe aus kerntechnischen Anlagen; 7. IRS-Fachgespräch am 2./3. November 1971 in Köln, Tagungsbericht IRS-T-23, Köln 1972, S. 77-115

Handge, P. und Schwarzer, W.: Möglichkeiten und Risiken der Nutzung der Kernenergie, in: DÖW, 21. Jg. (1972), H. 4, S. 143-145

Hannes, K., Janz, H. und Bruns, P.-H.: Überregionale Fernheizung - ein Modell, in: Techn. Mitt., 67. Jg. (1974), H. 5, S. 180-186

Hannes, K. und Möllenkamp, F.-W.: Die Bedeutung der Fernwärmetechnik für den Umweltschutz, in: BWK, 25. Jg. (1973), H. 6, S. 224-229

Hansmann, K.: Bundes-Immissionschutzgesetz - Textausgabe mit Erläuterungen, 2. Aufl., Baden-Baden 1975

Hansmann, K.-W.: Entscheidungsmodelle zur Standortplanung der Industrieunternehmen; Schriftenreihe des Instituts für Unternehmensforschund und des Industrieseminars der Universität Hamburg, Bd. 7, Wiesbaden 1974 (Diss. Hamburg 1972)

Hardung-Hardung, H.: Chancen in der Atomwirtschaft, Düsseldort 1958

Harris, S.J.: Nuclear Power Safety Economics, An Analysis of Health and Safety Costs Associated with the Design, Construction, and Operation of Nuclear Power Reactors; Pilot Books (Better Business Book Series), New York 1961

Hassan, E.M.A.: An Integrated Approach to Site Selection of Nuclear Power Plants, in: International Atomic Energy Agency (IAEA) (Ed.): Siting of Nuclear Facilities; Proceedings Series - STI/PUB/384, Wien 1975, S. 227-245 (Report IAEA-SM-188/7)

Haubelt, R.: Zusammenstellung von Daten über die Jahresabgaben radioaktiver Stoffe mit der Abluft von Kernkraftwerken in der Bundesrepublik Deutschland für das Jahr 1974 und in den USA für das Jahr 1973; Institut für Strahlenhygiene des Bundesgesundheitsamtes, Bericht STH-4/75, Neuherberg (München) 1975

Haury, G., Schikarski, W. und Thöne, E.: Zusammenstellung der in der Bundesrepublik Deutschland durch die Erzeugung und den Verbrauch von Energie bedingten Auswirkungen auf die Umwelt und der legislativen und technischen Maßnahmen zu ihrer Verminderung; Gesellschaft für Kernforschung mbH Karlsruhe, Bericht KFK-2103, Karlsruhe 1974

Hauschildt, J.: Die Absatzpolitik der Energieversorgungsunternehmen im Spannungsfeld von Gewinnstreben und öffentlichen Leistungsansprüchen, Tübingen 1964 (Diss. Mannheim 1964)

Hautum, F.: Betrachtungen über Baukosten und Wirtschaftlichkeit von Pumpspeicherwerken, Frankfurt/M. 1965

Hax, H.: Investitions- und Finanzplanung mit Hilfe der linearen Programmierung, in ZfbF, 16. Jg. (1964), S. 430-446

Hax, H.: Investitionstheorie, 2. Aufl., Würzburg-Wien 1972

Hax, H.: Entscheidungsmodelle in der Unternehmung, Einführung in Operations Research, Hamburg 1974

Hecht, F.: Grundzüge der Radio- und Reaktorchemie, Frankfurt/M. 1968

Heck, H.: Von den deutschen Küsten sollen riesige Kernkraftwerke entstehen, in: Die Welt, Nr. 136 vom 14. Juni 1976, S. 11

Heeren, H. und Holly, L.: Trockenkühler entlasten Gewässer, Die Verwendung von Luft zur Kondensation in großen Dampfkraftwerken, in: Energie, 23. Jg. (1971), H. 10, S. 298-305 und H. 12, S. 385-393

Hegemann, K.H.: Aspekte und Kosten des Energietransports beim Einsatz von Steinkohle zur Strombedarfsdeckung revierferner Regionen, in: Elektrizitätswirtschaft, 75. Jg. (1976), H. 9, S. 238-241

Hein, K.: Kleinheizkraftwerke - eine echte Alternative zu neuen öl- oder gasbefeuerten Kraftwerken, in: ET, 25. Jg. (1975), H. 4, S. 135-138

Hein, K.: Kleinheizkraftwerke (KHKW), Vergleich mit Fernheizwerken und normalen Heizkraftwerken, in: BWK, 27. Jg. (1975), H. 5, S. 225-227

Heinemann, W.-R.: Zusammenhänge zwischen Elektrizitätswirtschaft und Raumordnung, in: RuS, 1969, H. 5, S. 98-101

Heinen, E.: Zum Begriff und Wesen der betriebswirtschaftlichen Investition, in: BFuP, 9. Jg. (1957), T. 1, S. 16-31 und T. 2, S. 85-98

Heinen, E.: (Stichwort:) Industrielle Investitionsplanung, in: HWB, Bd. 2, Stuttgart 1958, Sp. 2876-2881

Heinen, E.: Einführung in die Betriebswirtschaftslehre, 5. Aufl., Wiesbaden 1974

Heinz, W.: Energieübertragung, Energiespeicherung und tiefe Temperaturen; Gesellschaft für Kernforschung mbH Karlsruhe, Bericht KFK-1616, Karlsruhe 1972

Heinz, W. und Maurer, W.: Elektrische Energieübertragung durch Hochleistungskabel, in: Verein Deutscher Ingenieure (VDI) (Hrsg.): Entweicklungslinien der Energietechnik, Energietechnische Tagung 1975; VDI-Berichte, Nr. 236, Düsseldorf 1975, S. 159-166

Heinze, Chr.: Gesetz zur Sicherung des Steinkohleneinsatzes in der Elektrizitätswirtschaft, Berlin-Frankfurt/M. 1967

Heisenberg, W.: Der Teil und das Ganze, Gespräche im Umkreis der Atomphysik, München 1969

Heller, F., Schikarski, W. und Wickenhäuser, A.: MUNDO-Digital Programm zur Berechnung von Unfalldosen in der Umgebung einer Reaktoranlage; Gesellschaft für Kernforschung mbH Karlsruhe, Bericht KFK-653/EUR-3684d, Karlsruhe 1967

Hellwig, K.: Die Lösung ganzzahliger investitionstheoretischer Totalmodelle durch Partialmodelle; Mathematical Systems in Economics, H. 4, Meisenheim am Glan 1973

Henney, K.-A.: Große Kraftwerksblöcke im Stromverbund, in: Elektrizitätswirtschaft, 66. Jg. (1967), H. 8, S. 173-177

Henning, H.: Kühltürme niedriger Bauhöhe für große Kraftwerksleistungen, in: Technische Vereinigung der Großkraftwerksbetreiber (VGB) e.V. (Hrsg.): Kraftwerk und Umwelt 1975; VGB-Konferenz-Vorträge, Essen (1976), S. 118-126

Henning, H. und Kliemann, S.: Niederschlags- und Nebelbildung durch Kühltürme, in: Energie und Technik, 23. Jg. (1971), H. 3, S. 87-89 und H. 4, S. 112-115

Hentschel, G., Novak, W. and Orth, F.: Earthquake Protection for Nuclear Reactors, in: United Nations and International Atomic Energy Agency (IAEA) (Eds.): Peaceful Uses of Atomic Energy, Vol. 3: Safety Aspects of Nuclear Plants - Legal Aspects of Nuclear Energy; Proceedings Series - STI/PUB/300, New York-Wien 1972, S. 309-323 (Report-A/Conf. 49/P/672)

Henzler, R.: Die Marktunion, Eine betriebswirtschaftliche Wende, Köln-Opladen 1958

Herrhausen, A.: Wachstum und Planung in der Elektrizitätswirtschaft, in: Burgbacher, F. (Hrsg.): Ordnungsprobleme und Entwicklungstendenzen in der deutschen Energiewirtschaft; Festschrift für Theodor Wessels, zur Vollendung seines 65. Lebensjahres, Essen 1967, S. 237-259

Herrhausen, A.: Investions- und Finanzplanung als Bestandteile der gesamten Unternehmensplanung der öffentlichen Elektrizitätswirtschaft, in: Tagungsberichte des Energiewirtschaftlichen Instituts (Universität Köln), H. 14: Investitions- und Finanzierungsprobleme in der Energiewirtschaft, München 1968, S. 67-80

Herrhausen, A.: Wachstum und Planung in der Elektrizitätswirtschaft, in: Institut für Branchenanalysen GmbH (Hrsg.): Elektrizitätswirtschaft, Stand und Aussichten in der Bundesrepublik; Schriftenreihe Branchenanalysen, Nr. 19, Frankfurt/M. 1969, S. 16-17

Herrhausen, A.: Anforderungen der Investitionsfinanzierung der Energiewirtschaft an Kapitalmarkt und Steuergesetzgebung, in: Tagungsberichte des Energiewirtschaftlichen Instituts (Universität Köln), H. 18: Neuorientierungen der Energiewirtschaft, München 1975, S. 144-178

Herzog, W.: Abwasserdekontamination an Kernkraftwerken - Stand und Aussichten; Bericht des Staatlichen Materialprüfamtes NW, Abteilung Kerntechnik, für den Minister für Wirtschaft, Mittelstand und Verkehr des Landes Nordrhein-Westfalen, Düsseldorf 1975

Hilbert, F.: Erzeugung und Freisetzung von radioaktiven Krypton- und Xenonisotopen durch Kernreaktoren und Wiederaufarbeitungsanlagen und die voraussichtliche radiologische Belastung bis zum Jahr 2000; Gesellschaft für Kernforschung mbH Karlsruhe, Bericht KFK-2035, Karlsruhe 1974

Hill, W.: Unternehmungsplanung; Slg. Poeschel, Bd. P46, 2. Aufl., Stuttgart 1971

Hintner, O.: (Stichwort:) Standortwahl, in: HWB, Bd. 3, 3. Aufl., Stuttgart 1960, Sp. 5053-5058

Hirschfelder, G.: Kühltürme in Kraftwerken, in: TdZ, H. 8 (1974), S. 45-49

Hoffmann, (...): Reaktor-Typen, Die Kernenergie in der Elektrizitätsversorgung der nächsten Zukunft, in: Die Führungskraft, 39. Jg. (1974), H. 12, S. 9-11

Hoffmann, H.: Probleme des Brennstoffkreislaufs von Hochtemperaturreaktoren; Kernforschungsanlage Jülich GmbH, Bericht Jül-1042, Jülich 1974

Hoffmann, H. und Lüpke, A.v.: 0 Dezibel + 0 Dezibel = 3 Dezibel, Einführung in die Grundbegriffe und die quantitative Erfassung des Lärms; hrsg. v. Institut für Lärmbekämpfung der Süddeutschen Eisen- und Stahl-Berufsgenossenschaft, Mainz, Berlin 1975

Hoffmann, R.: Die Gestaltung der Verkehrswegenetze; Veröffentlichungen der Akademie für Raumforschung und Landesplanung, Abhandlungen, Bd. 39, Hannover 1961

Hofmann, A.: Hochspannungsübertragung heute und morgen, in: ETZ-A, 96. Jg. (1971), H. 12, S. 663-672

Hofmann, W.: Europäischer Verbundbetrieb in der Elektrizitätswirtschaft, in: VdF, 41. Jg. (1976), Nr. 1, S. III-VI (Beilage zu: Leit. Angest., 26. Jg. (1976), Nr. 1)

Hohl, R.: Fernbeheizte Schweiz?, Die totale Energieverwertung und ihre mögliche Rolle in einer umweltfreundlichen Gesamtenergieversorgung, in: Brown Boveri Mitt., 60. Jg. (1973), H. 6, S. 253-264

Holzamer, B.: Kernenergie - heute und morgen, in: Shell Spiegel, 34. Jg. (1968), H. 7, S. 2-5 und H. 8, S. 14-19

Hoover, E.M.: Location of Economic Activity, New York-Toronto-London 1948

Hort, P.: Unbequeme Wahrheiten, Zum Gutachten der Monopolkommission, in: FAZ, Nr. 163 vom 27. Juli 1976, S. 13

Hosemann, J.P., Jordan, H., Schikarski, W. und Wild, H.: Nukleare Schadstoffe in der Nachunfallatmosphäre eines Leichtwasser-Reaktor (LWR)-Containments (Übersicht und Stand der Kenntnis); Gesellschaft für Kernforschung mbH Karlsruhe, Bericht KFK-1800, Karlsruhe 1973

Hromek, R.: Technisch-wirtschaftliche Voraussetzungen der Wärmelieferung von Kernkraftwerken mit Leichtwasserreaktoren (tschech.), in: jaderna energie, 17. Jg. (1971), H. 6, S. 181-184

Hromek, R.: Zur Fernwärmeversorgung mitteleuropäischer Großstädte, Zivilisatorische und technische Gesichtspunkte, in: Gesundh.-Ing., 92. Jg. (1971), H. 6, S. 161-163 und H. 7, S. 206-211

Hromek, R.: Aufteilung der Investitions- und Erzeugungskosten in der Heizkraftwirtschaft, in: BWK, 24. Jg. (1972), H. 9, S. 344-348

Huber, E.R.: Wirtschaftsverwaltungsrecht, Bd. 1, 2. Aufl., Tübingen 1953

Hubert, M.: Sonderprobleme der Geräuschminderung bei Rückkühlanlagen, in: Technische Vereinigung der Großkraftwerksbetreiber (VGB) e.V. (Hrsg.): Kraftwerk und Umwelt 1973; VGB-Konferenz-Vorträge, Essen (1974), S. 201-203

Hübschmann, W. und Nester, K.: Bewertung der atmosphärischen Diffusion bei Reaktorstörfällen, in: Deutsches Atomforum e.V. und Kerntechnische Gesellschaft im Deutschen Atomforum e.V. (Hrsgg.): Reaktortagung Hamburg 11./14. April 1972; Reaktortagung-Compacts, Bonn 1972, S. 668-671

Hübschmann, W. und Nester, K.: Eine Neubewertung der atmosphärischen Diffusion bei Reaktorstörfällen in deterministischer und probabilistischer Sicht, in: ATKE, Bd. 20 (1972), H. 4, S. 315-319

Hübschmann, W. und Nester, K.: Meteorologische Auswirkungen der Abwärme aus Kühltürmen; DAtF Sonderdrucke, S-11, Bonn 1973

Hünlich, W.H.F.: Raumordnung und Standortprobleme für Kernkraftwerke großer Leistung, in: RuS, 1969, H. 5, S. 104-108

Hünlich, W.H.F.: Planungsprobleme im Zusammenhang mit der Einordnung von Kernkraftwerken in das Verbundnetz der Bundesrepublik Deutschland, in: Atom und Strom, 17. Jg. (1971), H. 5, S. 74-83

Huffschmid, B.: Energiediskussion in der Stahlindustrie, in: VDI-Nachr., Nr. 50 vom 13. Dezember 1974, S. 20/22

Hug, O.: Strahlenschäden und Strahlenschutz, in: atw, 16. Jg. (1971), H. 6, S. 294-300

Hull, A.P.: Radioactivity Effluent Releases and the Public Acceptance of Nuclear Facility Sites, in: International Atomic Energy Agency (IAEA) (Ed.): Siting of Nuclear Facilities; Proceedings Series - STI/PUB/384, Wien 1975, S. 247-263 (Report IAEA-SM-188/45)

Hundhausen, C.: Innerbetriebliche Standortsfragen, in: ZfhF, 20. Jg. (1926), H. 1, S. 1-52

Hurwitz, H.: Safeguard Consideration for Nuclear Power Plants, in: Nucleonics, Vol 12 (1954), No. 3, S. 57-61

IBM (Hrsg.): MPSX-Erweitertes System für Mathematische Optimierung, Gemischt - ganzzahlige Optimierung (MIP), Programm-Beschreibung 5734-XM4, IBM-Form-Number SH12-3042

IBM (Hrsg.): MPSX-Erweitertes System für Mathematische Optimierung, Gemischt - ganzzahlige Optimierung (Mathematical Programming System Extended), Programm-Beschreibung 5734-XM4, IBM-Form-Number 012-0516

Ihde, G.-B.: Zur Behandlung zweiwertiger Entscheidungen, in: ZfB, 38. Jg. (1968), H. 2, S. 93-104

Ihde, G.-B.: Logistik, Physische Aspekte der Güterdistribution; Slg. Poeschel, Bd. P71, Stuttgart 1972

Inouye, T.: Problems in Siting Nuclear Power Plants in Japan and Efforts to Solve them, in: International Atomic Energy Agency (IAEA) (Ed.): Containment and Siting of Nuclear Power Plants; Proceedings Series - STI/PUB/154, Wien 1967, S. 35-48 (Report-SM-89-/26)

Institut für Geophysik der Universität Stuttgart i.A. des TÜV Stuttgart: Stellungnahme über die seismologischen Verhältnisse am Standort des geplanten Kernkraftwerkes Whyl, Stuttgart 1974 (masch.-schr. Ms.)

Institut für Reaktorsicherheit (IRS) e.V. (Hrsg.): Kriterien für die Kraftwerksstandortwahl: "Ästhetische" Gesichtspunkte; IRS-Kurzinformation, 1972 - Reihe C, Nr. 21, Köln, 12. Januar 1973 (Original in: News Releases, Vol. 3, No. 40, S. 15-16)

International Atomic Energy Agency (IAEA) (Ed.): Application of Meteorology to Safety at Nuclear Plants; Safety Series, No. 29, Wien 1968

International Atomic Energy Agency (IAEA) (Ed.): Aseismic Design and Testing of Nuclear Facilities, Recommendations of a Panel on Aseismic Design and Testing of Nuclear Facilities Held in Tokyo, 12.-16. June 1967; Technical Reports Series, No. 88, Wien 1968

International Atomic Energy Agency (IAEA) (Ed.): Earthquake Guidelines for Reactor Siting, A Manual Prepared as the Result of a Panel an Earthquake Guidelines for Selection of Reactor Sites Held in Vienna, 22.-26. June 1970; Technical Reports Series, No. 139, Wien 1972

International Atomic Energy Agency (IAEA) (Ed.): Principles and Standards of Reactor Safety, Proceedings of a Symposium on Principles and Standards of Reactor Safety Organized by the International Atomic Energy Agency and Held at Jülich, 5.-9. February 1973; Proceedings Series - STI/PUB/342, Wien 1973

Isard, W.: Location and Space Economy, A General Theory Relating to Industrial Location, Market Areas, Land Use, Trade, and Urban Structure, New York - London 1956

Isard, W. and Whitney, V.: Atomic Power, An Economic and Social Analysis, A Study in Industrial Location and Regional Economic Development, London 1952

Jacob, A.-F.: Fragen der Kapitalbeschaffung in Versorungsunternehmen, in: Elektrizitätswirtschaft, 65. Jg. (1966), H. 14, S. 468-475

Jacob, H.: Zur Standortwahl der Unternehmungen, in: Alewell, K. (Hrsg.): Betriebswirtschaftliche Strukturfragen, Beiträge zur Morphologie von erwerbswirtschaftlichen Unternehmungen und Genossenschaften; Festschrift zum 65. Geburtstag von Reinhold Henzler, Wiesbaden 1967, S. 233-293 (als unveränderter Sonderdruck, Wiesbaden 1973)

Jacob, H.: Marginalien des Herausgebers, in: Jacob, H. (Hrsg.): Optimale Investitionspolitik; Schriften zur Unternehmensführung, Bd. 4, Wiesbaden 1968, S. 1-6

Jacob, H.: Investitionsplanung mit Hilfe der Optimierungsrechnung, in: Jacob, H. (Hrsg.): Optimale Investitionspolitik; Schriften zur Unternehmensführung, Bd. 4, Wiesbaden 1968, S. 93-115

Jacob, H.: Neuere Entwicklungen in der Investitionsrechnung, in: ders.: Investitionsplanung und Investitionsentscheidung mit Hilfe der Linearprogrammierung, 2. Aufl., Wiesbaden 1971, S. 9-72 (Sonderdruck der Veröffentlichung: Neuere Entwicklungen in der Investitionsrechnung, in: ZfB, 34. Jg. (1964), H. 8, S. 487-507 und H. 9, S. 551-594)

Jacob, H.: Geleitwort, in: Hansmann, K.-W.: Entscheidungsmodelle zur Standortplanung von Industrieunternehmen; Schriftenreihe des Instituts für Unternehmensforschung und des Industrieseminars der Universität Hamburg, Bd. 7, Wiesbaden 1974, S. [5-6]

Jacobi, W.: Beziehungen zwischen der Strahlendosis und dem somatischen Strahlenrisiko, in: atw, 19. Jg. (1974), H. 6, S. 278-283

Jacobi, W.: [Schriftliche Stellungnahme zum Thema: Radioökologie der Kerntechnik, Umweltradioaktivität und Strahlenbelastung], in: Presse- und Informationszentrum des Deutschen Bundestages (Hrsg.): "Zur Sache" (Themen parlamentarischer Beratung), Nr. 2/75: Umweltschutz(IV) - Das Risiko Kernenergie, Bonn [1975], S. 32-38

Jaeger, (...), Ulrichs, (...), Greinert, W., Dörrscheidt, W. und Hoffmann, W.E.: Dampfkessel - Errichtung und Betrieb, Bd. 1, T. 1: Dampfkesselverordnung und Verwaltungsvorschriften, Kommentar von W. Greinert, 7. Aufl., Köln-Berlin-Bonn-München 1974

Jahns, A.: Sicherheitseinrichtungen für standortunabhängige Kernkraftwerke, in: Institut für Reaktorsicherheit der Technischen Überwachungsvereine e.V. (Hrsg.): Die Sicherheit standortunabhängiger Kernkraftwerke; 4. IRS-Fachgespräch am 4./5. November 1968 in Düsseldorf, Tagungsbericht IRS-T-16, Köln 1969, S. 55-66

Jamme, E.: Underground Siting of Nuclear Power Plants in Norway, in: United Nations and International Atomic Energy Agency (IAEA) (Eds.): Peaceful Uses of Atomic Energy, Vol. 3: Safety Aspects of Nuclear Plants - Legal Aspects of Nuclear Energy; Proceedings Series - STI/PUB/300, New York-Wien 1972, S. 359-373 (Report-A/Conf. 49/P/290)

Jansen, J.: Einige Grundsätze zur Projektierung von Hochspannungsfreileitungen, in: Börner, B. (Hrsg.): Die Beschaffung von Grundstücken für Energieanlagen; Veröffentlichungen des Instituts für Energierecht an der Universität Köln, H. 36/37, Düsseldorf 1974, S. 24-33

Jansen, P., Jordan, S. und Schikarski, W.: Vergleichende Modelltheorie der atmosphärischen Schadstoffbelastung durch Kraftwerke, in: Staub-Reinhalt. Luft, 32. Jg. (1972), H. 11, S. 454-458

Jansen, P., Schikarski, W. und Stehfest, H.: Beitrag zur Analyse der zulässigen Kraftwerksbelegung des Rheins im Hinblick auf die thermische Belastung; Gesellschaft für Kernforschung mbH Karlsruhe, Bericht KFK-1511, Karlsruhe 1971

Janssen, U.: Sprechen Sicherheitsgründe gegen den Bau vieler großer Kernkraftwerke?, in: atw, 13. Jg. (1968), H. 8/9, S. 403-404

Janssen, W.: Das Grenzkostenproblem in der Elektrizitätswirtschaft, Diss. Bonn 1959 (Das Grenzkostenproblem in der deutschen Elektrizitätswirtschaft, Frankfurt/M. 1959)

Jantsch, E.: Technological Forecasting in Perspective, Paris 1967

Joachim, H.: Die Höhe der Enteignungsentschädigung beim Bau von Energieleitungen, in: Börner, B. (Hrsg.): Die Beschaffung von Grundstücken für Energieanlagen; Veröffentlichungen des Instituts für Energierecht an der Universität Köln, H. 36/37, Düsseldorf 1974, S. 72-84

Jochem, E.: Technikfolgen-Abschätzung und -Bewertung am Beispiel des Energiesystems, in: Energietechnik im Hinblick auf künftige Entwicklungen; Vorträge an der Technischen Hochschule Darmstadt im Winterhalbjahr 1974/75 als Gemeinschaftsveranstaltungen des VDI-Bezirksvereins Frankfurt/Darmstadt, des VDE-Bezirksvereins Frankfurt und des Elektrotechnischen Vereins an der TH Darmstadt, Frankfurt/M. 1975, S. 95-118

Jötten, R.: Energieübertragung mit hochgespanntem Gleichstrom, in: ETZ-A, 91. Jg. (1970), H. 1, S. 44-49

Jones, B.: New Approaches to the Design and Economics of EHV Transmission Plant; International Series of Monographs in Electrical Engineering, Vol. 4, Oxford-New York-Toronto-Seydney-Braunschweig 1972

Jorde, J., Müller, R., Schulte, D. und Bretfeld, H.: Entwicklung großer Stahlbehälter in Mehrlagenbauweise, in: Kerntechnik 10. Jg. (1968), H. 4, S. 198-207

Jüntgen, H. und Schröter, H.J.: Ein neues Verfahren zur Krypton-85-Abscheidung, in: Glückauf, 111. Jg. (1975), H. 17, S. 822

Junge, (H.): Die Bedeutung der Transportkosten für die Entwicklung der Elektrizitätswirtschaft, in: Tagungsberichte des Energiewirtschaftlichen Instituts (Universität Köln), H. 5: Entwicklungsprobleme in der Energiewirtschaft, München 1952, S. 146-158

Junghans, H.-J.: Zur leitungsgebundenen Energieiwrtschaft, in: Energie - Leistungen, Prognosen, Alternativen, Stuttgart 1972, S. 38.42

Kafka, P.: Die Störfallanalyse als Grundlage zur Abschätzung und Festlegung der sicherheitstechnischen Bezugsgrößen Kernkraftwerk - Umwelt, in: Deutsches Atomforum e.V. und Kerntechnische Gesellschaft im Deutschen Atomforum e.V. (Hrsgg.): Reaktortagung Karlsruhe 10./13. April 1973, Reaktortagung-Compacts, Bonn 1973, S. 193-196

Kalide, W.: Kraftanlagen und Energiewirtschaft, München-Wien 1974

Kappler, E. und Rehkugler, H.: Kapitalwirtschaft, in: Heinen, E. (Hrsg.): Industriebetriebslehre, Entscheidungen im Industriebetrieb, 4. Aufl., Wiesbaden 1975, S. 661-765

Karpenko, V.N. and Walter, C.E.: Underground Siting of Nuclear Power Reactors, in: International Atomic Energy Agency (IAEA) (Ed.): Siting of Nuclear Facilities; Proceedings Series - STI/PUB/384, Wien 1975, S. 581-595 (Report-IAEA-SM-188/44)

Kartte, W.: Energiewirtschaft und Marktwirtschaft, in: Evangelische Akademie Loccum (Hrsg.): Die Entwicklung der Energieversorgung - Herausforderung und Besinnung; Loccumer Protokoll 18/74, Loccum [1975], S. 71-78

Kasten, F.: Über den Energiehaushalt der Erdatmosphäre, in: Phys. Bl., 30. Jg. (1974), H. 2, S. 53-63

Kaussmann, E.: Standortprobleme der europäischen Atomkraftwirtschaft, in: Zimmermann, H.W. (Hrsg.): Zur Ökonomik und Technik der Atomzeit; Veröffentlichungen der List Gesellschaft e.V., Bd. 3, Tübingen 1957, S. 53-84

Kausz, I.A. und Spang, A.: Verfahren zur Verringerung radioaktiver Abgaben aus Druckwasser-Kernkraftwerken, in: Technische Vereinigung der Großkraftwerksbetreiber (VGB) e.V. (Hrsg.): Kraftwerk und Umwelt 1973; VGB-Konferenz-Vorträge, Essen [1974], S. 162-168

Keller, C.: Reaktorchemie und Technologie, T. 1: Grundlagen, Reaktormaterialien und Reaktorkomponenten; masch.-schr. Ms. zur gleichnamigen Vorlesung, Universität Karlsruhe, Winter-Semester 1969/70ff., Karlsruhe o.J.

Keller, C.: Kernkraftwerke auf See und Probleme der Abwärme, in: Naturw. Rdsch., 27. Jg. (1974), H. 8, S. 313-314

Keller, C.: Hydrogen Economy - viel Zukunft, wenig Gegenwart, in: Nachr. Chem. Techn., 22. Jg. (1974), Nr. 9, S. 175-177

Keller, C.: Wasserstoff als Energieträger, Gegenwärtiger Stand und zukünftige Aspekte, in: Naturw. Rdsch., 27. Jg. (1974), H. 9, S. 370-372

Keller, C.: Radiochemie, Frankfurt/M.-Berlin-München-Aarau 1975

Kellermann, O.: Sind Kernkraftwerke in Verbrauchszentren notwendig?, in: Institut für Reaktorsicherheit der Technischen Überwachungsvereine e.V. (Hrsg.): Die Sicherheit standortunabhängiger Kernkraftwerke; 4. IRS-Fachgespräch in Düsseldorf am 4./5. November 1968, Tagungsbericht IRS-T-16, Köln 1969, S. 13-21

Kellermann, O.: Kernenergie und Umwelt, in: atw, 20. Jg. (1975), H. 6, S. 304-311

Kellermann, O. und Franzen, F.L.: Auswahl und sicherheitstechnische Beurteilung des Reaktorstandortes, in: atw, 10. Jg. (1965), H. 7, S. 380-384

Kern, W.: Optimierungsverfahren in der Ablauforganisation, Gestaltungsmöglichkeiten mit Operations Research, Essen 1967

Kernkraftwerk Philippsburg GmbH (Hrsg.): Strom aus Philippsburg, Philippsburg o.J. (etwa 1974)

Kiehne, R.: Innerbetriebliche Standortplanung und Raumzuordnung; Schriftenreihe zur theoretischen und angewandten Betriebswirtschaftslehre, Bd. 6, Wiesbaden 1969

Kiese, O.: Die Veränderung der Umwelt durch thermische Belastung, in: Universitäten Stuttgart und Hohenheim (Hrsgg.): Umwelt Aktuell, Texte der Vortragsreihe zu "Umwelt 72" Stuttgart, 30. Juni bis 7. Juli 1972, H. 6: Abwärme, Karlsruhe 1973, S. 5-15

Kirchhoff, H.: Unternehmensform und Verkaufspolitik der Stromversorgung, Eine kritische Untersuchung des Organisations- und Preisproblems in der deutschen Elektrizitätswirtschaft, Berlin 1933 (Diss. Berlin 1933)

Klaes, K. und Reuter, E.: Spitzenlastdeckung durch Pumpspeicherwerke oder Gasturbinen, in: Elektrizitätswirtschaft, 68. Jg. (1969), H. 6, S. 177-180

Klätte, G.: Zukunftsperspektiven der deutschen Energiewirtschaft, in: energiereport, 1971, Nr. 2, S. 5-7

Klefenz, G.: Die Regelung von Dampfkraftwerken, 2. Aufl., Mannheim-Wien-Zürich 1973

Kleinpeter, M.: Technische Prognosen in der Energiewirtschaft, in: Blohm, H. und Steinbuch, K. (Hrsgg.): Technische Prognosen in der Praxis - Methoden, Beispiele, Probleme, Düsseldorf 1972, S. 89-99

Klengel, J.: Ingenieurgeologie, in: Autorenkollektiv (Hrsgg.): Die Entwicklungsgeschichte der Erde, Bd. II, Hanau/M. 1971 (unveränderter Nachdruck 1974), S. 623-638

Klepper, O.H. and Bell, C.G.: Underwater Caisson Containment of Large Power Reactors; Oak Ridge National Laboratory, Report ORNL-4073, Oak Ridge 1967

Kliefoth, W.: Hochtemperaturreaktoren mit Heliumturbine als neues Konzept für Kernkraftwerke, in: Kerntechnik, 11. Jg. (1969), H. 2, S. 65-69

Kliefoth, W. und Sauter, E.: Kernreaktoren; Schriftenreihe des Deutschen Atomforums, H. 2, 5. Aufl., Bonn 1973

Kliemann, S.: Stand und Entwicklungsmöglichkeiten im Kühlturmbau unter den Gesichtspunkten der verschiedenen Umwelteinflüsse, in: VGB Kraftwerkstechnik, 55. Jg. (1975), H. 6, S. 375-381

Kloidt, H.: Grundsätzliches zum Messen und Bewerten in der Betriebswirtschaft, in: Grochla, E. (Hrsg.): Organisation und Rechnungswesen; Festschrift für Erich Kosiol zu seinem 65. Geburtstag, Berlin 1964, S. 283-303

Kloten, N.: Die Eisenbahntarife im Güterverkehr, Versuch einer theoretischen Grundlegung; Veröffentlichungen der List Gesellschaft e.V., Bd. 13, Basel-Tübingen 1959

Klotz, H.: Erfahrungen beim Bau und Betrieb federgelagerter Turbosätze von Kernkraftwerken, in: Technische Vereinigung der Großkraftwerksbetreiber (VGB) e.V. (Hrsg.): VGB-Bautagung Dortmund 1972, Essen (1973), S. 28-32

Klusmann, A. und Völcker, H.: Brennelemente von Kernreaktoren, München 1969

Knecht, O.: Grundlagen einer allgemeinen Sicherheitstheorie, Mit Beispielen aus der Reaktortechnik, in: atw, 12. Jg. (1967), H. 8/9, S. 427-434

Knecht, O.: Determinismus und Statistik in der Reaktorsicherheit, in: atw, 15. Jg. (1970), H. 11, S. 528-530

Knecht, O. und Keil, H.: Graphische Analyse von Reaktorstörfällen, in: Atom und Strom, 14. Jg. (1968), H. 7/8, S. 107-110

Knecht, O. und Zeibig, H.: Zuverlässigkeitsanforderungen bei Kernkraftwerken, in: Kerntechnik, 13. Jg. (1971), H. 7/8, S. 314-318

Knight, U.G.: Power Systems Engineering and Mathematics; International Series of Monographs in Electrical Engineering, Vol 3, Oxford-New York-Toronto-Sydney-Braunschweig 1972

Knöpp, H.: Biologisch-ökologische Konsequenzen der Kühlwassereinleitung, in: Braun, H., Heuck, F., Ladner, H.-A., Messerschmidt, O., Niklas, K. und Rausch, L. (Hrsgg.): Umweltschutz bei nuklearer und konventioneller Energiegewinnung, Ergebnisse der Strahlen- und Umweltforschung; Strahlenschutz in Forschung und Praxis, Bd. 12, Stuttgart 1973, S. 130-141

Knizia, K.: Die Konkurrenzsituation zwischen konventioneller und nuklearer Stromerzeugung, in: Tagungsberichte des Energiewirtschaftlichen Instituts (Universität Köln), H. 15: Die langfristige Entwicklung der Energieversorgung unter besonderer Berücksichtigung der Kernenergie, München 1969, S. 55-78

Knopf, H.: Kosten- und Wirtschaftlichkeitsrechnung von Heizkraftwerken, Diss. Graz 1963

Koch, E.: Die Kernnotkühlung des AEG-Siedewasserreaktors, in: Wärme, 78. Jg. (1972), H. 1/2, S. 3-7

Koch, H.: Planung größter Kraftwerksblöcke, in: VGB Kraftwerkstechnik, 54. Jg. (1974), H. 9, S. 587-595

Koch, H.: Betriebliche Planung, Grundlagen und Grundfragen der Unternehmenspolitik,Wiesbaden 1961

Koeck, W.: Existenzfragen der Industriegesellschaft, Gefahren und Chancen des technischen Fortschritts, Düsseldorf-Wien 1962

Koelzer, W.: Fachausdrücke der Kernphysik und Kerntechnik, 3. Aufl., Karlsruhe 1971

Koelzer, W.: Auswirkungen radioaktiver Emissionen auf die Umgebung, in: Badenwerk AG (Hrsg.): Kernkraftwerke und Umwelt; Interne Vortragsveranstaltung am 18. Juli 1972, Karlsruhe 1972, S. 9-13 (in überarbeiteter Fassung als: DAtF Sonderdrucke, S-8, Bonn 1973)

Koelzer, W.: Die Strahlenbelastung des Menschen, in: Vortragsreihe "Aktuelle Themen zur Kernenergie", Mannheim 26. Februar 1975

König, H.-H.: Wirtschaftliche Eingliederung von Kernkraftwerken in elektrische Netze, Ein Bericht über die 4. Internationale Genfer Atomkonferenz, in: Atom und Strom, 18. Jg. (1972), H. 1/2, S. 19-20

Koenig, H.-W.: Thermische Belastung der Fließgewässer, in: Olschowy, G. (Hrsg.): Belastete Landschaft - Gefährdete Umwelt, München 1971, S. 51-63

König, L.A.: Umweltbelastung durch Tritium; Gesellschaft für Kernforschung mbH Karlsruhe, Bericht KFK-1560, Karlsruhe 1972

Königshofer, E.: Kurzgefaßte Elektrizitätswirtschaftslehre, Wien 1952

Körfer, C.: Die Stromerzeugung der westdeutschen Industrie und die Bedeutung der Zechenstromwirtschaft, Berlin 1963

Körfer, C. und Malzer, G.: Die Eigenanlagen im westdeutschen Energierecht; V.I.K.-Bericht, Nr. 73, Essen 1958

Körth, H., Otto, C., Runge, W. und Schoch, M. (Hrsgg.): Lehrbuch der Mathematik für Wirtschaftswissenschaften, Opladen 1972

Kohler, H.A.G.: Sites of Light-Water Reactor Power Plants in the Federal Republic of Germany, in: International Atomic Energy Agency (IAEA) (Ed.): Siting of Nuclear Facilities; Proceedings Series - STI/PUB/384, Wien 1975, S. 183-215 (Report IAEA-SM-188/23)

Kolar, J.: Die Bedeutung des Erdgases für die Reinhaltung der Luft in Städten, in: Wärme, 78. Jg. (1972), H. 1/2, S. 11-21

Koopmans, T.C. and Beckmann, M.: Assignment Problems and the Location of Economic Activities, in: Econometrica, Vol. 25 (1957), S. 53-76

Koppe, J.: Atomstrom, Frankfurt/M. 1969

Korbut, A.A. und Finkelstein, J.J.: Diskrete Optimierung, Berlin 1971

Korda, B.: Zur Problematik der Standortverteilung der Produktion, in: Bader, H., Burckhardt, F., Forbrig, G., Otto, C. und Schidowski, E.: (Hrsgg.): Mathematik und Wirtschaft, Bd. 3, Berlin 1966, S. 7-31

Korek, J.: Das Kernkraftwerk der Zukunft - ein Heizkraftwerk?, in: Technische Vereinigung der Großkraftwerksbetreiber (VGB) e.V. (Hrsg.): Kraftwerk und Umwelt 1975; VGB-Konferenz-Vorträge, Essen (1976), S. 14-18

Kortzfleisch, G.v.: Zum Wesen der betriebswirtschaftlichen Planung, in: Ries, J. und Kortzfleisch, G.v. (Hrsgg.): Betriebswirtschaftliche Planung in industriellen Unternehmungen; Festgabe für Prof. Dr. Theodor Beste zum 65. Geburtstag, Berlin 1959, S. 9-19

Kortzfleisch, G.v.: Zur mikroökonomischen Problematik des technischen Fortschritts, in: Kortzfleisch, G.v. (Hrsg.): Die Betriebswirtschaftslehre in der zweiten industriellen Revolution; Abhandlungen aus dem Industrieseminar der Universität Köln, H. 25, Berlin 1969, S. 323-349

Kortzfleisch, G.v.: Prognose und langfristige Planung in der Unternehmung, in: Haseloff, O.W. (Hrsg.): Planung und Entscheidung; Forschung und Information, Bd. 5, Berlin 1970, S. 18-27

Kosiol, E.: Modellanalyse als Grundlage unternehmerischer Entscheidungen, in: ZfhF, N.F., 13. Jg. (1961), S. 318-334

Kosiol, E.: Planung als Lenkungsinstrument der Unternehmensleitung, in: ZfB, 35. Jg. (1965), H. 7, S. 389-401

Kosiol, E.: Zur Problematik der Planung in der Unternehmung, in: ZfB, 37. Jg. (1967), H. 2, S. 77-96

Krähe, W.: (Stichwort:) Verbundwirtschaft, in: HdSW, Bd. 11, Stutgart-Tübingen-Göttingen 1961, Sp. 1-7

Krämer, H. und Seetzen, J.: Mögliche Entwicklungen einer künftigen Kernenergiewirtschaft in der Bundesrepublik Deutschland; Kernforschungsanlage Jülich GmbH Gesellschaft für Kernforschung mbH Karlsruhe, Bericht Jül-600/KFK-933, Jülich-Karlsruhe 1969

Kränkel, H.: Strukturwandel in der Energiewirtschaft durch Entwicklungstendenzen auf dem Gebiet der Raumheiztechnik, in: ET, 24. Jg. (1974), H. 12, S. 607-614

Kraftwerk Union (KWU) AG (Hrsg.): Druckwasserreaktor, Mühlheim/Ruhr 1975

Krauss, K.O.: Ästhetische Bewertungsprobleme in der Landschaftsplanung, in: Landschaft und Stadt, 6. Jg. (1974), H. 1, S. 27-38

Krelle, W.: Ganzzahlige Programmierungen, Theorie und Anwendungen in der Praxis, in: Ufo, Bd. 2 (1958), S. 161-175

Kretschmann, W.: Braunkohle als Brennstoff für Dampfkraftwerke, in: Energie, 16. Jg. (1964), H. 9, S. 329-352

Krettek, O.: Prognosemethoden und ihre Anwendung bei EVU, in: ÖZE, 27. Jg. (1974), H. 7, S. 213-226

Krieb, K.H., Frenzel, P. und Vogel, J.: Folgerungen für die Kraftwerksprojektierung aus der Kostenentwicklung beim Kraftwerksbau und -betrieb unter Berücksichtigung der sich daraus für die Elektrizitätsversorgung ergebenden Auswirkungen; Untersuchung der Steag-AG im Auftrage des Ministers für Wirtschaft, Mittelstand und Verkehr des Landes Nordrhein-Westfalen, 2. Aufl., Düsseldorf 1974

Kries, O.v.: Das Hochvolt-Verbundnetz aus der Sicht der Landesplanung, in: RfuRo, 17. Jg. (1959), H. 3, S. 138-147

Kries, O.v.: Gesichtspunkte der Raumordnung und Landesplanung zur Führung und Gestaltung von Freileitungen, in: ET, 16. Jg. (1966), H. 150, S. 13-30

Kriese, S.: Grundlagen der Kraftwerksenergetik, Essen 1968

Kriese, S.: Leitfaden der Kraftwerkstechnik, Systemtechnik thermischer Energieanlagen, Essen 1973

Krink, J.: Standorte von Verkehrsbetrieben, Ein Beitrag zur betrieblichen Standorttheorie; Verkehrswissenschaftliche Studien aus dem Institut für Verkehrswissenschaft der Universität Hamburg, H. 17, Göttingen 1971

Kröger, W.: Schutzbehälter für Hochtemperaturreaktoren unter Berücksichtigung von Umwelt- und Sicherheitsaspekten; Kernforschungsanlage Jülich GmbH, Bericht Jül-1098, Jülich 1974

Krolewski, H.: Standorte von Kernkraftwerken in der wasserwirtschaftlichen Diskussion, in: gwf (Ausgabe: Wasser-Abwasser), 110. Jg. (1969), H. 24, S. 641-646

Krolewski, H.: Wasserwirtschaftliche Anforderungen zur Kühlwasserversorgung, in: Technische Vereinigung der Großkraftwerksbetreiber (VGB) e.V. (Hrsg.): VGB-Bautagung München 1970, Essen [1971], S. 11-21

Krolewski, H.: Genehmigungsverfahren bei Kernkraftwerken, in: Technische Vereinigung der Großkraftwerksbetreiber (VGB) e.V. (Hrsg.): VGB-Kernkraftwerks-Seminar 1970, Essen [1971], S. 305-309

Krolewski, [H.]: [Diskussionsbeitrag zur] Podiumsdiskussion "Umweltprobleme der Energieumwandlung", in: Tagungsberichte des Energiewirtschaftlichen Instituts (Universität Köln), H. 16: Energiewirtschaft und Umwelt, München 1972, S. 100-103

Krolewski, H.: Technische und wirtschaftliche Probleme zur Frage der Abwärme von thermischen Kraftwerken, in: Wasserwirtschaft, 63. Jg. (1973), H. 11/12, S. 363-371

Krolewski, H.: [Diskussionsbeitrag], in: Technische Vereinigung der Großkraftwerksbetreiber (VGB) e.V. (Hrsg.): Kraftwerk und Umwelt 1973; VGB-Konferenz-Vorträge, Essen [1974], S. 92

Krolewski, H., Blanck, D. und Höft, K.: Rückkühlung bei konventionellen und nuklearen Kraftwerken, in: atw, 17. Jg. (1972), H. 8, S. 420-428

Krüger, H. und Timm, M.: Untersuchungen zum Einsatz von Kernreaktoren für die Fernwärmeerzeugung, in: Atom und Strom, 17. Jg. (1971), H. 10, S. 158-163

Kruse, J.: Energiewirtschaft; Struktur und Wachstum, Reihe Industrie, H. 16, Berlin-München 1972

Kühn, W.: Untersuchungen zur natürlichen Dekontamination von radioaktiven Spaltprodukten durch ungestörte Böden und ihre Bestimmung in Reaktorstandortgebieten; Gesellschaft für Strahlenforschung mbH München, Bericht GSF-BT 37, München 1970

Külske, S.: Die Immissionsbelastung durch konventionelle Kraftwerke, in: Braun, H., Heuck, F., Ladner, H.-A., Messerschmidt, O., Niklas, K., und Rausch, L. (Hrsgg.): Umweltschutz bei nuklearer und konventioneller Energiegewinnung, Ergebnisse der Strahlen- und Umweltforschung; Strahlenschutz in Forschung und Praxis, Bd. 12, Stuttgart 1973, S. 76-81

Künzi, H.P., Tzschach, H.G. und Zehnder, C.A.: Numerische Methoden der mathematischen Optimierung, Stuttgart 1966

Küster, E.: Ordnungsprobleme der Elektrizitätswirtschaft, Diss. Braunschweig 1974

Kuhlmann, A.: Einführung in die Probleme der Kernreaktorsicherheit, Düsseldorf 1967

Kuhlmann, A.: Kraftwerkstandorte, in: TÜ, 16. Jg. (1975), H. 2, S. 31-37

Kuhlmann, A.: Kernkraftwerke: Ja, aber wohin?, Kriterien für die Wahl der Kraftwerksstandorte, in: VDI-Nachr., Nr. 24 vom 13. Juni 1975, S. 24-25

Ladewig, W.: Die Energieversorgungsunternehmen in der Raumordnung, Ein Beitrag zur Rechtsstellung der Energieversorgungsunternehmen im überörtlichen Planungsrecht, Gräfeling 1970 (Diss. Köln 1969)

Land, A.H. and Doig, A.G.: An Automatic Method for Solving Discrete Programming Problems, in: Econometrica, Vol. 28 (1960), S. 497-520

Lane, J.A.: Nuclear Safety Economics, in: Nuclear Safety, Vol. 5 (1963/64), No. 2, S. 139-145

Lang, M.: Industrielle Energiewirtschaft; Slg. Poeschel, Bd. P8, Stuttgart 1961

Langer, H.: Die Bestimmung des optimalen Investitionsprogramms für Mehrproduktartbetriebe mit Hilfe des Linear Programming, Diss. Mainz 1962

Langguth, R. und Rautenberg, H.G.: Betriebswirtschaftslehre für Ingenieure: Finanzierung und Investitionsrechnung, hrsgg. von H. Vormbaum; VDI-Taschenbücher, T. 45, Düsseldorf 1973

Lappe, F.: Überlegungen bei der Planung von Hochspannungsnetzen, in: ET, 16. Jg. (1966), H. 150, S. 3-5

Larson, C.E.: Role of Nuclear Power in the Nordwest; AEC Press Release S-33-69, October 16, 1969

Lau, H. und Hardt, W.: Energieverteilung, Braunschweig 1968

Lauer, G.: Praktische Erfahrungen in Genehmigungsverfahren für Kernkraftwerke, in: ET, 22. Jg. (1972), H. 5, S. 225-232

Launhardt, W.: Kommercielle Tracirung der Verkehrswege, in: Zeitschrift des Architekten- und Ingenieur Vereins zu Hannover, 1872, Sp. 515-534

Launhardt, W.: Die Bestimmung des zweckmäßigsten Standortes einer gewerblichen Anlage, in: VDI-Z, Bd. 26 (1882), H. 3, Sp. 105-116

Lauschmann, E.: Grundlagen einer Theorie der Regionalpolitik; Veröffentlichungen der Akademie für Raumforschung und Landesplanung, Taschenbücher zur Raumplanung, Bd. 2, 2. Aufl., Hannover 1973

Lave, L.B. and Freeburg, L.C.: Health Effects of Electricity Generation from Coal, Oil and Nuclear Fuel, in: Nuclear Safety, Vol. 14 (1973), No. 5, S. 409-428

Lavie, J.M. et Vathaire, F. de: Contribution a l'etude de l'implantation des centrales nucleaires aupres des villes, in: International Atomic Energy Agency (IAEA) (Ed.): Containment and Siting of Nuclear Power Plants; Proceedings Series - STI/PUB/154, Wien 1967, S. 331-343 (Report-SM-89/20)

le Coutre, W.: Geleitwort, in: Roller, H.: Die Grundlagen der elektrizitätswirtschaftlichen Kostenrechnung, Frankfurt/M. 1958, S. III

Lehmann, H.: Wesen und Formen des Verbundbetriebes, Ein Beitrag zur betriebswirtschaftlichen Morphologie; Betriebswirtschaftliche Forschungsergebnisse, Bd. 24, Berlin 1965 (Diss. Mannheim 1964)

Lehmann, M.R.: Industriekalkulation, 4. Aufl., Stuttgart 1951

Leininger, H.: Mindestgröße für Blockeinheiten in der Bundesrepublik 300 MW?, in: Elektrizitätswirtschaft, 64. Jg. (1965), H. 8, S. 189-191

Leiste, H.: Elektrische Energietechnik - Erzeugung, Verteilung und Nutzung, Stuttgart 1963

Leitherer, E.: Betriebliche Marktlehre, T. 1: Grundlagen und Methoden, Stuttgart 1974

Lemmens, P. und Feltes, U.: Geräuschbildung und Geräuschminderung bei Naßkühltürmen, in: Technische Vereinigung der Großkraftwerksbetreiber (VGB) e.V. (Hrsg.): Kraftwerk und Umwelt 1975; VGB-Konferenz-Vorträge, Essen [1976], S. 173-179

Lenssen, G.: Energiespeicherung durch Pumpspeicherwerke, in: ET, 25. Jg. (1975), H. 6, S. 245-246

Liebmann, H.-P.: Ziel und Aufgaben des Forschungsprojektes "Die Optimierung der Standortwahl in Filialunternehmungen", die Analyse der relevanten Literatur und die Abbildung der Planungssituation in einem monoselektiven Standortmodell, in: Gümbel, R., Brauer, K.M., Liebmann, H.-P. und Müller-

Hagedorn, L.: Unternehmensforschung im Handel, Untersuchungen über die Anwendungsmöglichkeiten mathematischer Verfahren der Unternehmensforschung in Warenhandelsbetrieben; Schriftenreihe des Gottlieb Duttweiler-Instituts, Nr. 41, Zürich-Rüschlikon 1969, S. 125-193

Liebmann, H.-P.: Die Standortwahl als Entscheidungsproblem, Ein Beitrag zur Standortbestimmung von Produktions- und Handelsbetrieben, Würburg-Wien 1971 (Grundlagen betriebswirtschaftlicher Standortentscheidungen, Diss. Berlin 1969)

Liebrucks, M. und Kummer, H.: Entwicklungstendenzen des Energieeinsatzes in der deutschen Elektrizitätswirtschaft; DIW-Sonderheft, Nr. 92, Berlin 1972

Lienhard, H.: Prognoseverfahren und deren Anwendung in der Elektrizitätswirtschaft, in: Elektrizitätsverwertung, 42. Jg. (1967), H. 3/4, S. 61-68 (Teil I), H. 5, S. 127-136 (Teil II) und H. 9, S. 287-295 (Teil III)

Lienhard, H.: Die Merkmale der Energiewirtschaft und der Energiewirtschaftspolitik, in: Elektrizitätsverwertung, 47. Jg. (1972), H. 10, S. 331-336

Lienhard, H., Steiger, F. und Weber, K.: Planspiel Elektrizitätswirtschaft, Ein Computerspiel zur Management-Ausbildung, Bern-Stuttgart 1975

Liersch, G.: Bauliche Maßnahmen zum Schutz gegen äußere Einwirkungen auf ein Kernkraftwerk, in: Technische Vereinigung der Großkraftwerksbetreiber (VGB) e.V. (Hrsg.): Kraftwerk und Umwelt 1975; VGB-Konferenz-Vorträge, Essen (1976), S. 137-142

Liesen, K.: Zukunft der Gaswirtschaft in der Bundesrepublik Deutschland, in: Glückauf, 110. Jg. (1974), H. 16, S. 661-669

Liesen, K.: Der Beitrag des Erdgases in der Energieversorgung der Bundesrepublik Deutschland, in: Glückauf, 112. Jg. (1967), H. 3, S. 136-142

Lieser, K.-H.: Einführung in die Kernchemie; Kernchemie in Einzeldarstellungen, Bd. 1, Weinheim 1969

Lindackers, K.-H.: Die Auswirkungen sehr schwerer Schäden an Kernkraftwerken; Vortrag anläßlich der mündlichen Doktorprüfung vor der Fakultät für Machinenwesen der Rheinisch-Westfälischen Technischen Hochschule Aachen, 8. Januar 1970 (masch.-schr. Ms.)

Lindackers, K.-H.: Einflüsse des atomrechtlichen Genehmigungsverfahrens in der Bundesrepublik Deutschland auf die technische Auslegung un den Betrieb von Kernkraftwerken, Diss. Aachen 1970

Lindackers, K.-H.: Tendenzen in der Entwicklung spezieller Reaktorsicherheitskriterien, in: atw, 17. Jg. (1972), H. 8, S. 428-430

Lindackers, K.-H.: Die Bedeutung technischer Risiken, in: atw, 19. Jg. (1974), H. 6, S. 284-288

Lindackers, K.-H.: Theoretische Analysen über Störfälle an Kernkraftwerken, in: Naumann, K. (Hrsg.): Kraftwerk 2000, Ein energiepolitisches Forum, Stuttgart 1975, S. 85-91

Lindackers, K.-H., Aurand, K., Hug, O., Kiefer, H., Krämer, H., Seetzen, J. und Trott, K.-R.: Kernenergie - Nutzen und Risiko, Stuttgart 1970

Lindackers, K.-H., Hecht, G.H., Hübschmann, W.G., Klug, W., König, L.A., Polster, G., Schwibach, J., Stauber, E., Vogt, K.J., Holtzem, H. und Mehl, J.: Emissionsquellstärke von Kernkraftwerken; Schriftenreihe Kernforschung, H. 6, Bonn 1972

Lindenlaub, J.: Energieimpulse und regionale Wachstumsdifferenzierung; Schriftenreihe des Energiewirtschaftlichen Instituts an der Universität Köln, Bd. 14, München 1968

Linderman, R.B.: Seismic Qualification of Category I Equipment, in: Deutsches Atomforum e.V. und Kerntechnische Gesellschaft im Deutschen Atomforum e.V. (Hrsg.): Reaktortagung Karlsruhe 10./13. April 1973; Reaktortagung-Compacts, Bonn 1973, S. 666-667

Little, J.D.C.: Modells and Managers: The Concept of a Decision Calculus, in: MS, Vol. 16 (1970), No. 8, S. B466-B485

Löhle, H.: Der Weg zum Gemeinschaftskernkraftwerk Neckar (GNK), in: atw, 17. Jg. (1972), H. 8, S. 408-409

Lösch, A.: Die räumliche Ordnung der Wirtschaft, (Jena 1940), 3. unveränderte Aufl., Stuttgart 1962

Lorie, J.H. and Savage, L.J.: Three Problems in Rationing Capital, in: JB, Vol. 28 (1955), No. 4, S. 229-239

Lottes, G.: Pumpspeicherwerke in der künftigen Elektrizitätswirtschaft, in: Siemens-Z., 42. Jg. (1968), H. 12, S. 979-989

Luckow, H. und Reinken, G.: Projekt Agrotherm: Nützlicher Wärmemüll, in: BdW-Sonderheft: Kernkraftwerke - Müssen wir mit ihnen leben?, Stuttgart (Oktober 1975), S. 55.57

Ludewig, W.: Probleme bei der Standortwahl chemischer Fabriken, in: CIT, 42. Jg. (1970), H. 18, S. A1633-A1639

Ludin, A. und Borkenstein, W.: Wasserkraftanlagen, Bd. 1: Planung, Grundlagen und Grundzüge; Slg. Göschen, Bd. 665, Berlin 1955

Ludwig, H.: Die Größendegression der technischen Produktionsmittel; Beiträge zur betriebswirtschaftlichen Forschung, Bd. 12, Köln-Opladen 1962

Lüder, K.: Die Standortwahl von Fertigungsstätten, in: Agthe, K., Blohm, H. und Schnaufer, E. (Hrsgg.): Industrielle Produktion, Baden-Baden-Bad Homburg v.d.H. 1967, S. 413-424

Lüder, K.: Zur Anwendung neuer Algorithmen der ganzzahligen linearen Programmierung, in: ZfB, 39. Jg. (1969), H. 7, S. 405-434

Lüder, K. und Budäus, D.: Standortwahl, Verfahren zur Planung betrieblicher und innerbetrieblicher Standorte, in: Jacob, H. (Hrsg.): Industriebetriebslehre in programmierter Form, Bd. 1: Grundlagen, Wiesbaden 1972, S. 41-117

Lülsdorf, P.: Die wachsende Kurzschlußleistung, ein Problem für Planung und Betrieb großer Netze, in: ET, 16. Jg. (1966), H. 152, S. 135-139

Lukes, R. (Hrsg.): Erstes Deutsches Atomrechts-Symposium, 7./8. Dezember 1972 in Münster/W.; Referate und Diskussionsberichte, Köln-Berlin-Bonn-München 1973

Lukes, R.: Die Benutzung öffentlicher Wege zur Fortleitung elektrischer Energie, Frankfurt/M. 1973

Lukes, R.: Die zukünftige Entwicklung des Kernenergierechts, in: NJW, 26. Jg. (1973), H. 28, S. 1209-1215

Lukes, R. und Vollmer, L.: Ersetzung der Genehmigungsverfahren für kerntechnische Anlagen durch ein atomrechtliches Planfeststellungsverfahren, in: Lukes, R., Vollmer, L. und Mahlmann, W.: Grundprobleme zum atomrechtlichen Verwaltungsverfahren; Schriftenreihe Recht und Technik, Bd. 3, Heidelberg 1974, S. 13-65

Luks, H.: Eine Analyse der Standortbedingungen für Reaktoren; Kernforschungsanlage Jülich GmbH, Bericht Jül-189, Jülich 1964

Machens, D.: Primärwirkungen finanzieller Hilfen für die Energiewirtschaft - Auswirkungen der Interventionen auf Mengen und Preise der Energieträger Steinkohle und Heizöl, Frankfurt/M.-Zürich 1975 (Diss. Münster 1975)

Märzendorfer, H.: Der Ausfall von Kernkraftwerken als energiewirtschaftliches Problem, in: ET, 24. Jg. (1974), H. 10, S. 476-482

Mahlmann, W.: Ermessen, Beurteilungsspielraum und Beweislastverteilung im atomrechtlichen Genehmigungsverfahren (1. Referat), in: Lukes, R. (Hrsg.): Erstes Deutsches Atomrechts-Symposium, 7./8. Dezember 1972 in Münster/W.; Referate und Diskussionsberichte, Köln-Berlin-Bonn-München 1973, S. 269-289

Mahlmann, W.: Grundzüge, neue Entwicklungen und ausgewählte Fragen des Genehmigungsverfahrens für Kernenergieanlagen in den Vereinigten Staaten von Amerika verglichen mit dem deutschen Recht, in: Lukes, R., Vollmer, L. und Mahlmann, W.: Grundprobleme zum atomrechtlichen Verwaltungsverfahren; Schriftenreihe Recht und Technik, Bd. 3, Heidelberg 1974, S. 67-176

Mandel, H.: Der Einsatz der Kernkraftwerke im Verbund; Internationaler Bericht zu Sektion III des 2. Foratom-Kongresses, Frankfurt/M., 29. September - 1. Oktober 1965, Bonn o.J. (masch.-schr. Ms.)

Mandel, H.: Gesichtspunkte bei der Standortwahl für Kernkraftwerke in: BWK, 18. Jg. (1966), H. 10, S. 493-498

Mandel, H.: Die Kernenergie an der Schwelle zur wirtschaftlichen Nutzung, in: Deutscher Industrie- und Handelstag (Hrsg.): Energie von morgen, Die wirtschaftliche Nutzung der Atomenergie; DIHT Schriftenreihe, H. 105, Bonn 1967, S. 14-43

Mandel, H.: Standortfragen bei Kernkraftwerken, in: atw, 16. Jg. (1971), H. 1, S. 22-26

Mandel, H.: Strukturen der nuklearen Stromerzeugung in den 70er und 80er Jahren, in: atw, 18. Jg. (1973), H. 1, S. 18-24

Mandel, H.: Die Elektrotechnik aus nationaler und internationaler Sicht, T. 1: Energietechnik, in ETZ-A, 95. Jg. (1974), H. 12, S. 634-641

Mandel, H., Dietrich, L., Hippel, W., Tochtrop, F., Wolf, M., Berg, D., Koch, W., Heining, U., Rast, H.-E., Meyer, F., Börnke, F., Watzel, G.V.P. und Weber, D.: Das Kernkraftwerk Biblis des RWE; Musteranlagen der Energiewirtschaft, Bd. 10, Gräfeling [1975]

Mangoldt, W.v.: Die wirtschaftliche Ausgestaltung städtischer Drehstromnetze, Berlin 1933

Maniago, D.P.: Kernkraftwerke im Meer - eine amerikanische Realität, in: atw, 19. Jg. (1974), H. 6, S. 125-129

Manne, A.S.: Plant Location under Economics-of-Scale-Dezentralisation and Computation, in: MS, Vol. 11 (1964), No. 1, S. 213-235

Manners, G.: The Geography of Energy, London 1964

Manthey, Ch.: Einsatz von Hochtemperaturreaktoren in der Eisen- und Stahlindustrie unter besonderer Berücksichtigung des Einflusses auf die Standort- und Umweltprobleme dieses Energiezweiges; Kernforschungsanlage Jülich mbH, Bericht Jül-1180, Jülich 1975

Marcus, P.: Der ökonomische Inhalt der linearen Planungsrechnung - dargestellt an Beispielen aus der Energiewirtschaft; Schriftenreihe des Energiewirtschaftlichen Instituts an der Universität Köln, Bd. 12, München 1966

Marggraf, G.: Das Kernkraftwerk Biblis, in: Atom und Strom, 20. Jg. (1974), H. 7/8, S. 69-80

Marguerre, F. (Hrsg.): Verbrauchsorientierte Stromerzeugung, Eine untersuchung über den kapital- und kohlesparenden Verbund von rohstoff- und absatznahen Werken, [Düsseldorf] 1951

Marguerre, F.: Dezentralisierte und zentralisierte Stromerzeugung, in: Verband kommunaler Unternehmen (Hrsg.): Beiträge zur kommunalen Versorgungswirtschaft, H. 8, Köln-Marienburg 1952, S. 41-47

Marguerre, F.: Zur zukünftigen Gestaltung der deutschen Stromversorgung, in: Elektrizitätswirtschaft, 54. Jg. (1955), H. 4, S. 87-94

Marguerre, [F.], Roelen, [H.], Wehberg, [B.] und Roser, [H.]: Diskussion zu den Referaten von Dr. Junge und Dr. Vogler [Die Bedeutung der Transportkosten für die Entwicklung der Elektrizitätswirtschaft), in: Tagungsberichte des Energiewirtschaftlichen Instituts (Universität Köln), H. 5: Entwicklungsprobleme in der Energiewirtschaft, München 1952, S. 168-183

Marnet, Chr.: Kernkraftwerke in besiedeltem Gebiet, in: BBC-Nachr., 49. Jg. (1967), H. 8, S. 363-366

Marnet, Chr., Determann, H.-G. und Stumpf, H.: Kraftwerksbauprogramme und Förderung der Energiewirtschaft, Gedanken zu den Kraftwerkszubauten in der Bundesrepublik und zum behördlichen Untersagungsrecht nach § 4 EnergG, in: Energie und Technik, 25. Jg. (1973), H. 7, S. 175-181 und 190

Martin, J.E., Harward, E.D., Oakley, D.T., Smith, J.M. and Bedrosion, P.H.: Radioactivity from Fossil-Fuel and Nuclear Power Plants, in: International Atomic Energy Agency (IAEA) (Ed.): Environmental Aspects of Nuclear Power Stations; Proceedings Series - STI/PUB/261, Wien 1971, S. 325-337 (Report IAEA-SM-146/19)

Massé, P.: Investitionskriterien, Probleme der Investitionsplanung, München 1968

Massé, P. and Gibrat, R.: Application of Linear Programming to Investments in the Electric Power Industry, in: MS, Vol 3 (1957), S. 149-166

Massé, P. und Gibrat, R.: Lineare Programmierung von Energieinvestitionen, in: Recktenwald, H.C. (Hrsg.): Nutzen-Kosten-Analyse und Programmbudget, Grundlage staatlicher Entscheidung und Planung, Tübingen 1970, S. 303-324

Mattern, J.: Industriekernkraftwerk mit Siedewasserreaktor, in: atw, 14. Jg. (1969), H. 8, S. 406-408

Matthöfer, H.: Energieforschung als Aufgabe nationaler und internationaler Kooperation, in: Tagungsberichte des Energiewirtschaftlichen Instituts (Universität Köln), H. 18: Neuorientierungen der Energiewirtschaft, München 1975, S. 116-138

Maul, K.-H.: Die bilanzielle Behandlung von Dekontaminationskosten für Kernkraftwerke, in: atw, 20. Jg. (1975), H. 1, S. 43-46

Maunz, Th.: Grundfragen des Energiewirtschaftsrechts, in: Verw. Arch., 50. Jg. (1959), H. 4, S. 315-339

McGrath, P.E.: Radioactive Waste Management, Potentials and Hazards from a Risk Point of View; Gesellschaft für Kernforschung mbH Karlsruhe, Bericht KFK-1992, Karlsruhe 1974

Meissner, H.G.: Die Unternehmung im weltwirtschaftlichen Strukturwandel, in: ZfbF, 27. Jg. (1975), H. 4, S. 190-199

Meißner, [J.]: [Diskussionsbeitrag zur] Podiumsdiskussion "Umweltprobleme der Energieumwandlung", in: Tagungsberichte des Energiewirtschaftlichen Instituts (Universität Köln), H. 16: Energiewirtschaft und Umwelt, München 1972, S. 113-115

Meißner, J.: Biologische Auswirkungen der Emissionen von Schadstoffen durch technische Anlagen, insbesondere durch Kraftwerke, in: Technische Vereinigung der Großkraftwerksbetreiber (VGB) e.V. (Hrsg.): Kraftwerk und Umwelt 1973; VGB-Konferenz-Vorträge, Essen [1974], S. 28-38

Melchinger, E.: Ausschnitte aus der Entwicklung des deutschen Energierechts, in: Vereinigung Deutscher Elektrizitätswerke (VDEW) e.V. (Hrsg.): Das Zeitalter der Elektrizität, 75 Jahre Vereinigung Deutscher Elektrizitätswerke, Frankfurt/M. [1967], S. 183-194

Meleis, M. and Erdmann, R.C.: The Development of Reactor Siting Criteria Based upon Risk Probability, in: Nuclear Safety, Vol. 13 (1972), No. 1, S. 22-28

Mellerowicz, K.: Kosten und Kostenrechnung, Bd. 1: Theorie der Kosten, 4. Aufl., Berlin 1963

Menke-Glückert, P.: Atomenergie, Umweltschutz und internationale Konflikete - Ein Ausblick, in: Kaiser, K. und Lindemann, B. (Hrsgg.): Kernenergie und internationale Politik, Zur friedlichen Nutzung der Kernenergie; Schriften des Forschungsinstituts der Deutschen Gesellschaft für Auswärtige Politik e.V., Bonn, Reihe: Internationale Politik und Wirtschaft, Bd. 37, München-Wien 1975, S. 297-323

Merton, A.: Der Brookhaven-Bericht (WASH-740) - Inhalt und Bedeutung; IRS-Stellungnahmen zu Kernenergiefragen, Bericht IRS-S-9, Köln 1973

Merz, L.: Philosophie des Reaktorschutzes, Deterministische und probabilistische Thesen zur Reaktorsicherheit, in: atw, 15. Jg. (1970), H. 3, S. 118-126

Merz, L.: Die Sicherheit von Kernkraftwerken; DAtF Sonderdrucke, S-9, Bonn 1973

Meschkowski, H.: Wahrscheinlichkeitsrechnung, Mannheim-Wien-Zürich 1968

Messmann, H.: Anschauliche Theorie der verbundenen Produktion, Meisenheim am Glan-Wien 1952 (Diss. Mannheim 1952)

Meurin, G.: Beitrag zur langfristigen Planung des wirtschaftlichen Ausbaues und Betriebes eines Kraftwerkverbundes durch integrale Kostenminimierung, Diss. Aachen 1972

Meyer, F.: [Bericht zum 5. FORATOM-Kongreß vom 15./17. Oktober 1973 in Florenz], in: atw, 19. Jg. (1974), H. 1, S. 42-47

Meyer, L.: Industriekernkraftwerk mit AGR, in: atw, 14. Jg. (1969), H. 8, S. 397-400

Meyer, M. und Steinmann, H.: Planungsmodelle für die Grundstoffindustrie, Betriebswirtschaftliche Anwendung der linearen Programmierung in Gewinnungsbetrieben, Würzburg-Wien 1971

Meyer, W.: Die Theorie der Standortwahl - Entwicklung, Inhalt und wirtschaftstheoretische Behandlung des Standortproblems; Volkswirtschaftliche Schriften, H. 54, Berlin 1960

Meyer-Lindemann, H.U.: Typologie der Theorien des Industriestandortes; Veröffentlichungen der Akademie für Raumforschung und Landesplanung, Abhandlungen, Bd. 21, Bremen-Horn 1951

Meysenburg, H.: Die deutsche Elektrizitätsversorgung, Grundsätzliche und zeitnahe Fragen und Aufgaben aus der Sicht des Jahres 1970 (Sonderdruck des gleichnamigen Aufsatzes des Verfassers im "Jahrbuch für Bergbau, Energie, Mineralöl und Chemie", Essen 1970)

Michaelis, H.: Atomenergie heute; Schriftenreihe des Energiewirtschaftlichen Instituts an der Universität Köln, Bd. 13, München 1966

Michaelis, H.: Die Kernenergie an der Schwelle der Konkurrenzfähigkeit, in: Burgbacher, F. (Hrsg.): Ordnungsprobleme und Entwicklungstendenzen in der deutschen Energiewirtschaft; Festschrift für Theodor Wessels, zur Vollendung seines 65. Lebensjahres, Essen 1967, S. 261-287

Michalski, W.: Die volkswirtschaftliche Problematik der Gewässerverunreinigung, Dargestellt am Beispiel der Bundesrepublik Deutschland, in Hamburger Jahrbuch für Wirtschafts- und Gesellschaftpolitk, 8. Jg. (1963), T. 1: Abhandlungen (als unveränderter Sonderdruck, Tübingen 1963)

Mieze, G.: Das Wahrscheinlichkeitskonzept in der Sicherheitsbeurteilung von Kernkraftwerken, in: TÜ, 11. Jg. (1970), H. 3, S. 69-75

Mikyska, L.: Naturzugkühltürme und ihr Einfluß auf die Umgebung, in: BWK, 25. Jg. (1973), H. 2, S. 48-51

Miller, C.: Allgemeine Übersicht über die Trockenkühltürme unter besonderer berücksichtigung der Stromgestehungskosten, in: Elektrizitätswirtschaft, 72. Jg. (1973), H. 10, S. 300-304

Ministerium für Wirtschaft, Mittelstand und Verkehr - Baden-Württemberg (Hrsg.): Energieprogramm für Bden-Württemberg 1972, Stuttgart 1972

Möller, F.: Einführung in die Meteorologie, Bd. 1: Physik der Atmosphäre, Mannheim-Wien-Zürich 1973

Möllinger, U.: Lastentwicklung und Kostendegression in Leitungsnetzen, in: Elektrizitätswirtschaft, 68. Jg. (1969), H. 8, S. 269-273

Möllwitz, W.: Umspannwerksplanung für eine Großstadt, in: ÖZE, 27. Jg. (1974), H. 2, S. 33-45

Mölter, F.J. und Neuffer, H.: Heizkraftwirtschaft (Fernwärmeversorgung) [Jahresübersicht], in: BWK, 26. Jg. (1974), H. 4, S. 156-160

Mönig, W.: Determinanten des Elektrizitätsangebots und volkswirtschaftliche Kriterien zu seiner Beurteilung; Schriftenreihe des Energiewirtschaftlichen Instituts an der Universität Köln, Bd. 18, München 1975

Montanus, K. und Künstle, K.: Thermische Kraftwerke und Ökologie, in: Atom und Strom, 17. Jg. (1971), H. 5, S. 84-86

Morgan, K.Z.: Ionizing Radiation: Benefits Versus Risks, in: Health Physics, Vol. 17 (1969), S. 539-545

Morris, P.A. and Waterfield, R.L.: Site Evaluation and Diffusion Calculation Procedures in the United States of America, in: International Atomic Energy Agency (Ed.): Containment and Siting of Nuclear Power Plants; Proceedings Series - STI/PUB/154, Wien 1967, S. 49-63 (Report-SM-89/55)

Moser, U.: Zur Ermittlung des günstigsten Leitungstrassees, Diss. Zürich 1975

Moxter, A.: Lineares Programmieren und betriebswirtschaftliche Kapitaltheorie, in: ZfhF, N.F., 15. Jg. (1963), S. 285-309

Mueller, H.F.: Grundzüge der Energieabsatzwirtschaft, Berlin 1942

Mueller, H.F.: Probleme der Energiewirtschaft; Sonderschrift des Ifo-Instituts für Wirtschaftsforschung, Nr. 20, Berlin-München 1956

Mueller, H.F.: [Stichwort:] Energiewirtschaft, in: HdSW, Bd. 3, Stuttgart-Tübingen-Göttingen 1961, Sp. 210-222

Mueller, H.F.: Energie - Ware und Markt, Gräfeling 1970

Müller, H.-W.: Die Baulinie des Hochtemperaturreaktors unter Umwelt- und Genehmigungsaspekten, in: ETZ-A, 96. Jg. (1975), H. 1, S. 12-18

Müller, J.: Zur Standortwahl von Wärmekraftwerken, in: Technische Vereinigung der Großkraftwerksbetreiber (VGB) e.V. (Hrsg.): Kraftwerk und Umwelt 1973; VGB-Konferenz-Vorträge, Essen [1974], S. 12-20

Müller, J.H.: Methoden zur regionalen Analyse und Prognose; Veröffentlichungen der Akademie für Raumforschung und Landesplanung, Taschenbücher zur Raumplanung, Bd. 1, 2. Aufl., Hannover 1976

Müller, K.: Die Entwicklung öffentlicher Wärmekraftwerke in kohlerevierfernen und wasserkraftarmen Gebieten, in: Energie, 26. Jg. (1974), H. 10, S. 302-305

Müller, K.: Fernwärme-Preisvergleich 1974, in: FWI, 4. Jg. (1975), H. 3, S. 77-87

Müller, R.A. und Schlechtendahl, E.G.: Dynamische Belastungen von Reaktorsicherheitsbehältern mit Druckabbausystemen, in: KFK-Nachr., 7. Jg. (1975), H. 3, S. 12-21

Müller, W.: Der Entscheidungsprozeß bei der Standortwahl, in: Jacob, H. (Hrsg.): Zielprogramm und Entscheidungsprozeß in der Unternehmung; Schriften zur Unternehmensführung, Bd. 11, Wiesbaden 1970, S. 107-120

Müller, W.D. und Hossner, R. (Hrsgg.): Jahrbuch der Atomwirtschaft - 1970 (1. Jg.), 1971 (2. Jg.), 1972 (3. Jg.), 1973 (4. Jg.), 1974 (5. Jg.), 1975 (6. Jg.), 1976 (7. Jg.), Düsseldorf 1970ff.

Müller-Merbach, H.: Operations Research, Methoden und Modelle der Optimalplanung, 3. Aufl., München 1973

Müller-Michaelis, W.: Die Integration der westeuropäischen Energiemärkte; Wirtschaftspolitische Studien aus dem Institut für Europäische Wirtschaftspolitik an der Universität Hamburg, H. 16, Göttingen 1968

Müller-Neuhaus, G.: Die Ableitung radioaktiver Abwässer in öffentliche Gewässer, in: gwf (Ausgabe: Wasser-Abwasser), 106. Jg. (1965), H. 38, S. 1035-1039

Münchener Rückversicherungs-Gesellschaft (Hrsg.): Kernkraftwerke und ihre Versicherung, München o.J. [etwa 1971]

Mundorf, H.: Der kommunale Strom ist heute nicht zu teuer, Preisidentität mit den Zulieferern fast überall erreicht, in: Industriekurier, Nr. 158 vom 16. Oktober 1969, S. 24

Musil, L.: Zur Standortfrage von großen Dampfkraftwerken in Verbundnetzen, in: Elektrizitätswirtschaft, 39. Jg. (1940), H. 20, S. 272-274

Musil, L.: Wirtschaftliche Gesichtspunkte für die Großraum-Verbundwirtschaft in der Elektrizitätsversorgung; Schriftenreihe des Österreichischen Wasserwirtschaftsverbandes, H. 9, Wien 1947

Musil, L.: Die Gesamtplanung von Dampfkraftwerken, 2. Aufl., Berlin-Göttingen-Heidelbert 1948

Musil, L.: Praktische Energiewirtschaftslehre, Wien 1949

Musil, L.: Allgemeine Energiewirtschaftslehre, Wien-New York 1972

Musil, L. und Knizia, K.: Die Gesamtplanung von Dampfkraftwerken, 3. Aufl., Bd. 1: Knizia, K.: Die Thermodynamik des Dampfkraftprozesses, Berlin-Heidelberg-New York 1966

Nachtigall, D.: Physikalische Grundlagen für Dosimetrie und Strahlenschutz, München 1971

Nagel, D. und Thomas, P.: Aufbereitung der meteorologischen Daten und Beschreibung der Datenträger; Gesellschaft für Kernforschung mbH Karlsruhe, Bericht KFK-1948, Karlsruhe 1974

Narrog, J.: Notfallplanung, in: Aurand, K. (Hrsg.): Kernenergie und Umwelt, Berlin 1976, S. 241-245

Naudascher, E. und Kobus, H.: Erforschung von Strömungsproblemen der Umweltverschmutzung, in: Umschau, 73. Jg. (1973), H. 6, S. 165-171

Nauer, E.: Praxis der Industriestandortplanung, in: Die Unternehmung, 22. Jg. (1968), H. 3, S. 161-175

Nauer, E.: Standortwahl und Standortpolitik im Einzelhandel; Schriftenreihe des Forschungsinstituts für Absatz und Handel an der Hochschule St. Gallen, Bd, 14, Bern-Stuttgart 1970

Nawrocki, J.: Wenn die Lichter ausgehen..., Die Versorgung der Inselstadt wird immer schwierigern, in: Die Zeit, Nr. 18 vom 27. April 1973, S. 52b

Nelson, R.L.: The Selection of Retail Locations, New York 1958

Nester, K.: Meteorologische Grundlagen des Ausbreitungsvorgangs in der Atmosphäre; Vorlesungsmanuskript der Schule für Kerntechnik der Gesellschaft für Kernforschung mbH Karlsruhe, Nr. 411, Karlsruhe 1974

Netz, H.: Wärmewirtschaft, 4. und 5. Aufl., Stuttgart 1956

Niedersächsisches Landesamt für Bodenforschung, Hannover (Hrsg.): (Planungskarte) Erdgas- und Ferngasleitungen in der Bundesrepublik Deutschland, Stand 1975

Niedersächsisches Landesamt für Bodenforschung, Hannover (Hrsg.): (Planungskarte) Erdölraffinerien-Leitungen-Petrochemie in der Bundesrepublik Deutschland, in Belgien, den Niederlanden und Ostfrankreich, Stand 1975

Niehage, G.: Möglichkeiten und Grenzen der derezeitigen Übertragungsnetze, in: ET, 17. Jg. (1967), H. 11/12, S. 437-442

Niehaus, F.: Langzeitaspekte der Umweltbelastung durch Energieerzeugung: CO_2 und H^3; Kernforschungsanlage Jülich mbH, Bericht Jül-1165, Jülich 1975

Nottelmann, R. und Schlatter, E.: Die wirtschaftliche Kraftwerksbaufolge, in: BWK, 18. Jg. (1966), H. 1, S. 24-27

Obernolte, W.: Entwicklungstendenzen in der Elektrizitäts- und Gaswirtschaft und ihre Konsequenzen für Wirtschaft und Staat, in: Energie - Leistungen, Prognosen, Alternativen, Stuttgart 1972, S. 133-140

Oehler, R.J.: Zur Frage der Erzeugung von Heizkraftenergie in industriellen Betrieben, Zürich 1951 (Diss. Zürich 1950)

Oldekop, W. (Hrsg.): Druckwasserreaktoren für Kernkraftwerke, München 1974

Oldekop, W.: Einführung in die Kernreaktor- und Kernkraftwerkstechnik, T. 1: Kernphysikalische Grundlagen-Reaktorphysik-Reaktordynamik, München 1975

Oldekop, W.: Einführung in die Kernreaktor- und Kernkraftwerkstechnik, T. 2: Wärmetechnik, Werkstoffe, Sicherheit, Reaktortypen, München 1975

Olmsted, L.M.: Transmission Goals: Maximum Rating with Minimum Environmental Impact, in: El. Wld., Vol. 177 (1972), No. 11, S. 35-44

Olschowy, G.: Landschaft und Technik, Landespflege in der Industriegesellschaft, Hannover-Berlin-Sarstedt 1970

Olschowy, G.: Industrie und Landschaft, in: Glubrecht, H. (Hrsg.): Kraftwerksbau als interdisziplinäre Aufgabe; Festschrift für Fritz Börnke zum 60. Geburtstag, Wiesbaden-Berlin 1973 (nicht paginiert)

Oplatka, G.: Wärmeabfuhr bei großen Dampfkraftwerken, in: Brown Boveri Mitt., 60. Jg. (1973), H. 7/8, S. 315-320

Oppenheimer, J.R.: Atomkraft und menschliche Freiheit; Rowohlts deutsche Enzyklopädie, Bd. 52, Hamburg 1957

Orr, R.S. and Dotson, C.: Offshore Nuclear Power Plants, in: Nucl. Eng. Design, Vol 25 (1973), S. 334-349

Ott, F.: Fernwärme, die ideale Raumwärme, in: Elektrizitätswirtschaft, 70. Jg. (1971), H. 5, S. 101-102

Ott, K.O.: Das Sternglass Phänomen und die Gofman-Tamplin Kontroverse, in: atw, 17. Jg. (1972), H. 1, S. 25-34

Otto, G.: Die Abschreibung in der Elektrizitätswirtschaft; Schriftenreihe des Energiewirtschaftlichen Instituts an der Universität Köln, Bd. 6, München 1963

Otway, H.J.: Risk vs. Benefit: Solution or Dream; Los Alamos Scientific Laboratory, Report LA-4860, Los Alamos 1972

Otway, H.J.: Cost-Benefit-Risk-Assesment for a Number of Technological Systems, in: Einführung in Methoden und Probleme der Zuverlässigkeit, zgest. von G. Weber; Gesellschaft für Kernforschung mbH Karlsruhe, Bericht KFK-1811, Karlsruhe 1974

Otway, H.J., Battat, M.E., Lohrding, R.K., Turner, R.D. and Cubitt, R.L.: A Risk Analysis of the Omega West Reactor; Los Alamos Scientific Laboratory, Report LA-4449, Los Alamos 1970

Otway, H.J. and Erdmann, R.C.: Reactor Siting and Design from a Risk Viewpoint, in: Nucl. Eng. Design, Vol. 13 (1970), S. 365-376

Otway, H.J., Lohrding, R.K. and Battat, M.E.: A Risk Estimate for an Urban Sited Reactor, in: Nuclear Technology, Vol. 12 (1971), No. 10, S. 173-184

o.V.: Crisis over Reactor Siting: New AEC Guide May Help, in: Nucleonics, Vol. 19 (1961), No. 3, S. 24-28

o.V.: Kritische Stimmen zur Kernkraftwerksentwicklung in den USA, in: Atom und Strom, 7. Jg. (1961), H. 11, S. 96-97

o.V.: Die Sicherheit standortunabhängiger Kernkraftwerke, in: Atom und Strom, 15. Jg. (1969), H. 2/3, S. 45

o.V.: atw-Interview: "Das ist der große Sprung in die Ballungsgebiete", Ein Gespräch mit dem Bundesminister für Bildung und Wissenschaft, Prof. H. Leussink, über Probleme des Genehmigungsverfahrens und über die BASF- und SNR-Beschlüsse, in: atw, 15. Jg. (1970), H. 12, S. 560-563

o.V.: Are Wet/Dry Cooling Towers the Answer?, in: El. Wld., Vol. 178 (1972), No. 6, S. 80-83

o.V.: Gasturbine im VGB-Fachgespräch: Mit dem Interesse wächst die Größe, in: ET, 23. Jg. (1973), H. 4, S. 152-154

o.V.: Vor der Küste keine Kernkraftwerke, in: VDI-Nachr., Nr. 44 vom 31. Oktober 1973, S. 44

o.V.: Betriebserfahrungen mit Kernkraftanlagen in der Bundesrepublik Deutschland, Jahresbericht 1972, in: Atom und Strom, 19. Jg. (1973), H. 5/6, S. 45-65 o.V.: Geringe Aussichten für Kernkraftwerke in deutschen Küstengewässern, in: ET, 23. Jg. (1973), H. 12, S. 666

o.V.: Le choix des sites des futures centrales nucléaires en vue de réduire autant que possible la distance des transport d'énergie électrique, Extrait du rapport de la Commission fédérale des installations électriques du 29 septembre 1972, in: Bull. SEV/VSE, 65. Jg. (1974), H. 14, S. 1018-1022

o.V.: Neue Gründerjahre für Heizkraftwirtschaft, Wärmetransport ist das Hauptproblem - Versuchsanlagen mit Bundeshilfe, in: ZfK, Nr. 9 vom 6. September 1974, S. 15

o.V.: Die 380-kV-Schaltanlage des Kernkraftwerkes Philippsburg, in: ET, 24. Jg. (1974), H. 10, S. 494-495

o.V.: Betriebserfahrungen mit Kernkraftanlagen in der Bundesrepublik Deutschland, Jahresbericht 1973, in: Atom und Strom, 20. Jg. (1974), H. 5/6, S. 41-68

o.V.: Über die Einsatzmöglichkeiten von Kernkraftanlagen im Eisenhüttenwesen (Eine Übersicht), in: Arch. Energiewirtsch., 28. Jg. (1974), H. 21, S. 1072-1080

o.V.: Kohlevergasung mit nuklearer Prozeßwärme, Realisierbarkeit und technisch-wirtschaftliche Aussichten der Vergasung von Kohle und Nuklearwärme aus Hochtemperaturreaktoren; Kurzfassung der Studie des Konsortiums GHT-BF-RBW-STEAG für den Minister für Wirtschaft, Mittelstand und Verkehr des Landes Nordrhein-Westfalen, 2. Aufl., Düsseldorf 1975

o.V.: atw-Schnellstatistik: Kernkraftwerke 1974 - Weltübersicht, in: atw, 20. Jg. (1975), H. 3, S. 132-134

o.V.: Neue Kernkraftwerke in der Bundesrepublik Deutschland, in: atw, 20. Jg. (1975), H. 3, S. 135-151

o.V.: Offshore-Kernkraftwerke, Ausweg für die Kühlprobleme-Wasserstofferzeugung in der Nordsee, in: VDI-Nachr., Nr. 14 vom 4. April 1975, S. 29

o.V.: Kernkraft künftig doppelt nutzen, Atomheizung wirtschaftlich bis 35 km Transportentfernung - Netzausdehnung regional, in: ZfK, Nr. 4 vom 11. April 1975, S. 23

o.V.: Vier Kernkraftwerksblöcke in Biblis geplant, in: FAZ, Nr. 88 vom 16. April 1975, S. 15

o.V.: Zeitplan für SNR-2, in: atw, 20. Jg. (1975), H. 6, S. 266

o.V.: Seilnetzkonstruktion für einen Kühlturm - Bau des Kernkraftwerkes Schehausen am Ostrand des Ruhrgebietes - Der 180 m hohe Kühlturm ist nur 8000 t schwer, in: VDI-Nachr., Nr. 33 vom 15. August 1975, S. 6

o.V.: Kraftwerkskühlwasser zur Beheizung von Ackerland, in: atom-informationen, 1975, H. 9, S. 6

o.V.: Fernwärme nur für 7 Prozent aller Wohnungen, Bisher 7000 km Leitungsnetze in Deutschland, in: FAZ, Nr. 227 vom 1. Oktober 1975, S. 27

o.V.: Bakterienauswurf durch Kühlturmschwaden, in: atom-informationen, 1975, H. 10, S. 10-11

o.V.: Betriebserfahrungen mit Kernkraftwerken in der Bundesrepublik Deutschland, Jahresbericht 1974, in: Atom und Strom, 21. Jg. (1975), H. 5/6, S. 33-58

o.V.: Kernkraftwerk am Stadtrand Münchens? in: Kerntechnik, 17. Jg. (1975), H. 11, S. 461

o.V.: Seilnetzkühlturm für Kernkraftwerk Schmehausen, Naturzug-Trockenkühlsystem verhindert Kühlturmfahnen und Aufheizen des Flußwassers, in: ET, 25. Jg. (1975), H. 11, S. 517-518

o.V.: Abwärme wirtschaftlich nutzen, Wärmemüll aus Kraftwerken soll Felderträge steigern helfen - Projekt Agrotherm, in: VDI-Nachr., Nr. 47 vom 21. November 1975, S. 4

o.V.: Positive Fernwärme-Studien, in: VDI-Nachr., Nr. 52 vom 26. Dezember 1975, S. 7

o.V.: Kernkraftwerk in der Nordsee, in: VDI-Nachr., Nr. 5 vom 6. Februar 1976, S. 28

o.V.: Mehr Kohle unter Kraftwerkskessel, Weitere Finazhilfen nach dem Dritten Verstromungsgesetz, in: ZfK, Nr. 2 vom 13. Februar 1976, S. 9

o.V.: Neue Kernkraftwerke in der Bundesrepublik Deutschland, in: atw, 21. Jg. (1976), H. 3, S. 114-131 o.V.: Bericht über die Reaktortagung 1976 (Referat zum Vortrag von H. Schirmer: "Meteorologische Aspekte bei Planung und Betrieb von Kernkraftwerken"), in: atom-informationen, 1976, H. 5, S. 5 (die überarbeitete Fassung des Übersichtsvortrags erschien als: Meteorologische Aspekte bei Planung und Betrieb von Kernkraftwerken, in: atw, 21. Jg. (1976), H. 6, S. 298-302)

o.V.: Bericht über die Reaktortagung 1976 (Referat zum Vortrag von N.C. Rasmussen: "Probability and consequences of large nuclear accidents"), in: atom-informationen, 1976, H. 5, S. 12-13 (die überarbeitete Fassung des Übersichtsvortrags erschien als: Wahrscheinlichkeit und Folgen schwerer Reaktorunfälle, in: atw, 21. Jg. (1976), H. 6, S. 289-292

o.V.: Mit der Endmontage begonnen, Seilnetzturm des Kernkraftwerks Schmehausen erhält Aluminium-Außenhaut, in: VDI-Nachr., Nr. 22 vom 4. Juni 1976, S. 27

Paasch, W.: Praktische EVU-Technik, Gräfeling 1971

Pack, L.: Betriebliche Investition, Begriff-Funktion-Bedeutung-Arten, Wiesbaden 1966

Pack, L.: Die Elastizität der Kosten, Grundlagen einer entscheidungsorientierten Kostentheorie; Schriften zur theoretischen und angewandten Betriebswirtschaftslehre, Bd. 1, Wiesbaden 1966

Pack, L.: Unternehmensforschung und Unternehmensführung unter besonderer Berücksichtigung der Elektrizitätswirtschaft, in: Elektrizitätswirtschaft, 68. Jg. (1969), H. 18, S. 637-642

Pack, L.: Optimale Produktionsplanung als Entscheidungsproblem, in: ZfB, 40. Jg. (1970), H. 2, S. 67-90

Pack, L., Pauli, B., Meyer, P. und Steinecke, V.: Verfahren zur Optimierung des Einsatzes von Kraftwerksanlagen; AKOR-Schrift Nr. 3, Berlin 1971

Palander, T.: Beiträge zur Standortstheorie, Diss. Uppsala 1935

Parikh, K.S., Shiralkar, S.S., Mehndiratta, S.L., Seshagiri, N. and Narasinga Rao, S.N.: Planning for Optimum Phasing and Absorption of Power Plants in

Grids, in: United Nations and International Atomic Energy Agency (IAEA) (Eds.): Peaceful Uses of Atomic Energy, Vol. 4: Integration of Nuclear Plants in Electrical Networks, Integrated Planning of Nuclear Industry, Fuel Materials Technology, Wien 1972, S. 143-156 (Report A/Conf. 49/P/528)

Pasquill, F.: Atmospheric Diffusion, London 1962

Patermann, C.: Das antinukleare Volksbegehren in Kalifornien, in: atw, 21. Jg. (1976), H. 5, S. 237-238

Pauer, W.: Einführung in die Kraft- und Wärmewirtschaft; Wärmelehre und Wärmewirtschaft in Einzeldarstellungen, Bd. 14, 2. Aufl., Dresden-Leipzig

Peterson, G.R.: Transportkostenvergleich für elektrische Energie und für Kohlen bei der Auswahl des Standortes von Kraftwerken, in: ET, 2. Jg. (1952), H. 12/13, S. 162-168

Pfaffelhuber, J.K.: Neue Tendenzen im Atomrecht, in: ET, 22. Jg. (1972), H. 5, S. 213-219

Pfaffelhuber, J.K.: Deutsches Atomrecht - Die zukünftige Entwicklung (1. Referat), in: Lukes, R. (Hrsg.): Erstes Deutsches Atomrechts-Symposium, 7./8. Dezember 1972 in Münster/W.; Referate und Diskussionsberichte, Köln-Berlin-Bonn-München 1973, S. 10-20

Pick, G.: Mathematischer Anhang, in: Weber, A.: Über den Standort der Industrien, T. 1: Reine Theorie des Standorts, Tübingen 1909, S. 225-246

Pietzsch, W.: Grundsatzfragen zur Standortorientierung bei Kraftwerksplanungen in Bayern, in: Zur Standortproblematik in der regionalen Energiewirtschaft; Veröffentlichungen der Akademie für Raumforschung und Landesplanung, Forschungs- und Sitzungsberichte, Bd. 82, Hannover 1972, S. 49-56

Philipp, F.: Risiko und Risikopolitik; Slg. Poeschel, Bd. P52, Stuttgart 1967

Piller, W., Rudolph, M., Schaefer, H. und Wolff, U.: Energetische Überlegungen zur Modifikation von Kraft-Wärme-Kupplungen; VDI-Fortschrittsberichte, Reihe 6, Nr. 44, Düsseldorf 1975

Piper, H.B. and Heddleson, F.A.: Siting Practice and its Relation to Population, in: Nuclear Safety, Vol. 14 (1973), No. 6, S. 576-585

Pohl, W.: Möglichkeiten des nuklearen Notfallschutzes (Notfallschutzpläne), in: Braun, H., Heuck, F., Ladner, H.-A., Messerschmidt, O. Niklas, K. und Rausch, L. (Hrsgg.): Umweltschutz bei nuklearer und konventioneller Energiegewinnung, Ergebnisse der Strahlen- und Umweltforschung; Strahlenschutz in Forschung und Praxis, Bd. 12, Stuttgart 1973, S. 170-179

Porz, F.: Erzeugung und Freisetzung von radioaktiven Jodisotopen durch Kernreaktoren und Wiederaufarbeitungsanlagen und die voraussichtliche radiologische Belastung bis zum Jahr 2000; Gesellschaft für Kernforschung mbH Karlsruhe, Bericht KFK-1912, Karlsruhe 1974

Potthoff, E.: Studien zur Neuordnung des industriellen Bundesvermögens, Düsseldorf 1971

Požar, H.: Leistung und Energie in Verbundsystemen, Wien 1963

Predöhl, A.: Das Standortsproblem in der Wirtschaftstheorie, in: WwA, 21. Jg. (1925, I), S. 294-321

Predöhl, A.: Verkehrspolitik, 2. Aufl., Göttingen 1964

Press, H.: Einleitung, in: Deutsches Nationales Komitee der Internationalen Kommission für Große Talsperren i.V.m. dem Deutschen Verband für Wasserwirtschaft (Hrsgg.): Talsperren, Wasserkraft- und Pumpspeicherwerke in der Bundesrepublik Deutschland, Berlin-München 1967 (nicht paginiert)

Projektgesellschaft Schneller Brüter GbR und Konsortium SNR (Hrsgg.): Kernkraftwerk Klkar, Essen 1973

Pürschel, W.: Grundlagen der Wasserwirtschaft, Braunschweig 1966

Quantz, L. und Meerwarth, K.: Wasserkraftmaschinen, Eine Einführung in Wesen, Bau und Berechnung von Wasserkraftmaschinen und Wasserkraftanlagen, 11. Aufl., Berlin-Göttingen-Heidelberg 1963 (unveränderter Nachdruck 1974)

Queiser, H.: Verfahren zur Verringerung radioaktiver Abgaben aus Siedewasser-Kernreaktoren, in: Technische Vereinigung der Großkraftwerksbetreiber (VGB) e.V. (Hrsg.): Kraftwerk und Umwelt 1973, VGB-Konferenz-Vorträge, Essen [1974], S. 155-162

Queisser, H. und Götz, O.: Die Abwicklung von Kraftwerksbauvorhaben, in: Schröder, K. (Hrsg.): Große Dampfkraftwerke - Planung, Ausführung und Bau, Bd. 2: Die Lehre vom Kraftwerksbau, Berlin-Göttingen-Heidelberg 1962, S. 696-734

Rapp, R., Caldarola, L., Helm, F., Jansen, P., McGrath, P. und Weber, G.: Statusbericht - Methoden zur quantitativen Analyse von Kernenergie-Risiken; Gesellschaft für Kernforschung mbH Karlsruhe, Bericht KFK-2100, Karlsruhe 1975

Rasmussen, N.: Wahrscheinlichkeit und Folgen schwerer Reaktorstörfälle, in: atw, 21. Jg. (1976), H. 6, S. 286-292

Rausch, L.: Aktuelle Probleme des Umweltschutzes bei der Stromerzeugung unter Berücksichtigung der Beziehungen zwischen Umweltschutz und Strahlenschutz, in: Braun, H., Heuck, F., Ladner, H.A., Messerschmidt, O., Niklas, K. und Rausch, L. (Hrsgg.): Umweltschutz bei nuklearer und konventioneller Energiegewinnung, Ergebnisse der Strahlen- und Umweltforschung; Strahlenschutz in Forschung und Praxis, Bd. 12, Stuttgart 1973, S. 1-17

Rautenbach, R. und Hoeck, H.: Die Gewinnung von Süßwasser aus dem Meer, Gegenwärtiger Stand und Entwicklungstendenzen, in: CIT, 44. Jg. (1972), H. 20, S. 1145-1151

Reaktortagung 1973: Podiumsdiskussion "Kernenergie und Raumordnung", Karlsruhe 12. April 1973; Abdruck u.a. in: BdW, 10. Jg. (1973), H. 7, S. 795-802

Recker, M.: Beitrag zur Bestimmung eines wirtschaftlich optimalen Zubaues und Einsatzes von Kraftwerken, Diss. Aachen 1968

Reimann, K.: Gewässerwärmung durch Kühlwasser aus Energiekraftwerken - biologische und chemische Folgen, in: Bayerische Biologische Versuchsanstalt, München (Hrsg.): Wasser für die Erholungslandschaft; Münchener Beiträge zur Abwasser-, Fischerei- und Flußbiologie, Bd. 26, München-Wien 1975, S. 49-58

Reintges, H., Schorn, P., Schrödter, E. und Willing, H.-G.: Jahrbuch für Bergbau, Energie, Mineralöl und Chemie, 83. Jg. (1975), Essen 1975

Reisner, J.-H.: Spitzenstromerzeugung mit Gasturbinenkraftwerken, in: ETZ-B, 25. Jg. (1973), H. 5, S. 100-102

Resch, I.: Ursachen und Ausmaß des Außenhandels mit elektrischer Energie in Europa, in: Energie, 17. Jg. (1965), H. 9, S. 373-378

Resch, I.: Preisbildung in der Elektrizitätswirtschaft, Gräfeling 1966 (Das volkswirtschaftliche Ordnungsproblem vom Standpunkt der Marktpreisbildung, dargestellt am Beispiel der Elektrizitätswirtschaft, Diss. Wien 1966)

Reuter, E.: Untersuchung über die Kosten des Energietransports, in: Elektrizitätswirtschaft, 64. Jg. (1965), H. 2, S. 36-40

Reuter, E.: Ein Beitrag zu Fragen der Gemeinschaftskraftwerke, in: Elektrizitätswirtschaft, 65. Jg. (1966), H. 21, S. 641-644

Rhein, H.: Elektrizitätsversorgung als unternehmerische Aufgabe, in: Energie - Leistungen, Prognosen, Alternativen, Stuttgart 1972, S. 204-207

Rheinisch-Westfälisches Elektrizitätswerk AG (RWE) (Hrsg.): Kernkraftwerk Biblis, Essen 1975

Richardson, J.A.: Comparison of U.K. and U.S. Requirements for Safety and Siting of Nuclear Power Plants, in: Nucl. Eng. Int., Vol. 18 (1973), No. 210, S. 884-890

Riebel, P.: Die Elastizität des Betriebes, Eine produktions- und marktwirtschaftliche Untersuchung; Beiträge zur betriebswirtschaftlichen Forschung, Bd. 1, Köln-Opladen 1954

Riebel, P.: Die Kuppelproduktion, Betriebs- und Marktprobleme; Veröffentlichungen der Schmalenbach-Gesellschaft, Bd. 23, Köln-Opladen 1955

Riebel, P.: Industrielle Erzeugungsverfahren in betriebswirtschaftlicher Sicht; Die Wirtschaftswissenschaften, Reihe A, Nr. 12, Wiesbaden 1963

Rieger, H. und Fischer, R.: Der Freileitungsbau - Planung, Berechnung und Ausführung von Starkstromleitungen, 2. Aufl., Berlin-Heidelberg-New York 1975

Rieger, W.: Einführung in die Privatwirtschaftslehre, 3. unveränderte Aufl., Erlangen 1964

Rietschel, (H.) und Raiß, W.: Heiz- und Klimatechnik, Bd. 1: Grundlagen-Systeme-Ausführung, 15. Aufl., Berlin-Göttingen-Heidelberg 1968

Rietschel, (H.) und Raiß, W.: Heiz- und Klimatechnik, Bd. 2: Verfahren und Unterlagen zur Berechnung, 15. Aufl., Berlin-Heidelberg-New York 1970

Riffel, E.: Mineralöl-Fernleitungen im Oberrheingebiet und in Bayern - Geographische Wirklichkeit und Planung, Diss. Mannheim 1970 (Mineralöl-Fernleitungen im Oberrheingebiet und in Bayern; Forschungen zur Deutschen Landeskunde, Bd. 195, Bonn-Bad Godesberg 1970)

Riffel, E.: Zur Standortproblematik von Kernkraftwerken, in: Otremba, E. (Hrsg.): 25 Jahre Forschung und Lehre im Wirtschafts- und Sozialgeographischen Institut der Universität zu Köln; Kölner Forschungen zur Wirtschafts- und Sozialgeographie, Bd. 21, Wiesbaden 1975, S. 185-222

Ritschl, H.: (Stichwort:) Standort und Standortlehren, in: HWB, Bd. 3, 3. Aufl., Stuttgart 1960, Sp. 5031-5050

Rögener, H.: Wärmeabgabe durch Naßkühltürme, in: Universitäten Stuttgart und Hohenheim (Hrsgg.): Umwelt Aktuell, Texte der Vortragsreihe zu "Umwelt 72" Stuttgart, 30. Juni bis 7. Juli 1972, H. 6: Abwärme, Karlsruhe 1973, S. 35-44

Rögener, H. und Klug, W.: Meteorologische Einflüsse von Naßkühltürmen auf die Umwelt, in: Verein Deutscher Ingenieure (VDI) (Hrsg.): Entwicklungslinien der Energietechnik, Energietechnische Tagung 1975; VDI-Berichte, Nr. 236, Düsseldorf 1975, S. 233-240

Röper, B. (Hrsg.): Wettbewerbsprobleme der Elektrizitätsversorgung, Der Begriff Monopolgrad; Schriften des Vereins für Socialpolitik, N.F. Bd. 65, Berlin 1972

Roggendorf, A.: Techniker und Wirtschaftler in der Elektrizitätswirtschaft, (Geleitwort) in: Veigel, G.: Kostenrechnung und Preispolitik in der Elektrizitätswirtschaft, Wiesbaden 1962

Roller, H.: Die Grundlagen der elektrizitätswirtschaftlichen Kostenrechnung, Frankfurt/M. 1958 (Die elektrizitätswirtschaftliche Kostenrechnung, ihre technischen und ökonomischen Grundlagen, ihr Aufbau, ihre Durchführung und ihre organisatorischen Voraussetzungen, Diss. Mannheim 1958)

Roser, H.: Macht die Atomkraft das Verbundnetz überflüssig?, in: ETZ-A, 78. Jg. (1957), H. 1, S. 1-6

Roth, E.: Berechnung der Brennstoffkosten eines Kernkraftwerks, in: atw, 16. Jg. (1971) H. 2, S. 91-96

Ruchti, H.: Erfolgsermittlung und Bewegungsbilanz, in: ZfhF, N.F., 7. Jg. (1955), S. 499-520

Rudzinski, K.: Große Zukunft für den Hochtemperatur-Reaktor, in: FAZ, Nr. 230 vom 4. Oktober 1972, S. 33-34

Rudzinski, K.: Reaktorsicherheit ist teuer, in: FAZ, Nr. 272 vom 22. November 1973, S. II

Rudzinski, K.: Wie sicher sind sichere Atomkraftwerke? - Wir müssen lernen, die Risiken der Kernenergie offen zu diskutieren, in: FAZ, Nr. 194 vom 23. August 1974, nicht paginierte Beilage

Rudzinski, K.: Kernenergie: Verlegenheit des Entscheidens, in: FAZ, Nr. 129 vom 16. Juni 1976, S. I

Rüschenpöhler, H.: Der Standort industrieller Unternehmungen als betriebswirtschaftliches Problem, Versuch einer betriebswirtschaftlichen Standortlehre; Abhandlungen aus dem Industrieseminar der Universität Köln, H. 6, Berlin 1958

Rumler, F.-J.: Wirtschaftliche Probleme bei der Aufstellung von Energiebilanzen und bei der Vorausschätzung des künftigen Energiebedarfs; Schriftenreihe des Energiewirtschaftlichen Instituts an der Universität Köln, Bd. 5, München 1960

Runggaldier, W.: Ganzzahlige, Null-Eins- und Gemischt-Ganzzahlige Programmierung im Zusammenhang mit der Branch and Bound-Technik, in: Weinberg, F. (Hrsg.): Branch and Bound: Eine Einführung; Lecture Notes in Economics and Mathematical Systems, Vol. 4, 2. Aufl., Berlin-Heidelberg-New York 1973, S. 107-126

Sahl, W.: Bevölkerungsdichte und Standortwahl, in: Handelsblatt GmbH (Hrsg.): 25 Fragen zur nuklearen Sicherheit; atw-Broschüren "Kernenergie und Umwelt", Nr. 4, Düsseldorf o.J. [etwa 1974/75], S. 10-11

Salin, E.: Ökonomik der Atomkraft, Vor einer neuen Etappe der industriellen Revolution, Köln-Marienburg 1955 (erweiterter Sonderdruck der gleichnamigen Veröffentlichung in: Kyklos, Vol. 8 (1955), Fasc. 1, S. 1-39)

Salin, E.: Die neue Phase der industriellen Revolution, in: Offene Welt, 1956, Nr. 41, S. 50-61

Salin, E.: Die neue Etappe der industriellen Revolution, in: Zimmermann, H.W. (Hrsg.): Zur Ökonomik und Technik der Atomzeit; Veröffentlichungen der List Gesellschaft e.V., Bd. 3, Tübingen 1957, S. 97-173

Sandig, C.: Betriebswirtschaftspolitik, 2. Aufl., Stuttgart 1966

Sandschepper, G.: Wie sicher ist sicher genug?, in: VDI-Nachr., Nr. 9 vom 28. Februar 1973, S. 2

Sauer, A.: Siedewasserreaktoren für Kernkraftwerke; AEG-Telefunken-Handbücher, Bd. 10, Berlin 1969

Sassin, W.: Aspekte der elektrischen Hochenergieübertragung und deren Einfluß auf die Umwelt; Kernforschungsanlage Jülich GmbH, Bericht Jü-886, Jülich 1972

Schäfer, E.: Die Unternehmung, 8. Aufl., Opladen 1974

Schedel, O.: Verstromungsgesetze und Kernenergie, in: atw, 14. Jg. (1969), H. 4, S. 181-184

Scheer, A.-W.: Die industrielle Investitionsentscheidung, Eine theoretische und empirische Untersuchung zum Investitionsverhalten in Industrieunternehmungen; Schriftenreihe des Instituts für Unternehmensforschung und des Industrieseminars der Universität Hamburg, Bd. 2, Wiesbaden 1969

Schelberger, H.: Perspektiven der deutschen Gaswirtschaft, in: Bund, K., Gärtner, E., Hallmann, A., Langmann, H.-J., Schelberger, H. und Schulte, R.: Die Energiewirtschaft zieht Bilanz, Berichte zur Lage der einzelnen Energiezweige, Essen 1974, S. 39-46

Schelsky, H.: Mehr Demokratie oder mehr Freiheit?, Der Grundsatzkonflikt der "Polarisierung" in der Bundesrepublik Deutschland, in: FAZ, Nr. 17 vom 20. Januar 1973, S. 7-8

Scheltz, H.-J.: Die Kostenanteile von Strom- und Heizwärme bei Heizkraftwerken, Ableitung einer Kurve zur Kostenaufteilung, in: Archiv für Wärmewirtschaft und Dampfkesselwesen, 22. Jg. (1941), H. 12, S. 255-258

Schenk, P.: Grenzen der Blockgrößen, Wirtschaftlicher Kraftwerksausbau, in: ZfK, Nr. 10 vom 5. Oktober 1973, S. 29

Scherf, O.: Erfahrungen mit Trockenkühltürmen, in: Technische Vereinigung der Großkraftwerksbetreiber (VGB) e.V. (Hrsg.): Kraftwerk und Umwelt 1973; VGB-Konferenz-Vorträge, Essen (1974), S. 105-108

Scherl, R.: Bewertung von Netzverlusten, in: Elektrizitätswirtschaft, 67. Jg. (1968), H. 9, S. 216-219

Scheuch, E.K.: Skalierungsverfahren in der Sozialforschung, in: König, R. (Hrsg.): Handbuch der Empirischen Sozialforschung, Bd. 1, 2. Aufl., Stuttgart 1967, S. 348-384

Scheuten, G.H.: Planung und Sicherung von Leitungswegen, in: ET, 14. Jg. (1964), H. 126/127, S. 269-281

Scheuten, G.(H.): Deutsches Atomrecht - Die zukünftige Entwicklung (2. Referat), in: Lukes, R. (Hrsg.): Erstes Deutsches Atomrechts-Symposium, 7./8. Dezember 1972 in Münster/W.; Referate und Diskussionsberichte, Köln-Berlin-Bonn-München 1973, S. 21-26

Scheuten, G.H.: Das Kernenergierecht in seiner Entwicklung - Praxis und Wandlung, in: ET, 25. Jg. (1975), H. 8, S. 357-366

Scheuten, G.H. und Tegethoff, W. (Hrsgg.): Das Recht der öffentlichen Energieversorgung, Bd. 2: Kommentar, Gräfeling 1972

Schiesser, D.: Erzeugung und Freisetzung von Sr-89, Sr-90, Ru-103, Ru-106, Cs-134, Cs-135, Cs-137, Ce-141 und Ce-144 durch Kernreaktoren und Wiederaufarbeitungsanlagen und die voraussichtliche radiologische Belastung bis zum Jahr 2000; Gesellschaft für Kernforschung mbH Karlsruhe, Bericht KFK-2153, Karlsruhe 1975

Schiffers, A.: Sind große Naßkühltürme umweltfreundlich?, in: Energie, 26. Jg. (1974), H. 7/8, S. 228-234

Schikarski, W.: Überlegungen zu schweren Reaktorunfällen (Ansätze zu einer neuen quantitativen Unfallphilosophie); Gesellschaft für Kernforschung mbH Karlsruhe, Bericht KFK-530, Karlsrruhe 1967

Schikarski, W.: Kernenergie und Umwelt, in: Atom und Strom, 18. Jg. (1972), H. 1/2, S. 37-44

Schikarski, W.: Die voraussichtlichen Auswirkungen des Energieverbrauchs in der Bundesrepublik Deutschland auf die Umwelt, in: Elektrizitätswirtschaft, 73. Jg. (1974), H. 19, S. 535-540

Schikarski, W.: Möglichkeiten und Grenzen vergleichender Modelluntersuchungen am Beispiel der Umweltbelastung durch Kernkraftwerke, in: Haas, H.; Gesellschaft für Verantwortung in der Wissenschaft (Hrsg.): Technikfolgen-Abschätzung (Technology Assessment, TA: Bewertung technischer Entwicklungen), München-Wien 1975, S. 67-96

Schikarski, W., Jansen, P. and Jordan, S.: An Approach to Comparing Air Pollution from Fossil-Fuel and Nuclear Power Plants, in: International Atomic Energy Agency (IAEA) (Ed.): Environmental Aspects of Nuclear Power Stations; Proceedings Series - STI/PUB/261, Wien 1971, S. 877-891 (Report IAEA-SM-146/57)

Schilling, H.: Standortfaktoren für die Industrieansiedlung, Ein Katalog für die regionale und kommunale Entwicklungspolitik sowie die Standortwahl von Unternehmungen; Österreichisches Institut für Raumplanung, Veröffentlichung Nr. 27, Stuttgart-Berlin-Köln-Mainz 1968

Schirmer, H.: Meteorologische Aspekte bei Planung und Betrieb von Kernkraftwerken, in: atw, 21. Jg. (1976), H. 6, S. 298-302

Schlipköter, (H.-W.): (Diskussionsbeitrag zur) Podiumdiskussion "Umweltprobleme der Energieumwandlung", in: Tagungsberichte des Energiewirtschaftlichen Instituts (Universität Köln), H. 16: Energiewirtschaft und Umwelt, München 1972, S. 106-108

Schmeiser, K.: Radionuclide, 2. Aufl. von "Radioaktive Isotope", Berlin-Heidelberg-New York 1963

Schmeller, Th.: Die Bedeutung der nationalen Verbundwirtschaft, in: Energie - Leistunge, Prognosen, Alternativen, Stuttgart 1972, S. 162-164

Schmelzer, J.: Der Ersatz alter Kraftwerksanlagen, in: VGB Kraftwerkstechnik, 54. Jg. (1974), H. 3, S. 146-149

Schmidt, F.: Die Bestimmung des Produktionsmittelstandortes in Industriebetrieben; Abhandlungen aus dem Industrieseminar der Universität Köln, H. 21, Berlin 1965

Schmidt, G.: Konzentration und Kooperation in der öffentlichen Energieversorgung, in: DÖW, 21. Jg. (1972), H. 2, S. 63-65

Schmidt, H.: Diskussion über die Kostendegression bei Kernkraftwerken, Erwiderung auf die Bemerkungen von Gudehus, in: atw, 12. Jg. (1967), H. 12, S. 605-606

Schmidt, K.R.: Die Flußwasserkühlung in Kraftwerken, in: Verein Deutscher Ingenieure (VDI) (Hrsg.): Wärmebelastung der Gewässer und der Atmosphäre; VDI-Berichte, Nr. 204, Düsseldorf 1973, S. 5-16

Schmidt, M.: Die betriebswirtschaftliche Standortsuche, Ein Beitrag zur Standortbestimmungslehre, Diss. Braunschweig 1967

Schmidt, Th.: Kein unterirdisches Kernkraftwerk, in: ZfK, Nr. 5 vom 15. Mai 1976, S. 27

Schmidt, R.-B. und Berthel, J.: Unternehmensinvestitionen, Strukturen-Entscheidungen-Kalküle, Hamburg 1975

Schmidt-Boelke, R.: Großkraftwerke möglichst stadtnah, in: ZfK, Nr. 8 vom 10. August 1973, S. 1-2

Schmitt, D. und Arntzen, R.: Die Auswirkungen der Kernenergie auf die Kosten der Elektrizitätsversorgung, in: Kerntechnik, 16. Jg. (1974), H. 1, S. 11-17

Schmitt, D., Schulz, W. und Mönig, (W.): Die Auswirkungen von Kernkraftwerken auf die Wirtschaftsstruktur; Untersuchung des Energiewirtschaftlichen Instituts an der Universität Köln im Auftrag des Ministers für Wirtschaft, Mittelstand und Verkehr des Landes Nordrhein-Westfalen, Düsseldorf 1972

Schmitz, G. und Sütterlin, L.: Erfahrungs- und Erwartungswerte für die Ableitung radioaktiver Stoffe aus kerntechnischen Anlagen, in: Institut für Reaktorsicherheit der Technischen Überwachungsvereine e.V. (Hrsg.): Betriebliche Ableitungen radioaktiver Stoffe aus kerntechnischen Anlagen; 7. IRS-Fachgespräch am 2./3. November 1971 in Köln, Tagungsbericht IRS-T-23, Köln 1972, S. 43-76

Schmitz, H.-T.: Ermessen, Beurteilungsspielraum und Beweislastverteilung im atomrechtlichen Genehmigungsverfahren (3. Referat), in: Lukes, R. (Hrsg.): Erstes Deutsches Atomrechts-Symposium, 7./8. Dezember 1972 in Münster/W.; Referate und Diskussionsberichte, Köln-Berlin-Bonn-München 1973, S. 301-304

Schmitz, W.: Das Recht der Energiewirtschaft im Ausland (Westeuropa); Schriftenreihe des Energiewirtschaftlichen Instituts an der Universität Köln, Bd. 2, München 1953

Schneeweiss, W.: Zuverlässigkeitstheorie, Berlin-Heidelberg-New York 1973

Schneider, D.: Grundlagen einer finanzwirtschaftlichen Theorie der Produktion, in: Moxter, A., Schneider, D. und Wittmann, W. (Hrsgg.): Produktionstheorie und Produktionsplanung; Festschrift für Karl Hax zum 65. Geburtstag, Köln-Opladen 1966, S. 337-382

Schneider, E.: Wirtschaftlichkeitsrechnung, Theorie der Investition, 7. Aufl., Tübingen-Zürich 1968

Schneider, H.: Die Wassererschließung, Grundlagen der Erkundung, Bewirtschaftung und Erschließung von Grundwasservorkommen in Theorie und Praxis, 2. Aufl., Essen 1973

Schneider, H.K.: Das Investitionsproblem in der Energiewirtschaft, in: ZfhF, N.F., 6. Jg. (1954), S. 595-600

Schneider, H.K.: Investitionsrechnung, in: Vereinigung Deutscher Elektrizitätswerke (VDEW) e.V. und Verband der Deutschen Gas- und Wasserwerke (VGW) e.V. (Hrsgg.): Der Kaufmann in der Energie- und Wasserversorgung, Frankfurt/M. 1962, S. 222-235

Schneider, H.K.: Konzeption einer Energiewirtschaftspolitik, in: Burgbacher, F. (Hrsg.): Ordnungsprobleme und Entwicklungstendenzen in der deutschen Energiewirtschaft; Festschrift für Theodor Wessels zur Vollendung seines 65. Lebensjahres, Essen 1967, S. 19-47

Schneider, H.K.: [Stichwort:] Energiewirtschaft und Raumordnung, in: Akademie für Raumforschung und Raumordnung (Hrsg.): Handwörterbuch der Raumforschung und Raumordnung, 2. Aufl., Hannover 1970, Sp. 590-600

Schneider, H.K.: Die Entwicklung und Sicherung unserer Energiebasis bis zur Mitte des kommenden Jahrzehnts, in: Tagungsberichte des Energiewirtschaftlichen Instituts (Universität Köln), H. 17: Die Energiewirtschaft in ihrer ökonomischen und sozialen Umwelt 1975-1985, München 1974, S. 63-83

Schneider, W.: Theoretische Grundlagen der Betriebsoptimierung elektrischer Versorgungsnetze, in: Elektrizitätswirtschaft, 62. Jg. (1963), H. 1, S. 17-22 und H. 3, S. 88-95

Schneider, W.: Die Planung optimaler Energieversorgungssysteme, in: Elektrizitätswirtschaft, 66. Jg. (1967), H. 11, S. 298-306

Schneider, R. und Schnaus, G.: Elektrische Energiewirtschaft, Die Betriebswirtschaft der Elektrizitätsversorgungsunternehmen, Berlin 1936

Schnellbach, G., Zerna, W. und Stangenberg, F.: Sicherheitsbehälter aus Stahlbeton und Spannbeton für Kernkraftwerke, in: VGB Kraftwerkstechnik, 55. Jg. (1975), H. 2, S. 81-88

Schnez, H., Laser, M. und Merz, E.: Tritium in Wiederaufarbeitungsanlagen, Eine Studie über das Inventar, das Verhalten und die Abtrennungsmöglichkeiten des überschweren Wasserstoffisotops; Kernforschungsanlage Jülich GmbH, Bericht Jül-1099, Jülich 1974

Schnurer, H.: Das atomrechtliche Genehmigungsverfahren in der Bundesrepublik Deutschland; DAtF Sonderdrucke, S-1, Bonn 1972

Schnurer, H.: Schutzmaßnahmen für äußere Einwirkungen bei Kernkraftwerken, in: VGB Kraftwerkstechnik, 54. Jg. (1974), H. 6, S. 398-405

Schnurer, H. und Breest, H.-Chr.: Die Sicherheit kerntechnischer Einrichtungen als Konfliktquelle im internationalen Bereich, in: Kaiser, K. und Lindemann, B. (Hrsgg.): Kernenergie und internationale Politik, Zur friedlichen Nutzung der Kernenergie; Schriften des Forschungsinstituts der Deutschen Gesellschaft für Auswärtige Politik e.V., Bonn, Reihe: Internationale Politik und Wirtschaft, Bd. 37, München-Wien 1975, S. 227-268

Schöberl, M.: Lineare Programmierung in der Verkehrsplanung; Verkehrswissenschaftliche Studien aus dem Institut für Verkehrswissenschaft der Universität Hamburg, H. 23, Göttingen 1973

Schoeck, H.: Ökospasmus oder Die Angst vor Kernkraftwerken, in: Umwelt, 6. Jg. (1975), H. 2, S. 125-128

Schönauer, G.: Marktprozesse in der öffentlichen Energiewirtschaft und deren volkswirtschaftliche Beurteilung; Forschungsberichte des Landes Nordrhein-Westfalen, Nr. 1155, Köln-Opladen 1963

Schröder, K. (Hrsg.): Große Dampfkraftwerke - Planung, Ausführung und Bau, Bd. 1: Kraftwerksatlas, Berlin-Göttingen-Heidelberg 1959

Schröder, K. (Hrsg.): Große Dampfkraftwerke - Planung, Ausführung und Bau, Bd. 2: Die Lehre vom Kraftwerksbau, Berlin-Göttingen-Heidelberg 1962

Schröder, K.: Wärmekraftwerke für das kommende Elektrizitätszeitalter, in: Siemens-Z., 40. Jg. (1966), H. 5, S. 379-390

Schröder, K.: Optimale Anpassung der Stromerzeugung an Brennstoff- und Netzbedingungen, in: Techn. Mitt., 60. Jg. (1967), H. 12, S. 497-505

Schröder, K.: Probleme heutiger und zukünftiger Kraftwerksplanung, Berlin-München 1967

Schröder, K. und Brünecke, E.: Planung, Bau und Einsatz von Kraftwerken in großen Verbundnetzen, Die Strategie der großräumigen Stromversorgung, in: BWK, 20. Jg. (1968), H. 8, S. 362-367

Schubert, D.: Kraftwerksstandorte zur Wahl, Baden-Württembergs Regierung will vorsorgen, in: ZfK, Nr. 6 vom 14. Juni 1974, S. 2

Schühly, K.: Kohle- oder Stromtransport?, Ein Beitrag zur Frage der Rohstoff- oder Verbrauchsorientierung in der Elektrizitätserzeugung, Diss. Freiburg 1958

Schüller, K.H.: Kernkraftwerke für die Strom- und Wärmeversorgung von Industriebetrieben, in: BBC-Nachr., 50. Jg. (1968), H. 11/12, S. 651-656

Schüller, K.-H.: Das optimale "kalte Ende" von Kondensations-Blockeinheiten, in: Elektrizitätswirtschaft, 70. Jg. (1971), H. 3, S. 53-60

Schulenberg, F.: Luft als Kühlmittel, in: Universitäten Stuttgart und Hohenheim (Hrsgg.): Umwelt Aktuell, Texte der Vortragsreihe zu "Umwelt 72" Stuttgart, 30. Juni bis 7. Juli 1972, H. 6: Abwärme, Karlsruhe 1973, S. 45-68

Schuler, A.: Die regional gegliederte Energiewirtschaft, in: Energie - Leistungen, Prognosen, Alternativen, Stuttgart 1972, S. 184-188

Schuller, A.H.: Flächenbedarf von Kraftwerken mit einer Stellungnahme zum deutschen Kühlwasserproblem, in: Zur Standortproblematik in der regionalen Energiewirtschaft; Veröffentlichungen der Akademie für Raumforschung und Landesplanung, Forschungs- und Sitzungsberichte, Bd. 82, Hannover 1972, S. 37-47

Schulten, R.: Welchen Einfluß kann der Hochtemperaturreaktor auf die Infrastruktur nehmen?, in: VGB Kraftwerkstechnik, 54. Jg. (1974), H. 9, S. 585-587

Schulten, R., Jüntgen, H. und Teggers, H.: Nukleare Prozeßwärme für die Kohlenvergasung, in: Glückauf, 112. Jg. (1976), H. 1, S. 14-19

Schulten, R., Krieb, K.H., Kugeler, K., Schroeder, G., Barnert, H., Dannenbaum, J., Drescher, H.P., Finkbeiner, R., Fürst, W., Kugeler, M., Meyer, H., Schroer, H. und Zimmermann, F.: Industriekernkraftwerk mit Hochtemperaturreaktor PR500-"OTTO-Prinzip"-zur Erzeugung von Prozeßdampf; Kernforschungsanlagen Jülich GmbH, Bericht Jül-941, Jülich 1973

Schulten, R. und Kugeler, K.: Technische Lösungen für den Einsatz nuklearer Prozeßwärme für den Wärmemarkt, in: ETZ-A, 96. Jg. (1975), H. 1, S. 2-11

Schulten, R., Kugeler, K. und Barnert, H.: Nukleare Energie und sekundäre Energieträger, in: ET, 24. Jg. (1974), H. 12, S. 602-606

Schultze, E.: Erfahrungen bei Baugrunduntersuchungen für Dampf- und Atomkraftwerke, in: Glubrecht, H. (Hrsg.): Kraftwerksbau als interdisziplinäre Aufgabe; Festschrift für Fritz Börnke zum 60. Geburtstag, Wiesbaden-Berlin 1973 (nicht paginiert)

Schulz, E.: Öffentliche Heizkraftwerke und Elektrizitätswirtschaft in Städten, Berlin 1933

Schulz, E.H.: Vorkommnisse und Strahlenunfälle in kerntechnischen Anlagen, München 1966

Schulz, L.: Kernkraftwerke in Ballungsgebieten, in: VDI-Nachr., Nr. 46 vom 14. November 1974, S. 24

Schulz-Arenstorff, O.: Auswirkungen der Kernenergienutzung auf die Wirtschaftsstruktur, in: Wirtschaftsdienst, 38. Jg. (1958), H. 12, S. 687-692

Schwarz, H.: Modellstudie über den Einfluß des Hochtemperaturreaktors auf die Standortorientierung in der Großchemie; Kernforschungsanlage Jülich mbH, Bericht Jül-1184, Jülich 1975

Schwarz, K.: Kernreaktoren zur Erzeugung von Industriewärme (Zusammenfassender Bericht), in: Kernenergie, 6. Jg. (1963), H. 9, S. 451-465

Schwarz, K.: Kernreaktoren, eine Möglichkeit zur Deckung des Wärmebedarfs, in: Energietechnik, 15. Jg. (1965), H. 8, S. 342-350

Schwarzer, W.: Beziehungen zwischen Standort und Sicherheit von Kernkraftwerken, in: Institut für Reaktorsicherheit der Technischen Überwachungsvereine e.V. (Hrsg.): Die Sicherheit standortunabhängiger Kernkraftwerke; 4. IRS-Fachgespräch am 4./5. November 1968 in Düsseldorf, Tagungsbericht IRS-T-16, Köln 1969, S. 33-37

Schwarzer, W.: Die Belastung der Flüsse durch kontaminierte Abwässer aus Kernkraftwerken, in: Energie und Technik, 23. Jg. (1971), H. 1, S. 4-5

Schwarzer, W.: Kernkraftwerke - Risiko für die Umgebung?, in: Atom und Strom, 17. Jg. (1971), H. 7/9, S. 118-121

Schwarzer, W. und Bork, M.: Schutz von Kernkraftwerken gegen äußere Einwirkungen; Bericht über das 10. IRS-Fachgespräch am 30./31. Oktober 1974 in Köln, in: atw, 20. Jg. (1975), H. 4, S. 211-212

Schwegmann, P.: Modellstudie über Kosten und Wirtschaftlichkeit möglicher Kombinationen von Industrieanlagen mit dem Hochtemperaturreaktor als Energiequelle; Kernforschungsanlage Jülich GmbH, Bericht Jül-842, Jülich 1972

Schwegmann, P. und Bonnenberg, H.: Hochtemperaturreaktor zur Meerwasserentsalzung; Kernforschungsanlage Jülich GmbH, Bericht Jül-656, Jülich 1970

Scheim, J.: Integrierte Unternehmensplanung; Bochumer Beiträge zur Unternehmensführung und Unternehmensforschung, Bd. 5, Bielefeld 1969

Schweitzer, M: Einführung in die Industriebetriebslehre; Slg. Göschen, Bd. 6046, Berlin-New York 1973

Schwenk, H.C. and Shannon, R.H.: Nuclear Plant Location and Economics, in: Power, Vol. 99 (1955), No. 6, S. 110-112 und S. 214/216

Schweppenhäuser, H.W.: Elektrizitätswirtschaft, Ein Beitrag zur ideologischen Auseinandersetzung zwischen Privat- und Staatswirtschaft, Diss. Freiburg 1956

Schwibach, J.: Strahlenschutzrichtwerte für die Genehmigung der Ableitung radioaktiver Stoffe aus kerntechnischen Anlagen, in: Institut für Reaktorsicherheit der Technischen Überwachungsvereine e.V. (Hrsg.): Betriebliche Ableitungen radioaktiver Stoffe aus kerntechnischen Anlagen; 7. IRS-Fachgespräch am 8./9. November 1971 in Köln, Tagungsbericht IRS-T-23, Köln 1972, S. 19-42

Schwille, F.: Kernkraftwerke und Gewässerschutz - eine Aufgabe der wasserwirtschaftlichen Planung, in: Dtsch. Gewkdl. Mitt., 12. Jg. (1968), H. 4, S. 95-103

Schwoerbel, J.: Einführung in die Limnologie, Stuttgart 1971

Seelbach, H.: Planungsmodelle in der Investitionsrechnung; Unternehmensforschung für die Wirtschaftspraxis, Einzelschrift Nr. 8, Würzburg-Wien 1967

Seelmann-Eggebert, W. und Pfennig, G.: Radionuklid-Tabellen, Bonn 1974

Seidel, S.: Der Einfluß des Baugrundes auf die Gestaltung der Bauwerke, in: Technische Vereinigung der Großkraftwerksbetreiber (VGB) e.V. (Hrsg.): VGB-Sondertagung Bauwesen 1969, Essen (1970), S. 20-26

Seidenfus, H.St.: Verkehrsmärkte - Marktform, Marktbeziehung, Marktverhalten; Veröffentlichungen der List Gesellschaft e.V., Bd. 14, Basel-Tübingen 1959

Seidenfus, H.St.: Energie und Verkehr; Veröffentlichungen der List Gesellschaft e.V., Bd. 18, Basel-Tübingen 1960

Seifritz, W.: Die Wasserstoffwirtschaft am Horizont. Überlegungen zu einer neuen Energiestrategie mit Wasserstoff als umweltfreundlichem Sekundärenergieträger, in: VDI-Nachr., Nr. 11 vom 19. März 1976, S. 16/18

Seipel, H.G.: Kritische Analyse der Beurteilungsmethoden in der Reaktorsicherheit, in: Institut für Reaktorsicherheit der Technischen Überwachungsvereine e.V. (Hrsg.): Fortschritte bei der Sicherheitsbeurteilung von Kernkraftwerken; 5. IRS-Fachgespräch am 27./28. Oktober 1969 in Hamburg, Tagungsbericht IRS-T-18, Köln 1970, S. 21-36

Simon, M: Entwicklungen für große Gasturbinen, in: BBC-Nachr., 56. Jg. (1974), H. 10, S. 410-420

Slade, D.H. (Ed.): Meteorology and Atomic Energy; US-AEC Technical Information Document (TID)-24190, Washington 1968

Slopianka, G.: Die Sicherheit standortunabhängiger Kernkraftwerke, in: TÜ, 10. Jg. (1969), H. 2, S. 61-62

Smidt, D.: Engpaß Genehmigungsverfahren?, in: atw, 18. Jg. (1973), H. 3, S. 116-121

Smidt, D.: Die Verminderung des Restrisikos in Druckwasser-Kernkraftwerken, in: Gesellschaft für Kernforschung mbH Karlsruhe (Hrsg.): Beiträge zur Kerntechnik - Karl Wirtz gewidmet zum 65. Geburtstag; Gesellschaft für Kernforschung mbH Karlsruhe, Bericht KFK-2200/Jül 1178, Karlsruhe 1975, S. 63-96

Smidt, D.: Reaktortechnik, Bd. 2: Anwendungen, 2. Aufl., Karlsruhe 1976

Smidt, D.: Verminderung des Restrisikos in DWR-Kernkraftwerken, in: atw, 21. Jg. (1976), H. 5, S. 253-259

[Solling, H.]: Verbrauchsorientierte Stromerzeugung?, in: Energie, 22. Jg. (1970), H. 3, S. 61-62

Solling, H.: Kosten und Preise in der Elektrizitätsversorgung der Bundesrepublik Deutschland, Gräfeling 1971

Sombart, W.: Einige Anmerkungen zur Lehre vom Standort der Industrien, in: AfSS, 30. Jg. (1910), S. 748-758

Sondermann, R.: Der Wärmelieferungsvertrag, Frankfurt/M. 1967 (Diss. Köln 1967)

Sonne, K.-H.: Der Energieferntransport durch Elektrizität, Gas und Kohle und seine Kosten, Diss. Berlin 1939 (Quakenbrück 1939)

Sowby, F.D.: Some Risks of Modern Life, in: International Atomic Energy Agency (IAEA) (Ed.): Environmental Aspects of Nuclear Power Stations; Proceedings Series - STI/PUB/261, Wien 1971, S. 919-925 (Report IAEA-SM-146/48)

Spangemacher, K.: Naßkühltürme, in: Verein Deutscher Ingenieure (VDI) (Hrsg.): Wärmebelastung der Gewässer und der Atmosphäre; VDI-Berichte, Nr. 204, Düsseldorf 1973, S. 47-54

Speich, P.: Kohlevergasung - ein Beitrag zur Energie- und Rohstoffversorgung, in: ET, 24. Jg. (1974), H. 7, S. 323-337

Speich, P.: Kohlevergasung mit nuklearer Prozeßwärme, in: VGB Kraftwerkstechnik, 54. Jg. (1974), H. 7, S. 438-446

Spiegelberg, F.: Energiemarkt im Wandel, Zehn Jahre Kohlenkrise an der Ruhr, Baden-Baden 1970

Staab, A.: Elektrizitätswirtschaft, Heidelberg 1972

Stahl, F.: Atomkraftwerke - ihre Standortprobleme und die Raumordnung, in: RfuRo, 17. Jg. (1959), H. 1, S. 13-24

(Stahl, F.): Standortbestimmung von Kernkraftwerken, in: RuS, 1971, H. 7, S. 157-159

Stahringer, W.: (Planung in ausgewählten Wirtschaftsbereichen:) Elektrizitätswirtschaft, in: Plitzko, A. (Hrsg.): Planung ohne Planwirtschaft, Frankfurter Gespräch der List Gesellschaft 7./9. Juni 1963; Veröffentlichungen der List Gesellschaft e.V., Bd. 34, Basel-Tübingen 1964, S. 104-107

Starr, Ch.: Social Benefit versus Technological Risk, What is our Society willing to pay for safety?, in: Science, Vol. 165 (1969), S. 1232-1238

Starr, Ch.: Benefit-Cost Relationships in Socio-Technical Systems, in: International Atomic Energy Agency (IAEA) (Ed.): Environmental Aspects of Nuclear Power Stations; Proceedings Series - STI/PUB/261, Wien 1971, S. 895-917 (Report IAEA-SM-146/47)

Starr, Ch., Greenfield, M.A. and Hausknecht, D.F.: A Comparison of Public Health Risks: Nuclear vs Oil-fired Power Plants, in: Nuclear News, Vol. 15 (1972), No. 10, S. 37-45

Stauber, E.: Standortwahl und größter anzunehmender Unfall bei Reaktoranlagen, in: ATKE, 6. Jg. (1961), H. 4, S. 165-170

Stauber, E.: Grundzüge der Sicherheitsmaßnahmen bei Kernkraftwerken, Frankfurt/M. 1970

Stauber, E.: Sicherheitsphilosophie bei der Planung von Kernkraftwerken, in: Vereinigung der Großkraftwerksbetreiber (VGB) e.V. (Hrsg.): Kraftwerk und Umwelt 1975; VGB-Konferenz-Vortrage, Essen (1976), S. 129-137

Stech, J. und Magerl, H.: Kooperation - wirksame Alternative zur Konzentration, in: Energie - Leistungen, Prognosen, Alternativen, Stuttgart 1972, S. 178-183

Stehfest, H.: Modelltheoretische Untersuchungen von Fließgewässern; Gesellschaft für Kernforschung mbH Karlsruhe, Bericht KFK-1654, Karlsruhe 1973

Stehfest, H.: Probleme bei der Erwärmung von Flüssen durch Kraftwerksabwärme, in: KFK-Nachr., 6. Jg. (1974), H. 3, S. 25-32

Steinbauer, E.: Das wirtschaftliche Optimum in der Elektrizitätswirtschaft, Diss. Wien 1969

Steinbauer, E.: Das wirtschaftliche Optimum in der Elektrizitätswirtschaft, in: E. u. M., 89. Jg. (1972), H. 1, S. 12-22

Steinbuch, K.: Mensch-Technik-Zukunft, Probleme von morgen, Hamburg 1973

Steinecke, H.: Tendenzen in der Elektrizitätswirtschaft in den USA, in: Elektrizitätswirtschaft, 67. Jg. (1968), H. 7, S. 161-166

Stephan, G.: Genetische Strahlenwirkung, in: Aurand, K. (Hrsg.): Kernenergie und Umwelt, Berlin 1976, S. 163-172

Stevens, S.S.: On the Theory of Scales and Measurement, in: Science, Vol. 103 (1946), S. 667-680

Stöbel, H.: Wie sicher sind Kernkraftwerke; VDI/VDE-Vortragsreihe zu aktuellen Fragen der Kernenergie, Mannheim 29. Oktober 1975

Strebel, H.: Scoring-Methoden als Entscheidungshilfen bei der Wahl von Forschungs- und Entwicklungsprojekten, in: Layer, M. und Strebel, H. (Hrsg.): Rechnungswesen und Betriebswirtschaftspolitik; Festschrift für Gerhard Krüger zu seinem 65. Geburtstag, Berlin 1969, S. 251-278

Streicher, H.: Raffineriestandorte und Rohrleitungspolitik, Hamburg 1963 (Die Standort- und Transportstruktur der Mineralölindustrie in der Bundesrepublik Deutschland (Entwicklung und verkehrspolitische Konsequenzen), Diss. Münster 1961)

Stretton, D.F. and Emerson, D.C.: A Nuclear Power Plant in Combination with Gas Turbine Peaking Units, in: International Atomic Energy Agency (IAEA) (Ed.): Economic Integration of Nuclear Power Stations in Electric Power Systems; Proceedings Series - STI/PUB/266, Wien 1971, S. 105-114 (Report IAEA-SM-139/16)

Strohm, H.: Materialsammlung zur Gefährdung der Bevölkerung durch Atomkraftwerke, 6. Aufl., Hamburg 1975

Strohm, H.: Friedlich in die Katastrophe, Eine Dokumentation über Kernkraftwerke, 2. Aufl., Hamburg 1975

Strunden, Th.M.: Wettbewerb und Regionalpolitik, in: Informationen des Instituts für Raumforschung, 14. Jg. (1964), S. 563-573

Stüger, R.: Sicherheit gegen Größschäden in Kernkraftwerken, T. 2: Maßnahmen gegen Schäden durch äußere Einwirkungen, in: Allianz-Berichte für Betriebstechnik und Schadenverhütung, Nr. 20 (1974), S. 39-43

Stühler, H.: Die Bedeutung der Momentanreserve für den Betrieb von modernen Versorgungsnetzen und die Möglichkeiten zu ihrer Bereitstellung, in: Elektrizitätswirtschaft, 66. Jg. (1967), H. 6, S. 130-135

Stumpf, H.: Grundsatzfragen der Planung und Ordnung in der leistungsgebundenen Energieversorgung, in: Stumpf, H., Michaelis, H. und Röper, B.: Grundsatzfragen der Planung und Ordnung in der leitungsgebundenen Energieversorgung; Arbeitsgemeinschaft für Rationalisierung des Landes Nordrhein-Westfalen, H. 153, Dortmund 1974, S. 6-33

Sütterlin, L.: Über die Gefährdung von Kernkraftwerken durch äußere Einwirkungen, in: TÜ, 16. Jg. (1975), H. 2, S. 38-40

Suttor, K.-H.: Die Optimierung in der Energiewirtschaft, Ein Beitrag zur Klärung der Begriffe, in: ET, 18. Jg. (1968), H. 2, S. 51-53

Suttor, K.H. und Beck, K.: Transport großer Wärmemengen über weite Entfernungen, in: Rohre-Rohrleitungsbau-Rohrleitungstransport, 10. Jg. (1971), H. 6, S. 337-339

Swoboda, P.: Die Ermittlung optimaler Investitionsentscheidungen durch Methoden des Operation Research, in: ZfB, 31. Jg. (1961), H. 2, S. 96-103

Swoboda, P.: Die Simultane Planung von Rationalisierungs- und Erweiterungsinvestitionen und von Produktionsprogrammen, in: ZfB, 35. Jg. (1965), H. 3, S. 148-163

Täubert, U.: Wasserwirtschaftliche Systemanalyse des Wärmehaushalts von Flüssen; Wasserbau-Mitteilungen des Instituts für Wasserbau und Wasserwirtschaft an der Technischen Hochschule Darmstadt, H. 12, Darmstadt 1974 (Diss. Darmstadt 1974)

Tegethoff, W.: Aufgaben und Ziele der ARE, in: Energie - Leistungen, Prognosen, Alternativen, Stuttgart 1972, S. 119-122

Teichmann, H.: Der optimale Planungshorizont, in: ZfB, 45. Jg. (1975), H. 5, S. 295-312

Teichmann, H.: Theorie und Praxis der Bestimmung des Planungshorizonts, in: KRP, 1975, H. 6, S. 257-266

Theilsiefje, K. und Wagner, H.: Energieplanung, in: Siemens-Z., 39. Jg. (1965), H. 7, S. 841-843

Theilsiefje, K. und Wagner, H.: Planungsmethoden für den optimalen Kraftwerksausbau, in: ETZ-A, 87. Jg. (1966), H. 3, S. 109-115

Thomas, H.-J.: Thermische Kraftanlagen, Berlin-Heidelberg-New York 1975

Throm, W.: Wir müssen mit der Kernenergie leben, in: FAZ, Nr. 37 vom 13. Februar 1971, S. 15

Throm, W.: Die Ruhrkohle AG - ein gebrechlicher Koloß, in: FAZ, Nr. 57 vom 9. März 1971, S. 13

Throm, W.: Das Ruhrkohle-Debakel, in: FAZ, Nr. 90 vom 19. April 1971, S. 13

Throm, W.: Laokoon an der Ruhr, Die Ruhrkohle AG, in: FAZ, Nr. 209 vom 10. September 1971, S. 17/18

Throm, W.: Der schwerkranke Koloß, Röntgenbild der Ruhrkohle AG ist deprimierend, in: FAZ, Nr. 257 vom 5. November 1971, S. 17

Throm, W.: Notsignal für die Ruhrkohle, in: FAZ, Nr. 58 vom 9. März 1972, S. 13

Throm, W.: Die Ruhrkohle endlich lebensfähig machen, in: FAZ, Nr. 205 vom 5. September 1972, S. 15

Throm, W.: Von Bonn verordnete Gigantonomie, Der Fall Veba, in: FAZ, Nr. 140 vom 19. Juni 1973, S. 12

Tietz, B.: Die Standort- und Geschäftsflächenplanung im Einzelhandel, Ein Beitrag zur regionalen Handelsforschung; Schriftenreihe des Gottlieb Duttweiler-Instituts, Nr. 42, Zürich-Rüschlikon 1969

Tietze, W. (Hrsg.): [Stichwort:] Orographie; Westermanns Lexikon der Geographie, Bd. 3, Braunschweig 1970, S. 679

Timmermann, M.: Zur Standortplanung der Unternehmungen, in: WiSt, 1. Jg. (1972), H. 9, S. 388-393

Töpfer, K.: Überlegungen zur Quantifizierung qualitativer Standortfaktoren, in: Zentralinstitut für Raumplanung an der Universität Münster (Hrsg.): Zur Theorie der allgemeinen und der regionalen Planung; Beiträge zur Raumplanung, Bd. 1, Bielefeld 1969, S. 165-193

Töpfer, K.: Regionalpolitik und Standortentscheidung, Die Beeinflussung privater Pläne, dargestellt an der unternehmerischen Standortentscheidung; Beiträge zur Raumplanung, Bd. 6, Bielefeld 1969

Traube, K. und Seyfferth, L.: Der Heißdampfreaktor - Konstruktion und Besonderheiten, in: atw, 14. Jg. (1969), H. 11, S. 539-542

Trautmann, H.: Umweltschonende Trockenkühlung, in: Energie und Technik, 25. Jg. (1973), H. 11, S. 286-288

Trautmann, K.: Wahrscheinlichkeitstheoretische Modelle zur Bestimmung der Verfügbarkeit von Kraftwerksanlagen, Eine Untersuchung ihrer Voraussetzungen, in: Elektrizitätswirtschaft, 73. Jg. (1974), H. 1, S. 3-8

Trautmann, K.: Methodische und rechnerische Probleme bei der Bestimmung der Verfügbarkeit von Kraftwerksblöcken, in: BWK, 26. Jg. (1974), H. 6, S. 261-266

Trenkler, H.: Kosten der Bauzeitverlängerungen bei Kernkraftwerken, in: atw, 21. Jg. (1976), H. 5, S. 246-250

Tröscher, H.: Entwicklung von technisch-ökonomischen Modellen für die Ausbauplanung, in: Elektrizitätswirtschaft, 72. Jg. (1973), H. 15, S. 528-539

Tröscher, H. und Lange, H.-W.: Ein Modell zur Produktionskostensimulation und langfristigen Ausbauplanung für die Elektrizitätserzeugung, in: Elektrizitätswirtschaft, 75. Jg. (1976), H. 6, S. 110-116

Trüb, E. und Mauerhofer, F.: Freihaltekorridore für Versorgungsleitungen, in: Plan (Schweizerische Zeitschrift für Landes-, Regional- und Ortsplanung), 26. Jg. (1969), H. 1, S. 8-12

Turner, J.E. and Nichols, R.C.: Manufacturing a Floating Nuclear Plant, in: El. Wld., Vol. 180 (1973), No. 9, S. 70-73

Ufer, D.: Bemerkungen zur Standortplanung von Kernkraftwerken, in: Kernenergie, 7. Jg. (1964), H. 3, S. 163-166

US-AEC (Ed.): Theoretical Possibilities and Consequences of Major Acidents in Large Nuclear Power Plants, A Study of Possible Consequences if Certain Assumed Accidents, Theoretically Possible but Highly Improbable, Were to Occure in Large Nuclear Power Plants; Report WASH-740, Washington 1957

US-AEC (Ed.): Reactor Site Criteria, Notice of Proposed Guides; Report D-38, Washington February 10, 1961

US-AEC (Ed.): Reactor Site Criteria; Title 10, Code of Federal Regulations, Part 100 (10 CFR 100), Washington April 12, 1962

US-AEC (Ed.): Reactor Safety Study, An Assesment of Accident Risks in U.S. Commercial Nuclear Power Plants; Report WASH-1400, Washington August 1974 (Draft)

Vas, O.: Wege und Ziele der österreichischen Elektrizitätswirtschaft, Wien 1952

Veigel, G.: Anwendung der ökonomischen Kosten- und Preistheorie auf die Elektrizitätswirtschaft, Diss. Mannheim 1957

Veigel, G.: Kostenrechnung und Preispolitik in der Elektrizitätswirtschaft, Wiesbaden 1962

Ventker, R.: Die ökonomischen Grundlagen der Verkehrsnetzplanung; Verkehrswissenschaftliche Studien aud dem Institut für Verkehrswissenschaft der Universität Hamburg, H. 11, Göttingen 1970

Verein Deutscher Ingenieure (VDI) (Hrsg.): Speichersysteme für Sekundärenergie; VDI-Berichte, Nr. 223, Düsseldorf 1974

Vereinigung Deutscher Elektrizitätswerke (VDEW) e.V. (Hrsg.): Anwendung statistischer Verfahren in der Praxis der Elektrizitätsversorgung, 3 Bde., Frankfurt/M. o.J. [etwa 1962/1963]

Vereinigung Deutscher Elektrizitätswerke (VDEW) e.V. (Hrsg.): Begriffsbestimmungen in der Energiewirtschaft, Bd. 1, 2. Ausg. 1956, Frankfurt/M. 1956

Vereinigung Deutscher Elektrizitätswerke (VDEW) e.V. (Hrsg.): Begriffsbestimmungen in der Energiewirtschaft, Bd. 1, T. 1: Elektrizitätswirtschaftliche Grundbegriffe, 4. Ausg. 1973, Frankfurt/M. 1973

Vereinigung Deutscher Elektrizitätswerke (VDEW) e.V. (Hrsg.): Begriffsbestimmungen in der Energiewirtschaft, Bd. 1, T. 2: Begriffsbestimmungen der Heizkraftwirtschaft, 4. Ausg. 1973, Frankfurt/M. 1973

Vereinigung Deutscher Elektrizitätswerke (VDEW) e.V. (Hrsg.): Begriffsbestimmungen in der Energiewirtschaft, Bd. 1, T. 4: Begriffsbestimmungen der Elektrizitätsübertragung und -verteilung, 4. Ausg. 1973, Frankfurt/M. 1974

Vereinigung Deutscher Elektrizitätswerke (VDEW) e.V. (Hrsg.): Begriffsbestimmungen in der Energiewirtschaft, Bd. 2: Verfügbarkeit von Wärmekraftwerken, 2. Ausg. 1973, Frankfurt/M. 1973

Vereinigung Deutscher Elektrizitätswerke (VDEW) e.V. (Hrsg.): Wirtschaftliche Investitionspalnung in der Elektrizitätswirtschaft, 2. Aufl., Frankfurt/M. 1966

Vereinigung Deutscher Elektrizitätswerke (VDEW) e.V. (Hrsg.): Planungsrechnung in der Elektrizitätswirtschaft, Frankfurt/M. 1967

Vereinigung Deutscher Elektrizitätswerke (VDEW) e.V. (Hrsg.): Netzverluste, Eine Richtlinie für ihre Bewertung und ihre Verminderung, 2. Ausg., Frankfurt/M. 1968

Vereinigung Deutscher Elektrizitätswerke (VDEW) e.V. (Hrsg.), bearbeitet von G. Zybell und G. Lang: Strompreise für Sonderabnehmer, Eine vergleichende Übersicht, Stand: 1. Oktober 1971, Frankfurt/M. 1971

Vereinigung Deutscher Elektrizitätswerke (VDEW) e.V. (Hrsg.): Technische Richtlinien für den Bau von Fernwärmenetzen, 3. Ausg., Frankfurt/M. 1973

Vereinigung Deutscher Elektrizitätswerke (VDEW) e.V. (Hrsg.): Fernwärmeversorgung aus Heizwerken - Planung, Bau und Betrieb, Frankfurt/M. 1973

Vereinigung Deutscher Elektrizitätswerke (VDEW) e.V. (Hrsg.): Die öffentliche Elektrizitätsversorgung im Bundesgebiet einschließlich Berlin (West) 1972, Frankfurt/M. 1973

Vereinigung Deutscher Elektrizitätswerke (VDEW) e.V. (Hrsg.): Die öffentliche Elektrizitätsversorgung im Bundesgebiet einschließlich Berlin (West) 1973, Frankfurt/M. 1974

Vereinigung Deutscher Elektrizitätswerke (VDEW) e.V. (Hrsg.): Die öffentliche Elektrizitätswirtschaft im Bundesgebiet einschließlich Berlin (West) 1974, Frankfurt/M. 1975

Vereinigung Deutscher Elektrizitätswerke (VDEW) e.V. (Hrsg.): Verzeichnis der Hochspannungsleitungen von 60 kV und darüber und der Kraftwerke von 1 MW und darüber in Westdeutschland und West-Berlin, Ausg. 1975, Frankfurt/M. 1975

Vereinigung Deutscher Elektrizitätswerke (VDEW) e.V. (Hrsg.): Strom für die Bundesrepublik, Berichte und Zahlen zur Entwicklung der öffentlichen Elektrizitätsversorgung von 1950 bis 1975, Frankfurt/M. 1976

Vereinigung Industrieller Kraftwirtschaft (VIK) e.V. und Vereinigung Deutscher Elektrizitätswerke (VDEW) e.V. (Hrsgg.): Die Energiewirtschaft der Electricité de France (EdF), Frankfurt/M. 1967

Vetter, O.: Der Demarkationsvertrag im Gefüge der in der Versorgungswirtschaft üblichen Verträge, in: Elektrizitätswirtschaft, 62. Jg. (1963), H. 17, S. 645-651

Voelker, A.: Stromversorgung im Inselbetrieb, in: Energie - Leistungen, Prognosen, Alternativen, Stuttgart 1972, S. 208-209

Vogelsang, H.G.: Energiefortleitung (Jahresübersicht), in: VDI-Z, 117. Jg. (1975), H. 9, S. 443-448

Vogelsang, Th.: Bemessung und Konstruktion von Hochspannungsfreileitungen, in: ET, 16. Jg. (1966), H. 150, S. 31-42

Vogler, (...): Die Bedeutung der Transportkosten für die Entwicklung der Elektrizitätswirtschaft, in: Tagungsberichte des Energiewirtschaftlichen Instituts (Universität Köln), H. 5: Entwicklungsprobleme in der Energiewirtschaft, München 1952, S. 159-167

Vogt, H.: Probleme der Versorgungswirtschaft, München 1950

Vogt, K.J.: Umweltkontamination und Strahlenbelastung durch radioaktive Abluft aus kerntechnischen Anlagen; Kernforschungsanlage Jülich GmbH, Bericht Jül-637, Jülich 1970

Vogt, K.J.: Radiologische Umweltbelastung durch kerntechnische Anlagen, in: VDI-Z, Bd. 115 (1973), H. 6, S. 455-458

Vogt, S.: Statistische Voraussagen für Lage und Betrag der maximalen Dosis bei störfallbedingter Emission; Gesellschaft für Kernforschung mbH Karlsruhe, Bericht KFK-2215, Karlsruhe 1975

Vollmer, L.: Schutzbereich für Kernenergieanlagen - Pro-lematik im Atomrecht und Immissionsschutzrecht (1. Referat), in: Lukes, R. (Hrsg.): Erstes Deutsches Atomrechts-Symposium, 7./8. Dezember 1972 in Münster/W.; Referate und Diskussionsberichte, Köln-Berlin-Bonn-München 1973, S. 39-59

Wach, P: Optimierungsmethoden in der elektrischen Energieversorgung, in: E. u. M., 87. Jg. (1970), H. 12, S. 559-566

Wachsmann, F.: Strahlenschutz geht alle an, München 1969

Wachsmann, F. und Hubacher, O.: Strahlenschutz der Bevölkerung bei einer Nuklearkatastrophe, in: Schweizerische Ärztezeitung, 48. Jg. (1968), H. 27, S. 734

Wachsmann, F. and Schwibach, J.: Considerations for Siting Nuclear Power Plants in Areas with High Population Density in the Federal Republic of Germany, in: International Atomic Energy Agency (Ed.): Environmental Aspects of Nuclear Power Stations; Proceedings Series - STI/PUB/261, Wien 1971, S. 791-803 (Report IAEA-SM-146/52)

Wagemann, K.: Beitrag zu Systemuntersuchungen über die langfristigen wirtschaftlichen Einsatzmöglichkeiten verschiedener Kraftwerkstypen unter besonderer Berücksichtigung des Hochtemperaturreaktors; Kernforschungsanlage Jülich GmbH, Bericht Jül-590, Jülich 1969

Wagner, H.M., Giglio, R.J. and Glaser, G.R.: Preventive Maintenance Scheduling by Mathematical Programming, in: MS, Vol. 10 (1964), No. 2, S. 316-334

Wahl, H.W.: Foundation Caisson Provides Underground Containment for Nuclear Power Plant, in: Nucl. Eng. Design., Vol. 3 (1966), S. 478-494

Wallmann, K.-G.: Wirtschaftliche Methoden der Investitionsplanung - einschließlich Standortplanung - in der Mineralöl verarbeitenden Industrie; Schriftenreihe des Energiewirtschaftlichen Instituts an der Universität Köln, Bd. 16, München-Wien 1969

Weber, A.: Über den Standort der Industrien, T. 1: Reine Theorie des Standorts, Tübingen 1909 (2. Aufl., Tübingen 1922)

Weber, G.: Grundbegriffe der Zuverlässigkeit, in: Einführung in Methoden und Probleme der Zuverlässigkeit, zgest. von G. Weber; Gesellschaft für Kernforschung mbH Karlsruhe, Bericht KFK-1811, Karlsruhe 1974, S. 21-40

Weber, G.: Systemreliability, in: Einführung in Methoden und Probleme der Zuverlässigkeit, zgest. von G. Weber; Gesellschaft für Kernforschung mbH Karlsruhe, Bericht KFK-1811, Karlsruhe 1974, S. 41-82

Weber, H.: Die Spannweite des betriebswirtschaftlichen Planungsbegriffs, in: ZfbF, 16. Jg. (1964), S. 716-724

Weblus, B.: Produktionseigenarten der chemischen Industrie, ihr Einfluß auf Kalkulation und Programmgestaltung, Zugleich eine Studie für Vielprodukt-Betriebe; Betriebswirtschaftliche Forschungen, Bd. 8, Berlin 1958 (Diss. Berlin 1957)

Weckesser, A.: Betrieb von Kernkraftwerken, München 1969

Weigmann, H.: Ideen zu einer Theorie der Raumwirtschaft, Ein Versuch zur Begründung einer realistischen Wirtschaftstheorie, in: WwA, 34. Jg. (1931, II) S. 1-40

Weigmann, H.: Standortstheorie und Raumwirtschaft, Betrachtungen zur Entwicklung der Standortstheorie in Deutschland seit Joh. Heinr. von Thünen, in: Seedorf, W. und Seraphim, H.-J. (Hrsgg.): Joh. Heinr. von Thünen zum 150. Geburtstag, Versuch der Würdigung einer Forscherpersönlichkeit, Rostock (1933), S. 137-157

Weingartner, H.M.: Mathematical Programming and the Analysis of Capital Budgeting Problems, 2. Aufl., Englewood Cliffs 1964

Weinlich, K.: Die wirtschaftliche Auslegung des kalten Endes von Kondensationskraftwerken, in: Energie und Technik, 16. Jg. (1964), H. 8, S. 238-244 (Teil 1) und H. 9, S. 290-293 (Teil 2)

Weisflog, D.: Das Sorptionsverhalten von Niederterassensedimenten des Rheins für Sr-85, Cs-137 und J-131, in: Dtsch. Gewkdl. Mitt., 12. Jg. (1968), H. 5, S. 125-134

Weizsäcker, C.F.v.: Die Verantwortung der Wissenschaft im Atomzeitalter; Kleine Vandenhoek-Reihe, Bd. 42, 5. Aufl., Göttingen 1969

Welter, J.H.: Zur Problematik der optimalen Betriebsgröße von Heizkraftwerken, Diss. Aachen 1971 (Zur optimalen Betriebsgröße von Heizkraftwerken; WIBERA-Fachschriften, N.F., Bd. 5, Düsseldorf 1973)

Wenzel, P.: Niedertemperatur-Heizreaktoren (Zusammenfassender Bericht), in: Kernenergie, 7. Jg. (1964), H. 1, S. 1-18

Wenzel, W., Wingen, E. und Franke, F.H.: Die integrierte Kernenergieanlage für die Eisenhüttenindustrie, in: VDI-Z., 111. Jg. (1969), H. 21, S. 1473-1478

Werkmeister, H.: Kühlwasser für Kondensationskraftwerke, in: Elektrizitätswirtschaft, 70. Jg (1971), H. 4, S. 73-82

Wessels, Th.: Offene Fragen der Energiewirtschaft, in: Tagungsberichte des Energiewirtschaftlichen Instituts (Universität Köln), H. 1: Wirtschaftliche und rechtliche Grundfragen der Energiewirtschaft, München 1949, S. 5-12

Wessels, Th.: Die Stellung der Energiewirtschaft in der Wettbewerbswirtschaft, in: Tagungsberichte des Energiewirtschaftlichen Instituts (Universität Köln), H. 10: Die Energiewirtschaft im Wettbewerb, München 1959, S. 42-60

Wessels, Th.: [Stichwort:] Elektrizitätswirtschaft, in: HdSW, Bd. 3, Stuttgart-Tübingen-Göttingen 1961, Sp. 184-189

Wessels, Th.: Die Sicherheit der nationalen Versorgung als Ziel der Wirtschaftspolitik, in: ZfgdSt, Bd. 120 (1964), S. 602-617

Wessels, Th.: Sichere Energie durch gute Außenpolitik, Zur aktuellen Problematik der Energiewirtschaftspolitik, in: Wirtschaftsdienst, 45. Jg. (1965), H. 5, S. 237-240

Wessels, Th.: Die volkswirtschaftliche Bedeutung der Energiekosten; Schriftenreihe des Energiewirtschaftlichen Instituts an der Universität Köln, Bd. 11, München 1966

Wessels, Th.: Die Einordnung der Kernenergie in die langfristige Entwicklung der Kernenergie, in: Tagungsberichte des Energiewirtschaftlichen Instituts (Universität Köln), H. 15: Die langfristige Entwicklung der Energieversorgung unter besonderer Berücksichtigung der Kernenergie, München 1969, S. 13-26

Wiedemann, H.: Ermessen, Beurteilungsspielraum und Beweislastverteilung im atomrechtlichen Genehmigungsverfahren (2. Referat), in: Lukes, R. (Hrsg.): Erstes Deutsches Atomrechts-Symposium, 7./8. Dezember 1972 in Münster/W.; Referate und Diskussionsberichte, Köln-Berlin-Bonn-München 1973, S. 291-299

Wiesenack, G.: Entwicklung der Sicherheitsphilosophie nach dem Modell des GAU, in: atw, 12. Jg. (1967), H. 8/9, S. 418-421

Wiesinger, J.: Verbesserung der Verfahren zum elektrischen Energietransport und seine Umweltbeeinflussung, in: BWK, 27. Jg. (1975), H. 3, S. 116-119

Wiethaup, H.: Schutz vor Luftverunreinigungen, Geräuschen und Erschütterungen - Kommentar zum Immissionsschutzgesetz Nordrhein-Westfalen - Bundesrechtliche Vorschriften - Immissionsschutzgesetze der Länder, 2. Aufl., Herne-Berlin 1970

Wilck, A.-F.: Die Bedeutung der Kernenergie für die industrielle Kraftwirtschaft, in: Techn. Mitt., 61. Jg. (1968), H. 12, S. 529-537

Wilck, A.-F.: Gesichtspunkte für Bau und Betrieb von Kernkraftwerken zur Prozeßdampferzeugung, in: atw, 14. Jg. (1969), H. 8, S. 390-392

Wilck, A.-F.: Kernkraftwerke in Stadtnähe, in: Atom und Strom, 19. Jg. (1973), H. 3/4, S. 39-42

Winkens, H.P.: Nukleare Fernwärme, in: atw, 20. Jg. (1975), H. 7/8, S. 375-380

Winkens, H.P.: Die Aussichten einer Verbreitung der Fernwärmeversorgung, in: ET, 25. Jg. (1975), H. 8, S. 374-381

Winnacker, K.: Die Chemie und die Kernenergie, in: CIT, 43. Jg. (1971), H. 1/2, S. 1-10

Winnacker, K. und Wirtz, K.: Das unverstandene Wunder, Kernenergie in Deutschland, Düsseldorf-Wien 1975

Wirtz, K.: Genehmigungsverfahren, Standortbeurteilung und Sicherheitskriterien, in: atw, 16. Jg. (1971), H. 2, S. 70-72

Wissenschaftlicher Beirat für den Ratsbeauftragten der EKD für Umweltfragen (Hrsg.): Argumentationshilfe zu den Auseinandersetzungen um neue Energiegewinnungsanlagen im Oberrheingebiet, (Karlsruhe 1975, masch.-schr. Ms.)

Wöhe, G.: Einführung in die allgemeine Betriebswirtschaftslehre, 11. Aufl., München 1974

Wöhr, F.: Dauerlinien für elektrizitätswirtschaftliche Untersuchungen, in: Elektrizitätswirtschaft, 65. Jg. (1966), H. 11, S. 357-358

Wohinz, J.W.: Zum wissenschaftlichen Standort der Energiewirtschaftslehre, in: ÖZE, 27. Jg. (1974), H. 6, S. 177-181

Wolf, H.: Stand und Technik der Verfahren zur "Trockenen Rückkühlung" sowie deren wirtschaftlichen Aussichten; Bericht des Batelle-Instituts e.V. für den Minister für Wirtschaft, Mittelstand und Verkehr des Landes Nordrhein-Westfalen, Düsselforf 1971

Wolf, M. und Junge, H.: Enzyklopädie der Energiewirtschaft, Bd. 2: Belastungskurven und Dauerlinien in der elektrischen Energiewirtschaft, Berlin-Göttingen-Heidelberg 1959

Wolfenberger, H., Do Dai, D. and Sahin, S.: Integration of a Power Reactor in the Turkish Interconnected System, in: International Atomic Energy Agency (IAEA) (Ed.): Economic Integration of Nuclear Power Stations in Electric Power Systems; Proceedings Series - STI/PUB/266, Wien 1971, S. 467-491 (Report IAEA-SM-139/8)

Wolgemuth, R.: Die volkswirtschaftliche Beurteilung des Recycling am Beispiel der Abwärmenutzung für die Fernwärmeversorgung; Schriftenreihe des Energiewirtschaftlichen Instituts an der Universität Köln, Bd. 19, München 1975

Wotzka, P.: Standortwahl im Einzelhandel, Standortbestimmung und Standortanpassung großstädtischer Einzelhandelsbetriebe, Hamburg 1970

Wurr, K.: Zum Stand der Fernwärmeversorgung, in: Energie und Technik, 26. Jg. (1974), H. 3, S. 58-60

Zerna, W.: Neue bautechnische Entwicklungen bei Kernkraftwerken, in: Glubrecht, H. (Hrsg.): Kraftwerksbau als interdisziplinäre Aufgabe; Festschrift für Fritz Börnke zum 60. Geburtstag, Wiesbaden-Berlin 1973 (nicht paginiert)

(Zettler, H.): Großkernkraftwerke auf dem Meer, Ein amerikanisches Projekt: Reaktorstationen und Schwimmplattformen in Serienfertigung, in: FAZ, Nr. 141 vom 20. Juni 1973, S. I

Zmola, P.C.: Size Effects and Costs of Incremental Capacity for Light-Water Reactors, in: International Atomic Energy Agency (IAEA) (Ed.): Economic Integration of Nuclear Power Stations in Electric Power Systems; Proceedings Series - STI/PUB/266, Wien 1971, S. 43-56 (Report IAEA-SM-139/41)

Zollenkopf, K.: Wirtschaftliche Kraftwerks- und Netzplanung mit elektronischen Rechenanlagen, in: Elektrizitätswirtschaft, 64. Jg. (1965), H. 19, S. 543-548

Zscherlich, W.: Die Bewertung von Strom und Dampf bei Kraft-Wärme-Kopplung, Diss. Frankfurt/M. 1971

zum Winkel, K.: Nuklearmedizin; Heidelberger Taschenbücher, Bd. 167, Berlin-Heidelberg-New York 1975

Zwintscher, K.: Social Costs in der öffentlichen Wasserversorgung, Ein Beitrag zum Problem der Messung und Bewertung der Social Costs; Veröffentlichungen des Instituts für Wasserforschung GmbH Dortmund und der Hydrologischen Abteilung der Dortmunder Stadtwerke AG, Nr. 17, Dortmund 1973 (Diss. Köln 1972)

Zydek, H. und Heller, W. (Hrsgg.): Energiemarktrecht, Rechtsvorschriften zur Regelung des Energiemartes-Elektrizität-Gas-Kernenergie-Kohle-Mineralöl (Loseblattsammlung), Stand 1975, Essen

Verzeichnis der Abkürzungen

1. Abgekürzte Quellenangaben

AfSS	Archiv für Sozialwissenschaften und Sozialpolitik
Ann. Rev. Nucl. Sci.	Annual Review of Nuclear Science
Arch. Energiewirtsch.	Archiv für Energiewirtschaft
ATKE	Atomkernenergie
atw	Atomwirtschaft-Atomtechnik
BdW	Bild der Wissenschaft
BFuP	Betriebswirtschaftliche Forschung und Praxis
Bull. Amer. Math. Soc.	Bulletin of the Americal Mathematical Society
Bull. SEV/VSE	Bulletin des Schweizerischen Elektrochemischen Vereins und Verbandes schweizerischer Elektrizitätswerke
BWK	Brennstoff-Wärme-Kraft
CIT	Chemie-Ingenieur-Technik
DÖV	Die Öffentliche Verwaltung
DÖW	Die Öffentliche Wirtschaft
Dtsch. Gewkdl. Mitt.	Deutsche Gewässerkundliche Mitteilungen
El. Wld.	Electrical World
ET	Energiewirtschaftliche Tagesfragen
ETZ-A	Elektrotechnische Zeitschrift - Ausgabe A
ETZ-B	Elektrotechnische Zeitschrift - Ausgabe B
E. u. M.	Elektrotechnik und Maschinenbau
FAZ	Frankfurter Allgemeine Zeitung
FWI	Fernwärme international
Gesundh.-Ing.	Gesundheits-Ingenieur
gwf	Das Gas- und Wasserfach
HB	Handelsblatt
HdSW	Handwörterbuch der Sozialwissenschaften
HdW	Handbuch der Wirtschaftswissenschaften
HWB	Handwörterbuch der Betriebswirtschaft
J. Appl. Meteorology	Journal of Applied Meteorology
JB	The Journal of Business

KRP	Kostenrechnungs-Praxis
Leit. Angest.	Der Leitende Angestellte
MS	Management Science
Nachr. Chem. Techn.	Nachrichten aus Chemie und Technik
Naturw. Rdsch.	Naturwissenschaftliche Rundschau
NJW	Neue Juristische Wochenschrift
NT	Neue Technik
Nucl. Appl.	Nuclear Applications
Nucl. Eng. Design	Nuclear Engineering and Desgin
Nucl. Eng. Int.	Nuclear Engineering International
ÖZE	Österreichische Zeitschrift für Elektrizitätswirtschaft
OR	Operations Research
OR Quarterly	Operations Research Quarterly
PEK	Praktische Energiekunde
Phys. Bl.	Physikalische Blätter
RfuRo	Raumforschung und Raumordnung
RuS	Raum und Siedlung
Siemens-Z.	Siemens-Zeitschrift
Südd. Ztg.	Süddeutsche Zeitung
TdZ	Techniken der Zukunft
Techn. Mitt.	Technische Mitteilungen - Haus der Technik, Essen
TR	Technische Rundschau
TÜ	Technische Überwachung
Ufo	Unternehmensforschung
VdF	Publikationsorgan des VdF (siehe unten)
VDI-BW	Verein Deutscher Ingenieure - Bildungswerk
VDI-Z	Zeitschrift des Vereins Deutscher Ingenieure
Verw. Arch.	Verwaltungsarchiv
WiSt	Wirtschaftswissenschaftliches Studium
WuW	Wirtschaft und Wettbewerb
WwA	Weltwirtschaftliches Archiv
ZfB	Zeitschrift für Betriebswirtschaft
ZfbF	Zeitschrift für betriebswirtschaftliche Forschung (bis 1963 ZfhF)
ZfgdSt	Zeitschrift für die gesamte Staatswissenschaft

Z. f. Geophysik	Zeitschrift für Geophysik
ZfhF	Zeitschrift für handelswissenschaftliche Forschung (N.F. = Neue Folge)
ZfK	Zeitung für kommunale Wirtschaft
ZfOR	Zeitschrift für Operations Research

2. Sonstige Abkürzungen

a.a.O.	am angegebenen Ort
Abs.	Absatz
AEG	Allgemeine Elektricitäts-Gesellschaft, Berlin
a.F.	alte(r) Fassung
AGR	Advanced Gas-cooled Reactor
AKOR	Arbeitskreis Operational Research
Anm.	Anmerkung
ARE	Arbeitsgemeinschaft regionaler Energieversorgungs-Unternehmen e.V.
Art.	Artikel
AtG	Gesetz über die friedliche Verwendung der Kernenergie und den Schutz gegen ihre Gefahren (Atomgesetz)
Aufl.	Auflage
Ausg.	Ausgabe
AVR	Arbeitsgemeinschaft Versuchsreaktor GmbH, Düsseldorf
BBC	Brown, Boveri u. Cie, Mannheim
Bd.	Band
BdAnz.	Bundes-Anzeiger
BF	Bergbau-Forschung GmbH, Essen
BGBl.	Bundesgesetzblatt
BMFT	Bundesministerium für Forschung und Technologie, Bonn
BT	Bundestag
ca.	circa
c.p.	ceteris paribus
DAtF	Deutsches Atomforum e.V., Bonn

ders.	derselbe
d.h.	das heißt
d.i.	das ist
DIN	Deutsches Institut für Normung e.V., Berlin
Diss.	Dissertation
DIW	Deutsches Institut für Wirtschaftsforschung (Institut für Konjunkturforschung), Berlin-Bonn
dsgl.	desgleichen
DVG	Deutsche Verbundgesellschaft e.V., Heidelberg
DWR	Druckwasserreaktor
Ed./Eds.	Editor/Editors
EdF	Electricité de France
EHV	Electrical High Voltage
el	elektrisch(e) (Leistung)
EnergG	siehe EnWG
EnWG	Gesetz zur Förderung der Energiewirtschaft (Energiewirtschaftsgesetz)
EnWGDV	Verordnung zur Durchführung des Gesetzes zur Förderung der Energiewirtschaft
etc.	et cetera
evtl.	eventuell
EVU	Elektrizitätsversorgungsunternehmen
f./ff.	folgende Seite/folgende Seiten
Fasc.	Fascicule
FORATOM	Europäisches Atomforum
GAU	"Größter anzunehmender Unfall"
GfK	Gesellschaft für Kernforschung mbH Kalrsruhe
GG	Grundgesetz für die Bundesrepublik Deutschland
ggf.	gegebenenfalls
GHT	Gesellschaft für Hochtemperaturreaktor-Technik mbH, Bensberg
H.	Heft
HGÜ	Hochspannungs-Gleichstromübertragung
HHT	Hochtemperaturreaktor-Heliumturbine
hrsg.	herausgegeben

Hrsg./Hrsgg.	Herausgeber
HTR	Hochtemperaturreaktor
i.A.	im Auftrag
IAEA	International Atomic Energy Agency, Wien
i.d.F.	in der Fassung
IRPA	International Radiation Protection Association
IRS	Institut für Reaktorsicherheit der Technischen Überwachungsvereine e.V., Köln
i.V.m.	in Verbindung mit
Jg.	Jahrgang
KFK	Kernforschungszentrum Karlsruhe (Gesellschaft für Kernforschung mbH Karlsruhe)
LWR	Leichtwasserreaktor
MAN	Maschinenfabrik Augsburg-Nürnberg Aktiengesellschaft
masch.-schr. Ms.	maschinenschriftliches Manuskript
MCA	"Maximum Credible Accident" (äquivalenter Begriff zum GAU)
Mitt.	Mitteilungen
Nachr.	Nachrichten
n.F.	neue(r) Fassung
N.F.	neue Folge
NN	Normalnull
No.	Number
Nr.	Nummer
o.J.	ohne Jahresangabe
o.O.	ohne Ortangabe
o.V.	ohne Verfasserangabe
ORNL	Oak Ridge National Laboratory
OTTO	Once Through Then Out (Beschickungsverfahren beim Kugelhaufenreaktor)
RBW	Rheinische Braunkohlenwerke AG, Köln
rd.	rund
resp.	respektive
RGBl.	Reichsgesetzblatt

RWE	Rheinisch-Westfälisches Elektrizitätswerk AG, Essen
S.	Seite
SEFOR	Southwest Experimental Fast Oxide Reactor
SENA	Société d'Energie Nucléaire franco-belge des Ardennes
Slg.	Sammlung
SNR	Schneller Natriumgekühlter Reaktor
Sp.	Spalte
Steag	Steinkohlen-Elektrizität Aktiengesellschaft, Essen
SSVO	Strahlenschutzverordnung
SWR	Siedewasserreaktor
T.	Teil
TA-Lärm	Technische Anleitung zum Schutz gegen Lärm
th	thermisch(e) (Leistung)
THTR	Thorium-Hochtemperatur-Reaktor
TÜV	Technischer Überwachungs Verein
u.a.	unter anderem/unter anderen
US-AEC	United Staates Atomic Energy Commission
u.U.	unter Umständen
VDE	Verband Deutscher Elektrotechniker e.V., Berlin
VDEW	Vereinigung Deutscher Elektrizitätswerke e.V., Frankfurt/M.
VdF	Verband der Führungskräfte in Bergbau, Mineralölindustrie und Kraftwirtschaft e.V., Essen
VDI	Verein Deutscher Ingenieure, Düsseldorf
Veröff.	Veröffentlichung
VGB	Technische Vereinigung der Großkraftwerksbetreiber e.V., Essen
vgl.	vergleiche
V.I.K.	Vereinigung Industrielle Kraftwirtschaft e.V., Essen
Vol.	Volume
vs.	versus
WIBERA	Wirtschaftsberatung Aktiengesellschaft, Düsseldorf

z.B.	zum Beispiel
Ziff.	Ziffer
zit.	zitiert
zgest.	zusammengestellt
zugl.	zugleich
z.Z.	zur Zeit

Verzeichnis der Modellsymbole

(geordnet nach dem lateinischen bzw. griechischen Alphabet)

$A^{E(g)}_{semq}$; $A^{E(1)}_{semq}$; $A^{E(2)}_{semq}$ (DM) : Betrag der Anlagekosten zur Anschaffungsperiode q einer Höchstspannungsleitung zwischen s ↔ e mit der Nennleistung m bei vollständigem Ausbau in einer Etappe (g), bis zur 1. Ausbaustufe (1) oder der Erweiterung (Restbelegung) einer teilweise ausgebauten Übertragungsleitung bis zur 2. Ausbaustufe (2) (= Endausbaustufe)

$\bar{A}^{+E(g)}_{semq}$; $\bar{A}^{+E(1)}_{semq}$; $\bar{A}^{+E(2)}_{semq}$ (DM) : Diskontierter Wert der anteiligen Anschaffungskosten einer in der Periode q zwischen s ↔ e errichteten Höchstspannungsleitung mit der Nennleistung m bei vollständigem Ausbau in einer Etappe (g), bis zur 1. Ausbaustufe (1) oder der Erweiterung (Restbelegung) einer teilweise ausgebauten Übertragungsleitung bis zur 2. Ausbaustufe (2) (= Endausbaustufe)

a^{F}_{sfnq} : Prozentualer Investitionsfördersatz von A^{F}_{sfnq}

A^{F}_{sfnq} (DM) : Betrag der Anlagekosten einer Fernwärmeleitung zwischen s ↔ f mit der Kapazität n zur Anschaffungsperiode q

$\bar{A}^{+F}_{sfnq}$ (DM) : Diskontierter Wert der anteiligen Anlagekosten einer in der Periode q zwischen s ↔ f ausgebauten Fernwärmeleitung mit der Kapazität n

$A^{K(1)}_{stlq}$; $A^{K(2)}_{stlq}$ (DM) : Betrag der Anlagekosten bei der Erst-(1) resp. Erweiterungsinvestition (2) eines Kernkraftwerks vom Typ t und der Leistungsgröße l am Standort s zur Anschaffungsperiode q

$\overline{A}^{+K(1)}_{stlq}$; $\overline{A}^{+K(2)}_{stlq}$ DM : Diskontierter Wert der anteiligen Anlagekosten der Erst-(1) resp. Erweiterungsinvestition (2) eines in der Periode q am Standort s errichteten Kernkraftwerks vom Typ t und der Leistungsgröße 1

$ak^{+K}_{stlqp(t)}$ $(DM \cdot MWh^{-1}; DM \cdot Gcal^{-1})$: Diskontierter Wert der spezifischen Kosten der Energieerzeugung $p(t) \in \{1,2\}$ eines Kernkraftwerks vom Typ t und der Leistungsgröße 1 am Standort s in der Periode q

B^{E}_{q} (DM) : Verfügbares Kapital in der Periode q für den Neu- und Ausbau elektrischer Höchstspannungsleitungen

B^{F}_{q} (DM) : Verfügbares Kapital in der Periode q für den Bau von Fernwärmeleitungen

B^{K}_{q} (DM) : Verfügbares Kapital in der Periode q für Erst- und Erweiterungsinvestitionen von Kernkraftwerken

B^{KEF}_{q} (DM) : Gesamtes für Sachinvestitionen in den Investitionsbereichen "Kernkraftwerke" (K), "Höchstspannungsleitungen" (E) und "Fernwärmeleitungen" (F) in der Periode q verfügbares Kapital

BLK^{+K}_{stlq} (DM) : Diskontierter Wert der betriebsgebundenen leistungsabhängigen Kosten eines Kernkraftwerks vom Typ t und der Leistungsgröße 1 am Standort s in der Periode q

e : Index der Standorte von Umspannwerken (Einspeisung in Hochspannungsnetze); $e = 1,2,\ldots,\overline{e}$

E : Kennzeichen für "elektrische Energieübertragung" (Höchstspannungsleitung)

$E_{stlqp(t)}$ (MWh; Gcal) : Menge der in der Periode q im Kernkraftwerk vom Typ t und der Leistungsgröße l am Standort s erzeugten elektrischen Energie (MWh), p(t) = 1, resp. Heizwärme (Gcal), p(t) = 2

f : Index der Standorte von Fernwärmeübergabestellen (Einspeisung in Mittelverteilungsnetze); $f = 1,2,\ldots,\overline{f}$

F : Kennzeichen für "Fernwärmeleitung"

K : Kennzeichen für "Kernkraftwerk"

l : Index der diskreten, zugelassenen Werte der Kernkraftwerksleistung (MW_{el}); $l = 1.2.\ldots,\overline{l}$

LK^{+E}_{semq} (DM) : Diskontierter Wert der leistungsabhängigen Bestandskosten einer Höchstspannungsleitung der Nennleistung m zwischen s ↔ e in der Periode q

LK^{+F}_{sfnq} (DM) : Diskontierter Wert der leistungsabhängigen Bestandskosten einer Fernwärmeleitung der Kapazität n zwischen s ↔ f in der Periode q

m : Index der diskreten, zugelassenen Werte der Nennleistung von Höchstspannungsleitungen (MVA); $m = 1,2,\ldots,\overline{m}$

n : Index der diskreten, zugelassenen Werte der Kapazität von Fernwärmeleitungen ($Gcal \cdot h^{-1}$); $m = 1,2,\ldots,\overline{n}$

N_{stlq} (MW_{el}) : l-ter Wert der Leistungsgröße eines Kernkraftwerks vom Typ t am Standort s zur Bauperiode q

N^{E}_{stlq} (MW)	: Elektrische Nettoleistung eines Kernkraftwerks vom Typ t und der Leistungsgröße 1 am Standort s in der Periode q
N^{F}_{stlq} $(Gcal\cdot h^{-1}$ oder $MW_{th})$	: Heizwärmeleistung eines Kernheizkraftwerks vom Typ t und der Leistungsgröße 1 am Standort s in der Periode q
p(t)	: Produktindex (Strom, Heizwärme); p(t) = 1,2
P_{semq} (MVA)	: m-ter Wert der Nennleistungsgröße einer Höchstspannungsleitung zwischen s $\leftrightarrow$ e zur Bauperiode q
$P^{V_a}_{semq}$ (MW)	: Arbeitsabhängige Verlustleistung bei Höchstlast einer durch se, m gekennzeichneten Höchstspannungsleitung in der Periode q
$P^{V_{ges}}_{semq}$ (MW)	: Leistungs- und arbeitsabhängige (gesamte) Verlustleistung einer durch se, m gekennzeichneten Höchstspannungsleitung in der Periode q
$PLK^{+K}_{stlqp(t)}$ (DM)	: Diskontierter Wert der produktgebundenen (p(t)) leistungsabhängigen Kosten eines Kernkraftwerks vom Typ t und der Leistungsgröße 1 am Standort s in der Periode q
q	: Index der Perioden des Planungszeitraums; $q = 1,2,\ldots,\overline{q}$
q'	: Periodenindex; $\overline{q} \geq q' \geq q$
Q_{sfmq} $(Gcal\cdot h^{-1})$	: n-ter Wert der Kapazität einer Fernwärmeleitung zwischen s $\leftrightarrow$ f zur Bauperiode q
r	: Periodenindex; $1 \leq r \leq q-1$
s	: Index der Kernkraftwerks-Standorte; $s = 1,2,\ldots,\overline{s}$

se : Index der Trassen von Höchstspannungsleitungen zwischen $s \leftrightarrow e$; $s = 1,2,\dots,\overline{s}$ und $e = 1,2,\dots,\overline{e}$

sf : Index der Trassen von Fernwärmeleitungen zwischen $s \leftrightarrow f$; $s = 1,2,\dots,\overline{s}$ und $f = 1,2,\dots,\overline{f}$

sk^{+K}_{stlq} $(DM \cdot MWh^{-1})$: Diskontierte Größe der spezifischen Stromgestehungskosten eines Kernkraftwerks vom Typ t und der Leistungsgröße l am Standort s in der Periode q

t : Index der zugelassenen Kernkraftwerkstypen; $t = 1,2,\dots,\overline{t}$

t_H : Index der Kernkraftwerkstypen mit Heizwärmeerzeugung; $t_H \in t$

T^{max}_{eq} (h) : Benutzungsdauer der Höchstlast im Verbrauchsschwerpunkt e in der Periode q

T^{max}_{stlq} (h) : Maximal mögliche Produktionszeit in der Periode q des durch s, t, l gekennzeichneten Kernkraftwerks

u^E_q : Finanzierungsfaktor für den Investitionsbereich "Höchstspannungsleitungen" zur Berücksichtigung des sukzessiven Erlöseingangs in der Periode q; $0 \leq u^E_q \leq 1$

u^F_q : Finanzierungsfaktor für den Investitionsbereich "Fernwärmeleitungen" zur Berücksichtigung des sukzessiven Erlöseingangs in der Periode q; $0 \leq u^F_q \leq 1$

u^K_q : Finanzierungsfaktor für den Investitionsbereich "Kernkraftwerke" zur Berücksichtigung des sukzessiven Erlöseingangs in der Periode q; $0 \leq u^K_q \leq 1$

u_q^{KEF} : Finanzierungsfaktor für die Investitionsbereiche "Kernkraftwerke", "Höchstspannungsleitungen" und "Fernwärmeleitungen" zur Berücksichtigung des sukzessiven Erlöseingangs in der Periode q; $0 \leq u_q^{KEF} \leq 1$

$x_{stlq}^{(1)}$: (0,1)-Variable; gibt an, ob in der Periode q ein Kernkraftwerk vom Typ t und der Leistungsgröße l am Standort s als Erstinvestition (1) errichtet wird oder nicht

$x_{stlq}^{(2)}$: (0,1)-Variable; gibt an, ob in der Periode q ein Kernkraftwerk vom Typ t und der Leistungsgröße l am Standort s als Erweiterungsinvestition (2) errichtet wird oder nicht

$\bar{x}_{stlq}$: (0,1)-Variable; gibt an, ob in der Periode q ein Kernkraftwerk vom Typ t und der Leistungsgröße l am Standort s besteht oder nicht

$y_{semq}^{(g)}$: (0,1)-Variable; gibt an, ob in der Periode q ein vollständiger Ausbau (g) einer Höchstspannungsleitung mit der Nennleistung m zwischen s ↔ e erfolgt oder nicht

$y_{semq}^{(1)}$: (0,1)-Variable; gibt an, ob in der Periode q ein Ausbau der Höchstspannungsleitung bis zur 1. Ausbaustufe (1) mit der Nennleistung m zwischen s ↔ e erfolgt oder nicht

$y_{semq}^{(2)}$: (0,1)-Variable; gibt an, ob in der Periode q eine Erweiterung (Restbelegung) einer teilweise ausgebauten Übertragungsleitung bis zur 2. Ausbaustufe (2) (= Endausbaustufe) mit der Nennleistung m zwischen s ↔ e erfolgt oder nicht

$\bar{y}_{semq}$	:	(0,1)-Variable; gibt an, ob in der Periode q zwischen s ↔ e eine Höchstspannungsleitung der Nennleistung m besteht oder nicht
z_{sfnq}	:	(0,1)-Variable; gibt an, ob in der Periode q eine Fernwärmeleitung der Kapazität n zwischen s ↔ f realisiert wird oder nicht
$\bar{z}_{sfnq}$	:	(0,1)-Variable; gibt an, ob in der Periode q zwischen s ↔ f eine Fernwärmeleitung der Kapazität n besteht oder nicht
		Zeitspanne zwischen dem Baubeginn und der Einbindung in das Energieversorgungssystem bei...
$\delta(s,t,l,q)$	:	der Erstinvestition eines Kernkraftwerks der Art t, l am Standort s in der Periode q,
$\varepsilon(s,t,l,q)$	:	der Erweiterungsinvestition eines Kernkraftwerks der Art t, l am Standort s in der Periode q,
$\zeta(se,m,q)$	:	dem vollständigen Ausbau einer Höchstspannungsleitung in einer Etappe zwischen s ↔ e mit der Nennleistungsgröße m in der Periode q,
$\eta(se,m,q)$	:	dem Ausbau einer Höchstspannungsleitung bis zur ersten Ausbaustufe,
$\theta(se,m,q)$	:	der Erweiterung (Restbelegung) einer teilweise ausgebauten Übertragungsleitung bis zur zweiten Ausbaustufe (= Endausbaustufe),
$\kappa(sf,n,q)$	:	dem Bau einer Fernwärmeleitung zwischen s ↔ f mit der Kapazität n in der Periode q.
	:	Index der Leistungsgröße von Kernkraftwerken; $\lambda = l(1), l(2), \ldots, l(\bar{l})$

μ : Index der Nennleistungsgröße von Höchstspannungsleitungen; $\mu = m(1), m(2), \ldots, m(\bar{m})$

τ : Index der Kernkraftwerkstypen; $\tau = t(1), t(2), \ldots, t(\bar{t})$

Mengensymbole

$\forall$ Quantifikator: "für alle", "für jedes"

$\in$ mit "$a \in A$" wird symbolisiert, daß a ein Element der Menge A ist

Physikalische Größen und Einheiten

1. Verwendete dezimale Vielfache und deren Kurzzeichen:

Vorsatzsilbe	Kurzzeichen	Faktor
Terra	T	10^{12}
Giga	G	10^{9}
Mega	M	10^{6}
Kilo	k	10^{3}
Dezi	d	10^{-1}
Zenti	c	10^{-2}
Milli	m	10^{-3}
Mikro	µ	10^{-6}

2. Verwendete Größen und Einheiten

Größe	Einheitenzeichen	Bezeichnung
Aktivität	Ci	Curie
Arbeit (elektrische) Scheinarbeit Wirkarbeit	 VAh Wh	 Voltamperestunde Wattstunde
Dosis (Äquivalentdosis)	rem	rem (radiation equivalent man)
Frequenz	Hz (1 Hz = 1 s^{-1})	Hertz
Kraft	p	Pond
Länge	m	Meter

(Fortsetzung)

Größe	Einheitenzeichen	Bezeichnung
Leistung (elektrische)		
Scheinleistung	VA	Voltampere
Wirkleistung	W	Watt
Masse (Gewicht)	g t	Gramm Tonne
Spannung (elektrische)	V	Volt
Stromstärke	A	Ampere
Temperatur	^{o}C	Grad Celsius
Volumen	l (cm^3; m^3)	Liter
Wärmemenge	cal	Kalorie
Zeit	s min h d a	Sekunde Minute Stunde Tag Jahr

Verzeichnis der Kernkraftwerke in der Bundesrepublik Deutschland (Stand: März 1976)

Name und Standort	Reaktortyp	Leistung (brutto) (MW_{el})	Kommerzielle Inbetriebnahme
I. Kernkraftwerke in Betrieb			
Versuchsatomkraftwerk Kahl (VAK), Kahl/Main	SWR	16	1961
Mehrzweckforschungsreaktor (MZFR), Karlsruhe	D_2O-DWR	58	1966
Kernkraftwerk RWE - Bayernwerk (KRB), Gundremmingen/Donau	SWR	250	1967
Kernkraftwerk Lingen (KWL), Lingen/Ems	SWR (fossile Überhitzung)	252	1968
Arbeitsgemeinschaft Versuchsreaktor (AVR), Jülich	HTR	15	1968
Kernkraftwerk Obrigheim (KWO), Obrigheim/Neckar	DWR	345	1969
Kernkraftwerk Stade (KKS), Stade/Elbe	DWR	662	1972
Kernkraftwerk Würgassen (KWW), Würgassen/Weser	SWR	670	1972
Kompakte Natriumgekühlte Kernreaktoranlage Karlsruhe (KNK I/II) [1], Karlsruhe	Na-gekühlt	21	1973/1976
Kernkraftwerk Biblis - Block A, Biblis/Rhein	DWR	1204	1975

1) KNK I: Zirkonhydrid - moderiert,
KNK II: Schnelles Core (nach Umbau).

(Fortsetzung)

Name und Standort	Reaktortyp	Leistung (brutto) (MW_{el})	Kommerzielle Inbetriebnahme
Kernkraftwerk Brunsbüttel (KKB), Brunsbüttel/Elbe	SWR	806	1976
II. Stillgelegte Kernkraftwerke			
Heißdampfreaktor Großwelzheim (HDR), Großwelzheim/Main	SWR (nukleare Überhitzung)	25	1970 Stillegung: 1973
Kernkraftwerk Niederaichbach (KKN), Niederaichbach/Isar	D_2O/CO_2	106	1973 Stillegung: 1974
III. Kernkraftwerke in Bau			Geplante Inbetriebnahme (zur Zeit)
Gemeinschaftskernkraftwerk Neckar - Block 1 (GKN-1), Neckarwestheim/Neckar	DWR	855	1976
Kernkraftwerk Biblis - Block B, Biblis/Rhein	DWR	1300	1976
Kernkraftwerk Isar (KKI), Ohu/Isar	SWR	907	1977
Kernkraftwerk Unterweser (KKU), Esenshamm/Weser	DWR	1300	1977
Kernkraftwerk Philippsburg - Block 1 (KKP-1), Philippsburg/Rhein	SWR	900	1977
Kernkraftwerk Krümmel (KKK), Krümmel/Elbe	SWR	1316	1978/1979

(Fortsetzung)

Name und Standort	Reaktortyp	Leistung (brutto) (MW_{el})	Geplante Inbetriebnahme (zur Zeit)
Kernkraftwerk Grafenrheinfeld (KKG), Grafenrheinfeld/Main	DWR	1300	1979
Kernkraftwerk Mülheim-Kärlich, Mülheim-Kärlich/Rhein	DWR	1295	1979
Kernkraftwerk Wyhl - Block 1 (KWS-1), Wyhl/Rhein	DWR	1360	1981
Hochtemperaturreaktor Uentrop (THTR-300), Uentrop-Schmehausen	THTR	310	1978
Kernkraftwerk Kalkar (SNR-300), Kalkar/Niederrhein	Na-gekühlter Schneller Brüter	327	1981
IV. Kernkraftwerksprojekte			
Kernkraftwerke RWE-Bayernwerk (KRB II-B und -C), Gundremmingen/Donau	SWR	2x1310	B: 1980 C: 1981
Kernkraftwerk Philippsburg - Block 2 (KKP-2), Philippsburg/Rhein	DWR	1360	1981
Kernkraftwerk Biblis - Block C, Biblis/Rhein	DWR	1300	1981
Kernkraftwerk Grohnde (KWG), Grohnde/Weser	DWR	1360	1981
Kernkraftwerk Hamm (KKH), Hamm-Uentrop	DWR	1300	1981

(Fortsetzung)

Name und Standort	Reaktortyp	Leistung (brutto) (MW_{el})	Geplante Inbetriebnahme (zur Zeit)
Kernkraftwerk Vahnum, Vahnum/Niederrhein	DWR	2x1300	1: 1981 2: 1983
Gemeinschaftskernkraftwerk Neckar - Block 2 (GKN-2), Neckarwestheim/Neckar	DWR	845	1982
Kernkraftwerk Brockdorf (KBR), Brokdorf/Elbe	DWR	1365	1981/1982
Kernkraftwerk Neupotz, Neupotz b. Wörth/Rhein	DWR	2x1300	1: 1982 2: 1984
Kernkraftwerk Pleinting (KKPt), Pleinting/Donau	DWR	1300	1983
Kernkraftwerk Borken (KWB), Borken/Bez. Kassel	DWR	1300	1984
BASF-Industriekernkraftwerk (BASF-1), Ludwigshafen/Rhein	DWR	425 (+ 1800 $t \cdot h^{-1}$ Prozeßdampf)	?
Kernkraftwerk Biblis - Block D, Biblis/Rhein	DWR	1300	?
Emden	LWR	1365	?
Cuxhaven	LWR	1365	?
"SNR-2", Kalkar (als Referenz)	Na-gekühlter Schneller Brüter	1500-2000	1986/1987
Kernkraftwerk Wyhl - Block 2 (KWS-2), Wyhl/Rhein	DWR	1365	?
Schwörstadt/Hochrhein	LWR(?)	?	?
Freistett/Hochrhein	LWR(?)	?	?

(Fortsetzung)

Name und Standort	Reaktortyp	Leistung (brutto) (MW_{el})	Geplante Inbetriebnahme (zur Zeit)
Uentrop-Schmehausen	THTR	1200	?
Kirschgartshausen b. Mannheim	THTR	1200(?)	?

Abkürzungen:

DWR = Druckwasserreaktor

SWR = Siedewasserreaktor

LWR = Leichtwasserreaktor (DWR, SWR)

D_2O-DWR = Schwerwasser-Druckreaktor

HTR = Hochtemperaturreaktor

D_2O/CO_2 = Schwerwasser-moderierter/Kohlendioxid-gekühlter Druckröhrenreaktor

THTR = Thorium-Hochtemperatur-Reaktor

SNR = Schneller Natriumgekühlter Reaktor

Quellen: Kliefoth, W. und Sauter, E.: Kernreaktoren; Schriftenreihe des Deutschen Atomforums, H. 2, 5. Aufl, Bonn 1973. Deutsches Atomforum (DAtF) e.V. (Hrsg.): Kernkraftwerke in der Bundesrepublik Deutschland, Stand August 1972, Bonn 1972. ders.: Kernkraftwerke in der Bundesrepublik Deutschland, Stand August 1973, Bonn 1973. ders.: Kernkraftwerke in der Bundesrepublik Deutschland, Stand August 1974, Bonn 1974. o.V.: Neue Kernkraftwerke in der Bundesrepublik Deutschland, in: atw, 20. Jg. (1975), H. 3, S. 135-151. o.V.: Neue Kernkraftwerke in der Bundesrepublik Deutschland, in: atw, 21. Jg. (1976), H. 3, S. 114-131.
Umfassendes Datenmaterial findet sich in Müller, W.D. und Hossner, R. (Hrsgg.): Jahrbuch der Atomwirtschaft - 1970 (1. Jg.), 1971 (2. Jg.), 1972 (3. Jg.), 1973 (4. Jg.), 1974 (5. Jg.), 1975 (6. Jg.), 1976 (7. Jg.), Düsseldorf 1970ff.